Anne Betten
Miryam Du-nour (Hg.)

Wir sind die Letzten.
Fragt uns aus

Gespräche mit den Emigranten
der dreißiger Jahre in Israel

Unter Mitarbeit von
Kristine Hecker und Esriel Hildesheimer

**Bleicher
Verlag**

Die Deutsche Bibliothek – CIP-Einheitsaufnahme

Wir sind die Letzten. Fragt uns aus : Gespräche mit
den Emigranten der dreissiger Jahre in Israel /
Anne Betten ; Miryam Du-nour (Hrsg.). – 1. Aufl. –
Gerlingen : Bleicher, 1995
ISBN 3-88350-037-2
NE: Betten, Anne [Hrsg.]

© Bleicher Verlag 1995, Gerlingen
Alle Rechte vorbehalten
Umschlaggestaltung: Buchgestaltung Reichert, Stuttgart
Herstellung: Maisch + Queck, Gerlingen
ISBN 3-88350-037-2

Hans Sahl

Die Letzten

Wir sind die Letzten.
Fragt uns aus.
Wir sind zuständig.
Wir tragen den Zettelkasten
mit den Steckbriefen unserer Freunde
wie einen Bauchladen vor uns her.
Forschungsinstitute bewerben sich
um Wäscherechnungen Verschollener,
Museen bewahren die Stichworte unserer Agonie
wie Reliquien unter Glas auf.
Wir, die wir unsre Zeit vertrödelten,
aus begreiflichen Gründen,
sind zu Trödlern des Unbegreiflichen geworden.
Unser Schicksal steht unter Denkmalschutz.
Unser bester Kunde ist das
schlechte Gewissen der Nachwelt.
Greift zu, bedient euch,
Wir sind die Letzten.
Fragt uns aus.
Wir sind zuständig.

[1973]

Abdruck mit freundlicher Genehmigung des Luchterhand Literaturverlags, München.
Erschienen in: Hans Sahl, *Wir sind die Letzten. Der Maulwurf. Gedichte.* Luchterhand
Literaturverlag 1991.

Vorwort

Schon viel ist über die Identitätsprobleme der jüdischen Emigranten geschrieben worden, die Mitteleuropa unter dem Druck der nationalsozialistischen Vertreibungs- und Vernichtungspolitik mehr oder weniger fluchtartig verließen und damit oft all dessen beraubt wurden, worauf sich ihre bisherige Existenz physisch und psychisch gegründet hatte. Besonders der Verlust der Sprach- und Kulturheimat, den Emigration auch im allerglimpflichsten Fall bedeutet, traf nicht nur die Schriftsteller in ihrem Lebensnerv – unter ihnen auch Hans Sahl, dem wir unseren Buchtitel entliehen haben. Vielmehr sind alle Menschen ganz wesentlich auf das Wort angewiesen und reagieren verstört auf Beschränkung oder Verlust dieses ihres wichtigsten Ausdrucksmittels. Die in die ganze Welt verstreuten Überlebenden blicken zwar heute, rund 60 Jahre danach, oft auf ein letztlich durchaus wieder erfolgreiches Berufsleben zurück, sind gesellschaftlich integriert und haben mit Kindern, Enkeln, Urenkeln neue Zweige ihres Familienstammbaums begründet; viele fühlen sich als Weltbürger – aber trotzdem fast immer noch als Entwurzelte, denen Heimat im vollen Sinne nie mehr vergönnt war.

Ein einziges Zufluchtsland scheint eine Ausnahme zu machen – das einzige, in dem man nie von Emigration, sondern nur von Immigration spricht und diese gar mit dem Namen »Aufstieg«, *alija*, erhöht: das »Land der Väter«, Palästina, seit 1948 der Staat Israel. Von den mindestens 55.000 deutschsprachigen Juden, die zwischen 1933 und 1940 nach Palästina gingen (vor 1933 waren es nur gut 2.000), leben heute nur noch einige Tausend der letzten Generation. Sie sind 60 bis über 100 Jahre alt, kamen als Kinder, Jugendliche, junge Erwachsene ins Land, oft ohne Eltern, nicht selten als einzige Überlebende ihrer jahrhundertelang in Deutschland, Österreich, aber auch der Tschechoslowakei, Polen oder Rumänien in der deutschen Kultur verwurzelten Familien. Viele von ihnen kamen, im Gegensatz zu den Einwanderern vor 1933 und trotz theoretischer zionistischer Sympathien, vor allem deshalb, weil es ihre einzige Chance war. Das geflügelte Wort jener Jahre »Kommst du aus Überzeugung oder kommst du aus Deutschland?« läßt ahnen, mit welchen Problemen die Neuankömmlinge vonseiten der schon etablierten jüdischen Gemeinschaft, des *jischuw*, konfrontiert wurden. Aber auch für die, die Palästina aus verschiedenen Alternativen bewußt gewählt hatten und sich eventuell schon bei ihrer Vorbereitung darauf in der letzten Zeit in Europa intensiv mit ihren jüdischen Wurzeln beschäftigt hatten, blieb der Sprachwechsel ins Hebräische von größerer Schwierigkeit als in den meisten anderen Emigrationsländern.

So entstand eine komplexe, vielschichtige, von jedem Einzelnen etwas anders erlebte Situation, die mit der Einwanderung (oder schon davor) begann und trotz vielfacher Transformationen des Phänomens bis heute andauert: Es ging nicht nur um die »Eroberung« und Entwicklung des eigenen Landes mit der Hände Arbeit, sondern auch um die »Rückeroberung« der Wurzeln der jüdischen Kultur und die allmähliche Teilnahme an der sich entfaltenden neuen hebräischen Kultur. Von der älteren, schon verstorbenen Generation der Einwanderer war dies nur wenigen möglich. Zu groß war die Mühe, sich einen neuen Lebensunterhalt zu schaffen, zu tief die Prägung der assimilierten deutschen Juden durch ihr früheres Leben, fast unüberwindlich die sprachliche Barriere – und schließlich, in gewissen Teilen der Städte und in manchen landwirtschaftlichen Siedlungen, wo sich fast nur deutschsprachige Juden zusammenfanden, zu wenig dringlich die Notwendigkeit, auch sprachlich noch einmal von vorn anzufangen. Wer als Student oder Schüler kam, war dagegen gezwungen, sofort ins Hebräische »umzusteigen«, doch war dies nicht immer nur eine Frage des Alters, sondern auch der Lebensumstände sowie der Motivation. Unser Buch gibt die Vielfalt der Schicksale in authentischen Texten lebendiger und eindrucksvoller wieder als dies in einer Paraphrasierung geschehen kann.

Natürlich haben im Laufe der Jahre alle Neuhebräisch (Iwrit) gelernt – zumindest die tägliche Umgangssprache. Dies war nicht zuletzt nötig, um guten Kontakt mit der Generation der Kinder und ihrer Freunde zu halten und ganz besonders zur Verständigung mit den Enkelkindern, die in den allerwenigsten Fällen noch passive, geschweige denn aktive Deutschkenntnisse haben. Auch der Wunsch, die Rundfunknachrichten und später das Fernsehprogramm verfolgen zu können, war ein Anstoß zum Weiterlernen. Dementsprechend wichtig wurde es in den zahlreichen Kriegs- und Unruhezeiten, wenn die Kinder an der Front waren, wenigstens so viel Lesefähigkeit zu besitzen, daß man sich in der nur auf hebräisch erscheinenden Nachmittagszeitung mit den neuesten Informationen versorgen konnte. Allerdings macht gerade das rasche, mühelose Lesen des ohne Vokale geschriebenen Hebräischen selbst denen, die auf eine erfolgreiche intellektuelle Berufslaufbahn in hebräischer Sprache zurückblicken, noch heute etwas zu schaffen, so daß »zum Vergnügen« oft in einer europäischen Sprache gelesen wird: wenn dies nicht Deutsch ist, dann ist es meist Englisch, das viele während der britischen Mandatszeit z.B. durch Berufstätigkeit bei den Engländern und/oder durch Militärdienst in der englischen Armee im Zweiten Weltkrieg sehr gut beherrschen.

Überhaupt stellt das Alter nochmals ein neues Stadium in der kulturellen Orientierung dar. Auch dort, wo lange die Ablehnung des Deutschen als Sprache der Mörder und Verfolger überwog, läßt der Widerstand nach – bedingt durch den Abstand der Jahre, manchmal auch durch menschliche Begegnungen und nicht zuletzt unterstützt durch biologische Faktoren wie das Altersgedächtnis, das das zuerst Erworbene wieder hervor- und das später Erlernte zurücktreten läßt; die Erinnerungen an die Jugendzeit (mit denen unser Buch beginnt) werden intensiver, der Freundeskreis reduziert sich oft wieder auf Vertraute der früheren Jahre, auf Menschen mit ähnlichen Erfahrungen. So wählen im fortgerückten Alter auch manche, die viele Jahre ganz im hebräischen Sprachkreis aufgegangen sind, eines der deutschsprachigen Altenheime (in Israel »Elternheime« genannt), weil ihnen dieses Ambiente wieder bequemer und vertrauter erscheint. Das kommt auch bei Menschen vor, die in all den Jahren bewußt keine Verbindung zu den »Landsmannschaften« der Bayern oder Rheinländer etc. in Israel gehalten haben und den ›Verein der Einwanderer aus Mitteleuropa‹ (›Irgun Olej Merkas Europa‹) allenfalls finanziell für seine Sozialarbeit unterstützt hatten.

Gewiß sind unter den aus Mitteleuropa stammenden deutschsprachigen Juden, die sich im öffentlichen Leben und in Wissenschaft und Kunst einen Namen gemacht haben, auch einige wenige, denen es gelungen ist, im sprachschöpferischen Bereich Bedeutendes zu leisten. Israels anerkanntester Lyriker, Jehuda Amichai, 1924 in Würzburg geboren, ist ein Beispiel dafür. Er gehört zu dem kleineren Teil der aus religiösen Familien Stammenden, die schon als Kinder in der jüdischen Kultur wurzelten. Das ermöglichte ihm nach der Einwanderung eine harmonische Weiterentwicklung im Hebräischen, ohne daß Kultureinflüsse, die er aus Deutschland mitbrachte, ganz ausgemerzt wurden. Für die meisten jedoch war das Schreiben auf hebräisch eher ein ideologischer, willentlicher Akt, durch enormen Energieaufwand errungen. Emanuel Strauss berichtet über den Übergang seines Vaters, des in Deutschland bekannten Schriftstellers und Literarhistorikers Ludwig Strauß, zur Publikation in hebräischer Sprache. Mirjam Michaelis, die schon als Studentin einen Lyrikpreis in Deutschland erhalten hatte, ist heute eine der ganz wenigen, die sowohl dem hebräischen wie dem deutschsprachigen Schriftstellerverband in Israel angehören. Jetzt, im Alter, schreibt sie häufiger wieder auf deutsch. Doch nicht nur sie schreibt deutsche Gedichte – auch manche andere haben im Alter zum ersten Mal (oder nach 50, 60 Jahren zum ersten Mal wieder) dichterische Anwandlungen. Mehrere Interviewpartner haben uns berichtet, daß sie ganz plötzlich, z.b. beim Aufwachen, ein Gedicht im Kopf haben – und das zu ihrer eigenen Überraschung auf deutsch. Wir haben diesem Phänomen daher einen eigenen kleinen Abschnitt gewidmet.

Wo die mitgebrachte deutsche Kultur mehr oder weniger bewußt die Basis der weiteren Entwicklung blieb (und nicht den Anlaß für eine kulturelle Stagnation bildete), wurde sie oft als Brücke zu einer breiteren westlich-europäischen Orientierung benutzt. So gesteht auch ein Wissenschaftler wie Yehoshua Arieli, der im israelischen intellektuellen Leben eine Rolle spielt, selbstkritisch ein, daß er »in der hebräischen dichterischen und denkerischen Tradition nie einen Konkurrenten für das Deutsch-Europäische oder später das Englische« fand.

Ganz unabhängig davon aber, wie tief die einzelnen in die hebräische Kultur hineingewachsen sind, und auch weitgehend unabhängig von ihrer früheren Ausbildung und ihren späteren Berufen, ist ihnen allen eines gemeinsam: ein äußerst gepflegtes Deutsch, die Ausdrucksformen des Bildungsbürgertums der zwanziger Jahre. Bei schriftlichen Texten der ehemals deutschen Juden Israels findet man häufig die Anmerkung, daß es sich um ein etwas altmodisches, stehengebliebenes, ja versteinertes Deutsch handle. Im Schriftlichen, das viele nicht weitergepflegt haben, mag das eher sichtbar werden – im Mündlichen jedoch ganz und gar nicht. Wir begegnen vielmehr sehr lebendigen, rhetorisch begabten Rednern/Rednerinnen und spannenden Erzählern/Erzählerinnen, deren sprachliche Gestaltungskraft geradezu zum Hörerlebnis werden kann. Dies war ursprünglich der »wissenschaftliche« Ausgangspunkt für die insgesamt 150 Interviews aus den Jahren 1989 bis 1995, die unserer Textauswahl zugrunde liegen. Die hohe Sprachkultur dieser alten Bildungsbürger, die deutsche Kultur oft soviel kultivierter bewahrt haben als diejenigen, die sie aus dieser Kulturgemeinschaft ausgegrenzt und vertrieben haben, sollte noch einmal dokumentiert werden. Da die Ergebnisse der Interviews jedoch inhaltlich das Erhoffte weit übertrafen, entstand über die Sprachdokumentation und -analyse hinaus der Plan für dieses Buch, das einem breiteren Leserkreis alle Phasen dieser Emigration aus vielfacher Perspektive vor Augen führen soll. Wir haben uns bemüht, ein möglichst vielschichtiges Bild dieser *alija* zu geben, bei dem nicht nur die schon oft befragten Prominenten den Ton angeben, sondern Menschen verschiedenster Schichten, Herkunftsorte und Weltanschauungen in Mitteleuropa früher und in Israel heute vertreten sind.

Das erste Kapitel ist dem früheren Leben in Mitteleuropa gewidmet, zunächst den unterschiedlichen Elternhäusern, signifikanten Jugenderlebnissen, Freundschaften, dem Verhältnis zu den nichtjüdischen Nachbarn und Klassenkameraden, ersten Erfahrungen mit dem Antisemitismus. Da wohl nur in wenigen Fällen unabhängig von den Ereignissen der Hitlerzeit der Weg wirklich nach Palästina geführt hätte, wird der Entscheidung für Palästina als Emigrationsland ein eigener Teil gewidmet, der sehr aufschlußreich für die Einstellung der deutschen Juden zum Zionismus, aber auch zu Deutschland ist. Im dritten Abschnitt stehen Bedrängnis und Verfolgung im Mittelpunkt, die zur Auswanderung bzw. Flucht führten, sowohl aus der Perspektive der Älteren, die ihre Berufe und Studien aufgeben mußten, wie auch der Kinder, die unter Umständen an jüdische Schulen wechselten und schließlich mit oder ohne Eltern das Land verließen. Die Berichte, wie schwierig die Ausreise zu organisieren war, wie gefahrvoll und dramatisch häufig die Flucht und/oder die illegale Einwanderung verliefen, beziehen sich überwiegend auf die Zeit bis 1940.

Das zweite Kapitel schildert das neue Leben in Palästina, später Israel: die Anfangsschwierigkeiten, einen Platz in der vorwiegend ostjüdisch geprägten Gesellschaft Palästinas zu finden, die speziellen Probleme, die durch die neue Masseneinwanderung entstanden, und ihre Auswirkungen auf die Befindlichkeit der Einzelnen. Da sowohl die Möglichkeit des Kampfes gegen Hitler an der Seite der Engländer im Zweiten Weltkrieg wie auch die Rettung der Überlebenden in Europa nach Kriegsende und ferner die zahlreichen weiteren »eigenen« Kriege im Lande, voran der Befreiungskrieg 1948, eine große Rolle im Leben und Bewußtsein der Neueingewanderten spielten, ist diesem Thema ein eigener Abschnitt gewidmet. Obwohl hier nur ausschnitthafte Berichte zur Verfügung standen und vieles ausgespart bleibt, erzählen zum Beispiel Mitglieder der Jüdischen Brigade über ihre Tätigkeit bei Kriegsende Details, über die zum Teil noch wenig veröffentlicht ist. Beide Teile des zweiten Kapitels reichen (mit Lücken) bis in die unmittelbare Gegenwart.

Die Inhalte des dritten und vierten Kapitels, die sich mit dem Identitätswechsel und dem kulturellen Selbstverständnis der Israelis deutscher Herkunft beschäftigen, wurden schon angesprochen. Im Abschnitt »Jeckes« (wie schon in manchen Schilderungen des zweiten Kapitels) wird größtenteils bescheiden, manchmal auch ein wenig stereotyp angesprochen, welchen entscheidenden Beitrag die deutschsprachigen Juden zum Aufbau des Landes geleistet haben, und zwar nicht nur in einigen kulturellen Bereichen – wie der Philosophie, Musik etc. –, sondern auch in der Wissenschaft, der Justiz, der Verwaltung, der Industrie, der Landwirtschaft sowie ganz allgemein für die politische und gesellschaftliche Kultur. Ohne den Beitrag dieser großen und wichtigen *alija* wäre das Land heute ein anderes. Im letzten Teil des vierten Kapitels sind einige recht unterschiedliche Meinungen gesammelt, ob und in welcher Form in der zweiten, dritten und in künftigen Generationen noch etwas vom spezifisch deutsch-jüdischen Erbe weiterleben wird, oder ob der »deutsche« Beitrag schon heute ganz in der allgemeinen Kultur des Landes aufgegangen ist.

Das fünfte Kapitel schließlich greift die Frage nach dem Schicksal der Eltern und Verwandten auf und offenbart – allerdings nur sehr verhalten, da oft durch betonte Sachlichkeit oder Wortkargheit überspielt – ein wenig von den Erschütterungen, die die Erinnerungen daran wecken. Auch neue Kontakte zur früheren Heimat (sofern sie überhaupt aufgenommen wurden) waren und sind nicht nur von den persönlichen Erfahrungen geprägt, sondern vor allem durch die Schoa, wie der Holocaust auf hebräisch genannt wird. In den sehr offenen Berichten, was man speziell beim ersten Wiederzusammentreffen mit Deutschen und Österreichern gedacht und empfunden hat, wird deutlich, wie tief jeder Einzelne von dem furchtbaren Geschehen betroffen war und ist. – Die letzten Texte, zusammengefaßt unter »Lebensbilanz«, streifen dieses zentrale Thema meist weniger direkt; es schwingt nur mit, bildet den Hintergrund. Hier werden u.a. die positiven Lebensleistungen angeführt, aber auch die Sorgen wegen der immer noch bedrohten Si-

tuation des mit ebensoviel Schwierigkeiten wie Hoffnung und Enthusiasmus aufgebauten eigenen Staates. Einiges an Pessimismus
ist wohl auch dem Alter der Befragten und seinen Beschwerden
zuzuschreiben.

Ein Großteil der hier Interviewten meldete sich auf Annoncen in
den beiden letzten deutschsprachigen Publikationsorganen in Israel. Um auszuschließen, daß dadurch nur einseitig die Gruppe
derer erfaßt würde, die noch Kontakt zum deutschen Milieu pflegen, wurden später eine Reihe von Ergänzungsaufnahmen in Kreisen gemacht, die den noch übrig gebliebenen deutschsprachigen
Institutionen und Organisationen nicht nahe stehen und sich auch
sonst nicht auf eine Annonce dieser Art gemeldet hätten. Das Projekt wurde von den Deutschen Anne Betten und Kristine Hecker
geplant und begonnen, doch erweiterte sich die Perspektive nochmals durch die Mitarbeit von Miryam Du-nour, die selbst aus einer
Prager Zionistenfamilie stammt, aber schon in Palästina geboren
ist und als Hebraistin den ursprünglichen Fragenkatalog über das
heutige Verhältnis zur deutschen Kultur, zur Vergangenheit in Mitteleuropa und zum heutigen Deutschland und Österreich um die
bislang noch kaum erforschte Komponente erweiterte, wie tief die
vor ca. 60 Jahren Eingewanderten denn eigentlich in die hebräische Kultur hineingewachsen sind. Während die meisten Textstel-
len mehr nach psychologischen Gesichtspunkten ausgewählt wurden, was sie offen oder unterschwellig über das Identitätsgefühl
des Sprechers preisgeben, finden sich daher in diesen erstmals re-
cherchierten Teilen des Kultur- und Sprachkapitels auch manchmal stärker erläuternde oder erklärende Passagen.

Da alle Aufnahmen spontan, ohne jegliche inhaltliche Vorbereitung gemacht wurden, war es uns besonders wichtig, diesen spontanen Charakter auch im Sprachduktus zu bewahren: Bei länge-
rem Nachdenken oder schriftlicher Formulierung wäre sicher vieles anders, »objektiver«, gesagt worden – aber eben auch nicht so
unmittelbar, unverstellt und ungeschützt. Auch die Sprache selbst
wäre weniger lebendig, weniger bild- und einfallsreich, weniger
pulsierend. Gewiß laufen wir bei dieser Art der sprachlichen Prä-
sentation, die den Originalwortlaut nur wenig überarbeitet wie-
dergibt, Gefahr, daß Leser, die mit den Eigenheiten der gesprochenen Sprache noch nie konfrontiert worden sind und nicht ahnen,
wieviel mehr der normale deutsche Sprecher heute von den Re-
geln der Schriftsprache abweicht, den Eindruck gewinnen könnten, hier läge doch ein etwas regelfernes Sprechen vor, das den

Normen der deutschen Grammatik »nicht mehr« ganz gehorcht. Wer diesen Eindruck erhält und sich in diesen mündlichen Stil nicht allmählich einliest, mache den heilsamen Versuch, einmal ein spontanes Gespräch zu verschriftlichen, das er selbst unbemerkt aufgenommen hat! Dann wird er eher verstehen, warum diese Art des mündlichen Ausdrucks hier ganz bewußt als Sprachkultur bezeichnet wird.

Es sei noch erwähnt, daß zur Bewahrung der individuellen Sprechstile Wortschatz und Wortformen nicht vereinheitlicht wurden (so findet sich etwa »Schabbat« neben »Schabbes« und »Sabbat«, »gukken« neben »kucken«, »gerade« neben »grade«). Fremdwörter wurden nicht ins Deutsche übersetzt; sie sind kursiv geschrieben und werden im Glossar erklärt, sofern dies nicht im Text selbst geschieht. Personen- und Ortsnamen sind in das Glossar zumeist nicht aufgenommen; ihre Transkription ist auch in Nachschlagewerken wegen der speziellen Probleme der Umsetzung des Hebräischen sehr unterschiedlich, hier erfolgt sie weitgehend nach linguistischen Kriterien. Einige Bezeichnungen der Nationalsozialisten wie »Kristallnacht« oder «Boykottag«, die heute in wissenschaftlichen Texten stets in Anführungszeichen stehen, wurden von den Sprechern meistens ohne stimmliche Markierung verwendet und dann auch von uns nicht besonders gekennzeichnet.

Die meisten Gespräche fanden unter vier Augen, nur zwischen der Interviewerin und dem Interviewten statt, meist in dessen Privatwohnung. Ehepaare ließen sich gelegentlich zusammen aufnehmen; manchmal waren auch Freunde anwesend, die sich einschalteten. »Du« mit den zugehörigen Formen ist nur in der direkten Anrede unter den Interviewpartnern groß geschrieben, in der Wiedergabe direkter Rede u.ä.m. jedoch klein. Auch in monologischen Textausschnitten wird die Interviewerin oft mit »Du« oder »Sie« angesprochen und einbezogen. Bei dialogischen Gesprächspassagen sind die Anfangsbuchstaben der Sprecher angegeben; die jeweiligen Interviewerinnen erscheinen als AB für Anne Betten, MD für Miryam Du-nour, KH für Kristine Hecker und EE für Eva Eylon (s.u.).

So wie alle Äußerungen der Sprecher als spontan gewürdigt werden sollen, so ist es auch nicht die Absicht der Herausgeberinnen, dieses Buch als historische Dokumentation oder gar als »objektives« Geschichtsbuch verstanden wissen zu wollen. Weder Vollständigkeit noch Ausgewogenheit wurden angestrebt, sondern immer der ganz persönliche Blick, das subjektive Erleben, die individuelle, oft tatsächlich vereinzelte Meinung. Daß aus der Summe des häufig Widersprüchlichen wenn nicht ein Ganzes, so doch vielleicht eine Verstehensgrundlage für die Situation der deutschen Juden in Israel erwächst, ist allerdings die Hoffnung, die uns bewegt. Da wir keine historischen Einführungen zu den einzelnen Kapiteln bieten, um den Stil des Buches nicht zu unterbrechen, haben wir des öfteren an den Anfang neuer Kapitel und Unterpunkte einen einführenden Text gesetzt, der allerdings dem Prinzip des spontan Gesprochenen treu bleibt und daher ebenfalls nicht auf Vollständigkeit und »Objektivität« ausgerichtet ist.

Es ist das Ziel des Buches, den »Jeckes«, wie die deutschen Juden in Israel halb spöttisch, halb liebevoll genannt werden, ein Denkmal zu setzen: Ein weiteres Denkmal in einer Zeit, die an Jahres- und Gedenktagen reich ist, von denen aber viele nur Gesten vor einem Stein bleiben, weil die Gedenkenden, zumindest in Europa, oft jeden lebenden Kontakt mit denen, derer sie gedenken, verloren haben. Nur das menschliche Interesse aber, die Kenntnis und das Nachempfinden der Gedanken und Gefühle des anderen, der eigentlich auch ich selbst hätte sein können, wird dem Gedenken auch die Wärme und Anteilnahme verleihen können, derer es bedarf, um es nicht zu einer Pflichtübung verkommen zu lassen. »Ich habe es geschrieben für die Deutschen, die nie gefragt haben, was aus uns geworden ist«, sagte unser Interviewpartner Josef Stern über seine Autobiographie, die er gerade auf deutsch geschrieben hatte. Wir wollten diese »letzten« Zeugen des deutschen Judentums befragen, wie ihr Leben zwischen Schmerz und Verlust, Hoffnung und neuer Erfüllung weitergegangen ist, mit welchen Emotionen und Einsichten sie darauf zurückblicken und was sie uns und ihren Enkeln darüber als menschliches und damit doch zugleich historisches Zeugnis hinterlassen möchten. Wir sind ihnen sehr dankbar für die Offenheit und das große Vertrauen, mit denen sie uns Dinge erzählt haben, die zum Teil ihren Kindern noch nicht bekannt waren. Und wir hoffen, daß jeder Leser dieser Texte etwas von der zutiefst beeindruckenden Menschlichkeit ihrer Sprecher spüren und in sich aufnehmen kann.

Da das vorliegende Buch aus einem breiter angelegten Projekt hervorgegangen ist, haben außer den Interviewpartnern und den beiden Herausgeberinnen noch viele andere Personen an einzelnen Arbeitsphasen mitgewirkt. Namentlich seien hier nur die genannt, denen der Leser begegnen wird: Zunächst Dr. Kristine

Hecker, Lektorin für Deutsch an der Universität Bologna, die aufgrund ihrer intensiven Beziehungen nach Israel das Projekt mit
angeregt, vorbereitet und eine große Zahl von Aufnahmen gemacht
hat. Ferner Eva Eylon und Nira Cohn, beide selbst Interviewpartne-
rinnen (s. Kurzbiographien), die ihre Hilfe beim Aufnehmen anbo-
ten, als Anne Betten bei ihrer ersten Aufnahmereise 1990 ihr Gepäck mit 50 Interviews gestohlen worden war. Und schließlich Dr.
Esriel Hildesheimer, ebenfalls Interviewpartner, der die Manuskript-
gestaltung mit vielen Auskünften und Nachschlagearbeiten begleitet
hat. Der Deutschen Forschungsgemeinschaft und der Katholischen
Universität Eichstätt kommt das besondere Verdienst zu, das Projekt von 1989 bis 1995 großzügig unterstützt zu haben. (Die voll-
ständigen, durchschnittlich zwei- bis dreistündigen Interviews können ab 1996 beim Deutschen Spracharchiv im Institut für deutsche Sprache in Mannheim entliehen werden.) Allen Mitarbeitern
und Förderern sei herzlich gedankt!

Salzburg und Jerusalem   *Anne Betten und*
im Juni 1995   *Miryam Du-nour*

Viele haben mir schon gesagt: »Schreiben Sie auf, Sie haben so vieles erlebt!« Auch mein Onkel, der Historiker war, Leiter vom Gesamtarchiv der deutschen Juden, hat gesagt: »Schreibt auf. Mit euch geht ein Geschlecht, das nicht wiederkommt.«

Clara Bartnitzki (*1902)

Ich bin für menschliche Verständigung, ich bin für alle Versuche, der jungen Generation die Augen und die Ohren zu öffnen und das Verständnis zu fördern für das, was wir, was unsere Väter und Vorväter einstmals in Deutschland geleistet haben und was der Staat Israel heute für uns bedeutet. Das ist meiner Meinung nach eine erzieherische Aufgabe. Wird das nicht getan, wird das – was ich auch verstehen kann – von vielen Israelis und Juden auf der Welt abgelehnt, so werden wir selbst dazu beisteuern, daß in zehn oder zwanzig Jahren all das, was auf so furchtbare Art und Weise zerstört worden ist, völlig vergessen sein wird. Das muß aber ins breite Volk getragen werden, und das ist eine ungeheuer wichtige erzieherische Tätigkeit, zu der wir, die letzten noch in Deutschland Geborenen, sehr viel beitragen können.

Abraham Frank (*1923)

Erstes Kapitel

Kindheit und Jugend

Es ist eine schöne Jugendzeit gewesen!

AF: Es ist eine schöne Jugendzeit gewesen! Es war eine Zeit der Emanzipation der Juden in diesen kleinen und mittelgroßen deutschen Städten. Gewisser Wohlstand, Kultur. Mit vielen Möglichkeiten, wie es an und für sich, würde ich mal sagen, nicht allen Mitschülern geboten wurde. Mit Sommerreise und Winterreise zusammen mit den Eltern, mit kulturellem Hause, mit Konzerten und kleinen Theatervorstellungen im Haus, *jour fixe* einmal in der Woche.

AB: Dein Vater, wenn ich da mal eben zwischenfragen darf –

AF: Auch in Cottbus geboren.

AB: Ja, und der war Kaufmann?

AF: Er war Kaufmann, bekannt wegen seiner Ehrlichkeit und Anständigkeit. Er war Schöffe in Cottbus, seinem Beruf nach Getreidehändler, Großhändler. Meine Mutter war die Dominante in der Familie, kulturell und geistig der Mittelpunkt.

Abraham Friedländer (*1916)

Ich habe vieles gelernt und getan

Ich habe eine gute, schöne Jugend gehabt. Ich habe tanzen gelernt beim Ballettmeister der Wiener Staatsoper und bin aufgetreten und habe Theaterschule gehabt. Also, ich habe vieles gelernt und getan. Man hat sich sogar Mühe gegeben, was Sprachen anbelangt: Ich habe eine Madame gehabt als kleines Kind, um Französisch zu lernen, und in Wien einen englischen Kindergarten besucht.

Lisl Vardon (* ca. 1915)

Meine Mutter spielte für mich Geige

MM: Ich komme aus einer gutbürgerlichen Familie, obwohl mein Vater Sozialist war. Meine Mutter war vor ihrer Heirat Mitglied des philharmonischen Orchesters, und meine erste Kindheitserinnerung ist, daß ich – damals muß ich vielleicht zwei oder drei Jahre alt gewesen sein – auf einem Schemel saß, es war Abend und die Laterne brach sich in der Fensterscheibe, und meine Mutter spielte für mich Geige. Das ist so meine allererste Kindheitserinnerung. Mein Vater spielte recht gut Klavier. Die beiden Brüder meiner

Mutter waren Musiker, hatten ein Musikkonservatorium in Berlin, der eine spielte Bratsche, und der zweite spielte Cello. Und so war dann bei uns jeden Mittwochabend Kammermusik. Sie brachten auch mitunter andere Spieler mit, das hat sich bis zum Oktett erweitert. Und daher stammt meine Liebe zur Musik bis zum heutigen Tage. Das ist mir sozusagen durch die Erziehung mitgegeben worden.

AB: Das war ja etwas ganz Besonderes damals. Ich glaube, Ihre Mutter war damals die einzige Frau in dem Orchester?

MM: Sie war die einzige Frau, und sie hat mir erzählt, sie saß in der zweiten Reihe der Geiger am letzten Platz, möglichst versteckt, damit man sie nicht sehen konnte. Sie war eine Schülerin von Joseph Joachim, und Joseph Joachim hat durchgesetzt, daß man sie in das Orchester aufgenommen hat. Sie hat, soweit ich mich erinnere, sechs oder sieben Jahre im Orchester gespielt.

AB: Aus was für einer Familie kam Ihre Mutter?

MM: Der Vater meiner Mutter hatte eine Buchhandlung in Lausanne, und die Ureltern oder der Großvater meines Großvaters war schon Musiker bei Friedrich dem Großen am Hofe. Ich habe per Zufall mal eine Briefmarke aus der Tschechei gefunden mit einem Portrait eines meiner Vorfahren, der Komponist in der Tschechei war. Und ich habe einen Vetter, der Musikprofessor in La Paz ist oder war, und bei dem noch ein Pokal steht, den Friedrich der Große mal einem meiner Vorfahren übergeben hat. So hat er mir erzählt.

Micha Michaelis (*1908)

Mein Pferd hat Sieglinde geheißen, und ich war glücklich!
Meine Mutter hat doch nie erlaubt, daß ich reiten darf. Das war nicht unsere Höhe, verstehen Sie? Aber ich war so verrückt! Mein Bruder durfte reiten als Junge, und er war gut in der Klasse. Da hat meine Mutter erlaubt, daß er Reitstunden nimmt. Und wie ich das gesehen habe, mein Bruder reitet, ach, da wollte ich für mein Leben gern auch reiten! So bin ich immer mit meinem Bruder in die Reitstunde gegangen und war begeistert! Und habe zu meinem Bruder gesagt: »Daß ich nicht reiten darf – ich versteh's gar nicht!« Hat mein Bruder gesagt: »Weißte, was wir machen? Du gehst das nächste Mal wieder mit mir mit. Und die erste halbe Stunde, die nehme ich, und dann gebe ich dir meinen Anzug, meine Hose und die Stiefel und alles, und du nimmst die andere halbe Stunde.« Ach, da war ich ja glücklich! »Niemand was sagen natür-

lich!« Aber die Mütter haben immer so gute Nasen. Sie hat gespürt, daß ich so überglücklich da mitgegangen bin mit dem Bruder. Denken Sie mal, was passiert ist: Eines Tages, wie ich in der
Reitstunde war, geht die Tür auf, und wer kommt rein? Meine Mutter
selig. Die ist ja bald in Ohnmacht gefallen! Ich auf dem Pferd! In
Hose! Na, das ist ja unerhört! Und da hat sie gesagt: »Du kommst
mir nicht mehr aufs Pferd!« Das Unglück können Sie sich vorstellen! Ich konnte nichts machen. Aber der liebe Gott hat sich in alles
reingemischt. Ich habe einen Mann geheiratet, der in einer Brotfa-
brik ganz viele Pferde gehabt hat. Wie ich verlobt war, da hat meine Mutter schon eher gestattet, daß ich auch ein Pferd bekomme.
Es hat Sieglinde geheißen. Und ich war begeistert, glücklich! Ist
auch eine schöne Sache!

Annie Glaubert (*1899)

* * *

**In der Weimarer Republik fühlten sich Juden weitgehend als gleich-
berechtigte Bürger**
Seit dem 10., 11. Jahrhundert gab es in Deutschland größere An-
siedlungen von Juden. Doch erst im 19. Jahrhundert kam es infolge der Aufklärung und Emanzipation dazu, daß in den verschiedenen Ländern Gesetze erlassen wurden, die schließlich nach der
Gründung des deutschen Reiches zur (fast) völligen Gleichberechtigung der Juden führten. Dies brachte jedoch auch eine große
Veränderung im inneren Leben der deutschen Juden mit sich. Ein
großer Teil strebte nach Assimilation und wollte auch in geistiger,
kultureller und religiöser Beziehung den christlichen Mitbürgern
gleich sein. Die Folge waren religiöse Reformen in der Synagoge
und im privaten Leben. So entstanden innerhalb des deutschen
Judentums verschiedene Richtungen, von der Orthodoxie bis zur
extremen Gruppe der reformierten Juden, die fast jegliche Verbindung mit dem überlieferten Judentum aufgaben. Die seit Ende des
19. Jahrhunderts aus Osteuropa zugewanderten Juden allerdings
hielten großenteils stärker an ihren religiösen und jüdischen Traditionen fest. Fast alle aber wollten vor allem »gute deutsche Patrio-
ten« sein und zogen mit Begeisterung für ihr Vaterland in den Krieg.
Ca. 12.000 jüdische Soldaten fielen im Ersten Weltkrieg für Deutschland. 1893 war der ›Central-Verein deutscher Staatsbürger jüdischen Glaubens (C.V.)‹ gegründet worden, der eine wesentlich größere Mitgliederzahl hatte als die ›Zionistische Vereinigung für

Deutschland‹, die 1897 nach dem ersten Zionistenkongreß als
Landesorganisation der zionistischen Weltorganisation gegründet
wurde und sich für die Errichtung einer »nationalen Heimstätte«
in Palästina einsetzte.

Die verschiedenen religiösen und politischen Richtungen innerhalb des deutschen Judentums machten sich selbstverständlich auch
in der Erziehung bemerkbar. Orthodoxe Eltern schickten ihre Kinder so weit wie möglich in jüdische Schulen, weniger religiöse
Familien und vor allem die deutschgesinnten Elternhäuser zogen
es vor, ihre Kinder in allgemeinen deutschen Schulen unterrichten
zu lassen. Im großen und ganzen läßt sich sagen, daß sich Juden
gerade in der Zeit der Weimarer Republik (1919 – 1933), trotz
verstärkter antisemitischer Tendenzen nach dem Ersten Weltkrieg,
weitgehend als gleichberechtigte Bürger fühlten. Sie waren am
geistigen und kulturellen Leben beteiligt, viele Juden waren bedeutende Wissenschaftler, Ärzte, Rechtsanwälte, Künstler und auch
Politiker, und viele andere hatten einen großen, oft maßgebenden
Anteil an Wirtschaft und Handel in Deutschland.

Esriel Hildesheimer (*1912)

Die Leute haben meinen Großvater »Zionistenfresser« genannt
SP: Meine Familie war das, was man in Deutschland neo-ortho-
dox nennt, also eine mitteleuropäische Orthodoxie, die recht welt-
lich war und doch sehr, sehr gekämpft hat, oder gerade deshalb so
stark gekämpft hat für die Orthodoxie, weil sie den Verfall, also die
Gefahr, ja gesehen hat. Mein Großvater mütterlicherseits war neo-
orthodox, er war ein hundertprozentiger Hirschianer. Es hat, glaube ich, in Deutschland wenige so starke Hirschianer gegeben wie
meinen Großvater. Er war Schüler von Rabbiner Hirsch und war
von ihm durchdrungen. Jedes Wort bei ihm war »Hirsch«, ganz
ohne daß er es gemerkt hat. Auch meine Mutter hatte eine anständige jüdische Bildung bekommen, wußte recht viel.
KH: Wie haben Ihre Eltern sich kennengelernt, war das kombiniert?
SP: Das war kombiniert. Mein Großvater väterlicherseits war der
Führer der österreichisch-ungarischen Orthodoxie, und er war einer der Führer der österreichisch-ungarischen ›Agudat Israel‹, das
war damals diese Weltorganisation. Mein Großvater mütterlicherseits war der zweite Mann in der deutschen ›Aguda‹. Und Dr.
Pinchas Kohn, der ein großer agudistischer Führer war, wollte diese *schiduch*, diesen *match*, und er wollte eben diese beiden Häu-

ser vereinigen. Das war ein rein politischer Schritt. Also, ich meine, sie haben sich kennengelernt, aber es wurde angeregt von einem Rabbiner, der sich da aufgespielt hat als *matchmaker*, als
schadchan. Er war natürlich kein *schadchan*, aber er war mit beiden Häusern sehr befreundet.

Mein Großvater war ein absoluter Gegner des Zionismus. Er gehörte zu dem ganz rechten Flügel der ›Agudat Israel‹, die eine
absolut antizionistische Politik geführt hat. Die Leute haben meinen Großvater »Zionistenfresser« genannt.

Salomo Pappenheim (*1926)

Am Schabbat bin ich nicht zur Schule gegangen

Der Vater war religiös, sogar orthodox. Ich erinnere mich zum
Beispiel, in Altenburg in der Volksschule, Sonnabend, am Schabbat, bin ich nicht zur Schule gegangen, denn in der Schule mußte
man schreiben, und ich hatte ja eine Erlaubnis, am Sonnabend
nicht zur Schule zu kommen, trotzdem ich alle Aufgaben machen
mußte und so weiter. Mein Vater war dagegen, daß ich am Sonnabend schreibe. Die Mutter war liberaler, gebildeter. Sie hatte das
Gymnasium beendet, mein Vater dagegen hatte nur *jeschiwa* und
cheder.

Abraham Goldberg (*1923)

Mein Vater hat gesagt, wenn er die Kinder studieren ließe, werden sie den Sabbat nicht halten können

Am Samstag wurde nicht gearbeitet, und mein Vater hat dann in
der deutschen Schule durchgesetzt, daß ich nicht schreiben muß
am Samstag, Sabbat. Ich hab' sogar eine Stunde freibekommen,
um in die Synagoge gehen zu können. Mein Vater hat gesagt, wenn
er die Kinder studieren ließe – Geld hat nicht gefehlt, um studieren
zu können –, werden sie den Sabbat nicht halten können: Zunächst
beim Studieren und vor allem später, wenn man sich selbständig
macht, wäre es schon schwer gewesen. Also war er immer stolz,
daß er seine Söhne bei sich beschäftigen kann, damit sie den Sabbat halten.

Ishak Naor (*1910)

Das kommt mir vor wie eine andere Welt!

RA: Ich wurde sehr fromm erzogen, speziell meine Mutter war
sehr fromm. Mein Vater war Händler. Er kaufte zum Beispiel das
Obst von *pardesim* – wie sagt man? Plantationen? – sagen wir für

eine Saison, für ein Jahr. Und das hat er dann verkauft. Und er hat Arbeiter gehabt, die aufgepaßt haben. Immer war er auf einem Pferd, ist in den Dörfern rumgefahren. Wir waren sechs Kinder. In der Früh hat man gebetet und hat *tales* und *tefilin* angelegt.

MD: War das eine *chassidische* Familie?

RA: Ja, ja, ja. Wenn der Rabbi von der großen Stadt, von Sighet, gekommen ist, war er immer bei uns, weil es bei uns genug koscher war. Alle *chassidim* sind zu Besuch gekommen. Das kommt mir vor wie eine andere Welt! Das war sehr schön, aber sehr anders, und wenn ich jetzt wieder zurückdenke, war das wunderbar. Und weil mein Vater so bekannt war, konnten die Eltern zur Zeit der Deportation meinen Bruder und mich zu Christen geben. Im Wald war ein Bunker gebaut, und sie haben uns dort versteckt, für Geld.

Wir Kinder waren nicht mehr so fromm: Am Schabbes sind wir zum Beispiel schwimmen gegangen. Wir sind zurückgekommen, und der Vater war draußen. Wir haben dem Vater gesagt, daß wir schwimmen waren. Hat der Vater gesagt:»Kinder, paßt mal auf, daß euer Haar trocken ist, daß die Mutter sich nicht ärgert.« – Und Freitagabend kam der Vater immer nach Hause mit irgendeinem armen Mann. In dieser Gegend gab es sehr viel Armut, und die Juden waren sehr, sehr arm. Und das war immer *a mizwe*, daß man irgendeinen armen Mann, der gerade bei uns im Dorf war, zum Abendessen mit nach Hause bringt. Und dann ist er gleich bei uns zum Schlafen geblieben. In der Küche war ein langer Ofen, und oben waren Kacheln, lang genug, daß man dort schlafen konnte. Und das war so schön am Freitagabend nach dem Essen, man ist gesessen und jeder hat Geschichten erzählt. Und speziell so ein Mann, der überall rumfährt, hat so wunderbare Geschichten zu erzählen gehabt, ach!

Rachel Amit (*1928)

Die ganze Atmosphäre war ausgesprochen jüdisch
Nicht nur meine Eltern sind beide in Deutschland geboren, sondern wir waren dort über Generationen. Mein Vater ist schon in Berlin geboren. Mein Großvater stammt aus Hameln, meine Großmutter aus Geseke, und die Familie meiner Mutter ist aus Frankfurt am Main, nachweisbar im Stammbaum bis 1500. Es sind also ganz eingewurzelte Frankfurter Juden. Beide Elternhäuser waren religiös. Nicht was man hier als hyper-religiös bezeichnen würde, aber wir sind zum Beispiel am Samstag, am Schabbat, nicht gefahren.

Wir haben in der Schule nicht geschrieben. Wir sind an allen Feiertagen in die Synagoge gegangen und haben das als Kinder, meine Schwester und ich, durchaus nicht als Zwang empfunden, sondern das sehr gerne gemacht. Also, die ganze Atmosphäre war
ausgesprochen jüdisch, wobei der Schwerpunkt nicht das Religiöse war, sondern die Einstellung zum Judentum überhaupt. Mein
Vater war sehr aktiv im ›B'nai B'rith‹, Präsident dort und in der
Großloge. Er war befreundet mit Leo Baeck. Er hatte eigentlich
Philologie studiert, war aber richtiger Rabbiner.

Eva Eylon (*1914)

Das Käppchen des Vaters
Mein Vater, der fromm war, hat im Haus das Käppchen nur zum
Beten aufgesetzt, aber nicht den ganzen Tag. Und wie er krank
war, vor dem Sterben, und selbst gemerkt hat, es geht zu Ende, ist
er im Nachthemd zum Täschchen; da war sein Käppchen drin.
Und wie er das gespürt hat, da hat er sein Käppchen rausgenommen
und hat es aufgesetzt. Und kurz darauf ist er eingeschlafen.

Annie Glaubert (*1899)

Belohnung für Schabbatruhe
KH: Und am Schabbat hatte er wahrscheinlich das Geschäft zu?
S: Selbstverständlich. Das Telefon ist nicht beantwortet worden,
und die Post ist nicht aufgemacht worden. Werde ich nie vergessen! Mein Vater hat in Berlin einen Kunden gehabt, ich weiß nicht,
ob er heute noch existiert, der hatte eine große Likörfabrik. Das
war in der Zeit, wo Ware schwer zu haben war. Und am Schabbat
ist ein Telegramm nach dem anderen, ein Telefon nach dem anderen angekommen. Man hat alles hingelegt, fertig. Mein Vater hat
sie erst aufgemacht, wenn der Schabbat zu Ende war. Jedes spätere
Telegramm hatte ein höheres Angebot für die bestimmte Ware. Also,
diese Geschichte habe ich zufällig nicht vergessen.

Siegmund Suess (*1904)

Die Katzen sollten nicht den *chometz* in die Wohnung bringen
Meine Mutti ist aus einem frommen Haus. Sie hat immer erzählt,
daß man bei ihnen zu *pessach* – sie hatten ein großes Gut – den
Katzen die Füße eingebunden hat, irgendwie mit Flanell oder mit
irgend etwas, damit sie nicht den *chometz* in die Wohnung bringen. Also aus einem solch frommen Haus war sie. Bei uns zu Hause war überhaupt nichts, kein koscher, kein nichts, ich habe davon

gar nichts gewußt. Und von Zionismus war schon überhaupt keine Rede. Ich bin in einem ganz anderen Milieu groß geworden.
Daß ich Jüdin bin, hab' ich eigentlich erst durch Hitler erfahren.

Lisl Vardon (* ca. 1915)

Vater wollte, daß seine Töchter fromme Männer heiraten
AG: Mein Vater selig hatte schriftlich hinterlassen, er will haben,
daß seine Töchter fromme Männer heiraten, *schomre schabbat*,
das heißt, die am Schabbat nicht arbeiten. Dann bekommt jede
soundso viel Mitgift. Ich will nicht davon sprechen, aber sie war
sehr groß. Und das war alles schriftlich. Und dann, wie ich meinen Mann kennengelernt habe – das war doch eine Liebesgeschich-
te! -, habe ich gehört, sein Geschäft ist auf am Schabbat. Da habe
ich gedacht: »Das kann ich nicht machen! Man ehrt doch seine
Eltern!« Da sind wir zusammen, mein Mann und ich, zum Rabbiner gegangen. Mein Mann hat erzählt, daß wir heiraten wollen
und alles gut sei, aber mein Vater wolle, daß ich einen *schomre*
schabbat und so weiter. Und da hat dieser Rabbiner – es war ein
wunderbarer Rabbiner, wirklich wunderbar! – zu uns gesagt:
»Damit ihr also doch heiraten könnt, soll er nicht ins Geschäft
gehen, auf gar keinen Fall. Allerdings ist das Geschäft ein lebenswichtiger –« Wie nennt man das? Fürs Volk, wenn da die Brot-
brik einen Tag nicht läuft, geht's nicht weiter.
KH: Lebenswichtiger Betrieb.
AG: Lebenswichtiger Betrieb. Und das ist deswegen erlaubt, die
Fabrik darf weiterlaufen, und die Arbeiter dürfen arbeiten, die *gojs*,
aber er darf nicht. Er soll es so machen: Wenn er von der Synagoge
heimkommt, soll er einfach nur mal durchgehen durch die Fabrik,
damit die Leute sehen, er ist da, und ein bißchen Respekt haben.
Aber nicht sich kümmern. Das haben wir so gemacht. Das nennt
man gelernt! Und wir waren glücklich, und so ist es geblieben.
Mein Mann ist durch mich viel frommer geworden.

Annie Glaubert (*1899)

Diese Atmosphäre der Geborgenheit hat mein Leben bestimmt
Ich bin am 11. März 1899 in Messingwerk bei Eberswalde geboren, als Jüngste der religiösen jüdischen Familie Rosenblüth. Wir
waren sieben Kinder. Dieser Ort hat für unser aller Leben eine
große Bedeutung gewonnen. Messingwerk war ein Industriegut in
der Mark Brandenburg, das von einer jüdischen Familie Hirsch
nach der Emanzipation von der preußischen Krone erworben wur-

de. Es gab dort eine besondere Atmosphäre, über die schon viel geschrieben worden ist. Mein Vater kam aus Ungarn, und zwar aus einem Grenzgebiet, das immerzu zwischen deutschem Kultureinfluß und madjarischem/ungarischem wechselte. Meine Mutter kam aus Berlin und gehörte zu der Generation von Frauen, die schon Berufe haben wollten. Zum Studium hat das bei ihnen nicht gereicht, aber sie war eine der ersten Kindergärtnerinnen, die im Lettehaus ausgebildet wurden, so daß unsere Erziehung auf der einen Seite von dem sehr frommen religiösen Milieu, auf der anderen Seite schon ein bißchen Pestalozzi-Fröbelisch beeinflußt war. Mutter hat das Sprachliche sehr gepflegt mit uns. Sie hat sehr viel gesungen, sehr viel gelesen. Die Klassiker wurden gelesen. Also, das war schon sprachlich eine sehr bewußte Erziehung. Überhaupt war man in Messingwerk sehr gebildet, sowohl jüdisch wie deutsch. Ich bin dort bis zu meinem 11. Lebensjahr aufgewachsen, und diese bestimmte Atmosphäre der Sicherheit, der Geborgenheit einer einheitlichen religiösen Erziehung hat mein Leben sehr stark bestimmt.

Elsa Sternberg (*1899)

Deutsch und assimiliert – eine ziemlich neue Verbindung
Mein Elternhaus war eher deutsch und assimiliert, aber das war ohne Zweifel eine ziemlich neue Verbindung. Meine Mutter kam noch aus dem Dorf, sie waren acht Geschwister. Die zwei ältesten gingen noch in diesem Dorf in eine jüdische Schule. Es war oft so, daß in zehn, zwanzig Dörfern keine Juden lebten, und dann gab es ein Dorf mit einer großen jüdischen Bevölkerung. So eines war auch Thalmässing. Am Anfang des 20. Jahrhunderts war ein Drittel des Dorfes jüdisch. Und da gab es natürlich eine Synagoge und alles, was sie benötigten innerhalb der Gemeinde, und eine jüdische Schule. Die Juden auf dem Dorf waren nie eine solche Minderheit wie die Juden in der Stadt. In Ludwigshafen, wo ich groß wurde, gab es ungefähr 1.000 Juden unter 100.000 Einwohnern, in Thalmässing waren zur Zeit meiner Mutter von den 1.500 Einwohnern 400 Juden. Dort war das Leben ausgeprägt jüdisch. Am Samstag arbeiteten die Juden nicht. Sie gingen in die Synagoge und haben sich gut angezogen, und das war ein Teil des Lebens des Dorfes. Jede Familie hatte ihren *schabbesgoj*. Fromm oder nicht fromm, das war unwichtig, das war ein Teil des Lebens: Das tut man, und das tut man nicht.

Aharon Doron (*1922)

Trotzdem waren meine Eltern weltoffen

Mein Elternhaus war traditionell jüdisch. Meine Eltern lebten koscher, mein Vater war Gemeindevorsteher. Und trotzdem waren
meine Eltern weltoffen, besonders meine Mutter. Meine Mutter war
eine hoch-, hochbegabte Schülerin gewesen. Es gibt einen Namen
dafür, ein Kind, dem alles zugeflogen ist. Sie galt als eine der drei
besten Schülerinnen von ganz Hannover und durfte, als einmal
die Kaiserin Auguste Viktoria kam, ihr als Jüdin einen Blumenstrauß
überreichen. Das war was ganz Besonderes. Also, sie war ganz
besonders begabt. Meine Mutter war meinem Vater geistig sehr,
sehr überlegen – und so was wie ich ist nachher rausgekommen ...
Doch auch mein Vater war ein kluger Mann, ein guter Geschäfts-
mann, ein guter Organisator in der jüdischen Gemeinde. Er hatte
das Wohlfahrtsdezernat unter sich. Und meine Mutter war ja eine
Frohnatur. Sie war außerdem eine gute Sängerin, und ich erinnere
mich, daß sie im 40. Lebensjahr noch immer Gesangsstunden genommen hat. Sie sang im Stettiner Musikvereinchor mit. Dadurch
kenne ich ja alle die Bachschen Oratorien, und auch Mahler-Lie-
der.

Chuma Betty Kolath (*1908)

Ich bin in einer sehr freien Atmosphäre aufgewachsen

HM: Mein Vater war Arzt, und meine Mutter gehörte mit zu den
Gründerinnen dessen, was später die Reichsanstalt für Arbeitsver-
mittlung und Arbeitslosenversicherung war. Mein Vater praktizier-
te in Berlin, wo ich geboren wurde, wo ich aufwuchs. Meine Familie, sowohl mütterlicher- wie väterlicherseits, ist seit Jahrhun-
derten in Deutschland ansässig gewesen, hauptsächlich in Braunschweig, Preußen, Schlesien. Mein Vater war, was man heute als
orthodox bezeichnen würde, aber trotzdem deutschsprachig und
deutsch in seinem Zugang. Wobei ich betonen muß, daß ich als
ungefähr Vierjähriger einen »Lehrer« der Heiligen Schrift bekam,
einen pensionierten Kantor, der mir die ersten hebräischen Kenntnisse beibringen sollte. Darüber hinaus war es ein offenes Haus,
liberal in jeder Hinsicht, auch politisch. Mein Vater war ziemlich
engagiert in Richtung der demokratischen Partei, meine Mutter
weiter nach links, in die Sozialdemokratie rein, dahinter Intellektuelle mit gutem bürgerlichen Standard. Und das war es.

MD: Für orthodoxe Juden war so eine sozialistische Richtung ein
bißchen –

HM: Ich habe doch vorher betont, es ist atypisch, ja.

MD: Atypisch, ja. Sie waren meistens mehr konservativ gestimmt.
HM: Gut. Mein Vater schwenkte dann später ab von seiner ursprünglichen Richtung, die wahrscheinlich von zu Hause her datierte, denn mein Großvater hatte in Breslau noch das Prädikat eines Rabbiners, obwohl er davon keinen Gebrauch machte. Und wie gesagt, es machte sich, wenn wir das die Emanzipation nennen wollen, sehr deutlich bemerkbar. Ich muß sagen, ich bin in einer sehr freien Atmosphäre aufgewachsen, einer Atmosphäre intellektueller, aufgeschlossener Art.

Hugo Mendelsohn (*1918)

Zu *pessach* sind wir immer zu Freunden gegangen

CS: Wir hatten einen sehr aktiven Rabbiner, Dr. Max Grünewald, der hat in Mannheim die ›Jugendgemeinde‹ gegründet. Und dort habe ich die jüdische Erziehung bekommen. Meine Mutter war nicht fromm, aber traditionell gebunden. Sie hat zu *pessach* das Geschirr ausgewechselt und hat jeden Freitagabend Kerzen angezündet.
KH: Aber kein getrenntes Geschirr mehr? Die Koscherregeln, Milch und Fleisch noch getrennt?
AS: Wahrscheinlich.
CS: Wir hatten fromme Nachbarn. Da habe ich gesehen, daß ein großer Unterschied im Haushalt ist zwischen denen und uns. Nein, so fromm war meine Mutter nicht. Aber sie hat alle Feiertage gehalten. Zu *pessach* sind wir immer zu Freunden meines Vaters zum *seder* gegangen, und am *jom-kippur*-Abend sind wir zu anderen Freunden gegangen zum »Anbeißen«. Immer an diesen Abenden. Das sind solche Kindheitserinnerungen.

Chana (*1910) und Anton (*1907) Steiner

Wenn unsere Eltern in Urlaub gefahren sind, durften wir uns Schweinefleisch mit Kartoffelklößen wünschen

MD: Waren die Eltern aus traditionellen Familien?
ES: Das ist schwer zu sagen. Traditionell bestimmt nicht, eher liberal. Wir haben die jüdischen Geschäfte sehr locker gehalten. Meine Mutter war zwar gottgläubig, und das Traditionelle hat sich bei ihr darin ausgewirkt, daß sie uns Kinder, wir waren zwei Brüder, sozusagen gezwungen hat, in den Gottesdienst zu gehen. Wir hatten in Cham eine kleine jüdische Gemeinde von etwa 25 Familien, und da war es natürlich nicht immer leicht, den sogenannten *minjan* zu bekommen am Freitagabend oder am Samstagvormittag.

Die Geschäfte der Juden waren offen. Wir gehörten zu den Juden, die man später »Drei-Tage-Juden« genannt hat, nur *jom kippur* und *rosch ha-schana* waren das Geschäft meiner Eltern und auch die übrigen Geschäfte geschlossen. Das heißt, die Religiosität meiner Mutter drückte sich erstens darin aus, daß sie uns in die Synagoge geschickt hat, damit *minjan* sein kann, und zweitens *kaschrut*. *Kaschrut* war nicht hundertprozentig. Wir machen uns noch heute lustig darüber. Meine Mutter hat zwar kein Schweinefleisch erlaubt in der Familie, aber Schweineschinken, das durfte sein, denn der gehörte zur Erhaltung der Gesundheit. Es ging sogar so weit, wenn unsere Eltern in Urlaub gefahren sind – meistens sind sie nach Karlsbad oder Franzensbad in Böhmen gefahren –, dann durften wir zwei Söhne uns von unserem christlichen Dienstmädchen Schweinefleisch mit Kartoffelklößen wünschen, also das typisch bayerische Gericht. Das sagt, glaub' ich, genug, daß wir in keiner Weise traditionell waren.

Ernst Schwarz (*1913)

Am Samstag im Mainzer Jugendgottesdienst

GF: Meine Eltern waren nicht fromm. Wir hatten keinen koscheren Haushalt. Aber mein Vater ging zum Beispiel zu den Feiertagen immer im Zylinder in die Synagoge. Und an den Hauptfeiertagen war das Geschäft geschlossen. Schabbat war das Geschäft auf, aber nur immer bis 12. Mein Vater ging zum Jahresgedächtnis von seinen Eltern zur Synagoge. Und so wurden wir auch erzogen. Also, wir haben doch samstags geschrieben, unsere Schulaufgaben gemacht und alles. Ich war zum Beispiel im Mainzer Jugendgottesdienst am Samstagvormittag. Da waren die Kinder unten, wo die Herren sitzen, in zwei Reihen vorne. Es war ja konservativ. Ja, da hatten wir gewissermaßen einen kleinen Gottesdienst und mußten Lieder singen.

KH: Und waren dann Jungen und Mädchen getrennt?

GF: Nein, nein, zusammen. Beim Jugendgottesdienst nicht. Aber sonst waren die Männer unten und die Frauen oben.

Gertrud Fraenkel (*1894)

Der Kaiser rief, und alle Juden kamen

Wir waren Juden, die man die *rosch-ha-schana-jom-kippur*-Juden nannte. Die gingen zu *rosch ha-schana*, das ist das Neujahrsfest, und zehn Tage später, am *jom kippur*, dem Versöhnungsfest, brav in den Tempel. Und zur *Pessach*zeit hielt Vater, der selbstverständlich viel mehr auf diesen Gebieten wußte, den sogenannten *Seder*abend ab. Und am 24. April, heute vor 71 Jahren, wurde ich *bar mizwa*. Und damit hat meine Verbindung mit der Observanz des jüdischen Ritus den Anfang und das Ende genommen. Man war doch Deutscher, ja?! Der Kaiser rief, und alle Juden kamen.

*James Springer (*1907)*

Mit der Eisenbahn in die Synagoge gefahren

Mein Vater war »treudeutsch«. Die Familie war völlig assimiliert. Ich wußte, daß ich Jüdin bin, daß wir Juden sind, aber keiner hat sich darum gekümmert, außer daß wir zu *jom kippur* und *rosch ha-schana* mit der Eisenbahn in die Synagoge gefahren sind in die Oranienburger Straße, wo schon meine Vorfahren ihre Namensschilder an den Plätzen hatten. Das war ungefähr das einzige, was ich noch von irgendwelchem Judentum wußte. Mein älterer Bruder hatte eine Christin zur Frau, und der zweite Bruder war ein ausgesprochener Zionist. Er war der Grund, daß wir am Ende dann alle hier angekommen sind.

*Dalia Grossmann (*1919)*

»Ich kann mit dem lieben Gott im Wald am besten reden«

Ich muß sagen, meine Eltern waren – Gott sei Dank – immer sehr liberal und sehr human und haben immer gesagt: »Jeder soll machen, was er will.« Aber wir haben nichts gemacht, ja? Ich erinnere mich, in Deutschland, als ich noch ein kleinerer Junge war, ist mein Vater immer mit mir an den hohen Feiertagen im Wald spazierengegangen. Und er hat immer gesagt: »Ich kann mit dem lieben Gott im Wald am besten reden.« Das waren Tage, wo man nicht zur Arbeit gegangen ist, auf jeden Fall *jom kippur* und *rosch ha-schana*.

*Gershon Monar (*1924)*

Mein Großvater hatte schon keine *mesuses* mehr an der Tür

Meine Familie war völlig assimiliert. Mein Vater konnte nicht mal Hebräisch lesen, was außerordentlich selten war. Mein Großvater hatte schon keine *mesuses* mehr an der Tür. Aber die Eltern meiner Mutter waren bis zum Ersten Weltkrieg koscher. Im Krieg konnten sie's nicht durchhalten, und nachher haben sie nicht wieder angefangen.

*Herr Z (*1907)*

Ich bin immer Weihnachten herumgelaufen, um an den Fenstern zu kucken

Mein Vater kam aus einem frommen Haushalt, aber meine Mutter war so antireligiös, es wurde nichts gehalten. Ich kann mich nicht erinnern, daß wir zu *chanukka* Lichter gezündet haben oder daß wir Freitagabend Lichter gezündet haben. Das gab's nicht! Aber bis zum Weihnachtsbaum ging es nicht. Ganz zu Anfang hat man für die Dienstmädchen einen Weihnachtsbaum gehabt. Also, ich fand es jedenfalls sehr schön. Ich bin immer Weihnachten herumgelaufen, um an den Fenstern zu kucken, wie die Weihnachtsbäume gebrannt haben. Na, das ist ja ein schönes Fest, da gibt es gar nichts zu sagen. Ich meine, unsere Feste sind auch schön, aber so ein Weihnachtsbaum, das ist irgendwie was Warmes, ja, ist schön.

Ruth Kahn (*1909)

Wir hatten jedes Jahr einen Weihnachtsbaum

Die Eltern waren assimiliert. Wir hatten jedes Jahr einen Weihnachtsbaum. Mein Vater war Beamter, und man wußte gar nicht, daß er Jude ist. Erst als im Jahre 1924 oder 1925 eine Schwester von mir gestorben ist, ist man auf den jüdischen Friedhof gegangen. Da hat sich erst herausgestellt, daß er Jude ist.

Wir haben im 2. Bezirk gewohnt, wo viele Juden gewohnt haben, aber in der Hauptstraße. Meine Freundinnen waren Ostjuden, sie sind erst nach dem Krieg nach Wien gekommen. Deren Eltern haben noch Jiddisch gesprochen, und ich habe das nach Hause gebracht. Meine Mutter hat immer geschimpft, wenn ich irgendein Wort Jiddisch gebraucht habe. Ich bin zu *pessach* in die Schule gegangen und habe Brot gegessen. Wir waren wirklich sehr assimiliert.

Marianne Wahrmann (*1911)

»Wenn meine Kinder reden wollen mit dem lieben Gott, sollen sie deutsch reden!«

JG: Mein Vater war Antizionist: »Ich bin Deutscher und werde Deutscher bleiben!«

EE: Der war sicher auch im Krieg gewesen?

JG: Ja. Meine Mutter war ganz unjüdisch. Sie konnte nicht mal Hebräisch lesen. Mein Großvater hat gesagt: »Wenn meine Kinder reden wollen mit dem lieben Gott, sollen sie deutsch reden!«

EE: Wie wurden zum Beispiel die Feiertage gehalten?

JG: Überhaupt nicht. Mein Vater ging *jom kippur* in die Synagoge, machte aber vorher seine Praxis. Und es gab bei uns immer einen Weihnachtsbaum und Ostereier, und *jom kippur* hat man immer gegessen, sogar Schweinefleisch. Es war ein vollkommen unjüdisches Haus.

EE: Und Ihre Eltern hatten auch nichtjüdische Freunde?

JG: Ja, zum Teil. Die anderen waren Juden, zum größten Teil, aber alle genauso assimiliert. Von zu Hause habe ich keinen *Seder*abend gehabt und keinen Schabbat und nichts.

EE: Ach, wie traurig.

Jehudith Gardi (*1914)

Der hat ja keine Ausnahmen gemacht

Wir waren enorm assimiliert. Wir waren sehr gute Deutsche, und mein Vater war eigentlich Atheist. Er ist nur nicht ausgetreten aus der jüdischen Gemeinde oder nie getauft worden, eben weil er Atheist war. Man kann sich kaum jemanden vorstellen, der mehr assimiliert war als meine Familie und ich. Und deswegen hat uns das auch besonders getroffen, die ganze Sache. Denn der hat ja keine Ausnahmen gemacht, ob man nicht-assimiliert war oder assimiliert.

Frau X (*1911)

Meine jüdische Großmutter wollte von der Familie nichts wissen

Mein Vater hat sich absolut als Deutscher gefühlt, aber nicht weniger als Jude. Von den jüdischen Großeltern hatten wir eigentlich nur Kontakt mit dem Großvater. Meine jüdische Großmutter wollte von der Familie nichts wissen, ich nehme an, daß sie aus einer sehr frommen Familie kam und sehr unglücklich war, daß ihr Sohn eine Christin geheiratet hatte. Mein Großvater ist jede Woche zu uns gekommen, und mit dem haben wir sehr gut gestanden. Meine Großmutter habe ich eigentlich erst kennengelernt, nachdem mein Großvater 1933 gestorben war. Dann plötzlich wollte sie ihren Sohn sehen und auch uns, die Enkelkinder. Meine Mutter aber durfte auch weiterhin nicht ihr Haus betreten. Mütterlicherseits hatte ich nur noch eine Großmutter, und mit der hatten wir sehr guten Kontakt. Sie war immer sehr lieb zu uns und sehr nett.

Miriam Kedar (*1922)

Meine Mutter liebte die Frau Geheimrat und Frau Apotheker

Meine Mutter war sehr deutsch gesinnt, liebte die Frau Geheimrat und Frau Apotheker und Frau Buchhalter und die ganze Titulatur der kleinen deutschen Beamten, das war ihre Welt. Und ich war ein *outsider*.

Paula Pariser (*1902)

»Gold gab ich für Eisen«

Das Elternhaus, nun, das – wie soll ich mich da ausdrücken? – das war deutsch-patriotisch. Das lag ja auch sehr nahe. Wenn man in Deutschland lebt, kann es nicht anders sein, als daß der Gedankengang patriotisch ist, für Deutschland. Ich kann mich zum Beispiel erinnern an eine ganz kleine nebensächliche Angelegenheit. Mein ältester Bruder war neun Jahre älter als ich. In den ersten Kriegsjahren gab es, soweit ich mich erinnern kann, oft genug Siege vom deutschen Heer. Auch 1917 und sogar auch noch 1918. Sie wurden gefeiert oder es wurde aufgefordert, die Fahnen zu hissen, und wir hatten auch eine riesige Fahne, schwarz-weiß-rot. Drei Meter lang war sie, und die hat mein Bruder, mein ältester, der der kräftigste junge Mann in der Wohnung war, aufgehißt. Vor dem Fenster. Ja, das ist mir so plastisch in Erinnerung. Sie kennen ganz bestimmt die Einrichtung von einem Paneel-Brett? Das ist so in Gesichtshöhe ein Brett im Wohnzimmer, auf das Aufstellsachen gestellt werden: Teller und Schüsseln und Vasen und Bilder usw. In unserem Wohnzimmer war auch so ein Paneel-Brett, und darauf, ich erinnere mich genau, stand auch eine eiserne Bratpfanne, die glänzte, weil sie ja gar nicht benutzt wurde. Aber auf dem Rand von dieser Bratpfanne war in erhabenen dicken Buchstaben zu lesen: »Für Kaiser und Reich! Gold gab ich für Eisen.« Also, das Ding stand bis zum letzten Tag da auf dem Paneel-Brett, und das war eben auch ein Zeichen. Wieviel Gold mein Vater gegeben hat, weiß ich natürlich nicht. Aber sonst hätte er nicht die eiserne Pfanne bekommen als Gegenleistung, als Andenken, was weiß ich.

Emanuel Rosenblum (*1912)

Wenn mein Vater die Nationalhymne gehört hat, ist er in der Wohnung aufgestanden

Wie die Franzosen 1918 in Mainz eingerückt sind, da hat mein Vater in unserem Haus – das war unser eigenes – in allen Stockwerken die Läden runtermachen lassen. Wir durften nicht gucken: Der Feind kommt! Die ganzen Franzosen sind an unserem Haus vorbei, überhaupt niemand durfte gucken. Wenn er die Nationalhymne gehört hat, da ist er in der eigenen Wohnung aufgestanden.

Und mein Ältester war auch so patriotisch. Der ist ausgewandert mit der schwarz-rot-goldenen Fahne in der Tasche. Schwarz-rot-gold, das war doch verboten bei Hitler.

Gertrud Fraenkel (*1894)

Ein ganz nationaler Herr!

Das ist so gewesen: Von Vaterseite aus wären wir nie im Leben hierhergekommen, da wären wir wahrscheinlich alle in Auschwitz gelandet. Denn der Vater war ein so großer Deutscher, ja, das können Sie sich gar nicht vorstellen! Er war der Feuerwehr-hauptmann, 20 Jahre dort im Dienst, ehemaliger Kriegsteilnehmer, Kriegerverein, was Sie wollen. Alles war er, überall in den Vorständen, sogar im ›Kyffhäuserbund‹ war er im Vorstand. Also ein ganz nationaler Herr! Und für ihn wäre es fürchterlich gewesen. Er ist, ich möchte sagen, zu seinem Glück, 1932 gestorben. Auch aufgrund seiner gut deutschen Tätigkeiten: Er hat eben als Feuerwehr-hauptmann zu viel Rauch geschluckt, hat dann Asthma bekommen und ist daran elendig erstickt. Das kann man alles nicht verstehen. Im Jahre 1932, ein Jahr vor der Machtübernahme, hat man ihn begraben wie einen kleinen König, wenn Sie wissen, was das heißt: Feuerwehr, der Kriegerverein. Mit Fackeln haben sie den Sarg begleitet aus dem Dorf. In Kolberg ist die Kolberger Feuerwehr erschienen. Alles da! Und ein Jahr später war alles aus.

Michael Walter (*1916)

Meine Großmutter war eine fanatische Deutsche und Polenhasserin

AB: Haben Sie sich damals mehr deutsch gefühlt in Rybnik?

IL: Ja. Absolut, absolut. Ich bin neun Jahre lang aufgewachsen bei meinen Großeltern. Und meine Großmutter war eine fanatische Deutsche und Polenhasserin. Aber das hat sich auf mich nicht übertragen. Vielleicht wußte sie schon zwei Jahre zuvor, daß sie wegen der Polen ihre Heimat wird verlassen müssen. Das war dann auch 1921/22 der Fall. Dann wurde Oberschlesien geteilt. Ein Teil Oberschlesiens war im Abstimmungsgebiet. Der größte Teil des Industriebezirks ging an Polen, und der übrige Teil blieb deutsch. Wir waren in dem Teil, der zu Polen kam, und soweit ich mich erinnere, ist der größte Teil der Mitglieder der jüdischen Gemeinde nicht dort geblieben, weil er nicht in Polen leben wollte. Wir waren also alle deutsch bis in die Knochen. Die sind sozusagen bei Nacht und Nebel aus Rybnik geflüchtet in den Teil, der deutsch geblieben ist. Ja, also ich bin aufgewachsen im Bewußtsein eines ständigen Konfliktes zwischen Polen und Deutschen. Und das Erstaunliche war eben die Anhänglichkeit der Juden, auch der Juden, die nicht mehr dort gewohnt haben, an ihre alte Heimat. Und in Massen sind sie zur Abstimmung geströmt in das Abstimmungsgebiet, um für Deutschland zu stimmen. Unsere Wohnung war ein Heerlager. Das hat mich selber aber weiter nicht so beeinflußt, daß ich auch nur eine Antipathie gegen Polen entwickelt hätte. Ich hab' mich da schon in frühester Jugend völlig von meiner Familie emanzipiert, im Gegensatz zu vielen. Man sagt, der ganze Charakter wird in der Jugend schon geformt, zum Teil durch Spielzeug, ja. Ich bin derartig militaristisch aufgewachsen, daß es geradezu ein Wunder ist, wie ich Pazifist werden konnte.

AB: *(Lacht)* Können Sie mal ein Beispiel geben?

IL: Ein Beispiel? Ja. Unsere Wohnung war klein, sehr beengt, aber es wurde extra eine große Kiste angeschafft, und auf der wurde eine Burg aufgestellt, eine Pappmachéburg mit Zinnsoldaten, mit sämtlichen kriegsführenden Parteien in Europa, mit Engländern, mit Franzosen, mit Russen und deutschen Uniformen natürlich, und einer kleinen Kanone, so eine mit Platzpatronen, man konnte da schießen. Und da konnte man also alle möglichen Kriegsspiele spielen. Ich hab' dann auch damit gespielt natürlich, vielleicht zwei, drei Jahre lang. Aber es hat mich überhaupt nicht beeinflußt.

Iwan Lilienfeld (*1910)

Wir fühlten uns immer als Fremde

Unsere Familie hat schon vor 300 Jahren in Frankfurt gelebt, ist dann nach dem Osten ausgewandert und nachher zurückgekommen. Wir waren keine nationalen Deutschen, überhaupt nicht. Meine Eltern hatten österreichische Pässe und waren Österreicher. Nachher, nach dem Ersten Weltkrieg, wurden sie sogar polnische Bürger, was später geholfen hat, denn als der Hitler kam, hatten die polnischen Bürger mehr Rechte als die deutschen Juden. Aber deutsch-nationalistischer Einfluß war niemals da. Wir fühlten uns immer als Fremde, für die die Assimilation an Deutschland kein Problem geworden war. Man hat sich gefügt, soweit es nötig war, um dort zu leben, und das war alles. Unsere Grundlage war doch die Jüdischkeit, das Jüdische.

Schalom Rothem (*1912)

Der ganze Stamm ist nach Palästina ausgewandert

Mein Vater war Kaufmann in Würzburg. Meine Großeltern beiderseits, mütterlicherseits und väterlicherseits, waren Landjuden,
kleine Gemeinden, sehr orthodox, und die lebten und sahen aus
wie deutsche Bauern und waren sehr jüdisch orthodox. Und wir
sind, glaube ich, eine der wenigen jüdischen Familien aus Deutschland, wo der ganze Stamm zwischen '33 und '36 nach Palästina
ausgewandert ist, zehn große Familien. Kein einziger ist zurückgeblieben.

Jehuda Amichai (*1924)

Mein Vater gehörte zu den ersten Zionisten von Deutschland

Ich komme aus einer zionistischen Familie. Mein Vater gehörte zu
den ersten Zionisten von Deutschland. Er war schon auf dem zweiten Kongreß Abgeordneter und jahrzehntelang im Vorstand der
zionistischen Vereinigung. Er ist Kaufmann gewesen und war der
Älteste. Er hatte einen Bruder, der schon vor dem Ersten Weltkrieg
nach Palästina gegangen war. Aber der ist damals an Malaria erkrankt und zurückgekommen.

Hans Grünthal (*1915)

Die Möbel von Herzl standen bei meinem Onkel in der Wohnung

Wir waren alte Zionisten. Mein Onkel war schon beim zweiten
Zionistenkongreß, und die Möbel von Herzl und seinem Nachfol-
ger Wolffsohn standen bei meinem Onkel in einer zweiten Wohnung in Berlin am Wittenbergplatz. Und als Kinder, wenn wir Onkel
und Tante besuchten, haben wir immer gesagt: »Zeig uns mal die
Möbel von Herzl!« Und 1925, als die Universität in Jerusalem gegründet wurde, kamen dann mein Onkel, meine Tante und meine
Cousine her und haben die Möbel hierher überführt.

Eva Eylon (*1914)

Wir haben viele zionistische Lieder gehört

Meine Mutter war sehr zionistisch. Sie war wahrscheinlich auch
in einer zionistischen Jugendgruppe, denn ich kann mich erinnern,
wir haben viele zionistische Lieder zu Hause gehört, die Mutter
hat sie gesungen. Es gab ein Lied: »Dort wo die Zeder schlank die
Wolken küßt«, ich kann mich noch irgendwie an diese Melodie
erinnern, »dort ist mein geliebtes Heimatland«, oder so was.

Abraham Goldberg (*1923)

»Du wirst mal nach Palästina gehen!«

Mein Vater war sehr merkwürdig. Er war ein sehr assimilierter Jude, vollkommen. Wir hatten keine jüdischen Feierlichkeiten zu Hause, und ich habe nicht einmal *bar mizwa* gehabt, was wirklich selten ist. Aber er war einer der ersten Zionisten und sehr stolz darauf. Er hat mir nicht nur einmal erzählt, wie er schon als junger Student Zionist war, und wie das in dem Sportbund, dem zionistischen, war. Und wie alle anderen über ihn gelacht haben: »Du wirst mal nach Palästina gehen!«

Arje Eflal (*1918)

Mein Vater hat die Antizionisten geärgert

Mein Vater kam an und für sich durch meine Mutter zum Zionismus. Es war ungewöhnlich, daß der Sohn eines Kantors es wagte, Zionist zu sein und auch als Zionist in der Gemeindeverwaltung tätig war. Mein Großvater war Kantor, Schächter und Beschneider. Mein Vater war Arzt und hat die Beschneidung von meinem Großvater übernommen. Ich besitze noch immer die Geräte dazu. Er hatte in ganz Oberschlesien die Beschneidung und hat die Antizionisten damit geärgert, daß er kein Geld genommen hat, sie aber gezwungen hat, für zionistische Fonds zu spenden.

Shalom Weinstein (*1915)

* * *

Mein erstes Gedicht

Schon als ich sechs Jahre alt war, habe ich beschlossen, Dichterin zu werden. Und zwar ist damals der Krieg ausgebrochen, der Erste Weltkrieg, und die Leute waren alle begeistert. Ich habe sie auf der Straße jubeln sehen: »Es gibt Krieg, es gibt Krieg!« Und diese Begeisterung hat mich angesteckt, und ich habe mein erstes Gedicht verfaßt. Das war so, das erste Gedicht:

Wir wollen alle zum Kampfe ziehen,
ob's regnet oder schneit,
ob Rosen oder Fallschirm' blüh'n,
das ist uns alles gleich.
Wir wollen die Ostpreußen alle befreien
aus ihrer großen Not,
dann stellen wir uns in langen Reihen
und hauen die Russen tot.

Und dieses Gedicht machte großen Eindruck auf alle meine Tanten, und ich habe gesagt: »Wenn ich erwachsen bin, dann will ich Dichterin sein.«

Mirjam Michaelis (*1908)

Es gab zwei, die sich nicht irren können: der liebe Gott und der Kaiser Wilhelm

KH: Es ist heute so schwer, sich vorzustellen, wie man sich damals als Jude in der deutschen Umgebung gefühlt hat.

JA: Ja, sicher. Vor allem als Kind und vielleicht auch als junger Mensch war ich sicher in dieser Illusion, das heißt, als Kind, erinnere ich mich, gab es zwei, die sich nicht irren können: der liebe Gott und der Kaiser Wilhelm. Der 27. Januar, sein Geburtstag, war frei. Es war ein Feiertag auch für mich seinerzeit.

Jehuda Ansbacher (*1907)

»Um Gottes willen, was hab' ich wieder angestellt?«

HM: Meine Eltern waren der Ansicht, Jude zu sein war eine schwierige Angelegenheit. Das wollten sie dem Kind ersparen. Es wird das noch früh genug erfahren. Also, ich ging in die christliche Religionsstunde, in der Bibel ist ja kein Unterschied, nicht? Und eines Tages während der Pause rief mich ein kleiner glatzköpfiger Mann zu sich, da ich wahrscheinlich sehr jüdisch ausgesehen habe, und da ich sehr schwarze lockige Haare hatte, noch mehr als heute: »Wie heißt du?« »Heinrich Mendelssohn.« Nun, das ist doch schon ganz klar. »Wo wohnst du?« »Da und da.« Gut. »Warum kommst du nicht in die Religionsstunde?« Sag' ich: »Ich bin doch in der Religionsstunde, mit der ganzen Klasse zusammen!« Gut. Erledigt. Und ich habe die Sache vergessen. Am nächsten Tag komme ich nach Hause, und das Mädchen macht die Tür auf, und ich sehe an ihrem Gesicht, irgendwas ist nicht in Ordnung. Ich dachte: »Um Gottes willen, was hab' ich wieder angestellt?« Sie sagte: »Der Herr hat gesagt, du sollst sofort in den Salon kommen.« Sie sagte: »Der Herr«! Und ich komme in den Salon, da sitzen meine Eltern und dieser kleine glatzköpfige Mann von gestern, und mein Vater, sehr ernst, eröffnete mir, daß er Jude ist, und die Mutter ist Jüdin, und ich bin auch Jude, und von jetzt an werde ich in die Religionsstunde vom Herrn Pinkus gehen. Also, es stellte sich heraus, der Herr Pinkus war Rabbiner und Lehrer im Auftrag der jüdischen Gemeinde, und er sammelte so verirrte Schäfchen wie mich, nicht? Er sammelte sie, und man gab ihnen jüdische Religionsstunden. Da war ich nun sehr stolz, daß ich nun was Besonderes bin! Der einzige Jude in der Klasse, und später stellte sich heraus, in der ganzen Schule!

AB: Wie haben denn die anderen Mitschüler das damals aufgenommen? Das war ja immerhin in den 20er Jahren schon.

HM: Das war in den 20er Jahren, und ich habe dann sehr angegeben damit, daß ich Jude bin. Der Herr Pinkus gab mir ein Gebetbuch, halb hebräisch, halb deutsch. Ich verstand kein Wort Hebräisch natürlich, aber ich war sehr stolz darauf und gab da ein bißchen an, und das hat wohl meine Mitschüler geärgert. Sie sagten dann: »Ach, die Juden sind doch alle Betrüger, sind doch alle Gauner« usw., nicht? Also, es fing eine Prügelei an, und mehrere fielen über mich her. Und ich war sehr unterlegen, und außer Boxen und Schlagen habe ich dann auch gekratzt, und da waren sie sehr beleidigt und liefen zum Lehrer, haben mich verpetzt: »Der Mendelssohn hat gekratzt!« Sag' ich: »Ja, aber viele gegen einen! Das gehört sich nicht.« Sagt der Lehrer: »Ja, das ist richtig, das gehört sich nicht. Aber du darfst auch nicht kratzen!« Und das fand ich ungerecht. Da sah ich das erste Mal, was Antisemitismus ist.

AB: Sie schildern das von einer so menschlichen und psychologischen Warte aus, und nicht unter dem Etikett »frühe Erfahrungen des Antisemitismus«, aber –

HM: Na, das waren dann noch ein paar Jahre, da wurde ich Zionist, und das gab mir ein solches Gefühl der Sicherheit, daß mich der Antisemitismus nicht weiter gestört hat.

Heinrich Mendelssohn (*1910)

»Wenn dich einer Jude schimpft, dann hau ihm eins in die Fresse!«

Viel vom Judesein haben wir nicht gewußt. Eine der ulkigsten Sachen, die da vorgekommen sind, ist dies: Wir haben immer gewußt, wir sind Juden, aber was das so genau ist, wußten wir nicht. Da kam ein kleiner Junge zu uns zu Besuch aus Kolberg, der Sohn von Leuten, die uns mit Waren beliefert haben. Und der kam und war einen Tag bei uns, und da habe ich zu ihm gesagt: »Ja, alles darfst du dir gefallen lassen, bloß wenn dich einer Jude schimpft«, er war Christ, ja, »wenn dich einer Jude schimpft, dann hau ihm eins in die Fresse!« »Ja, was ist'n das eigentlich?« »Ja«, sag' ich, »das weiß ich auch nicht so genau, aber mein Bruder hat sich mit irgend jemand geschlagen, der hat ihn in seiner Religion beleidigt.« Aber damit hat sich's. Das war das, was wir darüber wußten.

Gabriel Walter (*1921)

Wir wurden nicht zur Angst erzogen

Wir wurden nicht zur Angst erzogen. Also, ich erinnere mich, an einem gewissen Tag, am Ende des *Sukkot*festes, ist man eine Nacht auf und lernt eine ganze Nacht. Man gibt natürlich den Leuten zu trinken, Kaffee und auch Likör oder so etwas, und der Alkohol ist ausgegangen. Da hat mich mein Vater nach Hause geschickt, ich soll eine Flasche Schnaps oder Eierlikör oder was immer das war – daran kann ich mich nicht mehr erinnern – bringen. Das war um zwei Uhr nachts. Ich hatte keine Angst, allein zu gehen.

Salomo Pappenheim (*1926)

Der Turnverein hat mich geprägt

Im Jahre 1921 hat mein Vater, der völlig assimiliert war, aber ein bewußter Jude, uns Jungens in den deutschen Turnverein DT gebracht. Wir waren befreit von Körperübungen in der Schule, weil wir in dem deutschen Turnverein waren, mein Bruder und ich, und wir waren gute Turner. Und dieser Turnverein hat mich geprägt eigentlich. Der hat mich so geprägt, daß ich mich heute noch als Preuße fühle, verstehen Sie? Ich kann nichts dafür, aber ich verteidige die Preußen, und ich bin Preuße. Das bin ich wahrscheinlich da geworden, in diesem deutschen Turnverein in Vietz an der Ostbahn.

Moshe Ballhorn (*1913)

Ich wollte denen zeigen: ein Jude ist nicht so!

Ich bin in einer ausgesprochen orthodoxen Gemeinde groß geworden, die zwar, was die äußere Form betrifft, die Kultur mitgemacht hat, aber eben dadurch, daß es Orthodoxie war, auch immer zugleich einen Abstand gefühlt hat. Die Schule, in der ich war, die Sachsenhauser Oberrealschule, war deutschnational. Dort herrschte das übliche Bild vom Juden, zwar nicht der Haß, der offene Haß der Nazis, aber –. Und da war in meiner Klasse noch ein Jude, ein typischer *Galut*jude, der sich an nichts beteiligte: Eine Welt für sich. Und ich wollte denen zeigen: ein Jude ist nicht so, wie sie sich das vorstellen. Und da habe ich mich etwas mehr beteiligt, wenn es um Kraft im Sport ging. Wahrscheinlich war auch etwas Jugendliches dabei, ein bißchen Ehrgeiz, ja. Aber Sie sehen, das war irgendwie nicht ganz natürlich. An menschlich enge Beziehungen, die man als Freundschaft bezeichnen kann, kann ich mich im Moment nicht erinnern.

Jehuda Ansbacher (*1907)

Ich war ein unglücklicher Jude und ein unglücklicher Deutscher
An eines erinnere ich mich. Die jüdische Religionsschule wurde
geführt von einem sehr bedauernswerten Lehrer. Ich war wie immer auch dort der gute Schüler, der sich beliebt machen wollte.
Da stand ich mit meiner Mutter am Fenster des Hauses, wo unten
das Warenhaus war und die Wohnung oben, und da ging dieser
Religionslehrer gerade vorbei. Und dieser arme Kerl ging vorn-
übergebeugt, ohne inneren Halt, weil er merkte, daß er mit den
Kindern in der Schule gar nicht fertig wird. Und meine Mutter zeigte
auf ihn und sagte: »Guck doch mal an, da, was für einen häßli-
chen jüdischen Gang dieser Mann da unten hat!« Das war so mein
Erlebnis, wodurch mir das jüdische Rückgrat, wenn ich so sagen
darf, gebrochen wurde. Ich war ein unglücklicher Jude und ein
unglücklicher Deutscher.

Erich Popper (*1898)

Ich wollte kein Jude sein
Mein Vater hat sich als ein guter Jude gefühlt, während ich kein
Jude sein wollte. Heute ist mir klar, daß ich machen kann, was ich
will, ich kann mich taufen lassen oder was weiß ich – ich bleibe
immer Jude.

Herr Z (*1907)

Als Jude erzogen, ohne jeglichen jüdischen Inhalt
AB: Sie sind aus einer Mischehe. Wie war das jüdische Verständnis im Elternhaus?
CS: Das ist eine gute Frage, wenn man sie ganz erklären wollte, ist
das sehr langwierig. Wie gesagt, ich habe Verwandte auf der jüdischen und auf der christlichen Seite. Und meine Eltern haben nicht
in Deutschland, sondern in London geheiratet. Und erst später, um
den Frieden in der Familie aufrecht zu erhalten, ist meine Mutter
zum Judentum übergetreten, in Deutschland. Und ich wurde auch
sozusagen als Jude erzogen, aber ohne jeglichen jüdischen Inhalt.
AB: Sie waren dann aus deutscher Sicht, weil der Vater Jude war,
Jude; aus jüdischer Sicht wären Sie nicht Jude gewesen.
CS: Richtig, aber meine Mutter ist richtig übergetreten, und damit
bin ich an sich Jude. Der bewußte Übertritt zum Judentum kam
eigentlich erst viel später und sicherlich unter dem Einfluß der Ereignisse, die sich dann in Deutschland abspielten.

Chaim Sela (*1914)

»Au, heute ist Schabbes!«

BK: Der Großvater, also der Vater meines Vaters, war orthodoxer Rabbiner in Oberschlesien. Er war sehr bekannt, aber auch bekannt als Vorkämpfer fürs Deutschtum, was ja auch in der Frankfurter Orthodoxie damals üblich war. Mein Vater war nicht mehr »fromm«, wie wir das nennen, aber Zionist, schon in der Studentenverbindung. Also, mit meinen Großeltern hatte ich schon keinen Kontakt. Ich glaube, der Großvater hatte mit meinem Vater gebrochen, weil er eine Christin geheiratet hat. Und nach seinem verhältnismäßig frühen Tod ist die Großmutter bei uns in Braunschweig erschienen. Das ist mir noch in Erinnerung. Sie muß gleich beim Sohn einen Besuch unternommen haben, nachdem das Veto ihres Mannes weggenommen war. So war das.

MD: Und hat Dein Vater auch noch Geschwister gehabt?

BK: Ja. Die sind alle orthodox geblieben.

MD: Habt ihr mit denen Kontakt gehabt?

BK: Ja, mit den Brüdern meines Vaters hatten wir Kontakt. Der war anscheinend sogar sehr eng, abgesehen von der geographischen Entfernung. Ich erinnere mich, daß mein Cousin, der anderthalb Jahre jünger ist als ich, in den Sommerferien zu uns nach Braunschweig zu Besuch kam. Ich hatte gerade Geburtstag und bekam eine Taschenlampe geschenkt. Natürlich habe ich die angemacht, und mein Cousin ganz entsetzt: »Au, heute ist Schabbes!« Ich habe sie ganz verlegen hingelegt und mich an das nächste Geschenk gemacht, das war ein Bleistift: »Au, heute ist Schabbes!« Also, er war völlig orthodox erzogen. Meine Eltern hatten mir vorher wahrscheinlich gesagt: »Du mußt das so hinnehmen, wie es ist, aber du brauchst natürlich kein Versteck zu spielen.« Für mich, ich war damals fünf bis sechs Jahre alt, war das ein bißchen schwierig, die Situation. Aber wie gesagt, der Kontakt innerhalb der Familie bestand.

Benjamin Kedar (*1923)

Mit zehn Jahren wurde ich auf die Schule nach Stettin geschickt

Wir haben in einer kleinen Stadt in Pommern gelebt, und da war kein Gymnasium, sondern nur eine Volksschule. Und dann wurde ich mit zehn Jahren auf die Schule nach Stettin geschickt. Da war ich bei einer jüdischen Familie mit noch anderen jüdischen Jungen aus der Provinz, und meine ganze Schulzeit hab' ich dort verbracht. Seit meinem zehnten Lebensjahr war ich eigentlich nur

Gast zu Hause gewesen, in den Ferien. Es war nicht so weit entfernt, aber immerhin.

Jehuda Steinbach (*1910)

Mein Bruder hat den Abschnitt zur Einsegnung mit lateinischen Buchstaben aufgesagt

Ich bin 1925 eingesegnet worden. Mein Vater wollte das nicht,
aber meine Mutter hatte Brüder, einen Bruder besonders, der religiös war und der darauf drang, daß ich eingesegnet werde. Und
daraufhin habe ich ein Jahr lang vor der Einsegnung Hebräisch
lesen und schreiben gelernt, das heißt, richtig lesen und schreiben
konnte ich nicht, aber lesen konnte ich später. Mein Bruder, der
nach mir kam, der konnte zum Beispiel nie hebräische Buchstaben lesen. Der hat mit lateinischen Buchstaben den Abschnitt auf-
gesagt, den man zur Einsegnung aufsagen muß.

Moshe Ballhorn (*1913)

»Hebräisch ist 'ne tote Sprache, die brauchst du nicht zu lernen!«

Mein Vater hat dann meines Erachtens noch einen ganz großen
Fehler gemacht: Hebräischunterricht fand mein Vater überflüssig.
Er hat immer gesagt: »Hebräisch ist 'ne tote Sprache, die brauchst
du nicht zu lernen«, obgleich er wollte, daß ich Latein und Griechisch lerne, was mich überhaupt nicht interessiert hat. Und dadurch habe ich noch nicht einmal in meiner Jugend das Alphabet
gelernt, was sich immer sehr schlecht für mich ausgewirkt hat. Im
großen und ganzen war meine Schule aber eine absolut jüdische
Schule. Und da habe ich eigentlich zum ersten Mal jüdische Bräuche kennengelernt und jüdische Häuser, die die Bräuche halten.

Eva Michaelis-Stern (*1904)

»In Haifa gibt es kein Griechisch!«

Herr Dr. Biram wollte meine Eltern veranlassen, die Kinder nach
Palästina zu schicken. Meine Eltern waren sehr einverstanden damit und kamen zu mir und sagten: »Wie wäre es, wenn du auf die
Biramschule« – so wurde das von den Jeckes genannt – »auf die
Biramschule nach Haifa gehst? Dann kannst du dort Hebräisch
lernen und alles. Was hältst du davon?« Doch dann sagte ich:
»Kommt nicht in Frage.« »Warum nicht?« Ich hatte nämlich gerade in der Untertertia angefangen, Griechisch zu lernen und war
sehr schlecht. Ich hatte eine Vier! Aber man hat mich gerade noch
so durchgeschoben damit. Und ich wollte Griechisch lernen und

habe gesagt: »In Haifa gibt es kein Griechisch! Und es gibt auch kein Latein dort, soweit ich weiß! Ich will erst die Schule absolvieren.« Also bin ich kein Absolvent von ›Bet sefer re'ali‹ in Haifa geworden.

Gad Landau (*1909)

Ich wußte nicht, daß ein Nichtjude auch Lehrer sein kann
Ich kann Ihnen das Milieu, in dem ich in Wien aufgewachsen bin, am besten durch den Umstand darstellen, daß ich, wie ich ins Gymnasium gekommen bin und zum ersten Mal einen nichtjüdischen Lehrer gesehen habe, mich darüber gewundert habe. Ich wußte bis dahin nicht, daß ein Nichtjude auch Lehrer sein kann. Ich habe bis dahin Nichtjuden nur gekannt als Polizisten, Straßenkehrer, Rauchfangkehrer usw. Aber so die gebildete Schicht, darüber habe ich mich gewundert. Ich bin nämlich vorher in die *Talmud-Thora*-Schule gegangen, in die jüdische Volksschule.

Isak Blumenfeld (*1912)

Ich ging in Frankfurt in die Hirsch-Realschule
KH: Sie sind in Frankfurt groß geworden, nicht?
JA: Frankfurt, ja. Ich ging in die jüdische Schule, Hirsch-Realschule, das war eine orthodoxe Schule, aber allgemein –
KH: Auch Mathematik?
JA: Ja, aber wie! Die Schule ist von Hirsch vielleicht vor 120, 130 Jahren gegründet worden.
KH: Und gab es noch andere jüdische Schulen?
JA: Ja. Vorher gab es eine jüdische Volksschule. Aber in die bin ich nicht gegangen, sondern direkt in diese. Dann, nach dieser Schule, ging ich zwei Jahre auf die *jeschiwa* der gleichen Gemeinde und dann zur Universität. Abitur habe ich an der Universität gemacht.

Jehuda Ansbacher (*1907)

Wichtig war das talmudische Wissen
SP: Der Grund, warum mein Vater nicht nach Palästina gehen wollte, war, weil er wußte, daß diese Erziehung, die wir *thora im derech-erez* nannten, eine weltliche strenge Orthodoxie, hier nicht möglich ist. Er wußte, hier wird er seinen Kindern eine anständige Schulbildung, wie wir sie in Europa hatten, nicht geben können. Denn hier gibt es nur Entweder – Oder. Und da wäre für ihn nur die Möglichkeit gewesen, die Kinder ganz schwarz, also ganz ost-

jüdisch zu erziehen. Und das wollte er nicht. Meine Eltern hatten sich noch eingebildet, das kommt noch nicht so schnell, das ist noch nicht so schlimm, sie werden die Kinder noch großziehen können in Mitteleuropa, so wie sie wollten. Und dann, wenn die Kinder erst einmal versorgt sind, dann werden sie nach Jerusalem ziehen.

KH: Hat keines von den Kindern studiert?

SP: Nein. Niemand hat studiert, nein. Aber sie wußten Bescheid.

KH: Sah man das als eine Gefahr der zu starken Verweltlichung?

SP: Es war so: Man sah damals die Universität schon als ideologische Gefahr, als geistige Gefahr, also die Gefahr der anderen Ansichten. Das war eins. Aber das andere war einfach: Man mußte »lernen«! Das Lernen, das heißt jüdisches Wissen lernen, das ist ja viel wichtiger gewesen. Man kann ja nicht ein Doktorat machen, also an der Universität studieren, und gleichzeitig in der *jeschiwa* lernen. Wichtig war das talmudische Wissen, und das andere hat man sich so nebenbei angeeignet. Man wußte Bescheid, man hat gelesen, man hat *geganewt*. Mein Großvater hatte sechs Söhne. Nicht einer hat studiert. Und ich bin auch in eine *jeschiwa* gegangen. Meine ganze weltliche Bildung ist sechseinhalb Jahre Volksschule. Ich habe keine höhere Schulbildung, von der Universität gar nicht zu reden. Ich habe dann allerdings ein Doktorat gemacht und alles. Ich finde, wenn man eine Volksschulbildung hat und genügend Interesse hat, kann man sich dann alles, was man will, erwerben.

Salomo Pappenheim (*1926)

Vater nahm dem Bruder keine Karte mehr für die Synagoge

EJ: Mein Vater war noch der einzige in der Familie, der Feiertage gehalten und gefastet hat. Aber ich glaube, mehr aus Tradition.

KH: Aber er hat Ihren Bruder dann an Feiertagen in die Synagoge mitgenommen?

EJ: Ja, solange der Bruder klein war, ist er mitgegangen. Aber später, als er größer war, da ist er nicht mehr mitgegangen, bis mein Vater schließlich gesagt hat, er nimmt ihm keine Karte mehr für die Synagoge; die mußte man bezahlen. Mein Bruder hatte überhaupt keinen Sinn dafür. Er hat ja auch in der Schule keinen Religionsunterricht gehabt. Die hatten zwar einen Lehrer, aber sie sind da, glaube ich, immer nicht hingegangen.

Erna Jacob (*1892)

Zwei Wochen nach der *bar mizwa* warf ich die Gebetsriemen weg

Die Einstellung zur Religion war so: einmal im Jahr muß man Jude sein. Das ist keinesfalls antireligiös, nicht? Ich selbst betete aus eigenen Stücken vom 8. bis zum 13. Lebensjahr. Aber zwei Wochen nach der *bar mizwa*, da warf ich die Gebetsriemen weg. Und das Drängen der Eltern half nichts, war ganz vergebens. Ich blieb dabei.

*Abraham Kadimah (*1925)*

Nach der *bar mizwa* fingen die Zweifel schon an

Ich bin in die jüdische Schule gegangen, und natürlich in die zionistische Jugendbewegung, die hieß damals ›Makkabi‹, und habe mit Begeisterung Iwrit gelernt. Wir haben Gesangsunterricht in einem Synagogenchor von einer liberal gemäßigten Synagoge bekommen. Das hat mir nicht gefallen. Und da hatte ich ein Erlebnis: Ich bin in so eine richtige kleine Betstube gekommen, wo der später sehr bekannte Dr. Alexander Altmann, der in Manchester war und dann an der Brandeis University in Amerika unterrichtet hat, also ein imposanter Kerl, dort in einer ganz kleinen Synagoge seine Predigt, seine *draschot* hielt. Das war ja keine Predigt, sondern ein Lehrvortrag. Und davon war ich so beeindruckt, daß ich anfing, völlig orthodox zu werden. Mein Vater war mit allem einverstanden, hat uns alle freigegeben. Ich sage »uns«, weil meine Schwester, die ein Jahr älter ist als ich, ideologisch alles mitgemacht hat. Wir sind also in die orthodoxe Synagoge gegangen und so weiter. Das hielt so an bis etwas nach der *bar mizwa*. Und dann fingen die Zweifel auch schon an, eigentlich rein philosophischer Natur. Und das zog sich dann hin bis zu meiner Auswanderung Ende 1938, Anfang 1939.

*Benjamin Kedar (*1923)*

Ich konnte nicht verstehen, daß intelligente Menschen religiös sind

NG: Ich bin in einem sehr streng religiösen Haus aufgewachsen, und schon von früh an haben meine Eltern erkannt, daß ich weit davon entfernt bin, religiös zu sein. Schon als Kind habe ich mich gegen diesen religiösen Zwang gewehrt und war deshalb immer im Streit mit meinen Eltern.

Da meine Eltern sehr, sehr religiös waren, und es üblich ist bei den frommen Leuten, die Kinder schon vom frühesten Alter an religiös

zu erziehen, hatte ich schon mit vier Jahren einen Lehrer, der mich
in den religiösen Dingen, das heißt Lesen und Auswendiglernen
usw., unterrichtete. Und soweit es mir noch in Erinnerung ist, habe
ich mich auch dagegen gewehrt. Er versuchte mich immer zu schlagen, und zwar mit seinem großen Gürtel, und so kam es, daß er
immer hinter mir herlief, rings um den Tisch. Aber zum Glück war
ich schneller als er, und es ist ihm kaum gelungen, mich zu schlagen. Später dann, im Alter von fünf Jahren, wurde ich in eine
Religionsschule eingeschult – das war ungefähr im Jahre 1922,
nehme ich an. Und auch dort war es üblich, daß der Lehrer immer
einen Rohrstock zur Hand hatte, um auf uns einzuschlagen, wenn
wir irgend etwas nicht wußten. Also, Sie können sich vorstellen,
daß das nicht dazu beigetragen hat, daß ich die Religion mehr
liebte.

EE: Das war eine Art *cheder*?

NG: Jawohl, das ist der richtige Ausdruck dafür. Das war eine Art
cheder. Alles, was mit Religion zusammenhing, hat mich abgestoßen.

EE: Waren Sie irgendwie beeinflußt durch jemanden?

NG: Nein. Mir hat von Anfang an der Glaube an die Religion
gefehlt. Und ich konnte nicht verstehen, daß intelligente Menschen
religiös sind. Zum Beispiel: Einer meiner Lehrer war der Rabbiner
unserer Stadt, das war Rabbiner Dr. Carlebach. Und ich war von
diesem Mann sehr beeindruckt und fragte mich immer: »Wie kann
so ein intelligenter Mensch an diese Dinge glauben?« Und als Kind
erklärte ich es mir damit, daß das eigentlich sein Beruf ist. Das
heißt, um des Einkommens willen, das er aus diesem Beruf hat, ist
er gezwungen, auch religiös zu sein.

Nachum Gadiel (*1917)

* * *

Ich habe in der Kirche geholfen und die Glocken geläutet

KH: Was haben Sie für Erinnerungen an das Zusammenleben im
Dorf in Ihrer Kindheit?

IB: Sehr, sehr gute. Bei uns gab es Katholiken, Protestanten und
Juden. Ich weiß nur eines: ich habe in der Kirche oft geholfen die
Glocken zu läuten, wenn ich mit einer – wie sagt man? – einer
chawura von Jungens gegangen bin. Ich persönlich kann mich an
das, was man Antisemitismus nennt, nicht erinnern, aber ab und
zu ist doch das »hep, hep, hep« durchgebrochen. Sie wissen ja,

was »hep, hep, hep« heißt: »*Hierosolyma est perdita*«. Wußten Sie
das nicht? Sogar: »Judenstinker hep, hep, hep! Geh nach Haus
und scheiß ins Bett!« – so ungefähr hieß es.

Isack Bayer (*1902)

Ins Gouverneurhaus sollte keine Jüdin treten
GF: Die Tochter des Gouverneurs vom höchsten Militär in Mainz
kam sehr gern zu mir, aber wenn sie eine Einladung gegeben hat,
da hat sie mich nicht eingeladen. Zu mir ist sie schon gekommen,
aber sie hat mich nicht eingeladen. Nun, ich habe mir gedacht, ins
Gouverneurhaus sollte keine Jüdin treten.
KH: Und andere Kinder aus der Schule hat sie eingeladen, ja?
GF: Ja, und eine war die Tochter von einem Major. Und die war
sehr – sagen wir mal, den Juden gut gesinnt. Und sie hat gesagt:
»Meine Eltern sind sehr zufrieden, daß ich zu dir komme«, oder so
ähnlich. Also, die waren anscheinend anders.

Gertrud Fraenkel (*1894)

An *pessach* haben die Nachbarn von uns *matzes* bekommen
HF: Kinder, mit denen wir zusammen in die Schule gingen oder
mit denen man zusammen gespielt hat, die haben uns eingeladen,
den Christbaum anzusehen.
EE: In der Schule haben Sie doch wahrscheinlich auch »Stille Nacht,
heilige Nacht« gesungen? Kennen Sie heute noch die Worte und
erinnern Sie sich noch an all das?
HF: Ja. Nur muß ich hier sagen, wir wurden immer dazu angehalten, nichts zu essen bei den Nachbarn, weil man befürchtete, daß
das Gebäck mit Schmalz gemacht wurde, mit Schweineschmalz.
Und unsere Nachbarn wußten das und haben uns dann immer
gesagt: »Das ist nicht mit Schweineschmalz, das ist nur mit Butter
gemacht. Ihr könnt es ruhig essen!«
EE: Also, das hat man akzeptiert?
HF: Das hat man akzeptiert. Zum Beispiel an *pessach* haben die
Nachbarn von uns *matzes* bekommen, und wir bekamen dann von
ihnen Ostereier. Das war meistens zur selben Zeit, und man hat so
getauscht.

Hans Simon Forst (*1917)

»Das dürfen Sie bestimmt essen!«
NG: Mit sechs Jahren wurde ich eingeschult, und zwar die ersten
zwei Jahre in der jüdischen Schule in Leipzig. Dort hatten wir selbst-

verständlich unseren Religionsunterricht, und das konnte man aushalten. Dann wurde ich umgeschult auf die Volksschule, und da
war ich natürlich unter christlichen Schülern, unter denen ich mich
sehr gut gefühlt habe. Dort hatte ich auch meine Freunde, und ab
und zu haben die mich auch in die Kirche mitgenommen.

EE: Und das hat Ihnen gefallen?

NG: Jawohl. Nicht etwa, daß mich das Religiöse berührt hat, aber
ich fand die Art des Betens viel ästhetischer als bei uns.

EE: Und die kamen auch zu Ihnen nach Hause, die christlichen
Jungens?

NG: Jawohl, die kamen zu mir nach Hause, und ich ging zu ihnen
nach Hause.

EE: Und haben Sie dort gegessen?

NG: Nein, auf keinen Fall. Ich kann mich noch erinnern, daß ich
zu einer Geburtstagsfeier eingeladen wurde, und die Mutter meines christlichen Freundes – ich erklärte ihr, daß ich das alles nicht
essen darf – war davon sehr beeindruckt. Ich kann mich noch erinnern, wie sie mich umarmt hat, und dann hat sie mir einige Früchte vorgesetzt und sagte: »Das dürfen Sie bestimmt essen!«

Nachum Gadiel (*1917)

Das waren oberflächliche Freundschaften

Ich habe als Schüler christliche Freunde gehabt. Aber das waren
oberflächliche Freundschaften, das waren nette Burschen. Und es
kann auch möglich gewesen sein, daß diese Burschen von ihren
Vätern gehemmt worden sind: »Was gehst du da mit dem Juden?«
»Ja, das ist doch mein Freund!« Aber er war doch vielleicht gehemmt, ich weiß es nicht. Sicher hatte ich Freunde während der
Schulzeit, die im Haus gewohnt haben, die um die Ecke gewohnt
haben und die in dieselbe Schule gingen wie ich. Ich kann mich
heute noch an die Namen erinnern von diesen Jungens. Und wir
haben uns mit Astronomie beschäftigt und Briefmarken getauscht.
Und dann gab es Jungens, die schon in einen Sportklub eintraten,
und das war eigentlich ein ganz normales Zusammensein. Später,
wie ich ein junger Mann war, kam ich durch einen Freund in einen
jüdischen Kreis, der liberal bürgerlich und deutsch gesinnt war,
der sich aber von Politik und von den religiösen Disputen fern
hielt. Und deswegen war auch immer hübscher Friede. Dieser Kreis
bestand aus *absolutely* jüdischen jungen Leuten, die sich aber weder
mit den religiösen noch mit den jüdisch-politischen Fragen be-
schäftigten, sondern mit Literatur, mit Kunst, mit Theater, mit Mu-

seen, mit Ausflügen in den Grunewald, zur Krummen Lanke, wenn das ein Begriff ist. Das waren diese sehr gern besuchten Mittwochabende, ja.

James Springer (*1907)

Wir haben ja kaum gewußt, daß wir Juden sind

Vietz an der Ostbahn hatte zehn jüdische Familien, mit denen wir kaum Kontakt hatten. Wir haben ja kaum gewußt, daß wir Juden sind. Doch! 1922, '23, da hab' ich es gemerkt: Meine Mutter hatte *mazzot* gekauft, dieses ungesäuerte Brot, kennen Sie es? Und wir hatten so einen kleinen Handwagen, mein Bruder und ich, mit dem wir oft rumgefahren sind. Und wir haben natürlich nur christliche Freunde gehabt, diese Bengels. Und wir haben denen gesagt: »Wenn ihr uns zieht, kriegt ihr *mazzot*!« Die wollten natürlich auch *mazzot* essen, die meinten, das ist irgend etwas Besonderes. Das war eine protestantische Gegend, Oblaten und so etwas gab es auch nicht. Sie haben keine Ahnung gehabt, und das mußten sie haben. »Gut, wir geben euch *mazzot*, aber ihr müßt uns ziehen mit dem Wagen!« Und da haben sie uns durch die Stadt gezogen: »Hüü-hüü-hüü-hüü!« Das war natürlich sehr interessant.

Moshe Ballhorn (*1913)

Meine christlichen Freundinnen haben sich bewährt

Meine christlichen Freundinnen haben sich später zur Nazizeit durchaus bewährt, d.h. die sind zum Teil ausgewandert und zum Teil –, ich weiß nicht, ob sie direkt in der Widerstandsbewegung waren. Aber jedenfalls denke ich zum Beispiel an eine gute Freundin, die nachher auch Kontakt mit mir aufgenommen und mich hier besucht hat, eine Pfarrerstochter. Sie hat auch Theologie studiert und einen Pfarrer geheiratet. Also die haben sich sehr distanziert von der Nazibewegung. Meine christlichen Bekannten waren wahrscheinlich deshalb mit mir befreundet, weil sie, weniger bewußt als gefühlsmäßig, eine gewisse politische Einstellung hatten, die eben mit der Freundschaft mit Juden konform ging.

Hilde Rudberg (*1909)

Ich war eine Art Beichtvater, so daß sie mich »Kardinal« riefen

MD: Wie war das Verhältnis zu den christlichen Mitschülern? Haben Sie nichtjüdische Freunde gehabt?

JB: Echte Freunde fast nicht. In der Schule war alles korrekt. Ich

habe nie Antisemitismus gemerkt bis 1928. Ich war körperlich sehr
stark, so daß niemand mit mir Ringkampf machen wollte. Ich habe
später in Leipzig auch Jiu-Jitsu gelernt. Ich war eine kurze Zeit
befreundet mit dem Sohn des Bürgermeisters. Wir spielten zusammen Geige. In der Klasse führte ich die Regie bei der Aufführung
von Wilhelm Tell mit dem Apfel, der an einem unsichtbaren Faden
war.

MD: Also, Sie waren eigentlich angesehen bei den Mitschülern?

JB: Ja. Und dann war ich auch eine Art Beichtvater, so daß sie
mich »Kardinal« riefen (*lacht*). Ich war etwas mehr als die anderen. Das darf ich wohl sagen.

*Josef Burg (*1909)*

Ich hatte jüdische und christliche Freunde

EE: Erzählen Sie mal, mit wem waren Sie befreundet? Hatten Sie
mehr christliche Freunde oder mehr jüdische Freunde in der Schule?

JB: Sowohl als auch. Erstens mal war ich im ›Blau-Weiß‹ und
habe mit dem ›Blau-Weiß‹ viele Fahrten durch ganz Ostpreußen
gemacht. Da waren Jungens und Mädchen. Ja, also, ich habe viele
Gedichte über die Jugendzeit geschrieben. Damals hatte ich jüdische und auch christliche Freunde, zumal mein Bruder und ich im
Schwimmklub waren. Wir waren beide Verteidiger im Wasserball.
Also wir hatten viele christliche Freunde.

*Jehoshua Brünn (*1913)*

Ich war der erste Jude, der in den Schülerruderverein aufgenom-
men wurde

Ich war, von meinem Vater dazu angehalten, vor allem am Sport
interessiert, und das brachte mich ziemlich weit von jüdischer
Gesellschaft ab. Das Verhältnis mit meinen Klassenkameraden war
gut und unproblematisch, und ich war dann schon als Kind im
Marienburger Sportklub sehr aktiv, bis die Nazis uns rauswarfen.
Als Unter- oder Oberprimaner war ich der erste Jude, der in den
Schülerruderverein aufgenommen wurde. Und das war die Gesellschaft, die ich im wesentlichen kannte. Die Eltern hatten natürlich jüdische Freunde, aber das waren auch alles schon sehr assimilierte Familien. Und so ging es bis zum Anfang des Studiums.

*Klaus Dror (*1909)*

Der Sportklub hat mich so beschäftigt, daß ich das andere nicht so vermißt habe

AD: Obwohl ich vor Hitler nur in deutschen Kreisen und nachher fast nur in jüdischen Kreisen war, habe ich persönlich lange Jahre den Antisemitismus nicht so ausgeprägt gefühlt. Ich glaube, der Grund war der Sportklub. Als ich mit den Jungens auf der Straße nicht mehr Fußball spielen konnte, ging ich in einen jüdischen Sportklub. Und das hat mich so beschäftigt und war so befriedigend für mich, daß ich eigentlich das andere nicht so vermißt habe. Ich habe für eine Weile bei mir zu Hause einen Jugendbund geleitet mit den Kindern der Nachbarn.

MD: Einen nichtjüdischen Jugendbund?

AD: Einen nichtjüdischen privaten Jugendbund, Sachen, die eben nicht mit der Religion verbunden waren, wie beim Pfadfinderbund. Die haben sich noch bei mir getroffen, in der Vorstadt war das noch möglich. Der Anfang war also ganz komisch. Ich war noch mit denen verbunden, aber die Inhalte dieser Verbindung, die kamen schon aus meinen neuen jüdischen Kreisen und aus der Jugendbewegung. Natürlich war, wie für jeden anderen, der Nazismus auch für mich bedrückend, belastend, entfremdete mich von meiner früheren Umgebung. Aber wie gesagt, ich habe eine neue Welt gefunden. Und anscheinend gibt es im Alter von 14, 15, 16 da noch einen Übergang.

Aharon Doron (*1922)

* * *

Ich habe immer gewußt, daß wir anders sind

JA: Ich habe immer gewußt, daß wir anders sind. Meine Freunde waren selbst vor '33 nur jüdische Kinder, denn Antisemitismus gab es ja schon vorher.

MD: Hast Du das persönlich gespürt?

JA: Ja natürlich, ganz bestimmt, aber ich war –

MD: Kannst Du irgendeine Episode erzählen?

JA: Oh, sehr viele! Steinewerfen gab es da immer. Aus der Schule mußten wir oft auf Schleichwegen nach Hause gehen. Nach '33 wurde das noch etwas schlimmer. Es hat uns getroffen, aber irgendwie sind wir innerlich heil geblieben. Wir hatten keinen traumatischen Schock wie viele Juden, die assimiliert waren und die

auf einmal erfahren haben, daß sie überhaupt Juden sind, und die
furchtbar getroffen waren. Ich spreche schon gar nicht von Schlim-
merem und dem, was nachher kam.

*Jehuda Amichai (*1924)*

Innen war ein Stein

Manchmal hat man im Winter Schneebälle abbekommen, die mit
einer besonderen Technik präpariert wurden. Innen war ein Stein,
viel Schnee herum, sie hielten sie in der Hand, bis der Schnee Eis
wurde. Das haben wir manchmal abbekommen.

*Josef Burg (*1909)*

Ich werde nie den Ausdruck im Gesicht dieses Mannes vergessen

Ich war noch ein kleines Mädchen, da sind mir einmal in unserer
Straße ein paar Jungens, Straßenjungs, nachgelaufen. Ich erinnere
mich nicht mehr genau, ob sie gerade »Judsche« gesagt haben
oder »Judenschwein«, aber irgend so was Dreckiges haben sie mir
nachgerufen. Auf der anderen Straßenseite ging ein Herr, von dem
ich wußte, daß er jüdisch ist. Er wohnte bei uns gegenüber, war
aber aus Polen eingewandert vor drei, vier Jahren, und er war mir
nicht so schrecklich sympathisch. Ich dachte, wenn ich jetzt rüber-
geh' und mit ihm zusammen geh', dann werden die mir nicht weiter nachsetzen. Ich hab' auch das Gefühl gehabt, die heben Steine
hoch, ich hatte Angst, ganz einfach. Und ich bin rübergegangen
auf die andere Straßenseite und hab' die Hand von diesem Herrn
Dingsda genommen und hab' gesagt: »Hören Sie zu, seien Sie so
freundlich und gehen Sie jetzt mal bis zur Ecke mit mir mit. Diese
Jungs rufen mir ›Jüdin‹ nach. Und wenn sie sehen, daß ich mit
einem erwachsenen Herrn gehe, dann lassen sie vielleicht von mir
ab.« Ich werde nie den Ausdruck im Gesicht dieses Mannes vergessen. Gejagtes Wild! Eine Angst! Der Mann wurde rot, der
Schweiß lief ihm runter. »Hier auch«, so ungefähr. Das heißt, der
Mann hatte das schon mal durchgemacht. Trotzdem ich ein kleines Kind war, ich war sicher nicht älter als acht oder neun, war mir
vollkommen klar, was in dem Mann jetzt passiert: Der Mann ist
erst vor ein paar Jahren aus dem Osten gekommen. Der hat das
erlebt. So fing's auch damals an. – Ich habe mittags meinem Vater
davon erzählt. Ich seh' ihn noch, wie er sagt: »*He, oij wej!*« Das
war seine Reaktion, so ungefähr, ja? Er hat es mir nicht erklärt, ich
hab's aber verstanden.

*Chuma Betty Kolath (*1908)*

Bis heute leben in meiner Seele die vielen feindlichen Blicke

Und jeder von uns ist, auch damals, immer erinnert worden, daß er Jude ist. Zum Beispiel bin ich als Kind mit meinem Vater am Schabbat in die Synagoge gegangen, und wir mußten um acht Uhr vormittags über den Marktplatz. Da haben sich dort die Marktfrauen versammelt und die Käufer, und bis heute leben in meiner Seele die vielen feindlichen Blicke – mein Vater ist mit Zylinder gegangen – die vielen feindlichen Blicke, die uns gefolgt sind.

Paula Pariser (*1902)

»Juden und Hunden Eintritt verboten!«

Ich kann mich an verschiedene Sachen erinnern, die mir als jüdischem Kind irgendwie viel Kummer bereiteten. Zum Beispiel gab es in Altenburg zwei oder drei Kinos. Ich war zehn, elf Jahre alt, und jeden Sonntagnachmittag um zwei war eine Jugendvorstellung. Das kostete damals, ich glaube anderthalb Mark. Natürlich gab mir mein Vater Geld, und ich bin gern ins Kino gegangen. Doch eines Tages, das war 1934, kam ich zum Kino, steht da ein großes Schild: »Juden und Hunden Eintritt verboten!« Tja. Bin ich zurück nach Hause gegangen. Sag' ich: »Papa, die lassen mich nicht rein ins Kino! Da stand –.« Sagt er: »Du Dummkopf! Wer weiß denn, daß du Jude bist? Hier hast du die anderthalb Mark. Geh zurück und kauf dir 'ne Karte!« Da bin ich zurückgegangen, habe mir eine Karte gekauft und bin ins Kino gegangen. Aber die nächste Woche, am Sonntag, als ich hingekommen bin, da sagt mir der Kassierer: »Du kriegst keine Karte! Du bist 'n Jude!« Hat wahrscheinlich irgendeins von den Kindern schon erzählt, daß ich Jude bin. Das war das. Aber das war noch nicht so schlimm wie das Schwimmen! Ich schwimme sehr gerne, auch heute noch. Und es gab natürlich ein großes städtisches Schwimmbad in Altenburg. Ich war Freischwimmer und bin im Sommer jeden Nachmittag schwimmen gegangen, bis eines schönen Tages ein großes Schild da war: »Juden und Hunden Zutritt verboten!« Erstens: ich weiß nicht, warum die Juden immer mit den Hunden zusammengingen, denn schließlich haben die Leute die Hunde gerne gehabt. Und ich komme nach Hause, da habe ich schon geweint und gesagt: »Was, schwimmen darf ich auch nicht mehr gehen? Ich kann nicht mehr baden gehen!« Der Vater hat gesagt: »Weißt' was« – wir hatten damals den Opel P4, das waren die kleinen Opel –, »wir fahren am Sonntagnachmittag raus in irgendein Dorf hier in der Umgebung. Da sind überhaupt keine Juden, und da gibt es überall

Schwimmbäder. Wir baden dort!« Gut, also am Sonntag sind wir
rausgefahren, in eins von diesen Dörfern, haben gebadet, war alles schön und gut. Nächste Woche kommen wir wieder hin, ist ein
Schild da: »Juden und Hunden Zutritt verboten!« Und so haben
wir während eines halben Jahres vielleicht zehn Dörfer abgegrast.
Wir konnten immer eine Woche baden, die zweite Woche war
schon ein Schild da. Das sind kleine Sachen, die mir bis heute in
Erinnerung geblieben sind.

Abraham Goldberg (*1923)

Wir durften die Kähne des Radau-Antisemiten nicht benutzen

In der Stadt, in der wir aufgewachsen sind, haben wir von antise-
mitischen Erscheinungen in den frühen 20er Jahren eigentlich keine Notiz genommen. Wir haben uns im Grunde genommen über
Antisemitismus lustig gemacht. Wir hatten ein offenes Geschäft
mit vielen ausschließlich christlichen Kunden. Mein Vater war sehr
beliebt bei der Kundschaft, er ist jede Woche zweimal, glaub' ich,
zum Stammtisch gegangen mit *gojim*.

Aber dennoch kann man nicht sagen, daß wir von Antisemitismus
gar nichts gespürt haben. In einer kleinen Stadt von 5.000 Einwohnern kennt man jeden, und wir wußten genau, wer schon in den
frühen 20er Jahren ein Antisemit war, ein »Völkischer«, wie man
sie damals nannte. Und wir haben auch mehr oder weniger darunter gelitten, gerade wir jungen Juden. Ich habe schon gesagt, daß
die Stadt an einem Fluß lag. Da gab es einen Kahnverleiher namens Müller, das war ein Radau-Antisemit schon im Jahre 1921,
'22. Und das hat uns nur deshalb berührt, weil wir seine Kähne
nicht benützen durften. Entweder hat er sie an Juden nicht verlie-
hen, oder die Eltern haben uns das verboten. Also das war für uns
schmerzlich.

Ernst Schwarz (*1913)

Das Judentum hat mir die Umgebung eingeprügelt

Das Judesein hat man mir eingeprügelt im wahrsten Sinne des
Wortes. Das war meine christliche Umgebung, und die hat mir das
von Jahr zu Jahr mehr zu Bewußtsein gebracht. Nach dem
Sozialistenaufstand und der Dollfußregierung und dem Ständestaat,
wo man die Juden in Extraklassen eingeteilt hat, haben wir, mehr
aus Protest, die Feiertage gehalten, also nicht aus religiösen Gründen. Wir sind am *rosch ha-schana* nicht in die Schule gegangen,
am *jom kippur* selbstverständlich nicht und an zwei, drei anderen

Feiertagen auch nicht. Wie soll ich Ihnen das sagen, das war so in der Art wie Herzl mal sein Judentum definiert hat mit dem berühmten Satz: »Ich bin stolz darauf, daß ich Jude bin, denn wenn ich nicht stolz darauf wäre, bliebe ich sowieso Jude. Also bin ich lieber stolz darauf.«

Herr Y (*1920)

Diese Ereignisse haben mich sehr beeindruckt, aber nicht beeinflußt

MM: Ich habe in der Schule meine erste Begegnung mit dem Antisemitismus gehabt. Ich war damals neun oder zehn Jahre alt, und wir waren im ganzen vier Juden in einem Gymnasium von 300 Schülern. Und plötzlich fielen Primaner über mich her und haben mich zusammengeschlagen. Ich wurde mit der Ambulanz nach Hause gebracht und hatte eine schwere Gehirnerschütterung. 14 Tage lag ich in einem verdunkelten Zimmer zu Hause.

Während des Ersten Weltkrieges wurde ich von einem Schüler, der zwei Jahre älter war als ich, also zwei Klassen höher, und der in der gleichen Straße wohnte, aufgefordert, in den ›Altwandervogel‹ einzutreten. Ich habe meine Eltern gefragt, und die waren sehr begeistert darüber. Und da bin ich eingetreten und wurde dann nach einem halben Jahr ausgeschlossen, weil man einen Juden in den ›Altwandervogel‹ nicht aufnehmen konnte: zweiter Schlag! Aber die Atmosphäre der Jugendbewegung hat mich so gefangengenommen und so beeinflußt, daß ich in den folgenden Jahren ganz im Sinn dieser Jugendbewegung gelebt habe. Das heißt, ich bin auch übers Wochenende auf Fahrt gegangen, so nannten wir das, habe also Ausflüge gemacht. Aber eigentlich war ich ziemlich isoliert. Ich hatte keine Freunde. Ich habe mich dann mit 13 Jahren mit einem christlichen Jungen sehr intim angefreundet. Im allgemeinen begannen wir mit einer Partie Schach. Doch das Schachbrett blieb dann fünf, sechs Stunden stehen, weil wir uns so viel zu sagen hatten.

AB: Diese beiden ersten Erfahrungen mit Antisemitismus waren für Sie als ganz junger Mensch offensichtlich schon etwas sehr Schwerwiegendes, was Sie sehr nachhaltig beeindruckt hat. Aber wenn der Freund, dem Sie sich angeschlossen hatten, dennoch ein Christ war, haben Sie sich dadurch doch noch nicht ganz zurückgezogen von der nichtjüdischen Umwelt?

MM: Ich glaube, diese beiden Ereignisse haben mich sehr beeindruckt, aber sie haben mich nicht beeinflußt. Antisemitismus hat überhaupt keine Rolle gespielt in dieser Beziehung zu meinem Freund.

Micha Michaelis (*1908)

Zwei Jungens sind mit einem großen Messer auf mich losgegangen

OW: Ich bin einige Male überfallen worden, schon im Jahre 1930, kann ich mich erinnern. In Frankfurt war ein großes sozialdemokratisches Treffen oder Sozialistentreffen, ich weiß nicht genau. Auf dem Heimweg wurde ich von Stahlhelmleuten überfallen. Anschließend haben sich noch irgendwelche andere beteiligt. Ob das schon Nazis waren oder nicht, weiß ich nicht.

AB: Ja, war das, weil Sie von dem Sozialistentreffen kamen, weil man Sie für einen Sozialisten hielt, oder hat man Sie schon damals als Juden überfallen?

OW: Nein, nein, als Juden. Die wußten doch gar nicht, daß ich von dort kam.

AB: Aber woher wußten sie, daß Sie Jude waren?

OW: Vom Aussehen. – Oder später sind einmal mitten in der Stadt, in der Allerheiligenstraße, einer belebten Verkehrsstraße, zwei Jungens mit einem großen Messer auf mich losgegangen. Ich weiß nicht, woher ich den Mut hatte, mich trotzdem zu wehren. Aber keiner der Passanten hatte sich darum gekümmert.

Oskar Wahrmann (*1908)

Sie haben mit ihren Pistolen gespielt, als ob sie uns erschießen wollten

SW: Am Himmelfahrtstag habe ich mit meiner Gruppe in Breslau eine Nachtfahrt gemacht. Und in einem Ort, da kam ein SA-Sturmmann aus einer Kneipe halbbesoffen heraus. Und da kamen ihm die Jugendlichen ohne Uniform verdächtig vor. Bald hatten sie heraus, daß es Juden sind. Da mußten wir uns in einen Graben legen, und sie haben mit ihren Pistolen gespielt, als ob sie uns erschießen wollten.

KH: Welches Jahr war das?

SW: 1936. Ich war ziemlich zugerichtet und bin dann auf einem Militärverbandsplatz verbunden und dann nach Hause gefahren worden. Wir waren aus dem oberschlesischen Abstimmungsgebiet und durch den Völkerbund geschützt, bis Juli 1937. Als ich zurückkam, wurde ich zur Kriminalpolizei gerufen. Die hatten inzwischen die Sache erfahren und gefragt, ob ich ihnen irgendwelche näheren Angaben machen kann. Sagt' ich: »Ja, Sturmnummer soundso, das kann ich Ihnen sagen.« Darauf erfolgte natürlich nichts.

Shalom Weinstein (*1915)

Die allgemeine Stimmung war sehr geteilt

Ich bin aufgewachsen in einer Umgebung, die nicht sehr jüdisch bestimmt war. Es war in der Nähe von Berlin. Die allgemeine Stimmung war sehr geteilt. Unsere Klassenlehrerin war Sozialdemokratin, und in der Klasse waren auch Schülerinnen, die nachher gute Nazis geworden sind. Also, das war sehr gemischt, die ganze Atmosphäre.

Leni Yahil (*1912)

Mein bester Freund kam von einem Nazivater her

Ich war in einer kleinen Gemeinde in Braunschweig. Da war verhältnismäßig wenig los. Meine Schulfreunde waren christliche Jungens. Mein bester Freund kam von einem Nazivater her; er war Studienrat. Ich habe zunächst gar nicht geahnt, daß er Nazi war. Er hat kein Veto eingelegt gegen diese große Freundschaft, solange mein Vater in Amt und Würden war. Aber nach 1933 hat er dem Sohn wahrscheinlich gesagt: »Du mußt das jetzt unterbrechen mit dem Juden!« Wir waren damals zehn Jahre alt, und mein Freund kam immer und hat sich unterhalten. Und als ob er hypnotisiert gewesen wäre, ist ihm das in der Mitte vom Gespräch eingefallen. Und dann ist er weggelaufen oder so etwas.

Benjamin Kedar (*1923)

Und ich war für die Luft!

Als ich einmal nach Hause fuhr zu den Feiertagen, hatte ich ein sehr unangenehmes Erlebnis: Unterwegs stiegen in den Zug Jungens ein, die ich von der Schule her kannte, also frühere Klassenkameraden. Und ich war für die Luft! Sie haben mich nicht angerempelt, aber auch nicht mit mir gesprochen. Man hat stundenlang zusammengesessen in einem Coupé und nicht miteinander gesprochen. Das war ein sehr unangenehmes Gefühl. Ich habe zum Fenster rausgeguckt, mir die Gegend angesehen. Das war alles.

Hans Simon Forst (*1917)

Da traf ich meinen Freund in der Uniform der Hitlerjugend

Ich erinnere mich an einen sogenannten Freund, mit dem ich immer Ausflüge gemacht habe. Wir sind sonntags zusammen an den Elbstrand gefahren und hatten viele gemeinsame Erlebnisse. Aber als Hitler an die Macht kam, da traf ich ihn eines Tages auf der Straße, in der Uniform der Hitlerjugend. Und im Gegensatz zu früheren Zeiten schaut er mich mit ernstem Gesicht an und sagt – was auch immer, ich weiß nicht mehr genau, was er sagte, aber seine Ausdrücke waren judenfeindlicher Art: Ich hätte kein Recht hier auf dem Bürgersteig zu gehen oder irgend so etwas. Jedenfalls eine extreme Veränderung in meinem ehemaligen Freund, nicht wahr? Das war eine meiner nichtjüdischen Freundschaften.

Baruch Berger (*1914)

Vorläufer von Herrn Hitler
In meiner Klasse war eine ganze Gruppe von Mädchen, die schon mit Hakenkreuzen gingen. Und ich weiß nicht, ob Sie das wissen, bevor Hitler aufkam, gab es schon einen Schutz- und Trutzbund in München. Der Führer von dieser Gruppe war der Vater von einer in meiner Klasse. Die haben jeden Morgen Zettelchen in grün und gelb und rot, in allen Farben an die Häuser geklebt: »Juden sind« – ich weiß nicht was alles – »unser Unglück« und »Die Juden sind Wucherer« und »Die Juden sind Schieber«. Also, das waren schon gute Vorläufer von Herrn Hitler.

Hilde Philipp (*1907)

Die Abiturientenfeier war das erste große Trauma
Dann wurde im März 1933 im Breslauer Rathauskeller, im berühmten Schweidnitzer Keller, die Abiturientenfeier der Klasse abgehalten. Und das war das erste große Trauma. Denn die Juden waren fast sämtlich in der Jugendbewegung und tranken deswegen nicht und rauchten nicht. Das war verpönt bei uns. Aber die Nichtjuden, die nicht jugendbewegt waren, die begannen sich sofort bei Beginn der Feier zu betrinken. Und als sie betrunken waren, kamen plötzlich ganz unerwartet viele nationalsozialistische und scharf antisemitische Reden zutage. Nach ein oder zwei Stunden, als sich die anderen schon betrunken unter den Tischen wälzten, gingen wir sieben Juden demonstrativ hinaus und hatten nun plötzlich von Mitschülern, mit denen wir manchmal jahrelang zusammen waren, einen vollkommen anderen Eindruck. Daß die nun plötzlich, gar nicht mal gezwungenermaßen, sondern vollkommen freiwillig mit den Nazis mitmachten, das war etwas, was wir nie er-

wartet hätten. Das war das erste große Trauma, das wir erfahren hatten!

Efraim Orni (*1915)

Da gab es dann schon Judenbänke in der Schule

In der Schule herrschte ein sehr anständiges Verhältnis. Es gab kaum Nazis, die sich irgendwie feindlich gegen mich benommen hätten. Wir waren auch weiter befreundet, und es war zu Anfang alles noch normal. Aber im Laufe der Zeit wurden wir schon vom Landschulheim ausgeschlossen und vom Spielturnen. Vom Sportplatz waren wir am Nachmittag auch schon ausgeschlossen. Die Schule habe ich noch bis 1936 besucht und ein Abschlußzeugnis bekommen, als wir 1936 in die Tschechoslowakei auswanderten. Dort ging ich wieder in eine deutsche Schule, weil ich zu Anfang ja noch kein Tschechisch konnte. Und da erlebten wir den Einfall der Nazis in der Tschechoslowakei 1939 zum zweiten Mal. Da gab es dann schon Judenbänke in der Schule, und nach drei Monaten, also Juni 1939, habe ich an der deutschen Schule noch die Abschlußprüfung, das Abitur machen können, aber das war schon unter wenig angenehmen Bedingungen.

Ellen Glasner (*1920)

»Wenn wir ans Ruder kommen, dann machen wir euch alle einen Kopf kürzer!«

Antisemitismus habe ich immer gespürt. Ich war in Königsberg in einer Schule, umgeben von sehr deutschnationalistischen Kreisen, die dann auch später in der Nazijugend waren und die nicht diskutiert haben. Ich bin zwar in sehr guten Beziehungen mit allen gewesen, auch mit denen, die mir gesagt haben: »Wenn wir ans Ruder kommen, dann machen wir euch alle einen Kopf kürzer!«

Akiba Eger (*1913)

Wenn sich 30 Schüler auf den einen Juden stürzen

Ich kann mich noch so dunkel an die Schulzeit erinnern, und daß da auch schon so ein gewisser Antisemitismus in der Klasse war. Ich habe auf dem Nachhauseweg hie und da Prügel bekommen und weiß eigentlich nicht genau, warum. Und einer der Lehrer, der sogar eigentlich ein ziemlicher Nazi war, der hat dann gesagt, daß das eigentlich keine große Heldentat wäre, wenn sich 30 Schüler auf den einen Juden stürzen.

Gershon Monar (*1924)

»Der Herzl hat ja dasselbe getan, was wir Deutsche jetzt auch anstreben«

Ich bin in der Schule oft verhauen worden, nicht nur ich, sondern die anderen jüdischen Schüler auch, in den Pausen auf dem Schulhof, verspottet worden, sogar von Lehrern. Ein Lehrer kam eines Tages mit dem Hakenkreuzabzeichen in die Klasse und wollte sich quasi bei den jüdischen Schülern dafür entschuldigen, indem er sich zu rechtfertigen versuchte und sagte, es ist ja nicht seine eigene Entscheidung gewesen, sondern der Lehrerverband hat beschlossen, in die NSDAP einzutreten. Und was nun die jüdischen Schüler, deren prozentualer Anteil in der Klasse ziemlich hoch war, anbetrifft, so möchte er sagen, daß das, was sich, wie er gehört habe, Zionismus nannte, ja so ähnlich ist wie das, was wir Deutsche anstreben, nämlich die Betonung unserer eigenen Nationalität. »Und da war ja auch jemand, wie hieß er denn doch schnell wieder?« Er hat mich gefragt, wie der Mann eigentlich hieß, der das auf die politische Bühne gebracht hat, und ich, der ich im jüdischen Jugendbund schon einige Informationen darüber bekommen hatte, überlegte nur, wer kann das denn sein? War es Trumpeldor, war es – Ach, es war der Herzl! Und da habe ich gesagt: »Herzl«, und da war der Lehrer sehr erfreut: »Ja, das war der Theodor Herzl, der hat ja ungefähr dasselbe getan, was wir Deutsche jetzt auch anstreben.« Das hat er vor der ganzen Klasse gesagt. Im nachhinein seh' ich, daß das irgendwie eine Rechtfertigung seines Gewissens war für eine Sache, mit der er vielleicht gar nicht einverstanden war.

Josef Stern (*1921)

»Und das muß ich erleben, daß ein deutscher Jude versucht, die Nazis zu verstehen!«

Die Lehrer unserer Schule waren meist rechts eingestellt. Nicht Nazis, aber ganz rechts und zum Teil ein bißchen antisemitisch angehaucht, bis auf einen Lehrer, der Sozialdemokrat war und religiös, der mir also auch weltanschaulich sehr nahe stand. Und nachdem ich im Abitur Heine gewählt hatte als Wahlfach, ging ich zu ihm 1932, noch vor Hitler, um ihn zu besuchen, und sagte: »Wissen Sie, ich habe ganz bewußt Heine gewählt. Ich wollte den Lehrern auch einmal sagen, was ein deutscher Jude manchmal in Deutschland empfindet.« Und darauf guckte er mich groß an und sagte: »Man darf auch mit seinen Leiden nicht kokettieren!« Ein sehr tiefes Wort, und ich habe das angenommen und mir als Pädagoge später häufig in Erinnerung gerufen. Das zweite Erlebnis, das ich mit ihm hatte, war 1934. Da habe ich ihn zum letzten Mal besucht. Man hatte ihn eine Zeitlang suspendiert und dann mit Absicht an eine Schule versetzt, die ganz nationalsozialistisch beherrscht war. Und da sagte er mir: »Hören Sie, es bleibt mir nichts anderes übrig. Ich muß jetzt in den NS-Lehrerverband eintreten. Sehen Sie, ich bin heute 40 Jahre. Ich habe jetzt erst geheiratet. Ich war im Ersten Weltkrieg. Soll ich mein Vaterland verlassen? Ich werde nie Nazi sein, das wissen Sie.« Und da sagte ich damals, 1934: »Wissen Sie, ich als Zionist kann in manchem die Nazis verstehen. Wir deutschen Juden haben uns zu sehr vorgedrängt in der Kultur, im Theater, in der Musik. Wir hätten den Deutschen nicht vorschreiben sollen, was ihre Kultur ist.« Da ist der Mann aufgestanden – er war sonst sehr beherrscht – und hat auf den Tisch geklopft und geschrien: »Und das muß ich erleben, daß ein deutscher Jude versucht, die Nazis zu verstehen!« Das war alles vor Auschwitz natürlich. Und das ist mir sehr im Gedächtnis geblieben, dieses Gespräch und dieser Mann.

*Joseph Walk (*1914)*

Wir haben Lehrer gehabt, die ausgesprochene Nazis waren
Wir haben nachher gelitten: Erstens einmal haben wir Lehrer gehabt, die ausgesprochene Nazis waren. Wir haben einen Gesangslehrer gehabt, der die Stunde immer angefangen hat mit der Hymne der Nationalsozialisten. Und alle mußten stehen und die Hand heben. Wir waren drei jüdische Mädchen, es war eine Mädchenschule, natürlich. Er hat immer gesagt: »Ihr drei jüdischen Mädchen habt aufzustehen, aber bitte nicht die Hand zu heben!« Das wollten wir sowieso nie tun, aber wir haben uns irgendwie dann doch schon als Außenseiter gefühlt und haben zusammengehalten, wir drei jüdischen Mädchen. Jedenfalls mußten wir nachher raus und in die jüdische Schule. Und die jüdische Schule, das jüdische Gymnasium war derartig überfüllt, daß wir dann nur noch die einfache Schule hatten. Also, ich habe dann doch nur neun Klassen machen können. Und danach, weil ich in der zionistischen Bewegung war, wollte ich unbedingt nach Palästina.

*Miriam Kedar (*1922)*

Man mußte mit seinem Vorbild zeigen, was man tut oder was man nicht tun darf

In der Klasse hatte ich noch einen jüdischen Mitschüler. In der Schule gab es natürlich mehr, aber nicht sehr viele. Die Zeit, in der ich zur Schule ging, war für mich eine absolut schwere Zeit, da man irgendwie verantwortlich war für die jüdische Gemeinschaft in der Schule, besonders als ich dann zu den älteren Jahrgängen gehörte. Man mußte mit seinem Vorbild zeigen, was man tut oder was man nicht tun darf. Also, es gab so kleine Probleme, das Aufstehen beim Horst-Wessel-Lied, oder beim Deutschlandlied die Hand heben oder nicht die Hand heben, Sachen, die nachher selbstverständlich waren, aber die alle eine spontane Entscheidung erforderten, die genauso gut falsch sein konnte.

Paul Alsberg (*1919)

»Da gehste morgen nicht mehr hin!«

Zuerst waren wir ja in Leipzig. Und nachher, in Halle an der Saale, war ich auf einem Gymnasium. Als Juden dann öffentliche Schulen nicht mehr besuchen konnten, wurde ich umgeschult auf eine Privatschule. Der Standard war schon sehr niedrig. Die waren sicher um ein halbes Jahr zurück gegenüber dem, was wir auf dem Gymnasium gelernt hatten. Und da sollten wir eines Tages einen Aufsatz schreiben, der ein antisemitisches Thema hatte. Und da hat mein Vater einfach gesagt: »Da gehste morgen nicht mehr hin!« – und fertig.

Gershon Monar (*1924)

»Es tut mir leid, daß Sie gehen!«

EE: Also, Ihr Vater hat Sie 1934 von der Schule abgemeldet. Hat man da die jüdischen Kinder sehr gerne gehen lassen, war froh, sie los zu sein?

HF: Ist schwer zu sagen. Ich weiß nur, ein Lehrer, der mich anscheinend gern gehabt hat, hat mich auf die Seite gerufen und gesagt: »Forst, es tut mir leid, daß Sie gehen! Ich verstehe Sie. Ich verstehe Ihre Gründe. Aber merken Sie sich, wenn Sie Gelegenheit haben, machen Sie weiter und später studieren Sie. Sie haben das Zeug dazu!«

Hans Simon Forst (*1917)

Aufbau im Untergang

Eine dieser Geschichten vom Aufbau im Untergang war, daß die Reichsvertretung die Auflage bekam, Schulen zu gründen. Denn jüdische Schüler waren da, aber Lehrer waren nicht genug da. Die jüdischen Lehrer mußten zwar die allgemeinen Schulen verlassen, sowohl die Volksschulen als auch die sogenannten höheren Schulen, und man hat geglaubt, man kann alle diese Studienräte verwenden und in die jüdischen Volksschulen stecken, was ein großer Fehler war. Aber das hat man getan – und nicht mit großem Erfolg, wie ich weiß.

David Bar-Levi (*1912)

Ich hatte früher nie Klassiker kennengelernt

Meine Schulung bis 1935 war deutsch. Ich lebte in einem Vorort von Ludwigshafen, wo es nur zwei jüdische Familien gab. So ist es ganz verständlich, daß ich »ums Haus rum« keine jüdischen Verbindungen hatte. Meine Freunde waren die Jungens von der Straße. Ich bin mit viel Fußball und einem ausgeprägten pfälzischen Dialekt aufgewachsen. Das blieb auch so, als ich schon ins Gymnasium in Ludwigshafen ging. Als es den Juden verboten wurde, in diese Schule zu gehen, ging ich für ein, anderthalb Jahre in eine neugegründete jüdische Schule in Mannheim. Und dort lernte ich Deutsch (*lacht*), tatsächlich. Ich lernte dort auch Hebräisch, aber warum sag' ich, ich lernte Deutsch? Erstens mal waren die Lehrer eine Klasse besser als meine früheren Lehrer in Ludwigshafen, denn dort sammelten sich die besten Lehrer, die aus den deutschen Schulen entlassen wurden. Ich hatte früher nie Klassiker kennengelernt, aber für die jüdischen 15- oder 16jährigen war das das richtige Alter für Goethe, Schiller, Heine, Kleist. Also dort lernte ich unter anderem auch Deutsch.

Aharon Doron (*1922)

* * *

Ich wollte gerne als Sportler zur Reichswehr gehen

Ich wollte gerne als Sportler – ich war ein recht guter Sportler – wie meine anderen Freunde zur Reichswehr gehen. Mich hat die Reichswehr deswegen interessiert, weil die damals auf Motorrädern gefahren sind, mit Beiwagen. Sie haben alle möglichen Kunststücke gemacht. Und das hat mich so interessiert! In der Militärbadeanstalt gab es einen *goj*, der Olympiasieger im Kugelstoßen war. Ich hatte ihn beim Training mal gefragt über die Reichswehr, aber er sagte:»Tu das nicht, das ist nichts für dich!« Gut, also, man hat mich nicht aufgenommen unter dem fadenscheinigen Vorwand, ich wäre zu klein. Aber es hat mir nur ein halber Zentimeter gefehlt, und mein Schulfreund, ein *goj*, war einen Kopf kleiner!

*Jehoshua Brünn (*1913)*

Bei der Feuerwehr nahmen sie keine Juden
Als ich Bauingenieurwesen studierte, mußte ich, als ich noch im zweiten Teil war, meine praktische Zeit machen. Ich interessierte mich fürs Feuerwehrwesen. Ich wollte die praktische Zeit bei der Feuerwehr in Lübeck machen, denn die Feuerwehrdirektoren und Brandoffiziere waren Ingenieure oder Chemiker. Mein Vater sprach mit seinem Sozius, dem Corpsstudenten, und der sprach mit seinem Corpsbruder, dem Branddirektor von Lübeck. Und der sagte ihm:»Ja, also, wenn der Herr Landau« – das bin ich – »die Feuerwache besichtigen will und Erklärungen haben will, bin ich gerne bereit dazu.« Das war die Antwort. Daraufhin habe ich sowohl auf die Erklärungen verzichtet als auch auf das, was er mir nicht geben wollte, nämlich dort praktisch zu arbeiten. Soweit ich weiß, ging die Feuerwehrausbildung durch den Deutschen Städtetag, und die nahmen keine Juden, genau wie im Forstwesen keine Juden akzeptiert wurden für den höheren Forstdienst.

*Gad Landau (*1909)*

Ich bin in meiner Familie die erste, die nicht studiert hat
Ich bin in meiner Familie die erste, die nicht studiert hat. Alle hatten den jüdischen Vornamen Doktor, alle Onkels mütterlicher- und väterlicherseits, mein Cousin, meine Cousine. Also, bei mir fing es an, daß ich keinen Beruf erlernen konnte, jedenfalls nicht mehr in Deutschland, und kein Studium.

*Eva Eylon (*1914)*

Daß ich Medizin studiert habe, war schon eine Kompromißlösung
Ich hatte schon immer ein Interesse für Literatur. Ich hab' schon als kleines, als wirklich kleines Kind Gedichte geschrieben. Mein begeisterter Großvater wollte sie veröffentlichen, da es auch eine Druckerei in der Familie gab, übrigens auch einen bekannten Journalisten, der Chefredakteur einer Zeitung in Berlin und dann in Wien war, Bruno Frey. Daß ich Medizin studiert hab', war schon

eine Kompromißlösung, denn meine Eltern fanden, ein künstlerischer Beruf wäre ein brotloser Beruf und würde keine sichere Zukunft bieten, obwohl sie natürlich wollten, daß ich heiraten würde. Aber wenn schon Studium, dann ein praktisches. Und da hab' ich mich entschlossen, Medizin zu studieren.

Alice Schwarz-Gardos (*1916)

»Sie muß einen Beruf haben, wo sie auch etwas verdient«
CK: Man hat mir dann mit 18 nahegelegt, ich soll doch studieren. Aber ich wollte möglichst weit weg davon, irgendeinen praktischen Beruf. Kindergärtnerin wollte ich werden, eigentlich wollte ich auf dem Gebiet der Psychologie arbeiten, Berufsberatung oder so etwas, mit heranwachsenden Kindern.
AB: Warum wollten Sie nicht damals schon Künstlerin werden, wo Ihnen das so lag?
CK: Nein, meine Mutter hat immer gesagt: »Weißt du, für dich wär' vielleicht was Richtiges Fotografie.« Ihre Freunde haben gesagt: »Laß dem Kind doch Zeichenunterricht geben!« »Nein, sie muß einen Beruf haben, wo sie auch etwas verdient.« Und sie hat irgendwie recht gehabt, denn dann kam die Inflation, und meinem Vater war es sehr schwer, das Geld nach Hause zu bringen, so daß meine Mutter Angst gehabt hat, daß ich mich mit einer brotlosen Kunst vielleicht nicht ernähren könnte. Aber ich hab' für Fotografie absolut kein Interesse gehabt.

Chuma Betty Kolath (*1908)

Was mich interessiert hat außer dem Theater war Philologie
Ich wußte noch nicht, ob ich zur Bühne gehe. Ich hatte versprochen, meinem Vater, der Schauspieler und Regisseur war, das Urteil zu überlassen. Was mich interessiert hat außer dem Theater war Philologie, vor allem vergleichende Sprachwissenschaft. Wir haben da einen Lehrer gehabt, der das jahrelang angeregt hat, und ich war Feuer und Flamme dafür. Hatte auch das Talent dazu. Aber, wie gesagt, nach dem Abitur war alles aus, ich konnte auch nicht an der Dolmetscherschule ankommen oder an der Universität, war ja auch kein Geld mehr da für mich. Außerdem, woraufhin sollte ich studieren? Ich hatte ja keinerlei Aussichten. Also ich ging, nahm eine Stellung in einer jüdischen Familie im Harz an, die hatten drei Kinder, die hab' ich betreut, und ich hab' im Haushalt mitgeholfen.

Jutta Grünthal (*1913)

Natürlich gab es einen Numerus clausus
1931 hab' ich das Abitur gemacht in Essen und hatte eigentlich die Absicht, auf die Pädagogische Akademie nach Frankfurt zu gehen. Die war ja die einzige Pädagogische Akademie in Deutschland, die nicht konfessionell war. Natürlich gab es einen Numerus clausus, das heißt, es waren nur soundso viele Plätze für jüdische Studenten da, und die waren natürlich längst belegt, so daß das nicht geklappt hat. Ich bin dann an die Universität gegangen und habe drei Jahre in Frankfurt Jura studiert, bis man mir sagte: »Zum Referendar kannst du nicht mehr zugelassen werden.« Und da hab' ich so ganz dusselig gefragt: »Ja, warum denn nicht?« Da hat man mir gesagt: »Ihr Vater war kein Frontkämpfer im Ersten Weltkrieg.« Also das war die Begründung. Und so hab' ich die Universität verlassen.

David Bar-Levi (*1912)

Man ist nicht immer so konsequent
Nachdem ich das Abitur gemacht hatte, habe ich mir überlegt: Nu also, was soll ich studieren? Daraufhin hab' ich angenommen, ich würde vielleicht Rabbiner werden. Dann hab' ich gedacht, man könnte Hebräischlehrer werden. Ich hatte aber einen sehr engen Freund in Görlitz, wo ich aufgewachsen bin, und der studierte Jura. Man hat natürlich darüber gesprochen, und mir hat es sehr gelegen und sehr gefallen. Und da habe ich gesagt, also gut, dann will ich auch Jura studieren. Das war eine absolut falsche Entscheidung! Ich hätte bei meiner Einstellung natürlich einen Beruf ergreifen müssen, der schon nach Palästina gewiesen hätte! Aber man ist nicht immer so konsequent.

Heinz Gerling (*1904)

Es ist mir gelungen, im Jahr 1934 noch mein Doktorat abzuschließen
Mit 16 Jahren wollte mich meine Mutter, weil ich immer eine sehr große Einzelgängerin war, in ein Tanzkränzchen tun, damit ich Gesellschaft habe. Aber ich hab' es vorgezogen, in eine Jugendbewegung zu gehen, und zwar in eine zionistische. Damals hab' ich die Leute, die wirklich gesagt haben, wir gehen nach Palästina, sehr bewundert. Ich war zwar in dieser zionistischen Jugendbewegung, aber ich habe gar nicht daran gedacht, daß ich jemals nach Palästina komme. Nachdem ich das Abendgymnasium mit dem Abitur abgeschlossen hatte, habe ich angefangen zu studieren, und

zwar war ich immer Werkstudentin, das heißt, ich mußte mich immer selber ernähren. Ich hab' alle möglichen Arbeiten getan, Sprechstundenhilfe und Babysitter, um mein Studium zu finanzieren. Im Jahr 1934 hatte ich schon einen gelben Stempel in meinem Studentenheft, und der Name »Jude« stand drin. Aber ich wollte unbedingt mein Studium, das ich mit so viel Mühe und mit dem Abendgymnasium erreicht hatte, abschließen. Und zu meinem Glück hatte ich einen Professor, Professor Dovifat, der ein Zentrum-Mann und antinazistisch war. Und es ist mir also gelungen, im Jahre 1934 noch mein Doktorat in Zeitungswissenschaft abzuschließen.

Die ganzen Jahre hat mich aber auch der Gedanke, Dichterin oder Schriftstellerin zu werden, begleitet. Und ich habe die ganze Zeit lang auch Gedichte und Erzählungen geschrieben und auch veröffentlicht. Ich war im Schutzverband Deutscher Schriftsteller und habe dort sehr bekannte und verehrungswürdige Persönlichkeiten kennengelernt, wie zum Beispiel Erich Mühsam oder Karl Otten oder Carl von Ossietzky, und das hat mir ungeheuer viel gegeben. Aber um meines Studiums willen hab' ich die Verbindung mit der zionistischen Jugendbewegung aufgegeben, weil ich doch sowohl studieren wollte als auch mich ernähren mußte.

Mirjam Michaelis (*1908)

Ich habe gleich gewußt, daß ich Jura studieren will

IL: Ja, also, ich dachte, ich werd' erstmal Jura studieren. Und dann, wenn ich fertig bin, will ich sehen, also entweder freiberuflich tätig werden oder vielleicht bekomm' ich eine Syndikusstelle. Ich kann auch Richter werden oder Staatsanwalt; es stand ja einem Juristen, der die zweite juristische Staatsprüfung bestanden hat, sozusagen die Welt offen, ja. Wir haben ja noch ideale Zustände gehabt 1928, '29, auch noch '30 an der Universität. Ich war zwei Semester in Freiburg, ein Semester in München und die übrigen alle in Berlin.

AB: Haben Sie noch in Deutschland promoviert?

IL: Ja, aber die Hauptsache für einen Referendar ist, daß er das Staatsexamen macht. Die Promotion ist ja sozusagen nur ein schmückendes Beiwerk. Mein Schwiegervater hat – ich war zwar noch nicht verheiratet, aber er wußte, daß ich sein Schwiegersohn werde – Wert darauf gelegt, daß ich doch das Doktorexamen mache, und wir, meine Frau und ich – sie hatte auch Jura studiert, war auch Referendarin – haben uns damals schon überlegt, daß es für

Juristen fast unmöglich war, in Berlin Doktorexamen zu machen. Und um zu promovieren, mußte man zwei Semester an einer Universität studiert haben. Da wir uns in Freiburg kennengelernt haben, haben wir gesagt, also gut, wir gehen nächstes Jahr im Sommer wieder nach Freiburg, dann haben wir wenigstens diese zwei Semester. Und dann haben wir beide 1932 in Berlin das Referendarexamen gemacht, und in der Zeit, wo ich in Berlin beim Landgericht als Lehrling saß, hab' ich das Doktorexamen in Freiburg gemacht. Und meine Frau auch, sie im Januar 1933.

AB: Januar '33?

IL: Ja, ja, Heidegger war noch nicht der Rektor, der ist erst im Mai Rektor in Freiburg geworden. Der Universitätsbetrieb ging noch vollkommen ungestört weiter, wahrscheinlich bis der Herr Heidegger sein Amt antrat. Und wir sind dann nach Italien ausgewandert.

Iwan Lilienfeld (*1910)

Ich war der letzte jüdische Doktorand in Nazideutschland

Das Examen als Kammergerichtsreferendar habe ich im Juni '33 bestanden. Ich konnte es als Nichtarier überhaupt nur deshalb bestehen, weil ich mich zur Prüfung am Kammergericht angemeldet habe. Anfang Januar '33 bekam ich die schriftliche Sechs-Wochen-Arbeit, und während ich daran saß, kam der 30. Januar '33. Dann kam die mündliche Prüfung am Kammergericht Ende Juni '33. Und während einer Pause, da in den großen Wandelhallen, las ich am Schwarzen Brett, Nichtarier werden nicht mehr zu Referendaren ernannt. Ich las das, und in dem Augenblick dachte ich mir, wozu steh' ich hier überhaupt? Es ist aus. Ich bin nochmal reingegangen nach der Pause, nur von weiter Ferne hörte ich das Ergebnis, ich habe das Examen bestanden. Ich mußte mich dann umsehen nach einem sogenannten, wie man's damals nannte, krisenfesten Beruf. Ich hatte einen Onkel, einen Rabbinerprofessor Dr. Scheftelowitz, der selbst nach Oxford gehen mußte. Er hat mir geraten, ich soll die rabbinische Laufbahn einschlagen, weil ich dann vielleicht in einer der englischen Kronkolonien später Rabbiner sein könnte. Aber er riet mir gleich weiter: »Wenn du vielleicht noch den Doktor machen kannst in Berlin oder in Deutschland, dann wäre das gut für das spätere Berufsleben.« Und so machte ich es. Ich habe sofort Anfang November '33 zwei Sachen gelernt: Jeden Vormittag am Rabbinerseminar in Berlin studiert und jeden Nachmittag ab ein Uhr in der Staatsbibliothek in Berlin an meiner

Dissertation gesessen. Ich war der letzte jüdische Doktorand in Nazideutschland. Die Doktorprüfung war in Leipzig, in Berlin konnte ich sie nicht mehr machen, da war ich verfolgt worden. Anfang Juli '34 habe ich das mündliche Doktorexamen bestanden. Und da hat man mir mitgeteilt, das Doktordiplom wird Ende Dezember fertig sein. Als ich die Mitteilung bekam, ich soll kommen zum Erhalt des Doktordiploms, da hab' ich geschrieben:»Leider bin ich erkrankt und kann deshalb nicht bei der feierlichen Überreichung des Diploms dabei sein« – denn ich wollte nicht Ende Dezember '34 einen Nazikrach haben – »und ich bitte Sie, mir das schriftlich zu schicken.« Was auch geschah. Mit allen Stempeln der Universität und so weiter.

Elchanan Scheftelowitz (*1911)

Es war klar, daß ich Volksschullehrer werden muß
Ich wollte Anwalt werden oder Mathematik studieren, ich war noch nicht so entschieden. Aber es war ganz klar, daß ich meiner körperlichen Konstitution nach zu schwach war zum Arbeiten. Ich hatte es versucht, ich war, was man nennt auf *hachschara*, zur Berufsausbildung, und es ist nicht gegangen. Und da muß ich noch was hinzufügen: Es gab damals unter Zionisten eine allgemeine Bildungsfeindlichkeit. Also war klar, daß ich Volksschullehrer werden muß, ich wollte ja auch in einen Kibbuz.

Shalom Weinstein (*1915)

»Alles Gute für Ihr Fortkommen in Palästina!«
Mein Chef in der Tischlerei durfte während der Zeit, als ich bei ihm gelernt habe, keinen anderen Lehrling annehmen, weil er einen Juden beschäftigt hat. Das war für ihn eine Strafe. Er hätte mich ohne weiteres entlassen können, ohne irgendwelche Verpflichtungen zu haben, aber wegen des guten Verhältnisses, das ich mit ihm und der ganzen Belegschaft hatte, wollte er mir die Möglichkeit geben, bis zur Gesellenprüfung weiterzulernen. Die Gesellenprüfung war zu Ostern '37. Als ich meinen Gesellenbrief von der Tischlerinnung bekam, wurde ich sehr anständig behandelt. Alle Lehrlinge, die bei dieser Feier auf die Bühne kamen, um ihren Gesellenbrief zu empfangen, sagten »Heil Hitler«, hoben die Hand hoch und bekamen den Gesellenbrief ausgeliefert. Als ich auf die Bühne kam, gab mir der Innungsmeister die Hand und sagte:»Alles Gute für Ihr Fortkommen in Palästina!«

Nachum Gadiel (*1917)

Medizinische Laborantin würde sich besser verwerten lassen
Daß ich das Studium abgebrochen habe 1938, das hatte schon mit
der politischen Entwicklung zu tun, denn das war dann schon nach
dem Anschluß Österreichs, und da war uns allen klar, daß früher
oder später auch uns dieses Schicksal droht. Und da hab' ich dann
ein sogenanntes praktisches Studium eingeschaltet, ging nach Prag
und hab' einen Kurs gemacht für medizinische Laborantin und
dachte, das würde sich in einem neuen Land besser verwerten
lassen als ein halbes Studium in der Medizin. Ich machte mir keine Illusionen, daß man das würde abschließen können.

Alice Schwarz-Gardos (*1916)

Was ist der beste Beruf, um Deutschland verlassen zu können?
Als Kind wollte ich Zahnarzt werden. Ich hatte nämlich eine entfernte Verwandte, die Zahnärztin war, eine sehr nette Dame. Der
Handbohrapparat wurde immer mit dem Fuß getreten, diese ganze Sache imponierte mir wohl irgendwie, trotz der Schmerzen, die
man da erdulden mußte. Und da sagte ich meiner Mutter, ich
möchte gerne mal Zahnarzt werden, ja? Aber das ging ja dann
alles ganz anders. Nach 1933 ging's dann schon nicht mehr nach
den Berufswünschen der jungen Menschen, sondern danach, was
der beste Beruf war, um Deutschland verlassen zu können. Das
Kriterium hat sich vollkommen geändert, nicht.
Ich habe mich in Berlin, beim Palästinaamt, so hieß das, eingetra-
gen als potentieller Auswanderer. Sie erklärten mir damals: Es gibt
die Möglichkeit einer *hachschara*, einer Ausbildung im Ausland,
Plantagenbepflanzung und solche Geschichten. Es gab eine andere Möglichkeit, und das war eine handwerkliche Ausbildung. Sehr
viele Leute waren nicht dafür, ich ja. Man schickte mich in eine
Gummiwarenfabrik, und da lernte ich, außer daß ich die Schule
besuchte, dann noch in den Nachmittagsstunden, wie man Re-
genmäntel herstellt und solche Sachen. Ich bin nur noch reingekommen in der Zeit, wo Juden schon überhaupt nicht mehr angestellt wurden, weil der Besitzer der Fabrik ein Onkel von mir war.
Schließlich bekam ich ein Zertifikat als Gummifacharbeiter, eine
vollkommen ausgefallene Angelegenheit. Ich lernte dann in Berlin
– meine Mutter arrangierte das eigentlich – einen gewissen Herrn
Rosenberg kennen. Der wollte in Haifa eine Gummiwarenfabrik
aufmachen und suchte Fachkräfte. Und ich fiel ihm da irgendwie
vom Himmel, jedenfalls mit dem Titel, den ich hatte, Gummifacharbeiter, ja? Und er meinte eben, daß ich mit 19 Jahren noch

aufnahmefähig wäre und alles andere dann dazulernen würde. Er machte in Haifa eine Kabelfabrik auf, bei der ich schließlich auch gelandet bin. Ich weiß sogar noch das Datum: Am 23. August 1936 verließ ich Berlin.

*Ernst Pfeffermann (*1917)*

Ich wollte einen *chaluzischen* Beruf wählen
Ich wollte eigentlich Ärztin werden, denn ich hab' auch Latein in der Schule gehabt. Aber das kam dann natürlich überhaupt nicht mehr in Frage, sondern ich mußte, wollte einen *chaluzischen* Beruf wählen. Also hab' ich die Obersekunda in Berlin in dieser ›Adass-Jisroel‹-Schule besucht und außerdem abends die hebräische Sprachschule. Die war sehr gut, und da hab' ich schon viel Hebräisch gelernt, was mir sehr geholfen hat, um später hier aufs Lehrerseminar zu kommen. Vorher war ich schon in Frankfurt auf eine jüdische Haushaltungsschule gegangen, um mich vorzubereiten auf Palästina. Der Kurs, ich kann nur sagen »schimpfte« sich Palästinakurs, denn Hebräisch wurde dort nicht gelehrt. Wir lernten nur Kuchen mit zwölf Eiern backen und Parkettfußboden saubermachen. Das zeigt nur, wie beschränkt die deutschen Juden in Frankfurt waren.

*Ayala Laronne (*1916)*

Der Weg zum Zionismus und nach Palästina

Die politischen Ziele des Zionismus

MD: Die meisten der hier Interviewten haben es als selbstverständlich genommen, daß jeder weiß, was Zionismus ist und wie die deutschen Juden sich dazu gestellt haben. Könnten Sie uns vielleicht ein bißchen mehr dazu sagen, weil es doch nicht so selbstverständlich ist.

AF: Ja, da würde ich raten, Herzls ›Judenstaat‹ oder ›Altneuland‹ nachzulesen. Herzl, der aus gutbürgerlichen Kreisen stammte, hat damals diese Ideen fortgesetzt, die ja schon mehr oder weniger in religiösen Kreisen verankert waren. Nach Herzl bekam das einen Aufschwung durch die Zionistenkongresse. Die Ziele des Zionismus wurden 1897 beim ersten Kongreß in Basel formuliert: »Der Zionismus erstrebt für das jüdische Volk die Schaffung einer rechtlich gesicherten Heimstätte in Palästina.« Herzl verstand es, die Führer der Völker dafür zu interessieren, daß Palästina ein Auffangbecken sein kann für die Juden der Welt, oder zumindest für die Juden Europas. Aus verschiedenen Gründen, vor allem wegen des alten jüdischen Traums oder Drangs nach Palästina, angefangen vom Gebetbuch, über *pessach*, beim *haggada*-Vorlesen der Geschichte des Auszuges aus Ägypten, immer mit dem Gebet »*baschana haba'a bijeruschalajim*« – »Im nächsten Jahr in Jerusalem«. Also dieser Traum existierte.

Abraham Friedländer (*1916)

Zionismus und Messianismus

Wieweit ist der Zionismus Messianismus? Die meisten Zionisten und auch die zionistischen Gelehrten, zum Beispiel mein Lehrer, Professor Shmuel Ettinger, hatten immer betont, Zionismus sei eigentlich eine Form von Messianismus. Professor Rawitzki hat jetzt bewiesen, daß gerade der religiöse Zionismus, der ›Misrachi‹, sich sehr distanziert von diesem Gedanken. Er sagt, Zionismus, Aufbau des Landes, *alija* sind unsere ersten Pflichten. Aber es hat nichts zu tun mit Messianismus. Zionismus ist in vielen Dingen ein Ergebnis der nationalen Bewegungen des 19. Jahrhunderts. Genauso wie in Europa die Nationalstaaten im Laufe des 19. Jahrhunderts als ein Gesamtstaat entstanden sind, so haben auch die Juden, wenn auch

aus ganz anderen Gründen, gesagt: Wir müssen einen National-
staat haben, wir müssen ein Volk sein wie alle Völker, wir müssen
eine eigene Nation haben. Wir wissen genau, daß Herzl sehr beeinflußt war von den Ereignissen des Dreyfuß-Prozesses und daß
er vielleicht nicht zu den Ergebnissen gekommen wäre, wenn er
nicht den Dreyfuß-Prozeß von so nahem als Reporter für eine Wiener Zeitung gesehen hätte. Aber auch die Verfolgungen in Rußland, das alles hat sicher dazu geführt, daß die Juden erklärt haben: Genau wie es den französischen Staat für die Franzosen gibt,
den englischen Staat für die Engländer, so muß es einen jüdischen
Staat geben für die Juden.

Esriel Hildesheimer (*1912)

Zionismus ist die Rückkehr zu dieser eigenen Beziehung zum ei-
genen Volk

Als 15jähriger Junge habe ich davon einen Begriff bekommen, wie
verfälscht dieses sogenannte liberale Judentum war, das die deutschen Juden gelehrt haben, um sich anzugleichen an die deutsche
Kultur. Es war weder deutsche Kultur noch jüdische Kultur, sondern ein Mischmasch, weswegen eben Wassermann und andere
nicht verstehen konnten, was ihnen passiert, wenn man ihnen plötzlich gesagt hat: »Du sprichst zwar besser Deutsch als wir anderen
und du weißt besser Bescheid über deutsche Geschichte, aber du
bist kein Deutscher!« Der Unterschied zwischen Juden und Deutschen liegt in der völligen Verschiedenheit der Auffassung von der
eigenen Volkszugehörigkeit. Und da ist Zionismus, wenn Sie wollen, die Rückkehr zu dieser eigenen Beziehung zum eigenen Volk
und zur eigenen Sprache. Das hat mich dazu gebracht, im Zionismus eine Art neue Heimat zu finden, geistig sozusagen. Deutschtum kann ich sehr verehren, aber geistig, inhaltlich bin ich kein
Deutscher, mit allem, was ich gelernt und in mich aufgenommen
habe, auch wenn ich heute noch mit der deutschen Sprache so
verwachsen bin wie mit keiner anderen. Aber hier sind Unterschiede in der Auffassung und meinen Beziehungen zur Welt,
die tiefer gehen. Das habe ich, als ich damals zionistische Propaganda gemacht habe, versucht, diesen deutschen Juden klarzumachen.

Jüdisch ungebildete Jeckes wie ich haben keine orthodoxe Vorbildung, aber sie erleben in der Wiedergeburt heute hier im Lande
das Judentum so anders, weil man es ihnen früher nie beigebracht
hat. Und sie sind deswegen so begeistert von der Bibel. Etwas von

den viel tieferen Grundlagen dieses Judentums liegt in der Bibel geschrieben. Sie können es schwarz auf weiß lesen wie Kindergeschichten. Und als Erwachsener liest man das natürlich anders als als Kind. In Beantwortung Ihrer Frage, was mich zum Zionismus gebracht hat: Diese Verbindung mit wirklicher jüdischer Überlieferung einerseits als Folklore, jiddische Sprache und jiddische Geschichten, jiddischer Humor usw., und andererseits die hebräische Sprache und die Verbindung mit wirklicher Geschichte im Lande hier, die Siedlung usw. und das Leben unter Juden. Nicht wie in Warschau unter Juden, sondern leben unter Juden hier, wo wir selber uns die Grundlage für unser Leben schaffen müssen. Und ich bin sehr glücklich darüber, daß ich mindestens eine Zeitlang gezwungen war, mit zu denen zu gehören, die diese Grundlage mitgeschaffen haben hier im Lande und etwas davon in die Fingerspitzen bekommen haben, was das heißt, in einem Lande Grundlagen zu schaffen, nicht für wunderbare Hausbauten, sondern Grundlagen für Landwirtschaft und für Industrie und für wirklichen Zionismus.

Uri Gassmann (*1911)

Palästina, das geistige und kulturelle Zentrum des Judentums
Zionismus bedeutete nicht nur, die Juden von Europa zurück nach Vorderasien zu bringen und einen eigenen Staat zu haben. Achad Ha'am, ein Führer der Judenheit der damaligen Zeit, sah in Palästina vor allen Dingen das zukünftige geistige und kulturelle Zentrum, in dem sich das Judentum entfalten könnte – nicht als Fremdkörper, der es ja mehr oder weniger in Europa immer war, auch in den Ländern, die sich verhältnismäßig großzügig oder menschlich, wie es sich halt gehört, den Juden gegenüber benommen haben.

Abraham Friedländer (*1916)

Was geschehen ist, ist alles vorausgesagt
Mein Vater war zum ›Misrachi‹ geneigt, aber ich war ein Gegner des Zionismus, nicht des praktischen Zionismus, sondern des Zionismus, der sagt, wir sind wie alle Völker, ja? Und das sind wir nicht. Wir sind nicht wie alle Völker. Die Folge davon war, daß ein schwerer Nationalismus geprägt wurde, ohne irgendwelche Beziehung zur jüdischen Religion. Was geschehen ist, ist alles vorausgesagt, sogar genau das Datum von der Staatsgründung. Es wird im Daniel angegeben als 2.300 Jahre nach dem babyloni-

schen Exil, und Israel ist genau an diesem Datum gegründet. Und alles, was Sie heute sehen in der Welt, können Sie finden in der Bibel.

Schalom Rothem (*1912)

Die Mehrheit der deutschen Juden war nicht zionistisch

AF: Wie haben sich die deutschen Juden zum Zionismus gestellt? Der Zugang zu diesem Problem war verschieden bei Ostjuden und Nicht-Ostjuden, bei frommen Juden und liberalen. In meinem Elternhaus war die Mutter, die aus Ostpreußen stammte und aus frommen religiösen Kreisen kam, seelisch viel enger an Palästina gebunden als mein Vater, dritte, vierte Generation der Stadt Cottbus, treudeutsch mit allem Drum und Dran. Die blaue Büchse des ›Keren Kajemet‹, der sich die Aufgabe gemacht hat, in *Erez Israel* Bäume zu pflanzen, die es eigentlich mehr oder weniger in fast allen Haushalten gab – in diese blaue Büchse legte man bei Festlichkeiten oder Geburten Geld und spendete dadurch Bäume zum Aufforsten des wilden Landes Palästina, das ja damals mehr oder weniger nur Sand war, mit wenig Bevölkerung. Aber mehr wurde selten gemacht.

Es gab natürlich Führer der deutschen Judenheit in den zionistischen Kreisen, wie Bodenheimer und Ruppin. Aber die deutschen Juden waren nicht die Führer bei den Zionistenkongressen. Dort dominierten die Zionisten aus Rußland und Polen. Die Mehrheit der deutschen Juden war ja nicht zionistisch, zum Teil sogar antizionistisch, denn sie sahen darin eine Auffassung, die die Integrierung der deutschen Juden in das Deutschtum verhindert. Die Rabbiner auf der Kanzel sprachen von allgemein Menschlichem.

MD: Ja, und doch gab es einen Kern von ideologischen Zionisten auch in Deutschland.

AF: Selbstverständlich, aber das war es. Sie konnten sich mengenmäßig nicht messen mit den Nichtzionisten. Ich meine das nicht negativ, denn es war für die deutschen Juden eine Selbstverständlichkeit, mehr oder weniger aufzugehen in der Umgebung und ihr Deutschtum unter Beweis zu stellen. Der Zionismus, der das Ziel hatte, die Juden herüberzuführen nach Palästina, stellte andere Forderungen. Und da kam's zum Teil zum Konflikt.

Abraham Friedländer (*1916)

Die zionistische Bewegung war bei den deutschen Juden nicht erwünscht

Die zionistische Bewegung war bei den deutschen Juden nicht erwünscht. Auch in Nürnberg war das gleiche Bild. Die Hauptzahl der deutschen Juden waren Assimilanten, deutsche Staatsbürger jüdischen Glaubens, und wollten von einem jüdischen Staat nicht viel hören. Erst mit dem Erscheinen von Hitler ist das große Interesse für Palästina erwachsen, weil kein anderes Land die Juden aufnehmen wollte. Zionisten in Deutschland waren meist Juden, die aus Polen und Rußland nach Deutschland gekommen sind, in der Mehrzahl junge Männer, die dort lernen wollten, weil im Osten überall der Numerus clausus war und sie keine Möglichkeit zum Lernen finden konnten. Und aus den westjüdischen Kreisen waren es Studenten, die organisiert waren in der prozionistischen Verbindung K.J.V., Kartell jüdischer Verbindungen, und Juden, die neuen Fragen zugänglich waren.

Paula Pariser (*1902)

Die Ostjuden konnten keine Assimilatoren sein

Die Ostjuden mußten ja, wenn sie nicht in Frankfurt oder in der ›Aguda‹ waren, irgendwas sein. Sie konnten keine Assimilatoren sein, auch wenn sie *de facto* Assimilanten sein konnten. Wir waren in der Weltanschauung Zionisten. Mein Vater war beim ›Misrachi‹, ich habe noch einen Zettel, wo er 1925 eine ›Misrachi‹-Versammlung einberief. Er hat die ›Misrachi‹-Ortsgruppe gegründet, und ich war ›Ze'ire Misrachi‹. Als solcher war ich 1927 noch als Schüler in der Oberprima bei der ersten Zusammenkunft der ›Ze'ire Misrachi‹-Leute, die in Leipzig stattgefunden hat. Und als ich dann nach Berlin kam, war ich sofort aktiv in der ›Misrachi‹-Jugendgruppe. Wir hatten zwei Gruppen, eine Berlin-Nord, mehr Ostjuden, eine Berlin-West, mehr deutsche Juden.

Josef Burg (*1909)

Manche glaubten, der Kommunismus löst jüdische Fragen

Mein Vater fühlte sich als Deutscher. Ich fühlte mich auch als deutscher, wie hieß das damals, deutscher Staatsbürger jüdischen Glaubens. So wie Tucholsky sagte: deutsche Staatsjuden bürgerlichen Glaubens, was viel richtiger war. Und als ich dann ein Sozialist wurde, noch auf der Schule, da waren natürlich die Gedanken, auf sozialistischem Weg sowohl die Gesellschaft wie die Wirtschaft und auch die Judenfrage zu lösen. Dann bin ich dem zionistischen

Sozialismus begegnet. Dort gab es Kreise, die glaubten, daß Sozialismus oder Kommunismus die nationalen Fragen löst, und damit natürlich auch jüdische Fragen. Aber noch in Deutschland, bevor ich nach Frankreich ging, bin ich zu der Erkenntnis gekommen, daß es keine kosmopolitische Lösung der menschlichen Probleme geben kann, jedenfalls nicht in unserer Generation.

Akiba Eger (*1913)

Mein Vater war Zionist eben wegen der jüdischen Wurzeln der Familie

AB: Ihre Familie war als orthodoxe Familie vermutlich nicht eigentlich zionistisch?

ES: Haha, das gerade Gegenteil, das gerade Gegenteil! Der Vater hatte starke jüdische Wurzeln. Er war Mitglied der Repräsentantenversammlung der jüdischen Gemeinde Berlin, und zwar als Mitglied der zionistischen ›Misrachi‹-Gruppe. Er war Zionist eben wegen der jüdischen Wurzeln der Familie!

Elchanan Scheftelowitz (*1911)

Das entstand nicht aus der Judennot, sondern vielleicht aus einer Kulturnot

Die böhmischen Juden in der österreich-ungarischen Monarchie haben sich nie assimiliert wie in Deutschland, Frankreich oder England. Es gab ja nie ein einheitliches Staatsvolk, man hat sich assimiliert an die Regierung. Die österreichische kaiserliche Regierung war ja sehr liberal und hat die Juden seit der Gleichberechtigung, die sie in den 60er Jahren bekommen haben, vor dem Antisemitismus zum großen Teil geschützt. Aber du hast sozusagen immer ein jüdisches Selbstbewußtsein gehabt, du bist weder ein Slowake, noch bist du ein Kroate, noch bist du ein Ungar, noch bist du ein Österreicher gewesen. Beim Übergang vom traditionellen Judentum zum säkularen Judentum entstand in diesen Ländern ein Nationalbewußtsein, sozusagen anstelle der Religion und der Tradition oder zusammen mit der Religion und der Tradition, und man fühlte sich als europäische Juden in diesem Lande. 1906, '07, '08 wurde der ganze Kreis der Karlsbader und auch der Prager Juden Zionisten. Für sie wurde der Zionismus die Lösung. Und das entstand nicht aus der Judennot, sondern das entstand vielleicht aus einer Kulturnot.

Yehoshua Arieli (*1916)

* * *

»Die Gebete sind nicht in Pommern entstanden, sondern im Heiligen Land«

Ich war, glaube ich, ein siebenjähriges Kind, als wir einmal – das war 1917 –, wie meistens am Sonntag, Religionsunterricht hatten. Da hat der Kantor gesagt: »Kinder, paßt mal auf. Wir leben in einer großen Zeit. Die Juden werden einmal einen Staat haben!« Das war die Balfour-Deklaration. Wir wußten gar nicht genau, was wir damit anfangen sollten, aber dem Mann sind die Tränen gekommen. So war das damals. Ich denke noch bis zum heutigen Tage daran. Das waren so die ersten Samenkörner für die zionistische Verwirklichung, die eingepflanzt wurden.

Eines Tages waren wir auch in der Synagoge. Es war im Sommer, und man betete um Regen. Doch draußen hat es in Strömen gegossen. Es war schließlich in Europa, in Pommern, und da hat es geregnet. Da habe ich zu meinem Vater gesagt: »Hör mal zu, ist das nicht komisch? Wir beten hier um Regen, und draußen regnet es!« »Ja«, sagt er, »da hast du recht. Warum eigentlich?« »Ja«, sage ich, »das werde ich dir sagen« – da war ich schon zionistisch geschult von der Bewegung her – »diese Gebete sind nämlich nicht in Pommern entstanden, sondern im Heiligen Land. Und da hat man am Ende des Sommers um Regen gebetet.« »Ach«, sagt er, »da hast du vielleicht recht. Auf den Gedanken bin ich noch nie gekommen!« Also, das ist eine kleine Illustration zu meiner zionistischen Entwicklung.

Jehuda Steinbach (*1910)

Mein Großvater hat die Zerstörung Jerusalems vor 2.000 Jahren beweint

Wie mein Großvater gestorben ist, war ich zehn Jahre alt. Und da hat mein Vater einen Privatlehrer für uns angestellt, der uns hauptsächlich in Hebräisch unterrichtet hat, auch Bibel usw. Und der hat uns abtrünnig gemacht. Mein Vater ist nach einigen Jahren daraufgekommen, hat ihn entlassen und statt dessen einen Studenten des Rabbinerseminars angestellt. Aber es war schon zu spät. Daher stammen die Wurzeln meines Zionismus. Aber eigentlich kommt meine erste Berührung daher, daß mein Großvater in den Nächten aufgestanden ist, sich auf den Boden gesetzt hat und die Zerstörung Jerusalems vor 2.000 Jahren beweint hat. Daher mein Verhältnis zu Jerusalem zum Beispiel.

Isak Blumenfeld (*1912)

Seitdem ist mein Hauptberuf Zionist

Während des Krieges, 1916 oder so, kam zu uns ein junger Assistenzarzt. Also in Wirklichkeit, wie nannte man die, Stabsarzt oder so etwas – denn es gab doch jüdische Soldaten. Den hatten wir eingeladen. Er war Zionist, und da er erstens glänzend aussah, zweitens Offiziersuniform trug, drittens sehr, sehr nett, sehr intelligent usw. war, war's für ihn kein sehr großes Kunststück, mich, als ich 13 Jahre alt war, zum Zionisten zu machen. Und seitdem ist mein Hauptberuf, neben allen Berufen, die ich habe, eigentlich nur Zionist.

Heinz Gerling (*1904)

Ich habe schon als 12-, 13jähriges Mädel mit der blauen Büchse gesammelt

CB: Wir waren zionistisch. Mein Großvater ist schon zum Zionistenkongreß gefahren. Und ich bin schon als 12-, 13jähriges Mädel mit der blauen Büchse von ›Keren Kajemet‹ in der ganzen Umgebung herumgefahren und habe gesammelt, und ich war im jüdischen Jugendbund und so weiter.

KH: Und können Sie sich noch erinnern, was Sie dazu bewogen hat, damals?

CB: Wir persönlich haben nicht unter Antisemitismus gelitten, aber der Gedanke, ein eigenes Land zu haben, hat natürlich alle Leute begeistert. Gelitten haben die Juden immer unter Deutschen. Es gab keine Pogrome wie in Rußland und in Polen, aber es gab immer kleine Plänkeleien und so weiter.

Clara Bartnitzki (*1902)

Mir sagte zu, daß Juden ihr eigenes Land haben und bearbeiten sollten

FK: Ich hatte dieses Problem, daß ich ein Maler werden wollte und kein Kaufmann.

KH: Hatte Dein Vater ein Geschäft?

FK: Ein kleines Geschäft, aber in der besten Straße von Graz, Wirkwaren. Aber mir sagte die zionistische Idee insofern zu, als Juden ihr eigenes Land haben und bearbeiten sollten, zur Erde zurückkehren sollten. Und nicht diese vage Händleratmosphäre.

Franz Krausz (*1905)

»Juden gehören nicht nach Deutschland«

Seit 1922 war ich überzeugter Zionist. Und die ganze Entwicklung des Nazismus – »Juden gehören nicht nach Deutschland, Juden haben nach Palästina zu gehen« – also, ich fand das ganz folgerichtig.

*Heinrich Mendelssohn (*1910)*

Ich habe als Kind gewußt: eines Tages gehen wir nach Palästina

Mein Vater war Zionist in Hannover. Er hat von Breslau aus regelmäßig Geld an ›Keren Kajemet‹ geschickt, damit man in Palästina Boden kauft. Ich habe als Kind gewußt: eines Tages gehen wir nach Palästina. Was das ist, habe ich nicht gewußt. Ich habe nur gewußt: Palästina.

*Mirjam Margot Hein (*1911)*

Eine Lehrerin und ein Kinderarzt haben die jüdische Jugend zu Zionisten erzogen

Der Zionismus bei uns in Tarnowitz kam durch eine Lehrerin, eine jüdische Lehrerin an unserer Schule, die Zionistin war, und durch einen Kinderarzt, der dann hier *brit mila* bei meinem Sohn gemacht hat. Die beiden haben die jüdische Jugend zu Zionisten erzogen. Meine Eltern waren nie dagegen. Das war schon viel!

*Else Gerling (*1907)*

Ich habe von Zionismus nie etwas gehört

Ich habe von Zionismus nie etwas gehört und nie etwas gewußt und auch nie etwas davon gehalten. Ein einziges Ereignis hat mich in meiner Jugend berührt: Im Jahre 1929 waren die Unruhen in *Chewron*, wo viele, viele Juden ums Leben kamen. Das war das erste und einzige Mal, daß ich irgendwie das Gefühl hatte, Jude zu sein und dazuzugehören. 1929 war ich 15 Jahre alt. Irgendwie kam in mir das Verlangen auf, sofort dort hinzufahren und zusammen mit den Juden zu kämpfen, gegen diejenigen zu kämpfen, die uns angreifen und die uns töten wollen! Aber das ist sehr bald wieder in Vergessenheit geraten. Und eigentlich habe ich bis 1934 und 1935, als die ersten Judengesetze herauskamen, nie an Palästina gedacht und nie was von Zionismus wissen wollen.

*Baruch Berger (*1914)*

Das war eine langsame Entwicklung

Ich war jüdisch gesinnt, aber ich war ein deutscher Patriot, sagen wir mal, ein gemäßigter deutscher Patriot. Der Umschwung kam nicht plötzlich, sondern das war ein, wie man hebräisch sagt, *tahalich*, das war eine langsame Entwicklung. Und zwar trug daran ein Sohn unserer Gemeinde in Cham viel Schuld. Der ist nach Berlin gegangen und hat Wissenschaft des Ju-dentums studiert, und offenbar ist er dann auf den Zionismus gestoßen. Im Sommer 1933 waren wir zusammen, und er hat angefangen, uns Hebräisch bei-zubringen und uns von Palästina zu erzählen. Aber wir haben die Sache weiter nicht sehr ernst genommen.

Ernst Schwarz (*1913)

Zionismus ist eine Glückssache des Aufwachsens

Zionismus ist eine Glückssache des Aufwachsens. Hast du in den jungen Jahren einen Freund, der sagt: »Komm mal mit zu unserem Abend«, und der Freund ist Zionist, bringt er dich dann in einen Kreis. Zionismus ist ansteckend wie andere Religionen. Ich hatte dieses Glück nicht. Ich hatte keine Ahnung gehabt, ob es ein Tel Aviv gibt, das neben Jaffa liegt, und ob Jaffa ein Hafen ist, ich habe keine Ahnung gehabt von der Geographie. Ich wurde eben nicht danach erzogen.

James Springer (*1907)

Mit zwölf Jahren wurde das Ideal geprägt, einen Kibbuz zu gründen und eine *chaluza* zu werden

EG: Ich war zwölf Jahre, als ich in die Jugendbewegung kam. Von da an ist das Ideal geprägt worden, nach Palästina zu gehen und einen Kibbuz zu gründen und eine *chaluza* zu werden, das heißt, zu arbeiten, was eben gebraucht wird. Einer für alle, alle für einen, wie man gesagt hat. Und so ist es dann verwirklicht worden.

MD: Wie haben es Deine Eltern angenommen?

EG: Oh, meine Eltern waren erst gar nicht begeistert davon. Er-stens war das ein Kind, das sein Elternhaus verläßt. Und noch dazu ein Kind, das so begabt ist, das soll nach Palästina gehen und dort Kartoffelbauer werden, wie man geglaubt hat. Aber dann, wie dann zum Schluß unsere Situation sehr brenzlig war, hatte ich so das Gefühl, daß sie sehr zufrieden waren, daß ich einen Rahmen ge-funden hatte, in dem ich auswandern kann und mich dort retten kann, ohne daß man genau gewußt hatte, was kommen wird.

Ellen Glasner (*1920)

Ich habe mich sehr bewußt mit dem Zionismus beschäftigt, um ein Äquivalent zu haben für eine verlorene Heimat

Also meine Kindheit war in Ordnung, war schön, ich möchte sagen bis '33. 1933 war jedoch ein sehr großer Einschnitt, wenn man geglaubt hat, deutsch zu sein und jüdischer Religion. Plötzlich ist einem der Boden unter den Füßen weggenommen worden. Man hat uns in der Schule schon klar zu verstehen gegeben, wir gehören nicht mehr dazu. Zum Glück war ich durch einen Freund schon dem Zionismus nahegekommen und habe mich sehr bewußt damit beschäftigt, um ein Äquivalent zu haben für eine verlorene Heimat. Mein ganzes Streben war, nach Palästina zu gehen.

Ruth Tauber (*1919)

So wie ich vorher deutsch-national eingestellt war, hundert Prozent, wollte ich dann jüdisch-national sein

Ich war 14 Jahre alt und hundert Prozent Deutscher. Wo wir gewohnt haben, da hat früher der deutsche Stamm der Semnonen gewohnt. Und ich gehöre auch dazu, habe ich mir eingeredet. Aber dann stand an den Häuserwänden, vor allen Dingen zu den Wahlen: »Wir bauen eine Einbahnstraße nach Palästina!« Da habe ich es auf einmal gemerkt: »Halt, da stimmt was nicht! Irgend etwas ist da nicht in Ordnung!« Später habe ich gesagt: »Diese Einbahnstraße, die werde ich einmal benutzen.« Ich habe dann schon nach der Einsegnung zionistische Anwandlungen gehabt, das heißt, ich wollte so, wie ich deutsch-national eingestellt war, hundert Prozent, so wollte ich jüdisch-national sein. So bin ich dann Zionist geworden. Weil ich gewußt habe, daß man mich ablehnt in meinem Enthusiasmus. Man lehnt mich ab als Jude. Da habe ich gesagt: »Geh zum Teufel, hunderttausendmal: Geh zum Teufel! Ich weiß, was ich wert bin, und ich hau' ab. Unter allen Umständen!« Sehen Sie, das habe ich damals schon beschlossen.

Ich bin dann nach Berlin gekommen, habe dort Arbeit gefunden und bin in eine nationaljüdische, zionistische Bewegung eingetreten. Das war der ›Betar‹, der ›Brit Trumpeldor‹, und ich bin natürlich sehr beeindruckt worden von den Leuten und von den Ideen. Die haben genau das gewollt, was ich immer wollte. Vor allen Dingen habe ich dann die Literatur über den Zionismus gelesen: Herzls ›Judenstaat‹ und ›Autoemanzipation‹ von Pinsker etc. Und ich habe beschlossen, nach Palästina auszuwandern.

Moshe Ballhorn (*1913)

Meinen Bruder haben die Eltern in eine *jeschiwe* geschickt – und er ist in die zionistische Organisation gegangen

MD: Was habt Ihr eigentlich vom Zionismus gewußt? Bei den *chassidischen* Familien war der Zionismus doch nicht anerkannt.

RA: Meinen ältesten Bruder haben die Eltern in eine *jeschiwe* in der Slowakei geschickt. Und was hat mein Bruder gemacht? Ist in die zionistische Organisation gegangen und ist ein Zionist geworden. Und die Eltern, *nebbich*, haben gedacht, er ist in der *jeschiwe*. *Nechtiger tug*, er ist ein Zionist geworden. Und zu *pessach* ist er nach Haus gekommen und war nicht –

MD: – hat den Hut heruntergenommen und die *pejes* waren abgeschnitten.

RA: Ja, und er hat erzählt *a majse*, daß er das machen mußte, weil der Antisemitismus dort schon größer ist als bei uns. Den Eltern, speziell meiner Mutter, hat das sehr weh getan.

MD: Hast Du schon als Kind vom Zionismus gehört?

RA: Ja, aber Zionisten wurden fast gesteinigt! Ich mein', bei frommen Leuten war das schrecklich, das Kind soll ein Zionist werden! Das wollten sie gar nicht haben. Aber die Jugend hat sich schon getroffen, das war so *underground*, und hat geträumt und gesprochen über Palästina und Zionismus.

Rachel Amit (*1928)

»Hätte ich euch doch bloß taufen lassen!«

AL: Ich fuhr mit meiner Mutter nach Bad Orb im Spessart, und da lernte sie eine Dame aus Berlin kennen, die mit ihrem Sohn dort war. Wir waren damals, glaube ich, erst 14 oder 15, und er war in Berlin in einer zionistischen Jugendbewegung. Ich hatte keine Ahnung davon. Und während die Mütter dachten, die Kinder würden spielen und sich unterhalten, hat er mich aufgeklärt über den Zionismus und hat mir nachher auch Bücher geschickt. Und ich war eigentlich sofort sehr, sehr angetan davon, und es gefiel mir sehr, zuzuhören und jüdisch zu sein. Ich wollte gar nicht mehr deutsch sein. Ich war meiner Natur nach kein Assimilant, doch war ich sehr assimiliert. Ich war auch so der Prototyp des deutschen Mädchens, mit zwei langen blonden Zöpfen und blauen Augen.

KH: Wie haben Ihre Eltern darauf reagiert, auf diese zionistischen Regungen?

AL: Eigentlich verständnislos. Dachten, es ist eine vorübergehende Verrücktheit von einem jungen Mädchen. Aber als es bei mir dann später ernst wurde und ich beschloß: »Ich geh' nach Palästina«, hat mein Vater interessanterweise darauf reagiert: »Hätte ich euch doch bloß taufen lassen!« Er hatte gedacht, das hätte das Problem gelöst.

Anni Lamdan (*1901)

Ich war das schwarze Schaf in der Familie

Durch Freunde bin ich mit der zionistischen Idee in Verbindung gekommen und wurde als Sekretärin für die zionistische Ortsgruppe angestellt. Das war um 1923. Die meisten jüdischen Familien sahen unsere Tätigkeit nicht gern, ein Teil hatte Angst, wir überreden ihre Kinder. Meine Mutter hat über mich geweint. Ich war sozusagen das schwarze Schaf in der Familie. Das Interesse ist erst in der Hitlerzeit gewachsen.

Paula Pariser (*1902)

Meine Mutter war ganz entsetzt, aber der Vater hat entschieden

AB: Was hielten Ihre Eltern denn von Ihrer jugendlichen Zuwendung zum Zionismus?

HM: Meine Mutter war vollkommen dagegen. Es gab damals den ›Central-Verein deutscher Staatsbürger jüdischen Glaubens‹ – manche sagten auch ›mosaischen Glaubens‹ –, und die schrieben: »Die Zionisten sind vaterlandslose Gesellen« usw. Meine Mutter nahm das an, also die war vollkommen dagegen, antizionistisch. Und mein Vater mit seiner jüdischen Kindheit, der war halt nicht begeistert davon, aber jedenfalls war er nicht dagegen. Und als ein Führer von ›Blau-Weiß‹ mich keilen wollte, hat meine Mutter ihn immer gleich rausgeschmissen, wenn er kam, denn sie wußte, ›Blau-Weiß‹ ist zionistisch, das ist negativ. Und eines Tages war meine Mutter nicht da, und mein Vater war da, und der Führer, der erzählte von ›Blau-Weiß‹ und daß sie am Sonntag Fahrten machen. Und da dachte mein Vater, ach Gott, da braucht er doch nicht mehr mit dem Jungen sonntags rauszufahren und die Gläser und die Netze zu schleppen. Gut, gut, in Ordnung. Also meine Mutter kam nach Hause, und ich lief ihr strahlend entgegen: »Der Vater hat erlaubt, daß ich in den ›Blau-Weiß‹ gehe!« Und meine Mutter war ganz entsetzt. Sagt sie: »Josef, was hast du denn gemacht! Das sind doch Zionisten!« Aber der Vater hat entschieden. Da war nichts mehr zu ändern.

Heinrich Mendelssohn (*1910)

Mein Vater hat mich einfach ausgelacht

KH: Wie war die Reaktion von zu Hause auf Ihre zionistischen Interessen?

JS: Mein Vater hat mich einfach ausgelacht. Er sagte: »Du bist doch ein Faulpelz! Du hast mir nie helfen wollen in meinem Geschäft. Und du willst mir einreden, du wirst mal den Boden pflügen in Palästina, und du wirst physisch arbeiten? Das glaub' ich dir nicht!« Er hat einfach gelacht, damals in den 20er Jahren, als es natürlich noch weit entfernt von akutem Nazismus war. Mutter hat das schon eher verstanden, obgleich sie auch nicht begeistert davon war.

Jehuda Steinbach (*1910)

»Palästina, das ist ein Land auf Sand gebaut«

CH: Mein Vater war kein Zionist. Er hat daran nicht geglaubt. Und wie ich dann vor der *alija* gestanden bin, hat mein Vater gesagt: »Trudele«, so hat man mich genannt, »wenn du nach Palästina kommst, dort sind jetzt viele englische Soldaten. Such dir einen englischen Soldaten aus und geh mit ihm nach England. Bleib nicht in Palästina, das ist ein Land auf Sand gebaut.«

MD: (*Lacht*) Und die Mutter?

CH: Meine Mutter war zionistisch.

Channa Hellmann (*1921)

Man konnte ja nirgends mehr hingehen

Die jüdischen Kinder von meiner Klasse sind alle in eine Jugendbewegung gegangen. Da bin ich mitgehatscht. Wir sind dann alle heraus aus der Schule, wir konnten ja nicht mehr weiterlernen. Und irgendwie war das eigentlich mehr ein Treffpunkt, man konnte ja nirgends mehr hingehen. Man konnte in kein Kino, man konnte nicht tanzen, man konnte nicht mal richtig spazierengehen. Man konnte sich nicht mal auf eine Bank setzen, weil da gestanden ist »Juden und Hunde unerwünscht« oder so was ähnliches. Und da ist man in den Jugendbund gegangen, und da bin ich auch hin. Und durch die bin ich dann hergekommen.

Rachel Beck (*1922)

Mein Bruder ist »gekapert« worden

Ja, wie kamen wir zum Zionismus? Das ist nicht uninteressant, glaube ich. Es war so: Mein ältester Bruder war ein guter Schüler in Chemie und Physik. Und so hätte es nahegelegen, daß er Chemie oder Physik oder beides studiert, um später ein Chemiker zu sein. Das war Anfang der 20er Jahre, als er sein Abitur gemacht hat, und da haben ihm Leute gesagt: »Ja, aber warum willst du denn Chemiker werden? Du wirst ja doch kein Fortkommen haben in Deutschland. Die chemische Großindustrie, wie IG Farben, Leverkusen, Bayer, Höchst« und wie sie alle hießen, die großen Werke, »die nehmen keine Juden auf, jedenfalls nicht in hohe Positionen.« Es war eine große Enttäuschung in meiner Familie, eine Enttäuschung unseres Patriotismus, und hat dazu geführt, daß man sich mehr aufs Judentum besonnen hat und angefangen hat, jüdische Literatur zu lesen. Dann ist mein Bruder »gekapert« worden, wie man sagt, von der zionistischen Studentenverbindung. Und das hat noch mehr jüdische und zionistische Literatur gebracht, und ich habe das mitgelesen und auch die Unterhaltungen gehört. Mein Vater war gefühlsmäßig sehr dafür.

Emanuel Rosenblum (*1912)

Das war der Schlag, der mich dazu brachte, einen anderen Weg zu suchen

Ich habe mich nie mit dem kaufmännischen Beruf abgefunden, und weil ich eigentlich meine Berufung in der Arbeit mit Jugendlichen sah, habe ich im Jahre 1932 beschlossen, ich will meinen Beruf ändern und Sozialarbeiter werden, mit dem Ziel, verlassene Jugendliche zu betreuen. Ich wurde also im Bezirksamt Charlottenburg als Praktikant aufgenommen und habe dort bis Ende November gearbeitet. Anfang Dezember war dann die Prüfung zur Aufnahme für die preußische Hochschule für Sozialarbeiter. Auf 30 Plätze kamen 100 Bewerber. Ich wurde mündlich geprüft und vier Tage schriftlich geprüft, bekam dann Ende Dezember einen Brief, daß ich aufgenommen würde, und bekam dann einen Monat später einen weiteren Brief, daß ich als unwürdiger Jude wieder ausgeschlossen würde. Das war der eigentliche Schlag, der mich dazu brachte, einen anderen Weg zu suchen. Ich bin dann in den ›Hechaluz‹ gegangen, habe dort am ersten Abend Mirjam kennengelernt, wollte ihr gern mein Herz zu Füßen legen, aber Mirjam hat mir gesagt: »Du bist viel zu problematisch.«

Micha Michaelis (*1908)

Mein Vater ist als glühender Zionist von Palästina zurückgekommen

Zu Hause war das eigentlich so, daß mein Vater sehr, wie soll ich sagen, deutschbetont war. Er hatte eigentlich nie was mit Zionismus im Sinn gehabt. Mein älterer Bruder, der hat dann gewissermaßen die Nachricht vom Zionismus nach Hause gebracht, zu Hause Propaganda gemacht. Ich erinnere mich, daß mein Vater eines Tages einmal gesagt hat: »Also, jetzt fahren der Rolf und ich rüber nach Palästina und gucken uns das mal an« – das war 1936 – »und dann wird nicht mehr davon geredet!« Also, er war sicher, daß das dann erledigt ist damit. Das war aber genau umgekehrt: Mein Vater ist als glühender Zionist zurückgekommen! Er hat sofort die Auswanderung hierher eingeleitet. Paradoxerweise, wie das Schicksal immer spielt, ist mein Bruder, der immer zum Zionismus gedrängt hat, nach Australien gegangen.

Gershon Monar (*1924)

Verteidigung besser im Kollektiv

Ich war sehr pessimistisch, pessimistischer als alle anderen Familienangehörigen. Da sagte ich: »Man muß irgendwo hingehen, wo man sich als Kollektiv« – damals war ja noch kein Staat da – »wenigstens verteidigen kann.« Das Schreckliche war ja die Hilflosigkeit, das Ausgeliefertsein gegenüber einer Majorität, die einen auch gesetzlich nicht geschützt hat. Im Gegenteil, es gab ja Gesetze, die festgestellt haben, daß man vogelfrei ist, daß man außerhalb des Gesetzes steht. Und davor kann man sich nicht in einem anderen Land schützen, wo man wieder eine Minderheit ist, weil übermorgen wieder ein solches Gesetz erlassen werden kann. Das war die klare Überlegung.

Alice Schwarz-Gardos (*1916)

Der ›Blau-Weiß‹-Bundestag auf Schloß Prunn war eine Art Meilenstein auf meinem Weg

JS: Wir waren dieser Tage an der Donau und haben das Schloß Prunn besucht. Wir sind an der Altmühl entlang gefahren, und da fiel mir ein, daß ich in den 20er Jahren auf einem ›Blau-Weiß‹-Bundestag in Prunn war, als kleiner Junge von 12 oder 13 Jahren ungefähr. Es war eine sehr romantische Umgebung. Und da wurden Dinge besprochen, die ich eigentlich gar nicht verstanden habe. Es wurden Grundzüge gelegt für das Leben in *Erez Israel*, also Palästina. Man hat festgelegt, daß man nicht zu viel theoretisieren soll, sondern die Dinge klarer ins Auge fassen und auf die Ziele hinsteuern soll, die man später verwirklicht. Man war nicht mehr so sehr romantisch wie am Anfang, gleich nach dem Ersten Weltkrieg. Das waren die Erwachsenen, die schon 17, 18 waren und so weiter. Aber ich war dort und habe das mitgemacht. Das war so eine Art Meilenstein auf meinem Weg, dieses Schloß Prunn. Ich war noch ein kleiner Junge, aber daß ich es nicht vergessen habe, ist Tatsache.

AB: Dann führt ja für Dich ein nach außen sehr positiver Weg sozusagen vom Altmühltal, Schloß Prunn, nach Israel. Das sieht sehr konsequent aus. Empfindest Du Dein Leben als ein sehr konsequentes Leben?

JS: Ja, die mentalen Grundlagen, auf denen man aufbauen konnte, wurden in der Zeit gelegt. Es kam eigentlich ganz natürlich durch die Einwirkung von Führerpersönlichkeiten, die damals auch junge Menschen, aber immerhin schon 18, 19 waren, und uns 12-, 13jährige doch sehr beeinflußt haben. Sie haben uns eigentlich mental vorbereitet auf das, was in Deutschland kommen sollte. Wir waren dann eben auch die ganzen Jahre in der zionistischen Jugendbewegung, und die hat uns, wie man so sagt, geformt und uns auch widerstandsfähiger gemacht für das, was die Juden dann in Deutschland erleiden mußten. Wir waren irgendwie seelisch gefestigt. Ich habe sehr bald den Entschluß gefaßt, daß man umsatteln mußte. Und dann bin ich zur sogenannten *hachschara* gegangen und habe das dann konsequent durchgeführt. Aufgrund dieser Erlebnisse, die wir in der Jugendzeit hatten.

Jehuda Steinbach (*1910)

Wir malten Dörfer aufs Papier, wie man sie bauen sollte

Ich war schon seit dem achten Jahr in dem jüdischen Wanderbund ›Blau-Weiß‹. Damals war das mehr ein jüdischer Wanderbund, Jugendbund, aber wir bekamen eine zionistische Grundlage. Wir wußten, was Palästina ist, machten Fahrten, malten Dörfer aufs Papier, wie man sie bauen sollte. Ich erinnere mich an einen Heimabend, wo wir sagen sollten, wie wir uns ein jüdisches Dorf in Palästina vorstellen. Und da zeichnete ich eben auch schöne gerade Kreuzungen. Da sagte unser Gruppenführer: »So wollen wir nicht leben in *Erez Israel*! Wir wollen nicht, daß man von einem Ende der Straße schon sehen kann, wer da am anderen Ende geht, sondern mehr Biegungen und Abzweigungen, das ist schöner.«

Moshe Moritz Cederbaum (*1910)

Wie wenig man die Vorzeichen richtig zur Kenntnis genommen hat

Heute kann man sich nur wundern und über sich selber den Kopf schütteln, wie wenig man die Vorzeichen richtig zur Kenntnis genommen und daraus Folgerungen gezogen hat. Wenn ich mir heute vorstelle, daß wir in der Jugendbewegung gar nichts dabei fanden, uns mit »Heil« zu begrüßen und – Sonnwendfeier will ich nicht sagen, aber jedenfalls Lagerfeuer zu veranstalten und, wie man das damals nannte, in der Kluft, nicht im Anzug zu gehen, ja, so wie die Jugendbewegung das in Deutschland tat. Das ganze Vokabular, das später die Nazis übernommen haben, war für uns absolut normal – da kann ich mir heute nur an den Kopf fassen!

*Iwan Lilienfeld (*1910)*

Zusammen mit Nazis und Stahlhelmern marschiert

1932 bin ich von meinem ›Brit Trumpeldor‹, dem jüdischen Wehrverband, in einen Militärvorbereitungskurs gegangen, vom ›Reichskuratorium für Jugendertüchtigung‹, der von General Stülpnagel geleitet worden ist, in Wünsdorf bei Zossen, habe drei Wochen militärische Ausbildung genossen und bin zusammen mit Nazis und Stahlhelmern marschiert, mit dem Wesen des Militärs vertraut gemacht worden und habe alle Nazilieder gesungen. Ich kann sie alle noch heute, jedes Nazilied: »Wenn der Sturmsoldat ins Feuer geht, dann hat er frohen Mut, und wenn das Judenblut vom Messer spritzt, dann geht's noch mal so gut.« Da waren aber Leute neben mir, die haben gesungen: »Und wenn das Polenblut vom Messer spritzt«. Das hat mich irgendwie getröstet. Ich hab's nicht mitgesungen, können Sie mir glauben. Aber ich bin mitmarschiert.

*Moshe Ballhorn (*1913)*

Langsam wurden die Jugendbünde zionistischer

Da war etwas sehr Komisches: Ich war sehr deutsch-patriotisch eingestellt, vielleicht weil die Jugendbewegung, der Jüdische Pfadfinderbund, IPD, zunächst nicht besonders zionistisch betont war. Später wurde er es ja. Der Vater als Frontkämpfer war sehr stolz auf das Eiserne Kreuz, das er bekommen hat. Der Deutschunterricht in der Schule selbst tat auch das Seinige dazu: Die großen deutschen Dichter, die mich immer sehr beeindruckt hatten, Schiller, Uhland, Kleist – Kleist mit seinen Haßgedichten gegen Frankreich –, Arndt. Diese Sachen lagen mir sehr. Und ich hatte das Talent, nach einmaligem Lesen solche Gedichte sofort auswendig zu können. Langsam wurden die Jugendbünde betonter jüdisch, auch zionistischer, so daß ich, wie viele der anderen jüdischen Kinder, aus diesem Jüdischen Pfadfinderbund austrat und zur religiösen Jugendgruppe überging, zu der Gruppe, die hier in Israel in etwa dem ›Bne Akiba‹ entspricht und bei uns ›Bachad‹ hieß.

Josef Stern (*1921)

Spaltung der Jugendbewegung in deutsch-nationale und zionistische Richtung

Ich selbst kam 1927 oder 1928 in die jüdische Jugendbewegung ›Kameraden‹, die sich ganz mit der deutschen Wandervogelbewegung und nachher mit der Pfadfinderbewegung identifizierte. Und da wurden mit dem Wandern und mit der gesamten Lebenshaltung in der Kleidung usw. gerade die Ideale des ›Wandervogels‹ und der deutschen Jugendbewegung betont. Bis zum Jahre 1929, '30 wurden kaum jüdische Inhalte in den Zusammenkünften behandelt. Aber dann kam eben der Umschwung, der in dieser Jugendbewegung auch eine Spaltung hervorrief. Der eine Teil, dem meine Gruppe nun angehörte, blieb weiter durchaus deutsch und national gesinnt, während eine zweite Gruppe, die sich dann ›Werkleute‹ nannte, zuerst zu jüdisch betonter Tradition hinneigte und sehr stark von Martin Buber beeinflußt war, dann aber 1932 richtig zum Zionismus überging, 1933 die *alija*, die Einwanderung nach Palästina zum Ideal machte und dann hier im Lande zunächst den Kibbuz Hasorea gründete. Ich selbst war bis zum 17. oder 18. Lebensjahr aktiv. Dann zog ich mich zurück von der Jugendbewegung, blieb ihr jedoch geistig noch nahe.

Efraim Orni (*1915)

»Das erlaube ich nicht, daß du in einer nichtzionistischen Jugendgruppe mitmachst!«

Mein Vater war ein sehr assimilierter Jude, aber er war einer der ersten Zionisten und sehr stolz darauf, daß er schon als junger Student Zionist war. In dem Bund, in dem ich war, gab es eine Spaltung, und ein Teil ist in die zionistische Bewegung gegangen und der andere Teil nicht, und meine Gruppe sollte in den nichtzionistischen Teil gehen. Mein Vater war im allgemeinen sehr liberal mit meiner Erziehung, ich war sehr frei zu tun, was ich wollte. Aber da hat er gesagt: »Das erlaub' ich nicht, das kann nicht sein, daß du in einer nichtzionistischen Bewegung mitmachst!« Ich war, ich weiß nicht, ungefähr zwölf Jahre, da war ich sehr traurig darüber, sehr, denn der *madrich*, der Führer, hat gesagt: »Das ist der richtige Weg, und wir müssen dorthin gehen.« Aber mein Vater hat es durchgesetzt. Ich bringe das als Zeichen dafür, als Indikator, daß er zionistisch war.

Arje Eflal (*1918)

›Werkleute‹ und ›Kameraden‹

MD: Vielleicht können wir in einigen Worten das Spezifische der ›Werkleute‹ gegenüber anderen Jugendbewegungen erwähnen.

LY: Ja, die ›Werkleute‹ sind ja ursprünglich hervorgegangen aus den ›Kameraden‹. Die ›Kameraden‹ waren eine sehr singulatorische Jugendbewegung, sehr im Stil der ursprünglichen deutschen Jugendbewegung, und bei den ›Werkleuten‹ war, unter Bubers Einfluß, die Betonung der Jüdischkeit sehr maßgebend. Das war aber damals auch kombiniert mit sozialistischen Einstellungen und einer ständigen Diskussion: Zionismus ja oder nein? Und unter dem Eindruck des Umsturzes in Deutschland wurde also beschlossen, sich nun für den Zionismus und für Palästina zu entscheiden. Da war sehr viel Arbeit und sehr viel Intensität nötig, um nun die Leute in dieser Weise zur Umstellung zu bringen, auf die *hachschara* zu bringen. Das war ja nicht nur eine geistige Sache, das war auch eine organisatorische und praktische Tätigkeit.

Leni Yahil (*1912)

Das K.J.V. – die Sammelstelle aller zionistischen Akademiker Deutschlands

Dieses Kartell Jüdischer Verbindungen, das sich kurz K.J.V. nannte, hatte Ende '32 rund 2.000 Mitglieder. Es war die Sammelstelle aller zionistischen Akademiker Deutschlands. Ende '32 hat es die Zulassung weiterer Mitglieder eingestellt, weil ab '33 jüdische Studentenbünde an Universitäten überhaupt verboten waren und natürlich auch der zionistische. Obwohl das komisch war, denn die Vertreter waren ja der Meinung, daß wir sowieso nicht nach Deutschland gehören. Das hat man uns ja hin und wieder vorgeworfen, den deutschen Zionisten, sie hätten argumentiert, als seien sie Nazis. Wie ich im Abitur, im Katharineum in Lübeck, gesagt habe: »Meine Nation ist die jüdische, ich gehe nach Palästina, ich will ja nicht in Deutschland bleiben.«

Eli Rothschild (*1909)

Die antijüdischen Paragraphen der schlagenden Studentenverbindung

Anfang der 20er Jahre wurde an der Hochschule eine schlagende Studentenverbindung gegründet, die als ersten Paragraphen hatte, daß die Studenten zwei Generationen Arier sein mußten, und daß sie sich – zweiter Paragraph – verpflichten mußten, kein jüdisches oder schwarzes Weib zu heiraten usw. Daraufhin habe ich mich entschlossen, mich mehr dem Judentum zuzuwenden und habe freiwillig in der Zionistenorganisation mitgearbeitet.

Gertrud Kedar (*1901)

Wir vom K.C., farbentragend, durften nur mitmarschieren in 100 Meter Abstand

Damals, wohlgemerkt im Jahre '32, waren wir noch, wie alle anderen in der Stadt, sehr patriotisch eingestellt. Wir haben uns als Deutsche gefühlt. Die ganze Gemeinde von Cham hat zum C.V., dem ›Central-Verein deutscher Staatsbürger jüdischen Glaubens‹ gehört. Es war kein einziger Zionist in dieser Gemeinde. Und so bin ich auch bei einer jüdischen Studentenverbindung gelandet, die ein Teil des Central-Vereins war. Man nannte sie K.C., das war eine Studentenverbindung, farbentragend, schlagend und mit allem Drum und Dran. In ganz Deutschland, an jeder Universität gab es eine Studentenverbindung, die zu uns, zum K.C., gehört hat. Die Verbindung war bis in die Knochen patriotisch-deutsch gesinnt. Ich habe mir damals darüber keine Gedanken gemacht. Erst später wurde es mir klar, wie kurzsichtig wir Juden, und besonders dieser Teil der Juden in Deutschland, damals noch gewesen sind. Als Hitler ans Ruder kam, am 30. Januar '33, waren wir ja noch Studenten. Das Semester ging bis März. Und wir haben noch zwei Monate unter Hitler studiert. Da kam es zu absurden Vorfällen: Man hat uns Juden, die in der Verbindung waren, befohlen, bei einem großen Studentenumzug der gesamten Universität München durch die Straßen zu marschieren, mit allen farbentragenden und nicht-farbentragenden Studenten, ich weiß heute nicht mehr, aus welchem Anlaß. Das war zwischen dem 1. Januar '33 und dem Ende des Semesters. Und wir Juden, mit Farben natürlich, durften nur mitmarschieren, weil wir die Bedingungen eingehalten haben, von der Gruppe, die vor uns marschierte, mindestens 100 Meter Abstand zu halten, weil die nicht unmittelbar vor Juden mitmarschieren wollten. Und wir haben das mitgemacht. Das war ein niederschmetternder Eindruck, aber wir sind mit unseren Farben durch die Straßen marschiert. In diesen zwei Monaten, erinnere ich mich, ist uns auch von der Verbindung aus befohlen worden, für die Winterhilfe zu sammeln, das heißt, wir sind auf die Straßen gegangen mit den Büchsen und haben Geld gesammelt. So weit ging das. Ich bin zur Studentenvereinigung gegangen, weil ich mich als Jude fühlte, und ich wollte meine Bindung mit dem Judentum dadurch sozusagen verwirklichen.

Ernst Schwarz (*1913)

* * *

Man hat mich gefragt, ob ich die ›Jugendalija‹ in Deutschland aufbauen will

Ende '32 wurde die ›Jugendalija‹ gegründet, das heißt die Frau eines Rabbiners, Recha Freier, hatte die Idee, und die Jugendbünde haben das gleich mit Begeisterung aufgegriffen. Es wurde jemand gesucht, der Kenntnisse von Palästina und besonders von einem Kinderdorf hatte, und da war ich eine ganz große Ausnahme. Und da hat man mich gefragt, ob ich das übernehmen will, diese Organisation aufzubauen, die notwendigen Gelder aufzubringen und die *publicity* zu machen usw., und ich hab' das bis '38 durchgeführt in Deutschland. Es funktionierte auch trotz der entsetzlichen Schikanen der Nazis so gut, wie man das damals machen konnte. Und wahrscheinlich wäre ich aus Verantwortungsgefühl für diese Arbeit viel zu lange in Deutschland geblieben, wenn nicht Eichmann verlangt hätte, daß ich meine Arbeit niederlege. Dadurch bin ich Gott sei Dank noch rechtzeitig rausgekommen, denn, wie ich schon sagte, wir hatten alle untereinander ausgemacht, so lange wir noch in Deutschland helfen können, müssen diejenigen, die eine bestimmte Aufgabe erfüllen, bleiben.

Eva Michaelis-Stern (*1904)

Es war leichter, Zertifikate für die ›Jugendalija‹ zu bekommen

HR: Wir hatten ein für unsere Begriffe großes Büro. Wir haben die Jugendlichen ausgewählt für die sogenannten Vorbereitungslager, diese Vorbereitungslager organisiert und dort die Kinder kennengelernt und ihre Eignung für die *alija* festgestellt. Und wenn wir Zertifikate bekommen haben, haben wir sie verteilt.

MD: Wie lange hat so ein Vorbereitungslager gedauert?

HR: Ein paar Wochen, eigentlich nur, um die Kinder kennenzulernen und auch – wie nennt man das heute?

MD: *gibusch*, ja, wie immer das auf deutsch heißt (*lacht*).

HR: – ein Zusammengehörigkeitsgefühl in der Gruppe zu schaffen.

MD: Es war leichter, Zertifikate für die ›Jugendalija‹ zu bekommen als für andere Gruppen. Wie kam das?

HR: Es war viel leichter. Erstens haben wir darauf geachtet, gute Verbindungen mit den Engländern zu haben. Und so haben wir erreicht, daß uns viel mehr Zertifikate zugeteilt wurden. Und zweitens haben die Engländer vielleicht weniger Komplikationen mit den Arabern gesehen, wenn sie Jugendliche hinbringen, das heißt, es war eben politisch leichter, für die ›Jugendalija‹ Zertifikate zu geben, nehme ich an. Es gab ja auch viel leichter Studentenzertifikate als ›Hechaluz‹-Zertifikate.

Hilde Rudberg (*1909)

Im ›Hechaluz‹ waren alle Jugendbewegungen vereint

HR: Die Führerschaft des ›Hechaluz‹ saß in Berlin, das hieß ›Merkas Hechaluz‹. Dort war der leitende Kreis, und überall im Reich, in allen Städten waren die Ortsgruppen, *snifim* würden wir sagen. Die Leiter der Ortsgruppen wurden lokal gewählt, aber bestätigt vom ›Merkas‹.

MD: Dann gab es die ›Bate chaluz‹; was war deren Funktion?

HR: Die ›Bate chaluz‹ waren die Wohnungen für leitende Mitglieder, die nicht vom selben Orte kamen. Und die lebten dort zusammen in einer Kommune. ›Bate chaluz‹ gab es überall und immer, zur Hitlerzeit wurden noch neue aufgemacht, weil man viel mehr gebraucht hat.

MD: Das waren dann schon Erwachsene?

HR: Ältere, und Leute, die schon im Hinblick auf *hachschara* in den ›Hechaluz‹ kamen, oder die einfach zionistische Neigung hatten, aber in keiner Jugendbewegung waren.

MD: Was hat der ›Hechaluz‹ in den Städten gemacht?

HR: Das war hauptsächlich eine ideologische Arbeit. Das heißt, ich erinnere mich, wie ich den ›Hechaluz‹ geleitet hab', haben wir jede Woche eine Zusammenkunft gehabt mit Vorträgen, Diskussionen und zionistischer und kultureller Arbeit, mit Vorführungen, Einstudierungen von Chören usw.

MD: Für die meisten war der ›Hechaluz‹ dann später hauptsächlich die Tür, zur *hachschara* zu kommen und die *alija* zu machen.

HR: Ja, aber das war ja auch gar nicht so einfach. Im allgemeinen mußte man auf ein Zertifikat lange warten. Und auch auf *hachschara* konnte man nicht sofort gehen, erstens, weil nicht genug Plätze da waren, und zweitens, weil man Leute nicht unvorbereitet auf die *hachschara* schicken wollte, sondern sie dafür vorbereitet hat.

Hilde Rudberg (*1909)

Man mußte einen Nachweis vorlegen, daß man eine landwirtschaftliche Ausbildung gemacht hat
Palästina war mehr oder weniger schon das Ziel der Auswanderung. Mein Bruder ging im Jahre '33 von der Universität in Breslau weg, von Nazis kaputtgeschlagen, und wanderte nach Palästina aus. Und ich ging dann Ende '33 auch von der Schule runter, um mich auf Palästina rein körperlich vorzubereiten, um ein Zertifikat zu bekommen, einen Einreiseerlaubnisschein der palästinensisch-englischen Mandatsregierung. Denn man mußte einen Nachweis vorlegen, daß man eine landwirtschaftliche Ausbildung gemacht hat, und dafür gab's eine Quote von soundso viel Einwanderern, die als Pioniere, als *chaluzim*, in das Land kommen durften.

Abraham Friedländer (*1916)

Die Zionisten wollen die Pyramide umdrehen
Dann kam die Nazizeit. Und da haben mir meine Freunde gesagt: »Hör mal zu, ihr habt doch Landwirtschaft zu Hause. Du gehst am besten nach Hause und lernst dort Landwirtschaft. Denn wenn du mal wirklich nach Palästina auswandern willst, da brauchen sie Landwirte.« Und haben uns das sehr schön erklärt: »Die jüdische Pyramide« – wenn Sie das mal gehört haben, was das heißt, ja? –, »die steht auf dem Kopf: unten nur ein paar Bauern und Arbeiter, oben die große Menge der hochgebildeten Intelligenzler usw. Und das wollen die Zionisten eben umdrehen!« Und da sind wir dann dämliche Bauern geworden, nicht. Also, ich bin nach Hause gegangen und hab' meinem Arbeiter dorten, der jahrelang bei uns war, gesagt: »Paul«, sag' ich, »du mußt mir jetzt die Landwirtschaft beibringen!« Bei ihm hab' ich mähen und säen und pflügen gelernt und alles, was so zu tun ist. Ich hab' einen Sack mit bis zu 100, manchmal 150 kg auf den Buckel genommen und geschleppt. Und dann ist man an mich herangetreten: »Weißt du was, man sucht jetzt so viel landwirtschaftliche Stellen für junge jüdische Leute, die wollen irgendwie Landwirtschaft lernen. Du hast doch alles zu Hause, hast 'n großes Haus, hast 'n Saal, hast 'n Betrieb, nicht, das könnt ihr doch machen.« Also haben wir uns dafür ge-

meldet, und sofort kam von Stettin jemand an, und wir haben dann so zehn Leute, Jungs und Mädels, gehabt. Sie waren zum Teil bei Bauern, etwas hat unser Paul gehabt, nebenan war noch ein Gärtner. Bei uns haben sie Frühstück gegessen, dort Mittag bekommen, die Bauern waren nicht kleinlich, haben denen vielleicht noch so mal was zugestippt.

Michael Walter (*1916)

Ich konnte weder ein weiches noch ein hartes Ei kochen

Danach sind wir nach Thüringen gegangen für ein Jahr. Da gab es eine Synagoge mit einer Wohnung für den Lehrer. In dem Dorf waren keine zehn Leute, um dort beten zu können. Und da haben sie dem ›Hechaluz‹ diese Synagoge zur Verfügung gestellt mit der Lehrerwohnung, unter der Bedingung, daß die jungen Leute die fehlenden Juden ersetzen, Freitag und Sonnabend und an Feiertagen. Das waren immer Diskussionen, keiner wollte in die Synagoge gehen. Und dort hab' ich angefangen, kochen zu lernen, hab' zu Hause nie was angefaßt. Meine Mutter hat immer gesagt: »Brauchst nicht zu kochen, lern nur.« Ich konnte weder ein weiches noch ein hartes Ei kochen. Aber dort hab' ich es lernen müssen. Da waren ungefähr 30 junge Leute, die in der Umgebung angestellt waren bei Bauern und übers Wochenende von Freitagmittag, Sonnabend und Sonntag dort in das Heim kamen. Und mein Mann war der Lehrer, hat den hebräischen Unterricht gegeben und *zionut* und was man wissen mußte, um hier einzuwandern. Und da waren wir das ganze Jahr '37, eine herrliche Umgebung, Thüringen, Meiningen, Schweinfurt.

Asta Bergmann (*1911)

Der nahe Kontakt mit der Natur durch körperliche Arbeit

Ich habe mich dann, nachdem ich akklimatisiert war, so gut gefühlt bei diesem Bauern und in der Umgebung, in der Natur des Schwarzwaldes. Wir Westfalen sind gewohnt, die Natur als große Ebene zu sehen. Im Schwarzwald ist die Natur mindestens eine Dimension interessanter, denn die bergige, hügelige Natur hat zweifellos auf mich so einen tiefen Eindruck gemacht, daß ich ein Naturliebhaber geblieben bin und auch später in meinem Beruf mich mit der Natur und der Erforschung der Natur befaßt habe.

Wie gesagt, ich bekam das Zertifikat über den ›Hechaluz‹, ich glaube Ende Dezember, und fuhr nach Unna zurück zu meinen Eltern.

Der Abschied von dem Bauern war sehr schwer, der Sohn wollte mit ins Heilige Land und eine Bienenzucht machen, denn jeder Katholik wußte anscheinend, daß das Heilige Land das Land ist, wo Milch und Honig fließt.

Es war selbstverständlich, daß ich dort schwer arbeiten mußte, und ich lernte die schwere körperliche landwirtschaftliche Arbeit lieben und schätzen. Und ich versuche häufig, sowohl meiner Frau, aber in erster Linie auch der neuen Generation unserer Familie zu erklären, wie wichtig in meiner Lebensphilosophie der nahe Kontakt mit der Natur ist, auch die körperliche Arbeit des Menschen in der Natur.

Eugen Laronne (*1914)

Es war schön, und wir waren jung

Von Berlin aus, von der zionistischen Ortsgruppe, bin ich auf *hachschara* gegangen. Ich war zwei Jahre in der Tschechoslowakei, zuerst auf einer Hühnerfarm, und da hab' ich Hühnerdressur gemacht. Und dann sind wir runter an die ungarische Grenze gekommen, auf ein Landgut. Da waren wir vier Mädels und vielleicht achtzehn Jungens. Wir haben dort Hauswirtschaft gemacht, unter wahnsinnig schweren Bedingungen. Aber, wie gesagt, es war schön, und wir waren jung.

Ruth Kahn (*1909)

»Ein Doktor arbeitet bei mir als Knecht«

JB: In Südfrankreich auf *hachschara* ist noch was passiert. Wir waren sieben junge Leute, ich bekam die *esra rischona*-Kiste, ja?

EE: Ja, die Erste Hilfe, ja.

JB: Da konnte der Bauer das nicht verstehen, ein Doktor! Ein Doktor ist zu ihm als Knecht gekommen!

EE: Ah, er hat Sie so eingeschätzt?

JB: Ja, und da hat er mich gefragt, hab' ich gesagt: »Ja, ich bin Doktor der *meschuggenen.*«

EE: Der was?

JB: Doktor der *meschuggenen.*

EE: Ah, der Verrückten.

JB: Ja, und das habe ich meiner Mutti geschrieben nach Allenstein, und die hat darauf im nächsten Brief geschrieben: An den Doktor der *meschuggenen* Jul Brünn. Da ist der Bauer mit dem Brief rumgegangen, den ganzen Tag: »Ihr seht, ein Doktor arbeitet bei mir als Knecht.« Daraufhin sind die ganzen Weiber angekommen: »Es sticht mich hier, es sticht mich da«, ich soll sie untersuchen.

EE: Und das haben Sie auch getan?
JB: Nur zum Teil (*lacht*).

Jehoshua Brünn (*1913)

Neben der Arbeit war ich musikalisch sehr tätig
Im April 1937 sind wir als *madrichim* der mittleren *hachschara* in Urfeld eingesetzt worden. Das hat uns an sich großen Spaß gemacht, nur die Arbeit, die wir natürlich mitmachen mußten, war furchtbar eintönig. Wir mußten wochenlang in einer großen Obstplantage mit Spaten umgraben. Diese Obstplantage gehörte einem *goj*, einem Freund von Adenauer, der damals der Bürgermeister der Stadt Köln war. Und dieser *goj* hat den Juden seine Plantage zur Verfügung gestellt, in der sie gearbeitet haben. Aber neben der Arbeit war ich musikalisch sehr tätig. Ich hab' sehr viel Klavier gespielt dort, und ich hab' den Chor geleitet, natürlich nur mit jüdisch-zionistischen Liedern. Und scheinbar hab' ich Erfolg damit gehabt. Ich will nur eine kleine Episode erwähnen: Als ich hier im Land 70. Geburtstag feierte, kam einer unserer Zöglinge, mit denen wir bis heute noch Verbindung haben, und hat mir zwei Schallplatten geschenkt mit einem Brief, der mich sehr gerührt hat, und zwar schreibt er in diesem Brief: »Du hast damals in Urfeld den Chor geleitet. Du hast stundenlang Klavier gespielt. Du hast mich zur Musik sozusagen erzogen. Ich bin dir dankbar für das, was du damals für mich persönlich gemacht hast, und ich sehe heute in der Musik eines der wichtigsten Dinge, die zum Leben gehören.« Das hat mich sehr berührt, als ich davon erfahren hab'.

Ernst Schwarz (*1913)

»Ein Kapitän verläßt nicht das Schiff!«
Nachdem ich 1933 den Doktor und '34 das Staatsexamen gemacht habe, ging ich 1935 zurück nach Berlin. Ich wurde gewählt als Mitglied der Zentrale der ›Ze'ire Misrachi‹. Wir hatten verschiedene Arten von *hachschara*, wir hatten ›Bate chaluz‹ in Leipzig, in Nürnberg, in Hamburg. Es kam der 9. November, niemand hat es voraussagen können. Den ganzen Umfang der Vernichtungspläne hat niemand geahnt. Nach dem 9. November wurde die Sache schon brenzlig. Ein Teil der *chawerim*, die mit mir waren, wollten schon direkt nach Palästina. Ich habe gesagt: »Ein Kapitän verläßt nicht das Schiff!« Ich habe eine Art *neder*, ein religiöses Gelübde

gemacht: Ich werde Deutschland nicht verlassen, solange es noch jemanden gibt, der bei uns am 9. November in der *hachschara* war. Diese Leute muß ich noch herausbringen, dann kann ich fahren. Alle anderen sind weg, ich bin geblieben.

Ich habe Erfolg gehabt, noch mit der Hilfe von einem alten guten Freund aus Magdeburg, der damals gerade in London war. Der hat ein Telegramm von mir bekommen, nach November '38, in London zu bleiben und dort aufzubauen. Er hat damals für Hunderte von Leuten Ausbildung oder Mithilfe in *agricultural labour* organisiert, und so konnten Jungen und Mädchen rauskommen. Die letzten, die ich nach England schicken konnte im Jahre '39, waren dann die ersten, die den Kibbuz Lawi hier bei Tiberias gegründet haben. Leute, die ich nach Dänemark schicken konnte, wurden gerettet, als die dänischen Juden gerettet wurden. Leute, die ich nach Holland schickte, sind umgekommen nach dem 10. Mai '40, als die Maginot-Linie in Holland und Belgien überrannt wurde.

Josef Burg (*1909)

Der Zusammenbruch des jüdischen Lebens in Mitteleuropa

Die antijüdische Politik des NS-Regimes der Jahre 1933 – 1939

Mit der Ernennung Adolf Hitlers zum Reichskanzler am 30.01.1933 kam, nach einem Ausspruch, der dem bekannten Rabbiner Dr. Leo Baeck zugeschrieben wird, »die tausendjährige Geschichte der Juden in Deutschland zu ihrem Ende«. Schon wenige Wochen nach der Machtergreifung wurden die ersten antijüdischen Gesetze erlassen, darunter das ›Gesetz zur Wiederherstellung des Berufsbeamtentums‹ vom 7. April 1933, das die Entlassung aller »nichtarischen« Beamten ermöglichte, mit Ausnahme der Teilnehmer am Ersten Weltkrieg und der Väter und Söhne der in diesem Krieg gefallenen Soldaten. Ferner das ›Gesetz über die Zulassung zur Rechtswissenschaft‹ (vom gleichen Tage), das insbesondere die Entlassung jüdischer Rechts- und Staatsanwälte zur Folge hatte; und schließlich das ›Gesetz gegen Überfüllung deutscher Schulen und Hochschulen‹ vom 25.4., das in sämtlichen Lehranstalten Deutschlands einen gewissen Numerus clausus einführte. Deshalb sahen sich viele Eltern genötigt, ihre Kinder in jüdische Schulen umzuschulen. In den Folgejahren mußten daher zahlreiche neue Schulen und Klassen errichtet werden, um die immer stärker anwachsende Zahl der aus nichtjüdischen Schulen ausgeschiedenen Schüler und Lehrer erfassen zu können.

Eine der wichtigsten antijüdischen Maßnahmen des Jahres 1933 war der sogenannte »Boykott-Tag« vom 1. April, an dem SS- und SA-Truppen die deutsche Bevölkerung hinderten, in jüdischen Geschäften einzukaufen, jüdische Ärzte und Rechtsanwälte zu beschäftigen und so fort. Schon in diesen ersten Wochen wurden nicht wenige Juden als »deutschlandfeindliche Elemente« verhaftet und in Gefängnisse oder Konzentrationslager geworfen. In den nächsten Monaten und Jahren wurden weitere antijüdische Gesetze erlassen. Am einschneidendsten waren die ›Nürnberger Gesetze‹ vom September 1935; sie erklärten die Juden als eine minderwertige Rasse und untersagten dementsprechend jede eheliche und außereheliche Verbindung zwischen Juden und Ariern.

Gegen Ende 1937 und im Laufe des Jahres 1938 kam es zur völligen Ausschaltung der Juden aus der deutschen Wirtschaft. Ihren Höhepunkt erreichte die antijüdische Politik mit dem von den Nazis als »Kristallnacht« bezeichneten November-Pogrom vom 9. zum 10. November 1938: Wieder wurden viele Juden körperlich angegriffen, manche ermordet und unzählige verhaftet. Zahlreiche Synagogen wurden zerstört oder verbrannt, Tausende von jüdischen Läden und Wohnungen beraubt und zerstört, jüdische Organisationen aufgelöst.

All diese Ereignisse führten zu großen Auswanderungswellen von Juden aus Deutschland. Gleich im Jahre 1933 wanderten fast 65.000 Personen aus. In den folgenden Jahren bis 1937 verringerte sich jedoch diese Zahl wieder, bis sie 1938 erneut anwuchs und im Jahre 1939 den Höhepunkt von fast 70.000 erreichte.

Die Auswanderungsmöglichkeiten wurden allerdings von Jahr zu Jahr erschwert, weil viele Länder, darunter sogar die Vereinigten Staaten von Amerika, die Zahl der Einwanderer nach z.T. sehr niedrig gesetzten Quoten beschränkten oder Einwanderungen sogar völlig unterbanden. Besonders schwierig wurde die Auswanderung nach Ausbruch des Zweiten Weltkriegs, da die Einwanderung in alle »deutschlandfeindlichen« Länder unmöglich wurde. Viele deutsche Juden, selbst solche, die bisher keine Zionisten waren, bemühten sich, nach Palästina auszuwandern. Sie waren daher auf die Hilfe der ›Zionistischen Vereinigung für Deutschland‹ und ihrer mit dieser Aufgabe betrauten Abteilung, dem Palästinaamt, angewiesen, die jedoch einen ständigen Kampf mit der englischen bzw. der Mandatsregierung für Palästina führen mußten. Die fast völlige Drosselung der Einwanderung zu einer Zeit, in der es für Juden in Deutschland und den anderen, bald danach von Deutschland eroberten und besetzten Ländern unbedingt notwendig gewesen wäre, so schnell wie möglich zu fliehen, führte zu einer erheblichen Erweiterung der »illegalen« Einwanderung nach Palästina. Allerdings war dieser Weg der Rettung oft mit schwersten Strapazen und Gefahren verbunden.

Esriel Hildesheimer (*1912)

Von da an war die Welt aus den Fugen
Vom Jahre '07 bis zum Jahre '14 war eine normale Atmosphäre auf den Straßen, in der Familie. Bis der Weltkrieg ausbrach. Von da an war die Welt aus den Fugen, und es ging abwärts. Selbstverständlich gab es Pausen, die berühmten goldenen 20er Jahre, die ich zum Teil mitgemacht habe, die haben uns etwas vorgetäuscht, was

uns das Leben lebenswert machte, die Kunst, der Sport, die unver-
geßlichen Konzerte zwischen 1924 und 1932. Und dann natürlich war alles aus. Man hat doch schon 1927 die grauen Uniformen gesehen auf den Straßen. Da wurde es manchem Juden bewußt, daß er nicht nur Deutscher, sondern auch ein Jude war.
Die Unzuverlässigkeit des Menschen kam mir ins Bewußtsein am
9. November 1918, als meine Mitschüler auf die Straße rannten
und schrien: »Ach wir haben keinen Kaiser mehr, ach wir haben
keinen Kaiser mehr!«, dieselben Jungs, die acht Tage vorher gesungen haben: »Heil dir im Siegerkranz!« Da wurde mir als Junge
von elf Jahren bewußt, daß es keine ehrlichen Menschen gibt. Dann
war eine große Pause, man kam in die Lehre, man hatte Gott sei
Dank seine ersten sechs, sieben Jugendlieben hinter sich, und als
die ersten Uniformen kamen, und als die ersten Ausgaben von
Goebbels' Tageszeitung ›Der Angriff‹ auf der Straße waren, da hab'
ich mir mal ab und zu eine Zeitung gekauft, nicht den ›Völkischen
Beobachter‹, sondern in Berlin gab's den ›Angriff‹. Und da hab'
ich den Fanatismus gesehen. Und per Zufall bin ich als 23jähriger
im Jahre '30 in die Schweiz gegangen. Ich hab' einen kurzen Job
angenommen, das war im September '30, als die, wie heißt sie,
die ›Nationalsozialistische Deutsche Arbeiterpartei‹ – wobei man
die Wörter »sozial« und »Arbeiter« ruhig streichen könnte – von
zehn, zwölf Abgeordneten auf 110 oder 112 oder 115 stieg. Da
war mir bewußt, daß es in Deutschland keinen Platz gab für Juden. So hab' ich meiner Mutter nach Deutschland einen Brief geschrieben, hab' gesagt: »Pack deine Sachen und raus aus Deutschland. Es ist 5 Minuten vor 12!« Und Jahre später hat meine Mutter
mir schon aus Amerika nach Palästina geschrieben: »Wie oft sitzen wir zusammen und zitieren deine Worte: 5 Minuten vor 12!
Leider Gottes sind wir eine Minute nach 12 rausgegangen und
haben heftig bluten müssen.«

James Springer (*1907)

Große Nazis waren nicht da
Wir hatten ein großes Geschäft auf dem Lande, die Juden haben
das genannt jüdisch-deutsche Manufaktur. Da war so ungefähr alles da, von der Wiege bis zum Grabe. Vom eigenen Dorf hätten sie
niemand gefunden, der sich bei uns vor die Tür gestellt hätte. Und
deswegen haben sie Nazis aus Nachbardörfern hingeschickt. Und
die eigenen Bauern sind gekommen, sahen ein großes Schild: »Hier
wohnt ein Jude.« Na, das wissen wir doch. »Kauft nicht bei ihm.«

Na, da geht man rein, jahrelang. Ja, wir wollen reingehen und ein bißchen trinken! Und dann haben sie die Nazis gefragt, ob sie vielleicht mitkommen wollen, es wird ihnen doch so trocken in der Kehle werden, ja? – Das war der Anfang. Und große Nazis waren nicht da, Bauern überhaupt nicht, ein bißchen die Knechte und vielleicht ein paar junge Leute. Am Anfang, ja. Und erst im Laufe der Jahre hat man die Menschen gezwungen, möcht' ich sagen, durch die Kinder.

Michael Walter (*1916)

Du brauchst nur ›Mein Kampf‹ zu lesen, da steht alles drin

Es gab, soweit ich weiß, zwei Ansichten. Die einen haben immer gesagt: »Ach, dieser Spuk, der wird schnell vorbei gehen, mit dem Hitler! Das kann doch nicht sein, daß einer so irre ist«, ja? Und andere wieder haben gesagt: »Nein, das wird schiefgehen, du brauchst nur ›Mein Kampf‹ zu lesen, da steht alles drin«, ja? Und das hat sich dann zwischen '36 und '38 so ergeben. Spätestens am 10. November, nach der sogenannten »Reichskristallnacht«, war das jedem klar, daß man so schnell wie möglich weg mußte, ja.

Gershon Monar (*1924)

Ich weiß nicht, ob es nicht der Nachbar war

KH: Sie haben niemals gezögert, Sie haben damals nicht gedacht, wir versuchen es, und dann gehen wir, wenn es sich in Deutschland ändert, wieder zurück?

CB: Ja. Das hat man schon gewußt, daß es kein Zurück gibt. Wenn die Leute ›Mein Kampf‹ richtig gelesen hätten, dann hätte nicht einer vergast werden müssen. Man hat es nicht verstanden. Keiner hat für möglich gehalten, daß sein Nachbar imstande ist, den Juden totzuschlagen. Es war eine so gute persönliche Beziehung.

KH: Ja. Es war ja auch nie der Nachbar, es war immer ein anderer dann.

CB: Ich weiß es nicht, ob es nicht der Nachbar war.

Clara Bartnitzki (*1902)

Man fühlte sich schon 1932 so, als ob einem der Boden unter den Füßen weggezogen wird

Man war schon so verunsichert im Jahr '32. Ich war zum Beispiel vorher einige Male in Polen bei der Familie meines Vaters gewesen, und jedes Mal, wenn ich zurückkam, dann war wieder in Deutschland so ein Ruck nach rechts. Natürlich merkte man so was besonders, wenn man nicht die ganze Zeit im Land war, nicht wahr. Und einmal hat mein Mann telefoniert, es werden große Demonstrationen und Unruhen in Berlin erwartet von seiten der Nazis, und ich soll eine Woche früher zurückkommen. Man fühlte sich schon so, wissen Sie, als ob einem der Boden unter den Füßen weggezogen wird. Das war schon im Jahr '32. Wir wohnten damals in Berlin-Steglitz. Da waren schon an manchen Läden Schilder an der Ladentür »Juden und Hunden ist der Zutritt verboten«.

*Friedel Loewenson (*1908)*

»Die Juden, die Radfahrer und die Rothaarigen«
Meine politische Erziehung erhielt ich dadurch, daß ich meinem Großvater, der hochgradig kurzsichtig war, fast täglich die Tageszeitung vorlesen mußte. Und da waren die ersten Meldungen über die Nationalsozialisten, daß die nun also finden, die Juden wären an allem schuld. Das haben wir als Witz aufgefaßt: »Die Juden und die Radfahrer und die Rothaarigen ...«. Das ist doch Quatsch, das ist doch Unsinn, das kann hier nicht passieren! Und das hat man also nicht ernst genommen. Es dauerte noch mehrere Jahre, bis dann die ersten Flüchtlinge aus Deutschland kamen. Aber man dachte immer noch nicht, daß es sich so ausdehnen würde. Man sah die Expansion der deutschen Politik noch nicht so genau voraus, man fühlte sich noch nicht bedroht, und die Tschechoslowakei war wirklich ein demokratisches Land.

*Alice Schwarz-Gardos (*1916)*

Vater hatte sich exponiert
Mein Vater hatte sich exponiert. Er war als Anwalt am Oberlandesgericht in Hamburg zugelassen. Im Anwaltszimmer wurde viel diskutiert und viel Politik getrieben. Und als die Nazizeit anfing, war 'ne Diskussion. Und da hat mein Vater gesagt: »Dieser Schuft, dieser Lügner!« Ich weiß nicht, was er alles gesagt hat über Hitler, nicht wahr? »Das ist ein Unglück für Deutschland« und so weiter. Und einer seiner Kollegen hat gesagt – die haben sich teilweise geduzt, die waren zusammen zur Schule gegangen –: »Landau, das werden wir nicht vergessen.«

*Gad Landau (*1909)*

Die Welt der Eltern ist einfach zusammengebrochen
Keiner wußte ja, was sich wirklich entwickelt. Aber die Eltern waren wie vor den Kopf gestoßen, deren Welt ist einfach zusammen-

gebrochen. Sie haben gemeint, Deutschland hätte drei Religionen, die Deutschen bestünden aus Katholiken, Prostestanten und mosaischen Israeliten. Das Wort »Juden« war ziemlich verpönt, das haben sie selbst nicht gerne ausgesprochen, die Juden selbst nicht, besonders die Assimilanten darunter.

Jehuda Steinbach (*1910)

»Der Schwindel hält sich doch nicht«

Kein Mensch hat an die Dauer des Nationalsozialismus geglaubt. Man kann wirklich sagen, kein Mensch. Vielleicht gab's einige Fanatiker um Hitler, im engeren Kreis, das kann ich nicht beurteilen. Aber sonst niemand. Ich bin oft gefragt worden, wenn ich in den vergangenen Jahren in Deutschland in Schulen geredet habe: »Warum seid ihr Juden denn nicht früher geflohen?« Weil das keiner geglaubt hat, daß sich das halten wird. In meiner Massenzelle in Spandau, da wo der Hess später gesessen hat, war die »große Schnauze« sozusagen, das heißt derjenige, der für uns 40 Leute zum Vertreter eingesetzt worden war, ein kommunistischer Reichstagsabgeordneter, Pferdehändler, so ein Kerl, der sagte: »Der Schwindel hält sich doch nicht, nö. Es wird bald keine Butter mehr geben.«

Walter Zadek (*1900)

Da sind Leute ins KZ gekommen wegen Verbreitung von »Greuelmärchen«

Ende 1933 sickerten die ersten Nachrichten von Judenverfolgungen, von Konzentrationslagern in Dachau und bei Berlin, Oranienburg, durch. Ich erinnere mich, ich ging in Tracht in Stettin als Gemeindeschwester und traf auf der Straße unseren Rabbiner. Wir waren beide Gemeindeangestellte und haben viel zusammengearbeitet. Man hatte das Gefühl, man kann mit dem Mann reden. Ich hab' gesagt: »Haben Sie gehört, der Vater meiner Freundin aus München«, und dieser Rabbiner war vorher in München Rabbiner gewesen, deshalb wußte er, wovon ich rede, »ist ins Konzentrationslager?« Sagte er: »Fräulein Lewy, nicht auf der Straße!« Sag' ich: »Aber es ist doch passiert! Das heißt, das kann doch jeder wissen, es ist doch etwas Schreckliches passiert!« »Nicht auf der Straße! Wissen Sie was«, sagt er, »ich habe von Fällen gehört, da sind Leute ins Konzentrationslager gekommen wegen Verbreitung«, ach, es gab so einen schönen Namen, »wegen Verbreitung von Greuelmärchen. Ich möchte nicht, daß Sie oder ich dieses Schick-

sal –«. Da ist mir eigentlich zum ersten Mal klar geworden, daß
die Sache noch viel schlimmer ist.

Chuma Betty Kolath (*1908)

Breslau ist in einer Nacht umgefallen

Breslau war eine rote Stadt, eine sozialdemokratische und kommunistische Stadt. Es gab Antisemitismus genug, wie überall in
Deutschland. Im großen ganzen war Breslau aber keine antisemitische Stadt. Das Interessante ist, was ich immer wieder betonen
muß, daß Breslau in einer Nacht umgefallen ist. Im April '33 war
plötzlich alles braun, in einer Nacht, am Boykottag. Ich war damals sehr engagiert in der Gewerkschaft und später dann im ›Reichs-
banner‹ oder in der ›Einheitsfront‹, wie das damals hieß, und wir
sind jede Nacht losgezogen und haben probiert, die Leute zu retten, das zu retten, was zu retten war. Aber damals fing es in Breslau schon an mit Verhaftungen und den Konzentrationslagern, und
die ganzen jüdischen jungen Kommunisten sind nach Rußland
geflohen und haben dort ihre schönen Erfahrungen gemacht, daß
man sie an die Nazis ausgeliefert hat.

Hans Grünthal (*1915)

Es ist nicht erwünscht, daß ein Jude die deutsche Flagge hißt

Am 20. April war bekanntlich Hitlers Geburtstag, und der wurde
in Breslau 1933 mit Heraushängen von Flaggen, meist noch der
schwarz-weiß-roten kaiserlichen Flagge oder auch schon der
Hakenkreuzflagge, begangen. Und was mich und einen Freund
damals schon ärgerte, war, daß eine jüdische, ganz assimilierte
Familie in dem Haus, wo wir wohnten, auch die deutsche Flagge
hißte. Und da beschlossen wir in recht unreifer Weise, mein Freund
und ich, mit verstellter Schrift diesen Leuten einen Brief zu schreiben, als ob er aus dem Braunen Haus käme. Und wir schrieben
darin, daß es den Deutschen gar nicht erwünscht sei, daß ein Jude
die deutsche Flagge hisse. Und das schickten wir ihnen dann per
Post zu, und diese Leute bekamen eine Heidenangst. Und nachher, sechs Wochen nachher, ging ich zu den Leuten hin, es tat mir
dann doch leid, und gestand ihnen, daß ich der Autor war. Woraufhin die mir sagten: »Ach, um Gottes willen, wir sind selbst zum
Braunen Haus gegangen, um uns zu entschuldigen.« Das war natürlich vollkommen idiotisch. Und im Braunen Haus hätte man
ihnen gesagt, es stimme zwar, was in dem Brief stand, daß Juden
nicht die deutsche Flagge hissen dürften. Aber man habe den Ein-

druck, das sei ein Glaubensgenosse von ihnen, »und es würde uns sehr interessieren,« sagte man bei der SA, »wer das gewesen ist«. Als sie mir das sagten, zog ich die erste Schlußfolgerung, sofort nicht mehr zu Hause zu übernachten. Zwei, drei Nächte übernachtete ich bei Verwandten, und dann ging ich ganz kurz entschlossen nach Dänemark auf die Einladung einer alten dänischen Schullehrerin auf der Insel Møn.

Efraim Orni (*1915)

In großen Lettern »Jude«

Eines schönen Nachts, nach 1935, sind meine Mutter und mein Bruder – mein Vater lebte ja nicht mehr – auf die Straße gegangen, vor das Haus, und haben gesehen, daß in großen Lettern rot das Wort »Jude« aufgeschrieben war, und man wußte, daß dieser Junge aus der Nachbarschaft daran beteiligt war.

Ernst Schwarz (*1913)

Die »kochende Volksseele«

In Oberschlesien gab es bis Juni oder Juli 1937 ein Minderheitenschutzgesetz. Und dadurch gab es einige Dinge, die den Juden noch einen gewissen Schutz ermöglicht haben, der dann nachher sofort aufgehört hat. Ich weiß noch, im Juli 1937 waren die ganzen Journalisten in Oberschlesien, und da geschah nichts, aber im August wurden dann die Synagogen zum Teil abgebrannt, jüdische Geschäfte demoliert. Es kamen Hitlerjungenhorden in Zivil in die Geschäfte und zerschlugen alles. Und das hieß dann die »kochende Volksseele«.

Ruth Tauber (*1919)

Antisemitismus war in Österreich immer vorhanden

In unserem Elternhaus war man sich vollkommen im klaren, daß Antisemitismus eine Erscheinung ist, die in Österreich immer vorhanden war, in allen möglichen Variationen. Sie kennen wahrscheinlich die Lueger-Variation: »Wer a Jud' is, das bestimm' ich.« Man sagt heute, daß Lueger in seiner gemütlichen österreichischen Art der gefährlichste Antisemit gewesen ist, noch viel gefährlicher als viele andere, die nördlicher von Österreich vorhanden waren.

Paul Feiner (*1919)

Der Österreicher war immer falsch

Wir hatten eine Hausmeisterin, das ist doch ein Faktotum in Wien. Diese Hausmeisterin, die war mit uns ein Herz und eine Seele. Die hat mich doch geboren, sozusagen. Und wenn Leute gekommen sind, Lieserl hin und Lieserl her. Also diese Hausmeisterin hat sich von der einen Sekunde, wie Hitler hineingekommen ist – also sie hat sich sowas von verändert, von einer Minute zur anderen! Sie war wie ein Biest, diese Zetka, ich weiß gar nicht, wieso man das tun kann, wieso. Der Österreicher war doch so nett – und dann sind sie so rabiat gewesen und so fürchterlich. Dieses »Küss'-die-Hand-gnä'-Frau« hin und »Küss'-die-Hand-gnä'-Frau« her war ja niemals echt. Der Österreicher war immer falsch in meinen Augen, sympathisch, charmant, aber falsch. Aber man ist drin gewesen und hat das nicht so gemerkt, wie man es nachher erst beurteilt.

Lisl Vardon (* ca. 1915)

»Ich möchte mich mit Ihnen nicht mehr unterhalten«

Ich bin immer auf den Friedhof zur Arbeit rausgefahren. Und da war im ersten Waggon in der Früh immer ein junger Mann, und es hat sich im Gespräch herausgestellt, daß er Französisch kann. Ich wollte mein Französisch pflegen und er auch, so haben wir uns französisch unterhalten. Wie Hitler nach Österreich gekommen ist, im März, hab' ich ihn länger nicht gesehen. Am achten oder zehnten Tag steig' ich zufällig in den zweiten Waggon. Steht er drin. Im selben Moment hab' ich gewußt: aus! Es war damals nämlich so: Während Hitler schon in Deutschland war, haben sich die österreichischen Nazis dadurch deklariert, daß sie extra Abzeichen hatten, nicht das gewöhnliche Hakenkreuz, sondern eine ganze Rosette. Und wie Hitler nach Österreich gekommen ist, sind auf einmal Leute mit diesen Rosetten erschienen, und man hat gewußt, die sind schon zehn Jahre dabei. Und er hatte das! Wir grüßen uns und er sagt: »Sie werden entschuldigen, aber ich möchte mich mit Ihnen nicht mehr unterhalten.« Worauf ich ihm gesagt hab': »Ich mich mit Ihnen auch nicht.«

Irene Aloni (*1906)

»Das sind keine Menschen, das sind Juden«

Am 13. März 1938 sind die Deutschen einmarschiert in Österreich, und das waren damals sehr, sehr schlimme Zeiten. Wenn ich 100 oder 120 Jahre alt würde, könnte ich das auch nicht vergessen, wie ein Mensch über Nacht seine Anschauungen so ändern kann. Das ist die ganze Nacht gegangen: »Sieg heil, Sieg heil, Sieg heil!« Die ganze Ortschaft hat so einen Empfang gemacht, das war unbeschreiblich. Dieselben, die geschrien haben »Sieg heil, heil Hitler«, die haben noch vor acht Tagen gesagt: »Euch passiert überhaupt nichts. Wir meinen nicht die einheimischen Juden, wir meinen nur die polnischen Juden. Wir haben überhaupt nichts gegen euch.« Und dann hat sich das Rad umgedreht in einer Nacht. Am 13. sind sie einmarschiert, am 15. wurde ich verhaftet. Ich erinnere mich, ich bin einmal mit zehn anderen Internierten gegangen, den Fußballplatz reinigen von Unkraut. Da ist die Frau vom Gendarmerieinspektor gestanden mit ihrem fünf- oder sechsjährigen Jungen. Ich kann mich noch erinnern, wie sie gesagt hat: »Schau, die Menschen gehen zur Arbeit.« Hat der sechsjährige Bub gesagt: »Das sind doch keine Menschen, das sind Juden.«

In diesen Jahren war ich so verzweifelt. Ich hab' sehr, sehr oft an Selbstmord gedacht. Ich hab' einen Revolver gehabt. Und da habe ich mir so gedacht, ich würde zwei meiner Erzfeinde umlegen, dann würde ich mich selber erschießen. Und dann dachte ich mir, was wird mit meinen Eltern sein, mit meinen ganzen Verwandten, da wird man doch dann Rache nehmen. Sonst, mir wär' nichts mehr dran gelegen, ich war überhaupt kein Mensch mehr.

Siegfried Stern (*1910)

Es gibt keine Worte
Wir mußten flüchten, und ich habe viele teure und liebe Menschen verloren. Und ich hatte drei Jahre außergewöhnliches, unendliches Leid. Das zu schildern, fehlen mir sogar die deutschen Worte. Es gibt keine Worte, zu schildern, was Menschen erlitten haben. Da gibt es keine Ausdrucksform, keine Worte, nichts.

Nora Hauben (* ca. 1925)

* * *

Der Sinn der Arisierung war, die Juden rauszutreiben aus ihren wirtschaftlichen Unternehmen
AF: Der Sinn der Arisierung war ja, die Juden rauszutreiben aus ihren wirtschaftlichen Unternehmen, Aktiengesellschaften, Privatfirmen, freien Berufen. Es ging allmählich, der Reihe nach, vom

Einzelhandel zum Großhandel. Man mußte es einem »Arier« übergeben, der bereit war. Natürlich, die meisten waren sehr gern bereit, für eine geringe Summe, die die beiden Partner ausgehandelt
haben, das Geschäft des Juden zu übernehmen. Nur sollten die
Angestellten und Arbeiter nicht darunter leiden. Man wollte an
und für sich die Firmen übernehmen, ohne die Juden zu entschä-
digen. Man hat die Sache auch juristisch unterbaut, der Staat hat
Verordnungen herausgegeben, die Stadt hat Verordnungen herausgegeben. Es fing mit dem Boykott an »Kauf nicht beim Juden!« und
ging bis zur totalen Ausmerzung der Juden aus der Wirtschaft, bis
zur Überführung in die verschiedenen Konzentrationslager. Das
heißt, die Überführung der Juden in die Todeskammer oder das
Konzentrationslager gab schon keinen Schaden mehr für die zu-
rückgebliebenen nichtjüdischen Angestellten, denn die Geschäfte
waren ja schon übernommen.

MD: Meistens waren das also Angestellte, die das übernommen
haben.

AF: Richtig. Richtig.

MD: Manchmal, so habe ich gehört, waren sie anständig und haben noch den Besitzer unterstützt oder so, und manchmal waren
sie sehr brutal.

AF: Das ist keine Frage von Unterstützung, sie haben es übernommen für ein Butterbrot. Diese Angestellten und Arbeiter mußten
einen Beweis bringen, daß der Jude rausgeschmissen, rausgeworfen wurde. Man hätte den Juden verhaftet, wenn er da nicht mitgemacht hätte. Dann kamen die freien Berufe, Anwälte, Ärzte, und
so allmählich hat man die Arisierung total durchgeführt. Man hat
das glänzend gemacht mit Streicher und mit Goebbels und mit
Himmlers Verordnung, und die Bevölkerung hat mitgemacht. Für
die Bevölkerung war das eine Beruhigungspille, sie glaubten zumindestens, daß dadurch die Angestellten und Arbeiter nicht entlassen werden. Ich weiß sehr viele Fälle, wo der Arbeiterrat oder
Angestelltenrat das übernommen hat. Es gab ja noch so eine Qua-
si-Gewerkschaft, die natürlich auch staatlich gebunden war und
unter Staatsdruck stand, und dann diese Angestelltenräte und
Arbeiterräte, die sorgten für eine schnelle Durchführung dieser
Verordnung.

MD: Ja, aber was war mit der Großindustrie?

AF: Genauso. Wenn ein Jude zum Beispiel im Aufsichtsrat einer
Gesellschaft war, auch wenn er noch nicht mal Teilhaber war, war
das ein Grund, diese Gesellschaft vors Gericht zu ziehen. Soviel

ich mich erinnere, auch wenn er nicht aktiver Direktor der Firma war, sondern ein Aktienbesitzer, wenn er nur ein Drittel der Aktien in seinem Besitz hatte, genügte das, diese Firma als Judenfirma zu testieren und entsprechend wurde diese dann auch ausgemerzt.

Abraham Friedländer (*1916)

»Sie haben das Grundstück zu verkaufen an Herrn Nebel«

Wir haben eine große Wirtschaft gehabt, gut, das Geschäft war verkauft worden, weit unter Preis. Das war die Arisierung, ungefähr im November '36. Ich erinnere mich, wie das Grundstück verkauft wurde, ich weiß sogar noch den Namen, Nebel, der war ein Bäckermeister, aus der Nebenstraße. Wir wohnten Kleiststraße 5, Sie kennen Berlin? Wir sind dort hingegangen, es hieß, dort wird der Käufer sein, der das Grundstück kaufen will. Da war einer, der mir unbekannt war, der sagte: »Also, Sie haben das Grundstück zu verkaufen an Herrn Nebel.«

Elchanan Scheftelowitz (*1911)

Der 1. April: Die SA konnte auf den Straßen machen, was sie wollte

Dann kam der 1. April, der Judenboykott, zu dem die Nazis zum ersten Mal ihre judenfeindliche Propaganda nicht in Büchern, nicht in Zeitungen vertraten, sondern in Aufmärschen in den Straßen Berlins: mit Gesängen, mit Slogans gegen das Judentum, mit Aufschriften an den jüdischen Geschäften, die alle geschlossen waren. Bei manchen waren auch die Scheiben eingeschlagen, und alles mit Aufschriften versehen: »Juden«. Ich hatte eine Dienstreise durch ganz Berlin zu machen, mit dem Zweidecker-Autobus. Ich konnte von oben alles sehen, was sich in den Straßen tat. Es gab überhaupt keine Polizei, die SA konnte auf den Straßen machen, was sie wollte. Es gab fast keine Juden auf der Straße, aber wenn sie einen trafen, hielten sie an, ja, weiß nicht, was sie mit ihm gemacht haben, ich fuhr ja in dem Bus im zweiten Stock. Ich kam zurück ins Büro und sagte: »Ich habe hier keine Existenzberechtigung mehr, ich werde weggehen so rasch ich kann.« Mein Chef zeigte mir einen Zettel von einem Büro der Partei, Nazipartei, daß er mich beschäftigen darf, ich war ja damals noch Österreicher: »Ach, dir wird gar nichts passieren, was willst du.« Aber mir ließ es keine Ruhe, und ich hörte schon in den nächsten Tagen, daß dieser Dr. Karl Schwarz, der Direktor des Jüdischen Museums in Berlin war, Gruppen von Künstlern ins Ausland verschickt, ihnen Visen verschafft, und ich ging zu ihm hin und wurde bekanntgemacht mit einem älteren Kollegen, der eine Gruppe nach Barcelona führen sollte.

Franz Krausz (*1905)

Mein Mann mußte die Nazis anleiten

Mein Mann war Angestellter, 25 Jahre bei Gebrüder Stern in Hanau. Er war Prokurist. Und am 1. April 1934 wurde die Bank übernommen von den Nationalsozialisten, und alle Angestellten, auch die christlichen, wurden entlassen. Man hatte nur Leute reingesetzt, die Nationalsozialisten waren. Aber es war doch niemand dort, der etwas von der Bank verstanden hat. Man hat meinen Mann dort behalten. Er durfte sein Leben weiterführen, wie es war, aber er mußte dort die Leute anleiten.

Klara Herz (*1904)

»Wo Bäume gefällt werden, gibt es Splitter«

MC: Zum 1. April bekam ich die Kündigung. Und auf meine Frage, warum, sagte mir der Oberstaatsanwalt, der der Leiter dieser Abteilung war, wie heißt das? »Wo Bäume gefällt werden, gibt es Splitter.« Das war alles, was er mir sagen konnte. Ich war Mitglied der SPD schon seit jungen Jahren. Ich war Jugendführer in Berlin-Pankow, ich hab' noch ein Ausweispapier, da steht drauf »Moritz Cederbaum, Hauptfunktionär«, ja? Ich weiß heute nicht mehr genau, warum Hauptfunktionär, aber so steht es geschrieben.

AB: Könnte das ein Grund gewesen sein, daß Sie gleich Anfang April '33 gefeuert wurden?

MC: Ja, in der Abteilung haben ungefähr 50 oder 60 Menschen gearbeitet. Und in den letzten drei Jahren war in Deutschland sehr viel los, andauernd Wahlen und andauernd Diskussionen über die politische Lage, und ich scheute mich damals nicht, bei all diesen Diskussionen mitzumachen. Auch war ich sozusagen der Obmann der Partei und der Gewerkschaft in dem Büro. Ich sammelte Beitragsgelder, ich sorgte für die Einschreibung von neuen Angestellten in die Gewerkschaft. Also ich war bekannt als SPD-Mann und auch als Gewerkschaftsobmann. Und das hat sicher dazu beigetragen, aber als Hauptgrund für die Kündigung wurde mir gesagt, weil ich Jude sei, ja, daß da eben eine neue Verordnung sei, und damit basta.

Moshe Moritz Cederbaum (*1910)

»Ich muß Sie per sofort rauswerfen«

Das Moabiter Krankenhaus hatte einen ziemlich großen Teil Juden. Es war im März 1933, da wurden wir, die jüdischen Medizinalpraktikanten, alle zum Verwaltungsdirektor bestellt, und der hat uns vorgelesen: »Ich habe die Anweisung, ich muß Sie rauswerfen sozusagen, per sofort.« Und »sofort« haben wir dann auf zwei Uhr mittags festgelegt. Und dann war ich draußen. Ich hatte in Freiburg sehr fleißig und mit guter Beziehung in der Anatomie gearbeitet, und da hab' ich sogar noch hingeschrieben, ob die mich eventuell nehmen. Hab' natürlich keine Antwort gekriegt. Das war im praktischen Jahr, ich suchte eine neue Stelle. Und wo hab' ich die Stelle gefunden? In der Charité! In der Charité-Kinderklinik, bei einem Professor, der ein richtiger Parteinazi war. Von dem hat die Charité die Nazifahne geborgt, die sie brauchten, und er hat uns das auch erklärt: »Ich finde, wenn meine Regierung Sie studieren läßt, muß sie Sie auch zu Ende studieren lassen.« Es hat jeder seine eigene Ideologie gehabt und jeder seine eigenen Begründungen. Das ist nicht alles so einheitlich, wie man das heute aus der Entfernung sieht. Da war ich eine Woche. Und dann hab' ich ein Zeugnis bekommen, ich mußte beurlaubt werden. Das war dann der berühmte 1. April. Und nach ungefähr zwei, drei Monaten wurde Herrn Goldstein mitgeteilt, daß er nicht wieder eingestellt werden könnte.

Rudolf Goldstein (*1908)

Aus dem Gericht sind wir rausgeflogen im Februar

AB: Sie haben die Referendarzeit nicht zu Ende gemacht in Deutschland?

HR: Nein.

AB: Sie sind 1933 rausgeflogen –

HR: Ja, und das war es. Aus dem Gericht sind wir rausgeflogen im Februar, und ich war wohl über Neujahr oder Januar, irgendwann zu der Zeit, als Hitler gewählt wurde, mit einem Freund im Gebirge auf Ferien. Und ich kam zurück, und da hat mich jemand angerufen, der mit mir zusammen am Gericht war, aber ein Christ, und hat gesagt: »Kommen Sie nicht aufs Gericht morgen.« Und da hab' ich gesagt: »Was ist da los?« Und da hat er gesagt: »Kommen Sie lieber nicht.« Und zu diesen Tagen waren dann die Aktionen, wo man die Juden aus den Gerichten rausgeworfen hat. Und ich hab' dann diesen Bekannten auf der Straße getroffen, und er hat gesagt – ein Zeichen, wie naiv wir waren –: »Machen Sie sich keine Sorge, ich mach' ein Büro auf, und Sie werden meine *schutafa*, meine Mitinhaberin des Büros.« Der hat damals geglaubt, daß das möglich ist.

Hilde Rudberg (*1909)

»Aber nicht hier, Herr Staatsanwalt«

Am 31. Januar 1933 habe ich, das durfte ich damals schon, vorm Schöffengericht in Moabit einen dort wegen Betrugs angeklagten Juden verteidigt, und der ist dann irgendwie bestraft worden. Aber während der Pause, als das Gericht sich zur Beratung zurückzog, kam der Wachtmeister und brachte die Zeitung. Die Zeitung hatte die Überschrift »Hitler Reichskanzler«. Ich saß zusammen mit dem Staatsanwalt, und der sagte mir: »Na, Herr Kollege, nach dem Plädoyer, das Sie gehalten haben, sage ich Ihnen eine große Zukunft voraus.« Daraufhin schob ich ihm die Zeitung rüber und sagte: »Aber nicht hier, Herr Staatsanwalt.«

Heinz Gerling (*1904)

* * *

Die drei Gründe für meine Verhaftung

KH: Ist es so, daß Sie das erste Mal nicht aufgrund Ihres Judeseins verhaftet wurden, sondern aufgrund Ihrer politischen Aktivitäten?
WZ: Nein. Bei mir gab's drei Momente: erstens war ich Redakteur, zweitens war ich links und drittens war ich Jude.

Walter Zadek (*1900)

»Der Saujud' hat den Führer beleidigt«

Ich bin aus Sötern, einem Dorf im Hunsrück an der Eisenbahnlinie nach Saarbrücken. Mein Vater war die letzten Jahre Reisender für eine chemische Fabrik. Freitagnachmittag kam er nach Hause, wie das Usus war, am Schabbat zu Hause zu sein. Er kam vom Bahnhof, und da hat ihm einer gesagt: »Heil Hitler, du Saujud'«, kennen Sie den Ausdruck? Irgendein Fremder. Die Einheimischen hätten es vielleicht nicht getan, weil die Familien doch Hunderte von Jahren mit den Bauern zusammengelebt haben. Und da hat er gesagt: »Du kannst mich mal«, hat er ihm gesagt, das ist nicht so schlimm, ja? Und der ist auf die Gendarmerie gegangen: »Der Saujud' hat den Führer beleidigt.« Und Freitagabend sitzen wir am Schabbestisch, ja, wie das so war, und da klopft es: »Herr Lion, ich hab' hier einen Befehl. Ich muß Sie verhaften, Sie hätten den Führer beleidigt.« Der Mann hat uns gekannt. »Essen Sie fertig, ich bleib' sitzen, bis Sie fertig sind.« Auf dem *motorcycle*, Motorrad mit *sidecar*, hat er ihn mitgenommen nach Birkenfeld. Das ist die Bezirksstadt, und dort gab's ein Gefängnis. Und sie haben ihn acht Tage eingesperrt. Das war im Winter 1935. Wir haben es damals nicht verstanden, wir haben nie was mit Polizei und Gefängnis zu tun gehabt, wir waren, wie sagt man, korrekte Leute, anständige Leute. Einen guten Namen haben wir gehabt. Und die *ima*, die Mutter, ist hingefahren am Sonntag, hat ihm Kleider gebracht. Die Polizeioffiziere waren '36 noch nicht alle Nazis, die waren noch zum Teil die alte Generation, der alte *staff*. Sie haben gesagt: »Herr Lion, in diesem Land haben Sie keine Zukunft und kein *sechujot*, keine Rechte mehr.« Mein Vater hat es vielleicht nicht so verstanden. »Wenn Sie können, fahren Sie weg!«

Schlomo Lion (*1920)

»Wir werden das mit dem Juden schon erledigen«

Ich hatte Hebräisch, Neuhebräisch gelernt in Berlin beim ›Hechaluz‹ mit einer netten, blonden Freundin, und wir wurden beide von der Gestapo aufgegabelt, weil man angenommen hatte, ich als Jude mit einer Christin. Man hat uns in die SA-Kaserne gebracht. Dort saßen ca. 20 Mann, und wie wir reinkamen, da sprangen zwei Mann auf und sagten: »Wir werden das mit dem Juden schon erledigen«, brachten mich in ein anderes Zimmer und sagten zu mir: »Du halt deinen Mund, du kennst uns nicht.« Das waren Freunde vom ›Gesundbrunnen‹, ja? Die waren Offiziere dorten und haben gesagt: »Was willst du machen?« Da haben wir gesagt: »Wir sind beide Juden, und wir wollen nach Palästina gehen. Wir hatten dort Hebräischunterricht.« Sagen sie: »Wunderbar, daß du uns das gesagt hast, und verschwinde, sobald du kannst!« Und dann sind wir rausgekommen, und einer hat zu mir ganz laut gesagt: »Wie du uns versprochen hast, du gehst nach Palästina, ja?« Und so sind wir rausgekommen.

Jehoshua Brünn (*1913)

»Bist du bereit, dich verhören zu lassen?«

MM: Mein Bruder wurde 1933 in das Konzentrationslager nach Oranienburg gebracht.

AB: Als Kommunist?

MM: Als Kommunist. Ich traf damals auf der Straße den Jungen, der mich in den ›Altwandervogel‹ aufgenommen hatte. Und er sprach mich an und sagte: »Was ist los mit dir?« Ich hatte den Kopf nach unten. Und ich kuckte ihn an, er war in SS-Uniform, und ich sagte: »Du hast wohl vergessen, daß ich Jude bin.« Und da hat er gesagt: »Nein, ich weiß, daß du Jude bist, aber wenn ich helfen kann, dann werde ich helfen, ich habe dir das versprochen, und ich stehe dazu.« Und dann hab' ich ihm gesagt: »Mein Bruder ist in Oranienburg.« Hat er gesagt: »Also, ich werde die Akte prüfen, und wir werden uns am Abend treffen in einem Café, und ich werde sehen, ob ich etwas tun kann.« Wir haben uns also abends um zehn in dem Café getroffen, und er sagte: »Wenn du bereit bist, dich verhören zu lassen und sich daraus die Unschuld deines Bruders ergibt, dann wird dein Bruder freikommen. Bist du bereit?« Da hab' ich gesagt: »Selbstverständlich ja.« Also, man hat mich dann in das Gestapo-Quartier gebracht, und ich kam in einen Kellerraum, vielleicht fünf Meter lang und zehn Meter breit. In der Mitte war ein Tisch mit zwei Stühlen und ein Feldbett mit Blutflekken. – Ich erzähl' das viel zu ausführlich.

AB: Nein, nein, bitte, gar nicht!

MM: Und ich stand dann also da und wußte nicht, was geschieht. Man hat mich eine halbe Stunde warten lassen, dann kamen zwei SS-Leute, setzten sich an den Tisch. Einer hielt vor meine Augen einen Revolver und sagte: »Das ist für dich bestimmt, wenn du nicht die Wahrheit sagst.« Und dann sagte er: »Stell dich einen Meter vor die Wand!« Ich war so in einer Entfernung vielleicht von vier, fünf Meter von ihm, und er hat gesagt: »Du wirst durstig sein, ich gebe dir etwas zu trinken.« Und dann gab er mir ein Glas Wasser mit einem Abführmittel. Und dieses Glas Wasser mußte ich alle Stunde trinken. Und das Verhör dauerte fast 50 Stunden hintereinander. Sie haben sich alle zwei Stunden abgewechselt, und man kann sich vorstellen, in welchem Zustand ich war, und ich dachte die ganze Zeit dreierlei: Erstens: bloß langsam sprechen, du hast es dir vorgenommen, damit du überlegen kannst. Zweitens: du mußt schweigen, du darfst nichts über die Gruppe deines Bruders sagen, die ich ja kannte, ich war ja der Verbindungsmann dieser fünf Leute. Und drittens: du mußt die Fragen so beantworten, daß man dir keine Falle stellen kann.

AB: Hatten Sie sich diese Art von Verhör schon vorgestellt, war Ihnen das vorher schon klar, in was für eine Situation Sie geraten würden?

MM: Nein, das war mir überhaupt nicht klar. Ich dachte, es würde vielleicht fünf, sechs Stunden dauern. Also nach etwa 50 Stunden kam Werner von Mochow herein. Er bekam einen Brief, und er nahm mich mit in das Auto und sagte: »Wir fahren nach Oranien-burg, deinen Bruder rauszuholen.« Er setzte mich nach hinten und er fuhr los, und ich wußte nun nicht, bringt er mich nach Oranien-burg oder holt er meinen Bruder raus. Ich stank natürlich wahnsin-nig. Unterwegs bog er in eine Waldschneise ein, dachte ich, jetzt werd' ich erledigt. Er hielt, zog hinten aus dem Gepäckraum eine große Kanne mit Wasser, Seife, Handtuch, Kleidung, wusch mich mit zartester Hand, vergrub die Kleidung, zog mich an und sagte: »Jetzt kannst du neben mir sitzen.« Und dann gab er mir aus der Thermosflasche eine Tasse sehr starken heißen Kaffee und ein Bröt-chen und hat gesagt: »Du hast 50 Stunden nicht gegessen, da mußt du anfangen zu essen.« Er fuhr nach Oranienburg, er ist rein-gegangen, ich habe etwa, schätzungsweise, ich habe das Zeitge-fühl damals schon ziemlich verloren gehabt, eine Stunde gewar-tet. Und dann kam er mit meinem Bruder, vollkommen zerrissen und zerschlagen, heraus, und wir fuhren etwa eine Stunde, bis wir in meine Wohnung kamen, und da bin ich zusammengeklappt. Mein Bruder hat mir dann erzählt, daß ich 24 Stunden geschlafen habe.

Micha Michaelis (*1908)

Am 10. November '38 bin ich erwachsen geworden

Am 10. November '38, zwölf Jahre alt, bin ich erwachsen gewor-den. Was für ein Unterschied, einen Tag vorher und zwei Tage danach! Mein Vater ist nach Dachau gekommen, und ich war prak-tisch der große Sohn in der Familie. Ich könnte Ihnen Stunden erzählen. In der Nacht wußte ich noch nichts. Am Morgen hat ein Schüler – mein Vater war zwar Kaufmann, aber er hatte Schüler gehabt, mit denen er abends gelernt hat – meinen Vater angerufen: Die Thorarollen wurden verbrannt! Wenn Thorarollen verbrannt werden, muß man nach jüdischem Gesetz einen Tag fasten. Und mein Vater, vorsichtig wie er war, hat gesagt, daß sie den Fasttag nur bedingt auf sich nehmen sollen, weil man ja nicht weiß, wie die Sache weitergeht. Und in der Tat, noch an demselben Vormit-tag wurden die Männer aus München nach Dachau geholt und waren froh, wenn sie noch schnell was trinken konnten, denn sie wußten ja nicht, was dort sein wird. Und man hat damals erzählt, daß der Rabbiner, ein Cousin meiner Mutter, mitten in der Nacht gekommen war, weil er die Thorarollen retten wollte. Und wir Schüler sind später gegangen *schemos*, das heißt verbrannte hebräische Bücher zu klauben in der Synagoge, in der verbrannten Synagoge.

In die Schule konnten wir sowieso nicht mehr gehen, denn die Schule war im gleichen Gebäude wie die Synagoge, also auch verbrannt. Aber selbst das, daß wir gegangen sind, die verbrannten *schemos* von den Büchern zu klauben, wurde dann auch verboten, weil man sagte, das könnte gefährlich sein, es könnte ja noch was einkrachen. Und so erinnere ich mich an jedes Detail.

*Salomo Pappenheim (*1926)*

Sie haben die Zeremoniehalle des Friedhofs vor unseren Augen angezündet

Zur Zeit der Kristallnacht hab' ich damals als Friedhofsgärtnerin gearbeitet auf dem jüdischen Friedhof in Wien. Sie sind hereingekommen mit Kanistern von Petroleum, haben das ausgeschüttet in der Tempelhalle, in der Zeremoniehalle, ja, haben es vor unseren Augen angezündet und der eine sagt: »Was mach' ma denn mit den Frauen?« Ich hatte eine Kollegin, die war Arztwitwe. Sagt der andere: »Laß' ma sie laufen.« Und wir sind heraus, und vom Semmering, das ist ein weiter, ein sehr weiter Weg, sind wir zu Fuß nach Haus' gegangen. Wir konnten keine Straßenbahn benutzen.

*Irene Aloni (*1906)*

Nach der Kristallnacht haben sie uns spontan das Haus zerstört

Da sind die Nazis spontan gekommen mit Äxten in der Hand und haben jede Etage in unserem ›Bet chaluz‹ vollkommen zerstört, die Klaviere, die da standen – da hat man abends gesungen –, in Stücke gehauen und aus dem Fenster rausgeschmissen, und die ganzen Bücher, Lehrbücher und Gesangsbücher. Die Jungens waren morgens weggegangen zur Arbeit, mein Mann war auf dem Weg nach Palästina, und ich war mit lauter jungen Mädchen dageblieben. Das war, nachdem der Grynszpan, Herschel Grynszpan, den vom Rath ermordet hat in Paris. Da hat man am Abend spontan in Leipzig alle Synagogen angezündet. Und wir wohnten in der fünften Etage und haben ringsum die Brände gesehen. Aber was sollten wir auch unternehmen, wo sollten wir hingehen? Und dann am nächsten Morgen kamen sie, wie gesagt, spontan und haben das ganze Haus zerstört. Und da hab' ich zu den Mädchen gesagt, sie sollen sich einfach anziehen, einen Mantel, keine Handtasche nehmen, so, wie sie gehen und stehen. Die Tür ging so auf, daß ich die Mädchen dahinterstellen konnte. Und die wütende Volksmenge strömte da rein zu uns, wo wir gewohnt haben, wo wir alle unsere Sachen hatten, Geld und Schmuck und alles. Und wie ein großer Teil drin war, hab' ich die Tür aufgemacht, und wir sind runtergegangen. Und wir sahen so aus wie die, da ist ja kein Unterschied, ja, einfach, ohne Tasche. Und da haben sie gedacht, wir haben da vielleicht schon geräubert, und wir sind schon fertig. Unten standen drei Polizisten. Mutig, wie ich war, bin ich da rangegangen und hab' gesagt: »Man zerstört uns unser Haus. Man räubert und nimmt alles raus.« Da haben sie gesagt: »Wir sind nicht die Adresse, gehen Sie zum Polizeipräsidenten.« Und ich bin wirklich gegangen. Ich hab' gedacht, was kann noch passieren? Bin ich hingegangen, hat er gesagt: »Stehen da Polizisten?« Hab' ich gesagt: »Ja, drei. Und die haben mich hierhergeschickt.« Da hat er gesagt: »Ja, wenn da Polizisten stehen, dann ist ja alles in Ordnung.« Da war ich noch froh, daß ich nicht verhaftet wurde.

Asta Bergmann (*1911)

Wohin sollte ich? Meine Wohnung war zerschlagen

Wir waren befreundet mit den Nachbarn, die über uns wohnten. Wir haben gemeinsam heimlich am Radio gesessen mit Kissen rundherum, damit es nicht nach außen dringt, weil wir unbedingt die Nachrichten von anderen Ländern hören wollten, ob es Krieg gibt oder was der Hitler weiter im Schilde führt. Diese Nachbarn waren, glaub' ich, ein bißchen nach Rußland eingestellt, rot. Er war ein einfacher Arbeiter, in der Kalimine hat er gearbeitet. Die haben uns in der Nacht die Türe geöffnet und liebevoll versorgt. Und dann hatte sie, die Liese, sogar den Mut, zum Fenster herauszurufen: »Kuck mal an, dem Bürgermeister sein Sohn ist sogar auch dabei.« Also, wir haben die Nacht bei ihr zugebracht, und früh sind wir dann herunter, haben uns angezogen, und gegen acht Uhr kamen vier SS-Leute und haben uns festgenommen. Mich haben sie bald entlassen. Aber wohin sollte ich? Meine Wohnung war zerschlagen. Ich bin zu zwei jüdischen Frauen gegangen, die sehr erfreut waren, daß ich kam, weil sie auch alleine waren. Ihre Männer hatte man auch verhaftet und schon ins KZ gebracht, und diese beiden Schwestern haben mich aufgenommen. Es hat nicht lange gedauert, da kam auch mein Mann zurück. Wir waren alle sehr, sehr erstaunt, warum man meinen Mann freigelassen hat. Später hab' ich erfahren, daß in Buchenwald unsere Bekannten vergebens nach meinem Mann gesucht haben. Am Mittag kam plötzlich der Lehrer vor das Haus mit seiner ganzen Schulklasse und kommandierte: Steine werfen! Und da warfen sie die Steine, die offenbar schon vorbereitet in ihren Händen waren, in unsere Scheiben herein, und mein Mann hat schnell mit Mühe die großen Schränke vor die Fenster gerückt, damit uns die Steine nicht treffen konnten. Ich hatte große Angst, dort weiter zu bleiben, gerade weil mein Mann entlassen worden war, und ich konnte mir gar nicht klar werden, warum.

Charlotte Rothschild (*1915)

Mein Vater »wurde gestorben« in Buchenwald

Meine Eltern begleiteten mich noch zum Bahnhof und weinten sehr, denn sie hatten schon das Gefühl, sie selbst werden mir nicht mehr nachkommen können. Und ich fuhr ab. Am 10. November kam die Gestapo zu meinen Eltern nach Hause und fragte zunächst nach mir. Als ihnen geantwortet wurde, ich sei gerade ausgewandert, da nahmen sie meinen Vater nach Buchenwald mit, und zwei Wochen später, am 25. November 1938, starb er, oder, um's so zu sagen, »wurde gestorben« in Buchenwald. Und das war natürlich der erste Schlag.

Efraim Orni (*1915)

»Paul nicht zu Hause, schicke Zertifikat!«

BA: Mein Mann ist von meiner Seite weg verhaftet worden, und in derselben Nacht hat man die Männer alle nach Buchenwald gebracht, und dann fing mein Kampf mit der Gestapo an. Ich ging zur Gestapo, man fragte und so weiter, und dann hörte man, daß Leute, die schon ihre Fahrkarten für die Auswanderung hatten und alles erledigt hatten, manchmal wieder zurückbeordert wurden von Buchenwald und wegfahren konnten. Daraufhin bombardierte ich seine Mutter in Elberfeld und sagte, man muß unbedingt die Auswanderung jetzt betreiben, man muß alles tun, daß er rauskommt aus Buchenwald. An dem Abend, wo er verhaftet wurde, ich weiß nicht, irgendwie hat mir Gott das eingegeben, stand ich vor einem Telefonhäuschen und habe versucht zu telefonieren, wurde aber nicht mehr verbunden mit seiner Mutter. Und da bin ich zur Post gelaufen und hab' an seinen Bruder in Haifa ein Telegramm geschickt: »Paul nicht zu Hause, schicke Zertifikat!« Er hat sich in den Bus gesetzt, wie er das Telegramm bekommen hat, hat alles Geld, was er hatte, eingesteckt, ist zur Universität gefahren und hat gesagt: »Ich brauche ein Zertifikat!« Und das hat natürlich eine

Zeitlang gedauert, bis das Zertifikat kam. Es waren ganz schreckliche Wochen, denn man hat ja immer vor der Gestapo gestanden,
hat gewartet, ob man wieder was hört. Und seine Mutter ist dann
wirklich nach Berlin gekommen, und wir haben dieses Schriftstück
für die Gestapo bekommen. Und aufgrund dessen ist er rausgekommen aus Buchenwald.

AB: Haben Sie irgendwelche Nachrichten gehabt, wie es ihm geht?

BA: Nein, nein, wir wußten nur von Leuten, die aus Buchenwald
zurückkamen, von den fürchterlichen Verhältnissen dort, und wir
wußten auch bereits, daß ein Freund von uns vom Seminar gestorben war. Aber sonst hatten wir gar keine Ahnung. Wir wußten nur,
man muß raus, man muß raus, man muß raus!

AB: Ich weiß von Herrn Orni, daß Sie dort sehr erkrankt sind und
daß das vielleicht ein Grund war, daß Sie rausgekommen sind?

PA: Ja, ich habe in der sogenannten Krankenbaracke Gott sei Dank
nur eine Nacht verbracht, und dann kam ich, weil man Diphtherie
diagnostizierte, in das richtige Lagerlazarett. Man hat mir Serum
geholt aus Weimar, weil die SS wahrscheinlich Angst hatte vor
einer Epidemie, die ausbrechen könnte mit Diphtherie, und ich
wurde isoliert, und die kommunistische Zelle des Lagers hat mich
mit geriebenen Äpfeln ernährt, unbegreiflich, wie. Und wie ich
am 28. Dezember aus dem Lazarett zurückkam, hat einer meiner
Freunde aus Breslau gesagt: »Aber du bist doch zur Entlassung
aufgerufen vor ein paar Tagen.« Hab' ich gesagt: »Weiß ich nichts
von.« Und darauf ist er mit mir zu dem SS-Posten hingegangen
und hat gemeldet, ich wäre aus dem Lazarett gekommen und ich
wäre zur Entlassung aufgerufen vor einigen Tagen. Und da sah
mich der SS-Mann von oben bis unten an und sagte dann: »Wie alt
bist du denn, Junge?« Ich sah so jung aus, mit dem geschorenen
Kopf und nach der Krankheit. Und dann ging er zu seiner Melde-
stube, kam zurück und hat gesagt: »Also, trotz der Sperre wirst du
entlassen.«

Betti (*1920) und Paul (*1919) Alsberg

Meine Mutter hatte mich in einer Postkarte wissen lassen, daß sie jetzt allein ist

Ich war inzwischen schon mit der ›Jugendalija‹ nach Palästina ausgewandert, Ende '38. Meine Eltern hatten es zwar geplant, aber
sind nicht so schnell weggekommen. Meine Verwandten sind vor-
gefahren, und mein Vater ist in der Kristallnacht noch nach Buchenwald abgeholt worden und war dort ungefähr sieben oder

acht Monate. Ich war schon hier im Land, wie gesagt, im Kibbuz En Schemer, und meine Mutter hatte mich irgendwie in einer Post- karte wissen lassen, daß sie jetzt allein ist.

Meine christliche Großmutter hat den Freunden meiner Eltern ge- holfen und hat ihnen nachts Essen gebracht, bis man ihr gesagt hat, man wird ihr die Pension entziehen, wenn sie weiter den Ju- den hilft, aber sie hat es doch getan. Mein Vater ist von Buchen- wald nach Haus gekommen; weil sie ein Visum nach Chile hatten, hat man ihn weggelassen. Und meine Eltern sind auf das Schiff in Hamburg gekommen, und an demselben Tag ist der Krieg ausge- brochen, und das Schiff ist nicht ausgelaufen. Man hat alle Juden, die nach Chile auswandern wollten, von dem Schiff wieder runtergenommen. Meine Mutter hat man freigelassen, und mein Vater ist ins Zuchthaus in Breslau gekommen und hat natürlich nicht gewußt, was mit ihm werden wird. Aber meine Mutter war da sehr aktiv, ebenso meine Großmutter. Meine Großmutter hat irgendwie das Geld zusammengespart, damit meine Mutter ein Visum kaufen konnte. Damals konnte man in München gefälschte Visa kaufen, und das hat meine Mutter erfahren. Und damit hat sie meinen Vater nochmal frei bekommen und hat sich an der Grenze mit meinem Vater getroffen, und sie sind dann im Januar '40 mit dem letzten Schiff nach Chile gekommen.

Miriam Kedar (*1922)

* * *

Eichmann will mich persönlich sehen
EM: Ich bekam die Nachricht, Eichmann will mich persönlich sehen. Na, das war 'ne sehr wenig angenehme Nachricht, denn man wußte nie, ob man wieder nach Hause kommt. Ich mußte also zu Eichmann. Der war nicht gewohnt, mit Frauen umzuge- hen. Er hat immer zur anderen Seite gekuckt und hat mich, wie er das mit allen gemacht hat, stehengelassen, hat keinen Stuhl ange- boten und hat mich angeschrien, so von der Seite aus, ob ich das Material kenne, was da liegt. Da lagen die ganzen Broschüren, die ich veröffentlicht hatte für einen zionistischen Kongreß in der Schweiz. Sagte ich: »Ja.« »Warum hast du sie nicht durch den Zen- sor geschickt?« Hab' ich gesagt: »Weil sie zu spät fertig geworden sind, es war keine Zeit mehr.« »Warum fährst du so viel ins Aus- land?«
AB: Der duzte Sie einfach?

EM: Nein, das glaub' ich nicht, das weiß ich nicht mehr. Er hat so geschrien, und es war so eine Spannung für mich, denn ich mußte ja furchtbar aufpassen, was ich sage, daß es nicht irgendeinen Grund gäbe, mich verschwinden zu lassen. Hab' ich zu ihm gesagt: »Ich fahr'«, ich hab' immer die Wahrheit gesagt, »ich fahr' so viel ins Ausland, weil ich den Komitees helfe bei ihrer Geldaufbringung, und wenn nicht genug Geld nach Palästina geschickt wird, dann gibt die Mandatsregierung nicht genug Zertifikate.« Sagt er: »Sie müssen viel mehr und viel schneller Menschen rausschicken!« Hab' ich zu ihm gesagt, was er bestimmt wußte: »Wir hängen ab von der Mandatsregierung, die muß uns die Einwanderungserlaubnisse geben, und wir bekommen nicht genug, und mehr können wir nicht schicken.« Naja, also der Schluß dieser Sache war, daß er zu mir sagte: »Sie haben sofort aufzuhören mit Ihrer ›Jugendalija‹-Arbeit.«

AB: Sie persönlich?

EM: Ja, ich persönlich, ja. Nun gut, das war sozusagen für mich die Rettung. »Ja, und geben Sie mir Ihren Paß!« Sag' ich: »Den hab' ich nicht bei mir.« Das kannten wir schon. Die haben die Pässe den Juden abgenommen, die sie sozusagen in Deutschland behalten wollten, aber im Lager oder im Gefängnis oder sonstwo. Daher hat niemand seinen Paß mitgenommen, wenn er zur Gestapo bestellt war. Also hab' ich ihm gesagt: »Ich hab' den Paß nicht bei mir.« »Ja, dann bringen Sie ihn mir morgen früh.« Also, gut, ich bin dann zurück, und man hat dann beschlossen, daß jetzt meine Zeit gekommen ist, daß ich weg muß.

Eva Michaelis-Stern (*1904)

»Hier ist nicht zu bleiben«

Ich hab' ziemlich schnell reagiert. Im Januar, als Hitler irgendwie die Wahlen gewonnen hat, hat man schon den ersten Zug von SA-Leuten in Frankfurt gesehen. Da hab' ich zu meiner Braut gesagt: »Hör zu, hier ist nicht zu bleiben. Man muß weggehen von hier.« Ich war noch am 1. Mai 1933 in Berlin und hab' da einen riesigen Aufzug von der SA erlebt. Sie haben den Arbeiterfeiertag zum Feiertag der Nationalsozialisten umgedreht. Also, es war erschreckend, nur vom Fenster aus zu sehen, was da alles los war. Und weil wir zionistisch tätig waren, hab' ich schnell ein Zertifikat bekommen.

David Cohen (*1910)

Ein Polizist riet, ich solle verschwinden

Am 7. Juni verließ ich schon Deutschland, weil die Mutter von einem Polizisten einen Zettel zugesteckt bekam, und da stand drauf, daß ich auf einer Liste erscheine. Er riet der Mutter, daß ich irgendwie verschwinden solle. Das war die Zeit gleich nach dem Anschluß, als Menschen in der Nacht aus den Betten geholt wurden, nach Oranienburg gebracht wurden und nach einiger Zeit oft die Urne mit der Asche zurückkam mit der Mitteilung, der Betreffende wäre an einer Lungenentzündung gestorben. Da sagte ich zur Mutter: »Weißt du was, wir fahren nach Paris.« Und so kam es. Ich glaube, ich kann sagen, daß ich nicht durch Einsicht oder Überlegung mein Leben gerettet habe, sondern mehr aus jugendlicher Abenteuerlust. Ich sagte mir: »Oh, fahren wir in die weite Welt, es wird schon gehen!«

Moshe Moritz Cederbaum (*1910)

Am 1. April sagte meine Mutter: »Wir fahren!«

Und am 1. April sagte meine Mutter zu meinem Vater: »Wir fahren!« Hat mein Vater gesagt, also ungefähr gesagt: »Du bist wohl verrückt geworden!« Da hat sie gesagt: »Wenn wir jetzt nicht gehen, ist es zu spät.« Und dann ging sie hinauf zu meiner Großmutter, der Mutter meines Vaters, und sagte: »Hör mal, wir fahren nach Palästina, kommst du mit?« Die war über 70. Hat sie gesagt: »Ja!« Man muß bedenken, eine Großmutter – damals war 70 ja uralt – war bereit dazu! Dann riefen sie mich an und sagten: »Wir fahren.« Hab' ich gesagt: »Ihr seid wohl verrückt geworden!« Aber so kam es. Sie fuhren innerhalb von zehn Tagen, glaub' ich, oder noch weniger, mit der Großmutter, mit meiner Schwester, die gerade ihr Abitur gemacht hatte, und meinem Bruder, der von der Universität auf Osterferien da war. Und sie fuhren durch Karlsruhe mit dem Zug, und ich war auf dem Bahnsteig und hab' die Familie sozusagen verabschiedet, denn ich war im Examen und wollte dableiben. Der Sozius meines Vaters und viele Kollegen und verschiedene Richter und der Staatsanwalt haben alle gesagt: »Machen Sie doch keine Dummheiten! Wie lange kann das schon dauern, ein paar Wochen, vielleicht ein paar Monate! So ein Unfug kann nicht andauern!« Ich glaube, es ist vor allem der Energie meiner Mutter zu verdanken, daß mein Vater nicht geschwankt hat. Und so sind sie heil rausgekommen.

Gad Landau (*1909)

Ich folgte 1933 meinen Brüdern

Ich hab' dann in Berlin gelebt, bis ich 1933 mit vier kleinen Kindern hier eingewandert bin, weil mir die Atmosphäre in Berlin eben doch schon so nazistisch, so vergiftet für uns erschien, daß ich mich geweigert hab', dort Kinder großzuziehen. Der Entschluß war für mich sehr leicht, denn meine übrigen Geschwister waren schon hier. Meine vier Brüder, die alle im Ersten Weltkrieg waren – einer ist leider gefallen als deutscher Soldat im Osten –, waren Zionisten und sind gleich nach dem Ersten Weltkrieg, einer nach dem andern, hier eingewandert in der Verwirklichung ihrer Ideale. Und wir sind dann 1933 gefolgt mit den vier Kindern.

Elsa Sternberg (*1899)

»Wenn er hier nicht arbeiten und nicht lernen kann, was soll er dann hier?«

Wir haben gehört, es gibt Vorbereitungslager für ›Jugendalija‹ nach Palästina und haben uns dafür interessiert. Meine Mutter hat mich eingeschrieben für so ein Vorbereitungslager, das ich dann im Januar, Februar 1936 absolviert habe, und schon im April bin ich ausgewandert. Meine Mutter hatte ein sehr interessantes Gespräch mit einem unserer Nachbarn. Der kam rüber und sagte: »Aber Frau Walter, Sie werden das Kind doch nicht so weit wegschicken nach Palästina und alleine!« Und da hat sie gesagt: »Na gut, dann nimm du ihn! Er soll bei dir die Schweineställe saubermachen.« »Ja«, sagt er, »das kann ich nicht.« »Ja, nu, wenn du das nicht kannst, und wenn er hier nicht arbeiten kann, und wenn er hier nicht lernen kann, ja, was soll er dann hier?« Und so bin ich zu diesem Vorbereitungslager gegangen und dann eben hierhergekommen.

Gabriel Walter (*1921)

»Bleib im Lande und nähre dich redlich!«

1934 war die Standardmeinung, daß der Nationalsozialismus eine vorübergehende Angelegenheit ist: »Was wollt ihr eigentlich, das ist in ein, zwei Jahren vorüber!« Und das hörte ich auch bei meiner Verabschiedung Anfang Juli beim Freund meiner Eltern, einem Rabbiner. Es kam ein anderer Besucher dazu, und der hörte sehr interessiert zu und fing dann an zu fragen: »Sagen Sie, junger Mann, was zieht Sie eigentlich nach Palästina?« Da sagte ich: »Wissen Sie, Zukunft seh' ich hier nicht mehr für mich, was hier rauskommt, weiß ich nicht. Aber eine Sache weiß ich: Zwischen mir und hier muß ein großes Wasser liegen.« Das war meine Antwort, Antwort eines 16jährigen, die nicht mehr als Instinkt bezeugte. Und ich bekam von demselben Herrn nachher einen guten Wunsch mit auf die Reise: »Bleib im Lande und nähre dich redlich!«

Hugo Mendelsohn (*1918)

»Nimm dein Päckel und hau ab, so schnell du kannst!«
Ich habe 1933 das Studium aufgegeben und bin in das elterliche Geschäft nach Hause gegangen und habe dort zwei Jahre lang mit großem Interesse und Freude gearbeitet. Ich bin auf Reisen gegangen, habe großen Erfolg gehabt und habe mich gut gefühlt. Damals konnte man sich noch frei bewegen, eigentlich bis zu meinem Weggang im Jahre 1935. Und das war wirklich eine dramatische Geschichte, die ich bis heute nicht vergessen kann. Wir hatten einen Freund in der Nähe, einen *goj*, der mit einer Jüdin verheiratet war. Eines schönen Tages kam er zu uns in das Geschäft, das war nach den Nürnberger Gesetzen. Die Nürnberger Gesetze waren bekanntlich im September 1935. Wir haben die hingenommen, nicht ohne daß wir davon beeindruckt gewesen wären. Es waren schlimme Stunden. Ich erinnere mich noch sehr deutlich, daß man da am Radio gesessen hat, und immer wieder ist die Verkündung der Gesetze verschoben worden. Wahrscheinlich gab es irgendwelche Schwierigkeiten in der Naziführung. Das war, glaub' ich, am Reichsparteitag im Jahr 1935. Wir haben uns das zwar sehr zu Herzen genommen, aber wer konnte damals ahnen, was es für Folgen haben wird! Jedenfalls sah mich dieser junge Mann zu Hause und sagt mir: »Was hast du eigentlich hier noch zu suchen? Nimm dein Päckel«, hat er gesagt, »und hau ab, so schnell du kannst!« Und das hab' ich mir anscheinend zu Herzen genommen. Und ich habe mich an einen Jungen aus der Gemeinde gewandt, der im ›Hechaluz‹ gearbeitet hat, um ihn zu fragen, ob er mir die Möglichkeit verschaffen kann, auf *hachschara*, Umschichtung, zu gehen, und er hat mir das dann verschafft.

Ernst Schwarz (*1913)

Bei der Aktion Hitlers gegen die polnischen Juden ist mir klargeworden, was uns bevorsteht
Ich kam zurück nach Breslau, und dann kam die Aktion von Hitler im Oktober oder November gegen die polnischen Juden, die sie alle in einer Nacht zusammengesammelt haben. Dabei hat sich herausgestellt, daß der größte Teil dieser polnischen Juden zwar mal in Polen gelebt hatte, aber keine polnischen Pässe hatte. Und

die Polen wollten sie natürlich nicht aufnehmen, haben sie ein, zwei Tage an der Grenze gelassen und haben sie dann wieder in die Eisenbahn gesetzt und nach Deutschland zurückbefördert. Und da waren wir in Breslau am Bahnhof und haben Kaffee und Sandwiches und ich weiß nicht was alles hingebracht. Da ist mir eigentlich zum ersten Mal klargeworden, was uns wahrscheinlich auch bevorsteht. Erst da hab' ich wirklich ernsthaft angefangen, mich um meine Auswanderung zu kümmern, was ja nicht gerade sehr weitsehend war. Ich hatte Glück und bekam ein Zertifikat und bin, wie gesagt, 1939 in Jerusalem angekommen.

Hilde Philipp (*1907)

»Du wirst doch nicht gleich weglaufen!«

Mein Vater wurde das erste Mal am 1. April '33, an dem berühmten Boykottag, eingesperrt, und als er entlassen wurde, hat er gesagt:»Ich bleibe hier nicht mehr, ich wandere aus.« Wir lebten in einer kleinen Stadt in Oberschlesien, und mein Vater hatte sehr viele Freunde da, die immer zu ihm kamen, aber alle haben gewarnt vor Überstürzung:»Du wirst doch nicht gleich weglaufen, das wird nicht so bleiben!«

Käthe Walter (*1925)

»Man muß standhalten, bis es besser wird«

Meine Eltern blieben viel länger als andere Familienmitglieder in Deutschland, weil mein Vater sagte, wenn man weggeht, unterschreibt man sozusagen, daß man nicht glaubt, daß sich das ändert; und er ist fest überzeugt, daß das eine Wolke ist, die vorbeigeht, und daß er sich nicht sozusagen ergibt und ausrückt:»Man muß standhalten, bis es besser wird.« Meine Mutter dagegen war als junges Mädchen schon in der zionistischen Jugendbewegung, so daß das eine Diskussion zwischen ihnen war. Und die Diskussion ging weiter, bis es beinah zu spät war, denn mein Vater war noch einige Monate im Konzentrationslager, als wir Kinder schon hier waren.

Ada Brodsky (*1924)

»Wo's einem gut gegangen ist, muß man auch bleiben, wenn es schlecht geht!«

Ich war eine sehr gute Deutsche, und ich wollte nicht weg. Ich hab' immer zu meinem Mann gesagt:»Wo's einem gut gegangen ist, muß man auch bleiben, wenn es schlecht geht. Man rennt nicht

weg!« Aber nun kam die Sache so: Mein Mann durfte erstens keine Beamten mehr behandeln, zweitens durfte er Kindern kein At-
test geben, wenn sie in der Schule gefehlt haben. Dann wurde er
gerufen nach einem Vorort von Mainz zu einer Patientin, die lange
bei ihm in Vorbehandlung war, und die wollte gern von meinem
Mann operiert werden. Aber sie hatte nicht den Mut, zu ihm ins
Krankenhaus zu gehen. Da haben sie ihn nach Hause gerufen, er
sollte sich die Patientin ansehen. Es war ein kleiner Platz, und da
hat uns eine jüdische Familie gesagt – die Leute hatten ein Restaurant –: »Wenn Sie nicht da sind, hängt ein großes Schild ›Juden
unerwünscht‹, wenn Sie kommen, wird das weggenommen, und
wenn Sie weggehen, wird's wieder hingehängt.« Das hat meinen
Mann schon geärgert. Aber gut, sie war Patientin. – Ein anderes
Mal wurde er gerufen, eine Kranke zu Hause zu untersuchen, und
die Leute haben gesagt, er möchte bitte den Wagen um die Ecke
stellen, es dürfte niemand sehen, daß sie ihn gerufen haben. Worauf er geantwortet hat: »Ich bin kein Krimineller. Ich stell' meinen
Wagen nicht um die Ecke, ich stell' meinen Wagen vor Ihr Haus.«
Aber dann kam er doch nach Hause und hat gesagt: »Weißt du,
das hat keinen Sinn mehr. Wir gehen weg.« – Und dann war eine
Familie, Patienten von uns, die wohnten so gegenüber. Und eines
Tages kam die Dame und sagte zur Schwester: »Ich möchte gern
mit Frau Fraenkel alleine sprechen.« Ich bin gekommen, sag' ich:
»Was gibt's, Frau Waldmann?« Sagt sie: »Hören Sie mal zu: Wenn
Ihre Kinder aus der Schule kommen, und es ist vielleicht ein Pogrom, dann können sie zu mir kommen, ich nehme die beiden
Jungens auf. Sie können sie immer sehen, sogar eventuell sprechen, und die sind bei mir gut aufgehoben.« Hab' ich gesagt: »Frau
Waldmann, es gibt doch in Deutschland kein Pogrom! Das ist eine
polnische Angelegenheit!« »Frau Fraenkel, mein Mann gehört nicht
zur Partei, aber er muß ja zu den Versammlungen gehen von Be-
rufs wegen, ja, und da hat er gehört, was da vorgeht. Es wird auch
in Deutschland noch zum Pogrom kommen!« »Na«, hat mein Mann
gesagt, »und da willst du noch bleiben! Weg!« Und dann haben
wir die Nachricht bekommen, daß Palästina die Ärzte sperrt. Sie
können rein, aber dürfen nicht mehr arbeiten, weil sie zu viele
haben, ja? Und da hat mein Mann gesagt: »Also nicht zögern!«,
hat sein Köfferchen gepackt und ist losgefahren, zunächst alleine.
Er war ja so eilig, daß er das Schiff noch bekam von Triest! Und auf
dem Schiff waren nur Ärzte, ein paar hundert. Und da haben sich
die Engländer ausnahmsweise anständig benommen. Sie sind nach

Haifa gekommen ans Schiff für die Unterschrift, denn das war der letzte Tag, wo sie Ärzte aufgenommen haben, und die hatten keine Zeit mehr, nach Jerusalem zu kommen.

Gertrud Fraenkel (*1894)

»Schau, darin liegt ein Stück Leben«

Mein Vater hatte eine Schwester in Berlin, die schon 1936 nach Palästina ausgewandert ist. Sie kam 1937 zu Besuch zu uns nach Mährisch-Ostrau. Damals haben wir noch einen Verbindungstrakt an unserer Fabrik gebaut. Sagt sie:»Geh, was legst du das Geld in die Steine herein! Komm nach Palästina!« Da hat mein Vater noch gesagt:»Schau, wir haben hier einen Betrieb aufgebaut. Ich möchte gerne, aber es ist nicht so leicht. Darin liegt ein Stück Arbeit, ein Stück Leben.« Das war das Problem. Man hing vielleicht nicht so an dem Geld, aber an dem, was man geschaffen hatte. Und das sollte man einfach so aufgeben! Und dann, als man es endlich aufgeben wollte, war es eben schon zu spät.

Ishak Naor (*1910)

Ich hab' meinen Vater nie verstehen können, daß er nicht weg wollte

Mein Vater ist 1938, in der Kristallnacht, natürlich abgeholt worden. Also ich glaube, da ist ihm zum ersten Mal bewußt geworden, daß es doch so nicht weitergeht. Wir mußten schon einige Male die Wohnung wechseln, denn wir haben eigentlich immer christliche Hausbesitzer gehabt, und nach einer Weile mußten wir immer die Wohnung aufgeben und sind zuletzt bei einer jüdischen Hauswirtin gelandet. Man hat furchtbar viel gehört in dieser Zeit. Da haben sich jüdische Nachbarn aus dem vierten Stock vom Fenster runtergestürzt, die ganze Familie, und eine andere Familie, die haben sich vergast. Und ich war so verängstigt und so verschreckt, ich hab' meinen Vater nie verstehen können, daß er nicht weg wollte. Er hat gesagt, mir wird nie etwas passieren, ja? Ich bin Deutscher, ich bin in Deutschland geboren, und ich bin in Deutschland aufgewachsen, und ich war Frontsoldat, und ich bin mit einer Christin verheiratet. Meine Mutter war übrigens zum Judentum übergetreten, das hatte sie meinem jüdischen Großvater zuliebe getan. Aber er war sicher, daß ihm nie irgendwas passieren würde. Nachher, '38, also das letzte Jahr vor der Kristallnacht noch, hab' ich sehr viel mit ihm über Judentum diskutiert, und da hat er doch schon irgendwie Pläne gemacht, ins Ausland zu gehen, was natürlich viel zu spät war, denn man konnte ja überhaupt nirgends mehr aufgenommen werden.

Miriam Kedar (*1922)

»Die Deutschen haben sich im Ersten Weltkrieg so anständig benommen«

In den ersten Kriegsjahren waren wir in Lemberg. Gerade die Juden, die im Ersten Weltkrieg waren, also die ältere Generation, die wollten überhaupt nicht weggehen. Wenn jemand ausgerissen ist 1941, während des Krieges, dann war es die Jugend. Die Älteren haben gesagt: »Warum? Die Deutschen haben sich im Ersten Weltkrieg so anständig benommen, und die Russen haben sich so schlecht benommen, die Kosaken usw. Wir bleiben bei den Deutschen.« Naja, gut. Offen gesagt, meine Mutter hat gesagt, nach zwei Jahren Rußland: »Gott sei Dank, daß die Deutschen jetzt kommen, jetzt wird wenigstens ein bißchen Ordnung sein.« Kurz darauf kamen mein Vater und ich vom Ghetto ins KZ.

Abraham Goldberg (*1923)

Nicht nur aus Deutschland heraus, sondern aus Europa

JG: Ich bin 1935 hergekommen. Meine Eltern mit den kleinen Geschwistern sind 1933 gekommen, nachdem mein Vater monatelang im Gefängnis war, und sie kamen hierher und haben sich in Hedera angesiedelt.

KH: War Ihr Vater früher Zionist?

JG: Nein. Während er im Gefängnis war, kam er zu der Einsicht, daß man nicht nur aus Deutschland heraus muß, sondern aus Europa. Daß ein Krieg am Horizont ist, hat er damals schon erkannt. Und dann kam er mit zionistischen Bekannten in Berührung.

Jutta Grünthal (*1913)

Nicht wieder von einem Exil ins andere

Ich wollte nach Palästina, ganz einfach in der Überzeugung und Überlegung, daß es keinen Sinn hat, wieder von einem Exil ins andere, von einer Diaspora in die andere zu gehen.

Alice Schwarz-Gardos (*1916)

Ich wollte nicht nach Brasilien

Meine Leute waren schon unterwegs nach Brasilien, und ich war immer noch in Europa. Ich war vollkommen auf mich alleine gestellt. Ich wollte nicht nach Brasilien. Nachdem ich so viele

Jahre für Palästina gearbeitet hatte, wollte ich doch erstmal kucken, was in Palästina los ist. Und so bin ich hierhergekommen.

Ruth Kahn (*1909)

Es kommt für mich nichts anderes in Frage als Palästina

Für mich war Deutschland am 1. April 1933 erledigt. Da ich in der zionistischen Jugendbewegung gewesen bin, gab es für mich nur eins, das heißt Palästina. Meine Frau, die Volljüdin war, aber deren Stiefvater Christ war, bei dem sie jahrelang gelebt hat, war nicht sehr glücklich nach Palästina zu gehen, weil es so weit von Europa war. Ich hatte von meinem jüdischen Chef aus Berlin, der nach Paris ausgewandert war, das Angebot bekommen, seine Firma in Italien zu vertreten. Er veranlaßte mich, Italienisch zu lernen. Ich habe es sehr schnell aufgegeben, weil ich beschlossen hatte, es kommt für mich nichts anderes in Frage als Palästina.

Paul Laboschin (*1908)

* * *

Die Beschränkung der Einwanderung war auch ein Grund, daß viele dem Holocaust nicht entfliehen konnten

Man suchte in Deutschland bei allen Konsulaten Möglichkeiten, ein Visum zu bekommen, ob das nun Südamerika war oder Shanghai oder was immer. Aber es war äußerst schwierig, sich aus Deutschland zu retten. Diejenigen, die nach Palästina wollten, waren von der englischen Mandatsregierung abhängig, die Zertifikate für ausgesuchte Gruppen nach Quoten zuteilte, z.B. an Handwerker oder besonders gesuchte Berufe oder an sogenannte Kapitalisten, die ein Mindestkapital von 1.000 Englischen Pfund auf den Tisch legen konnten. Die Beschränkung der Einwanderung nach Palästina war natürlich auch ein Grund, daß viele dem Holocaust nicht entfliehen konnten.

Abraham Friedländer (*1916)

Das war ganz einfach eine Schikane

MC: Ich bestand die Prüfung und bekam daraufhin ein Zertifikat nach Palästina.

AB: Wie konnte man denn von Frankreich aus Zertifikate bekommen, wer verteilte und bestimmte das?

MC: Also, die *hachschara*-Zentren in Frankreich oder die zionistische Organisation in Deutschland bekamen die Zuweisungen. Wenn die englische Regierung oder die Mandatsverwaltung bestimmte, daß in einem Jahr 18.000 Zertifikate ausgegeben wurden, dann bekam, sagen wir, Paris 5.000, Berlin 8.000 usw., und die bestimmten dann, wer fährt, ja? Und wenn die Zertifikate ausgegeben waren, dann sagte man eben: Schluß der Einwanderung! Und es ist bekannt, daß die Engländer damals das Weißbuch herausgaben und bestimmten, in Palästina wäre nur noch Platz für 100.000 Juden. Damals waren ungefähr 400.000 Juden im Lande oder nicht mal so viel. Also, das war ganz einfach eine Schikane und den Interessen der Engländer in der arabischen Welt zuzuschreiben.

Moshe Moritz Cederbaum (*1910)

Man hat die Grenzen für Juden gesperrt

JS: In der Schweiz hatte ich eine Aufenthaltsbewilligung von zwei Jahren gehabt und habe mich beruflich versucht. Aber ich hatte mal Pech, hatte vielleicht auch mit einer eventuellen Verlängerung der Aufenthaltsbewilligung Schwierigkeiten gehabt. Damals war der Chef der eidgenössischen Fremdenpolizei der bis heute übel beleumdete Dr. Rothmund, der die Grenzen für Juden gesperrt hat. Das war auch der, der Deutschland gebeten hat, Reisepässe für Juden mit einem großen »J« zu stempeln, so daß er in der Lage war, an der Grenze eventuell die Einreise zu verweigern, was er auch tat und die Leute tatsächlich zurück in den Tod schickte. Also, da kam der Gedanke auf, wohin denn jetzt? Selbstverständlich nach Palästina.

AB: Wenn Sie nicht Zionist waren, warum dann selbstverständlich Palästina?

JS: Weil das das Leichteste war für eine Einwanderung. Überall waren eventuelle Möglichkeiten, die viel Geld gekostet haben, viel Wartezeit. Meine Mutter wurde von meiner Schwester und von meinem Bruder, die schon 1935 nach Amerika gingen, angefordert und mußte in Kuba warten, in Havanna. Kuba war das große Wartezimmer für Amerika. Die Einwanderungserlaubnisse nach Amerika gingen doch nach einem gewissen Schlüssel, z.B. für Deutsche 10.000 und für Polen 8.000, ja? Diese Unsicherheit konnte ich mir nicht leisten. So bin ich mit einem gefälschten Kapitalistenzertifikat nach Palästina eingewandert, für das jemand 1.000 Englische Pfund auf einer Baseler Bank eingezahlt hat auf meinen Namen für ein Kapitalistenzertifikat nach Palästina. Das gab es unbegrenzt. Also, ich bekam dann den Stempel, und der Mann nahm sich seine 1.000 Pfund wieder heraus.

James Springer (*1907)

Es brauchte nicht einer vergast zu werden, wenn die Länder nicht die Türen verschlossen hätten

Mein Bruder hat vor Eichmann gesessen und Zertifikate ausgehandelt. Er war noch einer der letzten Leute, die damals in der Reichsvertretung der deutschen Juden gearbeitet haben. Und als Chamberlain nach München kam, da hat er gesagt: »Jetzt geh' ich raus. Den Krieg will ich hier nicht noch mitmachen.« Er ist zum englischen Konsulat gekommen, und da hat eine riesengroße Menge gestanden, die Leute wollten alle raus. Man hat doch die Türen zugemacht. Es brauchte nicht einer vergast zu werden, wenn die Länder nicht die Türen verschlossen hätten. Alle hatten plötzlich keinen Platz. Und da trifft ihn ein Bekannter, sagt er: »Herr Stern, was machen Sie denn hier?« Sagt er: »Ich muß eine Einreise nach England haben.« Dort haben Verwandte gelebt. Und er hat ihn am Arm genommen und ist mit rein, und so hat der Konsul geschrieben, der Herr Stern muß das englische Schulwesen studieren. Und er ist sofort mit dem letzten Schiff vor Anfang des Krieges herausgekommen.

Clara Bartnitzki (*1902)

»Kommen Sie morgen mit Ihrem Paß!«

Mein Vater ging eines Tages einfach auf gut Glück in das englische Konsulat und wollte nur den Konsul sprechen. Er stellte sich vor und legte den Grundbucheintrag vor, daß er Besitzer eines großen Mietshauses in Berlin-Charlottenburg ist. Er legte die letzte Steuererklärung über seine geschäftliche Tätigkeit vor, er war Alleininhaber der Firma, Papiervertrieb. Und er sagte dann einfach: »Ich möchte daraufhin ein Zertifikat haben.« Und der Konsul sah sich alle Papiere durch, und dann sagte er: »Kommen Sie morgen mit Ihrem Paß, Sie werden das Zertifikat bekommen.« Er ging am nächsten Tag mit seinem deutschen Reisepaß und bekam sofort das Zertifikat, den Stempel. Was war geschehen? Viel später haben wir's erfahren. In jenen Tagen war eine neue Bestimmung des englischen *colonial office* herausgekommen, wonach diejenigen, die nach Palästina einwandern wollten, Geld einzahlen konnten in eine bestimmte Firma, die neu gegründet wurde. Auswanderer konnten Ware kaufen in Deutschland, und diese Ware wurde dann nach Palästina geschickt. Das bedeutete, es wurde nicht Bargeld transferiert, sondern nur Waren, aber die Waren mußten in Deutschland gekauft werden. Zwei große bekannte Firmen sind eingeschaltet worden, die ›Palästina-Treuhandstelle‹ in Berlin im Zusammenhang mit dem deutschen Reichsfinanzministerium, und auf der anderen Seite in Tel Aviv eine Gesellschaft ›Ha'avara‹, wörtlich Transfer. Mein Vater hat 1.000 Englische Pfund eingezahlt, bekam irgendwelche Ware, und dann konnte er ein Geschäft gründen in Tel Aviv. So oder so ähnlich war es.

Ich selbst habe das Zertifikat bekommen im Mai '37. Ich fuhr in die Schweiz. Dort hatte ich einen weitläufigen Verwandten, den ich gebeten hatte, mir eine fingierte Bankbescheinigung über 1.000 Englische Pfund zu besorgen. Aufgrund dieser Bankbescheinigung konnte ich ein Zertifikat bekommen. Ich selber verstand aber überhaupt nicht, wie das ging. Diese Bankbescheinigung besitze ich noch heute, das ist nämlich ein Unikum, eine falsche schweizerische Bankbescheinigung (*lacht*). Da stand obenan mein Name: »Herr Dr. Erwin Scheftelowitz. Wir bescheinigen, daß Sie bei uns den Wert von 1.000 Englischen Pfund haben.« Zweiter Satz allerdings: »Diese Bescheinigung gilt für einen Monat nach Ausgabe dieser Bescheinigung.« – Erst vor 15 Jahren bekam ich des Rätsels Lösung. Auf einer Reise in die Schweiz erzählt mir plötzlich jemand: »Sie wissen, damals haben wir viel gemacht. Wir haben Zertifikate besorgt.« Ich wurde hellhörig. Also, im Jahre '37 gab's einen steinreichen Juden in Südamerika. Der hat ein großes Bankkonto in einer schweizerischen Bank gehabt, das ruhte; es gab keine Bewegungen darauf. Er hatte einen Vetter, der die Idee hatte, dies ruhende Bankkonto für provisorische Bankbescheinigungen zu benutzen, Geltungsdauer ein Monat. Es war ein *gentlemen's agreement*, daß man das Geld nicht zwischendurch abhebt. Das war des Rätsels Lösung.

Elchanan Scheftelowitz (*1911)

Ich habe das Touristenvisum umgewechselt in ein Arbeiterzertifikat
Ich bin damals mit einem Touristenzertifikat hergekommen. Das heißt, daß ich 50 Englische Pfund in der Tasche hatte. So konnte man eine Erlaubnis bekommen für ein drei Monate währendes Visum. Und während dieser drei Monate habe ich das Touristenvisum umgewechselt in ein normales Arbeiterzertifikat. Das

konnte ich tun aufgrund eines Arbeitsvertrages von einem Elektriker. Und so bin ich dann nach einem halben Jahr legal gewesen.

Wilhelm Kahn (*1904)

Ich habe mich in Jerusalem als Lehrschwester beworben

Eine Tante von mir hat hier in Jerusalem im Scha'are Zedek-Krankenhaus als Krankenschwester gearbeitet. Und ich wollte immer schon Krankenschwester werden und habe mich im Jahre 1937 bei Dr. Wallach persönlich darum beworben, als Lehrschwester aufgenommen zu werden. Im Jahre '38 bekam ich den Bescheid, daß er die Erlaubnis bekommen hat, zwölf Schülerinnen auf englisches Zertifikat kommen zu lassen. Und darunter war ich. Im Jahre '39, im März, war alles fertig, und ich kam mit dem Schiff nach Palästina. Dr. Wallach war in Kontakt mit meiner Familie, mit den Großeltern. Die haben dort ein Bett spendiert, sie haben überhaupt viel gespendet. Das Hospital wurde ja von deutschen Juden finanziert.

Hanna Lion (*1920)

Mit Studentenzertifikat, drei Tage vor der Kristallnacht

Ich konnte nicht als Arbeiter einwandern nach der Arbeiterquote und selbstverständlich nicht als Kapitalist. So nahm ich am 1. Januar 1938 die Stelle des Hebräischlehrers im zionistischen Ausbildungsgut Winkel bei Spreenhagen in der Nähe von Berlin an. Mein Vorgänger hatte ein Studentenzertifikat hierher bekommen und ging weg. Ich arbeitete auch im Büro und als Referent für jüdische Kultur und Tradition und war dann dort bis 15. Oktober 1938. Dann aber, Anfang Oktober, erhielt ich wirklich, für mich mehr oder weniger überraschend, ein Studentenzertifikat für die Hebräische Universität Jerusalem, wie mein Vorgänger. Und so kam ich dann am 7. November 1938 hier ins Land. Das Datum ist entscheidend, denn das war drei Tage vor der berüchtigten Kristallnacht.

Efraim Orni (*1915)

Die Pläne hat für mich eine höhere Macht geschmiedet

Im Jahr 1935 kam ich von Paris nach Prag zurück, eigentlich zu einem Weihnachtsbesuch. Aber meine Mutter war damals sehr krank und hat sich gewünscht – ich war das Nesthäkchen –, ich solle doch bleiben. Und so blieb ich, fand einen Posten, wurde

dann aber mehrfach versetzt und landete zuletzt in Zagreb. Von
Zagreb aus wurde die Firma über Wien, über die Zentrale, arisiert,
und da war dann für mich Gott sei Dank kein Platz mehr, und ich
hatte die Gelegenheit, Jugoslawien drei Monate, bevor es von
den Deutschen überrannt wurde, zu verlassen, zwangsmäßig.
Denn man ließ mich ohne Arbeitsplatz nicht mehr dort und sagte mir: »Binnen drei Monaten mußt du ins Ausland, sonst wirst
du an die österreichisch-deutsche Grenze überstellt.« Meine Frau
war damals schon, nach einem Jahr Bemühungen, nach Agram
nachgekommen, und sie hatte zufälligerweise etwas Kapital legal nach Palästina transferiert. Und so gingen wir nicht unserer
Ideologie, sondern dem im Ausland befindlichen Kapital nach.
Ich hatte damals ein französisches Visum, das ich Gott sei Dank
nicht benützt habe. Bleibt noch nachzutragen, daß wir auf die
jugoslawische Quote kamen, da wir dort lebten, und die war
nicht überfüllt. In Prag oder Warschau wäre es nicht mehr möglich gewesen, Kapitalistenzertifikate zu bekommen. Die jugoslawischen Juden haben damals noch nicht daran gedacht, in großen
Mengen auszuwandern. – Die Pläne hat für mich eine höhere
Macht geschmiedet und sie gut zu Ende geführt. Ich bin mehr von
den Ereignissen, auch den persönlichen Ereignissen, getrieben worden, als daß ich sie geplant hätte, und es ist Gott sei Dank gut aus-
gefallen.

Felix Wahle (*1910)

»Ich muß doch mal sehen, was man mir verkaufen wollte!«
Mein späterer Schwager kam zu mir und sagte: »Du kennst doch
meine Frau!« Ich war noch Junggeselle. Sag' ich: »Ja, kenn' ich.«
»Die ist doch ganz ansehbar.« Sag' ich: »Ja, kann man wohl sagen,
ja«. »Also, die hat in Deutschland noch eine Schwester, und diese
Schwester, die möchte gerne herkommen.« Aber damals war es
schon wahnsinnig schwer, ein Zertifikat zu bekommen. Und die
einzige Möglichkeit, die Sache zu beschleunigen, war die: Man
fuhr nach Italien, hat so 'n Mädchen geheiratet, hat sie hergebracht,
und dann ging man wieder auseinander, ja? Und diesen Vorschlag
hat er dann gemacht, er wollt's sogar bezahlen. Also, dann habe
ich 'ne Weile nichts gehört, und eines schönen Tages hör' ich, daß
das Kind schon hier ist. Und da habe ich gesagt: »Ich muß doch
mal sehen, was man mir verkaufen wollte!« Nur, das kam dann so,
na, wir haben uns eben verstanden. Das kann passieren.

Michael Walter (*1916)

Durch eine Heirat mit mir wurde sie legalisiert

1938 schloß ich eine Scheinehe mit einer früheren Beamtin der ›Sochnut‹, der jüdischen zionistischen Organisation in Berlin. Sie war illegal im Land, und durch eine Heirat mit mir wurde sie legalisiert. So konnte man sie wieder nach Deutschland und Österreich und der Tschechoslowakei schicken, um möglichst viele jüdische Kinder nach Palästina zu bringen. Damit war die Ehegeschichte abgeschlossen. Als Belohnung sollte sie die vier Kinder meines Onkels und der Tante herbringen. Sie bekam zuerst auch das Einverständnis, und es hätte gelingen können, aber dann befürchteten die Eltern, die sehr traditionell waren, die Kinder würden hier keine ausreichende jüdische Erziehung bekommen, und verweigerten die Ausreise. Und sie kamen dann 1942 bei dem Versuch, Deutschland zu verlassen, mit den Eltern ums Leben.

Moshe Moritz Cederbaum (*1910)

Und da war ich verheiratet mit einem Junggesellen

Die Bewegung hat versucht, alle Mädchen aus Prag herauszubringen, die meisten illegal. Und dann sind noch einige Mädchen übriggeblieben, für die man keinen Ausweg gefunden hat. Also hat man im ›Hechaluz‹ in Prag für uns Männer gesucht, die ein Zertifikat für eine Familie hatten, aber einzeln waren. Und so hat man uns, ich glaube fünf Mädchen, scheinverheiratet. Und da war ich verheiratet mit einem Junggesellen. Ich war damals 18 und er war, glaub' ich, 35 oder jünger, aber für mich war das damals ein alter Mann, auch für meine Eltern. Meine Eltern waren nicht sehr zufrieden, aber ich hab' gut getan, daß ich das gemacht hab'. Die englische Regierung hat das gewußt, und nach zwei Jahren ist die Ehe geschieden worden.

Channa Hellmann (*1921)

»Kann ich auf dein Zertifikat mit auswandern?« Das war ein Heiratsantrag

Wie ich das Zertifikat hatte, waren wir befreundet. Hat er gesagt: »Kann ich auf dein Zertifikat mit auswandern?« Das war ein Heiratsantrag. Und er wäre umgekommen, ich sage Ihnen, ich gebe Ihnen mein heiliges Ehrenwort, der wäre umgekommen. Die Eltern kamen uns noch 1938 hier besuchen. Sie wollten, daß wir zurückkommen. Der Vater war auch Arzt, und die Praxis stand da für meinen Mann. Sie haben in Gleiwitz, Oberschlesien, gelebt. Es hieß, das ist ein Ausnahmegebiet, da wird nichts passieren. Die Eltern sind zurückgegangen, kein Mensch weiß, was aus ihnen geworden ist.

Alisa Porath (*1907)

Das Recht auf Elternzertifikate
Jeder Neueinwanderer, der legal gekommen ist und zwei Jahre im Lande war, konnte einen englisch-palästinensischen Paß erwerben und damit das Recht, Elternzertifikate zu bekommen. Und das benutzte ich sofort. Die Mutter kam Ende 1936 oder 1937, jedenfalls nicht mit dem letzten Schiff, aber doch vor Toresschluß noch hierher, und ich konnte mit der Mutter zusammen 35 Jahre leben und sie betreuen.

Moshe Moritz Cederbaum (*1910)

Ich habe kein Zertifikat bekommen, weil ich über 18 war
Ich habe kein Zertifikat bekommen, weil ich über 18 war. Meine kleinen Geschwister, 10 und 13 Jahre alt, die konnten auf das Zertifikat meiner Eltern mit einwandern, Kapitalistenzertifikate. Reiche Verwandte haben geholfen, damit mein Vater die 1.000 Pfund hatte und rauskam, weil er im Gefängnis war. Er wäre ins KZ gekommen, auf direktem Weg. Sie haben ihn also sozusagen freigekauft. Aber ich mußte zurückbleiben.

Jutta Grünthal (*1913)

* * *

»Wir fahren erstmal für einige Wochen nach Italien«
IL: Meine Schwiegereltern waren einigermaßen wohlhabend und vielgereist. Und so hieß es: »Wir wissen ja nicht, wie das hier weitergeht, wir werden die Wohnung zuschließen, das Dienstmädchen bleibt da. Und wir fahren erstmal für einige Wochen nach Italien.«
AB: Sind Sie mit den Schwiegereltern zusammen gefahren?
IL: Ja. Da war ich aber lange noch nicht verheiratet. Na also gut, nach Italien, und dort also erst überall rumgereist, viel Geld ausgegeben (*lacht*), und mein Schwiegervater sagte immer, was viele gesagt haben, auch mit denselben Worten: »Wie lange kann der Spuk noch dauern?« Aber daß der Spuk zwölfeinhalb Jahre dauern würde, konnte er natürlich nicht wissen. Wir sind am 31. März raus, um niemals wiederzukehren. Da waren wir also fünf Monate

in Italien, und im Laufe dieser fünf Monate haben wir dort versucht, irgendwie Fuß zu fassen. Unser Referendarexamen wäre anerkannt worden. Aber es wurde uns erklärt, daß wir natürlich die italienische Staatsangehörigkeit haben müssen, die man nach fünf Jahren bekommt. Aber das setzte den Eintritt in die faschistische Partei voraus. Nun, da war es für uns aus. Also sind wir von da nach Holland gegangen, weil wir geglaubt haben, erstmal ist man da Deutschland näher, wenn sich die Verhältnisse dort ändern, kann man schnell wieder zurück. Das hat man immer noch geglaubt, ja. Und die Sprache – was sich als Irrtum herausstellte –, die ist dem Deutschen ähnlich (*lacht*). Na, also in Holland haben wir alles mögliche versucht, wie alle Emigranten, alle möglichen Berufe oder Beschäftigungen. Meine Schwiegereltern haben eine Pension gehabt; das ging so zwei Jahre lang, und dann ging es aus finanziellen Gründen auch nicht mehr. Da haben wir gesagt, also jetzt müssen wir ernsthaft überlegen, nach Palästina zu übersiedeln.

AB: Warum kam denn jetzt in dieser Situation hauptsächlich Palästina in Frage? Warum nicht Amerika?

IL: Ja, da brauchte man ein *affidavit*, nicht bloß Geld, und *affidavit* hieß, eine Familie oder Freunde, die in der Lage waren, für den, der den Antrag gestellt hat, zu bürgen. Aber wir gehörten zu den wahrscheinlich wenigen, die damals in Amerika überhaupt keine Familie und keine Freunde hatten. Und hier brauchte man also nur den Nachweis dieses Vermögens. Wir haben also 1935 ein Schiff über Triest bekommen, einen Luxusdampfer, für den normalen Preis, das war damals furchtbar viel. Da hat der Lloyd Triestino, die Gesellschaft, für Emigranten ein großes Schiff eingesetzt, die ›Conte Grande‹, ein fantastisches Schiff, und das fuhr, im Gegensatz zu den kleineren Schiffen, nur drei Tage. Großartig, ja, nur drei Tage auf dem Meer zu kutschieren! Und wir sind dann im Oktober 1935 hergekommen.

Iwan Lilienfeld (*1910)

Wir mußten nichts zurücklassen, was wir mitnehmen wollten
Als wir ausgewandert sind, mußten wir doch unter Polizeiaufsicht packen. Die haben keinerlei Schwierigkeiten gemacht. Der Vater war sehr angesehen damals, alle kannten ihn. Es hat überhaupt kein Problem gegeben, daß wir irgendwas zurücklassen mußten, was wir mitnehmen wollten.

Ruth Kahn (*1909)

»Wo haben Sie Ihr Geld? Alles ist beschlagnahmt!«

Gleich nach der Machtergreifung hat mein Mann gesagt: »Ich kann hier nicht leben unter Hitler, wir wandern aus. Annie, wenn du einverstanden bist, verkaufen wir unsere Wohnung.« Er war ein richtiger Jecke: »Wir machen nichts heimlich und hintenrum«, hat er gesagt, »ich geb' eine Anzeige in den Generalanzeiger.« Ich hab' sie noch hier! »Große Versteigerung« steht drauf, »herrschaftliches Haus, wunderbare Teppiche, Silber, Kristall, Wäsche«, alles hat er aufgeführt. Ich war einverstanden, obwohl man doch an seinen Sachen hing. Aber ich hab' gesagt: »Verkauf! Mit dem Geld fahren wir mit den Kindern nach Frankreich.« Die Versteigerung hat stattgefunden, alles war voll. Mein Mann und ich sind dabei geblieben, ganz hinten, und haben zugesehen. Es wurde viel Geld eingenommen, und als wir allein waren und schon das Geld gezählt haben, da hat's an der Tür geschellt. Da standen zwei große Männer. Mein Mann hat sie hereingebeten, da hat der eine sein Revers rumgedreht, das Hakenkreuz gezeigt. Da ist uns schon bald schlecht geworden. »Sie haben doch heute verkauft?« »Ja, wir haben es offiziell in der Zeitung gehabt.« Wo haben Sie Ihr Geld?« »Im Schlafzimmer.« »Es ist beschlagnahmt.« Mein Mann ist ganz weiß geworden, ich nicht minder. Ich konnte es nicht glauben. Wir waren ganz nackt, alles was wir besessen haben, verkauft. Die Männer waren dann immerhin so anständig, uns zu raten, auf die Polizei zu gehen und alles zu erklären. Wir sind also am nächsten Tag auf die Polizei gegangen, da war ein schrecklich aussehender SS-Mann in schwarzer Uniform. Mein Mann hat gesagt: »Wissen Sie, ich wollte auswandern, ich hab' alles offiziell gemacht.« Und der hat gesagt: »Natürlich versteh' ich Sie« – das hat mich schon ein bißchen versöhnt – »aber ich muß Ihnen Ihre Pässe abnehmen. Das sag' ich Ihnen gleich: Versuchen Sie nicht zu fliehen, denn wir werden Sie verfolgen und werden Sie erschießen.« Deutlicher kann man es nicht sagen. Dann hat er hinzugefügt: »Ich muß die ganze Sache kontrollieren, und dann bekommen Sie Ihre Pässe wieder.« Wir sind heimgegangen wie geschächtete Hühner. Nach ein paar Tagen sind wir wirklich wieder vorgeladen worden und bekamen die Pässe zurück. Da hat er dann gesagt: »Dieses Geld, das Sie eingenommen haben, können Sie unter Ihre Familie und Freunde verteilen, wie Sie wollen. Aber Sie haben kein Recht, es rauszuschaffen. Sie haben das Recht, jeder auf seinen Paß 500 Mark mitzunehmen.« Da mußte man sich noch freuen!

Annie Glaubert (*1899)

Man zahlte uns zwei Pfennig fürs Kilo als Altpapier

Wir haben eine riesige Bibliothek gehabt, ist ja klar, Lehrer haben viele Bücher. Na schön. Und dann kam es dazu, die Sachen einzupacken. Und da haben wir uns überlegt, wir kommen nach Palästina, wir haben noch nicht mal eine Wohnung, also wir können ja nicht eine Wohnung nehmen nur für die Bücher, und wir wissen ja noch gar nicht, was aus uns wird. Und wir haben angefangen auszusortieren und haben überlegt: Das ja, das nicht. Bis uns das dann auch über den Kopf wuchs, und dann kam einer mit einer Waage, schmiß die ganzen Bücher in einen Sack und zahlte uns zwei Pfennig fürs Kilo als Altpapier. Und heute denke ich noch manchmal: Das und das Buch hast du doch gehabt, wenn du das doch jetzt hättest!

*David Bar-Levi (*1912)*

Ich nehme das ganze Silber mit, denn Silber kann man verkaufen

Ich habe mir folgendes gesagt: Ich nehme das ganze Silber mit, denn Silber kann man verkaufen. Aber ich mußte doch damit über die Grenze. Also, ich habe dieses Silber unten in den Koffer gelegt und meine Sachen ringsrum und oben drauf. Und wie der Zollbeamte an der Grenze in dies Coupé kam, da war eine Frau, die hatte einen Pelz mit. Der Pelz war ziemlich räudig, aber sie hatte ihn in eine riesengroße Tüte gepackt, und auf diese hatte der Zollbeamte sein Gemüt gelegt. Ich habe immer gedacht: Hoffentlich, hoffentlich dauert das lange! Und es dauerte so lange, daß der Zug abging und er rausspringen mußte. Den Pelz hat er dagelassen, er hat doch gesehen, daß das kein großes Objekt war. Mir hat er meine Schreibmaschine weggenommen, aber ich hab' sie in Marseille wiederbekommen, und dann bin ich mit Polizeibewachung aufs Schiff gefahren. Das Schiff hat in Alexandrien angelegt. Da war auf einmal die deutsche Flagge auf Halbmast, und ich habe gesagt: »Kinder, Hitler ist tot! Wir können wieder zurück!« Aber da war der Zeppelin abgestürzt.

*Erna Jacob (*1892)*

Mein Sohn ist mit Luftschlangen und Knallerbsen unterm Arm ausgewandert

Mein Mann ist von Berlin zu Weihnachten ausgewandert, weil er dachte, da seien die wenigsten Beamten unterwegs. Und ich bin mit den Kindern am 31. Dezember 1938 mit der Eisenbahn von Köln nach Amsterdam gefahren. Das waren vier Stunden. Ich bin einmal rausgeholt worden, damit man meinen Paß nachsieht. Damals hat man den Leuten schon Ringe und Uhren abgenommen, aber man hat uns nichts gefragt. Ich hatte auch gar nichts mehr wegzugeben, nichts mitgenommen. Aber dazu noch folgendes: Mein Sohn, der damals neun war, ging, bevor wir ausgewandert sind, allein in ein Warenhaus und hat gefragt, ob man mit Silvestersachen auswandern kann. Man hat ja gesagt, und da hat er sich Luftschlangen und Knallerbsen gekauft. Mit denen unterm Arm ist er ausgewandert.

Hanna Bonneh (*1902)

Die Auswanderung war nicht traumatisch
Die Auswanderung war nicht traumatisch, weil sie geplant war. Wir konnten mit allen unseren Sachen, mit zwei großen *Liften* und sogar mit Geld auswandern. Das war damals noch möglich. Und auch die ganzen Onkels, Tanten, meine Großmutter sind mit uns gekommen. Die anderen Großeltern sind in den 20er Jahren gestorben, aber diese Großmutter ist mit uns gekommen, sie ist in Jerusalem gestorben. Es war irgendwie die ganze Familie.

Jehuda Amichai (*1924)

Alle sind am Bahnhof gewesen
Wir sind von Berlin zu meinen Eltern in Oberschlesien. Dort sind wir abgefahren unter Beteiligung der gesamten Gemeinde. Wir waren die ersten aus dem Ort, die nach Palästina gegangen sind. Und da sie alle Zionisten waren, sind sie alle am Bahnhof gewesen, Eltern und Kinder.

Else Gerling (*1907)

Ich wollte, daß der Zug entgleist
Meine Eltern haben nach der Kristallnacht gesehen, sie können nicht raus, aber die Kleinen – das waren meine Schwester und ich – müssen raus. Da haben sie mich in einem Kindertransport nach Holland unterbringen können. Ich kann es ehrlich sagen, ich wollte, daß der Zug auf dem Weg entgleist, wegen dieser Trennung von meinem Elternhaus, in dem ich so glücklich gewesen war, mich geborgen fühlte. Aber der Zug ist nicht entgleist, und wir wurden auch getrennt, meine Schwester und ich. Ich kam nach Eindhoven bei Nacht und Nebel, mit noch einigen anderen. Und wir wurden von jungen Holländern sehr nett empfangen, kamen ins Schwimmbad, ins öffentliche Schwimmbad. Haben sie gesagt,

wir sollen erst mal duschen. Die waren so freundlich, und ich war daran überhaupt nicht mehr gewöhnt. Wie ich eine junge Frau fragte:»Sind Sie Jüdin?«, hat sie überhaupt nicht verstanden, was ich von ihr will, und sagte:»Nein, keine Jüdin.« Da hat sie erst verstanden, wieso ich das frage und hat gesagt:»Aber bei uns hier spielt es keine Rolle, ob Jude oder Nichtjude«, und hat mich umarmt.

Benjamin Kedar (*1923)

Ich versuchte, meinem Vater noch aus dem Abteil zu winken

JS: Ich mußte innerhalb von drei, vier Tagen bereit sein, zur *alija* zu gehen. Die englische Regierung hatte eine *Alija*sperre angekündigt oder jedenfalls mit ihr gedroht, zur Beschwichtigung der Araber. Denn damals sind Unruhen im Land ausgebrochen. Innerhalb von drei Tagen hat das Palästinaamt in Berlin einen Sonderzug organisiert, der in allen großen Städten Juden aufgenommen hat, um sie auf ein gemietetes Schiff in Marseille zu verfrachten. Das ging sehr, sehr schnell.

AB: Wie war der Abschied von den Eltern?

JS: Ich möchte beinah sagen kurz und bündig. Kein Mensch hat gewußt, was kommen würde. Mein Vater hat mich noch bis nach Frankfurt an den Zug begleitet. Der Frankfurter Bahnhof war voll von Hunderten, vielleicht von Tausenden von Menschen aus ganz Süddeutschland und von der jüdischen Gemeinde Frankfurt selbst, von Leuten, die mit dem Zug fuhren, und von denen, die sich von ihnen verabschiedet haben. Ich bin dann in das Abteil von der ›Jugendalija‹, versuchte, meinem Vater noch aus dem Abteil zu winken, aber der Zug machte eine Biegung, und ich habe ihn nicht mehr gesehen. Das war das Ende.

AB: Wie war damals Deine innere Verfassung? Warst Du froh, daß das erreicht war, oder warst Du vollkommen verwirrt über alles, was da passiert war? Wie weit ist Dir der Abbruch Deines bisherigen Lebens da überhaupt schon andeutungsweise bewußt gewesen?

JS: Kaum. Mein Vater hatte noch beim letzten Gang zum Bahnhof in Gießen gesagt:»Also, in zwei, drei Jahren kommst du zurück, und dann wirst du weiterlernen und studieren.« Das ist in mir irgendwie haftengeblieben. Ich habe es nicht genau verstanden. Und als ich in diesem Zug saß, der von Frankfurt aus nach Kehl an die Grenze und dann nach Frankreich fuhr, waren mit mir im Abteil auch Kinder von der ›Jugendalija‹. Die haben sich lustig unterhal-

ten und Lieder gesungen, und die hatten auch einen Abschied
hinter sich und haben das vollkommen ignoriert. Ich weiß noch
genau, als ich an der Rheinbrücke bei Kehl stand und wir über
den Rhein aus Deutschland hinausgefahren sind. Ich wollte die
›Hatikva‹ oder irgendein Lied aus dem jüdischen Jugendbund singen.

Josef Stern (*1921)

Eines der wenigen Male, wo ich geweint habe

Als ich im Juli alleine wegfuhr von Deutschland, war es, glaub'
ich, eines der wenigen Male, wo ich geweint habe. Mein Vater
hatte mich als Kind gelehrt, man weint nicht. Ich war alleine, fuhr
in ein fremdes Land. Ich wußte nicht, ob ich meine Eltern wieder-
sehe. Sie wollten zwar ein Vierteljahr später kommen, aber man
konnte es nicht wissen.

Mirjam Margot Hein (*1911)

Mutter würde nie mehr lächeln können

AB: War Ihnen die Endgültigkeit dieses Abschieds damals bewußt?
GK: Ja, selbstverständlich. Ich habe mitanhören müssen im Ne-
benzimmer, daß meine Mutter zu meinem Vater sagte, wenn ich
auswandern würde, würde sie nie mehr lächeln können. Aber ich
war entschlossen dazu, und es war ja letzten Endes richtig.

Gertrud Kedar (*1901)

Ich war ja ständig auf der Flucht

Ich hatte Angst, man verhaftet meinen Mann nochmals. So habe
ich in Dermbach, meinem Geburtsort, den Otto angerufen, der
einen Autoverleih und eine Reparaturwerkstatt hatte: »Bitte hol mich
ab und bring mich und meinen Mann zu meinen Tanten, dort werden die Nazis sicher nicht sein.« Das war ein kleines 500-Häuser-
Dorf. Der Otto kam und hat mich dorthin gebracht. Und vor dem
Dorf hab' ich gesagt: »Du bleibst stehen, geh nicht herein.« Ich
wollte ihn nicht in Gefahr bringen, denn Christen sollten Juden ja
nicht helfen, nicht? »Du fahr zurück, wir gehen mit dem Koffer zu
meinen Verwandten.« Wir kamen dort an, und da sah ich, Leute
kucken schon hinter der Gardine. Wir haben schnell was gegessen, ich sag' zu meinem Mann: »Wir können hier nicht bleiben,
wir sind beobachtet worden.« Wir gehen zu Fuß zurück zum nächsten Bahnort. Unterwegs wurden wir verfolgt, Hände auf die Schul-
ter, wir sind wieder verhaftet. Das, was ich vermeiden wollte, ist

nun wieder eingetroffen. Ich habe gebeten, sie sollen mich mal ans Telefon lassen. Und da habe ich nach Tiefenort angerufen, wo ich vorher war, daß man uns wieder verhaftet hat: »Ihr habt doch meinen Mann freigelassen heute, und jetzt hat man uns wieder verhaftet an diesem Ort. Bitte reden Sie mit denen.« Man hat mit denen geredet, sie haben uns wieder freigelassen. Ein Wunder! Ich rief Otto wieder an: »Otto, man hat uns verhaftet und wieder freigelassen. Bring uns wieder zurück nach Tiefenort, wir gehen dir entgegen.« Wir laufen und laufen. Und der Otto kommt nicht und kommt nicht. Es hat geregnet, und die Schuhe haben gequatscht, und ich hatte Wunden an den Füßen. Auf einmal quietscht hinter uns ein Auto. Sag' ich: »Wir sind schon wieder verhaftet!« Ich dreh' mich um, ist es der Otto. Sagt er: »Ich habe euch nicht gesehen, ich bin sicher an euch vorbei. Ich habe mit deinen Tanten gesprochen, und die Nazis waren da und haben eure Koffer untersucht. Ich habe die Koffer jetzt mit in meinem Auto, steigt ein!« – Wir hatten einen guten Freund, der sagte uns: »Weißt du was, in Eisenach«, das war der nächstgrößte Ort, »da hat die Familie Stern eine kleine Pension aufgemacht für Leute, die im Untergrund leben.« Der Stern hatte sich ein Brett vom Boden hochgehoben und sich der Länge nach reingelegt, und bei der Durchsuchung von Nazis ist er dort nicht entdeckt worden. Bei denen bin ich dann geblieben, habe genäht, mich in der Küche betätigt. Und die Frau sagte immer zu mir: »Weißt du, wenn wir nach Palästina kommen, so Gott will, dann machen wir 'ne Pension zusammen auf!«

Es war Juli, August, als wir dann endlich ausgewandert sind. Wir sind zunächst nach Urfeld. Urfeld ist ein kleiner Ort, wo Vorbereitungslager waren. Da haben wir vielleicht 14 Tage zugebracht, weil das Schiff noch nicht in Ordnung war. Ja, und dann ging's weg. Die Autos kamen mit der Rückseite an die Türe, jeden Abend ungefähr 25 Leute über die Grenze, illegal. Wir saßen auf Apfelsinenkisten. Unterwegs in Düren mußten wir anhalten. Alle hatten Angst. Da marschierte ein Trupp SA vorbei, und da habe ich durch das Loch durchgekuckt in der Zeltplane und Angst gehabt, wenn uns da jemand entdeckt, was tun wir? Da ist uns das Herz stehengeblieben. Dann an der Grenze hieß es: »Raus und schnell herauf in den Wald!« Da hat uns ein Führer mit 'nem Schäferhund in Empfang genommen. Dann ging's immer der Bahnlinie entlang. Plötzlich kommt so einer mit 'ner Lampe und kontrolliert die Geleise. Der Hund hat uns heruntergejagt, runter in die Büsche. Wir sind dort unten im Gebüsch geblieben, bis der weggegangen war.

Dann wieder rauf, der Bahnlinie lang, fünf Stunden lang. Und dann plötzlich kamen wir auf eine große Wiese. Es regnete. Da hat mein Mann seinen Ledermantel ausgezogen, und wir haben uns draufgelegt, wir konnten nicht mehr weiter. Dann hat man uns weitergeführt in eine Schreinerei. Es war schon belgischer Boden, wir fühlten uns so ziemlich sicher. Wir haben gewartet, bis ein großes Lastauto kam. Der Chauffeur brachte eine Tüte voll kleiner Kuchen mit, jeder hat was zum Essen bekommen. Und dann fuhren wir rein nach Antwerpen. Dort haben wir vier Wochen zugebracht, bis es geheißen hat, das Schiff ist fertig.

Charlotte Rothschild (*1915)

»Vous êtes la première avec le petit«

Ich bin auf der Flucht in einem kleinen Ort in Frankreich untergekommen. Da hat mir der Maire gesagt: »Vous êtes la première avec le petit«, du bist die erste auf der Verschickungsliste. Und wie ich das gehört hab', hab' ich ein paar Sachen gepackt und bin in den Wald. Da war ein Ehepaar, das mir gesagt hatte: »Wenn du Schwierigkeiten hast, dann kommst du zu uns in den Wald.« Das war noch nicht einmal die schlimmste Zeit, denn der Maire war sehr, sehr anständig. Wenn irgendwas brenzlig war, hat er gepfiffen. Mein Mann war im Lager, und ich habe sehr lange nichts von ihm gehört, gar nichts, bis ich gehört hab', man hat ihn ins Gefängnis gesteckt. Von dem Erlös meiner Briefmarkensammlung habe ich dann die Gebühren für die Grenzschmuggler bezahlt, die uns zusammen nach Spanien bringen sollten. Und an einem Samstagmorgen kamen sie mich abholen. Wir sollten uns treffen, das war ausgemacht, in irgendeiner Wirtschaft in der Nähe von dem Lager, wo mein Mann war.

Betty Ansbacher (*1906)

Da haben sich Tragödien abgespielt auf dem Bahnhof

Wir sind mit der Bahn weg. Es war natürlich schauderhaft, wenn ich so darüber nachdenke: Diese vielen Begleitungen und diese vielen Hunderte von Menschen, die da weggefahren sind. Also, da haben sich schon Tragödien abgespielt auf dem Bahnhof. Und endlich war man im Zug, und da sind Leute drin gewesen! Zum Beispiel in meinem Coupé waren ein Vater, eine Mutter und vier Kinder. Die Leute haben alles aufgegeben, verkauft, denn die Fahrt war ja auch nicht gerade billig, diese illegale Reise.

Lisl Vardon (* ca. 1915)

Jedenfalls ist Mutti auf diese Weise auch mitgekommen

Ich war bei meiner Mutter und wollte mit einem der illegalen Transporte, die vom Palästinaamt in Berlin zusammengesetzt wurden, weg. Die haben relativ spät damit angefangen; die Tschechen und die Österreicher haben das schon jahrelang gemacht, das heißt, sie haben illegale Schiffe weggeschickt, und die sind irgendwo abseits an einem Strand gelandet, in Naharija oder Natanja. Während ich auf unseren Transport wartete, war bereits der Weltkrieg. Und ausgerechnet in dem Jahr, 1940, ist die Donau zugefroren, und da konnten die Schiffe nicht abfahren. Ja, also am 13. August 1940 bin ich aus Berlin weg, spät genug. Alles im Leben ist Schicksal. Hätte ich mit meinem Mann zusammen fahren können, wäre meine Mutter, genau wie seine Familie, umgekommen. Eines Tages hieß es, die griechischen Reeder wollen keine Reichsmark, sie wollen Dollars. Also haben sie im Palästinaamt überlegt: wie bekommen wir Dollars? Es war ihr Prinzip, nur Jugendliche zu schikken, möglichst solche, die auf *hachschara* waren, also die eine landwirtschaftliche Ausbildung hatten. Und nun mußten wir einige Ältere mitnehmen, die das Geld hatten. Da habe ich sofort an meine Freundin nach der Schweiz geschrieben, sie soll meinem Bruder in Südafrika sagen, er soll in Genf 200 Dollar einzahlen. Sie hat mir zurückgeschrieben: Bereits eingezahlt! Für die war das so, wie für mich ein Pfennig. Also, jedenfalls ist Mutti auf diese Weise auch mitgekommen.

Ruth Bar-Levi (*1914)

Wir sind in kleinen Piratenschiffen bis zur Küste: sehr romantisch!

Wir sind mit einem illegalen Transport, der vom ›Betar‹ organisiert war, in einem versiegelten Zug über Jugoslawien nach Griechenland gefahren und von einem kleinen Ort, an dessen Namen ich mich noch erinnere, da ich einmal Griechisch gelernt hab', von Oropos, in kleinen Piratenschiffen – drei Schiffe waren das im Laufe von ungefähr sieben Tagen – bis zur Küste von Palästina gefahren. Unter schrecklichen Bedingungen! Man war seekrank, man hat das wenige Essen, das man hatte, ausgebrochen. Man war zusammengepfercht. Aber die Stimmung war gut. Wir waren jung und freuten uns schon, in unsere neue Heimat zu kommen. Sehr romantisch!

Paul Feiner (*1919)

Wir fuhren in der Türkei auf Sand. Mit Absicht

Auf dem Schiff haben wir keinen Platz mehr gefunden, das war schon belegt von jungen jüdischen Leuten aus Holland. Wir lagen auf dem schmalen Schiffsbett zu dritt, drei Mädels, die Jungens hier, die Mädels dort, herrlich. Das Essen war fürchterlich, es war wirklich fürchterlich auf dem Schiff. Und ich hätte nicht geglaubt, daß wir mit so einem wackligen Kahn in Palästina jemals ankommen könnten. Das Schiff ging durch den Ärmelkanal und die Straße von Gibraltar, und dann fuhren wir in der Türkei auf Sand. Warum? Mit Absicht. Weil es noch hellichter Mond war, und bei Mondschein durften wir nicht ankommen, da hätten uns die Engländer bemerken können. Und so haben wir eine Woche am Strand gelegen in der Türkei. Einmal passierte folgendes: Ich sah ein Boot, drin saß ein junger Türke auf einem riesigen Haufen von großen, grünen Melonen. Ich kuck' zur Schiffsluke raus und halt' meine Hände so auf, und da kommt er näher gerudert, ein Student mit Mütze, er sah schon ein bißchen vornehmer aus als ein einfacher Türke, und ruft in Deutsch: »Was wollen Sie haben?« Und ich mach' die Bewegung vom Essen, und der legt mir so 'n Dings in die Hand. Und ich, so ausgetrocknet wie ich war, ich nehm' das mit auf mein Bett. Natürlich die ganze Runde schon um mich herum. Einer brachte ein Messer, und wir schnitten das auf. Da kam einer von unseren Befehlshabern: »Das könnt ihr nicht machen! Wir sind hier 500 Menschen, da könnt ihr nicht einfach die Frucht für euch alleine teilen. Ich werde das sofort oben melden!« Er ist abgehauen, wir haben sie zerkleinert, jeder ein Stück gegessen, die Schale ins Meer geworfen. Als er zurückkam, war schon nichts mehr davon da. Da sagte er: »Das müßt ihr teuer bezahlen!« Haben wir noch gewartet drauf, auf die teure Bezahlung.

Charlotte Rothschild (*1915)

Sie wollten, daß wir alle ertrinken

Wir sind auf ein Schiff gegangen, einen kleinen Frachtdampfer mit tausend Menschen. Man mußte stehen, man konnte kaum sitzen. Von Rumänien aus sind wir durchgefahren, eine unvergeßliche Fahrt, drei Tage und drei Nächte, ohne zu schlafen, ohne zu liegen. Auf einmal kippt das Schiff. Der *captain* hat gesagt: »Alles Gepäck herauswerfen, sonst können die Matrosen das Schiff nicht mehr gerade bringen.« Und da haben viele Menschen ihr ganzes Gepäck ins *jam* geworfen. Wir sind angekommen nackt und bar, nur mit dem, was wir an uns hatten. Die Engländer haben das

Schiff noch gerammt, weil sie damals keine Schiffe illegal reingelassen haben. Sie wollten, daß wir alle ertrinken. Also, erst waren es die Deutschen, dann waren es die Engländer. Sie alle wollten uns umbringen, bis heute weiß ich nicht warum.

Nora Hauben (* ca. 1925)

Mein Vater ist eines der Opfer von der ›Patria‹

Mein Vater wollte bei der Familie durchhalten, das heißt der körperbehinderten ältesten Tochter und meiner Mutter. Aber als es nachher am Anfang des Krieges schon sehr, sehr brenzlig wurde, hat er sich über die Organisation bei der illegalen *alija* eingeschrieben und wurde eingeteilt. Er ist mit einem dieser Einwandererschiffe bis nach Haifa gekommen. Dort haben die Engländer von zwei, drei dieser kleinen Boote die Leute runtergenommen und auf ein großes Schiff gebracht, die ›Patria‹, die dann nach Mauritius verschickt werden sollte. In der Zeitung stand, daß an einem Morgen zwei, drei Schwimmer von der ›Patria‹ runtergesprungen sind, versucht haben, ans Ufer zu schwimmen und von den Engländern wieder abgepaßt und zurück aufs Schiff gebracht wurden. Einer davon war mein Vater, der gut und gerne geschwommen ist. Dann hat die ›Hagana‹ eine Bombe am Schiffskörper unten angelegt, die einen verheerenden Erfolg hatte. Man wußte nämlich nicht, wie morsch das Schiff von innen ist, man wollte das Schiff nur zum Kentern bringen. Die Leute hatte man vorsichtshalber oben auf dem Deck versammelt. Aber das Loch war so groß, daß das Schiff sehr schnell versank. Mir wurde gesagt, ich hoffe, das trifft zu, mein Vater wäre von einem Balken oder irgendwas erschlagen worden und sofort tot gewesen. Er ist also eines der Opfer von der ›Patria‹ und in Haifa begraben.

Benjamin Kedar (*1923)

Wenn man kenn nicht asej, macht man asej

JB: Ich war in der Zentrale der illegalen *alija* in Genf. Die Maginot-Linie fällt, Italien tritt in den Krieg ein, worauf folgte, daß man keine Juden aus Deutschland herausbringen und keine Juden nach Palästina hineinbringen konnte. Also mußte man zurückfahren. Für die Kollegen in der Zentrale war das leicht, denn die hatten einen gültigen Paß, *British Passport Palestine*. Ich hatte einen schönen deutschen *passport* mit einem schönen großen »J« auf der ersten Seite, und es stand auch: Wohnsitz Berlin. Aber für 100 Dollar bekam ich einen polnischen Paß, wie auch die fünf, sechs ande-

ren *chawerim*, die damals in der Zentrale arbeiteten. Es wurde beschlossen, auf dem kürzesten Weg von Genf nach Palästina zu
fahren: Man fährt von Genf westwärts bis Lissabon, steigt in ein
Schiff ein, ein neutrales Schiff, ein japanisches zum Beispiel, das
nach Port Said fährt, und von dort mit der Eisenbahn über Kantara
nach Hause. Wir sind jetzt plötzlich in Lissabon. Die Stadt über-
laufen von Flüchtlingen, kein Hotelzimmer. In unserer Pension
mußte ich das *trefene* Essen mitbezahlen, obwohl ich nur Brot mit
ranziger portugiesischer Butter aß. Meine Fleischportion hat jedesmal Mordechai Oren aufgegessen (*lacht*). Und wir warten und
wir haben schon ein *ticket* für ein japanisches Schiff, das nach
Japan über den Suezkanal fährt. Und dann wurde Tel Aviv von den
Italienern bombardiert, und das japanische Schiff bekam Order,
nicht über den Suezkanal, sondern über den Panamakanal nach
Hause zu kommen. Zum Glück haben sie uns das Geld zurückgegeben. Was macht man? Also wir »Weisen von Zion« haben beschlossen, wir fahren mit dem erstmöglichen portugiesischen Schiff
nach Mozambique. Und von Mozambique aufwärts bis Port Said.
Wenn man kenn nicht asej, macht man asej. So war's dann, ich
bin zwei Tage vor *jom kippur* in Mozambique angekommen. Ich
war dann dort sieben Wochen bei einer deutschen jüdischen Familie, die für mich für drei Englische Pfund, das war damals ein
halber *naden*, Geschirr gekauft hat. Meine Diät war Sardinen, Eier,
Kartoffeln, Kartoffeln, Sardinen, Eier, sieben Wochen lang, zehn
Kilo habe ich zugenommen (*lacht*). Bis dann ein Flugzeug kam,
das uns über Beira, Mombasa, Daressalam, Nairobi, Entebbe, Kam-
pala, Sudan nach *Twerja* brachte.

MD: Ja? Es gab so ein Flugzeug?

JB: Es gab nur solche. In Palästina und in Afrika, da gab's keine
airfields, also mußte man ein Hydroplan, ein Wasserflugzeug nehmen. – Ich komme an in *Twerja* vom Flugzeug mit einem kleinen
Kahn, man nimmt die Koffer ans Land. Ich habe nur Fünfpfund-
scheine. Ich gehe in ein Geschäft, um zu wechseln und den *porter*
zu bezahlen, sagt mir der *jidd* dort: »*Wer hot in Twerje Geld, um
fünf Pfund zu wechseln?!*«

Josef Burg (*1909)

Zweites Kapitel

Das neue Leben

Ich habe die Gelegenheit mit beiden Händen erfaßt

Ich glaube nicht, daß ich 1928 allein von mir aus plötzlich nach
Palästina ausgewandert wäre, wenn nicht Dr. Lehmann, der Leiter
des Kinderdorfs Ben Schemen, mit einem Mal bei mir in Hamburg
aufgetaucht wäre und mich als Gymnastiklehrerin engagiert hätte.
Ich glaube nicht, daß ich damals vorhatte, so mir nichts, dir nichts
mit einem Mal alles abzubrechen und hierherzukommen. Also das
ist jetzt natürlich schwer zu sagen, denn als sich diese Gelegenheit
bot, habe ich sie mit beiden Händen erfaßt.

Eva Michaelis-Stern (*1904)

Wir haben sofort alle Brücken abgebrochen

Der Bruder meines Vaters lebte seit 1924 in Jerusalem, so hatten
wir schon irgendwie eine Beziehung. Dazu kam unsere zionistische Einstellung. Wir haben sofort alle Brücken abgebrochen und
sind hergekommen. Keiner ist hergefahren, sich's vorher anschau-
en, wie viele das ja gemacht haben und dann nicht gekommen
sind.

Rut Wittels (*1912)

Einen Tag später hätte man mich nicht mehr reingelassen

Meine Tante und ihr Sohn waren hier. Der hatte eine hohe Position
in der Tel Aviver Stadtverwaltung. Er war Leiter der Erziehungsab-
teilung. Und die haben dafür gesorgt, daß wir ein Einreisezertifikat
bekamen. Das war für den Familienvater, seine Frau und die min-
derjährigen Kinder. Ich kam einen Tag vor meinem 18. Geburtstag
hier an. Ich war schon vom Schiff runter, im Boot, da hat mich die
englische Hafenpolizei nochmal raufgeschleppt, um den Paß nochmal zu kontrollieren. Wie gesagt, einen Tag später, am vollen 18.
Geburtstag, hätte man mich nicht mehr reingelassen und wahrscheinlich nach Rumänien zurückgeschickt. Wo ich dann gelandet wäre, weiß ich nicht. Also, ich kam gerade noch am letzten
Tag hier an.

Herr Y (*1920)

Die arabische Bevölkerung – eine große Überraschung
Ich kam 1928 mit einem Dampfer hier an, und diese Ankunft hat
mir einen ziemlich großen Schock gegeben. Unsere zionistischen
Führer hatten uns nämlich im Grunde genommen mit der Tatsache, daß hier eine große arabische Bevölkerung lebt, nicht bekanntgemacht. Damals kam man in Jaffa an. Dort lagen aber so
viele Felsen in der Einfahrt, daß etwas größere Dampfer überhaupt
nicht an das Ufer heranfahren konnten. Und das System war, daß
Araber mit Ruderbooten an den Dampfer ranfuhren und zunächst
mal das Gepäck von oben, vom Dampfer, in die Boote warfen,
und nachher warfen sie die Passagiere runter. Sie waren darin so
geübt und so geschickt, daß sie einen unten sicher aufgefangen
haben. Dann fuhr man mit dem Ruderboot mit diesen Arabern an
die Küste. Jaffa war damals ein hundertprozentig arabischer Platz,
und dieser erste Eindruck war natürlich eine große Überraschung,
die einen gewissen Schreck einflößte.

Eva Michaelis-Stern (*1904)

»Wenn ich eine Rückfahrkarte hätte, würde ich zurückfahren!«
Mein Mann war gar nicht zionistisch. Ich muß Ihnen erzählen, wie
wir im November '33 angekommen sind. Damals gab es noch
keinen Tel Aviver Hafen, die Schiffe wurden in Jaffa ausgeladen
und auf kleine Boote umgeladen. Wir kamen an einem schrecklichen Winterabend mit Sturm und Regen an. Und das Geschrei der
Araber! Es war schon die Zitrusernte, die Apfelsinen wurden ver-
laden. Und wir standen dort, keinen Menschen kannte man und
kein Mensch erwartete einen. Sagte mein Mann: »Wenn ich eine
Rückfahrkarte hätte, würde ich zurückfahren!« So entmutigend war
das.

Clara Bartnitzki (*1902)

»Wenn das Palästina ist, nee, nicht für mich!«
Bei der Überfahrt auf dem Schiff war eine unwirkliche Atmosphäre. Man wußte nicht, was einen erwartete, man wußte nicht, was
man hinter sich gelassen hat. Man war jung und vergnügt, und das
war alles. Dann kam man im palästinensischen Hafen von Jaffa
an, und unten waren schreiende Pumphosen, Araber mit Booten
usw., und ich sagte mir: »Wenn das Palästina ist, nee, nicht für
mich!« Es wurde dann etwas anders, denn wir waren eines der
ersten Schiffe, das im Hafen von Haifa an der Reede anlegte. Der
Hafen war noch winzig. Durch Zufall hat mich ein Vetter empfan-

gen, der vorher schon hier eingewandert war und in Tel Aviv wohnte. Da verschwand das Gefühl des Wiederzurückfahrenwollens,
ja?

Hugo Mendelsohn (*1918)

Das Meer ging uns bis unter die Brust

Wir sind illegal eingewandert und mitten in der Nacht angekommen. Es war stockdunkel, und ich konnte schon meinen Rucksack
nicht mehr schleppen, ich konnte meine Füße nicht mehr schleppen. Wir sind nämlich frühzeitig vom Schiff ausgeladen worden
ins Meer, und das Meer ging uns bis unter die Brust und hat den
Rucksack durchnäßt, und alles war schwer. Mein Mann hat mich
und das Gepäck geschleppt. Und dann kamen wir an so 'ne Art
Scheune, die Rucksäcke wurden uns abgenommen, numeriert und
zugeschickt. Ich habe verlangt, zu meinen Eltern in die Siedlung
zu kommen. Dort war es glühend heiß, wir bekamen Fieber und
alles mögliche.

Charlotte Rothschild (*1915)

Das ist ein typisches Michelangelo-Relief!

Wir sind in Natanja in der Nacht illegal gelandet, und man hat uns
mit kleinen Schiffen abgeholt. Aber diese Schiffe konnten nicht bis
zum Strand kommen, sondern sind ziemlich weit draußen geblieben. Wir mußten mit den Rucksäcken durchs Wasser. Die waren
natürlich pitschnaß. Einer hat dem anderen geholfen. Es waren
sehr viele alte Leute und kleine Kinder dabei. Wie wir da lebend
rausgekommen sind, weiß ich auch nicht. Und wie wir schon festen Boden gehabt haben, gab es da in Natanja beim Strand eine
lange Mauer. Und jeder, der angekommen ist, ist einzeln an der
Mauer gestanden. Wie ich das gesehen habe, habe ich mir gedacht: Mein Gott, das ist doch ein typisches Michelangelo-Relief!
Diese Menschen an der Mauer, das hat auf mich damals einen
enormen Eindruck gemacht.

Lisl Vardon (* ca. 1915)

Wir haben die illegale *alija* aufgenommen und nachts ins Innere des Landes gebracht

Unser Dorf Kfar Witkin lag direkt am Meer. Und die Engländer
hatten doch eine Sperre verhängt, und was gekommen ist, ist illegal gekommen. Diese illegale Einwanderung wurde schon von
Europa aus von der ›Hagana‹ organisiert. Und wir haben die Leute

nachts von den Schiffen an den Strand gebracht. Es gab sehr
viel Idealismus. Mein Mann und ich haben einen Kurs mitgemacht in *esra rischona*, in Erster Hilfe. Wir haben gelernt Sprit-
zen zu machen, wir haben gelernt, wie man Menschen trans-
portiert, die halb ohnmächtig sind usw. Und wir haben diese
illegale *alija*, diese *nebbichen* armen Leute, die bis zum Hals im
Wasser gestanden haben, aufgenommen und nachts mit Autos
weiter ins Innere des Landes gebracht. Direkt neben uns war die
englische Polizeistation, und die Engländer waren sehr darauf
aus, die Leute wieder zurückzuschicken ins Meer. Und wir haben
sie in die Kibbuzim En Hachoresch, Giw'at Chajim gebracht, die
weiter drinnen lagen, nicht so vor den Augen der englischen Soldaten. Bei uns waren sehr oft Haussuchungen nach Waffen und so
weiter.

Clara Bartnitzki (*1902)

Unser Schiff wurde von den Engländern gekapert
Wir wurden von den Engländern gekapert am Schiff draußen im
Meer, man hat uns nicht landen lassen wollen in Haifa. Kurz und
gut, dann haben sie uns doch hereingelassen, die Engländer. Da
hat die ›Sochnut‹ scheinbar interveniert, und sie haben uns reingelassen, und wir sind sofort ins Internierungslager nach Atlit gekommen. In Atlit waren wir sechs Monate.

Otto Lederer (*1905)

* * *

Der *jischuw* vor 1933
AB: Was fanden die Einwanderer aus Deutschland, die sogenannte ›Fünfte *alija*‹ vor, als sie ins Land kamen?
SD: Zunächst mal ist festzuhalten, daß es hier immer eine jüdische Bevölkerung gegeben hat, die sich nach der Vertreibung der
Juden aus Spanien im 16. Jahrhundert beträchtlich vergrößerte. Im
19. und 20. Jahrhundert kamen Juden aus der ganzen Welt aus
religiösen Gründen, um im Heiligen Land zu leben. Seit 1880 kamen vor allem aus Ost- und Südosteuropa die ersten zionistisch
motivierten *olim* mit der Absicht, das Land zu besiedeln und zu
bearbeiten, das nannte man später die ›Erste *alija*‹. Mit der ›Zweiten *alija*‹ kamen dann Anfang des 20. Jahrhunderts vor allem Jugendliche mit sozialistischen Idealen, damals wurden auch die
ersten Kibbuzim gegründet. Nach dem Ersten Weltkrieg und der

Russischen Revolution und dem Ansteigen von Nationalismus und Antisemitismus in Europa kamen neue große Einwanderungswellen aus Mittel- und Osteuropa.

Als die Welle der deutschen Juden nach 1933 ins Land kam, lebten circa 400.000 Juden im Land. Neben den alten historischen Stätten wie Jerusalem, Tiberias und Safed gab es die 1909 gegründete Stadt Tel Aviv und größere jüdische Bevölkerungen in Haifa und in den sogenannten Kolonien wie Rechowot, Hadera usw. Der *jischuw* hatte bereits ein entwickeltes hebräischsprachiges Schulwesen vom Kindergarten bis zur Hochschule geschaffen. Schon 1906 war die Kunstakademie ›Bezalel‹ gegründet worden, 1913 das ›Technion‹ in Haifa, 1925 die ›Hebräische Universität‹ in Jerusalem. Es gab ein reges kulturelles Leben, einige Theater, Konservatorien und verschiedene Presseorgane und Verlage. Der *jischuw* hatte sich organisiert in politischen Parteien und hatte mit der ›Histadrut‹ eine starke Gewerkschaftsbewegung geschaffen.

Die Engländer, die nach dem Ersten Weltkrieg das Mandat über Palästina bekommen hatten, waren vor allem daran interessiert, im Lande Ruhe zu halten. Als sich die arabische Bevölkerung in mehreren blutigen Unruhen gegen die zunehmende jüdische Einwanderung zur Wehr setzte, gaben sie zur Beschwichtigung der Araber verschiedene Erlasse heraus, die die Einwanderung drastisch beschränken sollten, fatalerweise gerade zur Zeit der größten Not der Juden in Europa.

*Shlomo Du-nour (*1922)*

Plötzlich hörte man überall Deutsch in den Straßen
Wir haben die ersten zwei Jahre in Tel Aviv gewohnt, von '32 bis '34. Und plötzlich wurde die Stadt überschwemmt mit deutschsprechenden Leuten, in den Iwritkursen und überall. Ich kann mich gut an etwas erinnern: Am 1. April '33, an diesem denkwürdigen Tag, da saßen wir am Abend mit noch ein paar Leuten, die alle aus Deutschland stammten, zum großen Teil Akademikern, vielleicht zehn Personen, bei einem Arzt in Tel Aviv, der damals schon, was eine Seltenheit war, so ein Radio hatte, daß man Deutschland gut hören konnte. Und wir haben die Ansprache von Hitler gehört, und wir haben die ganze Reportage gehört von den gestürmten jüdischen Geschäften. Das alles am 1. April abends in Tel Aviv! Und danach kam die erste Einwandererwelle. Wir hatten eine winzig kleine Wohnung. Manchmal kamen Leute: Sie sollen Grüße bestellen, was weiß ich, von einer Freundin oder von dem oder

jenem: »Aber ich habe heute nacht keinen Platz zum Schlafen. Kann ich bei Ihnen übernachten?« Und so kamen manchmal direkt Fremde oder ganz entfernte Verwandte, die man in Deutschland kaum gesehen hat. Wir waren immer die erste Station. Es war nicht einfach, nein, es war auch finanziell nicht einfach! Es hat sich alles verändert. Man hörte überall Deutsch, wo man hinkam in den Straßen. Das war früher nicht gewesen.

Friedel Loewenson (*1908)

Meine Mutter ist allein zurückgeblieben und hat gepackt

EE: Es war natürlich für meine Eltern ein enormer Umschwung von einer schönen Siebenzimmerwohnung in zwei unmöblierte Zimmer. Wir haben uns selber die aus Kistenholz fabrizierten Schränke angestrichen. Und zu der Zeit gab's noch Wanzen in Israel; da haben wir die Eisengestellbetten in kleine Näpfchen mit Petroleum gestellt und ausgebrannt. Deshalb hatte man in früheren Jahren hier in Israel auch keine Tapeten, weil man Angst hatte, daß sich die Wanzen unter den Tapeten festsetzten.

AB: Wir sitzen hier in dem schönen Haus Ihrer Eltern, mit den Möbeln Ihrer Eltern. Man hat das Gefühl, das Haus sei um die Bibliothek herum gebaut.

EE: Absolut um die Möbel herum.

AB: Das haben Sie damals alles im *Lift* gehabt?

EE: Ja, ja, ja.

AB: Wie lange war so ein *Lift* unterwegs?

EE: Mein Vater ist mit uns beiden Mädels als Tourist hergekommen. Aber er wußte von vornherein, er will nicht mehr zurück. Meine Mutter ist erst im August gekommen. Sie ist alleine zurückgeblieben und hat gepackt, einen Teil der Möbel verkauft. Aber wir haben viel mitgebracht, auch den ganzen Inhalt der Schränke, also Glas und Porzellan usw., und Bettwäsche. Die schönste gestickte Bettwäsche kann ich Ihnen noch zur Verfügung stellen, herrliche Sachen, sehenswert. Kein Kind will das mehr haben heute, man muß alles schön plätten.

AB: Hatten Sie schon eine adäquate Bleibe für dieses elegante Mobiliar, als die Sachen ankamen?

EE: Nein, der Vater hat dann dieses Grundstück, wo wir hier jetzt sitzen, gekauft, und wir haben, bis das zu Ende gebaut war, in den zwei Zimmerchen gewohnt, und die *Lifts* standen hier im Garten. Also, das war damals noch kein Garten. Eine ehemalige Deutsche, die Schwester unseres Rabbiners, war Architektin. Sie war schon im Jahre '21 hierhergekommen, und sie hat die Pläne für das Haus gemacht.

Eva Eylon (*1914)

Ich wollte ein Jeckendorf finden

Ich habe von Anfang an gesagt, für mich kommt ein Kibbuz nicht in Frage, nur *moschaw owdim*. Es gab damals zu unserem Glück noch die Möglichkeit, mit Geld auszuwandern. Die Nazis haben mit den jüdischen Organisationen den sogenannten Transfer organisiert und Geld freigegeben. Ich bin im Januar '38 nach Palästina gefahren und bin sechs Wochen von Dorf zu Dorf gefahren, von Naharija bis runter nach Sde Warburg, Kfar Schmarjahu, Ramot Haschawim. Ich wollte einfach ein Jeckendorf finden, in dem wir uns ansiedeln konnten, habe aber keins gefunden. Teilweise hat mir das Dorf nicht entsprochen, teilweise hatte ich nicht das Geld. In Kfar Schmarjahu zum Beispiel mußte man Boden privat erwerben. Ich bin ziemlich unglücklich mit dem Schiff nach Europa zurückgefahren. Und auf dem Schiff war Arthur Ruppin, seligen Angedenkens, und ich habe mir ein Herz gefaßt und bin zu ihm gegangen, habe gesagt: »Professor Ruppin, vielleicht kannst du mir einen Rat geben, was ich hier machen soll. Ich bin hier auf *hitjaschwut* gegangen und habe viele Dörfer besucht, und keins hat mir entsprochen.« Hat er gesagt: »Ich selber bin Theoretiker, ich kann dir nicht helfen. Aber hier an Bord gibt es eine Dame, Hanna Jacobi. Wende dich mal an sie.« Also, ich habe mich an die Hanna Jacobi gewandt. Sie kam aus Kfar Jedidija, einem *moschaw owdim* in der Nähe von Natanja, *Emek* Chefer. Dort hatte sie einen *meschek* mit ihrem Mann, Konrad Jacobi, der später das Dorf verlassen hat und ein ganz hoher Funktionär in Jerusalem geworden ist. Sie hat gesagt: »Du willst auf *hitjaschwut*? Komm zu uns nach Kfar Jedidija!« Also habe ich mich für Kfar Jedidija entschlossen, ohne daß ich das Dorf gesehen habe, ohne daß ich gewußt habe, wo das ist und wie das ist. Ich bin nach Hause gekommen und habe gesagt: »Wir gehen nach Kfar Jedidija!« Und wir haben dann im Herbst '38 eines dieser Reihenhäuser, die die ›Sochnut‹ dort gebaut hat, bezogen. Mein Bruder hatte vorher alles ausgemessen, und wir haben uns die Möbel in Deutschland schon angeschafft nach der Größe dieses Hauses. So sind wir dann hierher gekommen im Jahre '38.

Ernst Schwarz (*1913)

Der hat uns Angst gemacht, daß wir vom Regen in die Traufe kommen

Auf dem Schiff war ein *schaliach*, das heißt ein Abgesandter aus *Erez Israel*, der nach Berlin gefahren war und wieder zurückfuhr. Und der hat uns gleich gesagt: »Also, in Palästina sind jetzt Unruhen«, das war 1938, »und ihr müßt euch furchtbar vorsehen, es wird dauernd geschossen, und es sind Überfälle von den Arabern.« Also, der hat uns ganz schön Angst gemacht, daß wir vom Regen in die Traufe kommen, so ungefähr. In Haifa waren wir dann in einem Aufnahmezentrum. Ich hatte eine Adresse von einer Bekannten auf dem *Karmel*, und wir wollten sie besuchen und sind nachmittags mit dem Autobus ins Zentrum gefahren, von wo ein Autobus auf den *Karmel* hinauf gehen sollte. Und wie wir da ausstiegen, kam ein Polizist auf uns zu und sagte: »Um Gottes willen, was macht ihr denn, es ist *ozer*«, das heißt *curfew*, Ausgehverbot. »Nach sechs Uhr darf man nicht auf der Straße sein.« Haben wir gesagt: »Ja, aber wir müssen zu einer Bekannten.« Da hat er eine Taxe gerufen, und die hat uns auf den *Karmel* gefahren, bis zu der Adresse, die wir hatten, und ist dann weitergefahren. Und wir haben geklingelt, und da war niemand da. Und wir wußten gar nicht, was wir machen sollten, es war doch Ausgehverbot. Also, wir sind doch zurück auf die Straße gegangen, und dann sahen wir ein erleuchtetes Schild. Da war ein kleines Krankenhaus, eigentlich mehr so eine Gebärklinik. Ein Nachtwächter ging auf und ab vor dem Haus, und wir haben ihn gefragt: »Was sollen wir denn tun? Wir wollten zu einer Bekannten, und die ist nicht da.« Und da hat der gesagt: »Ich hab' bis fünf Uhr morgens Nachtwache, ihr könnt solange in meinem Zimmer schlafen.« Er hatte da so ein kleines Holzhäuschen. Und er hat uns hingebracht und gesagt: »Ja, und wenn es schießt, dann legt euch unter das Bett.« Also, ich habe die ganze Nacht nicht geschlafen und gewartet, daß es anfing zu schießen. Aber mein Mann hat gut geschlafen, und um fünf Uhr kam dann der Nachtwächter und hat uns noch Kaffee gemacht und Brötchen serviert und war sehr nett. Und dann sind wir auf die Straße gegangen.

Mirjam Michaelis (*1908)

Zwischen der Bibel und der damaligen Zeit lagen ein paar tausend Jahre

Wir fuhren mit der sogenannten Schnupfenbahn durch den *Emek*, die man so nannte, weil sie tropfenweise fuhr. Wir bekamen den ersten Begriff von Orient oder Nahem Osten: Das war nicht genau die Eisenbahn, die man aus Deutschland kannte, ja? Und so kamen wir bei Nacht und Nebel im wahrsten Sinne des Wortes in Tel Josef an. Wir wußten nicht, wo wir waren. Und da hatte man ein paar Holzhäuser für uns vorbereitet. Es war nicht genau, was wir zu Hause hatten, vier in einem Zimmer, so war das, zwei Betten auf der einen Seite, zwei auf der anderen. In der Mitte hatten wir gerade noch Platz für einen Hocker. Wir kuckten uns um: Wo ist die Toilette, wo ist die Dusche? Naja, da mußten wir übers Feld gehen.

Wir hatten erst mal zwei, drei Tage Zeit, uns ein bißchen einzugewöhnen. Das war ja nicht der blühende Kibbuz und die blühende grüne Gegend von heute! *Emek Jisre'el* hat man zwar in der Bibel besungen, aber zwischen der Bibel und der damaligen Zeit lagen ein paar tausend Jahre, und dadurch war es ein bißchen verwüstet.

Mir ist noch deutlich in Erinnerung, wie wir da morgens in das *chadar ha-ochel*, also in den sogenannten Speisesaal gingen. Der Speisesaal war ein uraltes Holzhaus, das mehr zusammenfiel, als daß es irgendeinen Eindruck eines Hauses machte. Frühstück bestand aus Tee vom Samowar der damaligen Zeit und Brot mit verbranntem Olivenöl, mit gehackten Zwiebeln drin. Und wer wollte, konnte *chazilim*, also Eierfrucht in allen Formen dazu essen. Manchmal wurde aus dieser Eierfrucht auch sowas gemacht, das sich Marmelade nannte. Diese Eierfrucht gab es in so vielen Formen, daß ich seitdem sowas nicht mehr sehen und auch nicht hören kann.

Hugo Mendelsohn (*1918)

Ich hab' am Anfang sehr Sehnsucht gehabt nach Deutschland
Ich hab' am Anfang sehr Sehnsucht gehabt nach Deutschland. Und das war nicht nur die Sprache, sondern das war das öde Land. Auf dem Lande, wo ich angefangen hab', habe ich den ersten Baum gepflanzt. Es war weit und breit kein Gewächs zu sehen. Es war Wüste, selbst da, wo Bewässerung war. Wir konnten nachher Verschiedenes anbauen, ich hatte später sogar Blumen. Aber zunächst war alles öd und mir sehr fremd. Mit den Kindern, mit dem Baum, mit den Blumen bin ich dann allmählich in das Land hineingewachsen.

Gertrud Kedar (*1901)

Eine Vase mit Anemonen hat mich ungeheuer beeindruckt
Vor allen Dingen hat mich beeindruckt, daß er eine Vase mit Anemonen hatte. Das hat mich ungeheuer beeindruckt, daß es Blumen gibt. Ich dachte, Palästina ist ein Wüstenland, und wie kommen da Blumen hin? Und dann habe ich gesehen, daß sie gerade
anfingen zu blühen. Also, das fand ich ganz besonders schön.

Mirjam Michaelis (*1908)

Die Erfüllung meiner zionistischen Träume
Ich nahm Kontakt auf mit der Gruppe meiner Schwester, und wir
schlossen uns dieser Gruppe an, die in einen landwirtschaftlichen
Kibbuz ging. Das war für mich die Erfüllung meiner zionistischen
Träume, das war meine Welt. Es wurde meine Weltanschauung als
junger Mensch von 18 1/2 oder 19 Jahren. Und ich habe mich in
dieser Pionierzeit im Kibbuz Mischmar Haemek trotz Malaria und
schwieriger Bedingungen äußerst glücklich gefühlt.

Eugen Laronne (*1914)

Die waren für unsere Verhältnisse ein bißchen zu asiatisch
Wir haben eigentlich zu einer Gruppe gehört, die im *Emek Jisre'el*
sein sollte, in der Nähe von En Charod. Das war ein junger Kibbuz
von Leuten, die hier aus dem Lande aus einer riesigen Jugendbewegung kamen. Und da sind wir, wie es immer üblich war, am
Anfang auf Tour gegangen, das Land ein bißchen kennenzulernen,
und wir sind auch dahin gekommen, wo wir hin sollten. Aber die
haben uns zu viel Lärm gemacht, die waren für unsere Verhältnisse ein bißchen zu asiatisch. Das hat meiner Frau nicht gepaßt.
Und meine Schwägerin, ihre ältere Schwester, hat schon in Giw'at
Brenner gelebt. Sie hat uns gedroht: »Wenn ihr nicht hier nach
Giw'at Brenner kommt, dann reden wir nicht mehr zusammen!«

Jehuda Steinbach (*1910)

Und es war ein junges Land
AB: Was waren Ihre Eindrücke? Waren Sie etwas erschreckt von
den Verhältnissen?
ES: Nein, nur positive Eindrücke. Außerdem gab es überhaupt
keine anderen Möglichkeiten. Und es war ein junges Land. Jetzt
stellen Sie sich vor, daß die Häuser noch ganz weiß und klein
waren, Hochhäuser gab's noch nicht.
S-RS: Orientalisch!
ES: Nein, nein in Tel Aviv, das war nicht orientalisch. Orientalisch

ist es im alten *schuck* und so weiter, heute noch gibt es das in
Jerusalem in der Altstadt. Aber das waren neue Häuser, ein ganz
neues, junges Land.

Sara-Ruth (*1915) und Elchanan (*1911) Scheftelowitz

Damals hatte ein Einbrecher einen sehr schlechten Beruf
Ich hatte keine Hoffnungen und keine Erwartungen und kein Miß-
trauen. Wir kamen alle her mit dem guten Willen zum Arbeiten,
daß, wie sagt der Berliner, die Schwarte kracht. Damals waren Türen
und Herzen viel offener als heute. Damals war eine Situation in
Palästina, und zwar im jüdischen Teil, daß kaum jemand auf die
Idee kam, eine Haustür abzuschließen. Bemerken möchte ich, daß
der Dieb auch keine großen Chancen hatte, wir hatten ja alle nichts.
Wo er auch hinkam, da war ein Bett, ein kleiner Schrank, der aus
Orangenkistenholz zusammengestellt war, und da lagen vielleicht
zwei Hemden und zwei Hosen, weiter nichts. Das Volk hat damals, Hut ab vor der Generation, gearbeitet, was möglich war,
was sich bot. Wir haben Akademiker gehabt, die auf dem Bau standen, und es gab einen berühmten Witz, daß die Leute sich die
Steine zureichten: »Bitteschön, Herr Doktor, dankeschön, Herr
Doktor, bitteschön, Herr Doktor, dankeschön Herr Doktor.«

James Springer (*1907)

Die Miete war teuer und das Leben billig
Die Miete war teuer und das Leben war billig. Man hatte vielleicht
damals drei Englische Pfund im Monat. Davon konnte man leben.
Es war doch hier ein sehr niedriger Lebensstandard. Die Araber
haben gelebt von Apfelsinen und *pita* – das runde Brot – und Tee
und Zwiebeln und Oliven. Die Sachen haben doch nix gekostet,
verstehen Sie. Man hat dementsprechend auch nichts verdient, das
hing alles zusammen. Wir fingen an zu arbeiten und haben uns
gut oder schlecht durchgebracht. Wir haben nicht gehungert. Wir
haben alles auf dem *schuck* eingekauft. Ich fing an, Fleisch, Eis,
Zeitungen auszutragen, damit wir die Miete zahlen und uns anständig ernähren konnten. Gott sei Dank sind alle gesund und heil
rausgekommen.

Schlomo Lion (*1920)

In einem »Zimmer mit Bequemlichkeiten«
Und da kam ich nach Tel Aviv und lebte mit der Mutter dort in
einem »Zimmer mit Bequemlichkeiten«. Das war damals so: Sel-

ten hatte eine Familie eine Wohnung für sich allein, sondern man war Mieter der ganzen Wohnung und vermietete noch an eine andere Familie. Oder man kam als Untermieter zu einer Familie, mit halber Küche, nicht wahr, und hat die »Bequemlichkeiten« geteilt. Das war nicht sehr angenehm, aber damals nahm man das hin.

Moshe Moritz Cederbaum (*1910)

* * *

Ich bin von Pontius zu Pilatus gelaufen

Ich habe mich vom ersten Tage an, als ich hier war, bemüht, für meine Eltern eine Einwanderungserlaubnis zu bekommen, und bin von Pontius zu Pilatus gelaufen, und es ist mir nicht gelungen. Mein Vater hat dann ein Notzertifikat bekommen als Verfolgter. Sie fuhren auf einem italienischen Schiff los. Italien erklärte den Krieg, bevor sie in Haifa ankamen. Als das italienische Schiff nach Haifa kam, ließ man es nicht landen. Ich fuhr nach Haifa, um meine Eltern zu empfangen. Ich sah das Schiff im Hafen liegen. Es stand im Hafen bis spätnachmittags – ich stand von morgens an da – und wurde dann wegbeordert. Es fuhr irgendeinen Hafen in Bulgarien an, das damals noch ein neutrales Land war. Dort wurden die Leute ausgeladen, aber interniert, und warteten dann einige Zeit, bis man ein neutrales Schiff fand, auf dem sie kommen durften. So sind meine Eltern ins Land gekommen, mit zwei kleinen Köfferchen.

Elisheva Pick (*1917)

Allein schon das Gefühl, sie sind im Land!

Eines Tages hat ein Autobuschauffeur von ›Egged‹ der Schwester meiner Mutter, die am *Karmel* lebte, einen Zettel gebracht. Eine kurze Notiz, aus der ging hervor, daß die Eltern wahrscheinlich da sind. Und wir bekamen einen Brief mit der Post, als die Eltern schon zwei Wochen in Atlit interniert waren, denn das Schiff ist von den Engländern gekapert worden. Also, wir waren einerseits ganz selig, daß die Eltern rausgekommen sind, und andererseits habe ich zu meinem Mann gesagt: »Um Gottes willen, zwei Wochen sind sie schon im Land und müssen denken, wir woll'n sie nicht!« Sie hatten uns geschrieben, sie hätten nur ein Gepäckstück. Jeder hat nur eines haben dürfen, und das eine hat man ihnen noch gestohlen. Sie waren also auch ohne Sachen. So habe ich alles mögliche zusammengepackt, es war ja Winter. Von der Zahnbürste angefangen, habe ich alles gekauft, obwohl wir selber gar kein Geld hatten. Und ich bin mit einem Koffer nach Atlit. Das war damals eine Weltreise, heute kommt man schneller nach Europa! Ich bin auf einem Lastwagen getrampt, denn die Fahrt konnte ich mir nicht leisten. Man konnte nicht direkt an das Lager ran, und es war von den Engländern rundum bewacht. Meine Eltern hatten mir die Barackennummer geschrieben. Ich bin am Zaun entlang gelaufen und sah drinnen ein paar junge Burschen. Ich hab' laut den Namen meines Vaters und die Barackennummer gerufen und habe gesehen, daß man mich verstanden hat. Einer ist weggegangen, meine Nachricht wurde weitergegeben. Wie ich dann zum Tor kam und noch mit den Polizisten verhandelt hab', seh' ich auf einmal von der einen Seite meine Mutter kommen und von der anderen Seite meinen Vater. Ich hatte sie zwei Jahre nicht gesehen, das war für mich damals – ich war gerade 20 – wahnsinnig lange. Und ich habe dagestanden und habe so geweint! Sie haben mir gewinkt, zu ihnen konnte ich nicht, es war vielleicht 60 Meter entfernt. Aber ich habe sie gesehen, und allein schon das Gefühl, sie sind im Land! Sie waren viel schlanker geworden, aber das war nicht so schlimm. Jetzt wollte ich ihnen so gern den Koffer geben, doch man hat mir gesagt: das gibt es nicht, das muß durchsucht werden und so weiter. Also, ich habe meine ganze Überredungskunst angewandt, und dann hat mir ein jüdischer Hilfspolizist versprochen: also, den Koffer werden sie bekommen!

Meine Schwägerin, die Schwester meines Mannes, kam im Oktober '39 ganz plötzlich. Ein Freund von uns klopfte in der Mittagsstunde: »Es ist ein Telefonat gekommen aus Haifa, Felix, deine Schwester ist gekommen mit den Kindern.« Also, wir wußten überhaupt nicht, was wir vor Freude tun sollten. Wir mußten natürlich wieder nach Haifa, um sie zu holen. Sie waren abgestiegen bei Verwandten unseres Schwagers auf dem *Karmel*. Ich habe dort gleich gesehen, diese Verwandtschaft war etwas vornehm, er Arzt, die Frau etwas umständlich. Beim Abendbrot fingen sie an, wie sie die drei Leute unterbringen würden; sie wollte sie verteilen. Da habe ich meinem Mann unterm Tisch einen Schubs gegeben, habe gesagt: »Wir werden sie schon unterbringen!« Ich hatte meine Tante in Kirjat Bialik, die eine phantastische Frau war. Und wir sind dort abends um zehn zu fünft erschienen, Telefon gab's ja nicht. Wir haben gesagt: »Tante Frieda, das ist die Schwester von Felix und die Kinder.« Also, es war ein Jubel! Die Töchter mußten irgendwo auf der Erde schlafen. Wir haben jedenfalls bei Tante Frieda alle fünf Unterkunft bis zum nächsten Tag gehabt. Dann haben wir uns wieder auf die große Reise nach Sde Warburg gemacht.

Ruth Tauber (*1919)

Für die Generation der Eltern war es ein schwerer Bruch

AB: Ist Ihnen damals, als viel jüngerer Mensch, der aus ideologischen Gründen herkam, eigentlich die Tragik im Leben Ihrer Eltern schon voll bewußt gewesen?

CS: Es ist mir heute vollkommen klar, daß diese Generation viel mehr gelitten hat als wir. Uns ist es gelungen, da wir jung waren, dieses Trauma positiv umzuwerten. Für uns war's keine Tragik. Aber die Eltern – für diese Generation war es ein schwerer Bruch, die ist damit nie ganz fertig geworden. Das haben wir auch gemerkt, wir konnten ihnen ja auch nicht mehr bieten, als wir hatten.

Chaim Sela (*1914)

Mein Vater konnte nicht Fuß fassen

Hier konnte mein Vater in keiner Weise Fuß fassen. Er war vom 10. November '38 bis Ende Dezember in Dachau, nach der Kristallnacht, und kam als gebrochener Mann heraus. Wir kamen hier praktisch mittellos an, mit sehr kleinen Reserven, die wir schnell aufgezehrt haben. Bis 1947, '48 hatten meine Eltern noch die Absicht, aufgrund von Briefen, die sie von Freunden aus Buenos Aires bekamen, vielleicht dort hinzufahren. Mein Vater hat geglaubt, daß er dort noch irgend etwas beruflich machen kann, denn er hat hier kaum mehr einen Groschen verdienen können. Später hat er sich irgendwie eingeordnet, zum Schluß war er bei meinem Bruder im Geschäft, quasi als Aufseher. *De facto* war das eine Geste meines Bruders, ihn auf die Lohnliste zu setzen und ihm ein bißchen das Gefühl von Nützlichkeit und Würde wiederzugeben. Aber das war auch schon alles. Manche kamen ohne Eltern, sahen ihre Eltern überhaupt nie wieder. Und andere, so wie ich, haben zuerst die Eltern ernährt und dann die Kinder; wir nannten das die Sandwich-Generation, wissen Sie.

Herr Y (*1920)

Else Lasker-Schüler als unglückliches Beispiel für diese Emigration

FL: Alle diese Leute, die auf die Sprache angewiesen waren, auch Ärzte und Rechtsanwälte und vor allen Dingen freie Berufe, Schau-

spieler, Schriftsteller, die waren aufgeschmissen. Ich kann mich
gut erinnern an Else Lasker-Schüler. Mit der habe ich zweimal Kaffee getrunken bei Verwandten. Sie wohnten in Jerusalem, und ich
war bei ihnen, und Else Lasker-Schüler kam herein. Man merkte,
das ist eine besondere Begabung, man wußte das damals. Aber sie
war vernachlässigt, verwahrlost, vollkommen verarmt und unge-
pflegt, es fehlten Knöpfe. Da wußte man, wenn man ihr nicht etwas anbieten wird, dann wird sie an dem Tag sicher nichts mehr
zu essen haben.

AB: Sie gilt, glaub' ich, als eines der unglücklichsten Beispiele für
diese Emigration.

FL: Ja, ja, bestimmt.

AB: Aber, wie Sie sagten, speziell denen, die geschrieben haben,
war ja in der Emigration überall der Boden entzogen.

FL: Überall. Aber hier haben sie sich besonders schwer getan,
weil die deutsche Sprache verpönt war.

Friedel Loewenson (*1908)

Wirtschaftlich und seelisch war die Einordnung für meinen Vater kein leichtes

Mein Vater war schon 50 Jahre alt, und das war natürlich ein er-
schwerender Faktor. Hinzu kam, daß er die 1.000 Pfund Sterling,
die man für das Zertifikat brauchte, um sich als Kapitalist hier an-
zusiedeln, zwar zusammenbrachte, aber teilweise mit Anleihen
von Verwandten im Ausland. Er mußte sie von hier aus zurückzah-
len, so daß es ihm nicht gelang, in eine der deutsch-jüdischen
Mittelstandssiedlungen zu kommen, wie Ramot Haschawim, Kfar
Schmarjahu, Schawe Zion oder andere Dörfer, wo er sich milieu-
mäßig höchstwahrscheinlich sehr viel besser eingewöhnt hätte und
sich wahrscheinlich auch wirtschaftlich besser gestellt hätte. Durch
eine verzwickte familiäre Bindung an einen entfernten Verwandten, der eine Zitrusplantage am Tiberiassee, in Migdal bei Tiberias
besaß, und der ihm riet, in diese gottverlassene, damals nur 250
Seelen zählende kleine galiläische Siedlung zu gehen, wurde er
sehr abseits geschoben. Das heißt, er konnte nicht auf gegenseitige Hilfe rechnen. Die Menschen dort waren ihm fremd. Wir waren damals in diesem Dorf zwei oder drei deutsch-jüdische Familien. Er konnte mit niemand sprechen. Hebräisch lernte er kaum.
Und das Klima, 200 Meter unter dem Meeresspiegel, die schwere,
harte, landwirtschaftliche Arbeit, Bananen-, Tomatenanbau, Hühnerzucht, Kuhwirtschaft, bei manchmal 40 Grad in der Sonne an

den heißen, langen Sommertagen, war für ihn gesundheitlich sehr, sehr zermürbend. Und menschlich und seelisch war die Einordnung in diesen ersten Jahren der arabischen Unruhen 1936 bis '39 und später '39 bis '45 während der Kriegsjahre, als man von Europa und dem Schicksal der jüdischen Mitmenschen noch gar nicht richtig wußte, aber jedenfalls völlig abgeschnitten war, auch kein leichtes, so daß er, wirtschaftlich völlig ruiniert und fast brotlos, 1946, als ich bereits in Tel Aviv ansässig war, das Haus verkaufte und die landwirtschaftliche Arbeit aufgeben mußte, nicht zuletzt, weil er bereits das 60. Lebensjahr erreicht hatte.

Abraham Frank (*1923)

Mein Vater ist patriotisch geworden und bekam eine Art Bauernstolz

Mein Vater ist dann merkwürdigerweise so 'n bißchen patriotisch geworden. Da er nicht glaubte, daß er hier im Lande als Kaufmann existieren und mit den hiesigen orientalischen Kaufleuten konkurrieren kann, sind wir zur Landwirtschaft gegangen. Aber das war eben besonders schwierig. Ich hatte selber nur ein Jahr Praxis, ja, und mußte dann diesen alten Herrn, den Industriellen mit dem dicken Bauch, gewissermaßen dazu bringen, Radieschen auszusäen oder Möhren oder so etwas. Ihm zu zeigen, wie man das macht, war gar nicht so einfach. Nach und nach hat es meinem Vater dann auch Spaß gemacht. Er hat so eine Art Bauernstolz bekommen. Ich erinnere mich zum Beispiel, wir hatten lange Reihen mit Möhren, und das war so schönes sattes Grün. Und dann wollte ich schon anfangen, das zu ernten, da sagt er: »Nee, komm, laß das mal noch 'ne Woche stehen, das sieht so schön aus, da können wir uns noch 'ne Woche dran freuen.« Dann haben wir es erst eine Woche später geerntet.

Gershon Monar (*1924)

In Israel habe ich einen ganz anderen Vater kennengelernt

Meine beiden Eltern haben sich sehr gut umgestellt. Meine Mutter hat zwar immer betont und auch wohl darunter gelitten, daß sie ihre Selbständigkeit hat aufgeben müssen. Sie hat mit uns in der Hühnerzucht gearbeitet und hat den Haushalt gemacht. Oft denk' ich heute dran, unter was für Schwierigkeiten: kein *frigidaire* zuerst, und mit diesen ekelhaften *neft*-Kochern, Petroleumkochern. Es war ein sehr schweres Arbeiten. Mein Vater hat nach ein paar Jahren eine Vertretung für eine Versicherung, damals die größte im

Land, ›Hasne‹, bekommen. Jeden Nachmittag ist er erst mit einem Eselswagen und später mit Pferd und Wagen in unsere Nachbarorte Kfar Sawa, Ra'anana und bis nach Bazra, Bne Zion gefahren. Das war sehr weit, und er ist erst abends spät nach Hause gekommen. Er hat eine gute Klientel gehabt.

Zum Vati haben wir früher eine richtige Distanz gehabt, obwohl wir ihn abgöttisch geliebt haben. In Israel habe ich einen ganz anderen Vater kennengelernt. Er hat uns hier in der Früh den Kuhstall geputzt, und wenn wir um halb fünf kamen, war schon alles sauber. Also, das war er auch nicht gewöhnt, nein. Aber der Vati hat sich hier sofort umgestellt. Dann sein Umgang mit unseren Kindern: was die sich alles erlauben durften! Bei uns zu Hause früher gab's überhaupt nie ein unanständiges Wort, wir waren eben zwei Töchter. Und hier mit den Kindern: nicht, daß er anrüchige Sachen gesagt hat, aber er hat ihnen solche ulkigen Sprüche beigebracht, die unsere Jungs noch heute benutzen. Meine Schwiegertochter kennt die alle. Und für die Kinder war das ein phantastisches *experience*, mit den Großeltern zu leben. Die haben sie hoch verehrt und geliebt.

Ruth Tauber (*1919)

Es geht sehr gut auch ohne alles

Die deutschen Juden, die hierherkamen, hatten es sehr schwer. Die früher Rechtsanwälte waren, haben später hier Eierfarmen gehabt. Ich weiß nicht, was unsere Eltern alles gemacht haben, um sich über Wasser zu halten. Beklagt hat sich damals niemand. Es waren andere Zeiten, das muß man wohl sagen. Viel später habe ich dann mal zu einer neuen Freundin in Deutschland gesagt: »Weißt du, es hat mir zwar nicht weh getan, ich wurde sehr schnell erwachsen und verantwortungsvoll, aber eine Kindheit in dem Sinne, eine Jugend, habe ich nicht gehabt. Ich bin niemals zu einem Tanz gegangen oder so was. Ich habe niemals ein langes Kleid gehabt und alle diese Sachen.« Das hat man hier sehr gut gelernt, es geht sehr gut auch ohne alles.

Cary Kloetzel (*1919)

Meine Eltern taten alles, um mich in das jüdische Leben in Palästina einzuführen

Meine Eltern haben sehr versucht, hier in Palästina ein neues Leben anzufangen. Sie taten alles, um mich in das jüdische Leben in Palästina einzuführen. Ich war sehr böse, denn wir kamen in Tel

Aviv am 3. Oktober an, am 4. Oktober war ich bereits in der Schule. Und zwar gab es in Tel Aviv eine Frau, die eine Schule aufgemacht hatte – wir würden heute dazu sagen einen *ulpan* –, wo ungefähr zehn deutsche Mädchen waren, alles Töchter von Ärzten. Die hat sie eingeführt in Hebräisch und den *tanach* und in Geschichte und in alles, was wir nicht mitgekriegt hatten. Und dieses Jahr hat mir dann sehr geholfen, um nachher im Seminar weiterzulernen.

Ein junger Bursche hat uns für eine Jugendbewegung, ›Machanot Ha'olim‹, gekeilt, und meine Eltern, die sehr klug waren, verstanden, daß ich mich nur auf so eine Art und Weise wirklich einleben konnte. Sie waren nicht immer mit allem einverstanden: Ich entsinne mich, wie wir damals noch am Freitagabend in Tel Aviv an den Straßenecken tanzten. Und eines Freitagabends war ich mittendrin, im engsten Kreis der *horra*; es war ungefähr zehn, halb elf, und jemand packte mich am Schlawittchen, und mein Vater sagte zu mir: »Du kommst jetzt nach Haus!« Und so geschah es.

Dalia Grossmann (*1919)

Der Umbruch ist uns Kindern nicht schwer gefallen

Meine Schwester und ich ordneten uns relativ leicht ein. Ich konnte nicht Hebräisch sprechen, als ich hier ankam, aber ich lernte es im Kinderheim Ahawa in Kirjat Bialik recht schnell. In den ersten Monaten, während meine Eltern nach einem, wir nennen das hier im Lande *meschek*, nach einer Farmstätte suchten, war meine kleine Schwester bei Verwandten in Haifa und ich in diesem Kinderheim untergebracht. Danach kamen wir auf die Volksschule nach Tiberias, und in dem Dorfe und in der Schule lernte ich relativ leicht Hebräisch und gewöhnte mich ein. Ich kann nicht sagen, daß ich als Junge damals Sehnsucht nach Deutschland hatte oder daß der Umbruch uns Kindern schwergefallen sei.

Abraham Frank (*1923)

Am Anfang war ich schockiert, daß es fast keine Disziplin in der Schule gab

Wir waren die zwei ersten Jahre in Petach Tikva, das war eine landwirtschaftliche Kolonie. Da waren die Kinder ziemlich unerzogen, es gab fast keine Disziplin in den Schulen. Ich habe dann später sehr gerne mitgemacht, aber am Anfang war ich ziemlich schockiert: Wie kann man einem Lehrer so frech antworten oder sich einfach weigern, dies und das zu tun, oder barfuß in den Klassenraum kommen? Und dann, nach zwei Jahren, 1937, sind wir nach Jerusalem gekommen. Mein Vater hat ein Haus gekauft, und ich ging in Jerusalem in eine religiöse Mittelschule, die aber sehr, sehr progressiv war, die ›Ma'ale Schule‹. Viele der Lehrer waren deutschen Ursprungs. Es gab eine sehr gute Erziehung, einerseits religiös, aber andererseits auch sehr viel Allgemeinbildung, Musik und Theater usw. Meine erste Liebe war ein Mädchen, das in den letzten 30er Jahren aus Deutschland kam. Der habe ich etwas Nachhilfe gegeben, und es hat uns beiden geholfen.

Jehuda Amichai (*1924)

Die hier geborenen hatten Vorbehalte gegen die deutschsprachigen Kinder

Im Jahre '38 haben wir in Ben Schemen eine Gruppe aus Deutschland bekommen. Unser Leben teilte sich auf zwischen der Schule und dem gesellschaftlichen Leben in der *kwuza*, in der Jugendgruppe. Unser *madrich* Arje Simon war deutschsprachig, und ich glaube, daß er ein ganz besonderes Verhältnis zu den deutschsprachigen Kindern hatte. Die deutsche Gruppe der ›Jugendalija‹ hat sich in Ben Schemen wirklich sehr schnell eingelebt und Hebräisch gelernt. Ich glaube nicht, daß es da irgendwelche Konflikte gegeben hat. Obwohl man schon sagen kann, daß die hier geborenen Kinder am Anfang gewisse Vorbehalte hatten gegen die deutschsprachigen neuen Kinder. Dies hat sich humoristisch ausgedrückt in verschiedenen Witzen über die Jeckes und ihre besonderen Eigenschaften. Aber ich muß sagen, daß durch die besondere Atmosphäre in Ben Schemen diese Widersprüche sich ziemlich schnell ausgeglichen haben. Obwohl die deutsche ›Jugendalija‹ in dieser Gruppe, in der ich war, eine ziemliche Mehrheit hatte, hat es sowohl in der Klasse im Unterricht als auch im Gesellschaftsleben nie irgendwelche scharfen Auseinandersetzungen gegeben zwischen den hier geborenen *sabres* und den deutschen neuen *olim*.

Emanuel Strauss (*1926)

Mit den Deutschen haben wir uns nicht vertragen

Diese Schule der ›Jugendalija‹, das war eine wunderbare Sache. Ich habe mich nie als Neueinwanderer gefühlt. Wir waren 50 Mädels in dieser Schule, und untereinander haben wir natürlich deutsch gesprochen. Die Gruppe wurde erst hier zusammengestellt. Ich kam in eine Gruppe von unserem Jugendbund. Wir wa-

ren zwölf Mädels aus Wien, die anderen waren Deutsche, und wir
haben uns nicht vertragen. Die haben sich immer lustig gemacht
über unser Deutsch. Es ist bis zu Schlägereien gekommen. Dann
hat man uns rasch eine tschechische Gruppe gebracht, und dann
war es in Ordnung.

Rachel Beck (*1922)

Vier Stunden Arbeit, vier Stunden lernen
›Jugendalija‹ bedeutete zwei Jahre lang täglich vier Stunden Arbeit, vier Stunden lernen oder umgekehrt, und wir haben sehr intensiv gelernt. Es gab kein vorprogrammiertes Lehrverzeichnis, was
zu lehren ist. Es war nicht auf Abitur gemünzt. Jeder Kibbuz oder
jede Institution machte es nach seiner eigenen Façon.

Josef Stern (*1921)

Ich vermißte sehr die Familienatmosphäre
MD: Wie habt ihr die ›Jugendalija‹ erlebt?
BK: Also, ich war sehr ungern bei diesen orthodoxen Juden. Ich
rede jetzt mal nicht von der ideologischen Diskrepanz zwischen
dem, was ich empfand und dem, was dort gepredigt wurde. Sondern es war der alte große Rahmen eines Instituts mit 200, 300
Zöglingen, die sich zum Teil nicht kannten. Alles war sehr unper-
sönlich, ich vermißte sehr die Familienatmosphäre. Als ich es durchgesetzt hatte und in den Kibbuz kam, in eine Gruppe von 20 Jugendlichen, habe ich mich wohlgefühlt.

Benjamin Kedar (*1923)

* * *

**Die Juden haben vor der Emigration bevorzugt akademische Be-
rufe ergriffen**
Die Juden haben vor der Emigration bevorzugt akademische Berufe ergriffen. Ich interessierte mich für Jura und habe noch ein or-
dentliches Staatsexamen und ein Doktorexamen gemacht, alles
noch in der Zeit vorher. Ich wäre gern Richter geworden. Der Hang
der Juden zu akademischen Berufen kam ganz einfach daher, daß
man angesehener war und eine andere Stellung im bürgerlichen
Dasein hatte.

Lothar Eisner (*1909)

Es gab keine Arbeitsstellen für die vielen Akademiker

Als wir ins Land kamen, waren wir jung. Meine Frau war 21 und ich war 23. Aber dann gab es Leute, die sind mit 40 Jahren hergekommen, die hatten schon Berufe, waren fertige Ärzte, Rechtsanwälte, Richter. Für die war es schwer. Es gab einfach nicht so viele Arbeitsstellen für die vielen Akademiker. Die Einwanderer aus Deutschland haben vielfach die Konsequenzen gezogen, die haben dann plötzlich einfach Hühner gezüchtet.

Jehuda Steinbach (*1910)

Es war die Überzeugung, daß man hier zu einem Aufbau geht

Ich könnte nicht sagen, daß die Umstellung so ein großes Problem war, obwohl die Leute, mit denen ich gekommen bin, alle aus gutbürgerlichen Verhältnissen stammten, eine gewisse Wohnkultur gewöhnt waren, keine besonderen finanziellen Probleme gehabt hatten usw. Bis zum heutigen Tage kann ich nicht genau erklären, was der Grund war, daß wir uns alle sehr schnell und eigentlich ohne Schwierigkeiten umgestellt haben. Das war die Überzeugung, aus der heraus wir gekommen sind, die Überzeugung, daß man hier zu einer neuen Sache und zu einem Aufbau geht, obwohl wir sehr lange unter unserem Standard gelebt haben. Verglichen mit dem, was das Leben hier heute ist, ist es ein solcher Unterschied, daß man den Menschen heute gar nicht mehr erklären kann, wie wir gelebt haben.

Leni Yahil (*1912)

Zuerst einmal Eroberung der Arbeit

In den Jahren der deutschen Einwanderung ab '33 waren keine Stellen für Akademiker da. Ich war damals Handwerker. Unter mir haben vier oder fünf Ingenieure als Handlanger gearbeitet. Natürlich habe ich ihnen, so weit ich konnte, Arbeiten zugeschanzt, wo sie ihr Wissen etwas verwenden konnten. Aber sie haben sich nicht geschämt. Die Leute vom K.J.V., vom Kartellverband jüdischer Verbindungen, haben im Hafen als Träger gearbeitet und haben eine Kooperative aufgemacht als Transportgesellschaft. Bis sie dann nach und nach in ihre Berufe zurückgerutscht sind, nachdem Plätze freigeworden sind. Aber man kann eine Pyramide nicht auf der Spitze aufbauen. Und die Pyramide war hier aufzubauen. Das hieß zuerst mal *kibusch awoda*, also Eroberung der Arbeit. Und das haben gerade die deutschen Juden mit Stolz gemacht.

Hans Grünthal (*1915)

Ich wollte sehen, wie das schmeckt, körperlich zu arbeiten
Es waren sicher auch wirtschaftliche Gründe, die mich dazu ver-
anlaßt haben, damals eine vollkommen andere Richtung einzuschlagen, aber es war keineswegs ein Bruch. Ich habe mich von
Anfang an sehr wohl gefühlt im Kibbuz, obwohl die körperliche
Arbeit mir zunächst vollkommen fremd war. Ich ging auf ein paar
Wochen in einen *pardes*, um überhaupt einmal zu sehen, wie das
schmeckt, körperlich zu arbeiten. Ich habe dann, auf jiddisch nennt
man das *gemistigt*, das heißt, ich habe Mist in die Gruben um die
Zitrusbäume geschleppt und geworfen. Das war Kamelmist, und
wir, ein Freund und ich, kamen abends nach Hause, also dorthin,
wo wir gewohnt haben, von oben bis unten vollständig in Staub
gebadet von diesem Kamelmist. Das hat mir zunächst nicht grade
sehr gut gefallen, aber ich habe mich sehr, sehr schnell umgestellt,
und dann habe ich mich sehr wohl gefühlt bei der körperlichen
Arbeit. Aber ich habe natürlich auch das Lernen nicht aufgegeben,
ich kann sagen bis heute. Mit Lernen mein' ich jetzt talmudisches
Lernen.

Esriel Hildesheimer (*1912)

Warum ich Tischler werden wollte
Nachdem ich den Wunsch geäußert habe, ein praktisches Fach zu
lernen, war mein Vater, der ja Dichter und Erzieher war, auch der
Anschauung, daß man in Israel hauptsächlich Landwirte und Hand-
werker braucht, mehr als Intellektuelle. Denn es waren damals
schon viel zu viele Intellektuelle da, die eben schon in Deutschland studiert hatten, und das Problem war ja für sie, entweder zum
Handwerk oder zur Landwirtschaft oder irgendeiner produktiven
Arbeit überzugehen. Mein Vater hat mich also unterstützt in dieser
Richtung. Und er sagte manchmal: »Ja, dein Bruder Michael« –
der nachher Philosoph geworden ist – »hat leider keine so guten
Hände wie du, und da muß er sich akademischen Studien widmen.« Ich muß sagen, daß ich immer eine große Befriedigung in
meinem Beruf gefunden habe. Auch durch meinen Großvater
Martin Buber bin ich darin unterstützt worden. Er hat mir mal gesagt, es täte ihm leid, daß er niemals eine Handarbeit gelernt habe.
Jeziratijut, also das kreative Schaffen, hat ja in seinen Reden über
die Erziehung eine große Rolle gespielt. Und auch meine Großmutter, die selber die Tochter eines Architekten war, der Hofarchitekt
des Herzogs von Bayern und ein Künstler war, hatte ein großes
Interesse an Möbeltischlerei und Innenarchitektur und hat mich

darin bestärkt. Ich bin ja später Werklehrer und Fachlehrer geworden und hab' mich dann mit Berufserziehung systematisch befaßt. Ich wollte noch allgemein bemerken, daß eben damals die Gestalt des *chaluz* und des Handwerkers, also die Gestalt des arbeitenden Menschen, in der Hierarchie der Berufe an der Spitze war. Leider hat sich dies in den letzten 20 Jahren wieder geändert, die theoretischen, akademischen Berufe stehen wieder an der Spitze der Pyramide und die arbeitenden Berufe sind eben die untersten im Status der Gesellschaft geworden.

Emanuel Strauss (*1926)

Feste Arbeit gab es nur in begrenztem Maße

Die Situation war so: Ein Lediger bekam einen Tag Arbeit in der Woche, ein Verheirateter anderthalb Tage, mit einem Kind bekam man zwei Tage und mit zwei Kindern oder mehr schon drei Tage. Feste Arbeit gab es ja damals nur in begrenztem Maße, sagen wir bei der Elektrizitätsgesellschaft oder bei der ›Histadrut‹ usw. Aber da saßen eben schon die, die schon vor uns gekommen waren, und wir kuckten mit sehnsüchtigen Augen danach, ja? Also, die Situation war ziemlich schwierig, und grade die Juden aus Deutschland nahmen damals alle möglichen Berufe an, verkauften Eier von Haus zu Haus, trugen Milch aus, wuschen Wäsche, gingen zu Reinigungsarbeiten in die Häuser, alles solche Sachen. Wir hatten damals gar keine Scham, nichts war uns zu unbequem. Das lag vielleicht daran, daß wir alle ungefähr auf dem gleichen Standard lebten, während heute die Differenzen viel ausgeprägter sind.

Moshe Moritz Cederbaum (*1910)

»Wenn Sie noch gar nichts wissen, dann kommen Sie zu mir«

Ich habe gar keine Vorstellung gehabt von der orientalischen Lebensweise. Ein Kuriosum war ja, wie ich zu meiner ersten Beschäftigung gekommen bin. Also wir wollten nicht in Haifa bleiben, sondern nach Tel Aviv. Da fuhr man noch mit dem Zug, aber nicht mit dem Zug wie heute. Die Bahn fuhr über Jaffa und hat einen großen Umweg gemacht, war voll mit armen Beduinen, die zum Markt fuhren. Sie hatten Hühner in Ställen dabei, also, es waren unwahrscheinliche Zustände! Mir war's im Coupé zu eng und zu heiß, ich ging in den Gang raus. Im Gang stand schon ein Mann am Fenster. Ich kam mit ihm ins Gespräch, und er fragte, was ich hier machen will. Sagt' ich: »Wir sind ziemlich neu, haben noch gar keine Kenntnis vom Land und von der Sprache, wissen nicht, wie wir uns hier einordnen werden.« Sagt' er: »Ach, wenn Sie noch gar nichts wissen, dann kommen Sie zu mir.« »Naja, was machen Sie?« »Ich hab' eine Autoschlosserei, kommen Sie morgen dorthin.« Das war in dem sogenannten Merkas Volovelski. Das ist ein Handwerkerviertel zwischen Tel Aviv und Jaffa gewesen. Also ich kam dorthin als Lehrling, hab' wahrscheinlich mehr Unfug angerichtet (*lacht*), als daß er an mir große Freude hatte. Was ich mit einem anderen zusammen da machen mußte, das war geradezu mörderisch: Eisenträger durchsägen, mit der Hand, ja. Also, ich war ja gar nicht vorbereitet auf solche Arbeit.

Iwan Lilienfeld (*1910)

Ohne die Sprache kann man nicht Lehrer sein
Ich konnte mir nicht erlauben, hier ein Jahr zu sitzen und nur die Sprache zu lernen. Das war ja damals noch nicht wie heute, daß man neue Einwanderer in den sogenannten *ulpan* bringen konnte, monatelang auf Staatskosten. Jedenfalls habe ich mir gesagt, das kann ich mir leider nicht erlauben. Andererseits, ohne die Sprache kann man nicht Lehrer sein, das ist ja die Hauptsache. Und so bin ich von meinem Beruf abgekommen. Und überhaupt, die ganze *gischa*, wie nennt man das, die Einstellung zur Schule, zur Erziehung, das war alles hier nicht so, wie ich das aus Deutschland gewöhnt war. Also das habe ich gleich gesehen, das ist nichts für mich, das ist nicht meine Ausbildung, ich muß irgendwas anderes machen.

David Bar-Levi (*1912)

Ich hab' im Zelt gesessen und war verzweifelt
Ich bin ins Land gekommen, hatte keine Beziehungen, nur einen Empfehlungsbrief gehabt und so gut wie kein Geld, mit *zores*. Und hab' im Zelt gesessen. Dann habe ich mich auf eine Zeitungsannonce gemeldet. Sie suchen fürs Altersheim jemanden, der Experte ist für Kunstgewerbe oder so was. Hab' ich mir gedacht, ich werd' mich da mal melden. Ich mußte zu einem Herrn Ellert kommen in der ›Histadrut‹. Das erste, was daneben ging: ich spreche nicht Iwrit. Ich habe gesagt: »Ich verstehe Jiddisch, und ich spreche Deutsch, und meine zweite Sprache ist Englisch.« Hat er gesagt: »Nein, Sie müssen auch Reporte schreiben in Iwrit.« Ich war verzweifelt und hab' angefangen zu weinen, konnte mich gar nicht beruhigen. Und da hat er gesagt: »Haben Sie denn gar keine Familie hier?« Sag' ich: »Ja, ich habe hier einen Cousin, Heinz Graetz.«

Sagt er: »Was? Heinz Graetz ist Ihr Cousin? Soll ich ihn holen?«
»Ja, aber ich habe keine Beziehung zu dem. Der ist irgendwann in
den 20er Jahren hier gelandet. Ich kenn' den Mann gar nicht!«
»Sie werden da hingehen!« Habe ich gesagt: »Seh'n Sie, ich kann
da nicht hingehen. Das ist unmöglich.« Also hat der mir eine Mit-
telsperson gegeben, der war ihr Nachbar oder so etwas. Ich bin
jedenfalls in Haifa bei ihm erschienen, und er hat gesagt: »Kommen Sie mal mit!« Da war ein großer Garten, und da hat er mir
einen Schubs gegeben und hat gesagt: »So, und jetzt stehen Sie im
Garten von Graetz, und ich mach' die Tür zu, und Sie werden da
hineingehen!« Was sollte ich machen. Auf einer Terrasse haben
zwei Frauen gesessen, ich habe gestanden, 'ne furchtbare Situation. »*You speak English?*« »*Yes*«, sagt eine Dame. »*My name ist
that and that, and I'm looking for my cousin.*« »*That's my husband.*«
Also, die war eine *sabra*, Rachel Graetz. Der Graetz hat eine Schiff-
fahrtsgesellschaft gehabt, es waren sehr wohlhabende Leute. Und
er hat mich aufgenommen, die Arme aus dem Zelt. Erst hab' ich
nur die Küche sauber gemacht. Nachher hat man mir ein schwarzes Kleid mit so 'ner Schürze wie 'n Serviermädchen gegeben, und
am Abend habe ich den *captains* von seinem Schiff Bier serviert.
Und ich hab' das nicht richtig gemacht. Einem Kapitän habe ich
nämlich die Hose voll gegossen. Da hat er mir fünf *pounds* in die
Hand gedrückt und hat gesagt: »Man sieht Ihnen an, Sie haben
diesen Beruf noch nie vorher gemacht.« Also, es war eine furchtbare Situation! Ich habe mit einer Araberin zusammen in einem
Pavillon im Garten schlafen müssen, das Haus war eben nicht groß
genug für mich. Mein Cousin hat kaum mit mir gesprochen. Und
jeder zweite Satz war: »*Ba'arez medabrim Iwrit!*« – »Hier spricht
man Iwrit, lern Iwrit!« Die ganze Geschichte, warum ich überhaupt dort weiter geblieben bin, war, daß ich dringend Geld für
eine kleine Wohnung brauchte. 350 *pounds* hat sie gekostet.

Ilse Gronowski (*1918)

Ein Paket Mehl für zwei Löcher

Diese Frau hat mir so geholfen im Anfang. Sie hat gesagt: »Ich
sehe, Sie können so gut nähen und flicken und stopfen und alles.
Ich werde Ihnen Arbeit bringen.« Ich hatte mir aus Deutschland
eine Koffernähmaschine mitgebracht. Dann hat sie mir Strümpfe
zum Stopfen gebracht. Die Leute hier hatten alle kein Geld, sich
was Neues zu kaufen. Für so ein Loch zu stopfen, ob es klein oder
groß war, habe ich fünf *mil* bekommen. Dafür konnte ich mir zwei

Brötchen oder ein halbes Kilo Mehl kaufen, also ein Paket Mehl
für zwei Löcher sozusagen.

*Klara Herz (*1904)*

Da kommt die Verrückte angerannt

Meine Schwester und mein Schwager haben mir im schönsten Iwrit
mit deutschen Buchstaben aufgeschrieben, was ich sagen muß.
Und sie haben mich zum ›Hadassa‹-Krankenhaus geschickt als
Putzfrau, ja? Gut, ich habe acht Piaster verdient. Das war ja schon
ein Glück. Ich war jung, hab' die Töpfe rauf, die Töpfe runter ge-
scheuert. Meine Hände und meine Füße – ich hab' ausgesehen,
daß ich mich vor mir selber geschämt habe. Ich war das doch
nicht gewöhnt. Aber das Schlimmste war, meine Schwester hat in
der Jaffastraße gewohnt. Und es waren doch unruhige Zeiten, und
ich mußte frühmorgens um fünf schon in der ›Hadassa‹ sein, das
war noch unten in der Stadt. Und ich bin gerannt, atemlos, um
pünktlich um fünf Uhr da zu sein. Den Berg rauf und an der Toten-
kammer vorbei. Der einzige, der mir begegnet ist, das war der
schomer bei der ›Egged‹-Station. Er wußte schon, da kommt die
Verrückte angerannt, aber gut. Und das waren doch alles so abge-
arbeitete alte Weiber dort, die Köchin und die Stubenmädchen
und die Hausmädchen. Und wenn ich frühmorgens gekommen
bin, hieß es: »Rina, jetzt iß!« Dann haben sie mir eine ganze *challe*
oder ein halbes Huhn gebracht. War streng verboten zu essen!
Aber da war die Chefin noch nicht da, und da haben sie mir was
gegeben. Ich konnte es noch gar nicht essen, ich hätt' es gerne
mitgenommen. Aber gut. Sie waren so nett zu mir, diese alten *Fränkinnen*.

*Irene Levy (*1903)*

Wir hatten Glück und bekamen sofort Arbeit

Ich hatte in Palästina zunächst einmal Glück, ich bekam eine
Arbeit als Tischler, das Fach, das ich gelernt habe in der Umschichtung. Ich verdiente damals den enormen Lohn von einem Englischen Pfund pro Tag. Mit 25 Pfund pro Monat war ich besser
bezahlt als so mancher Bankdirektor. Das half uns natürlich auch,
uns gut zu etablieren, Möbel zu besorgen und anständig zu wohnen. Meine Frau fand dann auch in Haifa eine recht gute Beschäftigung, auch in dem Fach, auf das sie umgeschichtet hatte.
Hanna war ursprünglich Laborantin in einem medizinischen Laboratorium gewesen, und sie sattelte um und wurde Hutmacherin.

Sie hatte eine gute Schule von einer Modistin, die in Wien und in Großstädten gearbeitet hat, und war recht gut vorbereitet auf ihren Beruf.

Ernst Siedner (*1905)

Wir haben ein für hier komisches Geschäft angefangen

Wir haben dann ein für hier komisches Geschäft angefangen. Die Leute konnten sich nämlich keine neuen Gardinen kaufen. Wir eröffneten eine Gardinenspannerei auf dem Dach des Hauses, wo wir gewohnt haben. Mein Mann hatte das gelernt. Wir haben die Gardinen gewaschen, gestärkt und auf Rahmen gespannt. Die mußten genau im Winkel stehen, mein Mann war so ein richtig guter Deutscher. Bei dem mußte alles klappen. Also, da hatten wir wirklich ein gutes Geschäft.

Klara Herz (*1904)

Die elf Jahre als Kellner möchte ich gar nicht missen

AB: Wie blicken Sie denn jetzt auf diese lange Zeit als Kellner zurück, es waren ja über zehn Jahre in Ihrem Leben?

DB-L: Richtig, ja, fast elf Jahre, aber ich möchte das gar nicht missen. Das war phantastisch, es war hochinteressant.

AB: Wenn Sie sich nicht doch beruflich wieder adäquat hätten eingliedern können –

DB-L: – dann wär' ich wahrscheinlich Kellner geblieben, ja.

AB: Vielleicht hätten Sie jetzt ein schönes Hotel.

DB-L: Ja, bestimmt. Bestimmt. Wenn ich mir das hinterher überlege, muß ich sagen, es ist eine sehr interessante Branche. Man hat mit Menschen zu tun und mit allem Möglichen, nicht wahr. Damals habe ich das als meinen Beruf betrachtet und hab' geglaubt, daß ich wahrscheinlich mein Leben so beschließen muß: Das ist nun mal mein Beruf und fertig, Kellner. Das einzige war, man war ausgeschlossen von Kultur und Gesellschaft. Ich meine, ich habe mich jedesmal geärgert, wenn ich den Leuten das Abendbrot serviert habe. Dann haben sie gesagt:»Ach bitte, schnell schnell! Wir müssen ins Konzert«, usw. Und da habe ich immer gesagt: Menschenskind, die Leute, die gehen ins Konzert, die gehen ins Theater, und ich muß hier die Teller tragen! Also, das hat mir manchmal ein bißchen einen Stich gegeben.

David Bar-Levi (*1912)

Wir haben eine Sodawasserfabrik aufgemacht

HG: Wir sind hierhergekommen, eine Gruppe von jungen Zionisten aus Deutschland, und haben in Haifa eine Sodawasserfabrik aufgemacht.

EG: Wir haben selber gegraben, wir haben selber gebaut. Kein Mensch hat auch nur so viel geholfen. Das Wasser mußte von Kirjat Chajim kommen. Wir haben den Graben für die Wasserleitung gegraben, die Rohre gelegt, und dann haben sie uns gesagt: »Das geht so nicht. Die muß anders sein.« Daraufhin haben wir alles wieder von neuem machen müssen. Schließlich und endlich haben wir sie aufgemacht. Wenn wir dran denken, wie wir gelebt haben! Und wir haben es genossen damals.

HG: Wir waren nie so vergnügt wie in diesen allerschwersten Anfangszeiten.

EG: Es war wahnsinnig schwer, und geschossen wurde ja auch. Und wie wir die Fabrik gebaut haben, wurde uns alles geklaut. Neben uns war eine Siedlung von Beduinen. Und dann haben wir einen von den Beduinen als Aufseher genommen, und da wurde nichts mehr geklaut.

Heinz (*1904) und Else (*1907) Gerling

Wer nur ein Instrument gelernt hatte, war hier aufgeschmissen

IB: Ich war in Deutschland Lehrer geworden, weil mein Papa gesagt hat, für Kaufleute ist es sehr schwer, den Schabbes zu halten, das heißt, am Schabbat nicht zu arbeiten. Wenn ich Lehrer werde, kann ich den Schabbat halten. Hier im Lande habe ich im Jahre 1939 den ersten *ulpan* in Israel gegründet. Und da haben die Leute von der ›Olej Merkas Europa‹ gesagt: »Eine wundervolle Idee, das machen wir auch.« »Was heißt, ihr macht das auch? Machen wir es zusammen, dann brauche ich mich nicht um die geschäftliche Seite und die organisatorische Seite kümmern.« Da haben sie gesagt: »Ja, jetzt ist von Wien ein Dr. XY gekommen, ein älterer Herr, dem müssen wir helfen. Du bist doch noch jung!« Damals war ich noch nicht vierzig, nicht wahr. Und dann ist auch der Krieg ausgebrochen, und es gab einen plötzlichen Stop der deutschen *alija*.

Dann hatte ich eine Zeitlang eine Halbstelle im ›Bet sefer re'ali‹. Dort war ich *more le-simra*. Ich bin nämlich ins Land gekommen, wenn ich das so sagen darf, als ein großer Sachverständiger für das hebräische Lied. Denn damals gab es noch keine Liederbücher, man mußte alles sammeln. Damals waren in Haifa nur ungefähr vier, fünf Lehrer für das hebräische Lied, denn die meisten Schulen konnten sich das gar nicht erlauben. Und wenn wir uns getroffen haben, habe ich gefragt: »Hast du was Neues, hast du was Neues, ja?« Wir haben unter uns die neuen Lieder ausgetauscht. Und manche Lieder mußte ich selber schreiben. – Außerdem habe ich sieben Jahre als Musiker in Cafés gearbeitet. Denn damals sind die Cafés aufgekommen, wie sagt man, wie Pilze nach dem Regen, nicht wahr?

KH: Haben Sie Klavier gespielt oder Geige?

IB: Ursprünglich habe ich Klavier gespielt und auch »gegichen«. Aber als Pianist habe ich keinen Platz gefunden, und da fragte mich der erste, wo ich angefragt habe in einem Kaffeehaus: »Wenn Sie auch Ziehharmonika spielen können, denn ich habe jetzt schon einen Pianisten engagiert.« Sag' ich: »Ich kann auch Ziehharmonika spielen.« Wer nur ein Instrument gelernt hatte, war hier aufgeschmissen. Die Geiger mußten dann Klarinette oder Saxophon spielen, und ich habe Trompete gelernt, nicht wahr. Das war in Haifa. Angefangen hatten wir dort mit einem Buchladen, das heißt mit einer Leihbücherei, und um den Laden etwas voll zu machen, hab' ich meine eigene Bücherei hereingesteckt, damit das nicht so leer aussieht.

Isack Bayer (*1902)

Mit dem Koffer in der Hand

JB: Ich bin am 5. Dezember 1940 in *Twerja* angekommen: Jetzt braucht man *parnoße*, man muß ein Dach über dem Kopf haben! Also, mein erster Weg führte mich mit dem Koffer in der Hand von *Twerja* ins › Kfar Hano'ar Hadati‹. Ich war am Anfang dort, und von dort ging ich nach Jeruschalajim und suchte Arbeit. Das war schwer. Es gab kein Geld. Ich bemühte mich um viele Sachen, ich ging zum Rabbiner Berlin –

MD: Lehrer waren genug da, man hat keine gebraucht.

JB: In › Bet Ze'irot Misrachi‹ sagte der Herr Direktor: »Ich liebe dich, aber ich habe kein Budget.« Zweimal wurden wir unterbrochen, die Frau von einem Lehrer kam und sagte, daß sie seit drei Monaten kein Gehalt bekommt. Wenn ich nicht gewußt hätte, daß das nicht vorbereitet war, hätte ich gemeint, die haben das inszeniert, nur um zu zeigen, daß sie kein Budget haben. *Bekizzer*, ich suchte Arbeit und fand nichts. Zufällig hörte ich, daß man am Herzlija-Gymnasium in Tel Aviv – ich bin jetzt schon im Sommer

'41 – einen Talmudlehrer sucht, worauf ich mich gemeldet habe, und irgendwie hab' ich die Stelle bekommen.

Josef Burg (*1909)

Das war der Anfang meiner journalistischen Karriere

AB: Haben Sie hier manchmal Überlegungen angestellt, doch noch in Ihren juristischen Beruf zu gehen?

IL: Ich hab' mir gesagt, damit ist doch nichts. Das ist hier erstens ein vollkommen anderes Rechtssystem und dann die Sprache – also das werd' ich nicht mehr schaffen. Ich hab' dann alle möglichen Sachen versucht. Es gab damals hier ein deutsches Übersetzungsblatt, also Übersetzungen aus allen möglichen Zeitungen und Zeitschriften, was für hier interessant war. Jemand hat mir gesagt: »Ach, geh doch mal dahin, der wird wahrscheinlich jemand brauchen.« Ja, er brauchte jemand. Ich hab's ein- oder zweimal für ihn gemacht. Und dieser Mann stand in Verbindung mit Siegfried Blumenthal, der sich in Berlin als Verleger hebräischer Lehrbücher betätigt hatte. Der war im Begriff, ein deutschsprachiges Übersetzungsblatt herauszugeben. Er nannte es ›Blumenthals Neueste Nachrichten‹. Er wußte keinen schöneren Titel zu finden. Und er hat mich gefragt, ob ich nicht bereit wäre, ihm auch solche Artikel zu liefern. Das tat ich, und das war der Anfang meiner journalistischen Karriere.

Iwan Lilienfeld (*1910)

Da waren nur die Beduinen und ich

RG: 1934, '35 bekam ich durch Zufall eine Stelle am Malaria-Institut der Hebräischen Universität in Rosch Pina. Das hat mir sehr gut getan, um ein bissl ins Land reinzukommen. Ich war da nur ein halbes Jahr, aber das war sehr schön. Ich habe zum Teil im Hule-Sumpf nördlich von Tiberias, vom *Kinneret*-See gearbeitet, mitten zwischen Beduinen. Da waren nur die Beduinen und ich. Ich habe in einem Zelt auf Strohmatten gewohnt.

AB: Ist Ihnen auch die klimatische Umstellung nicht schwergefallen?

RG: Ich habe 1935 einen Anfall von infektiöser Gelbsucht, *hepatitis infectiosa*, gehabt. Im selben Jahr habe ich einen kurzen Malaria-anfall gehabt und noch was, ich weiß nicht mehr. Aber sonst ist es mir gut bekommen. Alles ist mir gut bekommen.

Rudolf Goldstein (*1908)

Wir haben für die Praxis alles selbst gemacht

Und dann haben wir hier mit der Praxis angefangen, alles selbstgemacht. Die Vorhänge selbst gehängt, die Schränke zusammengenagelt, mein Mann mit den beiden Jungens, die 16 und 12 waren. Wir hatten jeder zehn Mark in der Tasche, als wir kamen. Unter uns wohnte ein Arzt aus Mainz, der uns kannte, und der hatte Geld. Er hat uns damals 150 Pfund geliehen. Das war sehr viel Geld. Das haben wir ihm monatlich zurückbezahlt. Meine Jungens haben nachts Brot und Zeitungen ausgetragen, am Tag Kinderkleider und Blumen. In der Sprechstunde haben wir 15 Piaster bekommen, und für einen Hausbesuch 25 Piaster. Wenn mein Mann sich ein Paar Schuhe kaufen mußte, mußte er zwölf Besuche machen. Und ich habe noch drei Pensionäre gehabt, zusätzlich zu der ganzen Praxis.

Gertrud Fraenkel (*1894)

»Diese Verbindung von beiden Rechten wollen wir von I h n e n wissen!«

ES: Am ersten Tag nach meiner Einwanderung ging ich zu einem mir bekannten Rechtsanwalt, Felix Rosenblüth, der später Pinchas Rosen hieß, in sein Büro, damals am Rothschild-Boulevard. Ich stellte mich ihm vor.

AB: Hatte der damals eine Anwaltspraxis?

ES: Sicher, der Felix war ein bekannter Anwalt und war außerdem Mitglied der Stadtverordnetenversammlung von Tel Aviv. Er war früher im Kuratorium des Berliner Rabbinerseminars gewesen. Infolgedessen wußte er sofort, woher ich bin, als ich mich ihm vorstellte: »Ich bin geprüfter Kammergerichtsreferendar und bin außerdem vom Rabbinerseminar in Berlin. Helfen Sie mir, sagen Sie mir, wie ist hier die Verbindung des staatlichen Rechts mit dem jüdischen Recht?« Auf diese Frage sah mich Felix Rosenblüth, Pinchas Rosen, groß an. Dann sagte er: »Diese Verbindung von beiden Rechten wollen wir von I h n e n wissen!« Ich starrte ihn an. Ich bin ein eintagealter Emigrant im Land, und er will das von m i r wissen?! Also, ich setzte mich hin, gab Kurse über jüdisches Recht, und auf der anderen Seite bereitete ich mich vor zum *foreign advocates' examination*.

Elchanan Scheftelowitz (*1911)

Ich hatte kein einziges Zeugnis mitgenommen
AB: Hatten Sie damals in den ersten Jahren hier noch gar keinen
Gedanken daran, wieder in die Juristerei zu gehen?
HR: Nein. Ich habe gar nicht daran gedacht. Ich hatte auch nicht
ein einziges Zeugnis mitgenommen. Nichts. Nichts. Kein Schul-
zeugnis, kein Universitätszeugnis, kein Arbeitszeugnis, nichts.
AB: Haben Sie Ihre Papiere nie wieder gesehen?
HR: Nein, nie wieder, nein. Aber ich habe sie mit Absicht nicht
mitgenommen, weil mir ganz klar war, das ist eine Welt, die vorbei ist, die zu Ende ist, mit der ich nichts mehr zu tun habe. Ja,
aber dann, nach der Staatsgründung, als sich die Lage mehr
oder weniger stabilisiert hat, war ich sozusagen berufslos. Wir
haben verschiedenes überlegt, was zu machen wäre, aber zum
Schluß habe ich mich doch wieder für die Juristerei entschlossen.
AB: Das war eine lange Pause, 15 Jahre. Sie müssen das fast alles
vergessen haben.
HR: Jaja, aber das war unwesentlich, denn das Recht war derartig
verschieden vom deutschen Recht, daß es wirklich besser war, es
vergessen zu haben. Die Prüfung habe ich '49 gemacht. Es gab
eine Einrichtung, die der Staat noch von den Engländern übernommen hat, *foreign advocates' examination*. Das heißt, es gab private Kurse. Man hat nicht den Nachweis von Studien verlangt, man
mußte eine Prüfung machen.
AB: Und in welcher Sprache war die Prüfung?
HR: Iwrit.
AB: Hatte Sie das denn nicht nervös gemacht, daß es nicht schneller ein adäquater Beruf wurde?
HR: Ich werde Ihnen sagen, wir waren damals alle mehr oder
weniger im gleichen Boot.
AB: Ja, und dann hat Ihre Karriere begonnen.
HR: Die viel größer hätte sein können, viel größer. Also, dann
habe ich angefangen als Hilfe für den juristischen Berater in einem
Ministerium, und dann selbst als *deputy*. Und dann hat sich eine
Unterabteilung abgespalten, ist ein selbständiges Regierungsbüro
geworden, und da hat man mir angetragen, daß ich als juristi-
scher Berater in dieses Büro gehe. Und das habe ich getan, und
da bin ich geblieben. Es hat sich natürlich dann sehr ausgebreitet.
Ich hatte mehrere Hilfskräfte, Anwälte, die mit mir gearbeitet haben.
AB: Sie erzählen das so, daß man meinen könnte, Sie seien da

jetzt bis zum Schluß in diesem Ministerium irgendwo hinter einem kleinen Schreibtisch versunken.

HR: Nein, das war ein großer Schreibtisch.

Hilde Rudberg (*1909)

Ich war in der Archivwelt plötzlich jemand, den man um Rat fragte

Nachdem ich demobilisiert wurde, ging ich zum Arbeitsamt und wurde ans Zionistische Zentralarchiv verwiesen. So wurde ich Archivar und habe mich später stark spezialisiert. Ich hatte zwei großartige Lehrer, beide natürlich Jeckes, Dr. Georg Herlitz, das war der Leiter des zionistischen Archivs, der schon in Deutschland der Leiter des Archivs war, bevor es nach Jerusalem kam, und Dr. Alex Bein, der Biograph von Herzl, der aus dem Reichsarchiv in Berlin kam und '33 dort ausscheiden mußte. Das Modernste war damals die Mikrofotografie für Archivare, und damit hab' ich mich besonders beschäftigt. Dann wurde ich von meinen beiden Chefs angehalten, doch mein Doktorat zu machen. Ich hab' es also in Zionistischer Geschichte gemacht. Ich wurde dann auf eine große wichtige Reise geschickt, um in Frankreich und Deutschland Dokumente zu fotografieren für ›Yad Vashem‹, und ich wurde dadurch wirklich der Experte hier und war in der Archivwelt, die nicht sehr groß war, plötzlich jemand, den man um Rat fragte. Und 1956 kam das Archivgesetz. Man suchte einen Staatsarchivar, und Alex Bein wurde zum Staatsarchivar ernannt, aber unter der Bedingung, daß er nicht das Archiv selbst leitet, sondern nur als oberste Behörde da ist, ehrenamtlich, und daß ich die Leitung des Staatsarchivs übernehme. Dann, 1971, als Alex Bein in Pension ging, wurde ich der Staatsarchivar von Israel. Und das bin ich bis 1990 geblieben.

Paul Alsberg (*1919)

Das Lehrbuch über Israelkunde wurde zum zentralen Werk

EO: Ich habe zunächst Führungen von Besuchern durch das ganze Land gemacht und die Aktivitäten des ›Keren Kajemet‹ in Bodenurbarmachung und Waldpflanzung und in anderen Erschließungsarbeiten erklärt. Dadurch wuchs bei mir immer mehr das Interesse, das schon vorher sehr rege war, an der Geographie Israels und an dem Fach Geographie überhaupt. Unter dem Einfluß meines Freundes Se'ew Shiftan wurde dieses Interesse noch mehr gefördert, so daß ich neben meiner Arbeit beim ›Keren Kajemet‹ vom

Jahre 1952 oder '53 an wieder als Student in die Hebräische Universität eintrat, in die damals noch recht neue Abteilung des Instituts für Geographie.

AB: Wie konnten Sie das neben dem Beruf machen? War es da nur in Nachmittags- und Abendstunden möglich, Seminare zu besuchen?

EO: Ja, aber mehr dadurch, daß ich beim ›Keren Kajemet‹ mehr oder weniger journalistisch tätig war, also im wesentlichen Bücher und Artikel abfaßte. So konnte ich mir doch erlauben, zum Studium wegzugehen. Vom Jahre 1952 an übernahm ich sozusagen aus idealistischen Gründen zusätzlich eine Stelle als Lehrer für Geographie in einem Abendgymnasium, an dem im wesentlichen Kinder aus orientalischen Gemeinden lernten, die kein Geld hatten, um an einem normalen Vormittagsgymnasium zu lernen. Dort wurde ich Geographielehrer. Und gerade das hat mir auch menschlich sehr viel gegeben. Ich wurde dann auch Klassenlehrer, Erzieher des zwölften Gymnasialjahres und kam in direkten persönlichen Kontakt mit diesen Jugendlichen, die dann sehr oft in den späten Abendstunden nach der Schule oder auch am Schabbat zu mir kamen und zu Hause bei uns zum ersten Mal klassische Schallplatten hörten, aber auch ihre sämtlichen privaten Sorgen und Probleme mit mir besprachen, so daß wirkliche Freundschaften herauskamen. Der Schabbat wurde dann sehr oft zu Exkursionen in der Umgebung von Jerusalem ausgenützt. Währenddessen studierte ich an der Universität Geologie und Geographie, machte innerhalb von zweieinhalb Jahren das B.A.-Examen und nach zweieinhalb weiteren Jahren das Magister-Examen. Das war 1957, '58. Damals wurde mir angeboten, daß ich weiter zum Doktorat an der Universität studiere, aber ich verzichtete darauf, da ich nicht unbedingt eine akademische Laufbahn einschlagen wollte. Es war mir wichtiger und dringender, ein wirklich gutes, brauchbares Lehrbuch über Israelkunde zu schreiben, und sofort nach dem M.A. setzte ich mich daran, zusammen mit einem Kollegen. Er machte die organisatorischen Dinge zur Herausgabe des Buches, ich übernahm fast das gesamte Schreiben. Und das wurde dann zum zentralen Werk, das ich verfaßt habe. Sofort als es 1960 auf hebräisch herauskam, übersetzte ich es selbst ins Englische, das heißt, ich verfaßte es im Englischen neu und in einer anderen Weise. Beide Ausgaben wurden immer wieder neu aufgelegt. Bei der schnellen Entwicklung und Veränderung des Landes mußten ganze Teile immer wieder neu verfaßt werden. Sogar eine deutsche Ausgabe kam heraus, die aber heute vollkommen veraltet ist, und auch eine französische Ausgabe.

Efraim Orni (*1915)

* * *

Das Land wurde durch Landwirtschaft aufgebaut

AF: Der *moschaw* ist eine landwirtschaftliche Genossenschaftssiedlung, bei dem die Produktionsmittel gemeinsamer Besitz sind. Es ist ein Zusammenschluß von einzelnen Siedlern, die beschlossen haben, gemeinsam zu arbeiten, einzukaufen und zu verkaufen. Die *moschaw*-Idee ist unabhängig von der Kibbuz-Idee, ähnliche Genossenschaftssiedlungen gibt es in vielen Ländern. Der Einzelne, der sich entschlossen hat, in einen Kibbuz einzutreten, muß bereit sein, sich in eine Gemeinschaft einzufügen ohne jegliches Privateigentum. Es gibt Kreise, die behaupten, daß der Kibbuznik weniger leistet als der *moschawnik*. Der *moschawnik* hat, wie jeder Bauer auf der ganzen Welt, keinen Acht-Stunden-Tag. Im Kibbuz dagegen hält man sich mehr oder weniger an einen begrenzten Arbeitstag; die Grundidee ist, daß man dem Menschen auch Freizeit läßt, damit er seinen persönlichen Interessen nachgehen kann.

AB: Welche Einwanderer gingen in den 30er Jahren in den Kibbuz und welche in den *moschaw*?

AF: Junge, meist noch unverheiratete Leute gingen vor allen Dingen in den Kibbuz, sowohl aus ideologischen Gründen als auch aus materiellen Gründen, weil sie gar keine Mittel hatten, sich einen eigenen *meschek* aufzubauen. Der *moschawnik* mußte Geld investieren, Kühe und Hühner kaufen usw. Wer ein großer Individualist war, der versuchte von vornherein, in einen *moschaw* zu gehen. Aber auch im *moschaw* gibt es sehr feste Verpflichtungen der Mitglieder der Gemeinschaft gegenüber und eine gegenseitige Verantwortung.

AB: Warum sind die Leute, die mit einem Kapitalistenzertifikat ins Land kamen und keine Ahnung von der Landwirtschaft hatten, ausgerechnet in einen *moschaw* gegangen und nicht etwa in die Industrie?

AF: Erstens mal wurde das Land grundsätzlich durch Landwirtschaft und nicht durch Industrie aufgebaut. Das war nicht zuletzt eine ideologische Frage. Zweitens, um eine Fabrik aufzubauen, genügten nicht die berühmten 1.000 Englischen Pfund. Natürlich gab es auch einige deutsche Emigranten, die mehr Kapital mitbrachten und hier ihren Weg in der Industrie gesucht haben, aber das mußten sie auch lernen, da die meisten, genau wie die, die in die Landwirtschaft gingen, vorher ganz andere Berufe hatten. Aber Hitler hatte schon dafür gesorgt, daß kaum jemand mit einem größeren Kapital ins Land kam.

*Abraham Friedländer (*1916)*

Wir haben keinem Araber das Land weggenommen

Es war mir als Zionistin bewußt, daß man keine Leute in Büros brauchte, und ich habe, obwohl ich von einer Bank sofort ein Angebot bekam, daß ich ohne viel Hebräischkenntnisse bei ihnen in der Effektenabteilung arbeiten konnte, vorgezogen, aufs Land zu gehen. Ich habe dann in dem Dorf, in dem ich war, Privatbesitz gehabt; das war eine *moschawa*. Ich muß extra dazu sagen, daß wir alle den Boden bezahlt haben, auf dem wir saßen. Wir haben keinem Araber das Land weggenommen, was heute sehr viele Deutsche nicht wissen. Der Inhaber des Bodens war in Ägypten und nicht in Palästina. Es war sehr schwer, aber ich habe es nie bereut, und ich war glücklich. Wir haben Kühe und Hühner gehabt und Gemüse.

*Gertrud Kedar (*1901)*

Sde Warburg war eine mittelständische Ansiedlung

Die Siedlung wurde von der ›Rassco‹, einer Siedlungsgesellschaft, gegründet. Der Name Warburg geht nach Otto Warburg, dem Wissenschaftler. Das war eine mittelständische Ansiedlung, das heißt alles mit Eigenkapital. Mein Mann war von Anfang an im Ortsrat. Wir waren zuerst nur deutsch-jüdische Familien, etwas über 40, ein Teil Oberschlesier. Wir haben alle sehr, sehr schwer gearbeitet, waren aber doch glücklich, etwas Positives, Aufbauendes zu machen. Und außerdem haben wir ja gewußt: Das ist unsere neue Heimat. Ein Zurück gibt es nicht mehr.

Man hat viele Fehler auf unserem Rücken gemacht, für unser Geld. Man wußte noch nicht genau, welches Gemüse man anbauen und welche Bäume man pflanzen konnte. Die Pflanzungen waren nicht alle beim Haus, wir mußten sehr weit durch den Sand stapfen. Und ich war so auf Grün fixiert! In Breslau, wo man hinging, waren Parks, war Wald. Ja, und dann plötzlich nichts als Sand und Disteln und solch häßliche – ich weiß nicht, wie man das in Deutsch sagt – Quecken oder so ähnlich, ein ganz häßliches Unkraut, das man ganz tief ausgraben mußte. Und da hat man sich noch die Finger schön dabei zerschnitten. Wir haben aber nicht gejammert. Wir wußten, in den Kibbuzim haben die Leute in Zelten gewohnt, wir haben hier ein Haus bekommen, das heißt gebaut, ein 2 1/2-Zimmer-Haus mit einem gekachelten Badezimmer. Und das war für damalige Verhältnisse Luxus.

Ruth Tauber (*1919)

Wir haben uns überzeugen lassen, daß man hier im Lande Landwirtschaft machen muß

Wir haben den Kibbuz verlassen wegen der Eltern. Wir haben alle sehr, sehr schwer arbeiten müssen, haben mindestens einen 16-Stunden-Tag gehabt. Ich habe schnell hintereinander zwei Jungs bekommen, Anfang '37 und Anfang '39, und die mußten sehr bald mitarbeiten. Mit drei, mit vier Jahren haben sie schon Hühner gefüttert, sind mit einem angespannten Pferd alleine aufs Feld rausgefahren und haben den Klee, den wir vorgeschnitten haben, aufgeladen und für die Hühner gebracht. Es war vielleicht irgendwie ein bißchen Gehirnwäsche dabei, nehm' ich an, daß wir uns haben überzeugen lassen, daß man hier im Lande Landwirtschaft machen muß. Aber ich habe das angenommen; man kann sich diesen Einflüssen schwer widersetzen, wenn alles um einen herum davon erfüllt ist. Ich hatte dem nichts entgegenzusetzen, ja? Es hat uns Spaß gemacht, aber wir haben furchtbar schwer gearbeitet: Um zwei Uhr aufstehen, melken, die Milch wegbringen, die Kinder wecken. Ich habe mich ums Haus und um den Garten und um den Weinberg und um alles gekümmert. Mein Mann ist mit den Schafen auf die Weide gegangen. Es war furchtbar heiß dort. Abends um sechs kam er wieder. Dann mußten die Schafe wieder gemolken werden, wieder die Milch weg, ich mußte für die Kinder Abendbrot haben. Wir sind um zehn, um elf todtodtodmüde ins Bett gesunken und morgens um zwei wieder raus zum Melken. Wir konnten es einfach nicht schaffen. Und es war gegen unser Prinzip, mit *po'alim*, mit Arbeitern zu arbeiten. Denn Selbstarbeit, ja, das war doch unser Ideal. Aber wir haben es nicht geschafft.

Chuma Betty Kolath (*1908)

Man hat sich über jede Sache, die man selber gemacht hat, gefreut

Man ist bescheiden geworden in seinen Freuden. Und so hat man sich über jede Blume, über jede Sache, die man selber gemacht

hat, gefreut. Ich weiß, wie ich die Eier geputzt habe, jedes Ei mit
dem Tuch abgerieben, jede Kartoffel abgerieben. Das wurde weggeschickt, das hat alles geglänzt vor Sauberkeit. Unsere Kinder
haben heute nicht diese Freude an ihrer Arbeit. Das war vor 50
Jahren, sagen wir, es sind zwei Generationen. Heute wird mit
Maschinen gemolken. Ich habe noch gesessen und unsere Ziege
gemolken, und sie hat mir den Schwanz ins Gesicht gehauen. Ich
habe früher nicht gewußt, was melken heißt. Alles hat man gelernt. Wo ein Wille ist, da ist ein Weg, wissen Sie. Keiner hat gesagt:»*kol kach kasche*«, es ist mir so schwer, keiner. Wir haben
uns gefreut, wir waren glücklich. Und wir haben ja nichts mitgemacht bei den Nazis.

*Clara Bartnitzki (*1902)*

**Wir haben beschlossen, wir gehen nach Palästina und gründen
einen Kibbuz**
Im Jahre 1932 haben wir beschlossen, wir gehen nach Palästina
und gründen einen Kibbuz. Jetzt muß ich Ihnen dazu folgendes
sagen. Wir hören oft: Ihr hattet ja keine andere Wahl, ihr mußtet
das machen. Das ist nicht richtig. Meine jüngeren Geschwister
sind niemals in den Kibbuz gegangen, mein Bruder ist sogar nicht
nach Palästina gegangen, sondern nach England und nachher nach
Amerika. Wir haben uns bewußt entschieden für diesen Lebensweg, wir hätten auch woanders hingehen können. Wir haben uns
schon sehr früh in der Jugendbewegung gefragt: Was ist eigentlich
der Sinn des Lebens? In keiner der Schriften haben wir eine befrie-
digende Antwort darauf bekommen. Wir wollten unserem Leben
einen höheren Sinn geben und waren der Meinung, daß der Weg
des Kollektivismus, der Gleichheit und der Zusammenarbeit es
lohnt, das Leben zu leben. Wir wollten nicht in den Tag rein leben
und nur dem Geld nachlaufen, sogar uns nicht auf irgendeinen
Beruf spezialisieren, sondern die Gesellschaft, einen größeren Kreis
von Menschen an einer neuen Lebensform teilnehmen lassen, die
sozusagen gerechter ist. Man kann es Sozialismus nennen, man
kann – ich weiß nicht, wie man es nennen soll.

*Chaim Sela (*1914)*

Der Kibbuz entspricht weltanschaulich meinem Lebensinhalt
Wir wollten im Kibbuz leben, vielleicht aufgrund der sozialistischen Erziehung, die ich bekommen habe, aufgrund meiner Erkenntnis und aufgrund des Wunsches, eine Gemeinschaft neu auf-

zubauen. Also, weltanschaulich bin ich durchaus befriedigt mit dem, was ich erreicht habe. Es ist nicht der Kibbuz, den ich mir vorgestellt habe, da hat sich vieles geändert, aber immerhin, die gleiche Richtung ist geblieben. Ich bin mit allen Fasern hier im Kibbuz verwurzelt. Man hat mir zweimal wichtige und interessante Arbeiten außerhalb des Kibbuzes in Israel angeboten, einmal in Jerusalem und einmal in Haifa, und ich habe es innerhalb von zwei Minuten abgelehnt. Es kam für mich überhaupt nicht in Frage, daß ich den Kibbuz verlassen soll. Der Kibbuz entspricht doch meiner Weltanschauung, ist mein Lebensinhalt. Ich bitte, das zu verstehen.

Micha Michaelis (*1908)

Wir waren durchdrungen von der Begeisterung, Pioniere zu sein

Hier im Jordantal ist ein schweres Klima, und es waren schwere Bedingungen in den ersten Jahren im Kibbuz. Jemand, der gewohnt war, in einer schönen Sechszimmerwohnung zu wohnen, natürlich mit fließend warmem und kaltem Wasser und allen Bequemlichkeiten, kam also her und wohnte in einem kleinen Holzhäuschen ohne Toilette, ohne Badezimmer; das war alles etwas weiter entfernt. Wir hatten kaum elektrisches Licht, und es war sehr heiß im Sommer und kalt im Winter, keine gepflasterten Wege. Entweder ist man im Winter im Schlamm versunken oder man war im Sommer staubig bis zum Knie. Und wir haben sehr schwer gearbeitet, aber wir haben geglaubt, so muß das sein und so soll das sein. Wir waren durch die Jugendbewegung durchdrungen von der Begeisterung, Pioniere zu sein.

Ellen Glasner (*1920)

Es war die Meinung, daß das Land nur mit mühsamer, schwerer körperlicher Arbeit errungen werden kann

HF: Es war im allgemeinen die Meinung verbreitet, daß das Land nur mit mühsamer, schwerer körperlicher Arbeit errungen werden kann. Und natürlich auch mit der Bereitschaft, Opfer zu bringen und ein sehr bescheidenes Leben zu führen. Ich erinnere mich an eine Diskussion, die damals, kurz nachdem ich ins Land kam, geführt wurde, und nicht nur in meinem Kibbuz, sondern auch in anderen Kibbuzim, ob es in ideologischer Hinsicht erwünscht sei, die Arbeit auf dem Feld statt mit Arbeitstieren – Maultieren oder Pferden – mit Traktoren zu machen. Und obwohl man wußte, daß

Traktoren die Arbeit sehr erleichtern und auch effektiver und öko-
nomischer sind, war man prinzipiell dagegen, weil das irgendwie
nicht paßte in diese Weltanschauung, diese Ideologie, daß man
soweit wie möglich am Boden arbeiten soll, vorzüglich sogar mit
Hacke und Spaten. Heute ist diese Sache natürlich ganz überholt,
im Gegenteil: In den Kibbuzim werden immer mehr die modernsten Geräte und modernsten Methoden angewandt, und man ist
bestrebt, das Leben so leicht und so effektiv wie möglich zu machen, genau wie es in Europa üblich ist. Vier Prozent oder fünf
Prozent der Werktätigen erzeugen mehr landwirtschaftliche Pro-
dukte als früher fünfundzwanzig oder sogar dreißig Prozent der
Bevölkerung.

AB: Haben Sie sich damals schon gegen diese Ideologie innerlich
etwas aufgelehnt oder haben Sie sie akzeptiert?

HF: Also ich habe das ganz natürlich gefunden, und es war mir
verhältnismäßig leicht, in diese Atmosphäre hereinzuwachsen, weil
ich arbeiten konnte. Ich war gewöhnt von zu Hause, schon mit
zwölf Jahren mit der Hand zu melken, und damals wurde auch im
Kibbuz noch so gemolken, obwohl es in Europa schon Melkma-
schinen gab. Dasselbe galt für Feldarbeiten. Ich konnte mit der
Sense mähen, und das war sehr wichtig.

AB: Aber das war nicht das Übliche, daß jemand das konnte.

HF: Nein, das war nicht das Übliche, und ich war, muß ich sagen,
ganz stolz darauf, obwohl das eigentlich 'ne kindische Einstellung
war, wenn man es genauer bedenkt. Was konnte ein Städter dafür,
daß er mit diesem Gerät nicht vertraut war? Und die Jungs aus den
Städten haben sich auch ganz schön bewährt.

Hans Simon Forst (*1917)

**Ideologisch habe ich mich im Kibbuz gut aufgehoben gefühlt, aber
die physische Arbeit hat mir nie behagt**

Der Kibbuz war nett, ideologisch habe ich mich gut aufgehoben
gefühlt. Aber ich sage es ehrlich, die physische Arbeit hat mir nie
behagt. Was mich gestört hat, war, daß man eben nur noch physisch beansprucht war und keine Zeit mehr hatte für Geistiges.
Man war nicht mehr fähig dazu. Wenn der Arbeitstag vorbei war,
hat man sich müde ins Bett gelegt und gewußt, morgen früh geht
es wieder an die Arbeit. Andererseits waren wir damals in der zio-
nistisch-sozialistischen Ideologie derart aufgewachsen, daß ich zum
Beispiel ein schlechtes Gewissen hatte, wenn ich mich bei der
Arbeit nicht wohlgefühlt habe. Das jüdische Volk muß die Pyrami-

de wieder umdrehen und von einem Volk der Händler zu einem Volk der Landwirte werden, und so weiter. Und ich habe mir selbst Vorwürfe gemacht, warum ich das nicht genieße. Ich war immer sehr gewissenhaft in meiner Arbeit. Das kam vielleicht aus Deutschland, Preußen, weiß ich jetzt nicht so genau. Andererseits war ich körperlich nie sehr stark. Also, da war auch immer das Bemühen, viel zu leisten und andererseits nicht die Fähigkeit dazu. Das war das große Manko.

Benjamin Kedar (*1923)

Ich konnte nicht arbeiten in der Sonne

KH: Für welche Arbeit waren Sie im Kibbuz eingeteilt?

GB: Ach, zuerst war ich in der Küche. Dann habe ich in die Diätküche gemußt.

KH: Aber Sie hatten doch Gärtnerei gelernt!

GB: Naja, sicher. Aber es hat sich rausgestellt, ich kann nicht in der Sonne arbeiten, und darum mußte ich alles mögliche machen. Und als ich schwanger war, habe ich dann im Kinderhaus gearbeitet. Da waren neun Kinder, meine Tochter war das zehnte. Mit den Kindern habe ich am liebsten gearbeitet. Obwohl ich Gärtnerei sehr liebe, aber ich konnte nicht arbeiten in der Sonne.

Gila Ben-Horim (*1912)

Wir wollten aus religiös-politischen Gründen einen orthodoxen Kibbuz gründen

Ich wollte ursprünglich Rabbiner werden. Mit dem Moment, in dem ich hier das Land betreten habe, wußte ich, daß das nicht mehr möglich ist, denn deutsche Jungens, so wie ich es war, hatten hier damals gar keine Chancen als Rabbi. Und so schloß ich mich dann einer kleinen Gruppe von sechs Freunden an, und wir gründeten einen Kibbuz, und zwar wollten wir aus religiös-politischen Gründen einen orthodoxen Kibbuz gründen. Heute ist das ein Kibbuz von ungefähr 500 Leuten, das ist der Kibbuz Chafez Chajim in der Nähe von Rechowot. Aber als ich dann heiratete, waren die Verhältnisse in dem Kibbuz so, daß wir gar nicht hätten bleiben können,· denn wir hatten eine einzige Hütte, eine Holzhütte, einen *zrif*, wie man das nennt, und da war alles, die Küche, die Synagoge, das Schlafzimmer, der Aufenthaltsraum, alles war in diesem einen Gebäude. So haben wir zunächst eine Wohnung in demselben Ort genommen, in Rechowot, aber das hat dann nicht geklappt. Und dann sind wir sehr bald nach Jerusalem gezogen, haben also den Kibbuz verlassen. Aber der Kibbuz hat sich gut entwickelt.

*Esriel Hildesheimer (*1912)*

Das allererste war die bekannte Mauer- und Turmsiedlung

Wir sind hier am 1. Mai 1939 angekommen, und das allererste war natürlich diese bekannte Mauer- und Turmsiedlung. Das heißt, daß man zuerst mal eine Mauer ringsherum gebaut hat, zwei vorfabrizierte Holzflächen, in die man Steine reinschüttete, und in der Mitte war ein Holzhaus mit einem Dach, das zunächst mal als Schlafsaal diente. Denn nach dem ottomanischen Gesetz, das damals unter dem britischen Mandat auch noch galt, durfte man niemand vertreiben, der ein Haus hatte mit einem Dach darüber. Es war also sehr wichtig, daß man das am ersten Tage machen konnte. Ich wurde dann sehr schnell betraut, mit einem Gespann zu arbeiten. Wir haben eine Chaussee gebaut, von Dalija nach En Haschofet, drei Kilometer fast, und ich habe die Steine mit dem Wagen zu der Chaussee gefahren. Und außerdem mußte ich gleich früh am Morgen nach En Haschofet fahren und von dort das Brot holen, dort war die Bäckerei. Und eines Tages fuhr ich – das klingt sentimental, was ich jetzt erzähle –, und plötzlich sah ich etwas rosa glitzern. Ich hielt den Wagen an, stieg ab, und da war eine Federnelke im Feld. Dann habe ich um die Federnelke einen Kreis aus Steinen gemacht, damit ich das wiederfinden könnte. Und so zwei, drei Tage habe ich mich daran gefreut, und dann hatte es wohl ein Kaninchen weggefressen.

*Micha Michaelis (*1908)*

Wir hatten zwei Aufgaben: die Urbarmachung des Bodens und Geld zu verdienen

In unserer Gruppe waren ca. 50 Leute, die alle aus Deutschland kamen, und alle aus derselben Jugendbewegung. Das war der jüdische Pfadfinderbund in Deutschland, nachher der ›Makkabi Haza'ir‹. Natürlich war es am Anfang sehr, sehr schwer. Wir haben jahrelang in Zelten geschlafen. Wir hatten leider kein *takziw*, kein Budget für die Entwicklung des Bodens. Und um das Geld dafür zu bekommen, haben wir außerhalb gearbeitet in umliegenden Kibbuzim wie Chanita und Elon. Wir hatten auch kein Geld, dorthin zu fahren, sondern mußten jeden Tag viele Kilometer gehen, um den Arbeitsplatz zu erreichen. Später, als die Engländer die Befestigung errichteten, haben wir bei dem Bau der Befestigung mitgearbeitet. Wie gesagt, wir hatten zwei Aufgaben zu erfüllen: die Urbarmachung des Bodens und Geld zu verdienen, um unsere Lebensbedürfnisse zu haben. Auch unsere Frauen – ich weiß nicht, ob man schon Frauen sagen kann, die waren noch ziemlich jung –, die mußten alle mithelfen, sowohl beim Bau der Landstraße als auch bei der Urbarmachung des Bodens. Und natürlich Waschen und Kochen usw. Das Wasser haben wir uns von weit geholt, in Fässern usw. Das Wasser war sehr knapp, und wenn wir von schwerer Arbeit verschmutzt nach Hause kamen, konnten wir uns nicht abduschen, sondern bekamen eine Kanne und manchmal sogar bloß ein Glas mit Wasser, und damit mußten wir unseren Körper reinigen.

Nachum Gadiel (*1917)

Wir haben vier Jahre im Zelt gelebt
Die ersten Jahre im Kibbuz waren ganz schön schwer. Wir haben vier Jahre im Zelt gelebt. Aber man war jung. Wir hatten eine Petroleumfunzel im Zelt. Das waren so englische Rundzelte, Militärzelte, in der Mitte war ein Pfahl, und da konnte man dann die Petroleumlampe aufhängen. Es gab auch Baracken, aber die waren verwanzt. Und das war nicht sehr angenehm, da hat man schon lieber im Zelt gewohnt, da hat man immer Lüftung gehabt. Im Winter war das manchmal ein bißchen stürmisch, da hat alles gewankt. Und da habe ich mit der einen Hand meine Frau festgehalten und mit der anderen Hand den Zeltpfahl da in der Mitte. Also, so war das mal. Das war unsere erste Villa, ja, da haben wir vier Jahre drin gehaust, und dann haben wir uns verbessert. Inzwischen wurden Holzbaracken gebaut, es gab auch schon Steinhäuser. Die wurden von der ›Jewish Agency‹ zur Verfügung gestellt für Behinderte oder kränkliche Personen. Und wir bekamen, das war schon ein Vorzug, ein Zimmer in einer Holzbaracke. Da waren ungefähr fünf Zimmer. Man konnte jedes leiseste Geräusch hören von nebenan. Und dann kamen 1938 die Eltern meiner Frau, und wir haben ihnen diese phantastische Barackenwohnung überlassen und sind in einen *Lift* gezogen. Damals kamen die Neueinwanderer, wenn sie Hausrat mitbrachten, mit dem sogenannten *Lift*. Der hatte Holzverschalung, damit man Möbel reintun konnte, Vorläufer von den heutigen Containern. Und das wurde im Kibbuz zurechtgemacht als Wohnung für Leute. Da haben wir uns auch ganz wohl gefühlt. Damals war unsere älteste Tochter schon auf der Welt; sie war im Kinderhaus untergebracht. Das waren immer

schon Steinhäuser, von Anfang an. Für die Kinder hat man sofort
gesorgt.

Jehuda Steinbach (*1910)

Ich habe ein Zelt gesehen, aber da drinnen standen drei Betten
Nun, ich hatte das Glück, meine Lebensgefährtin bald nach meiner Ankunft im Kibbuz im Jahre 1937 kennenzulernen: Gertrud,
im Kibbuz hat sie sich Lea genannt. Anfang '38 haben wir beschlossen, die Ehe einzugehen. Ich bin dann, wie das üblich war,
ins Sekretariat gegangen und hab' gesagt:»Wir wollen ein Zimmer.« »Gut, wir geben euch ein Zelt.« Wie ich von der Arbeit kam,
hab ich 'n Zelt gesehen, aber da drinnen standen drei Betten. Bin
ich wieder hingegangen zu dem Herrn und sagte:»Das muß 'n
Irrtum sein, wir sind doch nur zwei Leute.« Sagt er:»Nein, das ist
kein Irrtum, ihr bekommt einen *primus*.« *Primus* war der Begriff
für einen zusätzlichen »Gast« in einem Zimmer. Nun muß man
sich vorstellen, daß ein junges Ehepaar mit einem Dritten sehr
schlecht auskommt. So hab' ich den Mann auf die Seite genommen und hab' ihm gesagt:»Gut, du kannst ja nichts dafür, daß du
zu uns kommst, aber untersteh dich nicht, vor ein Uhr in der Nacht
zu kommen!« Seine Proteste haben nicht geholfen. Aber ich habe
dann mein Leid einem der älteren Mitglieder geklagt, und der hat
mir zu einem, was man auf hebräisch nennt *zrif machzalot*, das
heißt so einer Bude, die aus Schilfplatten besteht, verholfen. Also,
rückblickend muß man sagen, daß das eine sehr unpassende und
sehr grausame Einrichtung war, dieser *primus*, aber es ist vielleicht
aufschlußreich für die schrecklichen Bedingungen, unter denen
man damals gelebt hat.

Hans Simon Forst (*1917)

Die Eltern hatten die Erziehung der Kinder in die Hände der
***metaplot* gegeben**
Als die ersten Kinder geboren waren, gab's das Problem des Kin-
derhauses, der Kindererziehung. Die Kindererzieherinnen, auf
hebräisch *metaplot*, waren wichtige Personen, weil die Eltern ja
die Kindererziehung zumindest im jungen Alter durch diese ge-
meinsamen Kinderhäuser zum Teil in die Hände dieser Kindererzieherinnen gegeben hatten. Deswegen waren die Damen oder
Pionierinnen, die diesen Job ausgeführt haben, sehr, sehr entscheidend für die Entwicklung der neuen Jahrgänge des Kibbuzes und auch der Beziehung zwischen Eltern und Kindern.

Die Kinder wurden eines der zentralen Probleme des Kibbuz.

*Abraham Friedländer (*1916)*

Niemand hat geglaubt, daß ich den Kibbuz verlasse

HR: Niemand hat geglaubt, daß ich den Kibbuz verlasse. Mein Mann auch nicht. Unsere oberste Autorität dort war Georg Josephthal. Und ich habe ihm eines Tages gesagt: »Ich verlasse den Kibbuz. Und ich werde das heute abend in der *asefa* sagen.« Und da hat er gesagt: »Unter keinen Umständen, untersteh dich nicht! Wenn du wirklich gehen willst, dann gehst du auf Urlaub.« Und das habe ich getan.

AB: Darf ich nach Ihren inneren Gründen fragen?

HR: Absolut.

AB: Daß Sie ohne Ihren Mann gegangen sind, das ist schon eine Entscheidung gewesen.

HR: Ja. Ich habe das Gefühl gehabt, daß ich verwelke. Daß ich im Alltag untergehe, ohne daß etwas aus mir wird. Und dazu kam noch das Gefühl, daß man unter ständiger Aufsicht und Kritik ist. Zum Beispiel, ich will nicht sagen, daß das ausschlaggebend war, aber ich wollte nicht, daß man kritisiert, wie ich mich anziehe. Man arbeitet zum Beispiel im Eßsaal; jeder macht das mal, nicht wahr? Da muß man Tische decken und das Essen bringen und so. Hat man mich kritisiert, was ich für ein Kleid angezogen habe. Ich weiß schon nicht mehr, ob es zu gut oder zu schlecht war. Aber das ist nichts für mich. In einer so kleinen Gemeinschaft ist man zu nah beieinander. Ich hab's mir wirklich sehr überlegt. Die Versuchung ist natürlich, daß es ja sehr bequem ist, in so einer Gemeinschaft zu leben. Man braucht sich um nichts zu kümmern, bis hin zum Geld braucht man sich nicht zu sorgen.

AB: Wie lange waren Sie insgesamt drin?

HR: Zwei Jahre vielleicht.

*Hilde Rudberg (*1909)*

Da habe ich gesagt: »Dann mache ich das ohne euch«

In meinem Abgangszeugnis von der jüdischen Schule in Berlin schreibt der berühmte Leo Strauß als letzten Satz: Es bleibt nur zu hoffen, daß Benjamin Kopfstein eine akademische Laufbahn einschlagen wird, und so weiter. Und das blieb mir irgendwie im Bewußtsein. Im Kibbuz kam ich nach kurzer Zeit in einen Zwiespalt: Was soll ich nun werden? Soll ich es darauf anlegen, ein *tarbutnik* zu sein, oder soll ich wirklich Landwirt werden? Ich fand immer eine gewisse Unehrlichkeit und Heuchelei darin, wenn man im Kibbuz bleibt und sozialistische Propaganda betreibt und von jedem verlangt, glücklich bei der landwirtschaftlichen Arbeit zu sein, aber *de facto* selbst eben als *tarbutnik*. Bei dem Gedanken war mir nicht wohl. In dieser Beziehung habe ich gefühlt, daß der Beschluß, rauszugehen und dann wieder meine Studien fortzusetzen, folgerichtiger und aufrichtiger ist.

Es war Krieg, man brauchte Freiwillige für die ›Jewish Settlement Police‹, denn man hat ja mit einer möglichen Invasion der Nazis oder mit Fallschirmjägern usw. gerechnet. Da habe ich meiner Gruppe vorgeschlagen: ich will als Freiwilliger gehen. Mein Gehalt, alles geht natürlich an die Gruppe, an den Kibbuz. Aber ein Teil, der für mein Studium notwendig ist, soll an die Schule überwiesen werden. Daraufhin wurde eine allgemeine Versammlung einberufen und abgestimmt. Es wurde abgelehnt, und da habe ich gesagt:»Dann mach' ich das ohne euch«, und bin in Naharija bei der ›Jewish Settlement Police‹ angenommen worden. Ich bin aus dem Kibbuz rausgegangen, und Miri kam mir nach. Also, ich habe mich vorbereitet aufs Abitur und habe es zu Kriegsende irgendwie bestanden.

Benjamin Kedar (*1923)

Ich verließ den Kibbuz schweren Herzens

Ich verließ den Kibbuz damals schweren Herzens, als es mir gelang, meine Mutter 1938 aus Deutschland nach Palästina zu bringen. Wenn meine Mutter nicht gekommen wäre, wäre ich wahrscheinlich im Kibbuz geblieben. Ich bin damals Idealist gewesen, und Idealismus bedeutete in jenen Tagen, in einem Kibbuz zu sein. Es war mir bewußt, daß ich diesen Weg mehr oder weniger verließ. Wir lebten dann zusammen in Tel Aviv.

Gad Elron (*1918)

Für meine Schwiegermutter war Kibbuz eine Niederlage

Meine Schwiegermutter kam aus dem Lager, aus Theresienstadt. Der Schwiegervater ist mit dem letzten Transport nach Auschwitz gegangen, und auch die Tochter ist umgekommen. Als meine Schwiegermutter hierhergekommen ist, haben wir gewußt, für sie ist der Kibbuz nichts. Für sie war Kibbuz Niederlage. Also sind wir mit ihr raus nach Ramat Gan. Aber ich habe mich nicht gewöhnen können an das Geldsparen, der Hauptgedanke war immer nur Geldsparen, Geldsparen. Wir haben doch mit nichts angefangen.

Ich habe das nicht aushalten können. Und nach zweieinhalb Jahren habe ich meine Familie und in Kfar Ruppin einige Freunde davon überzeugt, daß ich im Kibbuz in Kfar Ruppin leben will. Seitdem bin ich hier.

*Channa Hellmann (*1921)*

Es hat mir nicht gefallen, mich kommandieren zu lassen

In Israel sind wir 1949 angekommen. Wir waren in der *ma'abara*, einem der Übergangslager mit Blechzelten. Mein Mann hat Cousinen in einem Kibbuz gehabt, und da sind wir sieben, acht Monate gewesen. Aber ich wollte nicht dort bleiben. Es hat mir nicht gefallen, mich da kommandieren zu lassen. Ich habe ganz gut gearbeitet, die waren mit mir sehr zufrieden. Aber ich dachte, wenn ich woanders so arbeite, bekomme ich Geld, und ich kann mit dem Geld machen, was ich will. Und da arbeiten und essen, nun gut. Aber am Anfang war es sehr wichtig, denn mein Mann war krank, hatte Durchfall und alles, und in dem Kibbuz war Ordnung und Sauberkeit, wissen Sie, das war sehr wichtig. Aber ich wollte da nicht bleiben, und da sind wir in die Stadt nach Naharija gezogen.

*Johanna Klausner (*1908)*

Ich bedauere sehr, daß ich im Kibbuz geblieben bin

Ich bedauere sehr, daß ich im Kibbuz geblieben bin. Daß ich hineingegangen bin, ist nicht so schlimm, aber daß ich geblieben bin. Das ist so wie ein Paternoster: das dreht sich, und das Aussteigen ist das Entscheidende. Als es anfing, daß man von Deutschland Geld bekam, haben wir gedacht: Nu, vielleicht verlassen wir den Kibbuz doch. Und da hat unser ältester Sohn gesagt: »Ihr könnt gehen, ich bleibe im Kibbuz.« Und da habe ich mir gedacht, ich würde nicht nochmal in einen Kibbuz zurückgehen, den ich mal verlassen habe, ja, und dann immer hierherkommen und meinen Sohn besuchen. Und da hat der Kleine gesagt: »Da wo er bleibt, bleib' auch ich.« Also auch noch der Zweite! Also haben wir gesagt, nun ... Nachher war er der erste, der den Kibbuz verlassen hat, 1968.

*Asta Bergmann (*1911)*

Es ist wirklich etwas Einzigartiges auf der Welt

MD: In diesen schweren Jahren gab es natürlich Leute, die das nicht ausgehalten haben, die den Kibbuz verlassen haben. Aber auch von denen, die geblieben sind, haben manche manchmal

gedacht: Warum soll ich all diese schwere Arbeit tun, kann ich mir
nicht eine andere Existenz aufbauen?

EG: Ich habe es nicht gedacht, denn es gab praktisch kaum eine
andere Möglichkeit. Zurück konnten wir nicht. Was in Europa war,
das war ja bekannt. Und wir haben geglaubt, so ist das Leben eben
hier. Auch Leute, die nicht im Kibbuz gelebt haben, haben natürlich viel bescheidener gelebt. Aber wir hatten keine Not. Und wir
hatten Kino und Bücher und Vorträge. Das kulturelle Leben kam
nie zu kurz, auch wenn das Essen bescheiden war und wir bescheiden angezogen waren. Und wir waren ja schon jahrelang als
Kinder darauf vorbereitet, daß das hier unser Ideal ist. Was uns
vielleicht nicht allen gefallen hat, das war, daß die Kinder die Eltern zu wenig gesehen haben. Die Kinder haben damals noch in
den Kinderhäusern übernachtet, was heute auch schon längst nicht
mehr existiert. Aber sonst waren wir im allgemeinen zufrieden.

MD: Wie schätzt Du das Leben im Kibbuz heute, nach einem
schönen Leben, ein? Möchtest Du das wieder machen?

EG: Ich glaube, es ist in jeder Beziehung etwas wirklich Einzigar-
tiges auf der Welt, und ich schätze es sehr, denn es gibt jedem
Menschen die Möglichkeit, sich selbst zu entwickeln. Ich bin überzeugt, daß hier viele Leute etwas für ihr kulturelles Leben tun, Dinge, die sie in der Stadt gar nicht tun würden. Jeder hat sein Ein-
kommen und muß sich nicht den Kopf zerbrechen, ob er morgen
Arbeit hat, ob er genug Geld verdient, ob er die Kinder in die Schule,
auf die Universität schicken kann, ob er sich eine Hochzeit leisten
kann für den Sohn oder die Tochter. Die Sorge um jeden sozialen
Fall, für Alte und Kranke ist hervorragend. Ich glaube, für alle Altersgruppen ist es etwas sehr Positives, im Kibbuz zu leben. Die
Kinder werden in dieser Atmosphäre erzogen, und heute sind sie
schon längst nicht mehr so abgesondert vom allgemeinen Leben.
Man kommt viel mehr herum, man fährt ins Ausland und man trifft
Leute von überall; also es ist kein Leben, wie man früher gedacht
hat, daß die irgendwo auf dem Dorf leben und nicht wissen, was
sich in der großen Welt tut. Die Schulen sind meistens besonders
gut. Also, ich bin zufrieden.

Ellen Glasner (*1920)

**Wenn ich Zeit brauche für meine schriftstellerische Tätigkeit, dann
nehme ich sie mir**
Ich bin der Fabrik sehr verbunden und meinem Arbeitsteam ganz
besonders. Ich möchte nicht auf diese Arbeit verzichten. Ich be-

dauere es, wenn ich zum Beispiel einen Tag nicht arbeiten kann, weil mich die Arbeit in der Fabrik, obwohl sie langweilig ist, befriedigt. Weil ich weiß, daß ich an einem Produktionsprozeß beteiligt bin, der unser Leben lebenswert macht, sowohl finanziell als auch, was die gesellschaftliche Zusammensetzung betrifft. Jeder Mensch muß doch für seinen Lebensunterhalt arbeiten. Wir sind im Pensionsalter. Aber wenn man die ganze Zeit zu Hause sitzt und weiß, die Kibbuzgesellschaft lebt zusammen und arbeitet zusammen, dann fühlt man sich irgendwie ausgeschlossen. Meine schriftstellerische Tätigkeit hingegen ist mit meiner Inspiration verbunden, ja? Das heißt, wenn ich Zeit dafür brauche, dann nehme ich sie mir eben, dann kann ich sie mir auch nehmen, ohne ein schlechtes Gewissen zu haben. Ich erinnere an ein Gespräch, das ein sehr bekannter hebräischer Schriftsteller, Amos Oz, mit einem deutschen Schriftsteller mal gehabt hat, der gesagt hat:»Ja, ich muß schreiben, um eine Hypothek zu bezahlen, und Sie können schreiben, wann Sie wollen. Und wenn Sie nicht wollen oder das Bedürfnis haben, dann haben Sie eben eine andere Arbeit im Kibbuz. Und das finde ich ganz fabelhaft. Denn ich fühle mich verpflichtet zu schreiben, um meinen Lebensunterhalt zu verdienen, und für Sie ist das eine Sache der Inspiration.« Genauso ist das auch bei mir.

Mirjam Michaelis (*1908)

Das ist viel mehr wert als jede Pension
Ich habe es noch nie bedauert, in den Kibbuz gegangen zu sein. Dabei möchte ich nicht sagen, daß ich immer mit allem einverstanden und immer zufrieden war. Aber wo ist das im Leben der Fall? Was mich am Kibbuz gereizt hat und weiter im Kibbuz hält, ist die Möglichkeit einer wirklichen persönlichen Unabhängigkeit in der Mitgestaltung einer neuen Gesellschaft und einer neuen Wirtschaft – mit allen Hindernissen und mit allen Schwierigkeiten. Das scheint mir viel weniger möglich zu sein außerhalb des Kibbuz, wo man von viel mehr objektiven und subjektiven Faktoren abhängt, während man im Kibbuz direkten persönlichen Einfluß haben kann und persönliche Gemeinschaft fühlen kann mit dem, was im Kibbuz besteht und sich weiterentwickelt. Sie können im Kibbuz völlig zurückgezogen leben, Sie können im Kibbuz einer der wesentlichen aktiven Mitgestalter der Gesellschaft oder der Wirtschaft sein, ja? Schon in den ersten Kibbuzim hat jeder einzelne die Gesellschaft wesentlich bestimmt. Und mit der Entwick-

lung der zweiten und dritten Generation im Kibbuz gibt es mehr Möglichkeiten, Arbeitsplätze, Aktivitäten, kulturelle und geistige oder wirtschaftliche oder gesellschaftliche, in denen sich jeder manifestieren kann in seinen Begabungen, Neigungen und Interessen. Trotz anderer politischer Haltung zu manchen Dingen im Kibbuz, zu denen ich jetzt keine Stellung nehme, weil ich das jüngeren Leuten überlasse, habe ich sonst nie so viel Freiheit und Möglichkeiten gehabt, das zu tun, was ich wirklich möchte. Da man in unserem Alter auch befreit ist von gewissen Arbeitspflichten und die Arbeitszeit ziemlich frei ist, kann man seinen Liebhabereien nachgehen, ohne Existenzprobleme zu haben, was natürlich viel mehr wert ist als jede Pension.

Akiba Eger (*1913)

Der Kibbuz wäre eine so gute Sache, aber die meisten Menschen wollen nur Geld verdienen

MS: Der Kibbuz ist an und für sich eine so gute Einrichtung. Im Kibbuz bekommt man alles, was man braucht, soweit es da ist. Man arbeitet, was man kann, soweit man kann, und man ist versorgt. Man hat keine Sorgen. Man sagt, dieses Land ist der einzige Platz, wo Kommunen existieren, wo jeder freiwillig das macht, was man braucht. Das wäre eine sehr gute Sache, wenn viele Menschen so leben würden. Aber die meisten Menschen wollen nur Geld verdienen, was kann man machen?

AB: Glauben Sie, daß die Kibbuzidee nach wie vor lebensfähig ist?

MS: Vorläufig ja. Ich bin nicht sicher, daß sie auf die Dauer Bestand hat. Es gibt jetzt verschiedene Versuche. In einem Rundschreiben, das wir bekamen, stand, daß man in einem Kibbuz, in Jad Mordechaj, wo es auch sehr viele Jeckes und Tschechen gibt, den Leuten Lohn geben will für die harte Arbeit, die sie machen. Wenn man so anfängt, das ist dann das Ende.

Männy Moshe Seligmann (*1912)

Mit der Geburt des ersten Kindes wurde die Besonderheit aufgegeben

CS: Eine Sache, die wir eigentlich von vornherein hätten wissen dürfen, ist, daß eine Bewegung wie die unsere, die sehr selektiv war, die nur Leute aufgenommen hat, die sozusagen ideentreu waren, mit der Geburt des ersten Kindes ihre Besonderheit aufgeben würde. Wenn ein Kind hier aufwächst und die meisten der

Meinung sind, der paßt eigentlich gar nicht hierher, der sollte lieber woanders sein, ist es unmöglich, ihn herauszuschmeißen. Dieser Junge oder dieses Mädchen bringt nachher von außen jemand als Mann oder Frau, die überhaupt keine ideologische Verbindung damit haben. Und so verwässert die Idee, und das ist uns passiert. Wir haben sehr viele Leute aufgenommen, aber die Basis ihres Hierbleibens waren familiäre Dinge und nicht ideologische.

AB: Ist das dann mehr die Außenwelt, die Verführungen bringt, gegen die man nicht mehr gefeit ist?

CS: Also, erstens würde ich dazu sagen, daß vielleicht auch wir nicht ganz stubenrein waren, zum Beispiel in der Stellung zum Alkohol. Wir als Jugendbewegung waren Abstinenzler. Wir haben auch nicht geraucht am Anfang, später hat man ja geraucht. Das Vorbild war nicht immer hundertprozentig, würde ich sagen. Aber der Haupteinfluß auf die Kinder waren zwei Sachen: erstens, als sie ins Militär kamen und mit der städtischen Jugend in Berührung kamen und deren Lebensstil kennenlernten, und zweitens die Telekommunikation, die Verblendung der Jugendlichen durch das, was man ihnen sendet in der TV, daß sie nur den Glimmer, den Glanz der Umwelt gesehen haben, aber niemals so richtig die Probleme.

*Chaim Sela (*1914)*

Der Kibbuz und die nächsten Generationen

Die Gründer der Kibbuzbewegung fühlten sich als Gründer einer neuen Gesellschaft und einer neuen Wirtschaft. Sie vollzogen die Revolution, sie hatten sich gegen ihre eigenen Eltern aufgelehnt, gegen ihren Lebensstil, gegen die Kultur und die Umgebung, in der sie lebten. Sie hatten sich distanziert und etwas Neues aufgebaut und hatten das Gefühl der Schöpfung. Kinder und Kindeskinder, die werden schon in diese Gesellschaft hineingeboren. Da gibt es für sie das Problem, daß sie die revolutionäre Gesellschaft schon vorfinden als ein gemachtes Bett und ihren inneren Drang, ihre eigene Schöpfung zu haben, behindert sehen, obwohl das, wenn man das richtig analysiert, gar nicht der Fall zu sein braucht, weil so viele Dinge zu tun sind und so viele Dinge noch nicht geschaffen sind, hauptsächlich wirtschaftlich und kulturell und in der Entwicklung des Menschen, in der Bildung des Menschen, auch in der Entwicklung des Landes und der israelischen Gesellschaft, an der der Kibbuz Anteil gehabt hat und auch heute noch hat, allerdings etwas weniger als vorher. Das sind alles Aufgaben, auch noch für die neuen Generationen. Aber die Tatsache ist, daß die jungen Menschen ihr eigenes Leben führen wollen und nicht das, was ihnen von den Eltern vorbereitet ist. Viele davon haben neue Kibbuzim gegründet, was natürlich auch eine sehr positive Sache ist. Ein Teil verläßt den Kibbuz; die möchten ein anderes Leben, eine andere Lebensform kennenlernen. Viele wollen auch andere Länder kennenlernen, die reisen in der ganzen Welt herum, wie auch die Kinder aus anderen Ländern, nicht nur aus Israel. Der Mensch, der im Kibbuz lebt, hat immer das Gefühl, ich habe eine Alternative. Ich kann aus dem Kibbuz herausgehen. Es ist eine freiwillige Zusammenschließung.

Akiba Eger (*1913)

Verteidigung, Kampf und Rettung

Die ›Hagana‹ als Selbstverteidigungsorganisation des *jischuw*
Die ›Hagana‹ wurde 1920 gegründet. Es gab schon vorher eine
Organisation der jüdischen Wächter in Palästina. In den ersten
Jahren, also 1880, 1890, wurden die wenigen jüdischen Dörfer
hier im Lande von Arabern bewacht. Mehr und mehr zeigte sich,
daß man eigentlich dazu doch jüdische Wächter brauchte. Im Laufe
der Zeit wurden sie von einer Organisation, die eben tatsächlich
nur das einzelne Dorf, Städtchen, die Häuser und die Felder be-
wachte, zu einer fast militärischen Organisation, die sich als Aufgabe stellte, nicht nur zu warten, bis man die Dörfer angreift, sondern die Angreifer auch außerhalb des Dorfes aufzuspüren. Kleine
Einheiten wurden ausgebildet, dazu brauchte man Waffen. Die
Engländer waren nicht bereit, dabei zu helfen, und daher wurde
es eine Untergrundorganisation, die bei den Unruhen 1921, 1929,
1936 bis 1939 die führende Rolle in der Selbstverteidigung des
jischuw spielte. Damals gab es in Palästina, je nachdem, welchen
Zeitpunkt wir zwischen 1920 und 1947 nehmen, zwischen 250.000
und 500.000 Juden. Zehn Prozent davon waren in der ›Hagana‹
organisiert. 1948, als der Freiheitskrieg ausbrach, gab es über
50.000 aktive Mitglieder der ›Hagana‹, das waren um die zehn
Prozent. Das war Untergrund für die Engländer, aber nicht innerhalb des *jischuw*.
Für mich persönlich und die Jungens, die mit mir waren, war es
ganz natürlich, aber auch anziehend, Mitglieder dieser Untergrund-
bewegung zu werden. Wir waren stolz darauf, schon eine Position
zu haben, die uns als Jungens von etwa 22 Jahren Prestige innerhalb des *jischuw* gab. Ich, der ich erst vier Jahre im Lande war,
habe schon die im Lande Geborenen geführt und hatte einen Revolver in der Tasche! Man kannte auch das Land viel besser als
jeder andere, lernte neue Leute kennen, hatte Verbindungen, die
man sonst nie gehabt hätte. Diese jungen Menschen bildeten ganz
unbewußt eine gewisse gesellschaftliche Schicht. Ein Teil dieser
Gruppe zu sein war etwas, auf das man stolz war, das befriedigend
war und das ein Gefühl der Stärke und des Dazugehörens gab.
*Aharon Doron (*1922)*

Wir haben ständig Wache geschoben

Als wir hier angefangen haben, war eines unserer ersten Erlebnisse, daß ein Lastauto, das Arbeiter vom Kibbuz abgeholt hat, an einem benachbarten arabischen Dorf vorbeigefahren ist, wo man eine Mine gelegt hatte. Das Auto fuhr auf die Mine, es waren sieben oder acht Tote und ich weiß nicht wieviele Verletzte. Und natürlich haben wir in dieser ganzen Zeit ständig Wache geschoben. Das war teilweise so schlimm, man hat zwei Stunden gewacht, zwei Stunden geschlafen, zwei Stunden gewacht, zwei Stunden geschlafen, und die nächste Nacht hat man in Bereitschaft gelegen, angezogen, mit Schuhen geschlafen. Die dritte Nacht hat man zu Hause geschlafen, und in so einem Turnus ist das monatelang gegangen. Sde Warburg hat das furchtbare Manko, daß es eine lange Wurst ist, dreieinhalb Kilometer lang. Ein Runddorf war natürlich viel leichter zu verteidigen. Ich kann mich erinnern, wir haben eine Nacht gehabt, wo wir gewarnt wurden: Heute nacht wird man bei euch Kühe stehlen! Wir haben acht Paare ausgeschickt auf Wache. Und man hat die Kühe doch gestohlen.

Gabriel Walter (*1921)

Es war für mich ganz romantisch, diese Nachtwache

Folgendes hat auf mich den größten Eindruck gemacht: Wir mußten damals, das war doch noch in der Zeit der Unruhen, Nachtwache machen, und zwar auf dem Wasserturm. Über dem zweiten Stock war noch ein Stockwerk mit einem Scheinwerfer, der sich nachts drehte. Man mußte da Nachtwache machen mit Patronen und Granaten im Gürtel und aufpassen, was sich ringsum tut, und ob für uns irgendeine Gefahr droht. Das war im Sommer, und es war furchtbar heiß, und es kam mir einen Moment so vor, als ob ich nicht Kibbuzmitglied, sondern eine Touristin wäre. Da habe ich ringsrum die Erde und die fernen Berge gesehen, und dann kamen Kamelkarawanen vorbei, die mit Glöckchen geläutet haben. Also, es war für mich ganz romantisch, diese Nachtwache.

Mirjam Michaelis (*1908)

Die ›Jewish Settlement Police‹ war eine *cover unit* für meine Untergrundtätigkeiten

AD: Wir haben uns im Sommer 1941 entschlossen, unsere Schulung zu unterbrechen und ins englische Militär zu gehen. Es kamen verschiedene Leute zu uns, auch aus dem Kibbuz, und erklärten uns: »Es geht doch nicht, daß alle jungen Menschen nun zum

englischen Militär gehen. Wer wird denn hier bleiben?« Es gab
einen von den Behörden des jüdischen *jischuw* unterstützten Auf-
ruf, zu der jüdischen Einheit der Polizei, der ›Jewish Settlement
Police‹ zu gehen. Und so ging, nach freiem Entschluß jedes einzelnen, ein Teil zum englischen Militär, ein Teil zu den von den
Engländern überwachten Einheiten der Polizei und einzelne auch
zum ›Palmach‹, der genau zu der Zeit gegründet wurde. Ich selbst
ging also in diese Polizeieinheit, ich war schon Mitglied der
›Hagana‹, wie wir alle. Diese Einheit war für mich innerhalb der
folgenden Jahre eigentlich eine *cover unit* für meine Untergrundtätigkeiten. Ich war als *instructor* und so weiter für die ›Hagana‹ in
der ganzen Gegend tätig. Und die Engländer bezahlten mich. Ich
mußte also am Ersten jeden Monats kommen, um dort von den
englischen Offizieren meinen Lohn zu bekommen, außerdem spielte ich für die Engländer Fußball. Ich machte das sogar sehr gerne,
und es war auch gut für meine Untergrundtätigkeit, denn so suchten sie mich nicht. Die wußten, der junge Weilheimer, der ist da,
wenn wir ihn brauchen. Der spielt Fußball.
MD: Wir nannten das damals »Diener zweier Herren«.
AD: Ja. Und das tat ich bis 1946.

Aharon Doron (*1922)

»Schakale habt ihr Mistkerle gesehen«

1938 trat ich in die Hilfspolizei ein und wurde nach einem kurzen
Ausbildungskurs mit einer Gruppe von weiteren Kandidaten, davon acht Jeckes, alle über 1,80 Meter groß und etwas Englisch
sprechend, nach Atlit bei Haifa zur Bewachung eines arabischen
Terroristenlagers geschickt. Die Idee war, daß wir englische Polizisten, an denen damals ein ziemlicher Mangel herrschte, ersetzen sollten, und wir bekamen zu diesem Zweck auch englische
Uniformen. Schnell stellte sich heraus, daß das Fluchen auf englisch, insbesondere das häufige Wiederholen des Wortes, das mit
»f« anfängt, sowohl für uns als auch in verstärktem Maße den arabischen Insassen gegenüber einen wichtigen Teil der geführten
Gespräche darstellte. Gleich in der zweiten Nacht schlug ich unter-
nehmenslustiger Geist meinem Partner vor – der übrigens aussah
wie der Prototyp eines Rosenbergschen Ariers –, etwas Leben in
die Bude zu bringen. Gegen drei Uhr morgens schossen wir mun-
ter ins Dunkle, in die Berge hinein, und schlugen Alarm. Der
Grund war einfach, daß wir bis dahin überhaupt nicht mit *life
ammunition* geschossen hatten, na und schließlich muß man ja

alles mal selber ausprobieren. Mamma mia, die armen Engländer! Torkelten alle besoffen aus dem Schlaf auf ihre Stellung zu und unsere stockenden Erklärungen, daß wir Gestalten gesehen hätten, erregten den heftigen Zorn des *commanding officer*, welcher schrie: »Schakale habt ihr Mistkerle gesehen«, und der Satz war mindestens zweimal von dem berühmten Schimpfwort durchsetzt. Bald war die nächtliche Ruhe dann wieder hergestellt. Schließlich konnte man ja auch gar nichts gegen unsere scharfen Augen sagen.

*Ernst Pfeffermann (*1917)*

Vom Minensucher für das englische Militär zur jüdischen Polizei
Ich wollte eigentlich Landwirtschaft betreiben, aber nachdem ich schon damals Autofahren konnte, hat der Kibbuz beschlossen, ich soll zur ›Hagana‹ gehen und als Chauffeur Patrouillen fahren. Und dann hat die ›Hagana‹ gesagt, wir haben einen Posten für dich in Haifa, und ich hab' nachher den Kibbuz verlassen und bin als Minensucher zum englischen Militär. Das war '37, '38 bis '39. Aber ehrlich gesagt, ich hab' keine Mine während meiner Dienstzeit dort gefunden.
Als der Krieg anfing, hat die ›Sochnut‹ uns auferlegt, entweder zum Militär oder zur Polizei zu gehen. So bin ich dann im April 1940 zur Polizei gegangen. Ich hab' das englische Soldatenleben ein bißchen mitgekriegt, aber die Polizei hat mich mehr interessiert. Ich mußte natürlich eine Fahrprüfung machen für Panzerautos usw. Und von 1940 bis 1983 war ich dann bei der Polizei.

*Salomon Epstein (*1916)*

Der ›Palmach‹ war eine Elitetruppe der ›Hagana‹
Der ›Palmach‹ war eine Einheit der ›Hagana‹, eine Elitetruppe, so wie es heute innerhalb des Militärs besondere Elitegruppen gibt. Die ›Palmach‹-Einheiten lebten in Kibbuzim. Und zwar war das einfach eine Notwendigkeit, man mußte irgendwo sein, wo es den Engländern nicht aufgefallen ist, wo man arbeiten und auch einen Teil der Unkosten bestreiten konnte. Der ›Palmach‹ war tatsächlich am Anfang darauf aufgebaut, daß man einen halben Monat arbeitet und sich einen halben Monat im Militärwesen übt. Auch die Jugendbewegungen und viele Abiturienten kamen in den ›Palmach‹. Für sie war das ein *must*, zum ›Palmach‹ zu gehen. Es war eine sehr gelungene und kluge Taktik, die *creme of the creme* der jüdischen Jugend Palästinas in eben diese Einheit reinzubekommen.

Und so hat man tatsächlich ausgezeichnetes Menschenmaterial gefunden. Zu der besonders guten Ausbildung kam noch die besondere Motivation der Leute hinzu.

Aharon Doron (*1922)

Das Stoßtruppentraining gab mir innere Sicherheit
Nachdem ich die Fachschule absolviert hatte, schloß ich mich an einen Kibbuz mit jungen Leuten an, da waren wir schon richtig verbunden mit allem, was im Lande geschah. Und dann brach der Krieg aus. Ich wurde vom Kibbuz aus zum ›Palmach‹ mobilisiert. Im ›Palmach‹ hatten wir Stoßtruppentraining, was natürlich sehr, sehr anstrengend war. Das waren lange, lange Märsche von 20, 25 km pro Tag, viel Sport und Militärübungen. Und da ich körperlich nicht sehr kräftig war, strengten sie mich dementsprechend an. Aber auf der anderen Seite stärkten sie mich auch sehr und gaben mir viel innere Sicherheit. Diese Gruppe hatte auch besondere gesellschaftliche Abende, an denen man trank und sang. Wir haben ein sehr intensives gesellschaftliches Leben geführt.

Usi Biran (*1920)

* * *

Die am Krieg teilnehmen, würden nachher auch in der Friedensperiode das Sagen haben
Schon Ende '39, '40 war es ganz sicher, daß wir hier in Palästina teilnehmen mußten an diesem Krieg, der ein Krieg gegen Hitler und den Nazismus war. Da war das Bewußtsein, daß der Krieg gegen die Nazis die einzige Möglichkeit ist zu verhindern, daß Hitler die Welt erobern wird. Und als man erklärt hat, daß Leute für die jüdischen Einheiten mobilisiert werden und sie das Gefühl hatten, als jüdische Armee zusammen mit britischen Einheiten, als Alliierte, gegen die Nazis zu kämpfen, hat der Ruf einen ganz großen Erfolg gehabt. Von einer Bevölkerung von einer knappen halben Million – mehr waren wir damals nicht – haben sich so ungefähr 40.000 Leute gemeldet, und man hat sie in verschiedene Einheiten geschickt. Eine der ersten Aufgaben dieser Einheiten war nach der Idee der politischen Führung, sie zum Frontkampf zu bringen. Wir wußten, daß die, die wirklich am Krieg teilnehmen werden, nachher auch in der Friedensperiode das Sagen haben würden. Damals kristallisierte sich die Politik der ›Jewish Agency‹ und der zionistischen Führung heraus, mit Ben Gurion, Weizmann

usw., mit Erfahrungen schon aus dem ersten Krieg, wo jüdische Einheiten aus Palästina auch mit den Engländern mitgekämpft haben. Und eines der Resultate dieser Kriegsteilnahme war die Balfour-Deklaration.

Aber die Engländer waren nicht so begeistert, jüdische Einheiten zu schaffen. In diesem Streit gab es zwei Phasen: Die erste Phase war die jüdische _unit_; das haben wir bekommen. Aber die zweite Phase war: Wir wollten eine kämpfende Brigade, so wie es zum Beispiel die griechischen, die jugoslawischen, die polnischen und die tschechischen _units_ gab. Die durch die Nazis eroberten Länder wollten diese nationalen Einheiten, die waren damals schon mobilisiert. Wir wollten auch so eine Einheit auf dem Feld haben, ausgezeichnet mit den speziellen Zeichen, mit der blau-weißen Fahne. Denn wir wußten ganz genau, daß das ein politisches Argument sein wird nach dem Krieg. Und wir wußten, was für eine riesige Hoffnungskraft unser Erscheinen geben würde, wenn wir nach Europa kommen. Damals haben wir geglaubt, daß man dann hoffentlich die Juden, die noch übergeblieben sind, wird retten können.

Shlomo Du-nour (*1922)

1940 hieß es, daß jüdische Einheiten gegründet werden

HF: Wir waren von der ›Hagana‹, und die Mitglieder der ›Hagana‹ wurden ja alle eingeteilt. Bei Kriegsausbruch hat die ›Hagana‹ verordnet, daß sich ein Teil beim englischen Militär meldet. Ich habe mich freiwillig gemeldet. Der Kibbuz wollte eigentlich jemand anders schicken, aber ich hab' darauf bestanden. Wir haben unsere Zeit erst mal mit Übungen verschiedener Art verbracht, und von den Engländern wurden wir eingesetzt zur Bewachung verschiedener wichtiger Punkte. Zuerst in Palästina selbst, Hafen, Raffinerien usw.; und später in Ägypten. Unsere Einheit war in der Nähe von Suez.

AB: Sind Sie da mit dem Vorrücken Rommels unmittelbar in Kontakt gekommen?

HF: Nein, mit Rommel waren andere Einheiten verbunden, Leute in der sogenannten R.A.E.C. Aus unserer Kompanie wurden von den Engländern systematisch Leute rausgeholt in Hilfsformationen, um eben die Formation einer richtigen Kampftruppe zu vermeiden. Es dauerte aber noch fast vier Jahre, bis die Engländer dazu bewogen wurden, ganze Kompanien zusammenzuschließen zu einer verstärkten Brigade, der sogenannten Jüdischen Brigade. Das muß Mitte 1944 gewesen sein, da kam endlich der Beschluß. Man sagt, daß Churchill persönlich das beschlossen hat. Dann wurden wir von Ägypten Ende '44 nach Italien geschickt, wo wir eingesetzt wurden, und zwar am Senio, das ist in der Nähe von Ravenna. Und da haben wir noch zwei Monate mitgekämpft gegen eine Fallschirmjägerdivision, die aus Bayern und Österreichern bestanden haben soll; ich kann das natürlich nicht genau bestätigen. Ich hatte das Unglück, am 31. März verwundet zu werden, hab' beinahe meinen Arm verloren, und bei Kriegsende, Anfang Mai, war ich im Krankenhaus. Das war in Trani, irgendwo im Süden bei Bari.

Hans Simon Forst (*1917)

Ich gehörte zu den ersten, die in die englische Marine eintraten
Es war diese Phase des Weltkrieges, in der Britannien die zentrale Gewalt über das Mittelmeer nicht mehr sicher in den Händen hielt. Sie mußten ihre großen Basen von Malta in den mittleren Osten verlegen, und Alexandria, Beirut und Haifa wurden damals wichtige Stützpunkte für die englische Marine. Und das führte dazu, daß man hier auch Freiwillige aufforderte, sich den Streitmächten anzuschließen, und ich gehörte wirklich zu den ersten, die in die englische Marine eintraten. Ich habe dort etwa viereinhalb Jahre gedient, teilweise als Dolmetscher, denn ich konnte in der Zeit, in der die Italiener ihre Kämpfe '43 bereits aufgaben und zum Teil hier in Haifa und in Beirut ihre Schiffe ankerten, als Dolmetscher dienen, da ich einigermaßen Englisch und Italienisch verstand. Außerdem war ich verantwortlich für gewisse Ausrüstungs- und Versorgungsaufgaben auf den Schiffen und in den Landbasen.

Alfred Wachs (*1914)

In der Tschechischen Brigade gegen Rommel
Dann hab' ich mich zum tschechischen Militär gemeldet, zur Tschechischen Brigade, und kam im Jahr '42 in die Wüste gegen Rommel. Dort haben wir sehr viel mitgemacht. Daß wir gehungert haben, das war gar nichts, aber Wasser bekam man nur in einer Feldflasche, damit mußte man sich waschen, trinken und alles. Als Rommel dort verloren hat, war das für uns eigentlich der Schluß des Krieges. Wir sind von dort mit einem ganz großen Schiff nach England transferiert worden, weil die Hauptleute der tschechischen Armee in England waren. Darunter waren viele Juden, die haben

eigentlich dort in England die Tschechische Brigade gegründet, ja, die kamen aus aller Welt nach England.

Otto Lederer (*1905)

Wir wurden 1941 gefangengenommen in der Peloponnes

1939, als der Krieg ausbrach, hab' ich mich gemeldet zum Waffendienst und wurde im Juli 1940 zusammen mit einigen anderen ausgewählt, um einen Führerkurs, der von der ›Sochnut‹ geleitet wurde, zu machen, einen Kaderkurs. Wir wurden nach Sarafand gebracht als die zukünftigen Offiziere der jüdischen Armee. Da war Ben Aharon dabei und Almogi, 'ne ganze Gruppe von Leuten, die später bekannt wurden. Wir wurden in Sarafand ausgebildet und gingen dann nach Ägypten. Die englische Armee hat ja damals noch nicht gestattet, daß man in Waffeneinheiten geht, also in kämpfende Einheiten. So wurden wir zu den Pionieren geschickt und haben dann Dienst in Ägypten und in Libyen getan, wurden nach Griechenland geschickt zusammen mit einer britischen Expeditionsgruppe, wurden dann vom deutschen Heer gefangen in der Peloponnes, Ende April 1941. Ich blieb vier Jahre in deutscher Gefangenschaft, bis Mai 1945. Das erste Stammlager war in Oberschlesien an der früheren polnischen Grenze. Da ich Sergeant war, wurde ich dann mit meiner Gruppe in ein Arbeitslager in den Wäldern von Oberschlesien verschickt. Dann kam ich wieder zurück ins Stammlager, weil ich den ersten Streik in Deutschland organisiert hab'. Zuerst wollte man mich erschießen, dann hat man sich erinnert, daß wir doch unter den Rechten der Genfer Konvention stehen, also wurden wir verschickt in ein Repressalienlager nach Ostpolen, ein Straflager. Dann war ich in einem NCO-Lager, das heißt in einem Unteroffizierslager, bis zum Ende des Krieges. Und da hab' ich im Grunde meine englische Erziehung bekommen.

Yehoshua Arieli (*1916)

Die Kaffeehausmusiker mußten bei mir Feuerlöschen üben

AB: Während des Weltkriegs sind Sie nicht im Militär gewesen?
ER: Nein. Nein. Das ist an mir vorbeigegangen. Ich war die ganze Zeit in der ›Haga‹, das ist der Luftschutz, der sehr primitiv funktionierte damals. In dieser Situation, mit der Gefahr von General Rommel vor den Toren von Palästina, da haben wir mit Gartenschläuchen und normalen Wassereimern Feuerlöschen gegen Brandbomben gespielt, was natürlich absurd war, aber wir hatten

nichts Besseres. Wir trugen Pseudostahlhelme aus Blech, die so aussahen wie die englischen Stahlhelme, diese flachen Teller, und ich habe die also zu kommandieren gehabt. Die lustigste Gesellschaft, die da drin war, waren Kaffeehausmusiker aus Deutschland und Österreich. Damals waren in Jerusalem ganz viele Kaffeehäuser. Da gab's Zeitungen aus der halben Welt, und dann hatten sie dort kleine Kapellen. Und die mußten also Feuerlöschen bei mir mitüben. Die Musiker wurden aus verschiedensten Gründen nicht eingezogen.

Eli Rothschild (*1909)

* * *

Wir sind immer zu der Station rausgefahren, um zu sehen, ob jemand von meiner Familie gekommen ist
Also, nachdem ich befreit worden bin, war ich in Bratislava mit zwei Freundinnen. Wenn die Transporte von Überlebenden gekommen sind, gab es Listen, und wir sind immer rausgefahren, um zu sehen, wer angekommen ist, vielleicht jemand von meiner Familie. Bei uns im Haus hat ein russischer Offizier gewohnt, der uns immer mit seinem Wagen mitgenommen hat zu der Station. Und niemand wollte schon mehr gehen: »Schau, jeden Tag gehst du, niemand kommt an!« Einmal gingen wir wieder, und er sagte: »Siehst du, niemand ist da.« Ich hab' ihm leid getan. Und auf einmal hör' ich: »Ruschenka, Ruschenka!« Ich kuck', ich seh' niemanden, und wieder: »Ruschenka!«, und es war mein Bruder! Er hatte nur noch, ich weiß nicht, 32 Kilo oder 28 Kilo, nur Knochen. Wir haben ihn nach Hause gebracht, und das hat er nie vergessen können, das erste Bad und das Essen.

Rachel Amit (*1928)

Es gibt eine jüdische Kraft, die gekommen ist, um die Juden aus dieser Hölle herauszuschleppen
SD: Das Ziel der jüdischen Soldaten war nicht nur zu kämpfen, sondern auch zu retten und Hoffnung zu geben. Als wir in Europa ankamen, waren die meisten Juden schon vernichtet in den Ausrottungslagern, aber es war doch eine große Rettungsaktion. Es ist vielleicht noch nicht genug davon gesprochen oder geschrieben oder dokumentiert, weil in der Zwischenzeit andere, größere, vielleicht dramatischere Kapitel in der Geschichte geschehen sind, aber für mich privat und für meine Kameraden war dies das Wich-

tigste, das Suchen und das Organisieren und die moralische Rettung von den Juden, die überlebt haben. Die ersten, die wir getroffen haben auf dem europäischen Kontinent, in Italien, waren vor allem die italienischen Juden. Aber Italien ist auch der Sammelpunkt für die geworden, die schon heraus waren, zum Beispiel aus Jugoslawien usw.

In ganz Europa sind wir unterwegs gewesen, auch nicht legal, vom Standpunkt der Engländer aus. Mit falschen Papieren haben wir alle Grenzen überschritten, um jüdische Kinder zu retten, die noch in den Wäldern und verschiedenen Verstecken waren. Und das Wichtigste war, daß die gesehen haben: Es gibt noch Juden auf der Welt, die am Kampf teilnehmen. Wir haben einen gelben *magen David* angenommen als unser Symbol. Für die Juden war das doch ein Schandfleck sozusagen, aber für uns war das ein Ehrenzeichen. Und wenn die Juden von den Lagern in ihren Verstecken gehört haben, daß es eine Armee gibt – die Italiener haben gesagt *armada ebrea*, wir waren keine Armada, aber wir haben vielleicht soviel Lärm gemacht, und wir waren überall –, dann haben wir das Gefühl geschaffen, daß hier etwas Unglaubliches angekommen ist: daß es in dieser nazistischen Hölle noch eine jüdische Kraft gibt, die gekommen ist, um die Juden aus dieser Hölle herauszuschleppen.

Als die Russen Polen erobert haben, sind viele von uns nach Polen, vor allem, um zu sehen, ob sie noch jemand von ihrer Familie finden. Und auch um die sogenannte ›Bricha‹ zu organisieren, die Flucht aus Europa. In dieser Periode haben wir etwa 120 Schiffe in Europa organisiert, die Menschen auf die Schiffe geladen, die Schiffe abgeschickt, und die ›Hagana‹ hier hat versucht, diese Schiffe illegal ins Land zu bringen. Es war eine sehr chaotische Zeit. Viele haben den Befehl bekommen, in Europa zu bleiben, um die Überlebenden zu organisieren und speziell den Kindern, die in den verschiedenen Flüchtlingslagern waren, etwas Erziehung zu geben. Viele Leute sind allein geblieben auf der Welt, die ganze Familie ist doch ausgerottet worden. Das war ein Moment tiefer hoffnungsloser Demoralisation. Und ich meine, die ersten, die aufs neue menschliche Hoffnung gegeben haben, waren die Soldaten der Jüdischen Brigade, die mit diesen Leuten in Kontakt gekommen sind. Es gab eine Organisation, die nannten wir ›Merkas Hagola‹, die Zentrale unserer Soldaten für die Rettungsaktion im Exil, in der *gola*. Eine der ersten Aufgaben war herauszufinden, wo jüdische Kinder in Klöstern oder in christlichen Familien versteckt waren. Die wußten überhaupt nicht, daß sie Juden waren; in den fünf Jahren des Krieges haben sie es entweder vergessen oder durch Schock oder ein Trauma diese Periode aus ihrem Bewußtsein verdrängt. Wir haben zum Teil irgendein Familienmitglied in Palästina gefunden, das sich bei dieser Zentrale gemeldet hat, und man hat diese Kinder mit den Angehörigen zusammengebracht.

AB: War da die Kooperation der verschiedenen Stellen gut oder haben viele versucht, die Kinder zu behalten?

SD: Es gab verschiedene Fälle. Ich selber habe zum Beispiel so einen Fall gehabt, wo ein Pfarrer in Italien meinen Jeep angehalten hat. Er wollte nach Norden mitfahren. Und als er an unserem Zeichen erkannt hat, daß wir von der *armada ebrea* sind, hat er uns Adressen von sieben jüdischen Mädchen gegeben. Er selbst hat sie aus privater Initiative versteckt; und er hat sie uns zurückgegeben.

AB: Die Kinder mußtet ihr dann alle illegal reinbringen?

SD: Alle, alle. Tatsache ist, daß Tausende Kinder nachher nach Zypern geschickt wurden, wo die Engländer sie mit den anderen illegalen Leuten in Lagern gehalten haben. Und dort haben wir wieder mit der ›Hagana‹ die ›Alijat hano'ar‹ organisiert: Schule und Lehre und auch militärische Ausbildung, unter der Nase von den Engländern.

Shlomo Du-nour (*1922)

Ich hab' zwei jüdische Jungens als Soldaten eingekleidet

Persönlich war ich an den Aktionen meiner Kameraden aus der Jüdischen Brigade zur Rettung von Überlebenden usw. nicht sehr viel beteiligt, denn ich war erstmal interessiert, ausfindig zu machen, was mit meiner Familie passiert war, bis ich zu der Überzeugung kam, daß von dem Transport, mit dem meine Familie verschwunden ist, nichts übriggeblieben ist. Woran ich persönlich teilgenommen habe, war zum Beispiel: Ich hab' unseren Mitgliedern von der ›Hagana‹, die auch im Militär tätig waren, eine komplette Liste von den Soldaten, die in unserer Formation, in unserem Bataillon waren, überliefert. Und als ich zurückfuhr zur Befreiung, hab' ich zwei jüdische Jungens als Soldaten eingekleidet, ihnen Papiere verschafft und sie mitgenommen nach Palästina. Die Jungen stammten aus Polen; ich konnte mit ihnen nur Jiddisch sprechen, und ich hab' sie gebeten, den Mund nicht aufzumachen, damit es den Engländern nicht auffällt unterwegs. Das ging reibungslos, und als wir in Rechowot ankamen – wir kamen

mit der Eisenbahn von Alexandria über Kairo nach Gaza und
Rechowot –, haben sich die beiden aus dem Staub gemacht, einfach weg.

Hans Simon Forst (*1917)

Wir sind bis zum Frühjahr '49 in München geblieben

LY: Also Chajim ist Ende '45 nach Deutschland gekommen, ich
im Sommer '47. Damals hatten wir schon zwei Kinder. Wir sind
dann geblieben bis zum Frühjahr '49. In München. Ich hatte nicht
das Gefühl, daß ich in Deutschland lebe. Ich habe immer gesagt,
ich bin in ein Land gekommen, dessen Sprache ich zufällig kann.
Wir haben damals ganz ausschließlich in der Atmosphäre des, was
wir nennen *sche'erit ha-pleta*, gelebt, also der Überlebenden und
der Lager und der Probleme mit der illegalen *alija* und der Beziehung mit der Umgebung, mit dem amerikanischen Militär. Der
›Joint‹ war dort aktiv und die jüdischen Organisationen, die mit
dem Militär verhandelt haben, amerikanische Juden, die den Kontakt weitgehend hergestellt haben, und so weiter. Also, das war
eine sehr interessante Zeit besonderer Art, wenn man so will. Der
größere Teil der Menschen aus diesen Lagern ist nach Israel gekommen, bis '48 illegal, und später natürlich legal.

MD: Und dann sind also die Lager aufgelöst worden?

LY: Nein, bis die Lager richtig aufgelöst wurden, das hat noch 'ne
Weile gedauert, das ist nicht so schnell gegangen. Da gab's ja auch
alle möglichen Probleme: Leute, die krank waren, und auch Leute, die nach Amerika gehen wollten und zum Teil auch gegangen
sind. Ungefähr ein Drittel der Menschen ist wohl nach Amerika
gegangen.

MD: Kannst Du Dich erinnern, wieviele Leute in München in so
einem Lager waren?

LY: Direkt nach dem Krieg waren es ungefähr 40.000 Menschen,
die noch aus den Nazilagern herauskamen, 40 bis 50.000. Später
hat die Bewegung von Osteuropa in die Lager eingesetzt, da sind
die Zahlen sehr gestiegen. Dann, in dem Maße, wie die Auswanderung und die *alija* in Gang kamen, wurde das wieder weniger.
Aber im ganzen rechnet man, daß ungefähr 100.000 nach Israel
gegangen sind. Die Höchstzahl war wohl ungefähr 150, 160.000.
Aber es gab da eine große Fluktuation.

Leni Yahil (*1912)

Wir haben gedacht: Jetzt nicht mehr, nicht mehr!
RA: Unsere Jugendgruppe, die hauptsächlich aus Überlebenden bestand, war schon in Bratislava mit einem bestimmten Kibbuz verbunden. So sind wir zusammen zum Kibbuz Geser gekommen.
MD: Ah, einen Moment. Ihr seid noch als illegale *alija* gekommen?
RA: Illegal wollten wir durch die ungarische Grenze durchgehen, aber die Grenze war bewacht. Dann ging das von Österreich über Deutschland nach Belgien. Das hat ein Jahr gedauert, ein ganzes Jahr.
MD: Ein Jahr. Habt ihr denn schon einen *schaliach* gehabt, der mit euch war?
RA: Natürlich, wir hatten einen *schaliach* von ›Gordonia Makkabi Haza'ir‹, also von der Bewegung in Bratislawa.
MD: Ein Jahr hat es gedauert?
RA: Ein Jahr, bis wir das Schiff gekriegt haben. Und immer mit anderen Namen gelebt. Einmal war ich eine Griechin, einmal war ich Deutsche und dann – ich weiß jetzt nicht, was wir alles waren!
MD: Und wer hat euch Papiere gegeben?
RA: Das war alles die Bewegung. Immer, von Land zu Land, mußten wir irgendwann andere Papiere haben. In Frankreich zum Beispiel haben sie keinesfalls gewollt, daß wir dort bleiben. So sind wir in Belgien geblieben. In Belgien waren wir ein paar schöne Monate, bis das Schiff nach Marseille kam, und wir sind abgefahren. Die Briten haben uns erwischt, und es gab einen Kampf auf dem Schiff. Wenn ich heute so zurückdenke, war das doch ein Blödsinn. Es waren keine Aussichten, aber die *chawerim* haben gekämpft, und drei von meiner Gruppe sind auf dem Schiff gefallen.
MD: Kannst Du da ein bißchen weiter ausholen? Also, ihr kommt auf diese ›Theodor Herzl‹, ein illegales Schiff, das aus Marseille herausgefahren ist. Was war das für ein Schiff?
RA: Ein italienisches Schiff, aber das war scheußlich, es war *terrible, terrible*. Zum Beispiel, wenn ein Flugzeug vorbeigeflogen ist, da mußten wir schnell reingehen, auf unsere Betten oder besser gesagt in unsere Fächer. Wir haben so wie Heringe gelegen. Aber das hat uns nichts gemacht; und ich war Pflegerin, Krankenschwester auf dem Schiff.
MD: Wie lange hat diese Fahrt gedauert?
RA: Ohne Ende, weil wir dann steckengeblieben sind und wieder gewartet haben. Zwei Monate hat es gedauert.

MD: Wie war das, als die großen englischen Kriegsschiffe ankamen?

RA: Es war Nacht, ja, und auf einmal diese Scheinwerfer. Das war schrecklich. Ich war im sogenannten Spital, so einem Teil für Kranke. Damals war ich 17 Jahre alt. Und es waren sehr nahe Freunde, die gefallen sind. Man hat sie heruntergenommen vom Schiff. Und ich hab' – das wirst Du jetzt nicht glauben –, ich hab' zwanzig Tabletten genommen, ich wollte eine Magenvergiftung kriegen, daß man mich auch runternimmt. Aber es ist mir nicht gelungen, denn ich hab' gelacht und gelacht: Das war meine Reaktion.

MD: Sie wurden erschossen?

RA: Die drei, ja. Es war ein Kampf. Wir waren schon trainiert, was zu tun ist, wenn das passiert.

MD: Also, ihr habt auf das Schiff von den Engländern geschossen, bevor die heraufgekommen sind?

RA: Ja, weil wir uns nicht ergeben wollten. Wir haben gedacht: Jetzt nicht mehr, nicht mehr! Dann haben sie uns alle von unserem Schiff runtergenommen, auf ein britisches Schiff rauf und nach Zypern gebracht. Und das war wieder ein ganzes Jahr in Zypern. Es war ein Camp, ein Lager, aber man hat nicht gehungert. Es war Draht, aber kein elektrischer. Es war also alles ähnlich den Todeslagern, aber dieses war zum Leben.

MD: Aber die Gedanken?

RA: Die Erinnerung war die ganze Zeit da. Wir waren ja alle aus dem Lager. '46 sind wir weg von Bratislava, und '47 kamen wir in dieses Lager, und es war sehr *miserable*. Aber wir haben versucht, es für uns schön zu machen, und wir haben uns nicht hängenlassen. Da waren schon *schlichim* von Palästina, einer kam speziell von unserem Kibbuz hier. Da war schon Kontakt mit Palästina, und man hat uns über das Leben in Palästina unterrichtet. Und wir hatten unsere zionistische Ideologie. Wir waren nicht verloren, wir waren nicht ganz isoliert.

Rachel Amit (*1928)

Die Mädels hatten ein Lagersyndrom

MS: Ich kam aus Schweden mit einer Gruppe junger Mädchen aus den Lagern, und wir wurden in Zypern interniert.

AB: Wann waren denn diese Lager in Zypern gebaut worden?

MS: Die haben wohl angefangen im Jahre 1946. '48 etwa wurden sie aufgelöst. Also, wenn die Engländer die Schiffe von den illegalen Einwanderern geschnappt haben, haben sie sich nicht sehr schön benommen. Sie sind auf unser Schiff, das hieß ›Theodor Herzl‹, raufgegangen, haben gleich geschossen. Es gab einige Tote und Verwundete. Tja, das war nicht grade ein schöner Empfang. Die Mädels sind nachher in einen Kibbuz gekommen, aber die meisten sind nicht geblieben. Nach allem, was sie erlebt haben, haben sie gesehen, im Kibbuz sind auch Gitter rum, und man bekommt gesagt, du mußt das machen und jenes machen. Und sie hatten ein Lagersyndrom. Sie wollten frei leben. Die meisten sind dann in die Stadt gegangen, haben geheiratet. Alle haben sich selbständig gemacht.

Männy Moshe Seligmann (*1912)

»Bist du von der Gestapo?«

Ein Auslandskomitee, das ich schon Jahre vorher in der Schweiz gegründet hatte, wollte kurz nach dem Krieg hier einen Vorschlag haben, was sie speziell übernehmen könnten. Da habe ich ihnen vorgeschlagen, ein spezielles Erziehungsdorf zu gründen für die Kinder, die psychisch geschädigt sind durch das, was sie in Europa mitgemacht haben. Und das haben sie auch akzeptiert. Die Kinder kamen im wesentlichen aus Lagern. Ich werde ein Erlebnis mit Frau Weizmann nie vergessen. Mrs. Weizmann war in England sehr aktiv für die ›Jugendalija‹, und ich habe fast täglich mit ihr zusammengearbeitet. Sie hatte hier ein Haus in Rechowot, aber sie lebte meistens in London. Sie war hier, und es sollte einer der ersten Transporte von Kindern aus Deutschland ankommen. Ich hatte gehört, daß die Warburgs ihren Landsitz bei Hamburg zur Verfügung gestellt hatten für Kinder aus Bergen-Belsen, damit sie sich dort erholen können. Und wie dieser Transport also ankam, war ich mit Frau Weizmann in Haifa und habe irgendeins von den Kindern gefragt: »Vielleicht kommt ihr vom Kösterberg?«, so hieß dieser Landsitz von den Warburgs. Da wurde das Mädchen ganz blaß und sagte zu mir: »Bist du von der Gestapo?« Also, da hat sie noch nicht verstanden, daß sie aus dieser Gefahr raus ist und hat gedacht, daß die Gestapo sie auch hier wieder in Empfang nimmt. Das hat mich erschüttert. Und damals war doch noch Mandatsregierung, noch kein Israel, und sie wurden nach der Ankunft wieder in ein Lager mit Draht gebracht, nach Atlit. Mrs. Weizmann und ich sind mit ihnen in das Lager gegangen. Wir saßen dann nicht nur mit den Kindern, sondern auch mit anderen Leuten, die angekommen waren, alte Leute dabei, um einen großen Tisch rum, und Mrs. Weizmann sagte zu mir: »Sag ihnen, wer ich bin.« Also, ich habe ihnen gesagt: »Sie sitzen hier mit Mrs. Weizmann.« Und da war ein alter Mann, der stand auf und fing an zu weinen und sagte: »Ich habe nie in meinem Leben geglaubt, daß es mir noch gegeben wird, Mrs. Weizmann, die Frau unseres zionistischen Präsidenten, überhaupt zu sehen zu bekommen. Aber daß sie uns abholen kommt ...!« Er war so aufgeregt, es war für ihn sozusagen die Erfüllung eines Traumes. Natürlich war es sehr schwer für die Leute, die aus den Lagern gekommen waren, daß sie hier wieder ins Lager gebracht wurden. Aber dafür hatten die Engländer leider kein Verständnis.

Eva Michaelis-Stern (*1904)

* * *

Nach dem 29. November 1947 fingen die Araber an anzugreifen
Gleich nach dem Entschluß der United Nations vom 29. November 1947, in Palästina zwei unabhängige Staaten zu konstituieren, fingen die Araber an, jüdische Siedlungen anzugreifen, unter anderem auch gewisse Teile von Jerusalem. Diese Angriffe kamen damals von Banden, die sich aus der lokalen Bevölkerung zusammenstellten, mit Unterstützung aus den arabischen Nachbarländern. Am 15. Mai 1948, als Ben Gurion die Gründung des Israelischen Staates erklärt und die englische Mandatsmacht das Land verlassen hatte, griffen die arabischen Armeen von allen Seiten an – im Norden syrische und libanesische, im Süden ägyptische, im Osten jordanische und auch irakische Armeen. Der Krieg endete 1949 mit einem Waffenstillstand, infolge des Beschlusses des Sicherheitsrats der Vereinten Nationen. Dieser Waffenstillstand wurde in den folgenden 40 Jahren mehrere Male durch weitere Kriege gebrochen.

Esriel Hildesheimer (*1912)

»Is halt a Kreiz!«
Nach Ende des Weltkrieges, mit verstärktem Aufflackern des arabischen Terrors gegen Juden 1946, umfaßte die ›Hagana‹ einen Großteil der jüngeren männlichen und auch teilweise weiblichen Bevölkerung. Andererseits operierten auch die rechtsradikalen Parallelorganisationen ›Ezel‹ und ›Lechi‹, deren Kampf hauptsächlich gegen die Engländer gerichtet war, mit dem Ziel, die Mandatsregierung so schnell wie möglich durch Terrorakte los-

zuwerden, um einen revisionistischen Staat zu errichten. Die damaligen Führer waren die Herren Begin und Shamir, unsere zukünftigen Premierminister. Klar, daß die Jeckes zur ›Hagana‹ gingen. Ich erinnere mich noch an einen netten 60jährigen Einwanderer namens Werner. Ein ehemaliger Viehhändler, der vor dem Krieg den Scharfschützenverein in seinem bayerischen Dorf im Allgäu leitete. Ich weiß nicht, wie er das gemacht hat, aber er hat sogar seine Pokale gerettet gehabt, die wohl ein ehemaliger Nachbar für ihn aufhob. Während des Krieges war er in Lagern, aber er hatte nichts von seinem Können verloren. Die Araber und wir beschossen uns gegenseitig auf den Dächern von dem Haifaer Grenzgebiet zwischen *downtown* und Hadar, das ist also die halbe Höhe zum *Karmel* rauf. Bei dem lieben Werner konnte man ähnlich wie im Ersten Weltkrieg sehen: »Jeder Schuß ein Russ'«. Er traf hundert Prozent, trotz seines Lumbagos, und ächzte und krächzte jedesmal in seinem bayerischen Dialekt: »Is halt a Kreiz!«

Ernst Pfeffermann (*1917)

Das war das erste und einzige Mal, wo ich wirklich Angst gehabt hab'

Im Befreiungskrieg hab' ich gemacht, was alle gemacht haben, das heißt, ich war in der ›Hagana‹. Mein Mann war ein berühmter Schütze, ein *zalaf*, – wie nennt man das auf deutsch? – ein Scharfschütze. Wissen Sie, wo Jamin Moshe ist? Das ist heute das rekonstruierte Künstlerviertel in Jerusalem zwischen dem Hotel ›King David‹ und dem Har Zion. Dort haben wir zwei Monate mit der ›Hagana‹ gesessen. Die Engländer haben mit Maschinengewehren vom ›King David‹ auf uns geschossen, und von der Mauer, von der Altstadt, haben die Araber auf uns geschossen. Das war *a very minor pleasure*. Naja, aber man hat dort keine Gruppe sehr lange gelassen, man hat sie immer gewechselt. Und ich kam gerade rechtzeitig in unsere Wohnung zurück zu der Explosion in der Ben Jehuda, wenn Sie davon gehört haben. Unser Haus hat so gewakkelt, und wenn ich mich richtig erinnere, war das das erste und einzige Mal, wo ich wirklich Angst gehabt hab'. Und wenn wir schon von dieser Zeit sprechen, dann muß ich ein Zeugnis ausstellen für meine Schwiegermutter. Jeden Tag, den Gott werden ließ, ist sie durch die ganze Stadt gegangen bis zur Grenze. Dort hatte man in einer Wohnung ein Feldhospital aufgemacht, und dort hat sie gearbeitet, gekocht, Verwundete gepflegt. Und jeden Tag ist sie durch Donner und Blitz und durch die Geschosse gegangen und hat das gemacht.

Hilde Rudberg (*1909)

»Da wird doch keiner von euch am Leben bleiben!«
Und als sie dann weggingen, die Engländer, da fragten sie mich immer: »Ja, wann werden Sie denn Jerusalem verlassen?« Das war 1948 (*lacht*). Da sagte ich: »Nein, wir bleiben hier.« »Was, Sie wollen hierbleiben? Aber dieses Land ist doch umringt von arabischen Völkern, vom Irak, vom Libanon, von Syrien, von Ägypten. Da wird doch keiner von euch am Leben bleiben!« »Das hilft alles nichts, wir müssen abwarten. Wir bleiben hier.« Ja, da haben sie gesagt: »Aber wir nehmen Sie gern mit, Sie mit Ihrer ganzen Familie. Sie werden mit einem Panzerwagen von Jerusalem weggebracht. Hier in Jerusalem können Sie nicht bleiben!« Also, wir sind hiergeblieben und haben die Belagerung in Jerusalem überstanden. Das war schrecklich schwer, aber es ging.
In dieser Kriegszeit als Arzt, das war 'ne schwierige Geschichte. Ich habe kein Auto gehabt, man mußte die weiten Wege zu Fuß gehen, Granaten flogen. Man ging durch die Straßen, und gewöhnlich kamen vier Kanonenschüsse hintereinander. Man wartete irgendwo in einem Hausflur ab, bis die vorbei waren. Dann rannte man mehrere Häuser weiter, bis die nächste Salve losging. So kam man schließlich ans Ziel. Na, es war nicht einfach. Es gab kein elektrisches Licht, es gab kein Gas, es gab kein Benzin. Es war furchtbar. Es gab nichts zu essen. Ich hatte zum Glück so was vorher geahnt und hatte so einen kleinen Sack Reis gekauft und einen kleinen Sack Bohnen. Meine Frau war sehr unzufrieden und sagte: »Wozu das alles?« Und wir waren froh, daß wir das nachher hatten und davon leben konnten. Ich habe zwar acht oder neun Kilo abgenommen in der Zeit, aber wir haben es überlebt.

Alfred Engel (*1895)

Plötzlich krachte diese Bombe hier direkt an der Ecke
EH: Jerusalem war während der Kämpfe in einer sehr schlechten Lage. Das begann schon im März 1948, als Jerusalem mehr oder weniger abgeschnitten war von allen übrigen Teilen des Landes. Wir haben damals alle, welche soziale Stellung wir auch hatten, nur zu essen gehabt, was wir rationiert bekamen. Die Wasserleitung von der Küstenebene war abgeschnitten. Jerusalem war von

der Ostseite unter ständigem Beschuß. In unserer Gegend fiel das
erste Schrapnell direkt 50 Meter von meinem Haus. Ich erinnere
mich noch, wer dabei umgekommen ist. Da standen zwei Verwandte und unterhielten sich nichtsahnend, und plötzlich krachte
diese Bombe hier direkt an der Ecke. Der eine wurde verwundet,
der andere wurde sofort getötet.

AB: Und wie war die Lage direkt in der Altstadt?

EH: Es gab nur sehr wenige Kämpfer da, Mitglieder der ›Hagana‹
bzw. des ›Ezel‹, bis die Altstadt dann erobert wurde von der arabischen Legion. Alle Männer wurden in die Gefangenschaft geführt
nach Transjordanien, die Frauen und Kinder durften die Altstadt
verlassen und wurden hier in Katamon in verschiedenen Schulen
und größeren Gebäuden untergebracht.

*Esriel Hildesheimer (*1912)*

Das Wasser hat man drei- oder vierfach benutzt

HR: Ich war die *rakeset*, das heißt die Organisatorin vom *mischmar
ha-am*, einer Einheit älterer Leute, ich selbst war ja auch kein *spring
chicken* mehr. Wir hatten hier eine wichtige, aber nicht grade sehr
angenehme Aufgabe. Wir hatten direkt an der Front, zum Beispiel
in Notre Dame, für die Sanität zu sorgen. Man mußte das Wasser
noch tragen. Wir gingen zur nächsten Zisterne und haben da gestanden mit unseren Eimern.

MD: Können Sie erzählen, wie Jerusalem unter der Belagerung
gelebt hat?

HR: (*Lacht*) Davon kann ich erzählen. Ich hatte, glaube ich, den
ersten *pressure cooker* in Israel. Den hat mir 1947 eine Freundin,
die nach Amerika ausgewandert ist, geschickt. Wir haben in der
Rechow Schaz in einem vier- oder fünfstöckigen Haus gewohnt,
und ich hab' für das ganze Haus gekocht, was es gab, Linsen,
Bohnen. Es gab nicht genug Petroleum, an Gas war gar nicht zu
denken. Es war natürlich sehr viel sparsamer, mit dem *pressure
cooker* zu kochen. Das Wasser hat man drei- oder vierfach benutzt, das heißt, nachdem man sich gewaschen hat, für die Toilet-
ten in Eimern gesammelt. Wenn man noch Blumentöpfe gehabt
hat, hat man dafür noch etwas Wasser gespart, nachdem man es
für alles andere benutzt hatte. Deswegen kann ich es bis heute
nicht vertragen, wenn man den Wasserhahn offen läßt beim
Geschirrwaschen.

*Hilde Rudberg (*1909)*

Ich habe natürlich mitgemacht bei den Kämpfen

Ich ging nach Safed und leitete dort ein kleines Heim. Als Maximum waren dort 40 Schüler; das waren gesundheitlich und seelisch geschädigte Kinder der ›Jugendalija‹, die da in einer Berufsschule lernten. Ich war Lehrer, meine Frau leitete die Wirtschaft. Dort habe ich unseren Befreiungskrieg mitgemacht. Gerade da, wo es ziemlich schwer war. Da wohnten 2.000 Juden gegenüber 10.000 Arabern. Und die 2.000 Juden waren meistens alte Leute, die außerdem nicht geglaubt hatten, daß die Zionisten imstande sind, sie zu beschützen. Wir hatten in der ersten Zeit Schwierigkeiten, solange die ›Hagana‹ noch illegal war, daß sie uns nicht den Engländern verraten. Ich habe natürlich mitgemacht bei den Kämpfen, das heißt geschossen hab' ich ein einziges Mal – auf einen Hund. Aber es gibt irgendeine Tat, die ich da gemacht habe, die als Heldentat angesehen wurde.

Shalom Weinstein (*1915)

Als der Kibbuz zerstört worden ist, war ich hochschwanger

Aja war damals elf Monate, und da kam '48 der Krieg, wo der Kibbuz zerstört worden ist. Ich war damals hochschwanger mit dem vierten Kind, und wir sind evakuiert worden, zuerst nach Tiberias, wo ich mich mit meinem dicken Bauch sehr schlecht gefühlt habe. Ich war mit den Kindern in einem alten, schrecklichen Hotel untergebracht und habe dort tagelang, wochenlang im Flur auf der Erde geschlafen. Da tut mir heute noch der Rücken weh, wenn ich dran denke. Wir wurden dann später weiter evakuiert nach Haifa und haben dort ein paar Monate gewohnt. Mein Baby war grade acht Tage alt, als wir in den Kibbuz zurückkamen, der vollkommen zerstört war. Ich erinnere mich noch, wie da die toten Pferde lagen, es hat schrecklich gestunken. Wieder was kaputt, nicht? Wir haben dann den Kibbuz wieder aufgebaut.

Chuma Betty Kolath (*1908)

Es war am 15. Mai

AB: Wie war denn für Sie die Begegnung mit dem Land, das Sie eigentlich schon zehn Jahre früher erreichen wollten? Sie kamen kurz vor dem Befreiungskrieg?

MS: Ich kam im Februar 1948, und damals konnte man schon nicht den direkten Weg fahren, weil Unruhen waren. Ich kam nach En Gew, und das erste, was ich machen mußte, war Schützengrä-

ben ausheben. Da war auf den Golan-Höhen über dem Kibbuz
ein kleiner Posten, und dort haben die Syrier immer runterge-
schos-sen, und man mußte sich vorbereiten. Es war am 15. Mai,
als man den Staat ausgerufen hat, und da haben die den Krieg
erklärt.   Weil ich kein Soldat war – ich hatte nie was mit Waffen
zu tun gehabt –, wollten sie mich nach Haifa schicken. Dorthin
hat man die Kinder von vielen Kibbuzim evakuiert. Aber da hab'
ich gesagt: »Ich bin nicht hergekommen, um evakuiert zu werden!« Ich bin den ganzen Krieg in En Gew geblieben. Ich habe
gelernt, mit einem Gewehr zu schießen, und bin auf Wache gegangen und all das. Aber da ich in Dänemark und Schweden die
letzten Jahre und auch im Internierungslager auf Zypern keine
schweren körperlichen Arbeiten gemacht hatte, hab' ich am Anfang beim Graben gleich, wie heißt das, Schwellungen bekommen, aber so schwer, daß man mich ins Krankenhaus geschickt
hat. Man hat mir eine richtige Operation gemacht, und die haben
geglaubt, ich bin ein Kämpfer, der verwundet ist. Und ich war gerade eingewandert.

Männy Moshe Seligmann (*1912)

Wir haben gekämpft bis zum letzten

RA: Ich war im Kibbuz Geser, sechs Kilometer entfernt von Latrun,
und dort saß jordanisches Militär. Am Tag vor dem Angriff hat man
die wenigen Waffen, die man uns gelassen hat, nach Negba weggeholt, weil die dort in einer noch schlimmeren Lage als wir waren.

MD: Was habt ihr an Waffen gehabt, zehn Gewehre?

RA: Genau, es war sehr wenig.

MD: Die Jordanier sind da reingekommen?

RA: Ja. Nachher hat man gesagt, die wollten eigentlich nur kommen, um auszuforschen, was für Waffen wir haben, wie stark wir
sind. Sie hatten wahrscheinlich nicht den Plan, das wirklich zu
besetzen. Aber es gab einen Angriff, und alle arabischen Dörfer
drum herum haben teilgenommen, und der Kampf hat vier Stunden gedauert. Wir haben gekämpft bis zum letzten, und 26 sind
gefallen.

MD: Ihr habt überhaupt keine Hilfe gehabt, ihr wart allein?

RA: Die haben die ganze Zeit versprochen, Hilfe ist auf dem Weg,
aber niemand ist gekommen. Die kamen erst nachher und haben
den Ort zurückerobert. Ich hatte Nachtdienst gehabt und schlief,
und da schlug auf meiner Veranda eine Granate ein. Und da bin

ich aufgewacht, hab' nicht einmal Zeit gehabt, mich umzuziehen, da kam schon die zweite. Ich hab' nur schnell den Pyjama ausgezogen und meinen Schwesternkittel angezogen und bin in den Bunker gelaufen. Und so wurde ich da gefangengenommen. Die Männer haben sie nach Jordanien genommen, und uns, die Frauen, nach Lod ins Gefängnis gebracht. Und am Weg haben sie uns schon ein paar Mal ermorden wollen. Aber das jordanische Militär hatte britische Offiziere, die haben sie unterrichtet, *how to handle*, wie sie uns behandeln müssen, so daß wir am Leben geblieben sind. Am schlimmsten war der Durchzug durch die Stadt Ramle, das war scheußlich. Die Araber auf beiden Seiten, die Frauen »lulululu«, die haben alle gefeiert, daß man einen Kibbuz erobert hat, mitten im Land, ja? Die Männer sind ein ganzes Jahr in Gefangenschaft geblieben. Uns, die Frauen, haben sie dann ausgetauscht gegen jordanische Offiziere. Und so sind wir zurückgekommen. Der Kibbuz war ganz schrecklich zerstört. Dann haben wir wieder angefangen aufzubauen. Aber das hat gedauert.

Rachel Amit (*1928)

Mein Mann ist '56 ermordet worden
HR: Meine Tochter wurde 1953 geboren, und mein Mann ist '56 ermordet worden.
AB: Das war nicht in einer der großen Unruhen. Aber er wurde von Arabern ermordet?
HR: Jaja, von Arabern. Er war, wie so viele Israelis, ein Amateurarchäologe und hat sich sehr interessiert für alles, was damit zusammenhängt. Er war Mitglied der Gesellschaft für die Erforschung von *Erez Israel*, einer archäologischen Gesellschaft. Und die haben jedes Jahr eine große Zusammenkunft, immer zu *sukkot*, im Herbst. Und da haben sie ein großes Programm, und unter anderem gehen sie immer zu irgendwelchen neuen Ausgrabungen; dort am Platz gibt es dann Vorträge und Erklärungen. Und in diesem Jahr war das in Ramat Rachel, ja, bei Jerusalem. Ganz dicht bei Ramat Rachel war die Grenze, und in dem Kloster von Mar Elias, wo man vorbeifährt, wenn man nach Bethlehem fährt, saßen jordanische Soldaten. Einer hat ein Gewehr genommen und angefangen, auf diese Archäologengruppe zu schießen. Es gab vier Tote und eine Reihe von Verletzten, und mein Mann war dabei.

Hilde Rudberg (*1909)

Wie viele Kriege habe ich schon mitgemacht?

Ja, so ist halt unser Leben hier: nicht leicht. Wie viele Kriege habe ich schon mitgemacht? Den Ersten Weltkrieg in Deutschland, den Zweiten hier, die Unruhen, den Befreiungskrieg, den Kadesch-Krieg, den Sechs-Tage-Krieg, den *jom-kippur*-Krieg, den Libanonkrieg, den Golfkrieg – so neun oder zehn habe ich mitgemacht.

Gila Ben-Horim (*1912)

Ich sehe hier sehr schwarz

Ich bin vollkommen pazifistisch. Für mich galt immer nur der Mensch. Vor allen Dingen möchte ich meine Kinder und Urenkel retten. Ich sehe hier sehr schwarz für Israel und die Juden, sehr, sehr schwarz. Hier wird sich noch wer weiß was abspielen.

Hans Hurtig (*1901)

Ich muß mich damit abfinden, und ich finde mich damit ab

Ich habe mich mit einer besonders großen Tragödie abfinden müssen. Der erste Mann meiner Tochter, mein Schwiegersohn, ein hervorragender Mensch, ist im *jom-kippur*-Krieg am Kanal gefallen und hat meine Tochter mit drei kleinen Kindern, ein Jahr, zwei Jahre und sechs Jahre alt, zurückgelassen. Das war für mich und meine Frau ein fürchterlicher Schlag. Meine Tochter rief mich an, nachdem ihre sechsjährige Tochter aus dem Kindergarten im Kibbuz kam und sagte: »Mutti, sag mal, stimmt das, daß der Papa im Krieg gefallen ist?« Sagt sie: »Na, wie kommst du denn darauf, mein Kind?« Sagt sie: »Die anderen Kinder haben mir das erzählt.« Da hat sich herausgestellt, daß der ganze Kibbuz das schon gewußt hat. Niemand hat es gewagt, ihr das zu sagen, weil es die Pflicht vom Militär ist, ihr das erst offiziell mitzuteilen. Das Militär hat es verzögert, weil sie nicht ganz sicher waren, ob er in Gefangenschaft geraten ist oder gefallen war. Und dann rief sie mich an in ihrer Not und sagte, ich soll kommen. Also wir sind sofort hingesaust, und ich habe gesehen, hier muß jemand den Oberbefehl übernehmen, denn alle sind hier vollkommen unter Schock. Man muß rationelle Sachen machen und darf sich, unabhängig von dem Mitleid, das man hat, nicht so hinreißen lassen. – Also, wie Du siehst, ich habe im Leben einige solche Dinge erlebt, die mich tief getroffen haben. Und grade deshalb hab' ich mich immer zusammengenommen.

Ernst Pfeffermann (*1917)

Drittes Kapitel

Die Identitätsfrage

Die Lehre, die sie bekommen haben, hat sie zum Volk gemacht
Der Unterschied zwischen der jüdischen Religion und anderen
Religionen ist, daß andere Religionen eine Sache zwischen Mensch
und Gott sind, nicht zwischen Volk und Gott. Das jüdische Volk
ist ein Volk geworden am Tag, als es die Bibel als Gesetz angenommen hat. Jedes Volk wird ein Volk in dem Land, in dem es
lebt, und entwickelt eine gemeinsame Sprache. Das jüdische Volk
wurde in der Wüste gegründet. Und was hat es zum Volk gemacht?
Die Lehre, die es bekommen hat. Ohne sie hat das ganze jüdische Volk keinen Sinn, braucht man das nicht. Das jüdische Volk
nimmt jeden auf, der das jüdische Gesetz annimmt. Aber es hat
auch nie etwas dazu getan, im Gegenteil, man macht es sehr schwer.
Die französische Revolution mit ihren drei großen Zielen hat festgestellt, daß Religion Privatsache ist. Bei uns ist es keine Privatsache. Nach dem jüdischen Gesetz bleibt jeder, der von einer jüdischen Mutter geboren ist, Jude für immer. Und das Gesetz verpflichtet ihn immer. Er kann sich nicht davon lossagen. Wenn er
ein Abtrünniger ist, würde man sagen Gesetzesbrecher, aber er
bleibt Jude.

Schalom Rothem (*1912)

Das ist das, was uns erhalten hat
Ein Deutscher hat mich gefragt: »Wie ist das möglich: 2.000 Jahre
seid ihr in alle Welt verstreut gewesen, wie kommt es, daß ihr
noch heute existiert?« Da hab' ich ihm geantwortet: »Schauen Sie,
wenn man Altgriechisch oder Altägyptisch oder von anderen anti-
ken Völkern etwas lesen will, muß man ein Professor oder ein Archäologe sein. Bei uns kann jedes Kind von fünf, sechs Jahren die
Sprache zumindest lesen, entziffern. Das ist das, was uns erhalten
hat.«

Ishak Naor (*1910)

Die Orthodoxie muß neue Wege suchen
Ich bin der Auffassung, daß sich das Judentum erhalten hat durch
die Bibel, durch das Alte Testament. Meine religiöse Einstellung
ist, daß die Zeiten sich geändert haben, die Orthodoxie neue Wege

suchen muß, um sich der heutigen Zeit anzupassen. Ich gehöre einer reformierten Gemeinde an, die mir allerdings ein bißchen zu sehr reformiert ist. Die Bibel hat uns 5.000 Jahre erhalten und wird das Judentum weiter erhalten.

Paul Laboschin (*1908)

Irgendwas Gemeinsames ist da

Da ich nicht religiös bin, tu' ich viele Dinge nicht, die ein bewußter Jude als Pflicht ansieht, die er jeden Tag zu erfüllen hat. Trotzdem hab' ich den Eindruck, es gibt irgend so was wie ein jüdisches Volk. Trotz der Diaspora seit 2.000 Jahren ist da irgendein Leim geblieben, irgendwas Gemeinsames ist da. Ich würde mich scheuen, das als Rasse hinzustellen. Denn durch die Diaspora sind wir ein gemischtes Volk, so daß man rassisch wahrscheinlich überhaupt nicht von Juden reden kann. Aber irgendwas gibt es anscheinend doch. Und das bejahe ich an sich.

Chaim Sela (*1914)

Die jüdische Identität hängt nicht von der Religion ab

UR: Ich hab' eine durchaus orthodoxe Erziehung genossen. Nach meinem Abitur bin ich sogar ein Jahr lang auf eine *jeschiwa* gegangen. Also, ich habe wirklich eine gute religiöse Grundlage, aber ich habe meine Anschauung geändert. Ich möchte das mal so sagen: Normalerweise kann man sich seine Nationalität nicht aussuchen, genauso wie man sich seine Eltern nicht aussuchen kann. Die Zugehörigkeit zu einem Volke ist etwas Natürliches. Aber ich sehe nicht ein, warum ich deshalb eine Weltanschauung mitübernehmen muß, wenn mein Kopf und mein Herz mir etwas anderes sagen. Und für mich ist die Religion, ich möchte keine starken Ausdrücke gebrauchen, weder intellektuell noch emotionell annehmbar. Jede Religion.

AB: Jetzt bleibt aber doch mit dem Problem der Diaspora die Frage, was dann überhaupt der Kern des Judentums ist, wenn es nicht ein rassischer sein soll, der ja nun sicher keine Basis ist.

UR: Schauen Sie, rassisch, im Sinne von Abstammung, ist natürlich ein Faktor. Leute werden eben in eine gewisse Familie oder in eine gewisse Gemeinschaft hineingeboren. Das ist nicht rassisch, aber das ist, sagen wir ethnische Zugehörigkeit, die man betonen kann oder auch verleugnen kann in einem Land wie Amerika. Zweitens gibt es eine gewisse jüdische Solidarität, also die Erinnerung an den Holocaust, die Gründung des Staates Israel, die, sagen wir mal, Konzentration der jüdischen Bestrebungen um den Staat Israel herum, auch derjenigen, die in der Diaspora leben. Ob diese Solidarität noch einige Generationen hindurch anhält, weiß ich nicht. Aber Assimilation war immer ein Thema der jüdischen Geschichte. Die meisten Juden haben sich durch die Geschichte hindurch assimiliert und sind als Juden verschwunden.

Uri Rapp (*1923)

Unsere Kinder sind Juden, aber sie sind absolut nicht religiös

AB: Ihre Generation bedauert häufig, daß die Tradition des deutschen Judentums jetzt zu Ende geht, die manche ja doch für eine der bedeutendsten moderneren jüdischen Traditionen gehalten haben.

GK: Ich kann mir nicht denken, daß sie bedeutender war als in Amerika zum Beispiel. Ich vermisse das nicht. Ich weiß nicht, ob das so ein riesengroßer Vorteil war. Nun gut, wir wußten alle, daß es Künstler gab, Schriftsteller gab, Wissenschaftler gab. Das hat alles mit der Religion nichts zu tun. Nicht unbedingt.

AB: Ist für Sie das Judentum hauptsächlich durch die Religion definiert?

GK: Auch nicht. Unsere Kinder sind Juden, aber sie sind absolut nicht religiös. Der größte Teil der Juden gehört keiner Gemeinde an.

AB: Hat sich durch Ihr Schicksal, durch Ihren Lebensweg in Ihrem Verständnis des Judentums, in Ihrem persönlichen Selbstverständnis als Jüdin etwas geändert?

GK: Das kam schon vorher, bevor ich hierher kam. Wie ich Zionistin wurde, habe ich es anders gesehen. Und seitdem hat sich nichts geändert.

Gertrud Kedar (*1901)

Ich versuchte, in meiner orthodoxen Haltung konsequent zu sein

Ich war im Grunde genommen gar nicht richtig gottgläubig. Ich habe es mir eingeredet, ich habe einen geistigen Halt gesucht, der mir von Haus aus vollkommen fehlte. Ich habe mir immer zurechtgelegt, es genüge, wenn ich mir vorstelle, es gebe einen Gott. Aber richtig innerlich gläubig war ich gar nicht. Ich versuchte, in meiner orthodoxen Haltung konsequent zu sein, ich versuchte, theoretisch eine Grundlage zu bekommen. Aber ich war kein jüdischer Mensch, und ich habe noch dazu meine arme Frau genötigt, alles mitzumachen – sie, die von Haus aus, vom Charakter so selbstän-

238 Drittes Kapitel

dig war. Und sie habe ich dann so genötigt, 25 Jahre lang, die
Gesetze zu halten und sich einzuschränken. Und sie lebte dadurch
wie in einem Gefängnis.

Erich Popper (*1898)

Das ist furchtbar, daß das ein Lebensinhalt von Leuten ist
HM: Eine Religion, deren Hauptinhalt die Speisekarte ist, nicht
die moralischen Inhalte, ist absolut idiotisch. Diese ganze Klein-
krämerei, diese Vorschriften, das so zu machen und das so zu
machen! Das ist furchtbar, daß das ein Lebensinhalt von Leuten
ist. Aber sie haben Erfolg damit.
AB: Worin besteht denn für Sie heute hauptsächlich Ihr Judentum?
HM: Nun, das ist eigentlich ganz einfach: Daß ich der Abstammung und der Tradition nach Jude bin. Ich habe nichts dagegen,
daß Leute in normaler Weise religiös sind, aber nicht in der extrem
übertriebenen Weise, wie es diese Fundamentalisten machen.

Heinrich Mendelssohn (*1910)

Es liegt eigentlich an einem Gefühl der jüdischen Solidarität
PA: Ich wollte nicht Rabbiner werden, aber ich bin auf das
Rabbinerseminar in Breslau gegangen, einfach um mir jüdische
Kenntnisse anzueignen, um es hier auf der Universität später leichter
zu haben. Im zweiten Jahr war ich schon in der mittleren Klasse,
und dann hatte ich Privatstunden bei einem Rabbiner, der einen
sehr starken Einfluß auf mich ausgeübt hat, und ich hab' nach wenigen Monaten meiner Mutter geschrieben, es tue mir leid, aber
ich würde wohl nicht nach Hause kommen in den Ferien, denn zu
Hause könnte ich keinen koscheren Haushalt haben. Worauf meine Mutter mir zurückgeschrieben hat: Wir ändern alles, um einen
koscheren Haushalt zu haben.
AB: Haben Sie heute einen?
PA: Aber sicher. Aber sicher. Ich bin dann ab einer gewissen Zeit
sehr, sehr orthodox geworden, das hat sich dann wieder ein wenig
gelegt. Aber bis heute fahre ich nicht am Sabbat, schreibe ich nicht
am Sabbat, ich lege jeden Tag *tefilin* an und so, also ich bin eher
auf der, wie soll man das sagen, etwas gesetzestreuen Linie als auf
der anderen.
AB: Und das ist im wesentlichen durch das Studium in Breslau im
Rabbinerseminar in Ihnen entfaltet worden, oder hatten Sie das
vorher geahnt?
PA: Nein, ich hatte es sicher nicht geahnt, aber das Ganze liegt

eigentlich an einem Gefühl der jüdischen Solidarität, die durch die Religion erhalten worden ist. Das heißt, die Religion ist ein wesentlicher Teil unseres Bestehens als Gemeinschaft. Und wenn man das empfindet, glaubt, dann versucht man, die Elemente, die diese Gemeinschaft zusammenhalten, zu pflegen. Das hat weniger mit Glauben zu tun. Aber wenn man bewußt diesen Weg gegangen ist, wieder Jude sein zu wollen, dann so weit und so vollkommen, wie es geht. Denn das war doch eigentlich der Sinn, daß ich lernen wollte, all das, was meine Eltern, Großeltern, Urgroßeltern über Bord geworfen hatten, mir wieder irgendwie anzueignen. Dann war eigentlich der Zionismus nur eine der Komponenten. Das war überhaupt keine schwere Überbrückung, das war dann fast eine natürliche Folge. Und als wir ins Land kamen, war ich, wie gesagt, noch immer sehr, sehr *observant* in meinem Judentum, auch wenn es hier selbstverständlich war, das Jude-Sein.

Paul Alsberg (*1919)

Ich glaube, daß ich trotzdem eine gute Jüdin bin

Als ich in München gearbeitet habe, war ich einmal als Delegierte vom jüdischen Jugendbund in Stettin bei einer Versammlung mit Buber. Das war die berühmte Versammlung, die später in die Geschichte eingegangen ist als Wendepunkt, auch für ihn. Das hat mich kolossal beeinflußt, aber da ist es mehr seine Persönlichkeit gewesen und auch diese Entdeckung des Ostjudentums, die mich eigentlich mein ganzes Leben lang begleitet hat. Schon meine Eltern hatten mir immer beigebracht, das sind die eigentlichen Juden, viel mehr als wir deutschen Juden. Und ich habe immer vor mir gesehen, daß sie noch gewisse Sitten und Gebräuche haben, die die deutschen Juden in ihrer Arroganz schon abgelehnt haben. Und das war mir damals wichtig: Seid stolz und gebt es zu! Laßt euch nicht taufen und versucht euch nicht hinter allen möglichen großen Worten wie Demokratie usw. zu verschanzen. Ihr seid Juden, nun seid stolz drauf! Diese ganze etwas aus der Not geborene Einstellung, damit bin ich großgeworden und dem wollte ich auch nichts entgegensetzen. Ich mein', daß ich heute am Sabbat schreibe, obwohl ich es in der Schule nicht gemacht habe, und daß ich sehr gerne mein Schinkenbrot esse, das ist mehr ein Zeichen von Revolution gegen die äußeren Formen. Das hat nichts zu tun mit dem wirklichen Gehalt des Judentums. Ich glaube, daß ich trotzdem eine gute Jüdin bin in meinem ganzen Wesen.

Chuma Betty Kolath (*1908)

Was das Judentum 1.900 Jahre gerettet hat, hat das Judentum zerstört in der Schoa

Was das Judentum 1.900 Jahre gerettet hat, hat das Judentum zerstört in der Schoa. Wir haben immer wieder gelernt: Es wird nicht so heiß gegessen wie gekocht. Wir sagen jedes Jahr in der *haggada* am *Seder*abend: Jede Generation ist man gegen uns aufgestanden, um uns zu vernichten, und Gott hat geholfen. Wenn die Juden, historisch gesprochen, real gedacht hätten, dann wären sie schon vor 2.000 Jahren umgebracht worden und hätten aufgehört zu existieren. Und man hat immer wieder gelernt: Es wird schon irgendwie gehen! Und für dieses Gottvertrauen, diese Erfahrung, daß man sich irgendwie doch durchwursteln und überleben kann, den Kopf runter, schauen Sie, haben die Assimilanten dann schon '33 zahlen müssen. Diejenigen, die den Kopf runtergebückt haben, haben gemeint, es wird gehen, denn man war daran gewohnt durch Jahrhunderte, durch 1.900 Jahre. Und das war das Verhängnis. Man hat das viel zu spät erkannt.

Salomo Pappenheim (*1926)

Ich glaube an etwas, das man Schicksal nennen kann

Ich bin überhaupt nicht religiös. Nicht, daß ich an nichts glaube, ja? Ich glaube an irgend etwas, man kann es Schicksal nennen, aber es ist für die ganze Welt. Es ist nicht speziell jüdisch. Es gibt hier Leute, die sagen, Gott ist für mich in Auschwitz gestorben. Zu den Leuten gehör' ich auch. Man kann darüber streiten, anderer Meinung sein, aber sehr viele sind derselben Meinung. Aber etwas für die ganze Welt, ja, irgend etwas, was man nicht definieren kann und wahrscheinlich nicht definieren will.

Frau X (*1911)

Der liebe Gott ist in Auschwitz gestorben

DB-L: Früher, in Essen, hat man an Feiertagen frei gehabt. Natürlich bin ich in die Synagoge gegangen, schon meines Vaters wegen, das ist ja ganz klar. Und in Stettin hab' ich selber manchmal als Kantor fungiert. Nur nebenbei, ich war ja hauptsächlich Lehrer.

AB: Und als Sie hierher kamen?

DB-L: Hier? Nein. Hier bin ich überhaupt nicht mehr gegangen. Der liebe Gott ist in Auschwitz gestorben. Als ich hier ankam, kannten die mich natürlich, und ich sollte in einer Gemeinde hier in Jerusalem als Kantor fungieren. Das habe ich einmal getan und dann nicht mehr.

AB: Darf ich nochmal fragen. Ihre Frau hat vorhin schon erwähnt, Ihre Eltern sind umgekommen?

DB-L: Ja. Meine Eltern sind von Essen deportiert worden. Auch meine Schwester, mein Schwager, meine Großmutter.

AB: Wann ist das gewesen?

RB-L: '42.

David (*1912) und Ruth (*1914) Bar-Levi

Ich hatte meiner Mutter versprochen, den Schabbat zu halten

AB: Sie sind aus einem frommen Elternhaus und Ihr ganzes Leben lang religiös gewesen.

GL-M: Ja, ja, ja. Und das hat mich interessanterweise gerettet im Lager. Denn ich habe sehr gehungert, und ich hätte zu einer Gruppe gehen können, die die Karten geknipst hat, wenn man sich das Essen holte. Aber da hätte ich auch am Samstag und an Feiertagen die Karten knipsen müssen. Und ich hatte meiner Mutter versprochen, so lange es geht, werde ich den Schabbat halten. Und so habe ich die Stellung nicht genommen, und alle neuen Arbeiter, die diese Stellung eingenommen hatten, die Karten zu knipsen, sind in den nächsten Transport gekommen.

Gerda Levisohn-Marcus (*1910)

Das Gefühl der Internationalität im zionistischen Judentum ist mir wichtiger als die Religion

Als Jude fühle ich mich nur hundertprozentig im Rahmen der zionistischen Idee. Ich muß allerdings heute rückblickend sagen, daß meine Kenntnisse über das Judentum in der Welt absolut ungenügend waren. Ich hatte nie eine Idee, daß es Juden in Jemen gab, daß es Juden in Nordafrika gab. Ich kannte zwar die Geschichte des Judentums recht gut, aber es ist doch alles von Europäern oder Amerikanern geschrieben. Das traf einen so plötzlich, daß wir einen kurdischen Juden vor uns hatten oder daß wir einen schwarzen Juden vor uns haben. Heute ist dieses Gefühl der Internationalität im zionistischen Judentum so bewußt und so ein Rückhalt, der für mich wichtiger ist als die jüdische Religion. Ich bin ein absoluter Atheist, und die religiösen Gebräuche betrachte ich mehr als Aberglauben. Es ist für mich unmöglich, daran zu glauben.

Ernst Siedner (*1905)

Menschsein und Jüdischsein

AB: Hat sich Ihr Selbstverständnis als Jüdin und Ihr Verhältnis zum Judentum durch Ihren Lebensweg, Ihr Schicksal entscheidend geändert?

ES: Wissen Sie, Ghandi hat man gefragt: »Du bist so ein moderner Mensch, wie kannst du mit dem Hinduismus, dem traditionellen, so fertig werden?« Und da hat er gesagt: »Indem ich mich menschlich erweitere, erweitert sich der Hinduismus.« Und so geht es mir mit meinem Jüdischsein. Buber hat's schöner ausgedrückt: Menschsein und Jüdischsein, nicht wahr? Ich mein', unser Menschentum wächst eben auf unsere jüdische Weise mit unserer jüdischen Erfahrung. Aber ich bin meinen Eltern sehr dankbar, daß ich in der Tradition aufgewachsen bin, daß ich die Tradition so erweitern kann, daß sie mir zum Symbol wird, und daß sie mir immer verständlicher wird. Das hätte ich doch sonst nicht. Es bleibt eine Wurzel. Aber aus der wuchs ich raus, nicht wahr. Ich kann heute nicht sagen, ich glaub' an einen lieben Gott im Himmel, der am Sinai Moses das einzige Gesetz gab, aber ich weiß, daß es einen Geist gibt, der die Harmonie der Welt lenkt und der sich in den Gesetzen ausdrückt, und sie werden mir immer mehr allgemein menschlich, aber auf jüdische Weise. Ohne die Zehn Gebote gäbe es keine westliche Kultur, und die Zehn Gebote sind leider so aktuell, als wenn sie von gestern stammten.

Elsa Sternberg (*1899)

* * *

Ich habe die ganze Haltung dieser liberalen Juden zum Deutschtum verachten gelernt

Ich habe die ganze Haltung dieser liberalen Juden zum Deutschtum verachten gelernt, weil ich gemerkt habe, wie unecht das alles ist. Ich war zunächst ein deutscher Patriot ersten Grades. Als die Franzosen das Rheinland besetzt haben, habe ich darüber patriotische Gedichte gemacht. Aber dann habe ich gelernt, wo die Grenzen zwischen uns als Juden und den Deutschen sind. Wir hatten eine glänzende humanistische Schule, wo wir etwas gelernt haben von deutscher Geschichte und deutschem Volkstum. Und dort ist mir die Einsicht gekommen, wie weit das von dem entfernt ist, was unsere Vergangenheit ist. Ich habe die riesengroßen Unterschiede zwischen Juden und Deutschen bemerkt, und ich habe keine Illusionen wie Herr Jakob Wassermann gehabt, wie wir in das Deutschtum eindringen könnten, die sogenannte Assimilation. Ich habe gewußt, und das war einer der Gründe meines Zionismus, ich will zu diesem Urjudentum zurückkommen. Ich habe mich von Anfang an sehr begeistert am *tanach*, den ich hauptsächlich auf deutsch gelesen habe und nur ein bißchen auf hebräisch. Ich habe gesehen, was das für eine andere Welt ist, diese Welt des Judentums, gegenüber der Welt des Deutschtums. Und das zweite Moment, das mich zu diesem Volksjudentum gebracht hat, waren jiddische Lieder. In der Jugendbewegung, in der ich war, waren viele Kinder aus ostjüdischen Häusern. Die haben Jiddisch gekonnt und jiddische Lieder gesungen. Das hat mich begeistert. Das hat mir von der seelischen Seite gezeigt, wieviel ich überhaupt nicht gewußt habe von jüdischer Tradition, wieviel in diesem Jiddisch an Volksseele ist, wenn man so sagen kann: Eine überlieferte Vorstellung und Auffassung von täglichen Dingen, die sich nur in Jiddisch wiedergeben lassen. Ich habe gelernt, wie tief der wirkliche Unterschied zwischen unserem Judentum, unserer Vergangenheit, und dem Deutschtum ist. Ich kann zwar sehr viel lernen von deutscher Literatur – und Juden waren bekannt dafür, daß sie glänzende Kenner der deutschen Literatur waren, viel bessere als die deutschen Offiziere –, aber es ist *nonsense* zu glauben, ich könne durch das Lernen von Goethe und Schiller hineinkommen in das Denken eines Deutschen. Ausgeschlossen!

Uri Gassmann (*1911)

Man war nicht deutschnational, aber deutsch und hatte Kultur

Meine Mutter war entsetzt, als ihr nach der Heirat Rabbiner Dr. Pinchas Kohn gesagt hat: »Hanna, in Passau beginnt der Orient.« Österreich, das war ja schon der Osten gegenüber dem richtigen deutschen Judentum. Also, man war nicht deutschnational, aber man war doch deutsch. Man hat doch eine Kultur gehabt. Schauen Sie, ich bin als zwölfjähriger Junge weg von Deutschland. Sie können an meinen Kindern noch erkennen, daß der Vater aus Deutschland kommt. Ich bin heute noch, nicht nur in der Sprache, sondern auch in meiner ganzen Kultur, in meiner ganzen Denkweise immer noch ein deutscher Jude.

Salomo Pappenheim (*1926)

Ich habe natürlich antideutsche Gefühle gehabt

Ich kann mich noch an den Abend erinnern, als der Weltkrieg ausgebrochen ist. Ich habe natürlich antideutsche Gefühle gehabt,

Antinazistimmung, das ist klar, aber etwas später, als die Deutschen dann die ersten Erfolge hatten, habe ich gesagt – und gewußt, daß das nur ein Spiel ist –: Könntest du dich jetzt freuen? Ich meine, es ist deutsche Tüchtigkeit ... Ich habe sofort einen Ekel empfunden bei dem Gedanken. Das einzige, was man haben wollte, war die deutsche Niederlage, denn es waren die Erzfeinde, und man hat sich mit dem Land hier mit der Sprache und mit dem zionistischen Bemühen usw. absolut identifiziert.

Benjamin Kedar (*1923)

Ich habe eigentlich zwei Heimaten

OW: Ich habe eigentlich zwei Heimaten, wenn man das sagen kann. Denn ich habe mit der Muttermilch eingesogen: Jerusalem! Ich hab's wirklich von meiner Mutter her. Die Sehnsucht nach Palästina hat meine ganze Jugend über bestanden. Ich hab' die Geschichte kennengelernt, und auch Lieder spielen bei mir eine ziemliche Rolle. Und Lieder, die meine Mutter gesungen hatte, die haben sich eben um Jerusalem gedreht.

AB: Zwei Heimaten, was würden Sie denn die zweite Heimat nennen?

OW: Deutschland natürlich.

AB: Würden Sie das noch sagen, oder ist es nur noch die Sprache oder das Geburtsland?

OW: Die Sprache. Sprachlich bin ich natürlich noch sehr stark daran gebunden. Aber ich habe festgestellt, daß gesellschaftlich das, was meine Heimat war, nicht mehr existiert. Das war eben dieser Kreis von Leuten, die charakterisiert waren durch Thomas Mann, Kurt Tucholsky, Kästner. Das heißt, daß ich gesellschaftlich heute keine Heimat mehr dort finden könnte. Aber für die Stadt als solche, wenn ich dort hinkomme, habe ich natürlich Gefühle. Die Straßen, soweit sie noch existieren, sagen mir etwas, die Gebirge, die Flüsse, daran bin ich gebunden. Obwohl mir grade der Stadtwald, muß ich sagen, als ich da war, auf einmal so dunkel vorkam, was mir früher nie aufgefallen wäre. Wahrscheinlich bin ich das hellere Licht hier gewöhnt. Aber wie gesagt, vielleicht ist der Begriff Heimat in dem Sinne zu stark. Es gibt doch so verschiedene Sachen, an die man gebunden ist. Es ist schwer zu analysieren, was es eigentlich ist. Man hat gewisse Sympathien. Ich sage nicht d i e Deutschen, genauso wenig wie ich sage d i e Juden. Das muß man differenzieren, und wenn ich an manche Nichtjuden denke, dann habe ich die besten Erinnerungen an sie. Aber sie existieren ja nicht mehr, die Leute. Und außerdem ist es die Jugend gewesen, das spielt auch eine Rolle.

Oskar Wahrmann (*1908)

Meine Welt war in Deutschland damals genauso harmonisch wie jetzt

MD: Das Thema, was mich interessiert, ist diese zwiespältige Identität.

JA: Ich glaube, jeder moderne Mensch ist geteilt. Die Vollständigkeit des Menschen gibt es nur bei sehr religiösen oder bei geistig beschränkten Menschen, die haben e i n e Seele. Wir haben alle zwei Seelen. Wir sind alle einerseits und andererseits. Ich war Sozialdemokrat, ich bin noch heute Sozialdemokrat; trotz allem, was da geschah, bin ich es immer noch, ich denke immer noch daran, was da gut war. Oder: Ich kam aus einem sehr orthodoxen Haus, bin es lange schon nicht mehr, aber ich habe da alles Gute mitbekommen. Also auch wieder eine Art geteilte Identität, sehr typisch für moderne Menschen, und für die israelischen Menschen noch mehr als für andere.

MD: Aber Du fühlst Dich eigentlich mit Dir ganz in Harmonie? Viele von unseren Interviewten haben sehr große Auseinandersetzungen gehabt.

JA: Oh ja, ich weiß.

MD: Nicht viele haben eine richtige Harmonie gefunden. Sogar solche, die mit 12 oder mit 13 Jahren hergekommen sind, haben es auch bis heute noch nicht ganz überwunden. Du bist eigentlich ein bißchen ein Ausnahmefall.

JA: Ja absolut, absolut ja. Das hängt damit zusammen, daß meine Eltern und die Großfamilie alle hierher kamen, und daß bei ihnen Orthodoxie und Zionismus zusammengingen. Ich wußte immer, daß ich einem anderen Kulturkreis angehöre. Überhaupt war meine ganze Welt jüdisch. Aber sie war in Deutschland damals genauso harmonisch wie jetzt. Nur hat man es in Israel viel leichter: Man ist Jude, man muß dabei nicht in die Synagoge gehen.

Jehuda Amichai (*1924)

Die 20 Jahre in Deutschland sind entscheidend für mein ganzes Leben

Meine Familie stammt seit Hunderten von Jahren aus Westpreußen, von väterlicher Seite und von mütterlicher Seite. Wenn es Deutsche gibt, dann sind wir es, verstehen Sie, dann sind wir die richtig patriotischen Deutschen. Der Hitler hat das alles aufgelöst, abgehackt. Und das Schweigen des deutschen Volkes natürlich auch. Ich war Patriot, ich kann nichts daran ändern, ich bin nicht international. Ich war deutscher Patriot, weil ich so erzogen worden bin, und nachdem man mich weggestoßen hat, bin ich jüdischer Patriot geworden.

Dadurch, daß ich nicht in der Metropolis Berlin aufgewachsen bin, habe ich so was gekannt wie Heimat. Das hat man hauptsächlich, wenn man auf dem Lande aufwächst. Vietz war ein kleiner Ort mit 5.000 Einwohnern, ein Marktflecken, wie man sagt. Ich bin völlig aufgegangen in diesem Ort, in meiner Schule, in den Wäldern, in Preußen, im Herzen Brandenburgs. Die Lieder, die Gedichte etc. sind heute noch ein Teil von mir. Und das geht nicht weg.

Wir sind genauso Deutsche wie die Hugenotten, die man vertrieben hat, Franzosen waren. Und was für einen Anteil hatten sie an Preußen! Und welch ein Unfug, von Rasse zu reden! Was sind denn die Preußen? Die Preußen, das sind Slawen, Preußen und Deutsche gewesen. Nur die Mischung hat was Positives zur Folge, nur das ist fruchtbar. Alles andere ist steril. Reine Rasse ist steril. Und wir Juden, wir sind Deutsche. Man hat uns vertrieben, und wir sagen: Geht zum Teufel! Ihr wollt uns nicht haben, und wir brauchen euch nicht. Wir können selber genug, wir haben genug Eigenschaften, um selber Deutsche zu sein, ohne Deutschland.

Ich werde nie sein, was man einen richtigen Israeli nennt. Und ich habe mich damit abgefunden. Ich bin nicht unglücklich darüber. Ich weiß, daß meine Nachkommen Israelis sind, und was kann man noch mehr verlangen? Wir sind nicht mehr lange da. Ich kann mich nicht mehr ändern. Ich will mich auch nicht ändern, sehen Sie. Aber ich geh' jetzt nicht hier rum und singe: »Ich bin ein Preuße, kennt ihr meine Farben?«. »Deutschland, Deutschland über alles« singe ich noch manchmal für mich selber, aber das hört kein Mensch. Ich glaube, ich bin ein Phänomen, man kann auch sagen, ein alter Idiot, wie Sie wollen. Mein Sohn, meine Töchter, meine Enkel, das sind Israelis, die kennen nichts anderes. Aber ich kenne was anderes. Das klebt an mir, und ich kann es nicht abstreifen. Ich lebe drei Viertel meines Lebens, 60 Jahre in Israel und 20 Jahre in Deutschland. Aber die 20 Jahre in Deutschland sind entscheidend für mein ganzes Leben.

*Moshe Ballhorn (*1913)*

Ich bin in meinem innersten Innern ein Preuße

JB: Ich muß Ihnen ehrlich sagen, ich persönlich bin in meinem innersten Innern ein Preuße.

EE: Ein Preuße?

JB: Ein Preuße. Weil der Alte Fritz der humanste König war, den wir je gehabt haben. Ich bin ein überzeugter Jude, aber ich bin auch stolz, daß ich ein Jecke bin.

Jehoshua Brünn (*1913)

Ich stamme aus einer Gegend, zu der ich überhaupt keine Beziehung habe

AB: Wie verhält es sich bei Ihnen mit den Fragen, die ja doch immer wieder eine große Rolle spielen:»Mein Judentum«, wieweit bin ich Israeli in meiner Identität, und wieweit bin ich noch deutscher Jude?

IL: Ich muß sagen, diese Verbindung zum Alten empfinde ich überhaupt nicht als störend, überhaupt nicht. Das geht durchaus parallel. Aber als deutschen Juden würde ich mich nicht mehr bezeichnen, sondern als Juden aus Deutschland, ja? Das ist ein schweres Problem gewesen für viele hier in den 50er Jahren. Da sind viele zurückgegangen. Da gibt's ein ganzes Bündel von Motiven, und das hat auch zum Teil hier böses Blut gemacht gegen die Jeckes. Man kann nicht in die Menschen hineinkucken, und jeder hat das Recht auf Freizügigkeit, aber ich hab' immer den Eindruck, daß bei ihnen so ein nostalgisches Gefühl da war. Das ist bei mir überhaupt nicht, denn da kommt es meiner Meinung darauf an, aus welcher Gegend man stammt. Ich stamme aus einer Gegend in Oberschlesien, die ich einfach aus Gründen der Ästhetik scheußlich fand. Ein Kohlengrubengebiet, ja? Wie diese Bergwerksdörfer aussahen, wie in den Städten Ruß und Schmutz war! Man hatte niemals einen sauberen weißen Kragen. Und dann, wie die Städte gebaut waren! Zur Zeit Friedrichs des Großen hatte man die Häuser hingestellt, scheußlich! Also ich stamme aus einer Gegend, zu der ich überhaupt keine Beziehung habe.

Iwan Lilienfeld (*1910)

Das war doch für mich die alte Heimat

AB: Haben Sie für Breslau noch Heimatgefühle?

JW: Ich habe keinerlei Verbindung mit dieser Stadt. Im Gegenteil: Ich war überrascht, wie wenig ich zum Beispiel über die Geschichte der Stadt gewußt habe. Das hat mich überhaupt kaum berührt.

Aber die jüdische Gemeinde Breslau ja. Ich habe doch in dieser großen jüdischen Gemeinde alles gefunden, was ich gebraucht habe. Das steht wohl im Gegensatz zu deutschen Juden, die aus Kleinstädten kommen, besonders in Westdeutschland, vielleicht auch, weil ich in einer Großstadt aufgewachsen bin. Aber warum dieses Heimatgefühl viel weniger stark entwickelt ist, kann ich eigentlich nicht sagen. Ich war wirklich mehr als überrascht, als ein deutscher Beamter, der mir in Hamburg geholfen hat, an gewisse Akten heranzukommen, später, als ich ihn nach Hause begleitete, plötzlich stehenblieb und sagte: »Ist das nicht wahnsinnig schwierig für Sie gewesen, sich in eine neue Heimat einzuleben und umzustellen?« Da blieb ich stehen und sagte ganz überrascht: »Ja, also, das war doch für mich die alte Heimat. Ich kenne die Problematik überhaupt nicht.«

Im Ausland, auf der Straße spreche ich häufig mit meiner Gattin Hebräisch. Vielleicht weil ich, entschuldigen Sie, wenn ich das sage, in gewissen Ländern nicht als Deutscher angesehen werden will, sondern bewußt will, daß man weiß, ich bin ein Israeli.

Joseph Walk (*1914)

Alte Bäume verpflanzt man nicht

EE: Könnten Sie sich vorstellen, heute wieder in Wien zu leben?

AK: Ja, ganz gewiß. Nur, wie man sagt, alte Bäume verpflanzt man nicht. Ich habe nicht mehr die Kraft, eine neue Existenz, ein neues Leben zu gründen, aber ich könnte mir das durchaus vorstellen.

EE: Ja?

AK: Ja.

EE: Sie haben mehr Beziehungen zu Österreich als zu Israel? Würden Sie sich selber als Zionist betrachten?

AK: Absolut nicht, nein, ich bin kein Zionist.

EE: Und Jude?

AK: Jude ja. Jude ja.

EE: Warum eigentlich?

AK: Ich glaube, der Zionismus läuft der besten Tradition des jüdischen Volkes ganz diametral zuwider. Zionismus ist die Antithese zu allen fortschrittlichen Traditionen des jüdischen Volkes.

EE: Ja, dann müßten Sie religiös sein und sehr viel Verständnis für die orthodoxen Parteien haben?

AK: Nein, nein, ich bin gar nicht religiös. Ich habe kürzlich mit großer Begeisterung Nietzsche gelesen. Für mich ist Gott tot, so wie für Nietzsche. Ich habe für Nietzsche viel mehr Interesse als für den Talmud.

Abraham Kadimah (*1925)

Ich selbst hätte wahrscheinlich die Möglichkeit ergriffen, nach Deutschland zurückzukehren

AB: Wie fühlen Sie sich heute, Herr Rothstein, als Israeli, der in Kitzingen geboren ist, oder sind die Verhältnisse etwas komplizierter?

SR: Ich will Ihnen etwas sagen: Wenn ich einige Jahre jünger wäre, würde ich hier nicht bleiben.

AB: Seit wann haben Sie so gedacht?

SR: Ich habe schon sehr früh so gedacht. Ich wollte schon 1952 zurückgehen, nachdem ich in Deutschland war und wieder Lieferfirmen meines Vaters getroffen habe, die mir damals blendende Angebote gemacht haben, zum Beispiel eine Sektkellerei an der Mosel. Meine Frau kam, und ich habe sie vor die Tatsache gestellt, daß ich einen Vertrag in der Hand habe. Aber sie sagte, sie hat ihre Eltern in Israel und unsere Tochter und ihre Brüder. Also, daran ist die Sache gescheitert.

Stefan Rothstein (*1911)

Es fehlt mir das Verständnis für jeden Juden, der heute in Europa lebt

Ich bin dann hier Zionist geworden im Krieg '47, '48. Ich habe nie wieder die Absicht gehabt wegzufahren. Es fehlt mir das Verständnis für jeden Juden, der heute in Europa lebt, und zwar zuerst einmal für alle, die in dem Teil leben, der von den Deutschen im Krieg überrannt wurde. Das beginnt am Ärmelkanal und endet in Rußland. Ich habe kein Verständnis dafür, wenn es in Paris einen französischen Philosophen gibt mit dem schönen Namen Alain Finkielkraut. Denn daß Juden nicht assimilierbar sind, das haben die 200 Jahre von der sogenannten Emanzipation nach der Französischen Revolution bis 1933 bewiesen. Hugenotten konnten im 17. Jahrhundert von Frankreich nach Preußen wandern. Hugenotten kann man absorbieren, was weiß ich, Rumänen, Jugoslawen können nach Deutschland kommen und werden zumindest in der dritten Generation Deutsche sein, Juden in der zwanzigsten auch nicht.

Herr Y (*1920)

Ich gehöre der sogenannten Wüstengeneration an

Wir sprachen über das Zugehörigkeitsgefühl, über das Zuhause-
sein, über den Umbruch im Leben durch die Auswanderung.
Nun will ich bemerken, geboren bin ich als Österreicher. Mein
Vater war ein großer Habsburger, wie viele Prager. Die Juden in
Frankreich waren große Franzosen, in Deutschland waren sie große Deutsche. Die Juden haben aufeinander geschossen, der französische Jude und der deutsche. Also 1918 war der Umbruch, und
wir lebten, ohne uns einen Meter zu rühren, plötzlich in einem anderen Staat, waren Tschechoslowaken. Mein Vater hat sich bis zu
seinem Lebensende 1936 nicht daran gewöhnt und war bis zum
Ende ein großer Österreicher. Ähnlich, möcht' ich sagen, ist es bei
mir: Ich habe mich leider einige Kilometer weit entfernen müssen
von dem Ort, wo ich groß geworden bin. Aber auch ich kann mich
an den Umbruch in meinem Innersten nicht gewöhnen. Und wenn
Sie vorher sagten, daß da auch andere Umstände, wie das Alter
usw. mitwirken, will ich das gerne akzeptieren. Sie wirken eben
mit, aber ich glaub' nicht, daß das ausschlaggebend ist. Man fühlt
sich dort zu Hause, wo man geboren und groß geworden ist und
woran man eine mehr oder weniger schöne Erinnerung hat.
Ich nehme kein Blatt vor den Mund und rede, wie ich in meinem
Innersten fühle. Ich lege mir keinen Zwang auf, besonders patriotisch zu sein. Ich weiß, ich gehöre, wie man es hier nennt, der
sogenannten Wüstengeneration an. Das ist die Generation, die
40 Jahre in der Wüste herumirrte, aber der es versagt war, ins Heilige Land selbst zu kommen. Also, ich lebe zwar im Heiligen Land,
aber ideologisch bin ich noch immer in der Wüste. Ich gehöre
nicht mehr dorthin, aber ich gehöre noch immer nicht hierher. Ich
bin wahrscheinlich einer der wenigen, wenn nicht der einzige Ihrer Gesprächspartner, der sich so ausdrückt. Die meisten sind wahrscheinlich aus vollem Herzen gerade hierher gekommen und fühlen sich hierher gehörig – und wenn sie es nicht tun, bilden sie
sich's ein.

Felix Wahle (*1910)

Wenn man sich etwas von der Seele schreibt

MD: Glaubst Du, daß Dir etwas leichter geworden ist, nachdem
Du das Buch geschrieben hast?
JA: Ja gut, natürlich, das geht doch immer so, wenn man sich
etwas von der Seele schreibt, wie man so sagt. Der Roman ist ja
geteilt, zum Teil in Würzburg und zum Teil im geteilten Jerusalem.

MD: Ja, eben, es geht immer um diese Geteiltheit. Jerusalem und Würzburg – sind sie etwas mehr zusammengekommen nach dem Schreiben?

JA: Nein, wie gesagt, in mir ist alles zusammengekommen. Der Roman ist doch deshalb so: Einer tut in einem Sommer zwei Dinge gleichzeitig, was natürlich surrealistisch ist oder psychologisch eine Teilung der Persönlichkeit. Der eine Teil fährt nach Würzburg, er ist Archäologe und auf der Suche nach einem kleinen Mädchen, das er gern gehabt hat in den ersten Volksschuljahren, der Tochter des Rabbiners, die später umgekommen ist. Und der andere Teil von ihm bleibt in Jerusalem. Es wechselt immer. Der Würzburger Teil ist in der ersten Person geschrieben und der Jerusalemer Teil in der dritten Person. Es ist irgendwie parallel, gleichzeitig dort und auch hier.

MD: Und das ist Dein Fall.

JA: Nein, nein, ich bin absolut nicht mehr dort. Nein. Es war für mich eine Auseinandersetzung. Nein, ich glaube nicht.

Jehuda Amichai (*1924)

Ich habe dich doch 2.000 Jahre nicht gesehen

ES: Meine Sprache ist das alte gute Deutsch Goethes, das Deutsch meiner Dichter, nicht wahr? Aber die Beziehung zum Land und zum Volk – ich würde um keinen Preis zurück nach Deutschland gehen, nicht wahr? Meine Heimat ist Israel geworden, absolut Israel, aber die Kindheit in Deutschland, würde ich auch nie leugnen, hat mich geprägt und auch die deutsche Kultur eben.

AB: Wo haben Sie eigentlich in Israel gelebt?

ES: In Tel Aviv, und erst in Jerusalem vier sehr glückliche Jahre, auch das war eine Traumerfüllung. Wenn ich ausgegangen bin, fürs Geschäft was besorgen, und es hat ein bißchen lange gedauert, dann hat mein Mann gesagt: »Na, du bist wohl wieder hinter jedem hergegangen und hast gesagt: Ich habe dich doch 2.000 Jahre nicht gesehen, was hast du denn inzwischen gemacht?« Aber so ein Gefühl hatte ich wirklich, absolut, ein Gefühl von Nachhausegekommensein Jerusalem gegenüber. Tel Aviv war schon was anderes, aber es ging auch gut.

Elsa Sternberg (*1899)

Man brauchte den Kopf nicht mehr runterzuhalten

AB: Sie haben sich dieses Land allmählich, unter anderem durch Ihre schwere Arbeit erobert. Wenn man aber an die ganz verschie-

denen Bevölkerungsgruppen denkt, was ist eigentlich ein Israeli?
KW: Man hat sich langsam gegenseitig akzeptiert. Die Jeckes
wurden erst immer ein bißchen belächelt, ja? Aber nach und nach,
glaube ich, hat man hier ihre Werte anerkannt. Und das Zusam-
menschmelzen kam vor allem durch die ständige Bedrohung unserer Sicherheit. Aber das Gefühl des Eigenen, des Zuhause hat
man dadurch bekommen, daß man den Kopf nicht mehr
runterzuhalten brauchte. Man konnte sich wehren, ja? Das hat uns
das Hauptheimatgefühl gegeben, das ist das, was wir verteidigen
müssen. Und deswegen könnte ich nie irgendwo in einem anderen Land leben.

Käthe Walter (*1925)

Zu Hause ist hier
Wenn ich dorthin komme, nach Deutschland, freu' ich mich, dort
zu sein. Aber wenn man mich fragen würde: Könntest du dir vorstellen, daß du heute wieder in Deutschland leben würdest?, würde ich hundertprozentig sagen, nein. Es ist wunderschön, die Landschaft, die Städte, die Museen. Aber es ist ein Besuch, ich verbringe dort meine Ferien, und ich verbringe sie vielleicht sehr gerne
dort, und es gibt auch wieder viele Anregungen. Aber dann fahre
ich nach Hause, und zu Hause ist hier.

Eva Eylon (*1914)

Bei mir ist immer *kachol lawan* gedeckt
MD: Ich habe noch eine Frage zu Deiner Identität. Eine Frau, die
das durchlebt hat, was Du durchlebt hast, und doch den größten
Teil ihres Lebens in Australien verbracht hat: Wie fühlst Du Dich,
was bist Du?
RA: Es ist wirklich nicht einfach. Du siehst doch, wir kommen
jedes Jahr, und glaube mir: Wir sind zu Hause sparsam, wir sind
sehr vorsichtig mit dem Ausgeben von Geld, alles nur, damit wir es
uns leisten können, nach Israel zu kommen.
MD: Wenn Du Dich fragst: fühlst Du Dich als Israeli, fühlst Du
Dich als tschechische Jüdin, fühlst Du Dich als australische Jüdin?
RA: Ich fühl' mich als Israeli. Es ist nicht schön, das zu einer richtigen Israeli zu sagen.
MD: Nein, nein! Jeder ist, als was er sich fühlt.
RA: Ja, aber man denkt: Israeli? Sie lebt in Australien und hat es so
viel leichter, und wer weiß was. Die Israelis haben das nicht so
gern, ich kann das verstehen.

MD: Also diese paar Jahre, die Du in Israel gelebt hast ...

RA: Das größte Kompliment ist in Australien, wenn man mich als Israeli ansieht. Und viele tun das, weil ich in dieser Art aktiv bin. Zum Beispiel hat meine Enkeltochter heute, am *jom Jeruschalajim*, mit Ronnie ein herrliches Programm vorbereitet. Die Atmosphäre in der Familie ist sehr israelisch. Bei mir ist immer *kachol lawan* am Tisch gedeckt, weißes Tischtuch und Blaues. Das wissen schon meine Enkelkinder. Dudi, der Kleine, kommt mir sogar helfen: »Wo sind die blauen Servietten?« Sehr israelisch, ja.

MD: Und wie fühlst Du Dich kulturell? Was interessiert Dich?

RA: Alles, was jüdisch ist, mit Judentum, Iwrit zu tun hat. Wir haben Freunde, die sogar schon sagen: »*Your are one track minded.*« »*We can't help it.* Tut mir leid, aber so denken wir.« Wirklich, alles hat zu tun mit Judentum, alles.

MD: Alles? Würdest Du von Deiner Identität vielleicht sagen: Nein, ich bin eigentlich nicht australisch, nicht jüdisch-tschechisch, ich bin vom Lager? Meine Identität ist eigentlich aus dem Lager erwachsen. Kannst Du das sagen? Eine Überlebende, das ist meine Identität. Denkst Du das?

RA: Da muß ich genau nachdenken, um die Antwort zu geben. Denn es ist alles, es ist dies und das. Wie ich gesagt habe: Ich fühl' mich als Israeli. *I couldn't say* »*I'm kazetnik*«, no.

MD: Nein, Du bist nicht so ein *kazetnik* wie der Dinur oder –

RA: – Elie Wiesel. Nein. Aber ich kann nicht sagen, »*I don't know that feeling*«. Viele Male, wenn ich etwas tue, denk' ich mir: »Wie hab' ich das machen können? Naja, nur ein *surviver* kann das machen.« Verstehst Du, was ich meine?

MD: Ja, das hab' ich schon mehrere Leute sagen hören, ja.

RA: Ja? Aber ich leb' nicht damit so wie der Elie Wiesel, daß ich schon in der Früh damit aufstehe.

Rachel Amit (*1928)

Meine Kinder sind selbstverständliche Israelis

Meine Kinder sind selbstverständliche Israelis, völlig selbstverständlich. Sie sind hier zu Hause, und ich bin einerseits froh darüber, obzwar es mir andererseits wieder Sorgen macht, aus politisch-militärischer Sicht heraus. Wenn ich manchmal meinem Sohn sage: »Ihr seid zwar hier, und ich sehe euch und meine Enkel verhältnismäßig häufig. Ich würde euch aber lieber weniger sehen und euch irgendwo in Sicherheit wissen«, lehnt er das völlig ab.

Felix Wahle (*1910)

»Jeckes«

Die deutschen Einwanderer kamen mit ihren zionistischen Führern

HG: Es ist so, daß an sich eine erbitterte Gegenwehr im ganzen *jischuw* dagegen bestand, daß sich ethnische oder nationale Gruppen in irgendeiner Form politisch betätigen und organisieren sollten. Die ganze Tendenz war, im *jischuw* aufzugehen und zu verschmelzen. Die deutschen Einwanderer kamen 1933, '34, '35, '36 in großen Mengen mit ihren zionistischen Führern. Das war eigentlich das erste Mal, daß so viele Einwanderer gleichzeitig und organisiert kamen. Ganz klar, daß diese deutschen Juden, die meistens gar keine Zionisten waren, nach dem Erlebnis Hitler sich an diese zionistischen Führer angeschlossen haben. Auf diese Weise wurde die zuerst nur auf Einwanderung und so weiter gerichtete ›Hitachdut Olej Germania‹ allmählich zu einer starken deutsch-jüdischen Organisation. Die zionistischen Führer, die mitkamen, also Blumenfeld, Landauer, Naphtali, wurden von der Führung des *jischuw* nicht akzeptiert, weniger aus Sprachgründen, sondern vor allem, weil sie einen ganz anderen *background* hatten. Die deutsch-jüdischen Zionisten waren postassimilatorisch, während die ostjüdischen Zionisten natürlich präassimilatorisch waren. Jetzt begann ein Kampf dieser deutsch-zionistischen Führer um die Einordnung und um ihre Stellung, auch ihre politische Stellung, im *jischuw*. Es wurden ein paar Parteien gegründet, die zum großen Teil nur aus Deutschen bestanden. Sie hatten keinen großen Erfolg.

KH: Und welcher politischen Couleur waren die etwa?

HG: Immer liberal, immer Mitte, linke Mitte.

*Heinz Gerling (*1904)*

Die ›Alija Chadascha‹ und die deutsche Zeitung in Haifa

Die deutsche Landsmannschaft, die ›Alija Chadascha‹, hat einmal eine Partei gegründet. Ich hielt das für einen Unsinn. Man kann doch aufgrund der Einwanderung nicht Menschen identifizieren, den einen mit dem anderen, nicht? Sie haben doch gar nichts gemeinsam gehabt. Da waren Kommunisten und Kapitalisten, da waren Handwerker und übermäßig geistige Leute dabei. Das war doch keine Gruppe. Und dann passierte folgendes: Im Jahre 1942 erschien in Haifa eine Zeitschrift, die hieß ›Orient‹. Sie war bürgerlich links wie vorher die ›Weltbühne‹ in Deutschland. Die Jeckes im allgemeinen fühlten sich hier im Land geduckt. Und diese Zeitschrift mit ihren radikalen Einstellungen, die stärkte das Rückgrat der Jeckes: Ist doch Unsinn, daß man sagt, wir sind nichts! All die Leute, die früher in Deutschland Generaldirektoren oder Präsidenten oder Wissenschaftler von Rang waren oder so was, hatten ja hier gar keine Möglichkeit, zur Geltung zu kommen. Hier brauchte man Hände, hier brauchte man Bauarbeiter, Landarbeiter und so etwas, aber nicht Professoren. Die Leute atmeten also auf, unendlich. Und in dieser Zeit fanden die Stadtratswahlen in Haifa statt. Und bei diesen Stadtratswahlen beteiligte sich zum ersten Mal die ›Alija Chadascha‹. Und da passierte etwas, was kein Mensch im ganzen Lande für möglich gehalten hatte: Die ›Alija Chadascha‹ bekam einen ungeheueren Stimmenanteil. Sie war die beherrschende Partei geworden im Stadtrat in Haifa.

Walter Zadek (*1900)

Das Deutschtum war für sie kein Hindernis, im Lande Fuß zu fassen

MD: Glauben Sie, daß die deutschen Juden Schwierigkeiten hatten, in der politischen Führung hier in Palästina einen Platz zu finden, weil sie eben neue Zionisten waren oder so was?

AF: Ich glaube nicht. Überhaupt nicht. Nein. Nein. Im Gegenteil, Fritz Naphtali, Felix Rosenblüth zum Beispiel waren ganz zentrale Figuren. Naphtali war in Deutschland einer der bekanntesten Wirtschaftsfachleute, der hier in Tel Aviv auch eine erste Rolle gespielt hat, Felix Rosenblüth war *minister of justice*, Justizminister also. Am Obergericht stammten die meisten Richter aus Deutschland. Also das Deutschtum war für sie kein Hindernis, im Lande Fuß zu fassen, das Land mit aufzubauen, denn diese Gruppen waren ja prädestiniert für diese Aufgabe.

Abraham Friedländer (*1916)

Man sollte keine Partei auf ethnischem oder kulturellem Hintergrund der *alija* gründen

LY: Es gab damals eine Bewegung, grade unter den jüngeren Leuten aus Deutschland, die zu den Kreisen der ›Histadrut‹, der Arbeiterbewegung, gehörten, die versucht haben, Einfluß zu gewinnen. Ich hab' mich da auch politisch betätigt, aber es ist dabei

nicht sehr viel herausgekommen. Aber immerhin gab es dadurch
Zusammenkünfte und auch Freundschaften mit Menschen, die man
sonst sicherlich nie getroffen hätte, mit russischen Juden, polnischen Juden. Das war alles zweite und dritte *alija*.

MD: Von mehreren unserer Interviewten haben wir gehört, daß
die deutschen Juden gerade in dieser politischen Situation versucht
haben, als eine Partei aufzutreten.

LY: Ja, aber das, was wir gemacht haben, war eigentlich dagegen.
Natürlich waren da immer Kreuzverbindungen, ja? Wir bemühten
uns, die Dinge in eine andere Richtung zu wenden.

MD: Und was waren eure Argumentationen dagegen?

LY: Die Argumentation war, daß man keine Partei auf ethnischem
oder kulturellem, sozialem Hintergrund der *alija* gründen sollte,
sondern daß es allgemeine politische Probleme, eine allgemeine
Organisation gibt, in die man sich einordnen muß. Es waren Leute
aus Kibbuzim und Leute aus der Stadt. Einer von denen, die damals auch aktiv waren, war zum Beispiel Josephthal mit seiner
Frau Senta.

Leni Yahil (*1912)

Ich hatte meine jüdischen Wurzeln schon ganz früh gefunden

MD: Wie haben Sie die deutschen Juden im allgemeinen erlebt
oder gesehen?

JB: Ich habe das überhaupt nicht erlebt. Sie müssen sich vorstellen, daß jemand, der ›Misrachi‹ ist, seine jüdischen Wurzeln schon
ganz früh gefunden hat. Wir waren doch der Bewegung verbunden. Ich sprach Hebräisch, mit jeckischem Akzent, aber wir waren
natürlich willkommen. Wir organisierten uns um den religiösen
Kibbuz herum, Kibbuz Jawne war eine Gründung der Jeckes. Das
war ein guter, starker Kern. Diese ›Alija Chadascha‹-Gruppe hat
uns nie interessiert. Das waren keine religiösen Juden, die kamen
von weit her. Wir kamen von der »Inwelt«, wissen Sie. Wenn Sie
religiöse Juden sind, haben Sie ja sofort ihre Synagoge, Sie sind
irgendwie drinnen. Sie können zwar etwas an der Seite stehen,
aber sich nie abgestoßen fühlen. Dieses Befremdetsein – mich hat
es nie betroffen. Ich habe sehr viele deutsche Juden gesehen, die
ihren Standort gut gefunden haben.

MD: Also Sie haben nie so etwas wie Konkurrenz erlebt, ja, weil
Sie eigentlich zwar auch deutscher Jude, aber auch etwas Ostjude
sind?

JB: Aber nicht deshalb. Mosche Unna war ein echter Jecke, sein

Vater Rabbiner in Mannheim, sein Urgroßvater Rabbiner in Würzburg, der berühmte Bamberger in Würzburg vor 130, vor 140 Jahren, also Jecke *ben* Jecke *ben* Jecke *ben* Jecke: Aber er hat nie als
Jecke etwas erlitten.

Josef Burg (*1909)

Ich jedenfalls bin das Gefühl des Außenseitertums nie ganz losge- worden

Es gab eine Feindlichkeit gegen die Deutschsprachigen. Man hat
immer geglaubt, naja, die sind ja deutsch, das sind ja keine Zionisten, und die schielen ja nur nach dem alten Deutschland, oder so
ungefähr. Und die Redakteure litten, glaub' ich, unter einem inneren Zwiespalt. Es war bei ihnen, ich will nicht sagen eine Identi-
tätskrise, aber ich hab' es sehr stark empfunden, daß ihnen dieses
halbe Pariadasein absolut nicht behagt hat, obwohl die meisten
von denen, was man so nennen kann, altgediente Zionisten waren. Es war natürlich nicht angenehm, so zu arbeiten, ja? Also mit
diesem Zwiespalt mußte sich jeder, so gut oder so schlecht er konnte, abfinden. Einige, die vielleicht ein dickeres Fell hatten als ich,
haben das nicht so empfunden, aber ich jedenfalls bin das Gefühl
des Außenseitertums nie ganz losgeworden. In den 40er Jahren
hat sich die Einstellung der hebräischen Öffentlichkeit zu den
deutschsprachigen Zeitungen geändert. Unser Blatt wurde, das sag'
ich ganz offen, nicht besonders geschätzt, es wurde ein bißchen
spöttisch, zum Teil verächtlich betrachtet. Im Laufe des Krieges
hatte sich das ein bißchen gelegt, und zwar aufgrund der Haltung
der Zeitung. Es war hier im Lande der nicht erklärte Krieg des
jischuw gegen die Mandatsmacht, also ein richtiger Widerstands-
kampf, Untergrundkampf vor allen Dingen. Und die deutsche Zeitung hat mitgemacht mit den hebräischen Zeitungen bei verschiedenen Widerstandsaktionen. Und von da an hat sich die Einstellung des *jischuw* zur deutschen Presse geändert. Man hatte dokumentiert, daß man kein *Quisling*-Blatt ist.

Iwan Lilienfeld (*1910)

* * *

Die Juden aus Osteuropa, die sind gewürfelter

Sie haben uns Jeckes genannt. Was ist die Übersetzung von Jecke?
Jehudi ksche hawana, das heißt, der schwer begreift. Die Juden aus Osteuropa, die sind gewürfelter, wissen Sie, gewürfelter

im Geist, mein' ich. Vielleicht denken sie schneller. Die sind unter anderen Umständen groß geworden. Dort im Osten waren die Juden gedrückt, und um etwas zu verdienen, mußten sie vielleicht auch kleine *rama'ujot*, kleine Betrügereien machen, und sie mußten lügen. Dort konnten sie nicht anders leben. Und die deutschen Juden waren anders. Ein Wort ist ein Wort. Wenn ich was verspreche, dann muß ich das halten, auch wenn es mir schwerfällt. Ich bin dadurch vielleicht schwer beweglich, auch geistig. Die deutschen Juden hier im Lande sind im allgemeinen bekannt als gerade, ordnungsliebend, kaum finden Sie Betrüger. Wir haben, wie jedes Volk, unsere Dirnen, wir haben unsere Mörder, unsere Diebe, aber kaum einer der deutschen Juden ist darunter. Kaum.

Paula Pariser (*1902)

Wir nennen uns Jeckes als Schutz gegen die Umwelt
Ich glaube, die Tatsache, daß wir uns als Jeckes fühlen oder jedenfalls so nennen, ist ein gewisser Schutz gegen die Umwelt. Weil gewisse Eigenschaften von uns verpönt waren, hat man sie als Gegenmaßnahme stark herausgestellt. Aber wir Jeckes haben unsere guten Eigenschaften. Das galt jedenfalls für frühere Zeiten, heute weniger. Obwohl ich nicht ganz so sicher bin. Im Hebräischen gibt es einen netten Ausspruch: Was ist der Unterschied – Entschuldigung – zwischen einer Jungfrau und einem Jecken? Die Antwort ist: Jecke bleibt Jecke. Wir waren in gewissem Maße Außenseiter, ja. Ich habe ja seit 1934, außer einigen Jahren im Ausland, hauptsächlich in englischsprachigen Ländern, immer hier gelebt und bin hier zur Schule gegangen. Aber gewisse Eigenschaften, die gehen anscheinend nicht verloren. Ich fühle mich bis heute noch stark von der deutschen Kultur, wenn man's so nennen kann, beeinflußt, und wenn man mich fragt: »Woher kommen Sie?«, sag' ich: »Ich bin Jecke *tahor*.« Da gibt's nämlich auf hebräisch einen Ausdruck: *sfaradi tahor*, reiner *sfaradi*. Das gilt als ein Zeichen der Würde oder Ehre. So sag' ich nicht *sfaradi tahor*, sondern Jecke *tahor*, ja, reiner Jecke.

Naftali Kadmon (*1925)

Die deutschen Juden haben viel beigetragen zum Aufbau des Landes
Man hat sich sehr lustig gemacht. Die Jecken waren pedantisch. Oder wenn ein Mann mit Jackett ging, dann war es wahrschein-

lich ein Jecke, ja? Nachher hat man aber gesehen, wie die deutschen Juden ungeheuer viel beigetragen haben zum Aufbau des Landes, weil sie wirklich jede Arbeit gemacht haben.

Friedel Loewenson (*1908)

Wir haben jahrelang versucht, uns zu verleugnen

Als Kind habe ich unter Vorurteilen gelitten. Man hat uns als Außenseiter betrachtet und als sonderbare Menschen, die zwar einerseits eine gewisse Kultur in das Land hineinbrachten, andererseits aber nicht in die, sagen wir die polnisch-russische Atmosphäre paßten. Das habe ich empfunden. Ich fühlte mich diskriminiert. Meine Freunde und ich, wir haben uns bemüht, wie die *sabres* zu sein, das heißt, wir haben versucht, zu spät zu kommen zu Verabredungen, nachlässig zu sein, wir haben versucht, uns anders zu kleiden usw. Wir haben jahrelang versucht, keine Jeckes zu sein, uns zu verleugnen.

Uri Rapp (*1923)

Für die *sabres* war man einer der besseren Jeckes

Für die *sabres* war man einer der besseren Jeckes, die hatten einem das nicht vergessen. Die Jeckes, das waren Tiere für sich! Aber im Alter von 20 oder 25 ist für jemand, der sich körperlich mit anderen messen kann, die Sprache nicht das Wichtigste. Wenn man einen Offizierskurs mitmachte, dann gehörte man schon irgendwie dazu; aber ohne jeden Zweifel, wer Jecke war, ist als Jekke angesehen worden, und das nicht gerade im günstigen Sinn. Aber mich persönlich hat es eigentlich wenig gestört, und der Kreis meiner Bekannten und Freunde ist noch heute zum großen Teil der Kreis dieser Kurse von 1942 bis '45.

Aharon Doron (*1922)

Es fängt an, ein Ehrentitel zu werden

Es war tatsächlich so, daß man sich während der Kriegsjahre wieder ein bißchen verpönt gefühlt hat, das heißt, in Deutschland bei den Nazis war man ein Jude und hier, ich will es um Gottes willen nicht vergleichen, aber irgendwie war man der Jecke. Also man hat versucht, Iwrit zu sprechen und kein Deutsch. Bei mir kam der Umbruch, es ist eigentlich albern, als ich ein jemenitisches Mädel beobachtet habe, das zu einem Rendezvous mit ihrem Liebsten gelaufen kam, und er sagte: »Du bist ja so pünktlich!« Sagt sie ganz stolz: »Ja, ich bin eben eine Jeckin.« Da habe ich gesehen, es fängt an, ein Ehrentitel zu werden. Das hat bestimmt mit dazu geführt, daß ich dieses nicht mehr als Stigma empfunden habe.

Benjamin Kedar (*1923)

Man preist auf einmal unsere positiven Eigenschaften

Heute sind die Jeckes um einige Stufen gestiegen. Viele Rumänen, Tschechen, Ungarn sagen schon:»Jawohl, wir sprechen auch perfekt Deutsch, hatten ein deutsches Kindermädchen, gingen zur deutschen Schule und sind genauso korrekt wie die gebürtigen Jeckes.« Kurz, man preist auf einmal unsere positiven Eigenschaften.

Ernst Pfeffermann (*1917)

Der deutsche Jude hält sich mehr an Reglements

BK: Ich glaube, daß der deutsche Jude sich doch mehr an Reglements hält als, sagen wir, ein orientalischer Jude und wahrscheinlich auch ein polnischer Jude, der in der Obrigkeit sowieso immer einen Feind gesehen hat. Ich will das mit einem nicht zu ernsten Beispiel untermauern. Wir gehen in das Schwimmbad der Technischen Universität Haifa, und da steht groß angeschrieben»Dusche Pflicht«. Daran hält sich so gut wie keiner.

MK: Außer den deutschen Juden.

BK: Jetzt werd' ich hin- und hergerissen, soll ich jetzt einfach ein Mensch sein, der sich nicht um alles kümmert und auch dem Streit aus dem Weg geht und sich nicht einmischt, oder soll ich ein guter Bürger sein und drauf aufmerksam machen.

MK: Und erziehen.

BK: Ich erinnere mich, daß ich in Deutschland in der Universität im Schwimmbad war und natürlich in die Dusche ging, es war selbstverständlich. Aber es kam eine Truppe von französischen Soldaten rein, damals noch Besatzungstruppe, und die wollten da durchgehen, ohne sich zu duschen. Das ganze Schwimmbad hat derart schockiert nur geguckt, daß diese braven Franzosen ganz zurückgegangen sind und wieder durch die Dusche gegangen sind wie jeder andere. Das gibt es hier bei uns nicht. Ich glaube nicht, daß sie da unbedingt deutsche Werte verpflanzen müssen, aber ganz einfach etwas mehr Disziplin und Gesetzesgehorsam bräuchten wir schon in diesem Land.

MK: Aber das hat sich in Deutschland heute auch sehr verändert, es ist nicht mehr so wie es früher war.

BK: Aber die Anarchie hat natürlich auch sympathische Seiten, während wir ja wissen, wie Gehorsam auch ganz böse entarten kann und so weiter, brauch' ich gar nicht weiter zu erzählen.

Benjamin (*1923) und Miriam (*1922) Kedar

Das Schlimme ist, daß ich's auch von anderen verlange

AB: Wie definieren Sie denn diese jeckischen Eigenschaften, was macht das aus gegenüber anderen Gruppen?

SR: Das macht aus, erstens mal Genauigkeit, Pünktlichkeit, Ordentlichkeit, Sauberkeit. Jecke zu sein, habe ich als eine, wollen wir sagen als eine angeborene Eigenschaft anerkannt. Andere haben sich damit vielleicht nicht abgefunden. Ich selbst habe mich damit abgefunden. Das Schlimme ist, daß ich's nicht nur von mir verlange, sondern auch von anderen. Und das ist vielleicht der Fehler.

Stefan Rothstein (*1911)

Nicht so sehr das feine Gefühl

Ich kam dann 1935 ans Lehrerseminar. Der Ernst Simon hat behauptet, ich sei eine sehr gute Lehrerin, aber manchmal denk' ich auch, daß wir Jeckes nicht so sehr das feine Gefühl haben für das, was die anderen wirklich sind. Wir sind manchmal sehr stur.

Ayala Laronne (*1916)

Ich kenne gewisse Schwächen der Jeckes

EE: Gelten Sie sozusagen als Jecke?

KD: Ich glaube ja, ich sage das auch. Ich bin in einem gewissen Maße stolz darauf insofern, als ich nirgends versuche, mich hinzustellen, als wenn ich kein Jecke wäre.

EE: Das würde Ihnen auch nicht gelingen.

KD: Gut. Ich kenne gewisse Schwächen der Jeckes, natürlich (*lacht*). Das hat mir mal ein Freund, den ich noch in Litauen besucht habe, gesagt: »Ihr Jeckes seid sehr nette Menschen und ihr seid so geordnet, ihr wißt zu organisieren und alles. Aber ihr habt einen Fehler: Ihr glaubt alles.« Ja. Und zum Teil die Pedanterie, nicht wahr, übertrieben und oft unnötig.

Klaus Dror (*1909)

Wir müssen nicht auf preußische Traditionen zurückgehen

Es ist eben die Frage der Wertskala, und hier würde ich sagen, daß wir, besonders als religiöse Juden, nicht auf preußische Traditionen zurückgehen müssen. Es gibt in der jüdischen Tradition, besonders im litauischen Judentum, wo es einen sogenannten *musar*, eine moralische Bewegung gegeben hat, durchaus Anhaltspunkte. Vielleicht darf ich Ihnen da ein typisches Beispiel bringen. Es gab einen Rabbiner in Litauen, Ende des vorigen Jahrhunderts – Sie wissen, was *kascher* ist, koscher? –, und ein anderer Rabbiner kam zu ihm, und da sagte er: »Hören Sie, Sie können bei mir ganz unbedenklich essen.« Darauf kuckte der ihn erstaunt an und sagte: »Wer ist denn auf die Idee gekommen, daß ich bei Ihnen *nicht* unbedenklich essen könnte?« Sagte er: »Nein, ich meine nicht, was Sie meinen. An dem, was Sie essen, ist auch nicht ein Stäubchen unrechtmäßig erworbenen Eigentums dran.« Also das, was ein deutsch-jüdischer Denker einmal gesagt hat: Wir sollten beim Essen nicht nur verlangen *te'udat koscher*, nicht nur die religionsgesetzliche Bescheinigung, sondern auch *te'udat joscher*, nämlich, daß es rechtmäßig erworben ist. Also, da haben wir unsere eigene Tradition, und ich bin eigentlich nicht auf das preußische Beispiel angewiesen.

Joseph Walk (*1914)

Die anderen Eigenschaften würde ich allgemein menschlich nennen

Wenn Sie da fragen, Pünktlichkeit, das würde ich obenan stellen, ich kann nicht unpünktlich sein, ist mir einfach unmöglich, ist mir so eingeprägt worden: Pünktlichkeit, das ist die Höflichkeit der Könige, und du stiehlst dem anderen Zeit, indem du ihn warten läßt. Ich bin immer zu früh. Ja, was soll ich noch sagen? Ich will absichtlich nicht das Äußerliche nennen, nicht? Die anderen Eigenschaften würde ich doch allgemein menschlich nennen, die ich aus meiner Erziehung sehr stark mitbekommen hab', Bescheidenheit und Genügsamkeit und solche Sachen. Liebe zur Arbeit, vielleicht Freude an der Arbeit an sich. Aber ich weiß nicht, ob ich die gerade deutsch nennen würde. Ich meine, die gibt es auch bei anderen, aber die würde ich sehr gerne in meiner Nachkommenschaft erhalten, weil ich auch glaube, das Glück hängt davon ab.

Elsa Sternberg (*1899)

Die Jeckes haben einen neuen Stil reingebracht

EE: Glauben Sie, daß der Einfluß der Jeckes hier im Land spürbar ist und sich auch erhalten wird?

DC: Erstens mal glaube ich, daß er vor langer Zeit sehr spürbar war. Heute hat sich die Bevölkerung auch angepaßt, überhaupt die jüngere Bevölkerung. Ich kann mich erinnern, wie die Geschäfte ausgesehen haben, als wir 1933 gekommen sind.

EE: Wie im polnischen *schtetl*, ja?

DC: Ja, ja. Nachher sind Jeckes gekommen, die alle die Geschäfte, OBG zum Beispiel, und hier am Kikar Dizengoff Lebensmittelgeschäfte aufgemacht haben. Die haben einen neuen Stil reingebracht, die haben das anders gemacht. Sie wissen doch noch, wie damals eine *makolet* ausgesehen hat?!

David Cohen (*1910)

Der Haupteinfluß der Jeckes

Ich bin überzeugt, daß der Haupteinfluß der Jeckes im Lande Kultur war, das heißt Musik und vor allem Wissenschaft, obwohl sehr viel Wissenschaft auch aus amerikanischen Quellen kommt. Und ja, auch etwas Lebenskultur, mit wenig Erfolg, aber immerhin hat man versucht, in dieser Richtung zu beeinflussen. In einer Richtung bestimmt nicht: in der Politik.

Klaus Dror (*1909)

Diese Einstellung ist noch bis zum Enkel spürbar

Es ist interessant, wie sich unsere Kinder einstellen. Also einerseits hören sie es immer ganz gern, wenn man sagt, daß sie von Jeckes abstammen, heute schämen sie sich schon nicht mehr. Sie erkennen an, daß sie zum Beispiel Ehrlichkeit, Pünktlichkeit, Einstellung zur Arbeit von mir – ich bin ja sogar schon Urgroßvater – und meinem Sohn etwa mitbekommen haben. Mein Sohn hat, weit mehr als ich, an zwei Stellen Schwierigkeiten gehabt mit Schulleitern, weil er gewisse Dinge, die nicht so ganz sauber waren, nicht mitmachen wollte. In dieser Hinsicht hat er sicher von mir diese Einstellung geerbt, und das ist noch bis zum Enkel spürbar. Also in dieser Hinsicht sind sich die Kinder doch bewußt, daß es gewisse jeckische Eigenschaften gibt, zum Beispiel im religiösen Judentum nicht nur die Einsetzung von den sogenannten Pflichten zwischen Mensch und Gott, sondern vor allem auch den Pflichten zwischen Mensch und Mensch.

Joseph Walk (*1914)

»Ich sage so, wie der Opa gesagt hat«

Unser Land ist zusammengesetzt aus Menschen aus so vielen verschiedenen Kulturen und Ländern, und jeder hat sich bemüht, sein

Positives zu geben. Also, ich kann's nur aus der Sicht meiner Familie sagen, wir haben auch was dazu beigetragen, abgesehen vom Aufbau. Zum Beispiel hab' ich meine Kinder so erzogen, daß sie grade sein sollen, anständig sein sollen, auf den anderen Rücksicht nehmen sollen, daß sie niemand übervorteilen. Ich finde es so schön, daß unser ältester Sohn sagt:»Ich sage so, wie der Opa gesagt hat: Den guten Namen kann man nur einmal verlieren, und so hat der *aba* auch gesagt.« Und auch die Enkelkinder gehen in diese Richtung.

Ruth Tauber (*1919)

Die Kinder meines Sohnes sind auch schon ganz gute Jecken

MD: Also, in welcher Hinsicht glaubst Du, daß Kfar Ruppin jeckisch ist?

EG: Ich glaube, daß wir ganz gut wirtschaften konnten mit dem Geld, ohne zu hoch hinauszugehen. Da kann ich eine israelische Schauspielerin, die aus Deutschland stammte, zitieren, die mal sagte, sie hatte eine sehr gute strenge Erziehung, und ihr Mann durfte keine Schulden machen, denn bei ihm galt die Devise:»Erst lebten sie in Saus und Braus, dann kamen sie ins Armenhaus.« Also, diese Devise galt auch bei uns: Nicht zu hoch hinaus, und gut haushalten mit dem Geld. Und überhaupt in jeder Beziehung Ordnung halten. Ich glaub', das hat sich doch etwas vererbt auf die zweite und dritte Generation. Ich seh' es an meinem Sohn, der hier lebt und schon vier Kinder hat, die auch schon ganz gute Jecken sind, im positiven Sinne, ja, in bezug auf Zuverlässigkeit. Und ordentlich, vielleicht sparsam, nicht zu sparsam, aber nicht zu sehr in Saus und Braus.

Ellen Glasner (*1920)

* * *

In Deutschland war ein gewisses Fremdheitsgefühl gegenüber den polnischen Juden

In Deutschland war ein gewisses Fremdheitsgefühl gegenüber den polnischen Juden. Und das ist zu verstehen. Die Leute, die von Polen nach Deutschland kamen, waren ja nicht die besten, das waren ja die ärmsten. Das waren Schnorrer, die auch mal was haben mitgehen lassen, wenn sie eingeladen waren. Die deutschen Juden waren so stolz auf ihre Sprache, auf ihre Kultur, daß sie was zu bemängeln hatten an der Sprache und Kleidung und der Hygiene dieser Leute. Dieses Gefühl gab es durchaus auch in der Orthodoxie, aber natürlich viel weniger, weil die Einhaltung der religiösen Pflichten und die Schätzung für die Thora bei diesen Leuten natürlich eine große Rolle gespielt haben. Aber ich kann nicht sagen, daß es nicht da war.

Salomo Pappenheim (*1926)

Das hat die deutschen Juden irgendwie gestört

Die deutschen Juden haben gelitten unter den Ostjuden. Die Frauen sind mit Scheitel gegangen, sie haben jiddisch geredet, und sie sind irgendwie aufgefallen. Sie sind aus dem Rahmen gefallen. Und das hat die deutschen Juden irgendwie gestört.

Paula Pariser (*1902)

Wir hatten keine Ahnung von Ostjuden

Als ich schon auf *hachschara* war, war ich in Nürnberg. Damals begann ich mich fürs Judentum zu interessieren. Wir sind in Synagogen gegangen, wir sind in *stiebel* gegangen, und da habe ich eigentlich zum ersten Mal Ostjuden kennengelernt. Wir wußten beide nichts, auch meine Frau nicht, wir hatten keine Ahnung von Ostjuden. Bei uns in der Gemeinde waren Ostjuden Schnorrer. Die haben von der Gemeinde Geld bekommen und haben bei den jüdischen Familien irgendwo auf dem Dachboden übernachtet. Wir wußten, daß das Ostjuden sind. Mehr wußten wir aber nicht. In Nürnberg hab' ich mich dann interessiert für ostjüdische Gemeinden. Ich bin zu Festen in den Gottesdienst gegangen und habe zum ersten Mal den Umzug an *sukkot* mit der Thora gesehen, obwohl wir das in unserer Gemeinde auch kannten, aber nicht in dieser Form.

Ernst Schwarz (*1913)

Ich habe fast nie deutsche Juden gesehen

Die Höchstzahl von Juden in Dresden war vielleicht 5.000. Ich als Ostjude habe fast nie deutsche Juden gesehen. Im Gymnasium hab' ich ein oder zwei kennengelernt. Der Rabbiner, der mir in Latein Privatstunden gegeben hat, war ein großer Wissenschaftler. Es war damals eine starke Reformrichtung in Dresden, und sie wollten den Schabbes auf Sonntag verlegen, aber durch sein Verdienst wurde das verhindert. Aber die Hauptsynagoge, in der er war, gebaut von dem berühmten Architekten Semper, der auch die berühmte Dresdner Oper gebaut hat, hatte eine Orgel und einen gemischten Chor. Wenn ich sage gemischter Chor, so bedeutete das damals, daß es ein Chor war, in dem jüdische Damen und christliche Damen zusammen gesungen haben, und man erzählte bei uns den klassischen Witz, wie die christlichen Damen hinuntergehen und sagen: »Jesus Maria, heute ist das *schma Israel* nicht gut geworden« *(lacht)*. Da waren also die deutschen Juden oder auch Ostjuden, die schon zwei, drei Generationen dort waren. Das war in der großen Synagoge, da gingen wir nicht hin. Wir hatten Betstuben.

Josef Burg (*1909)

Die deutschen Juden waren große Snobs

Ich will das ehrlich sagen: Die deutschen Juden waren große Snobs, man hat kaum mit Ostjuden Verkehr gehabt. Ich habe sie das erste Mal kennengelernt in der Jugendbewegung. Mein Vater war auch aufgeschlossen in der Beziehung; das war überhaupt ein besonderer Mann, er war so ein Menschenfreund.

Ruth Tauber (*1919)

Das war ein großer Unterschied, auch im ganzen Lebensstil

AL: Meine Schwiegereltern waren sehr nett zu mir und haben mich dann herumgeführt bei den verschiedenen Verwandten.

EL: Das kam Dir alles sehr fremd vor.

AL: Das kam mir alles sehr fremd vor, ja. Ich muß gestehen, daß ich danach nicht mehr heiraten wollte. Die waren mir zu kleinbürgerlich, diese Familie, vielleicht im Vergleich zu meinem Elternhaus. Das waren ausgesprochene Westjuden, nicht? Und wir Ostjuden, das war schon ein großer Unterschied, ja, auch im ganzen Lebensstil.

Ayala (*1916) und Eugen (*1914) Laronne

Mutter sagte: »Och, das sind doch Ostjuden«

Also, dieses Vorurteil bestand bei mir im Elternhause in einem gewissen Maße. Ich erinnere mich, daß meine Mutter sagte: »Och, das sind doch Ostjuden.« Ich wußte damals überhaupt nicht, wovon die Rede war, bis man mir die Sache erklärt hat, ja? Diese Einstellung gab es hier auch bis zu einem gewissen Grade bei den deutschen Einwanderern, welche das nicht laut sagten, aber dachten.

Ernst Pfeffermann (*1917)

Die Ostjuden haben hier jede Gelegenheit benutzt, sich zu revanchieren

HG: Die deutschen Juden haben sich, als sie noch ganz assimiliert und emanzipiert auf ihren Stühlen saßen in Deutschland, den Ostjuden gegenüber gar nicht sehr fein benommen.

EG: Sie haben sogar auf sie herabgekuckt und –

HG: – und die Ostjuden, die inzwischen hierher gekommen waren, haben jetzt jede Gelegenheit benutzt – und mit Recht, möchte man sagen, psychologisch mit Recht –, sich für diese Aufnahme, die sie zum Teil in Deutschland gefunden haben, zu revanchieren. Das ist eine ganz klare Situation.

Heinz (*1904) und Else (*1907) Gerling

Das kam sehr, sehr stark auf uns zurück

Das war ein religiöser Kibbuz, der von Einwanderern aus Deutschland gegründet wurde, von denen ein großer Teil Ostjuden waren. Und Du weißt vielleicht, daß eine sehr große Spannung bestand zwischen den Ostjuden und den Jeckes. Und da die Jeckes es verstanden, die Ostjuden in Deutschland nicht sehr mit Glacéhandschuhen anzufassen, sondern sie auch irgendwie merken zu lassen, daß sie nicht dasselbe sind wie die deutschen Juden, hat sich das jetzt wieder gerächt, und das kam sehr, sehr stark auf uns zurück.

Josef Stern (*1921)

* * *

Wir waren lieber in einer jeckischen Umgebung

ES: Wir haben uns immer gesagt, wir sind lieber in einer jeckischen Umgebung. Wir wären nie in ein Dorf gegangen, wo die Mehrzahl Nichtjeckes gewesen wären.

MD: Warum?

ES: Warum? Ich weiß selber nicht. Ich glaube nicht, daß wir uns wohlgefühlt hätten. Wir haben sogar in den ersten Jahren gespürt, daß sich Leute aus Kfar Chajim sehr schlecht uns gegenüber benommen haben. Ich werde nie vergessen, wir sind auf einem Wagen gefahren im Dorf, und da kam uns eine Lehrerin entgegen, die uns auf der Straße angepöbelt hat, weil ich mit meiner Frau deutsch gesprochen habe. Das werd' ich nie vergessen, das hat uns schrecklich verletzt. Wir mußten sehr viel in dieses Dorf, weil dort die Poliklinik war. Und Leute aus Kfar Chajim haben bei uns in Kfar

Jedidija die Kuhställe und die Hühnerställe und die Häuser gebaut, und ich habe bei den Bauarbeiten mitgemacht. Und mit diesen Leuten konnte man sich schwer verständigen, die waren so
von oben herab: die dummen Jeckes! Also, das war nicht sehr angenehm. Aber wir haben es geschafft, und wir haben uns durchgesetzt sozusagen bei denen.

Ernst Schwarz (*1913)

Nie wieder unter Jeckes!
JG: Wir hätten die Möglichkeit gehabt, auch in Kfar Jedidija wieder eine Wirtschaft zu kaufen, und auch in Bet Jizchak. Da habe
ich gesagt:»Nie wieder unter Jeckes!«
EE: Was hat Sie da so abgestoßen?
JG: Was mich abgestoßen hat? Daß sie engstirnig waren. Also, der
Kibbuz Gal'ed, wo wir vorher waren, war preußisch, ja? Alles mußte
nach preußischer Ordnung gehen. Mein zweiter Sohn war ziemlich schwierig. Und da hat die Kindergärtnerin gesagt:»Na, das
Essen werden wir ihm schon beibringen, egal wie!« Und da waren
wir sehr unglücklich. Und noch heute ist es so, daß meine Kinder
nicht bereit sind, da hinzugehen, obwohl wir fünf Jahre da gelebt
haben. Das war eine Reaktion auf diese Engstirnigkeit, daß ich
nicht mehr unter Jeckes leben wollte. Die polnischen Juden sind
sehr viel leichter zu ertragen. Sie haben ein warmes Herz. Ich seh'
es doch hier in Kfar Chajim: Ich habe mit den Leuten kulturell
nichts zu tun, aber die Wärme, die tut mir gut.

Jehudith Gardi (*1914)

Das war eine der wenigen Verbindungen von Jeckes und Nicht-
jeckes, die gelungen sind
In meiner Gruppe in Nachlat Jehuda, das ist bei Rischon Lezion,
waren sehr viele Einwanderer aus Deutschland. Die Gruppe hat
zu einer Gruppe von Kibbuzim gehört, die auch heute noch besteht, die haben das in die Hand genommen, angeleitet und organisiert. Und die haben uns zusammengebracht mit einer Gruppe
von *chaluzim*, die aus Litauen, Lettland, aus dem Baltikum kamen. Wunderbare Leute, ich erinner' mich, ich war mit manchen
von ihnen sehr befreundet. Die hatten eine glänzende Vorschule,
auch in Hebräisch. Und deswegen hat man uns zusammmenge-
bracht. Das war eine der wenigen Verbindungen, die gelungen
sind. Die meisten Verbindungen in Kibbuzim, die man so gemacht
hat mit Jeckes und Nichtjeckes, sind nicht sehr gelungen. Wir ha-

ben sehr bald wunderbare Veranstaltungen machen können, weil da unter anderem Leute waren, die Interesse hatten für künstlerische Veranstaltungen am Freitagabend und so. Das war ein wunderbarer Anfang, und dort habe ich natürlich auch viel Hebräisch gelernt. Und der Witz war: ich, der ich so wenig Hebräisch mitgebracht habe aus Deutschland, wurde Vorkämpfer für Hebräisch in dem jeckischen Kibbuz.

Uri Gassmann (*1911)

Namen

Ben Gurion hat alle gezwungen, einen hebräischen Namen anzunehmen

AB: Ihr Mädchenname war Rosenblüth. Wann hat Ihr Bruder Felix seinen Namen zu Pinchas Rosen geändert?

ES: Mit der Staatsgründung. Ben Gurion hat sozusagen alle dazu gezwungen, die einen öffentlichen Posten hatten.

AB: Und alle Brüder haben daraus Rosen gemacht?

ES: Nein, nein. Das war sogar sehr interessant. Mein ältester Bruder, der vorstaatlich und nachher staatlich unser Finanzministerium vertreten hat, saß zu der Zeit in New York, weil doch unsere Finanzen immer sehr stark mit Amerika zu tun hatten. Und bei der Staatsgründung wollte Ben Gurion auch ihn als Staatsbeamten veranlassen, seinen Namen zu ändern, zu hebraisieren. Da hat er aber geantwortet: »Solange Eisenhower das mit seinem deutschen Namen so gut für Amerika kann, kann ich es mit meinem Namen auch für euch machen.«

AB: Wie lange blieb er denn dann Rosenblüth?

ES: Mein Bruder Martin bis zum Ende, der hat nie geändert. Mein Mann, der Sternberg hieß, wurde 1953 auch vom Staat mit der ersten Einkaufskommission nach dem Vertrag zwischen Israel und der deutschen Regierung nach Deutschland geschickt, und auch er hat sich geweigert, sich umzunennen. Also, wir blieben auch Sternberg, ja.

*Elsa Sternberg (*1899)*

Amichai ist sehr sozialistisch und auch sehr zionistisch

MD: Was war der originale Name?

JA: Pfeuffer. Ich habe das also geändert, nicht übersetzt oder so etwas. Wir waren alle Zionisten und Sozialisten, und Amichai heißt »mein Volk lebt weiter«. Es ist sehr sozialistisch und auch sehr zionistisch.

MD: Wann hast Du das geändert?

JA: 1946, zwischen zwei Kriegen.

MD: Aber Dein Vater hat den Namen nicht geändert?

JA: Nein, mein Vater hat ihn nicht mehr geändert, nein.

MD: Und Jehuda hast Du immer geheißen?
JA: Jehuda war zusammen mit Ludwig, das war der offizielle Name.

Jehuda Amichai (*1924)

Schwarzbaum ist ein dunkler Baum, *oren* ist eine Kiefer

Ich hab' meinen Namen geändert von Fritz Schwarzbaum in Efraim Orni. Meinen ursprünglichen hebräischen Namen, den ja jeder bei der Beschneidungszeremonie im Alter von acht Tagen erhält, Israel, den verwarf ich damals, weil die Nazis zwangsweise jeden männlichen Juden Israel und jede jüdische Frau Sara nannten. Und so nannte ich mich nach Fritz mehr oder weniger phonetisch entsprechend Efraim, und Schwarzbaum ist ein dunkler Baum, *oren* ist eine Kiefer, ist also auch ein dunkler Baum, daraus entstand dann der Name Orni, schon in Beratung mit meiner Frau, kurz bevor wir verheiratet waren. So kam dieser Name zustande.

Efraim Orni (*1915)

Günter Mundstock – Gershon Monar

Ich hieß ursprünglich Günter Mundstock, genau gesagt Günter Albert Mundstock. Und während der Nazizeit mußten wir noch den Vornamen Israel tragen, also es kam dann zu Günter Albert Israel Mundstock. Aber als wir ins Land kamen, hab' ich das Günter abgelegt und hab' den hebräischen Vornamen angenommen, den ich bei der Geburt bekommen habe, und der heißt Gershon.

Gershon Monar (*1924)

Von Levisohn zu Bar-Levi ist kein großer Weg

AB: Von Levisohn zu Bar-Levi ist kein großer Weg in der Hebraisierung.
DB-L: Es ist überhaupt kein Weg, denn das ist einfach eine Übersetzung. Bar ist die aramäische Version von *ben*, Sohn. Es könnte auch heißen Ben-Levi, nicht, also wir haben den Namen einfach übersetzt.
AB: Werden Sie noch Rita genannt?
RB-L: Nein. Mein Mann hat ohne mein Wissen, als er den Namen geändert hat von Levisohn in Bar-Levi, meine Rita gestrichen. Das war mir gar nicht recht. Ohne mein Wissen.
DB-L: Ich habe ja auch den Heinz gestrichen, mein Name war ja Heinz, nicht, mein bürgerlicher Name.

David (*1912) und Ruth (*1914) Bar-Levi

Ich habe mich natürlich mit dem Namen Helene geschämt

AB: Wie hießen Sie damals, Frau Laronne?

AL: Helene Grosser hieß ich in Zwickau.

AB: Und der Name Laronne?

AL: Ich habe einen Eugen Löhnberg geheiratet, und der Name wurde dann in Laronne hebraisiert. Das war in dem Jahre, als der Bruder meines Mannes in den United Nations als Experte bei der UNESCO arbeiten sollte. Und damals hat unser Außenminister, Herr Sharett, empfohlen, daß alle Leute mit einem hebräischen Namen ins Ausland fahren. Als ich ins Land kam und im Lehrerseminar studieren wollte, da habe ich mich natürlich mit dem Namen Helene geschämt und habe ihn umgeändert in Ayala. Wieso grade Ayala? Als ich in Deutschland in einem jüdischen Jugendbund war, da wurde ich Ayalet genannt, und zwar war mein jiddischer Name Hindl. Und *hindl*, das ist so wie eine Hirschkuh, hat man gesagt, und *ayala*, das ist entweder eine Gazelle oder eine Hirschkuh. Mein Schwiegervater hatte sehr viel Humor und hat gesagt: Jetzt kennen wir die Helene von A bis Z. Sie heißt Ayala und ist aus Zwickau.

AB: Sie haben vorhin gesagt, jetzt würde es Ihnen auch nichts mehr ausmachen, wenn Sie wieder Helene wären?

AL: Ja, weil ich den Eindruck habe, daß Ayala mehr ein Name für ein Kind ist. Dieser Name ist jetzt nicht mehr so in Gebrauch bei erwachsenen Leuten.

AB: Woher kam der jiddische Name Hindl?

AL: Meine Familie stammt aus Polen, und zwar waren wir sogenannte Ostjuden in Deutschland.

Ayala Laronne (*1916)

Ich sollte nicht mit einem deutschen Namen an hebräische Kinder gehen

Ich bin gekommen mit 13 Jahren, mit Namen Hildegard, genannt Hilde. Und ich bin dann Kindergärtnerin geworden und hab' in der Schule Hilda geheißen. Als ich angefangen habe zu arbeiten, hat mir meine *mefakachat*, wie sagt man auf deutsch, meine Inspektorin gesagt, ich könnte doch nicht mit so einem voll deutschen Namen an hebräische Kinder gehen. Wir versuchten, meinen Namen umzustellen. Mein Vater war zu keinem Vorschlag bereit, bis ich mich an meinen Lehrer Levin Kipnis gewandt habe. Das ist der, der die Kindergeschichten geschrieben hat, die wir alle fast auswendig konnten. Und der hat den Namen genommen, in hebräischer Schrift vor sich hingelegt, dreimal gekuckt und dann den letzten Buchstaben von Hilda abgestrichen und statt von rechts nach links, von links nach rechts gelesen. Und daraus ist entstanden Dalia. Und da das dieselben Buchstaben waren, war mein Vater dann einverstanden. Und dadurch heiß' ich bis zum heutigen Tage Dalia.

Dalia Grossmann (*1919)

Damals war es eine ganz andere Welt, damals hieß ich Helmut

AB: Jossi, in Deiner Gießener Zeit hattest Du einen anderen Vornamen. Der Nachname ist, glaub' ich, derselbe geblieben. Haifa und Gießen, sind das für Dich zwei Welten?

JS: Damals war es eine ganz andere Welt, damals hieß ich Helmut. Und das hat schon etwas für sich. Ich hab's in meinem Buch beschrieben in einem Kapitel. Die Flucht, die Auswanderung war ein Abschluß eines ganz großen Kapitels, und hier hat alles von neuem angefangen. Selbst die momentan in Gang befindlichen Versöhnungsbestrebungen können das nicht überbrücken, was damals abgebrochen wurde. Wenn ich da noch meine Familie, meine Kinder mit einbeziehe, ist dieser Abschluß der damaligen Periode vollkommen. Denn meine Kinder und auch die Enkel haben kaum Beziehungen zu ihrer umgekommenen Familie und dem Land, in dem wir aufgewachsen sind.

Josef Stern (*1921)

Einer meiner Ahnen hat eine der Töchter vom hohen Rabbi Loew geheiratet

AB: Herr Wahle, Sie haben immer den gleichen Namen geführt?

FW: Jawohl. Erstens habe ich diese Mode nie sehr gern gehabt. Zweitens ist der Name irgendwie geschichtlich, jüdisch geschichtlich bemerkenswert, und deswegen haben weder ich noch mein Sohn den Namen geändert. Sie haben sicher die Geschichte vom Golem und vom hohen Rabbi Loew gehört. Also, der Tradition nach war er einer meiner Ahnen. Ein gewisser Chajim Wahle leitete die *jeschiwa* vom Rabbi Loew und hat eine seiner Töchter geheiratet, und von diesem Ehepaar stammen wir ab. Ich habe die Ahnentafel bis auf eine Generation komplett. Die hat mein verstorbener Bruder während der Kriegsjahre erstellt. Er war mit einer tschechischen Christin verheiratet, und daher kam er erst drei Monate vor dem Zusammenbruch nach Theresienstadt. Während der Kriegsjahre hat er in Prag zwangsmäßig im Kellergewölbe der

Prager jüdischen Kultusgemeinde die Archive für die Nazis bearbeitet.

AB: Die damals noch für ihr geplantes Museum des Judentums, für die Rasse, die sie auslöschten, jüdische Häftlinge arbeiten ließen?

FW: Genauso. Da hat mein Bruder den Nazis die Zeit gestohlen und die eigene Familiengeschichte in den Matrikeln nachgeforscht und kam, von der jetzigen Generation rückgehend, eben bis zum hohen Rabbi Loew. Wir haben von der Verbindung gewußt, aber rein traditionsmäßig, von Mund zu Mund in der Familie. Aber er ist dem nachgegangen und hat die Sache tatsächlich feststellen können. Das ist ein Grund für mich, aber mehr noch für meinen Sohn, daß er den Namen behalten hat. Ich habe jetzt meinem Sohn, der übermorgen zum ersten Mal nach Prag fährt, den Familienstammbaum mitgegeben, weil er sich bemühen will, im Prager Archiv die fehlenden Daten doch noch nachzusehen. Und da konnte ich feststellen, daß ungefähr drei bis vier Generationen zurück meine Vorfahren sichtlich Prager Ghettojuden waren, die sich erst in der Mitte des vorigen Jahrhunderts emanzipiert hatten, mehr oder weniger, und man sieht das aus den Namen. Zuerst waren es rein jüdische, biblische Namen, nachher war in der Klammer der Name verdeutscht, und zum Schluß waren nur die deutschen Namen.

Felix Wahle (*1910)

Mein Vater hat mich nach seinem Urgroßvater genannt
In Deutschland hat man mich Akiba genannt, nach meinem Großvater, der auch Akiba Eger hieß, und der benannt wurde nach seinem Großvater. In der jüdischen Familie ist es üblich, die Kinder nach verstorbenen Großeltern zu nennen. Und so hat mich mein Vater nach seinem Urgroßvater genannt. Der Name Eger war seit dem 17. Jahrhundert in Deutschland, Halberstadt, bekannt. Dort war einer unserer Vorfahren Vorsteher der jüdischen Gemeinde, und einer seiner Söhne war dort Oberrabbiner. Es gibt ein Buch ›Die Familie Eger aus Halberstadt‹. Und die Tradition dieser Familie konnten wir bis ins 12. Jahrhundert zurückverfolgen, in Halberstadt, Böhmen, Mähren, Wien, Prag, Schlesien, Posen. Und 1913 wurde eine Vereinigung der Familie Eger in Berlin begründet. Die ist dann eingeschlafen durch den Krieg und so weiter. Ich habe es mit einigen anderen Leuten dazu gebracht, daß diese Vereinigung wieder zum Leben erweckt worden ist. Vor weniger

als einem Jahr haben wir im Haus der Diaspora unsere Welt-
versammlung gehabt. Und dazu haben wir den ganzen Stammbaum herausgegeben.

Akiba Eger (*1913)

Man kennt einen Rabbiner Wahrmann aus dem 18. Jahrhundert
AB: Sie sind ja eigentlich durch Ihre Berufstätigkeit immer sehr
eng mit dem Hebräischen verbunden gewesen, trotzdem haben
Sie Ihren Namen nicht hebraisiert?
OW: Ich weiß nicht, ob es richtig ist, alle die Namen zu hebraisieren. Wir haben eine Tradition, die viele, viele Generationen
zurückgeht. Man kennt einen Rabbiner aus dem 18. Jahrhundert,
dessen Bücher noch heute maßgebend sind, mit dem Namen Wahrmann, obwohl die meisten Leute, wie bei jüdischen Gelehrten
üblich, ihn nur unter dem Namen seines Hauptwerks ›Da'at
Kedoschim‹ kennen. Das heißt also ›Ansicht der Heiligen‹. Deswegen wissen wir, woher wir stammen. Und keiner aus meiner
Familie hat den Namen geändert, nur die Schreibweise.

Oskar Wahrmann (*1908)

Cederbaum ist ein sehr bekannter Name
Meine Brüder und ich heißen alle weiterhin Cederbaum. Das hat
auch seinen Grund. Cederbaum ist ein sehr bekannter Name. Seine Träger haben im jüdischen Leben wichtige Positionen eingenommen. Die Übersetzung des Namens Cederbaum würde heißen Arasi oder Eres. Der Herausgeber einer der ersten hebräischen
Zeitungen in Rußland, in Odessa und Moskau, Alexander Zeder-
baum, hat sich als Redakteur der hebräischen Zeitung dementsprechend als Eres bezeichnet. Hier im Lande ist der Name heute
üblich. Da der Name Eres ein sehr angenehm klingender Name im
Hebräischen ist, nennen sich viele Menschen so, auch wenn ihr
Name vorher Tannenbaum und anders war. Also, da wollte ich
denen nicht nachfolgen und nicht den Namen aufgeben. Wir alle
nicht.

Moshe Moritz Cederbaum (*1910)

Die letzten Taubers
Es gibt Leute, die haben sich hebraisiert. Für uns kam's nicht in
Frage. Mein Mann hat gesagt, nachdem er, seine Söhne und noch
ein Neffe die letzten Taubers sind und sein Vater und sein Bruder
umgekommen sind, daß er den Namen behalten wolle. Und ich

muß auch sagen, daß unsere Söhne, die wirklich hohe Offiziere beim Militär waren bzw. noch sind, das sehr respektiert haben.

*Ruth Tauber (*1919)*

Zadek ist ein sehr hebräischer Name

WZ: Zadek ist ein sehr hebräischer Name, *zadekim* ist der Plural. Die *zadikim* waren die Gerechten, die das Urteil gesprochen haben. Das waren nicht die Leviten, die Levis, und das waren nicht die *cohanim*, die Cohns. Der Name kommt hier in allen Varianten vokalmäßiger Art vor, es gibt Zadok und Zedek, *zedek* ist Gerechtigkeit, und Zadik, also der Name ist nicht selten.

KH: Wie alt ist der Name in der Familie, wissen Sie das?

WZ: Das kann ich Ihnen nicht sagen. Mein Vater ist in Posen geboren, und da waren sie schon die *zadekim*, also die Zadeks.

*Walter Zadek (*1900)*

Viertes Kapitel

Deutsche, jüdische und israelische Kultur

Die sogenannte Blüte des deutschen Judentums hat nicht länger als 70 Jahre gedauert

Die Zeit, in der Juden eine große Rolle im deutschen kulturellen Leben gespielt haben, die ist schrecklich kurz. Meine Urgroßeltern und meine Ururgroßeltern haben zufällig in einem kleinen Ort in Westfalen gelebt, so daß sie dort schon eine deutsche Schule besuchen mußten, weil's keine jüdische gab. Aber im Grunde genommen waren Juden in jeder Hinsicht an der Peripherie der deutschen Gesellschaft bis etwa in die Mitte des vorigen Jahrhunderts. Und 1933 war alles zu Ende. Also das Ganze, die sogenannte Blüte des deutschen Judentums, ist ein Prozeß, der meiner Meinung nach nicht länger gedauert hat als ungefähr 70 Jahre. Da von einer großen Tradition zu sprechen, das lehn' ich ab. Auf der anderen Seite dürfen wir nicht vergessen, das 19. Jahrhundert ist das des aufstrebenden Kapitalismus, in dem die Juden ihre Stellung richtig gefunden haben, nicht nur in Deutschland, in der ganzen Welt. Dazu kam ein sehr starker jüdischer Hang zur intellektuellen Beschäftigung, so daß plötzlich die Intellektuellen zum großen Teil Juden waren, sowohl im Theater wie in der Journalistik wie in der Musik. Viele haben sich später taufen lassen, weil sie effektiv ohne das nicht, laut Heine, das Eintrittsbillett in die europäische Kultur hatten.

Paul Alsberg (*1919)

Gab es eine deutsch-jüdische Symbiose?

Ich hatte vor Scholem große Achtung, großen Respekt. Wenn ein Mensch wie Scholem sagte, es gab keine deutsch-jüdische Symbiose, dann hat er vollkommen recht von seinem Standpunkt aus. Er wußte sehr viel, auch auf anderen Gebieten, also auch in der deutschen Literatur usw., aber sein Zentrum war das Jüdische dabei. Er arbeitete über jüdische Mystik, und er feierte nur jüdische Feste. Daß für einen solchen Menschen eine Symbiose mit der Umgebung nicht stattfinden konnte, ist ja ganz klar. Er hat es gesellschaftlich übertrieben betont. Für mich war Symbiose Selbstverständlichkeit. Ich habe das Wort nicht gekannt, ich habe gar

nicht darüber nachgedacht. Ich habe Ihnen ja gesagt, meine journalistischen Kollegen in Berlin fragten:»Was haben Sie denn in
Zion zu suchen?«

Walter Zadek (*1900)

Die deutsche Kultur war ein Hauptelement in der Entwicklung der jüdischen Kultur im 20. Jahrhundert

Seit dem 19. Jahrhundert, oder sagen wir seit der zweiten Hälfte
des 18. Jahrhunderts, waren die Juden die Nutznießer des Humanismus. Der Humanismus war für die Juden die Möglichkeit, überhaupt als freie Menschen zu leben in vielen Ländern. Der Zionismus ist aus dem Humanismus heraus entstanden. Auch aus dem
jüdischen Messianismus, aber Herzl und Max Nordau und Moses
Hess und Weizmann usw. waren Humanisten, ihre Weltanschauung war eine humanistische.

Es gab eine jüdisch-deutsche Symbiose auf der jüdischen Seite,
nicht auf der deutschen Seite. In der deutschen Kultur war das
jüdische Element immer irgendwie ambivalent. Auf der jüdischen
Seite, und zwar nicht nur in Deutschland und in Österreich, sondern auch in Polen, in Rumänien und in anderen Ländern, war die
deutsche Kultur ein Hauptelement der Entwicklung der jüdischen
Kultur im 20. Jahrhundert. Um nur einen Namen zu nennen: Buber,
der ein Ostjude war, kein deutscher Jude. Diese Symbiose von der
jüdischen Seite her hat einen ungeheueren Einfluß auch auf den
Zionismus. Da kommen wir wieder zurück auf Herzl und auf diese Leute. Ich meine, auch die Ostjuden wie Weizmann oder Nachum Sokolow oder Arlosoroff, all diese Leute, die aus Rußland
und aus Polen stammten, haben alle in Deutschland studiert. Bialik
hat viele Jahre in Deutschland gelebt, Agnon hat viele Jahre in
Deutschland gelebt. Der deutsche Einfluß war unübersehbar.

Wenn ich mal als Kriterium eine Ur-Kreativität nehme, auch quan-
titativ, in einer Bevölkerung von höchstens einer halben Million
Menschen, dann kenne ich nur drei solche Fälle: Athen im Alter-
tum, Schottland im 18. Jahrhundert und die deutsche Judenheit.
Das gilt sogar in der Malerei, wo die Juden sehr spät dazugekom-
men sind, erst am Anfang des 20. Jahrhunderts, im Expressionismus zum Beispiel; ganz besonders in der Musik, im Theater, in der
Literatur. Meiner Ansicht nach gibt es diese »Hochleistung« der
deutschen Judenheit, die übrigens in Amerika weitergeht. Was die
deutschen Juden in Amerika geleistet haben, ist unglaublich.

Uri Rapp (*1923)

Die jüdischen Kreise in Prag waren die, die die deutsche Kultur gefördert und erhalten haben

Nach dem Erlebten fällt es mir schwer zu sagen, daß ich mich bis zur Auswanderung oder bis zur Machtergreifung als Deutscher gefühlt habe, obzwar es ganz nahe an der Wahrheit liegt. Ich möchte daher lieber so sagen, daß ich mich als zum deutschen Kulturkreis gehörend gefühlt habe. Sie verstehen wahrscheinlich den Unterschied. Das tu' ich bis zum heutigen Tag im übrigen. Ich spreche zwar fließend Tschechisch, aber es waren ja gerade die jüdischen Kreise, die in Prag die deutsche Kultur gefördert und erhalten haben. Und das haben ihnen die Tschechen natürlich sehr übel genommen. Ich habe nie in zionistischen Kreisen verkehrt. Ich war Mitglied nichtschlagender deutscher Studentenverbindungen, der deutschen Lese- und Redehalle, bin mit dem schwarzrotgoldenen Band aufgetreten zu Bällen und so weiter.

Es gab in Prag das sogenannte Deutsche Haus. In der Volkssprache wurde es das Casino genannt. Da mußte man Mitglied sein. Das war eine rein deutsche Angelegenheit, aber es sind auch sehr viele Juden hingegangen. Es war ein Platz, wo sich nationale Deutsche und Juden, die dem deutschen Kulturkreis angehörten, getroffen haben. Das Deutsche Haus war ein Gesellschaftsverband mit einer sehr schönen großen Bibliothek und Zeitungslesestube und Gesellschaftsräumen, wo man sich unterhalten hat und eventuell auch einen Kaffee bekommen konnte. Und die Studentenbälle wurden zum Großteil dort abgehalten. Also, das war ein Ort, wo das Deutschtum präponderant war und wo bei den Juden ihr Judentum vielleicht außer in der Nase und in der Physiognomie überhaupt nicht zum Ausdruck kam.

Felix Wahle (*1910)

Die deutsche Reinkultur von tschechischen und mährischen Juden

Die Kultur der deutschsprachigen Juden in Böhmen und in Mähren war die Kultur entweder von Wien, Prag oder Deutschland. Sozusagen die geistig-humanistisch-deutsche Kultur bzw. europäisch-deutsche Kultur, wie die Juden sie eben sowohl entwickelt wie auch akzeptiert haben. So bin ich als Kind vollkommen in der deutschen Kultur aufgewachsen, mit Theater, Büchern, Gesprächen und der Atmosphäre meiner Eltern, die so ungeheuer verwachsen waren mit der deutschen Kultur und Dichtung, Philosophie und Kunst. Wir hatten sozusagen eine Reinkultur, weil wir ja nicht in

Deutschland waren, und weil die Umgebung tschechisch war. Das ist eine ganz besondere Sache, sowohl mit den Wiener wie den Prager und den böhmischen Juden, daß ihr Verhältnis zur Kultur ein viel größeres Bildungsverhältnis war als es bei den deutschen Juden vielleicht gewesen ist.

Das sind Spekulationen, das hab' ich mir schon lange ausgetüftelt. Die bedeutende Anzahl von deutsch-jüdischen Dichtern, Philosophen, Denkern aus dem Wiener wie aus dem Prager Kreis ist ja vollkommen erstaunlich. Ich meine, Kafka und Werfel und Karl Kraus und wie sie alle hießen, und noch dazu die meisten großen Wiener Juden, kamen ja alle aus Böhmen oder aus Mähren. Sie waren verwurzelt in der deutschen europäischen Sprachkultur, aber nicht in einer deutschen Umgebung. Darum nenne ich das Reinkultur. Aber die deutsche Kultur blieb die Brücke, durch die man Teilhaber war an der europäischen Kultur. Und dadurch, daß meine Familie vollkommen unreligiös war, war ihre Kultur eben die europäische Kultur. Ein Bildungsbegriff sozusagen, daß man Bürger einer Gesellschaft ist, wenn man an ihrer Bildung teilnimmt. Die Bildung war für die Juden die Brücke, daß sie sich zu Hause gefühlt haben in ihrer Umgebung. Das war im Grunde genommen das Bildungsideal eines emanzipierten neuen Juden, der noch dazu als Zionist auch keine nationalen Aspirationen in Europa hatte. Das Deutsch hatte hier die Funktion der allgemeinen Bildung.

Yehoshua Arieli (*1916)

Vielleicht sind wir wirklich die einzigen Erben der Weimarer Kultur

Nach einem Vortrag in Mühlheim vor einigen Jahren kam eine etwa 20-, 25jährige junge Deutsche an mich heran und sagte: »Ich muß Ihnen etwas sagen.« »Bitte.« Da sagt sie: »Wissen Sie, wenn ich mir die Kultur der Weimarer Republik vorstelle, dann verkörpern Sie diese Kultur für mich.« Das war nun für einen deutschen Juden einerseits ein überraschendes Lob, gab mir aber viel zu denken. Vielleicht sind wir wirklich die einzigen Erben der Weimarer Kultur. Ich möchte hier noch etwas einschalten, was dies eigentlich bestärkt: Jüdische Schulleiter der 30er Jahre erzählen in ihren Erinnerungen, daß wohlwollende Inspektoren, die ja die jüdischen Schulen noch besuchen durften und mußten, den Schulleitern sagten: »Jetzt, wo wir unter uns sind, kann ich es Ihnen sagen: Wenn man heute noch das humanistische deutsche Kulturerbe irgendwo erleben will, muß man leider in eine jüdische Schule gehen.« Das

war in den Hitlerjahren. Ich glaube, daß wir dieses kulturelle Erbe
– und eine Sprache ist sehr der Spiegel der Kultur – hierher übernommen haben, mitgenommen und unverändert beibehalten haben. So ist es vielleicht auch kein Zufall, daß die deutschen Juden
auch in ihrer politischen Einstellung weitgehend beeinflußt sind
und bleiben durch das humanistische Erbe der Weimarer Republik
im besten Sinn.

Joseph Walk (*1914)

Der Unterschied zwischen Volk, Kultur und Zivilisation
Die Einstellung der deutschen Orthodoxie war im allgemeinen
antizionistisch und sehr deutschbetont. Nun erschien im Sommer
1932 ein deutscher Inspektor, der für unser Seminar verantwortlich war, und fragte der Reihe nach: »Was gedenken Sie denn später zu tun?« Darauf sagte der erste: »Ich will nach Palästina gehen.« Darauf sagte ich als zweiter: »Ich will nach Palästina gehen.« Das war unserem Lehrer sehr unangenehm, worauf er sich
folgenden Satz leistete: »Ja, sie werden dort Vertreter des Deutschtums im Ausland werden.« Wir haben damals gelächelt, und der
nichtjüdische, sehr sympathische Inspektor lächelte auch. Ich kam
also 1936 ins Land, und kam als ›Jugendalija‹-Führer in ein Dorf,
wo etwa nur fünfundzwanzig Prozent Jeckes waren, alle anderen
stammten aus Polen, Litauen, Ungarn und waren nicht gerade sehr
jeckenfreundlich eingestellt. Und nun geschah folgendes: Im Jahre
1942 etwa, als doch schon langsam durchsickerte, was eigentlich
passiert, erschienen in der Parteizeitung der damaligen religiösen
Arbeiterschaft Artikel, zunächst gegen die deutsche Kultur. Und
die endeten alle mit Angriffen auf uns Jeckes, als wenn wir nun der
nächstliegende, greifbare Gegner wären. Das hat uns empört. Ein
auch aus Deutschland stammender *chawer* kam zu mir und sagte:
»Hör mal zu, ich will einen Artikel schreiben, damit die Menschen
hier mal verstehen, was der Unterschied zwischen Volk, Kultur
und Zivilisation ist, und daß das nicht miteinander zu vermengen
ist.« Danach sagt ein litauischer Jude zu mir: »Was habe ich gehört, ihr Jeckes wollt die Nazis verteidigen? Bist du verrückt geworden? Wir haben gehört, daß ihr einen Artikel zur Verteidigung
der deutschen Kultur bringen wollt.« Und in der Jahresversammlung
des Ortes, wo sämtliche Kommissionen ihren Jahresbericht gaben,
ging's dann richtig los. Ich versuche jetzt, das zu übersetzen, das
hat im Hebräischen einen viel schärferen Klang: »›Zu einer Zeit,
wo der Tote vor uns liegt‹, halten es deutsche Juden für richtig, die

deutsche Kultur zu verteidigen. Nun wissen wir doch alle, daß
Goethe der Lehrer von Hitler war«, und so ging es weiter. Ich muß
sagen, ich war derart konsterniert, daß ich zunächst kaum wußte,
wie ich antworten sollte. Schließlich sagte ich: »*Chawerim*, ich
weiß, daß ihr zum Beispiel ungarische Musik hört. Ich höre seit
Monaten keine Musik mehr. Kann ich einfach nicht. Ich weiß, daß
es unter euch Menschen gibt, die nicht jeden Augenblick daran
denken, was passiert.« Und dann habe ich ihnen erzählt, was mir
genau zehn Jahre vorher in Deutschland passiert ist. Ich sagte, dort
waren es Nichtzionisten, die mir das entgegengehalten haben, wir
werden da Vertreter des Deutschen im Ausland. Jetzt muß ich von
Menschen, mit denen ich zusammenlebe, und als Lehrer eurer
Kinder hören, daß ich Vertreter des Deutschen im Ausland bin?
Und damals bin ich zurückgetreten von der Kulturkommission und
nie mehr hineingegangen.

Joseph Walk (*1914)

Ich lebte in zwei Kulturen

AB: Wenn Sie Ihr heutiges kulturelles Selbstverständnis definieren
würden, welche Rolle spielen die verschiedenen Elemente, jüdische traditionelle Kultur, religiöse Kultur und moderne hebräische
Kultur?
ER: Ich habe zum Glück beides vollkommen mitbekommen von
Haus aus. Die deutsche Kultur war sehr wichtig. Da ich drüben
noch an vier Universitäten Literaturwissenschaft und Geschichte
studiert habe, in Frankfurt, Leipzig, Münster und Hamburg, habe
ich noch viele Erinnerungen, sehen Sie sich meinen Bücherschrank
an! Aber das Jüdische war sehr dominant in unserem Alltagsleben.
Zum Beispiel war mein Geburtstag in Lübeck für mich eine Plage,
denn wir feierten nicht nach dem deutschen Datum 7. Dezember,
sondern nach dem Vorabend unseres Lichterfestes. Und dann hatte ich gefälligst erst das Licht anzustecken, dann wurde gesungen
und gebetet, und dann erst durfte ich mich zu meinen Geschen-
ken umdrehen. Das war schon seltsam, dieser Doppelkalender,
nach dem wir gelebt haben.

Eli Rothschild (*1909)

Symbiose zwischen hebräischem Wissen und allgemeiner Kultur

Für mich ist das Ideal, was auf hebräisch genannt wird *thora im
derech-erez*, eine Verbindung, sogar eine Symbiose zwischen hebräischem Wissen und allgemeiner Kultur. Und mein Urgroßvater,

der in gewissem Sinne einer der Begründer dieses Systems war, legte das folgendermaßen aus: Ich darf und muß alles treiben, was ich brauche, um jüdisches Wissen zu verstehen. Daraufhin lernte und unterrichtete er Lateinisch und Griechisch, beschäftigte sich ganz besonders mit der Mathematik, hat sogar eine Schrift über Maße und Gewichte im jüdischen Schrifttum geschrieben, weil er gesagt hat, ich kann gewisse Abschnitte in Traktaten im Talmud nur verstehen, wenn ich Lateinisch kann, wenn ich Griechisch kann, wenn ich Mathematik kann. Und er ging dann weiter und hat sogar deutsche Literatur in seiner Thora-Lehranstalt in Eisenstadt unterrichtet, zum Teil sehr unter der Gegnerschaft von den extrem orthodoxen Kreisen, weil er immer gesagt hat, all das ist wichtig, um jüdisches Wissen kennenzulernen. Und das nenne ich jüdische Wissenschaft in orthodoxer Richtung. Das heißt nicht Wissenschaft *per se* zu treiben, weil ich interessiert bin an Wissenschaft überhaupt, sondern weil ich die profane Wissenschaft brauche zur Erkenntnis, ja sogar zum Erlebnis der jüdischen Wissenschaft.

Esriel Hildesheimer (*1912)

Für mich gab es eine Synthese

JB: Für mich gab es eine Synthese zwischen allgemeiner Kultur und religiöser Tradition, die als Prinzip nie in Frage gestellt, aber manchmal schwierig zu realisieren war. Bis zu meinem 18. Lebensjahr gab es kein wichtiges Werk der Weltliteratur, das ich nicht gekannt habe, zum Teil in deutscher Übersetzung. Ich würde sagen, außer den beiden Rabbinern, dem liberalen und dem orthodoxen, war ich der größte *talmid chochem* in meinem Städtchen. Zugunsten meines Vaters muß ich sagen, daß wir ein Bücherschränkchen mit hebräischer Literatur hatten, daß ich schon mit gewissen »Vitaminen« versehen hierher kam: Mein Vater hatte kleingedruckt zwölf Bände Talmud, er hat mir aus Berlin den ›Biur‹ von Mendelssohn mitgebracht. Es gab bei uns zu Hause ›Menorat ha-Maor‹ und viele andere heilige Bücher, so bin ich aufgewachsen. Und von der Universität hatte ich natürlich ein abgeschlossenes Wissen, abgerundet mit *hasskalat olam* mit spezieller Betonung auf den jüdischen Philosophen.

MD: Und was kennen Sie von der modernen hebräischen Literatur, lesen Sie Bialik usw.?

JB: Bei mir hört es fast auf mit Bialik, Tschernichowski, Schimonowitz. Ganz Modernes interessiert mich nicht mehr, genau wie in der Musik, da geh' ich maximal bis Schumann, die atonale Musik interessiert mich nicht mehr.

MD: Dann haben Sie eigentlich in den Jahren, die Sie hier gelebt haben, an der Entwicklung der hebräischen Literatur nicht teilgenommen?

JB: Mir ist es sehr schwer wegen meiner Augen, die schöne Literatur zu lesen. Wenn Sie Innenminister sind und jeden Tag sehr viele unsinnige Dekrete zu unterschreiben haben, haben Sie keine Zeit. Mit Mühe und Not kann ich noch manchmal einen englischen Kriminalroman lesen.

Josef Burg (*1909)

»Aus seiner Muttersprache kann man nicht auswandern«
Ja, also ich weiß nicht, ob ich das schon mal erzählt habe: Ein deutscher Schriftsteller, der hier in Jerusalem wohnt, Schalom Ben Chorin, hat einmal gesagt, aus seinem Mutterland kann man auswandern, aus seiner Muttersprache kann man nicht auswandern. Das, was ich besessen habe an deutschem Kulturgut, habe ich in Israel an hebräischem Kulturgut nicht erworben. An das, was die deutsche Kultur für mich bedeutete und heute noch bedeutet, ist bei mir die hebräische Literatur nicht herangekommen.

Mirjam Michaelis (*1908)

Mein Vater ist einer der wenigen zweisprachigen Schriftsteller gewesen
ES: Mein Vater Ludwig Strauß ist einer der wenigen zweisprachigen Schriftsteller gewesen. Er hat sich nicht nur auf die hebräische Sprache eingestellt, sondern war auch sehr interessiert an der hebräischen Literatur, wie zum Beispiel Chajim Nachman Bialik, nachher Lea Goldberg. Und dann hat er sich systematisch mit der Erforschung der spanisch-mittelalterlichen Literatur, wie Jehuda Halevi, beschäftigt und hat auch mehrere Veröffentlichungen in Hebräisch auf diesem Gebiet gemacht. Mein Vater hat sich ja auch nachher als Lehrer in Ben Schemen betätigt. Meine Mutter konnte Hebräisch sprechen, aber es hat bei ihr etwas länger gedauert.

MD: Dieser Übergang eines Schriftstellers vom deutschsprachigen Schreiben ins Hebräische ist doch schwer. Hatte er eine gute jüdische und hebräische Erziehung bekommen, daß er das so leicht gemacht hat?

ES: Ja, also ich weiß nicht, ob es ihm immer leicht gewesen ist. Aber er hatte eine ganz große Motivation in dieser Richtung. Er

war schon früh an der osteuropäischen Kultur interessiert, hat jiddische Volkslieder und Liebeslieder ins Deutsche übersetzt und
hat sich für Chassidismus und überhaupt für die Ostjuden interessiert. Er hatte während seines Studiums in Berlin mehrere ostjüdische
Freunde. Als er meine Mutter kennenlernte, begann er sich durch
ihren Einfluß und den ihres Vaters Martin Buber auch für die jüdische Religion, Bibel und Talmud zu interessieren. Mein Vater hat
schon sehr früh in der zionistischen Bewegung und jahrelang als
Redakteur des ›Hapo'el Haza'ir‹ gearbeitet, der in Deutschland
herauskam, in Deutsch. 1924 war er zum ersten Mal in Palästina,
und seine Beziehung zum Land hat sich schon damals entwickelt.
Er erzählte mir, daß die Gedichte, die in Palästina im Jahre 1934
während seines zweiten Besuches entstanden sind, im Grund schon
auf seine erste Reisevorbereitung zurückgingen.

Emanuel Strauss (*1926)

**Die Juden aus Deutschland sind von einer höheren in eine niedri-
gere Kultur hineingeraten**
Schauen Sie, normalerweise, wenn man *alija* sagt – *alija* heißt Aufstieg –, heißt das, man kommt von irgendwoher unten und geht
nach oben. Aber kulturell sind die Juden, die aus Deutschland kamen und auch viele aus anderen Ländern, von höheren Kulturen
in eine niedrigere hineingeraten. Und für die deutschen Juden in
den 30er Jahren war das ganz besonders schmerzlich, möchte ich
mal sagen. Sie mußten auf sehr viele Elemente ihrer Kultur verzichten. Mit einer Ausnahme: Musik. Israel ist ein Zentrum der
Musik, ein Weltzentrum.

Uri Rapp (*1923)

Von einer eigenständigen Kultur war 1936 noch keine Rede
HM: Im Jahre 1936, '37, '38 von hiesiger Kultur zu sprechen, ist
leicht vermessen, denn die gab es nicht. Es gab lokale Dichter, es
gab ein bißchen lokale Theater. Ich erinnere daran, daß sich zum
Beispiel die aus Deutschland gekommenen Schauspieler ihr Brot
verdienen mußten, indem sie Eis oder Würstchen am Strande von
Tel Aviv verkauften. Die Neueinwanderer hatten alle ein sehr, sehr
karges und dürftiges Dasein, auch auf kultureller Ebene. Ich persönlich blieb ja irgendwie halb im deutschen Sprachraum, dadurch
daß ich bis zum Weltkrieg in der ›Ha'avara‹ beruflich tätig war.
Wir sind auch ins Theater gegangen, ja, aber daß wir das als Kulturgut bezeichnet hätten, wäre übertrieben. Wir haben gerne ver-

sucht, etwas von dem, was wir mitgebracht haben, da einfließen zu lassen, in der einen oder anderen Form.

MD: Wie zum Beispiel?

HM: Durch Kritik, durch Unterhaltung, durch Diskussionen, ganz klar. Es war ein Austausch da, aber der hat eigentlich nichts ursprünglich Palästinensisches betont, sondern was die Leute mitbrachten als Gut. Daß daraus *à la longue* etwas anderes wurde, ist eine klare Entwicklung, die aber ihre Zeit brauchte. Doch um diese Zeit ging hier alles durcheinander, und von einer eigenständigen Kultur war noch keine Rede. Das war ein Gemisch, bei uns nennt man das ja seit Jahrzehnten *pressure cooker*. Ob der *pressure cooker* bis heute irgendwelche ernsten eigenen Sachen erfunden hat, bleibt dahingestellt, das bleibt der Nachwelt überlassen.

Hugo Mendelsohn (*1918)

Die deutschen Juden haben westeuropäisches Gut vermittelt

Ich glaube, daß jede Einwanderergruppe etwas Spezifisches beisteuert zum Aufbau des Landes. Was haben die Deutschen gegeben? Sie haben wirklich westeuropäische Kultur in hohem Maße besessen. Sie gehörten ja bildungsmäßig der gehobenen Mittelschicht und der oberen Schicht an und haben das hierher transferiert. Also, die Sachen sind bekannt: Im Orchester, im Bibliothekswesen, an den Universitäten, unter den Lehrern usw. waren zum großen Teil, weit über ihren Anteil hinaus, deutsche Juden. Was in einem komischen Verhältnis dazu steht, daß sich ein Teil der deutschen Juden abseits gehalten hat von der Kultur. Aber diejenigen, die zu Kulturträgern wurden, haben diesem neuen kleinen Volk, das sich hier zusammenfinden mußte, westeuropäisches Gut vermitteln können. Heute verwischt sich das. Wenn ich mich mit meinen Studenten mal privat unterhalten habe, dann war es immer ein Spaß zu raten: Woher kommst du, was ist dein kultureller Hintergrund? Und das hat schon keine Rolle mehr gespielt.

Benjamin Kedar (*1923)

Abonnement für Orchester und deutsche Kabaretts

Hier hatte man kein kulturelles Leben mehr. Das einzige, was es schon gab, war das Orchester, und das habe ich sofort abonniert. Und damals gab es Kabaretts. Die meisten Kabaretts wurden von Deutschen gemacht, und da konnte man hingehen. Und Kino gab es auch, das war doch auch nicht hebräisch. Ich weiß gar nicht, ob es damals deutsche Filme waren; wenn es englische Filme waren, hat man sie ja auch relativ verstanden. Aber ins Theater konnten wir nicht gehen.

Erna Jacob (*1892)

»Ich habe das mit Max Pallenberg gesehen«
Was die Emigration für die Generation unserer Eltern bedeutete, können wir überhaupt erst heute erfassen. Für meine Mutter und meine Tante war es vor allen Dingen ein enormer Abstieg im Lebensstandard, ja. In Deutschland haben wir Margarine im Geschäft verkauft, aber wir haben nur Butter gegessen. Über Geld wurde nicht gesprochen, Geld war da. Sprachlich hat es meine Mutter nicht so berührt, weil man ja hier deutsch gesprochen hat. Hebräisch gelernt hat sie nicht mehr. Sie hat uns bis eine Woche vor ihrem Tod den Haushalt geführt. Das Schwierige war eben dieses absolute Null von Kultur. Ich habe meine Mutter zum Beispiel mal eingeladen zu einer Theateraufführung: »Selbst wenn du das nicht verstehst vom tapferen Soldaten Schweijk, du kennst den Inhalt. Es ist ein wunderbares Spiel.« Hat sie mir zur Antwort gegeben: »Ich habe das mit Max Pallenberg gesehen, das werde ich mir nicht noch mit einem anderen ansehen, wo ich ja nichts verstehe von dem, was er sagt.«
In Sde Warburg haben die Älteren an allem teilgenommen, und die Mutter hat das sicher auch genossen, da ja unsere ganzen ersten Veranstaltungen auf deutsch waren. Wir haben Abende gehabt, wo man den Mozart umgedichtet hat oder andere Aufführungen gemacht hat, die sicher auf einem gar nicht so niedrigen Niveau standen. Aber es war zu wenig und stand in keinem Verhältnis zu der schweren Arbeit.

Gabriel Walter (*1921)

Es gab eine ganz bestimmte Clique
RT: In den ersten Jahren habe ich noch viel gezeichnet. Wenn irgendwelche Sitzungen waren, habe ich immer von den Siedlern Karikaturen gemalt. Aber mit der Zeit habe ich aufgehört und nur noch zum *Purim*ball die Plakate gemalt und Masken geschminkt.
AB: Haben Sie in der ersten Zeit gedacht: das ist eine Übergangszeit, und ich komm' nochmal in den künstlerischen Beruf rein, oder hat man gar nicht so weit denken können vor lauter Arbeit?
RT: Ich habe in der Zeit noch ein Puppentheater gemacht, das habe ich dem Dorf geschenkt. Und das wurde zuerst ziemlich eifrig benutzt, aber später haben es wohl die Ratten gefressen. Wir

haben auch selber *neschafim*, Bälle, veranstaltet. Es gab eine ganz bestimmte Clique. Mein Mann hat immer gedichtet, und er hat auch damals noch sehr viel Klavier gespielt. Er hat fast konzertreif gespielt. Und trotzdem hatte er sich gewehrt, sein Klavier mitzunehmen: Ein Bauer braucht das nicht, und so weiter. Er hat dann hier jahrelang musiziert mit einem Freund, der Geige gespielt hat, bis dessen Sohn gefallen ist. Dann hat das aufgehört, und seitdem hat mein Mann nie wieder ein Klavier angerührt. Das war doch für uns sehr einschneidend. Ein anderer Freund hat eine phantastische Plattensammlung mitgebracht. Freitagabend waren wir sehr viel dort. Mein Mann und er haben bis in die Nacht hinein Musik gehört, dann haben sie über Musik geredet, und seine Frau und ich haben in einer Couchecke gehangen und nur noch geschlafen, denn wir waren so müde, wir konnten gar nicht mehr, ja? Aber wir haben natürlich gelesen, das war selbstverständlich. Da gab's einen alten jeckischen Herrn, ein Großneffe von Heinrich Heine, und der kam mit einem Lederkoffer hier durch den Sand, und das war unsere, wie hat er immer gesagt, wandelnde Kultur. Er brachte uns Bücher, Leihbücherei, ist wirklich bis ans Ende des Dorfes gelaufen durch den Sand.

Ruth Tauber (*1919)

»Jetzt ist Schluß mit deutschen Veranstaltungen!«

Als wir nach Kfar Schmarjahu kamen, war ich entsetzt, wie deutsch dieses Dorf war, und daß sie keine Ahnung von hebräischer Kultur hatten. Ich wurde in den Kulturausschuß des Ortes gewählt, und da habe ich gesagt: »Jetzt ist Schluß mit deutschen Veranstaltungen, jetzt werden wir mal hebräische machen!« Ich habe aus Tel Aviv hebräisches Theater bestellt und hebräische Vorträge, und da haben die Deutschen in Kfar Schmarjahu behauptet, daß ich alles, was sie aufgebaut haben, zerstört habe.

Ayala Laronne (*1916)

Es war nicht einfach für mich als Kind

MD: Haben Dich Deine Eltern in der deutschen Kultur erzogen?
RB: Ja und wie! Erstens hatten meine Tante und mein Onkel einen Musikkreis. Jeden Freitagabend hörte man Schallplatten, was es damals sehr selten gab, und alle guten Jeckes sind zu ihnen gekommen und haben Musik gehört. Das Zimmer war immer voll mit 20 bis 30 Leuten, manchmal haben noch Leute im Treppen-

haus gesessen, um auf einer Schallplatte eine Symphonie von Beethoven zu hören. Außerdem haben meine Eltern sehr viel Schiller und Heine gelesen und zitiert.

MD: Und doch liest Du nicht deutsch.

RB: Nein. Für mich war das sehr schwierig. Ich habe in zwei Welten gelebt. Ich habe meine Eltern sehr gerne gehabt und verstanden, wie wichtig das für sie war, aber ich wollte mich eigentlich gar nicht assimilieren an diese deutsche Kultur, die ihnen so wichtig war. Ich habe gelitten als Kind, das war zur Kriegszeit, für mich waren die Deutschen etwas Furchtbares. Und ich wollte vielmehr zu meiner *chewre* gehören und zu den hebräischen Liedern und Sachen, die meine Eltern gar nicht interessiert haben. Es war nicht einfach für mich als Kind. Ich habe wirklich zwei Kulturleben gehabt.

Rina Biran-Langrod (*1932)

Die deutsche Kultur ist nach Ben Schemen mitgewandert und hat sich dort transformiert

Ich bin ja dann sofort in diese besonders schöne Jugend-Gesellschaft nach Ben Schemen gekommen. Und ich muß sagen, in dem Moment, wo ich in Ben Schemen war – obwohl ich der einzige Schüler war, der aus dem Ausland kam –, hab' ich mich mit dem Land sofort verbunden gefühlt. Der Leiter dieser Schule, der ein ganz besonderer Mann war, Dr. Lehmann, hat dort die Erziehungsideale der deutschen Jugendschulen eingeführt. Ich war so tief verbunden mit dem Landschaftserlebnis, mit den Kulturerlebnissen wie *erew schabbat*, der Freitagabend mit den Vorlesungen, der Musik usw.; ich habe sofort mitgetan und Klavier gespielt. Und die *se'uda schlischit* am Schabbat! Also, Lehmann hat versucht, in dieser Schule – jetzt gibt es ja schon mehrere Biographien über die Schule – die europäisch-deutsche Kulturanschauung nach Palästina zu verpflanzen, so daß sowohl vom Gedanklichen her – er war ein Landauer-Mann, ein nichtmarxistischer Sozialist – wie auch vom Künstlerischen her irgendwie die deutsche Kultur da nach Ben Schemen mitgewandert ist und sich dort sozusagen transformiert hat ins Hebräische, aber als richtiges Kulturereignis, so daß ich mich nach einem halben Jahr vollkommen zu Hause gefühlt habe.

Yehoshua Arieli (*1916)

Durch Kopf und Herz zum Judentum

MD: Wie habt ihr euch in die hebräische Kultur eingelebt? Leute, die aus religiösen Familien gekommen sind und eine jüdische hebräische Erziehung hatten, haben es leichter gehabt. Ihr mußtet einen andern Weg gehen.

MK: Bei mir durch den Unterricht, den wir im Kibbuz hatten. Wir hatten ja Literatur, Geschichte und Hebräisch gelernt, dadurch sind wir irgendwie hineingewachsen. Zu Konzerten, Theater und Aufführungen usw. sind wir natürlich nicht gekommen, denn der Kibbuz hatte gar nicht das Geld dazu.

BK: Augenblick, im Kibbuz ist man gelegentlich auch aufs Lastauto aufgeladen worden und nach Karkur und Pardes Chana zu Vorstellungen gefahren. Und es kamen zu jener Zeit die Künstler noch in den Kibbuz und haben einen Abend gegeben. Ich will nicht bestreiten, was Du sagst, aber es doch etwas ergänzen.

MK: Ja, sehr wenig, kaum, kaum.

BK: Also, ich habe schon sehr intensiv nach 1933 Iwrit gelernt am hebräischen Gymnasium. Ich war ja vorübergehend religiös. Ich hab' immerhin schon ›Wilhelm Tell‹ in der Übersetzung von Bialik zu Hause studiert! Das kam hier durch Kopf und Herz zu einem Judentum, sagen wir zu einem zionistischen.

MK: Zum Zugehörigkeitsgefühl.

BK: Ja, ich sagte durch Kopf und Herz. Also Herz sowieso in dieser Situation: man hat sich menschlich zu Hause gefühlt. Und durch den Kopf, über die Sprache, grade weil man in die Materie reinkommen muß usw. Und dann war die jüdische, die hebräische Kultur eben sehr reich. Das heißt, ich habe schon damals intellektuelle Freude gehabt an der Bibel, ohne den religiösen Wert mit zu übernehmen. Gerade die Vielfalt der Meinungen hat mich schon damals sehr interessiert. Und die neue hebräische Literatur! Das waren vor allem drei Namen, die uns beschäftigt haben, ich meine abgesehen von Bialik, Achad Ha'am usw.: Das waren Alterman, Schlonski und Lea Goldberg. Das war unsere neue Literatur.

Benjamin (*1923) und Miriam (*1922) Kedar

Ich bin doch zu spät gekommen

Ich habe viele Jahre immer das Gefühl gehabt, daß ich von meiner Entwicklung her zu einem idealen Zeitpunkt aus Deutschland weggegangen bin. Das heißt, ich hatte schon die Kultur in mich aufgenommen und war alt genug – ich war schon in der Obertertia –, um mein Leben lang diese Kultur zu behalten und auch fortzuführen, nicht? Ich hatte eine Basis und war doch noch jung genug, um mir die hebräische Sprache vollständig anzueignen. Ich bin noch in die Schule gegangen und habe die ganzen Stadien durchlaufen, die eben ein israelisches Kind durchläuft. Und dann bin ich irgendwann zu dem Ergebnis gekommen, daß ich mich geirrt habe. Ich bin doch zu spät gekommen! Um ganz und gar hineinzuwachsen, hätte ich doch ein paar Jahre früher kommen müssen. Dann hätte ich vielleicht nicht das mitgebracht, was ich mitgebracht habe, aber ich wäre vielleicht noch mehr verwurzelt als ich es bin.

Ada Brodsky (*1924)

Was ich aufgenommen habe, war die israelische Kultur der Pionierzeit

Als ich ins Land kam, habe ich das Hebräisch vollkommen verstanden, auch das literarische Hebräisch. Aber ich habe sehr wenig hebräische oder jüdische Kultur mitgebracht. Das Problem war und ist, daß ich mir die Vertiefung der hebräischen Kultur nie als richtiges Ziel gesetzt habe. Und im Grunde genommen fand ich in der hebräischen dichterischen oder denkerischen Tradition nie einen Konkurrenten für das Deutsch-Europäische oder später das Englische, obwohl ich natürlich, was Kino, Film, Bücher betraf, mittat, aber im Grunde genommen oberflächlich. Auch die hebräische Sprache habe ich nie systematisch studiert. Für Leute wie Simon oder Bergmann war es sozusagen eine Lebensaufgabe, in die hebräische, in die jüdische Kultur, in die traditionelle Gedanken- und Philosophiekultur, aber vor allen Dingen in die Sprachkultur einzudringen, damit sie ihre eigene Sprache wird. Also, das habe ich nie getan, was schade ist. Aber es ist zu spät, mich jetzt darüber aufzuregen. Ich hab' das natürlich dadurch zu machen versucht, daß ich mich mit einer *sabre* verheiratet habe. Ich beherrsche die Gesellschaftssprache, die Umgangssprache, die Lehrsprache, und das hat mir genügt. Was ich aufgenommen habe, war, was man die israelitische Kultur der Pionierzeit und des Lebens nennen kann. Man kann das das kollektive Erlebnis des Hierseins und der Gesellschaftskultur nennen, sozusagen das Instinktive, die Formen des Lebens, wie sie sich hier entwickelt haben und an denen man teilnimmt im sozialen Leben. Es ist das totale Verbundensein mit dem Leben und der Landschaft und dem Tun hier, aber es ist viel weniger, als daß man es eine hebräische Kultur nennen könnte.

Wann sagt man überhaupt, jemand hat Kultur? Kultur ist etwas, was aus inneren Werten fließen muß. Und ich meine, die inneren Werte, aus denen meine Kultur fließt, sind die humanistisch-säkularen Werte. Man hat nicht Kultur, wenn man viel gelesen hat, viel weiß und sozusagen die Weltliteratur in- und auswendig kennt. Kultur haben heißt, Werte und Quellen von Werten zu haben und Normen, Ausdrucksformen zu haben, die stetig sind und zu denen man immer zurückgehen kann. Im Grunde genommen kann jemand Kultur haben, der nur, sagen wir, rund zehn Bücher durch und durch kennt, wie die Bibel, Mischna oder ein religiöses philosophisches Werk, und für den das eine Offenbarung ist, aus der er seine Sprache entwickelt, wo er dann genau sagen kann, wie man das auszudrücken hat, wenn zum Beispiel ein Todesfall oder eine Hochzeit ist. Wer eine geprägte Sprachform hat, der hat Kultur. Und das haben die Religiösen, und darum beneide ich sie immer, um diese Ausdrucksformen und Redensarten, die durch Generationen von Weisheit und Erfahrung geprägt worden sind, die sich fortgepflanzt haben durch die Mischna und den Talmud usw. usw. Diese *rewadim*, diese Schichten und Schichten von Sprachweisheit zu haben, das ist Kultur. Kultur haben heißt, daß du Anschluß hast an eine ungeheure Schatzkammer, aus der du die Sachen herausnehmen kannst, die du brauchst. Also, diese Schatzkammer habe ich nicht. Um einen Schlüssel zu haben, um eine Kultur zu öffnen, muß man *derech erez*, d.h. Ehrfurcht und Liebe haben zu der Weisheit der Väter. Ich fürchte, daß unsere Generation jedes Zeitbewußtsein verliert und nur in der Gegenwart lebt, von einer Aufregung zur anderen. Und die Generation, die den Anschluß an die Traditionen verloren hat, auch an die Sprachtraditionen, die vollkommen wurzellos ist, das ist eine verlorene Generation.

Yehoshua Arieli (*1916)

Viele deutsche Juden haben ihre deutsche Kultur bewußt abgestreift

Eine ganze Reihe von Freunden von mir wollten wie ich, das, was man jeckisch nennt, unbedingt abschaffen. Wir wollten uns wirklich akklimatisieren an andere Gruppen von Juden, die hier schon mehr *gesettled* waren. Ich denke zum Beispiel an meinen Gebetsritus. Wir haben den Ritus angenommen, in dem wir uns wohlfühlten, sei es den litauischen Ritus, sei es den polnischen Ritus, weniger den sephardischen. Also, ich habe ganz bewußt den litau-

ischen Ritus angenommen, vor allen Dingen auch, weil meine erste Station hier im Land eine litauische *jeschiwa* war, und ich mich
dort sofort nicht nur akklimatisiert, sondern derartig wohlgefühlt
habe, daß ich gesagt habe, das ist das, was mir als das Richtige
erscheint, ich übernehme das. Aber es ist nicht nur auf dem Gebiet
des Gebetsritus. Wahrscheinlich gilt auch auf sehr vielen anderen
kulturellen Gebieten das, was Ben Chorin sagt, daß viele deutsche
Juden ihre deutsche Kultur bewußt und mit Absicht abgestreift und
gewiß nicht auf ihre Kinder und Enkel übertragen haben.

Esriel Hildesheimer (*1912)

Die Beschäftigung mit der hebräischen Sprache hat mich mit al-
len Stadien der kulturellen Entwicklung vertraut gemacht

MD: Du hast die Erforschung der hebräischen Sprache der Bibel
zu Deinem Fach gemacht. Würdest Du sagen, daß das Symbole
der israelischen Jüdischkeit sind?

BK: Man darf auch das ganze nachbiblische Schrifttum nicht vergessen! Aber ich gebe zu, die Bibel ist die Grundlage auch unserer
Kultur hier. Dabei möchte ich gleich einflechten, daß ich die Versuche in Israel, die erzieherischen Werte der Bibel heranzuziehen,
für verkehrt halte, denn ich glaube, man kann Werte nur unmittelbar vermitteln. Sie müssen vorgelebt werden, eindringen durch das
Beschäftigen mit der Kultur, und nicht, indem ich sage: Seid dies
und seid jenes, denn so steht es in der Bibel geschrieben! Die Bibel ist dazu viel zu widersprüchlich. Aber zweifellos ist das die
Grundlage unserer Kultur, wie Homer immer Grundlage einer griechischen Kultur sein wird und Shakespeare der englischen Kultur.
Man muß nicht unbedingt jeden Satz von Shakespeare annehmen,
um ein guter Engländer zu sein, aber man kann Shakespeare nicht
aus der englischen Kultur lösen. Für uns ist die Bibel als Grundlage
noch viel wichtiger, denn die Juden kommen aus den verschiedenen Kulturen zusammen und möchten irgend etwas Gemeinsames aufbauen. Die hebräische Sprache, das seh' ich als sehr wichtig an, formt natürlich das Volk. Das heißt, wenn man Herzl gefolgt wäre und hier deutsch gesprochen hätte oder jeder Jude in
seiner Sprache, dann hätte keine Nation entstehen können. Dabei
muß ich wieder sagen, für mich privat gesprochen, daß die Beschäftigung mit der hebräischen Sprache mich natürlich mit allen
Stadien der kulturellen Entwicklung vertraut gemacht hat. Ich mußte
Talmud studieren, ich mußte spanische Philosophie oder spanische jüdische Dichtung studieren, weil sie ganz einfach zur he-

bräischen Sprache gehört. Damit habe ich mich völlig mit dem Kulturerbe meines Volkes beschäftigt, und ich beschäftige mich damit sehr gern.

Benjamin Kedar (*1923)

Auf der anderen Seite sind wir viel reicher

AB: Nun haben mir viele gesagt: mir fehlt der Assoziationsreichtum im Hebräischen, da fehlte mir einfach von früher die tiefe Kenntnis.

PA: Das fehlt mir viel weniger als zum Beispiel Betti. Aber dennoch ist das nicht mein kulturelles Erbe, nicht mein kultureller Besitz. Das Hebräisch ist für mich die Sprache, in der ich mich verständige, lebe und alles, was Sie wollen, aber kulturell leb' ich nicht da drin.

AB: Bedauern Sie das jetzt, oder leidet man sogar darunter, wenn man in einem Land lebt, für das man sich an so prominenter Stelle und auch zionistisch engagiert hat, und man kann trotzdem durch dieses Geschick, das Ihre Generation gehabt hat, selber nicht mehr voll eindringen in all das, was sich kulturell entwickelt hat?

PA: Gott, hören Sie zu. Ich empfinde das manchmal als großen Nachteil. Auf der anderen Seite sind wir viel reicher an allgemeinen kulturellen Gütern. Das, was uns trotzdem irgendwie Schule, Elternhaus in Deutschland, Literatur, die wir lesen, bringt, ist ein absolut gutes Gegengewicht, bis heute. Ich seh' es keineswegs nur als Verlust an.

Paul Alsberg (*1919)

Es ist Weltkultur im Hebräischen

MD: Hast Du das Gefühl, daß die Kultur, die Du mitgebracht hast, mehr ist, wertvoller oder vollkommener ist, als die Kultur Deiner Kinder, Deiner Schüler usw.?

YA: Nein, habe ich nicht. Es war ja eine Verwandtschaft da zwischen der weltlichen Kultur, die ich aufgenommen habe vom Europäisch-Deutschen her, und der Kultur, die ich aufgenommen habe vom Hebräischen her, aber als weltliche Kultur. Aber bei meinen Kindern ist die Sache ja die ganze Zeit in Veränderung begriffen, weil die hebräische Kultur selbst in Veränderungen begriffen ist. Wenn du heute David Grossmann liest oder einen anderen der jüngeren Schriftsteller, weißt du kaum, was das Hebräische an und für sich sein soll, es ist Weltkultur im Hebräischen.

Yehoshua Arieli (*1916)

Ich bin ein Treffpunkt von dem, was wir in Israel so sind

MD: Hast Du darüber nachgedacht, wieso gerade Du d e r hebräische Dichter geworden bist?

JA: Ich weiß nicht. Ich habe erst ziemlich spät, erst im Alter von
23, 24, angefangen zu schreiben, nach zwei Kriegen. Es war für
mich das Natürlichste, Gedichte zu schreiben. Früher habe ich
nicht daran gedacht. Ich wollte schreiben, ich mußte schreiben,
weil ich irgendwie das Gefühl hatte, ich muß meine Lebenssituati-
on notieren, Traumatisches, wie zwei Kriege. Es waren zwei schlimme Kriege, aber irgendwie gerechte Kriege, der Zweite Weltkrieg
und dann unser Krieg, der Befreiungskrieg. Ich fand das natürlich,
ich glaube, daß jeder Gedichte schreiben kann. Es muß die einzige Möglichkeit sein, sich mit der Welt und mit sich selbst ausein-
anderzusetzen. Aber natürlich bin ich sehr, sehr stolz darüber, daß
ich in Israel von alt und jung bis zum heutigen Tage viel gelesen
werde und weltweit in 30 Sprachen übersetzt bin. Eine der letzten
war Chinesisch.

MD: Du warst der erste hebräische Dichter, der die Alltagssprache in die Dichtung eingeführt hat. Hast Du das bewußt gemacht,
daß Du die poetische Sprache der früheren Generationen ignoriert
hast?

JA: Tja, sie hat mich nicht angesprochen. Ich habe aber nicht
Krieg geführt gegen sie – ich habe einfach anders geschrieben.

MD: Aber nach einiger Zeit konnte man schon nicht mehr anders
schreiben als Du.

JA: Vielleicht, weil ich einerseits das Straßenhebräisch sehr gut
kann, weil ich da groß geworden bin. Andererseits vielleicht, weil
ich aus einem orthodoxen Hause kam, und der ganze Sprachschatz
der jüdischen Geschichte und der jüdischen Religion meine natürliche Sprache war.

MD: Was hast Du von der deutschen Kultur behalten?

JA: Sehr viel, ganz bestimmt. Ich habe sehr viel gelesen. Vom 15.
Lebensjahr bis auf den heutigen Tag lese ich sehr viel Deutsch.

MD: Aber hat es Dich beeinflußt?

JA: Ich bin ganz sicher, daß da gewisse Einflüsse sind. Also Else
Lasker-Schüler zum Beispiel oder Rilke für meine ersten Gedichte.
Aber das war alles natürlich nicht bewußt, weder bewußt noch
unbewußt, es war einfach eine Lehre für mich. Mit dem habe ich
gelernt, wie ich bei der Bibel gelernt habe oder bei unseren hebräischen Mittelalterdichtern, die für mich der größte Einfluß
waren. Aber ganz bestimmt haben mich Rilke, Hölderlin, Else

Lasker-Schüler, Gottfried Benn sehr tief beeinflußt.

MD: Also könnte man sagen, ich versuche es so ein bißchen schematisch zu formulieren, daß Du ein Treffpunkt von den zwei Kulturen bist?

JA: Ich möchte allgemein sagen, denn es kommt ja dann später die englische dazu, Eliot und so: ein Treffpunkt von dem, was wir in Israel so sind. Ein Treffpunkt von Altjüdischem und Orientalischem und Landschaftlich-Mittelöstlichem. Wir sind doch, wenn es gut ausfällt, eine Harmonie von sogenannter jüdisch-christlicher westlicher Kultur und jüdischer mittelöstlicher Mittelmeerkultur.

MD: Und das fühlst Du?

JA: Ja, das fühl' ich. Aber ich mach' das nicht bewußt, das ist einfach mein Leben.

Jehuda Amichai (*1924)

Das Sprachenproblem

Die hebräische Sprache war nie eine tote Sprache
UR: Der erste Grund für die Wiederbelebung der hebräischen Sprache am Ende des 19. Jahrhunderts war die allgemeine zionistische Ideologie, also die Rückkehr zum Land, zur Sprache, zur Selbständigkeit, zu einer wirtschaftlichen Stabilität usw. Die hebräische Sprache war nie eine tote Sprache. 3.000 Jahre lang war sie im Gebrauch als Schriftsprache, und zwar nicht nur als religiöse Schriftsprache, sondern auch als säkulare, mit Briefen, Protokollen usw. Hauptsächlich im Mittelalter gab es in Spanien unter der moslemischen Herrschaft, in der Blütezeit der jüdischen Kultur sowohl eine, wie man im Hebräischen sagt, heilige Literatur und eine säkulare Literatur, also Gedichte über Wein, Frauen, Krieg, Natur usw. Jeder, der eine jüdische Bildung hatte, kannte die hebräische Sprache. Ich spreche jetzt nur von den Männern, nicht von den Frauen, die diese Bildung durch viele Generationen hindurch nicht erhielten. Die Rabbiner aus verschiedenen Ländern, die miteinander korrespondierten, sagen wir aus Marokko und aus Litauen, taten das in Hebräisch. Die polnischen jüdischen Gemeinden, die ihre Diskussionen auf jiddisch abhielten, führten die Protokolle in Hebräisch. Diese Protokolle sind noch vorhanden. Das heißt, die hebräische Sprache als Schriftsprache und zum Teil als Verständigungssprache zwischen verschiedenen jüdischen Gemeinschaften war immer lebendig.

Es gibt also eine hebräische Literatur von der Zeit der Bibel bis zu den neuesten israelischen Schriftstellern, ohne Unterbrechung. Im letzten Jahrhundert wurde diese Sprache wieder eine gesprochene Alltagssprache und hat sich schnell zu einer modernen Sprache entwickelt. Ein Beispiel: Das Technion in Haifa wurde 1913 mit Hilfe der ›Esra‹-Organisation aus Deutschland gegründet. Und es wurde damals beschlossen, da das Hebräische nicht hinreichend modern war, die deutsche Sprache zu gebrauchen für die technischen Fächer. Daraufhin hat die gesamte Lehrerschaft und Führerschaft des Landes gestreikt. Und danach hat man beschlossen, die hebräische Sprache zu gebrauchen mit allen Schwierigkeiten.

Die Bedeutung der hebräischen Sprache bei der Wiederbesiedlung des Landes bestand erstens in der Wiederbelebung der jüdischen

Kultur, besonders im Anschluß an die Bibel. Zweitens: Nachdem die Bevölkerung Palästinas zum Teil aus europäischen, zum Teil aus islamischen Ländern kam, war Hebräisch eigentlich das Esperanto für die Neueinwanderer. In den 30er Jahren hat sich die hebräische Sprache endgültig durchgesetzt, obwohl es noch Kämpfe gab, die meiner Ansicht nach vollkommen überflüssig waren, das heißt es war eine Art Fanatismus gegen deutschsprachige Zeitungen, gegen jiddischsprachige Zeitungen usw.

AB: Kann man heute in die hebräische Literatur ohne große Bibelkenntnisse ganz hineinwachsen?

UR: Na ja. Es ist nicht so einfach. Es gehört eigentlich mehr dazu als nur Bibelkenntnisse. Denn die Sprache hat sich in den 2.000 Jahren zwischen der Bibel und dem modernen Zionismus weiterentwickelt. Aber es gibt sehr viele junge Leute, die die Sprache kennen, ohne sehr tiefe Kenntnisse von den alten Quellen zu haben. Ich meine, die Bibel ist natürlich bekannt, man lernt sie in der Schule, aber die Assoziationen, die historische, wie nennt man das, die historische Last auf jedem Wort –

AB: Ja, die Tiefe, die Konnotation –

UR: – das gehört natürlich dazu, und ein Schriftsteller, der wirklich ein gutes Hebräisch schreiben will, der muß das natürlich kennen. Viele der bedeutenden Schriftsteller und Dichter stammen aus nicht hebräischsprachigen Ländern, darunter auch aus Deutschland: Jehuda Amichai und Nathan Sach sind zwei Namen unter den ersten zehn.

Uri Rapp (*1923)

»Ich spreche doch Hebräisch!«

Eine kleine Szene: Man sprach in meiner Klasse über tote Sprachen, worauf der Lehrer sagte: »Lateinisch, Griechisch und Hebräisch.« Worauf ich sagte: »Hebräisch nicht.« Worauf er sagte: »Hebräisch ja.« Worauf ich sagte: »Nein.« Fragt er: »Wieso?« Sag' ich: »Ich spreche doch Hebräisch!« Da wußte er nicht, was zu sagen. Aber es war keine Art von Antisemitismus.

Josef Burg (*1909)

Die konnten sich nicht vorstellen, daß jemand, der nicht Jiddisch sprach, auch ein Jude ist

Als ich 1928 auf einem Dampfer hierherfuhr nach Ben Schemen, war eine ganze Gruppe von *chaluzim* auf dem Boot, die aus Polen kamen. Und die sangen immer, und ich habe mich zu ihnen gesetzt. Und da haben sie mich dann gefragt, warum ich denn interessiert bin, da mitzusingen oder mit dabeizusein. Habe ich gesagt: »Na, ich fahre wie ihr nach Palästina, weil ich dort leben will.« Und da haben sie gesagt, sie glauben mir nicht, daß ich jüdisch bin. Erstens habe ich natürlich nicht Jiddisch gesprochen, und die konnten sich gar nicht vorstellen, daß jemand, der nicht Jiddisch sprach, auch ein Jude ist. Und dann noch jemand aus Deutschland, der alleine nach Palästina fährt und nur Deutsch spricht!

Eva Michaelis-Stern (*1904)

Es war kein Kampf gegen Deutsch, sondern für Iwrit

Schauen Sie, Hebräisch war in den Jahren bis 1948 die Sprache eines Bevölkerungsteils des Landes. Es war die offizielle Sprache der ›Sochnut‹ und der jüdischen Instanzen, der jüdischen Schulen, aber keineswegs der gesamten jüdischen Bevölkerung. Ein Teil der Bevölkerung sprach zu Hause so wie wir Deutsch, ein Teil Polnisch, ein Teil Russisch, ein Teil Jiddisch. Darum gab es einen Kampf: »Sprich Iwrit, damit das Land einen hebräischen Charakter bekommt.« Dieser Kampf war fraglos ideologisch. Es war kein Kampf gegen Deutsch, sondern es war ein Kampf für Iwrit. Man hat denselben Kampf auch gegen andere Sprachen geführt. Es gab keine andere Gruppe, die sich wirklich so bemüht hat, Iwrit zu lernen, wie gerade die deutsche *alija*. Es gab aber auch keine andere Gruppe, die dabei so Schiffbruch erlitten hat. Ob das nun daher kommt, daß gerade wir besonders sprachunbegabt sind, oder, was ich viel mehr glaube, wir nicht sprechen, wenn wir nicht die Grammatik richtig gelernt haben. Wir müssen wissen, wie man einen Satz konstruiert und wie man grammatikalisch sprechen soll. Dieses Zögern, falsch zu sprechen und deshalb lieber gar nicht zu sprechen, hat diesen Eindruck erweckt, daß die Jeckes einfach nicht wollen. Aber nach '48 war Hebräisch gesichert. Sie hören heute so viel Englisch und so viel Russisch, und kein Mensch sagt den Leuten: sprich Iwrit, denn es hat sich durchgesetzt, es ist heute die Sprache des Landes.

Paul Alsberg (*1919)

»Hebräer, sprich Iwrit!«

Mein Vater hat schon sehr bald damit angefangen, auch draußen auf der Straße Hebräisch zu sprechen, nicht Deutsch. Ich kann mich noch erinnern, wenn wir einmal im Autobus Deutsch gesprochen haben, dann wurden wir angefahren mit einer Losung:

»Hebräer« oder »Jude, sprich Iwrit«. Also, es war schon ein sozialer Druck auf uns, der uns veranlaßt hat, Hebräisch zu sprechen, und mein Vater hat das akzeptiert und angenommen.

Emanuel Strauss (*1926)

Es tut mir leid, daß mein Mann nicht mehr erlebt hat, wie selbstverständlich Hebräisch geworden ist

KH: Sprach Ihr Mann auch weiter Russisch mit seinen russischen Freunden?

AL: Nur Hebräisch, nur Hebräisch! Die alten Hebräer waren ja damals fast alle russischen Ursprungs, und mit denen war die Umgangssprache nur Hebräisch. Mein Mann war ein ganz, ganz engagierter Hebräer, und mir tut manchmal wirklich leid, wenn ich höre, wie man sich hier beschimpft, entweder in der Television oder in der Knesset oder irgendwo, in was für einem fließenden Hebräisch, daß er das nicht mehr erlebt hat, wie selbstverständlich Hebräisch geworden ist.

Anni Lamdan (*1901)

Eine Sprache, die in der Entwicklung ist

HM: Ich lese Zeitschriften jeder Sorte, Bücher meistens englische und deutsche, sehr selten auch was Hebräisches, wenn, dann sind es nur Aktualitäten und nicht irgendwelche literarischen Dinge. Keinerlei Geschmack dafür.

MD: Warum?

HM: Weil mir die Feinheiten fehlen. Die Möglichkeiten des Abwägens, was ich in anderen Sprachen kann, scheinen mir – ich betone scheinen – im Hebräischen zu fehlen. Das heißt, vielleicht kann ich nicht genug. Eine Sprache, die in der Entwicklung ist, die einen Boden hat, aber der ein Zwischenstück in die heutige Zeit bis heute noch fehlt.

MD: Ja, aber einen großen Teil dieser Entwicklung haben Sie miterlebt, doch wahrscheinlich nicht mit absolviert?

HM: Doch, aber da meine Kritik vorhanden war und weiterhin ist, bin ich zu dem Schluß gekommen, den ich Ihnen eben gesagt habe, ja? Ich bin Antichauvinist, in jeder Hinsicht, und betrachte die Dinge so, wie sie sind. Sehen Sie, Englisch, Französisch, Deutsch, das sind Sprachen, die kontinuierlich gelebt haben, ganz egal, was man damit angefangen hat. Beim Hebräischen können Sie diesen Werdegang nicht nachweisen, sondern er ist neu, hat begonnen vor, weiß ich, 80, 90, 100 Jahren. Das braucht wahrscheinlich seine Zeit, bis es sich voll herausgebildet hat, ja? Das heißt nicht ablehnen, sondern einfach sagen, daß es nicht dasselbe ist, nicht auf demselben Niveau. Wir leben im Hebräischen in einer sehr chauvinistischen Atmosphäre, gegen die ich mich persönlich bis zu einem gewissen Grade wehre. Das heißt nicht, daß ich im Gegensatz zu den Dingen stehe, die hier im Lande passieren, denn ich lebe hier fast 60 Jahre. Aber leben heißt auch Kritik üben, und in einer Form, daß sie zum Teil positiv wirken soll. Das versuchen wir trotz Alter noch; ob es immer glückt, ist 'ne Frage.

Hugo Mendelsohn (*1918)

Ich ziehe eine der europäischen Sprachen vor

Ich habe immer den Eindruck gehabt, daß die hebräische Sprache ziemlich unentwickelt ist. Man könnte mir natürlich entgegenhalten: Na, du sprichst sie so schlecht, und daran liegt das. Aber das ist nicht ganz der Fall. Bei meinen jetzt schon über 20 Jahre alten Bemühungen um die Archäologie, meinem »zweiten Beruf«, ziehe ich eine der europäischen Sprachen vor wegen der größeren Genauigkeit in der Darstellung und auch in den hypothetischen Ausdrucksweisen, Konjunktiven, Vermutungen usw. Das alles ist in Hebräisch nicht sehr einfach zu machen. Man kann sich natürlich vollkommen in Hebräisch ausdrücken, das ist keine Frage, aber wenn es sich um komplizierte Darstellungen handelt, haben meines Erachtens die europäischen Sprachen einen gewissen Vorsprung. Deswegen habe ich mir wohl auch weniger Mühe gegeben, die hebräische Sprache für technisch kompliziertere Dinge zu entfalten.

Abraham Eran (*1907)

* * *

»Hier wird die Nazisprache nicht gesprochen!«

AB: Wie haben Sie damals gestanden zu dieser ideologisch-zionistischen Forderung: »Jude, sprich Hebräisch«?

ER: Es ist Leuten hier passiert – mir nicht –, daß sie im Autobus angeschrien wurden: »Hier wird die Nazisprache nicht gesprochen!« Das wurde schon hebräisch gesagt oder jiddisch. So hat man das doch hier aufgenommen. Und unter den insgesamt 85.000 Juden aus Deutschland und Österreich, die zwischen '33 und '39, '40 eingewandert sind, kam die überwiegende Mehrheit ohne jede Kenntnis des Hebräischen. Da mußte man, wie

ich, aus zionistischem Hause sein, wo die Eltern noch obendrein
fromme Leute waren. Für uns war Hebräisch überhaupt immer d i e
Sprache.

*Eli Rothschild (*1909)*

»Nicht so laut und nicht so deutsch!«

Ich erinnere mich an eine Freundin von mir, die mit ihrer kleinen
Tochter im Autobus saß und sie dort etwas fragte, worauf sie ihr
sagte: »Nicht so laut und nicht so deutsch!«

*Anni Lamdan (*1901)*

Sie konnten ja nicht von heute auf morgen die Sprache, die sie nicht gelernt haben, sprechen

Man ist teilweise angefeindet worden, wenn man Deutsch gesprochen hat. Das hatte zunächst mit der Schoa noch nichts zu tun.
Wenn zum Beispiel während der Zeit in Kirjat Anawim in der
›Jugendalija‹ Leute aus dem Kibbuz uns junge Leute dort getroffen
haben, wenn wir miteinander Deutsch gesprochen haben, dann
sind sie über uns hergefallen, daß wir Hebräisch sprechen sollen.
Aber das war '36, '37. Und für die spätere Zeit möchte ich sagen,
daß gerade die, die aus Deutschland hierhergekommen sind, sicher die letzten waren, die diese furchtbaren Dinge, die geschehen sind, geglaubt haben. Das ist unmöglich, das kann nicht sein!
Als es dann klar wurde, daß es doch so ist, hat es vielleicht auf
alles mögliche Einfluß gehabt, aber ganz sicher nicht darauf, daß
die Leute nicht weiter Deutsch gesprochen haben. Die konnten ja
deswegen nicht von heute auf morgen die andere Sprache, die sie
nicht gelernt haben, sprechen.

*Gabriel Walter (*1921)*

Die Redaktion der deutschsprachigen Zeitung wurde demoliert

Von den Zeitungen, die hier in deutscher Sprache erschienen,
wurden die Redaktionen demoliert. Und bei Wahlversammlungen,
die ich mitgemacht habe, in der Zeit, als Felix Rosenblüth, also
Pinchas Rosen, in die Stadtverwaltung von Tel Aviv gewählt worden ist, waren Sprechchöre im Saal, die dagegen protestiert haben, daß in deutscher Sprache ein Vortrag gehalten wurde.

*Heinz Gerling (*1904)*

Die fremdsprachigen Blätter waren als Fremdkörper abgestempelt

IL: Von '37 ab habe ich an einem Übersetzungsblatt gearbeitet. Und weil man merkte, es ist ein gutes Geschäft, kamen weitere Blätter. Insgesamt waren es fünf oder sechs deutschsprachige Übersetzungsblätter. Das hat den Unmut der Hebraisten hervorgerufen, und nicht bloß Unmut: Abneigung, Widerwillen, Haß. Die deutsche Sprache war verhaßt, weil sie die Hitlersprache war, ja? Daß sie auch die Sprache von Herzl ist, das konnte man zwar sagen, aber es war schon vom Klang her vor allem für die aus Osteuropa stammenden Juden die Hitlersprache. Das war ihnen nicht auszutreiben.

Als im Jahre 1941 oder 1942 ein oder zwei Blätter anfingen, zum Druck überzugehen, war es für die hebräisch-fanatische Öffentlichkeit eine Art Fanal. Solange es ein Übersetzungsblatt war, hektographiert, äußerlich völlig unscheinbar, konnte man sagen, es trägt den Stempel des Übergangs an der Stirn. In dem Augenblick, wo man zum Druck überging, hieß das, jetzt ist das auf Dauer angelegt, ja? Und das hat furchtbare Aufregung verursacht, vor allen Dingen in Tel Aviv.

AB: Da hat es auch ein Bombenattentat gegeben, nicht?

IL: Das kam etwas später, aber die Aufregung war schon vorher. Es gab Brandstiftungen bei den Kiosken, die das feilgeboten haben, es gab Brandstiftungen in Zeitungsbüros. Die Situation war reichlich unangenehm. Von der hebräischen Öffentlichkeit waren die fremdsprachigen Blätter als Fremdkörper abgestempelt. Aber für uns, für alle Redakteure und die Verleger, war es selbstverständlich, daß es im Grunde ein zionistisches Blatt war, trotz der deutschen Sprache. Das war für viele hier im Lande schwer zu verdauen. Und der Hauptvorwurf war, deutsche Zeitungen und Zeitschriften seien ein Hemmnis für die Integration der aus Mitteleuropa stammenden Einwanderer. Nun muß ich zugeben, daß es bei vielen zweifellos den sprachlichen Integrationsprozeß verzögert hat. Aber die deutschen Blätter mit allen ihren Fehlern, Unzulänglichkeiten haben dem Leser ermöglicht, sich in Kürze über das Geschehen im Lande zu informieren, und das war erst mal wichtig in der Kriegszeit.

Iwan Lilienfeld (*1910)

»Unter keinen Umständen kommen die Leute her, die auf deutsch spielen!«

Es war eine gewisse Schranke in Israel, und auch hier, in diesem Kibbuz. Es gab mal den Besuch des Burgtheaters hier im Lande, und jemand ist zu mir gekommen und hat gesagt: »Vielleicht bist du interessiert, in Nezer Sereni umsonst eine Vorstellung vom Burgtheater zu haben.« Hab' ich gesagt: »Bin interessiert, aber ich muß das zu Hause klären.« Da war eine solche Opposition, als ich das gefragt habe: »Unter keinen Umständen kommen die Leute her, die auf deutsch spielen!« Das Wiener Burgtheater Ende der 60er Jahre hat überhaupt nichts mit dem Nazismus zu tun gehabt. Unter keinen Umständen. Und da habe ich einen von den größten Oppositionären gefragt: »Sag mal, wenn ein polnisches Theater kommen würde, das wär' in Ordnung?« »Ja, das ist in Ordnung. Polnisch, ja.« Und die Polen waren nicht besser als die Nazis den Juden gegenüber!

Akiba Eger (*1913)

Als Kunstsprache ist mir das Deutsche unerträglich, weil ich es ihnen nicht mehr glaube

Als ich während des Krieges Kriegsgefangener in Deutschland war, habe ich ganz, ganz selten Deutsch gesprochen, nur Englisch. Aber hie und da, wenn es Auseinandersetzungen gab und sie dann irgendwas über mich in Deutsch gesagt haben, habe ich plötzlich gesagt: »Ihr Schweine, ihr«, oder so was. An und für sich war das Deutschland, das ich dort kennengelernt habe als Kriegsgefangener, nicht das allerschlechteste Deutschland, denn das allerschlechteste Deutschland war natürlich in Konzentrationslagern oder wenn du als hilfloser Jude irgendwo da warst. Wir waren ja als Juden in der britischen Armee die einzigen, die sozusagen sicher waren. Aber das, was mich so schrecklich abgestoßen hat, war ihr Deutsch. Mein Deutsch, das ich im Ohr hatte, war ein Hochdeutsch, das Prager Hochdeutsch, kein Dialektdeutsch, man hat es sozusagen ruhig gesprochen. Die konnten nur schreien. Es war ein vollkommen primitives, schreiendes Soldatendeutsch. Vielleicht war das untereinander anders, aber wir haben sie ja nur als »Herren« gekannt. Also vom Akustischen her und vom Inhaltlichen her war das ein Befehlsdeutsch, so daß wir das Deutsch nur in der abschreckendsten Art kennengelernt haben. Ich habe das nie verbunden mit dem alten Deutsch. Ich wußte natürlich, daß das genau den Geist der Zeit und den Geist der Herrschaften spiegelt. Vielleicht hat mich das nun abgeschreckt von der deutschen Kultur überhaupt, könnte ja sein. Seit dieser Zeit kann ich öffentliches Deutsch oder Deutsch auf der Bühne nicht mehr hören. Wir waren zum Beispiel vor ein paar Tagen in diesem deutsch-amerikanischen Kabarett, wir sind in der Mitte rausgegangen. Weißt Du, es ist mir sogar beinah unmöglich, eine deutsche Oper anzuhören. Als Gelehrtensprache ist das was anderes, ich fahr' auf Kongresse nach Deutschland und hab' einige ausgezeichnete Freunde, mit denen ich Deutsch spreche. Aber als Kunstsprache, als öffentliche Kunstsprache ist mir das Deutsch unerträglich, weil ich es ihnen nicht mehr glaube. Das ist ein Vorurteil natürlich.

Yehoshua Arieli (*1916)

Im Ausland immer Hebräisch
Wann immer wir ins Ausland fahren, sei es meine Frau und ich allein oder mit Freunden, unterhalten wir uns untereinander in Hebräisch. Das heißt, wir sind nicht interessiert, uns speziell in deutschsprechenden Ländern in Deutsch zu unterhalten. Manchmal ist es uns auch vorgekommen, daß man gefragt hat: »Welche Sprache sprechen Sie?« Und die Leute wundern sich sehr, daß wir ein so akzentloses Deutsch sprechen.

Paul Feiner (*1919)

»Efscher, kennt Ihr dajtsch?«
1968 war so 'ne Kolpinggruppe hier eingeladen, ich glaube von den ehemaligen Kölnern, und die sollten zwei Wochen hier rumgeschleust werden und dann eine Woche in einer israelischen Familie sein. So bekamen wir einen netten Jungen, der war, glaub' ich, 21 Jahre, aus Frankfurt. Und bevor sie herkamen, hatte man ihm gesagt, sie sollten möglichst nicht Deutsch sprechen auf der Straße. Also, er ging dann nachher mal an so einen kleinen Kiosk und wollte eine Ansichtskarte kaufen, und da war so 'ne alte Frau drin, und er hat mit ihr Englisch gesprochen. Und die alte Frau sagte auf einmal: »*Efscher, kennt Ihr dajtsch?*«, könnt Ihr Deutsch? Und das hat ihn so beeindruckt. Also das ist der Grund, weshalb so viele Leute hier noch immer nicht Iwrit können. Weil sie immer mit Deutsch zurechtgekommen sind.

Else Admoni (*1908)

* * *

Wir haben Hebräisch nach Gebeten gelernt
KH: In der Familie meiner Mutter haben die Jungen eine sehr gute
jüdische Erziehung bekommen, die Mädchen dagegen hatten eher
eine elementare Erziehung.
EG: Bis eben bei uns ein Ausnahmezustand eintrat, haben wir
gelernt. Wir haben Hebräisch gelernt nach Gebeten. Nicht sprechen. Nach Gebeten übersetzen, schreiben, lesen. Also außerhalb
der Schule. Und später, zur *bat mizwa*, haben wir sogar noch mehr
gelernt. Das haben alle Kinder gehabt bei uns, auch alle Mädchen.
Ich habe noch die Bücher hier. Aber das war wirklich ungewöhnlich! Das ist im allgemeinen in Deutschland nicht gewesen.

Else Gerling (*1907)

Wir hatten eine Schabbatsprache, das war Hebräisch
Hebräisch haben wir in der jüdischen Mädchenvolksschule in
Hamburg vom ersten Schuljahr an gelernt, das war die erste Fremdsprache, aber Bibelhebräisch natürlich. Das waren sehr kleine
Grundlagen. Wir haben einfach schreiben und lesen und ein paar
Worte gelernt mit einer Fibel. Nicht, daß wir sprechen konnten
oder was. Aber mein Vater war damals schon Zionist und hat mit
uns im Haus auch Hebräisch gesprochen. Das heißt, er hat uns
Worte beigebracht, das war so eine Art Spiel, weil wir doch noch
klein waren. Am Schabbat hatten wir eine Schabbatsprache, das
war Hebräisch.

Kela Marton (*1924)

**Vergleich der Bibel in hebräischem Urtext und deutscher Über-
setzung**
Sprachen waren immer mein Hobby. Wenn ich zum Beispiel mit
meinem Vater in die Synagoge gegangen bin, war ich an den Gebeten nicht zu sehr interessiert, habe aber natürlich alles mitgemacht. Und da hatten wir eine Bibel in hebräischem Urtext und
daneben die deutsche Übersetzung. Das hab' ich immer verglichen während der Gebete. Mein Vater hat immer gefragt: »Was
machst du, warum paßt du nicht auf?« »Ja, das ist viel interessanter
hier«, habe ich immer gesagt. Das war schon wie eine Vorahnung
meiner späteren Übersetzertätigkeit.

Jehuda Steinbach (*1910)

Ich habe meiner Frau in Deutschland Briefe in Hebräisch geschrieben

Meine Frau und ich haben uns in Deutschland kennengelernt und haben dort mit Hebräisch angefangen. Die ersten Anfänge waren sogar, als ich elf oder zwölf Jahre alt war, und der erste Lehrer war ein Mann aus Palästina, der uns das Sprechen beigebracht hat. Einige Zeit später haben wir Unterricht bekommen bei einem Lehrer, der uns vor allem Gebete und Bibel lesen lehrte. Das war Vorbereitung auf die *bar mizwe*. Und später bin ich dann in Sprachkurse gegangen, als ich in einem der sogenannten *chaluzischen* Jugendbünde Mitglied war und mich für Palästina interessierte. Das war etwa 1923, '24, da war ich so 14, 15 Jahre. In Breslau, wo ich aufgewachsen bin, gab es eine ausgezeichnete hebräische Sprachschule von einem Russen. Sehr viele von uns sind nachmittags zu ihm gegangen, und dort haben wir wirklich gut Hebräisch gelernt. Ich hab' noch immer Briefe aufgehoben, die ich meiner Frau in Deutschland in Hebräisch geschrieben habe. Wenn ich das heute lese, lache ich über das Hebräisch, es war furchtbar unbeholfen. Aber immerhin, es war eine Grundlage.

Uri Gassmann (*1911)

Ich habe die hebräische Sprache sehr gepflegt, sehr geliebt

Ich war in einer jüdisch-zionistischen Jugendbewegung, ›Blau-Weiß‹, und in der Zeit, als ich dort führend tätig war, habe ich angefangen, Hebräisch bewußt als gesprochene Sprache zu lernen. Wie es üblich ist in jüdischen Häusern, habe ich schon mit fünf Jahren Hebräisch zu lernen angefangen und habe das geschriebene Wort mehr oder weniger verstanden. Aber erst in den späteren Jahren habe ich ernsthaft Hebräisch zu studieren begonnen, und als ich im Januar 1939 hier mit Frau und zwei Kindern ankam, habe ich mich schon hebräisch verständigen können. Ich habe die hebräische Sprache sehr gepflegt, sehr geliebt und mich sehr in ihr ausgebildet, habe auch viel Gelegenheit gehabt zu sprechen, Reden zu halten und zu schreiben.

Mosche Rosner (*1902)

Erste hebräische Trauung in Deutschland

Ich hab' mit 26 geheiratet, meine Frau war einige Jahre jünger. Die Hochzeit war in Gießen, die erste hebräische Trauung in Deutschland, denn meine Frau und ich haben damals schon Iwrit verstanden. Wir haben gefragt, ob der Rabbiner die Trauung in

Hebräisch machen kann. Er hat es gemacht, es war eine historische Trauung.

Iwrit hab' ich zu lernen versucht im Alter von ungefähr 24 Jahren. Ich habe mir alle möglichen Bücher bestellt, aber es ist mir nicht gelungen, bis ich durch einen Zufall das etymologische Wörterbuch von Fürst bekommen habe, ein sehr veraltetes, nicht wahr? Aber dann hab' ich angefangen, wie man sagt, zu verstehen. Ich kann nämlich nicht lernen ohne zu verstehen. Da habe ich angefangen zu sprechen, und zwar mit mir selbst. Meine Frau hat manchmal gesagt:»Du gehst da herum und sagst: *se schulchan, se schulchan gadol, se schulchan gawoa, se schulchan jafe*« – das ist ein Tisch, das ist ein großer Tisch, das ist ein hoher Tisch, das ist ein schöner Tisch – »Diese Worte kennst du doch schon!« Habe ich gesagt:»Mein Kind, hier handelt es sich um etwas anderes, was man auf deutsch nennt geläufig machen.«

Isack Bayer (*1902)

* * *

Die deutschen Juden waren verwurzelt in einer einzigen Sprache
Es gab hier, besonders in Tel Aviv und in Haifa, eine Enklave, in der man Deutsch gesprochen hat. Meine Mutter hat in 40 Jahren nie Hebräisch gelernt, und sie hat sich in Tel Aviv sehr gut zurechtgefunden. Die meisten Juden aus dem Osten, aus Polen, Rußland, sind aufgewachsen mit drei oder vier Sprachen, und der Übergang von einer Sprache in die andere ist ihnen sehr leicht gefallen. Die deutschen Juden waren so verwurzelt in einer einzigen Sprache, daß es ihnen wirklich schwer gefallen ist. Man muß dazu noch sagen, daß die hebräische Schrift ein fast unüberwindliches Hindernis ist für jemand, der sie nicht von Kind auf kann.

Uri Rapp (*1923)

»Noch niemals haben so viele Menschen mit so viel Mühe so wenig erreicht«
AB: Sie sind in Tel Aviv erst mal hauptsächlich in deutschsprachigen Kreisen gewesen?
IL: Ja, ja sicher, sicher, das war sprachlich ein riesiger Nachteil. In jedem Lebensmittelladen wollten die Verkäufer den Käufern ja entgegenkommen und haben jedenfalls versucht, das zu sprechen, was sie für Deutsch gehalten haben. So hat man sich mehr oder weniger verständigt. Aber das hat die sprachliche Integration sehr

behindert. Es gab sozusagen die drei, wie soll ich sagen, deutschen Sprachinseln. Das eine war Tel Aviv Nord –

AB: »Kanton Iwrit«.

IL: »Kanton Iwrit«, also wie österreichisch »kein Ton Iwrit«. Das zweite Zentrum war der *Karmel* in Haifa, und das dritte Zentrum war Rechawia in Jerusalem. Naja, und dann natürlich einzelne Kibbuzim, wie Hasorea. Und dann Naharija, ja, Sie kennen das Zitat »Was auch immer kommt, Naharija bleibt deutsch«? Man hat damals ein berühmtes Wort von Churchill abgewandelt: »Noch niemals haben so viele Menschen mit so viel Mühe so wenig erreicht.«

*Iwan Lilienfeld (*1910)*

Ich hab' das Heft mit ins Bett genommen

Wir haben sogar jede Woche eine Stunde gehabt, oder zwei sogar, privat. Aber hören Sie mal, wenn ich abends im Bett gelegen habe um zwölf und war um sechs Uhr aufgestanden, ohne Mittagspause, da hab' ich das Heft mit ins Bett genommen, habe ich gelesen *schalom*, Frieden, und *kessef*, Geld, da war ich weg, ja?

*Gertrud Fraenkel (*1894)*

Wenn Sie 10 oder 16 Stunden am Tag arbeiten, da geht nichts mehr rein

MW: Am Tag hat man gearbeitet, nachts hat man entweder Übungen von der ›Hagana‹ gehabt oder auch mal Hebräisch. War sehr schön, doch wir waren so müde, daß es nicht in den Kopf reinging. Einer ist mal 'ne Weile ins Krankenhaus gekommen, und er kam als perfekter Hebräer zurück. Wir haben zehn Jahre hier in Sde Warburg die ganzen Versammlungen auf deutsch gehabt, selbst wenn man versucht hat, uns das hier in'n Kopf zu hacken. Wenn Sie 10 oder 16 Stunden am Tag arbeiten, da geht nichts mehr rein.

HW: Im Winter haben wir ein-, zweimal in der Woche abends Hebräischunterricht gehabt, aber das war auch nicht sehr erfolgreich. Gelernt, mehr oder weniger, habe ich's durchs Radio.

MW: Ja, soweit wie's mein Beruf erforderte, hab' ich's gelernt. Wie ich damals die Blumen ausgefahren habe, mußte ich ja etwas Hebräisch sprechen. Also, soweit das um die Blumen und das kleine Gespräch mit dem Käufer ging, ging das natürlich.

*Michael (*1916) und Hanna (*1917) Walter*

Sprachen sind nicht meine Stärke

Ich wurde in Giw'at Brenner nach einem Jahr nicht aufgenommen, weil ich nicht genug Hebräisch konnte. Aber ich habe sehr schwer – nicht nur ich, alle haben sehr, sehr schwer gearbeitet am Anfang, als wir kamen. Und wenn ich dann danach zum hebräischen Unterricht gehen mußte, bin ich meist eingeschlafen, hab' überhaupt nicht gehört, wovon da die Rede war. Alle, die in meiner Situation waren, haben nicht gelernt. Aber Sprachen sind auch nicht meine Stärke.

Asta Bergmann (*1911)

»Reden Sie Deutsch. Wir sprechen alle Deutsch.«

Wie wir herkamen, haben wir uns bemüht, irgendwie drei Worte Iwrit zu sprechen. Haben sie gesagt: »Reden Sie Deutsch. Wir sprechen alle Deutsch.« Und es gab ja keine Möglichkeit zu lernen, sie konnten nur privat Stunden nehmen, einen *ulpan* oder so was, das gab's doch nicht. Und das war wahnsinnig teuer. Man hatte es auch nicht nötig. Auf den Behörden konnte man Englisch reden. Aber ich habe dann gelernt, mußte lernen. Und als mein Sohn zum Militär kam, da habe ich sogar richtig schreiben gelernt, denn ich hab' mir gesagt, wenn der Brief von seiner Freundin kommt, wird er ihn lesen, aber einen deutschen Brief von seiner Mutter wird er in den Papierkorb werfen. Und so habe ich mich hingesetzt mit Lexikon und habe angefangen. Ich habe ganz gut geschrieben. Jetzt hab' ich keine Übung mehr.

Alisa Porath (*1907)

»Machst du das zu Fleiß oder bist du wirklich so dumm?«

AB: Sie haben mit beiden Söhnen deutsch gesprochen?

LV: Ja, ja.

AB: Und die haben das angenommen?

LV: Ja. Aber ich kann mich erinnern, mein Großer hat immer gesagt: »Ich möcht' nur eins wissen, machst du das zu Fleiß oder bist du wirklich so dumm?« Das war gut. Und einmal hat er mir gesagt: »Immer wenn wir im Autobus sind, sprechen wir lieber Deutsch oder überhaupt nicht. Sprich nicht Iwrit!« Denn ich habe damals so viele Fehler gemacht. Das ist auch Talent, wissen Sie! Auch heute mach' ich noch ganz primitive Fehler. Ich habe Freunde, mit denen ich nur Iwrit sprechen kann, und die auf einer sehr hohen intellektuellen Stufe stehen. Und wir unterhalten uns über alles, obwohl mir viele Worte fehlen. Ich kann sprechen, aber die primitiven Fehler, die mach' ich immer wieder. Interessant. Die sind so tief in mir, die gehen nicht raus.

Lisl Vardon (* ca. 1915)

»Es ist ja viel leichter, sich zu schämen als Hebräisch zu sprechen«

Sie haben sicher den Witz gehört von diesem Jecken, den man fragt: »Schämst Du Dich nicht, Du bist schon so viele Jahre im Land und kannst noch immer kein Hebräisch sprechen!« Und darauf sagte er: »Ist ja viel leichter, sich zu schämen als Hebräisch zu sprechen.« Ja, und da erzählt man noch von Naharija diesen Witz, wie ein deutscher Jude am Strand entlanggeht, und plötzlich hört er, wie einer ruft: »*hazilu, hazilu*«, das heißt »rettet, rettet«. Und da dreht sich dieser deutsche Jude um und sagt: »Hebräisch haste gelernt, schwimmen hättste lernen soll'n!«

Nachum Gadiel (*1917)

* * *

Ich war so eine gute Schülerin. Aber ich mochte nicht gern Hebräisch sprechen

Es hat mir hier im Lande nicht gefallen, bis auf zwei Sachen: Erstens waren in Affikim, wo ich mit der ›Jugendalija‹ war, Leute aus Rußland, ganz liebe Leute; ich habe mich dort gut gefühlt. Und das Zweite war, ich war eine gute Schülerin. Ich habe schnell Iwrit gelernt, ich habe nach neun Monaten Protokoll geführt bei den Versammlungen, und mein Lehrer hat damit angegeben. Da war nur eine Sache: Mein Lehrer wußte, wo man Deutsch spricht, ist die Nira. Er hat sich darüber geärgert, ich hab' so gut geschrieben und war so eine gute Schülerin. Aber ich mochte nicht gern Hebräisch sprechen.

Nira Cohn (*1920)

Es dauert eine Weile, bis man das kapiert

MD: Also im Kibbuz Tel Josef waren, soweit ich weiß, eigentlich keine Deutschsprechenden?

HM: Null. Es gab nur ein paar Tschechen, die mit uns *greenhorns* redeten, was sie als Deutsch bezeichneten. Und eine meiner ersten Arbeiten war, daß ausgerechnet ich, das Berliner Stadtkind, in den Kuhstall geschickt wurde. Und da wurde ich um halb vier Uhr früh geweckt, damals wurde ja noch mit der Hand gemolken.

Jetzt trottete ich da runter, ich hatte keine Ahnung, was und wie und wo, und komme hin, und da war eine Tschechin. Sie hörte auf den Namen Bepka. Die war nach meinen damaligen Begriffen schon alt, vielleicht 30, ja? Jetzt sagte die mir:»Gib mal her die *schwebbalach*«.»Wie bitte? Was? *Schwebbalach*?«»Du weißt nicht, was ist *schwebbalach*?« Also stellte sich raus, daß *schwebbalach* der jiddische Ausdruck für Schwefelhölzchen, Streichhölzer ist. Es dauert eine Weile, bis man das kapiert, ja? So sah das Deutsche aus. Es gab bei uns interessanterweise zwei Cliquen, die sich aufteilten: die einen, die untereinander Deutsch sprachen und die anderen, die untereinander versuchten, Hebräisch zu sprechen. Das hieß nicht, daß die, die weiter Deutsch sprachen, nicht Hebräisch lernten. Wir lernten Hebräisch. Aber irgendwie hab' ich nachträglich das Gefühl, daß es sich hier um Überbleibsel der deutschen Erziehung handelte. Je nachdem, wie tief sie war und wie weit da eine Verwurzelung vor sich gegangen war, von der man gar nichts wußte.

Hugo Mendelsohn (*1918)

Eines der ersten hebräischen Bücher war ›Emil und die Detektive‹
MD: Wann hast Du Dich eigentlich richtig in die Sprache eingelebt?
UB: Voll und ganz in dem Moment, wo ich im Vorbereitungskibbuz war; da sprach man nur Hebräisch, und ich auch. Deutsch sprach ich nur, wenn ich meine Familie und meinen Bruder besuchte.
MD: Und was hast Du gelesen?
UB: Oh, hebräisch (*lacht*).
MD: Wann?
UB: Ich las deutsch und hebräisch. Ab wann? Eines der ersten hebräischen Bücher war ›Emil und die Detektive‹ (*lacht*). Und dann ging's ganz langsam über in Hebräisches.

Usi Biran (*1920)

Ich bin in die hebräische Literatur nicht so hineingewachsen
AF: Die Bibliothek, die mein Vater mitbrachte, war ein geheiligter Ort in der Wohnung, sie ist heute in meine Bibliothek inkorporiert. Noch größer war die Bibliothek meines Onkels, eines Zahnarztes aus Frankfurt am Main, bei dem ich das letzte Schuljahr '38, '39 in Afula verbrachte. Mein Großvater brachte seine religiöse Biblio-

thek mit. Ich las sehr viel. Das war meine Lieblingsbeschäftigung. Ich neigte nie zu Sport und zu derartigen Dingen.

AB: Haben Sie in der Zeit auch im Hebräischen ernsthafte Literatur gelesen?

AF: Wenn ich vielleicht wiederum von meiner Bibliothek sprechen darf: Obwohl ich heute Hebräisch fließend spreche, lese und schreibe und keinerlei Schwierigkeiten mit der Sprache habe und sehr mit ihr verwachsen bin, so ist meine hebräische Bibliothek bis zum heutigen Tage recht dürftig im Vergleich zu der deutschen und der englischen Bibliothek. Aber das hat wiederum mit meinem Lebensgang und meinen Neigungen zu tun. Ich habe Hebräisch automatisch und gut gelernt, aber ich bin in die Literatur eben nicht so hineingewachsen, wie es wohl der Fall gewesen wäre, wenn es mir möglich gewesen wäre, eine akademische Tätigkeit als Lehrer oder vielleicht als Rabbiner oder als Erzieher hier im Lande zu haben.

Abraham Frank (*1923)

»Ins Deutsche kann ich es übersetzen, aber nicht ins Hebräische«

Ich bin in einem einzigen Examen durchgefallen, und zwar mußte ich ein Colloquium machen in Latein. Nun konnte ich Latein erstklassig, denn ich hatte von der Sexta bis zum Abitur die ganze Zeit Latein. Und der Dozent, Dr. Hans Lewy aus Berlin, gab mir einen Teil von Sallust zu übersetzen ins Hebräische, worauf ich mir das ansah und ihm dann sagte: »Dr. Lewy, darf ich es ins Deutsche übersetzen, denn mir fehlen die hebräischen Worte?« Darauf hat Lewy gesagt: »Natürlich in Iwrit, wir sind auf einer hebräischen Universität. Können Sie's übersetzen oder können Sie's nicht übersetzen?« Habe ich gesagt: »Ins Deutsche kann ich es übersetzen, aber nicht ins Hebräische.« Worauf er sagte: »Dankeschön. Durchgefallen.« Also, das ist nur eine Illustration.

Paul Alsberg (*1919)

»Die nennt sich Hebräische Universität, aber – «

Ich mußte doch Hebräisch geprüft werden, nicht? Dabei bin ich dreimal durchgefallen, und beim vierten Mal kam ich nur durch, weil die Zeugnisverteilungszeremonie schon sehr nah war, und der Prüfer anscheinend einen Wink bekam, er muß diesen Jecken durch die Prüfung bringen. Das war eine Geschichte, aber die kann nur jemand würdigen, der Hebräisch kann, um zu verstehen, was für Fehler ich da machte. Also jedenfalls fragte mich dieser sehr

nette Professor, wo ich arbeiten will. Sagte ich: »Ja, in einem bio-
logischen Institut in Tel Aviv.« Da sagt der: »Na, Gott sei Dank, da
werden Sie in einer hebräischen Umgebung sein und nicht in unserer Hebräischen Universität. Die nennt sich Hebräische Universität, aber man spricht hier mehr Deutsch als Hebräisch!«

Heinrich Mendelssohn (*1910)

Die Vorlesungen waren prinzipiell in Iwrit

AB: Waren die Vorlesungen damals alle schon in Hebräisch?

UR: In mehr oder weniger gutem Hebräisch. Wir haben von einigen unserer Lehrer gesagt, sie sprechen Hebräisch so, wie die Engländer Deutsch sprechen. Also so ungefähr kam das raus, bei
Frankenstein zum Beispiel, einem Psychologen, Psychiater. Und
auch Ruppin, der seit etwa 1910 in Palästina lebte, hat nie richtig
Hebräisch gelernt, er hat seine Vorlesungen aus seinem eigenen
Buch, das ins Hebräische übersetzt wurde, vorgelesen. Seine Schüler haben es ihm punktiert, und er hat aus seinem eigenen Buch in
der Klasse vorgelesen. Die meisten unserer Lehrer stammten aus
Deutschland oder aus dem deutschsprachigen Raum: Hugo Berg-
mann, Richard Köbner; Fränkel in Mathematik; Arieli natürlich.
Andererseits gab es den englischen Einfluß, Professor Roth und
einige andere; der Sohn von Herbert Samuel war einer unserer
Lehrer.

AB: Haben Sie das als Student dann miterlebt, wie diese älteren
Herren, die nicht mehr so ganz in das Hebräische reingekommen
sind, mit der neuen Wissenschaftssprache kämpften?

UR: Tja, schauen Sie, wenn es nötig war, haben wir Deutsch gesprochen.

AB: Hat man noch viel gewechselt?

UR: Ja. Also in Privatgesprächen mit meinen Lehrern hab' ich sehr
oft Deutsch gesprochen.

AB: Aber die Vorlesungen waren dann prinzipiell hebräisch?

UR: Die Vorlesungen waren prinzipiell in Iwrit, ja, prinzipiell.

Uri Rapp (*1923)

»Verständlich schon, aber unverständlich noch nicht«

Die wesentliche Sprache wurde für mich schon bald das Hebräische. Die Alltagssprache hat mir keinerlei Mühe bereitet. Es war
nicht so, wie das, was man als Witz über Martin Buber erzählt:
Man soll Martin Buber kurz nach seiner Einwanderung nach Jerusalem gefragt haben: »Sagen Sie, wir wissen ja, Sie beherrschen

das Hebräische vollkommen, Sie haben ja den *tanach*, die Bibel vollständig ins Deutsche übersetzt, meisterhaft. Aber sagen Sie, wie steht es mit dem Alltagshebräischen, können Sie sich schon verständlich machen?« Darauf sagte er: »Ja, verständlich schon, aber unverständlich noch nicht.«

Efraim Orni (*1915)

Ich habe Hölderlin erst hier gelesen

Also Schiller, Goethe, Lessing habe ich auch von Zeit zu Zeit wieder gelesen, als ich schon hier war. Und ich muß sogar hinzufügen, daß ich hier im Land eine Liebe erworben habe für einen deutschen Dichter und Schriftsteller, von dem ich in Deutschland fast nichts gewußt habe, und das ist Hölderlin. Ich glaube, daß ich während der Zeit, in der ich Antiquar war, doch noch eine gewisse nähere Beziehung zur deutschen Literatur hatte als später. Wahrscheinlich hatte ich nach '48, '49 viel weniger Berührungspunkte mit deutscher Literatur. Ganz abgesehen davon, daß ich sehr beschäftigt war, habe ich mich dann nicht mehr so zurückgesehnt, soll ich so sagen, nach deutscher Literatur.

Esriel Hildesheimer (*1912)

Der Wechsel zum Hebräischen war ein sehr bewußter Vorgang

LY: Gut, das Sprachproblem war mir klar von Anfang an, nicht? Aber ich war damals schon kein wirklicher Neuling im Hebräischen. Etwas weniger entwickelt war meine schriftliche Ausdrucksfähigkeit im Hebräischen. Dann bin ich an die Universität in Jerusalem gegangen. Dort hab' ich vier Jahre studiert und den M.A. gemacht in allgemeiner Geschichte, in jüdischer Geschichte und in hebräischer Literatur.

MD: Könntest Du etwas sagen über diesen Wechsel von der allgemeinen Geschichte, die Du in Deutschland studiert hast, in die jüdische Geschichte, von der allgemeinen Literatur- und Sprachwissenschaft in die hebräische und israelische Literatur- und Sprachwissenschaft?

LY: Das war ein sehr bewußter Vorgang. Ich habe mich in der ersten Zeit noch etwas mit deutscher Literatur beschäftigt. Ich erinnere mich, daß ich damals den Gundolf gelesen habe und alle möglichen anderen Dinge, die mich damals noch interessiert haben. Aber später habe ich mich in steigendem Maße davon abgewandt. Ich habe meine intellektuelle Aktivität dann sehr auf das Hebräische, auf den jüdischen Sektor sozusagen konzentriert.

MD: Wann hast Du gefühlt, daß Du ganz frei Hebräisch liest und schreibst, nicht nur alltäglich, sondern wirklich intellektuell?

LY: Ich habe auf der Universität systematisch meine Notizen, die ich mir aus französischen, englischen, deutschen Büchern gemacht habe, immer auf hebräisch gemacht. Um umzudenken. Das ging dann sehr schnell, ich war schließlich noch jung. Ich hab' sehr viel gelesen, auch sehr viel Bibel studiert und andere Quellen. Ich bin '36 hier auf die Universität gekommen, ich könnte sagen, daß ich nach zwei Jahren schon keinerlei Probleme mehr gehabt habe.

Leni Yahil (*1912)

Der erste Fall war sehr strapaziös

ES: Mein erster Prozeß wurde geführt als ein *borerut*, Schiedsgerichtsverfahren, Dr. Schornstein gegen die Stadtverwaltung Tel Aviv.

AB: Und in welcher Sprache fand die Verhandlung statt?

ES: Hebräisch, jetzt geht es los. Er gab mir nur lange Schriftsätze auf deutsch. Diese Schriftsätze mußte ich ins Hebräische übersetzen, dann gab ich sie an das Gericht und an die Gegenseite. Die Stadtverwaltung, die überreichte mir hebräische Antworten, die mußte ich wieder übersetzen auf deutsch für meinen Mandanten.

AB: Da war der aber sehr strapaziös, der erste Fall! (*lacht*)

ES: Und ob!

Elchanan Scheftelowitz (*1911)

Die Jiddisch sprachen, haben die Sprache leichter erlernt

JG: In Aschdot Ja'akov hab' ich, was man heute *ulpan* nennt, gemacht, also ich hab' jeden Neuankömmling unterrichtet. Das galt aber nur als drei oder vier Stunden Arbeit. Die andere Zeit habe ich im Garten gearbeitet.

EE: Waren das meistens deutsche Einwanderer?

JG: Nein, es kamen auch Polen. Mein Mann hat auch bei mir Hebräisch gelernt.

EE: Würden Sie sagen, daß die aus Deutschland Kommenden sehr viel schwerer Hebräisch gelernt haben als die aus anderen Ländern?

JG: Nein, nein, das würde ich nicht sagen. Natürlich, die Jiddisch sprachen, haben die Sprache leichter erlernt wegen der Schrift usw., und die hatten auch eine jüdische Vorbildung, nicht? Aber es war keiner in dem sehr großen Kibbuz, der nicht zu mir gekommen ist zu Bibelkursen und Zeitungslesen.

Jehudith Gardi (*1914)

Es hat ungeheure Energie gekostet, untereinander nicht Deutsch zu sprechen!

Am schwierigsten war's mit der Sprache. Wir konnten kein Hebräisch, aber wir wußten, wir werden Kinder haben, und es war uns ganz klar, daß die Kinder hebräisch sprechen werden und daß wir hebräisch mit ihnen sprechen werden. Und das hat ungeheure Energie gekostet, untereinander nicht Deutsch zu sprechen! Am Anfang war ja keine andere Möglichkeit. Es hat sehr viel Energie gekostet, umzuschalten und hebräisch zu sprechen in allen Lebenszweigen und im Denken, alles zu übersetzen ins Hebräische und das sozusagen wieder zur lebenden Sprache zu machen.

Chaim Sela (*1914)

Ich bin jetzt in Palästina, und es wird nur Iwrit gesprochen!

CB: In Kfar Witkin waren Leute, die aus dem Kibbuz kamen, und die Sprache war Iwrit.

KH: Iwrit. Und woher kam die Mehrzahl?

CB: Die kamen aus Rußland. Es war eine Familie, die uns gegenüber gewohnt hat, die kam von Galizien via Deutschland. Diese Frau hat Deutsch gesprochen. Ich hatte mir vorgenommen, ich bin jetzt in Palästina, und es wird nur Iwrit gesprochen. Und so bin ich zu ihr hinüber und hab' gefragt.»Esther, ich muß in die *zarchanija*«, *zarchanija* war das sogenannte Einkaufszentrum, »wie verlange ich Brot, wie verlange ich Reis?« Habe ich *lechem, ores* usw. in lateinischen Buchstaben aufgeschrieben. Das war meine Ambition.

Clara Bartnitzki (*1902)

Die erste Zeitung habe ich drei Wochen gelesen

Ich habe in Wien schon Hebräisch gelernt, aber nicht viel gekonnt. Und da habe ich mir hier eine Zeitung gekauft. Die erste Zeitung hab' ich drei Wochen gelesen, weil ich jedes Wort, das ich nicht kannte, im Wörterbuch nachgeschaut habe. Die zweite Zeitung hab' ich dann nur noch fünf oder sechs Tage gelesen und die nächste Zeitung nur noch einen Tag, weil sich das ja wiederholt.

Herr Y (*1920)

Mit Psalmen und Gebeten hat man noch keine Sprechfähigkeit

ES: Für mich war es absolut die Erfüllung meiner Träume, hier zu leben, und ich habe mich sehr schnell eingelebt, obwohl es ein sehr verändertes Leben war, denn wir fingen von Grund auf an.

AB: Wie gut waren Sie beide auf das Neuhebräische vorbereitet?
ES: Also ich hatte, sagen wir Assoziationsmöglichkeiten durch die fromme Erziehung. Aber mit Psalmen und Gebeten hat man noch keine Sprechfähigkeit, nicht wahr? Also, wir haben unser Hebräisch hier erworben, mein Mann, der sehr sprachbegabt war, viel schneller als ich. Wir mußten uns umstellen auf Englisch und Hebräisch, weil wir doch nun Kaufleute waren. Hier war doch noch englisches Mandat, 1933, und die Kundschaft war größtenteils englisch. An dem Tag, an dem ich dann meinen Mann beim Zeitungslesen zum ersten Mal nach einer hebräischen Vokabel gefragt habe, ist der Rest meines Selbstbewußtseins verlorengegangen, muß ich sagen, denn er hat sehr schnell und sehr gut gelernt.

Elsa Sternberg (*1899)

Offiziell nur Hebräisch, zu Hause weiter Deutsch
Mein Mann und ich haben noch in Berlin mit Iwrit angefangen. Als wir dann hierher in den Kibbuz kamen, haben wir natürlich auch Unterricht gehabt. Nach vielleicht einem dreiviertel Jahr haben wir durchgesetzt, daß offiziell bei *assefot*, bei Versammlungen, nur Hebräisch gesprochen wird. Zu Hause, unter uns, hat man natürlich weiter Deutsch gesprochen. Dann bin ich nach Jerusalem gekommen. Ich konnte ganz gut Englisch; zuerst hab' ich in englischen Büros gearbeitet, und nach der Staatsgründung sehr bald in einem Regierungsbüro. Das war natürlich dann alles Iwrit. Aber die wirkliche Änderung kam, als meine Tochter eines Tages beschlossen hat, sie muß anfangen Zeitung zu lesen. Und da hab' ich die ›Jerusalem Post‹ gelassen und hab' den ›Haaretz‹ abonniert. Von da an also wirklich Iwrit! Und heute kann ich nicht sagen, daß ich Iwrit als Fremdsprache empfinde.

Hilde Rudberg (*1909)

Ich habe eine ganz andere Identität angenommen in dem Moment, wo ich palästinensischen Boden betreten habe
HF: Mit dem Verlassen von Deutschland ist ein Identitätswechsel eingetreten, mit 17 Jahren. Dieser Wechsel kam auf Hochtouren in dem Moment, wo ich mich mit der hebräischen Sprache vertraut machen mußte. Ich habe einfach beschlossen, für eine bestimmte Zeit keine deutsche Literatur zu lesen und mit Hilfe von einem Wörterbuch erst die Zeitung und dann auch Bücher zu lesen. Zu dieser Zeit gab es keine formellen Kurse, das habe ich

allein gemacht. Und nach kurzer Zeit konnte ich soweit lesen, daß ich sogar Bücher genommen habe von der Bibliothek.

EE: Wie lange, was würden Sie als kurze Zeit bezeichnen?

HF: Drei Monate, zwei Monate. Und das hat dann nicht sehr lang gedauert, da hat man mir den Job des Bibliothekars angeboten. Da war ich sehr stolz darauf, daß ich als Neueinwanderer schon so eingeschätzt werde, daß ich genug Hebräisch kann, um das zu führen. Und wenn man mich gefragt hätte, wer ich bin, aus welchem Land ich komme, hätte ich glatt gesagt, aus Palästina, und nicht aus Deutschland. Aber ich kann natürlich die 17 Jahre, die ich in Deutschland war, nicht verleugnen. Ganz im Gegenteil: meine Muttersprache ist Deutsch geblieben, meine Kindheitsgefühle, was die Heimat, die frühere Heimat, anbelangt, sind dieselben geblieben. Und wahrscheinlich auch, was meine Charakterbildung und meine grundsätzliche Weltanschauung betrifft, stammt das eben aus dieser ersten Periode. Aber meine weitere Entwicklung hat eine total andere Richtung genommen, so daß ich sagen kann, daß ich eine ganz andere Identität angenommen habe in dem Moment, wo ich palästinensischen Boden betreten habe.

Hans Simon Forst (*1917)

Ich bin gleich ins Hebräische rein

JG: Ich weiß nicht, wie lange der Wechsel ins Hebräische bei mir gedauert hat und ob es überhaupt je eine *crisis* bei mir gab, denn meine Freunde waren alle hier geboren. Ich bin ja gleich rein durch das Lehrerseminar, und es ging eben gleich weiter mit dem Unterrichten.

EE: Würden Sie denn sagen, daß Sie eine direkte Abneigung gegen die deutsche Sprache haben?

JG: Das kann ich nicht sagen, das ist meine Muttersprache. Aber daß die Leute manchmal noch so am Deutschen hängen, wissen Sie, das kann ich nicht verstehen. Ich habe Rilke sehr gerne gelesen, George. Ich kann es heute nicht mehr lesen. Aber ich bekomme manchmal Bücher aus Deutschland geschickt, zum Beispiel von einem Pastor. Das sind zum Teil sehr interessante Sachen. Im Augenblick lese ich sehr gerne Wissenschaftliches, aber meistens auf hebräisch. Ich lese aber auch hebräische Romane. Ich habe jetzt grade den Benjamin Tammuz entdeckt.

Jehudith Gardi (*1914)

Ich mußte sie erst überzeugen, daß mein Hebräisch konkurrieren kann mit dem Hebräisch eines Ostjuden

Die Jeckes galten im allgemeinen als unbegabt für Hebräisch. Ich erzähle Ihnen ein Beispiel, wie weit das ging. Ein Kollege wollte mich unbedingt aus dem Dorf herausholen und aus mir einen Leiter einer höheren Schule in Tel Aviv machen. Ich sitz' im Vorraum, und er wollte mich dem Inspektor vorstellen, der selber einen Komplex in dieser Hinsicht hatte, und der sagte also: »Woher kommst du?« »Aus Deutschland.« »Dann brauch' ich dich ja erst gar nicht zu sehen, die Jeckes können sowieso kein Hebräisch!« Und dieses Vorurteil habe ich manchmal erlebt, gerade auch bei Inspektoren, die selber aus Westeuropa gekommen sind. Ich mußte sie erst überzeugen, daß mein Hebräisch konkurrieren kann mit dem Hebräisch eines Ostjuden. Man hat mir das Kompliment gemacht, daß ich zu den wenigen Jecken gehöre, die ein wirklich sehr, sehr gutes Hebräisch schreiben und auch sprechen.

Joseph Walk (*1914)

Kreativ nur Hebräisch

MD: Schreibst Du auch Deutsch?

JA: Ja, aber nicht kreativ. Briefe schreibe ich, ich kann mich gut ausdrücken. Gedichte und so schreibe ich nur Hebräisch. Für mich ist das das Natürlichste. Es gibt viele assimilierte Juden, die hierher kamen, die erst mal überhaupt in den jüdischen Sprach- und Kulturkreis hereinkommen mußten. Aber ich habe das Hebräisch-Jüdische schon im Kindergarten in Würzburg zu lernen begonnen. Ich glaube, es war der erste jüdische Kindergarten nach dem Montessori-System.

Jehuda Amichai (*1924)

* * *

Beide Sprachen sind bei mir ganz natürlich

JS: Man hat ja eine Art Metamorphose durchgemacht. Man hat sich umgestellt auf eine andere Kultur, und ich glaube, ich habe da allerhand Erfolge gehabt in der hebräischen Sprache.

AB: Kannst Du so hin- und herschlüpfen zwischen den Sprachen, ohne es zu bemerken, oder sind da doch immer ganz verschiedene Welten mit verbunden?

JS: Nein, heute bin ich in einer Situation, wo ich von einer Sprache in die andere überspringen kann, ohne mich groß anstrengen zu müssen. Vielleicht gilt das nicht für alle Leute meiner Generation. Aber ich will mich da nicht herausstellen, ich habe da zufällig eine alte Leidenschaft, die Sprachleidenschaft, genutzt und arbeite daran noch heute.

AB: Aber wechselt Dein Lebensgefühl sozusagen mit dem Wechsel der Sprache?

JS: Nein, das kann ich nicht sagen. Beide Sprachen sind bei mir ganz natürlich.

Jehuda Steinbach (*1910)

Ich bin zu jeder Premiere gegangen

MD: Was lesen Sie auf iwrit?

HR: Ah ja, das ist ein ganz schweres Problem, aber das ist gesundheitlich bedingt. Ich habe eine Zeitlang Literatur auf iwrit gelesen, aber heute strengt es mich furchtbar an. Ich muß leider sagen, daß ich heute fast überhaupt keine Bücher mehr lese. Und dann kommt natürlich dazu, daß es viel langsamer geht, also zum Beispiel bei Agnon stolpere ich.

MD: Ja, Agnon ist schwer, auch für einen *sabre*.

HR: Naja, also ich will sagen, im Deutschen und auch im Englischen hab' ich die Assoziationen, die mir im Iwrit fehlen, das heißt bei dem *melizot* von Agnon fehlt das einfach, da ist der Hintergrund nicht da –

MD: – die jüdisch-hebräische Erziehung.

HR: Jaja, aber zum Beispiel mein besonderer Freund ist Me'ir Shalev, den les' ich mit größtem Vergnügen und ohne Schwierigkeiten.

MD: Wie sah Ihr kulturelles Leben hier aus?

HR: Also, für mich war viele Jahre lang das Theater eine absolute Selbstverständlichkeit.

MD: Hebräisches Theater?

HR: Ja, natürlich.

MD: Ohne Probleme?

HR: Ja, natürlich.

MD: Naja, das ist nicht so natürlich für Jeckes. Sie sagen oft, daß sie nicht ins Theater gehen konnten, weil sie das nicht verstanden haben.

HR: Also, mir war es eigentlich selbstverständlich, daß ich zu jeder Vorstellung gekommen bin. Und schon im fortgeschrittenen Alter (*lacht*) bin ich zu jeder Premiere des ›Chan-Theaters‹ hier in Jerusalem gegangen.

MD: Wenn Sie also sagen, daß Sie moderne hebräische Literatur gelesen und hebräisches Theater immer mitgemacht haben, so heißt das eigentlich, Sie sind reingewachsen.

HR: Ich glaub' schon. Vielleicht trägt mit dazu bei, daß fast alle meine Bekannten 15 oder 20 Jahre jünger sind als ich. Das spielt vielleicht auch eine Rolle.

*Hilde Rudberg (*1909)*

Heute beherrsche ich Hebräisch genauso gut wie Deutsch

Ich kann ohne weiteres behaupten, daß ich Hebräisch auf einem akademischen Niveau beherrsche. Was die Aneignung der Sprache anbelangt, hat hier natürlich meine frühere Berührung mit dem religiösen Leben, Gebete, das Lesen der hebräischen Sprache, auch eine Rolle gespielt. Aber Hebräisch war mir natürlich unbekannt als Umgangssprache. Aber in dem Moment, wo ich in eine hebräisch sprechende Umgebung kam im Kibbuz, war das selbstverständlich, daß ich erst mal diese Sprache beherrschen muß. Und im Laufe meiner Karriere hatte ich öfters Gelegenheit, mich auch in der Kenntnis der Sprache zu vertiefen. Ich mußte sowohl im Militär als auch in den verschiedenen Gebieten, in denen ich dann später tätig war, natürlich Hebräisch gut beherrschen, um eben den Beruf richtig auszuüben. Zusammenfassend kann ich sagen, daß ich heute die hebräische Sprache wahrscheinlich genauso gut beherrsche wie Deutsch. Ich bin in der Lage, ein Buch zu lesen, das vor 1.000 Jahren geschrieben wurde. Und ich kenne einen Teil der Bücher unserer modernen Schriftsteller, Amos Oz oder A. B. Jehoshua. Wenn ich etwas weiter zurückgehe, Agnon oder Bialik, Tschernichowski, die Lieder und so, wie das ein mehr oder weniger gebildeter Mensch weiß.

*Hans Simon Forst (*1917)*

'Ne ganze Zeitung kann ich nicht lesen

S-RS: Es tut mir sehr leid, aber ich kann die hebräische Zeitung nicht lesen.

AB: Na, da sind Sie ja weiß Gott nicht die einzige im Lande.

S-RS: Ich will es genau sagen. Ich hab' etwas Hebräisch gelernt, als ich klein war, ich komm' aus einem sehr religiösen Haus, aber 'ne ganze Zeitung, es tut mir furchtbar leid, das kann ich nicht lesen.

ES: Nein, nein, die Sache ist die, meine Frau untertreibt dabei: Sie kann sich zum Beispiel mit ihrer *oseret*, das heißt mit ihrer Haushaltshilfe, perfekt verständigen.

S-RS: Na, mit anderen auch auf der Straße.
ES: Und auch mit denen auf der Straße und allen. Also, meine Frau versteht alles, sie läßt sich nicht auf hebräisch verkaufen.
S-RS: Nein, aber Zeitung lesen –. Was in der *televisia* gesprochen wird, das geht, wenn ich auch nicht alles versteh'.

Sara-Ruth (*1915) und Elchanan (*1911) Scheftelowitz

Ich kenne keine Sprache perfekt
Ich hatte zu Hause keine Gelegenheit, Deutsch zu sprechen. Auch meine berufliche Tätigkeit brachte mich ganz in die israelische Gesellschaft herein und hielt mich ziemlich von deutsch sprechenden Kreisen weg. Mit meiner Mutter sprach ich zwar Deutsch, aber weniger über Goethe und Schiller, sondern Kaffeeklatsch. Also, das ist auch ein begrenztes Deutsch. Dazu kommt noch, daß ich kein Berufsdeutsch kenne, bestimmt nicht im Militärfach, aber auch in allen anderen Fächern und Dingen nicht, mit denen ich mich je abgab; ich hatte immer Hebräisch oder Englisch als Berufssprache. Ich spreche so gut Englisch als ich Deutsch spreche – oder so schlecht, je nachdem. Das ist etwas Komisches, eigentlich sehr Trauriges: Ich bin eigentlich Illiterat in allen Sprachen, ich kenne keine Sprache perfekt. Ich mache zwar wenig Fehler beim Schreiben in Deutsch und Englisch und bestimmt keine in Hebräisch. Aber für mich ist Agnon eine schwere Arbeit. Ich lese überhaupt verhältnismäßig wenig, unter anderem weil es mühselig ist für mich. Von einem Mann in meinem Alter, der beruflich so leitend tätig war, beim Militär, an der Universität etc., sollte man denken, daß er ein Kulturriese ist: Ganz und gar nicht, ganz und gar nicht.

Aharon Doron (*1922)

Es war sehr merkwürdig, das Deutsche als Schriftdeutsch wieder-aufzunehmen
AE: In meinem Beruf, im Arbeitsministerium, habe ich natürlich mit Hebräisch gearbeitet, und meine archäologischen Arbeiten heute publiziere ich nur in Englisch; da bin ich durch die Mandatszeit hereingekommen. Aber dann wurde ich eines Tages vom Staat Israel aufgefordert, mitzuwirken in einer Abteilung für Entschädigungsangelegenheiten, mit einem deutschen Juristen, und da habe ich eigentlich erst das Deutsche wieder aufgenommen. Bis dahin hatten wir kein Deutsch gesprochen, nur mit meiner Frau ein bißchen. Es war sehr merkwürdig, dieses Deutsch dann wieder so aufzunehmen, daß man es als Schriftdeutsch verwenden konnte.

Aber es ist natürlich sehr schnell wiedergekommen. Und dann kam ich auch auf ein Vierteljahr nach Deutschland, und das förderte die Sache natürlich auch.

EE: Und wie ist Ihr Hebräisch?

AE: Das Hebräisch ist bei mir nicht sehr entfaltet, das kann man nicht sagen.

EE: Also würden Sie sagen, eine arme Sprache?

AE: Ja, sicher. Sicher.

EE: Und Sie schreiben dann auch sicher mit orthographischen Fehlern?

AE: Ich schreib' gar nicht (*beide lachen*). Das ist der beste Ausweg, um orthographisch richtig zu schreiben, ja?

Abraham Eran (*1907)

Mit allem, was Hebräisch ist, sind wir an der Oberfläche geblieben

PA: Ich benutze heute fraglos mehr Deutsch als während der Zeit, in der ich gearbeitet habe.

AB: Sind Sie in die hebräische Literatur, auch in die moderne Literatur hineingewachsen?

PA: Hören Sie zu. Mit allem, was Hebräisch ist, sind wir an der Oberfläche geblieben. Außer dem Fachlichen les' ich kaum hebräisch. Ich weiß nicht, ob ich sagen kann, daß ich ein nicht-fachliches Buch pro Jahr lese. Ich lese bis heute keine Belletristik. Das hängt mit der Sprache zusammen. Ich les' ungleich schneller Deutsch oder Englisch. Wenn ich ein Buch zum Genuß lese und sprachlichen Genuß habe, ist es Deutsch, bis heute. Gedichte kann ich überhaupt nur in Deutsch lesen, in keiner anderen Sprache. Wenn ich ein Buch des Inhalts wegen lese, lese ich am liebsten Englisch. Aber wenn ich Deutsch schreibe, muß ich mir sehr häufig einen Duden nehmen, oder ich frage meine Frau plötzlich: »Wie schreibt man das?« Dasselbe geht mir fraglos auch so im Englischen, ich muß sehr häufig ein Lexikon nehmen. Sogar im Hebräischen, das ich im Beruf ausschließlich gebraucht habe, nehme ich es häufig. Sehen Sie, das ist etwas, was einem nicht passieren soll, wenn man diese Laufbahn gehabt hat wie ich, daß man eigentlich keine Sprache sicher schreibt ohne ein Wörterbuch. Das ist ein Armutszeugnis, ja.

Paul Alsberg (*1919)

Außer der Tagespresse lese ich selten etwas auf hebräisch

Die Einwanderer aus den osteuropäischen Ländern, die traditionsgemäß in einer *jeschiwa* lernten und religiös erzogen wurden, hatten es viel leichter, denn sie beherrschten bei der Ankunft bereits die Landessprache. Ich bin bis heute nur wenig mit der jüdischen Kultur verbunden, ein großer Nachteil. Zum Beispiel mach' ich mir nichts aus jüdischen oder biblischen Themen im Theater, und obwohl ich die hebräische Sprache gut beherrsche, lese ich außer der Tagespresse selten etwas auf hebräisch. Zugegeben, Englisch und Deutsch gehen sowieso schneller. Ich habe weiter Interesse an all dem, was in Deutschland vorgeht, und halte mich informiert durch Presse, ›Focus‹, ›Spiegel‹, Television usw. Meine Freundin und ich haben meistens jeckische Bekannte. So betrachte ich mich einerseits als voll integriert, andererseits bin ich mit meinen ursprünglichen Wurzeln behaftet, oder nach Ansicht der Israelis vielleicht belastet. Unseren Akzent können wir in keiner Sprache ablegen. Und bei mir merkt man schon nach dem ersten Satz: ein Jecke. Das stört mich überhaupt nicht, im Gegenteil, ich betrachte das als ein Kompliment.

Ernst Pfeffermann (*1917)

Ich könnte keine philosophischen Gespräche führen

GK: Ich lebe heute am meisten mit der hebräischen Sprache. Ich spreche in meiner Familie mit Kindern und Enkeln und Urenkeln nur Hebräisch, außer mit meiner Tochter, wenn wir allein sind. Ich habe auch das Gefühl, daß ich schon in Hebräisch denke, was sehr lange nicht war. Ich hab' sehr lange in deutsch gedacht und übersetzt, bevor ich hebräisch gesprochen hab'. Ich könnte keine philosophischen Gespräche führen, aber das braucht man ja mit Enkeln meistens nicht. Nein, die Enkel erzählen mir aus ihrem Leben, manchmal mehr als den Eltern.

AB: Empfinden Sie, daß Ihnen gewisse Schichten im Hebräischen fehlen?

GK: Ja sicher fehlen sie mir. Es fehlen mir sehr viele Ausdrücke, also akademische. Und das religiöse Hebräisch habe ich ja auch nicht gekannt, das habe ich ja auch neu dazugelernt. Aber ich kann da keinen Mangel oder was spüren. Ich brauche das nicht. Und ich muß betonen, daß ich jede Theatervorstellung in Hebräisch, Schauspiele zum Beispiel, voll verstehe. Aber das ist alles nicht so tiefgründig.

Gertrud Kedar (*1901)

In Tel Aviv gibt es viele Kreise, die selbstverständlich weiter nur Deutsch sprechen

Es gibt sicher eine große Anzahl ehemaliger deutscher Juden, die, in Anführungsstrichen, sich nach Deutschland zurücksehnen. Es fehlt ihnen irgendwie die deutsche Kultur, die Verbindung mit Deutschland, und sie sind hier nicht so mit dem Lande, mit der Bevölkerung verwachsen, verwurzelt, wie es eigentlich sein sollte. Dann sprechen sie auch kein gutes Hebräisch, wollen auch gar nicht unbedingt Hebräisch sprechen. Das stimmt wahrscheinlich viel mehr für einen Ort wie Tel Aviv, weniger für Jerusalem, denn in Jerusalem sind die ehemaligen deutschen Juden, soweit ich sehe, doch verwachsen. Aber in Tel Aviv gibt es viele Kreise, die sich jeden Tag im Café treffen und selbstverständlich weiter nur Deutsch sprechen, selbst wenn sie so oder so Hebräisch können. Aber man spricht selbstverständlich Deutsch, man kauft deutsche Bücher, man liest nur deutsche Zeitungen. Für mich persönlich trifft es nicht zu. Also, ich denke auch noch deutsch, wenn ich mich mit deutschen Dingen befasse, aber nicht generell. Ich denke hebräisch, ich denke so, wie ich spreche und lebe.

Esriel Hildesheimer (*1912)

Ein Deutsch, für das man sich nicht zu schämen braucht

IL: Im Mitteilungsblatt des ›Irgun Olej Merkas Europa‹ wird, so nehm' ich an, noch ein Deutsch geschrieben, für das man sich nicht zu schämen braucht, ja?

AB: Diese Frage: Sprech' ich richtig, sprech' ich schön? wird hier im Lande häufiger gestellt als heutzutage in Deutschland. Dieses ausgeprägte Normbewußtsein ist sicher etwas, was im Bildungsbewußtsein der 20er, 30er Jahre viel stärker verankert war als heute.

IL: Ja, aber das ist ja erst hier zum Problem geworden. Das war doch überhaupt kein Problem für den, der wie ich eine deutsche Schule, ein deutsches Gymnasium, eine deutsche Universität besucht hat, nachher bei Gericht also eine Funktion hatte. Das war doch selbstverständlich, daß man richtiges Deutsch sprach, ja? Heute ist es jedoch schon so, daß viele zwar vielleicht in Deutschland gerade noch so die Schule besucht haben; ob sie sie noch zu Ende gemacht haben, das ist dann die Frage. Die haben schon viel vergessen von ihrem Deutsch, ja? Und das Deutsch hat sich auch geändert; ich meine nicht in der Grammatik, obwohl sich ja auch

die Grammatik zu ändern beginnt, was sozusagen für altgediente
Jeckes ein Graus ist.

*Iwan Lilienfeld (*1910)*

Meine Frau fühlt sich in einer hebräischen Gesellschaft sehr in den Hintergrund gedrängt

Heute fehlen uns tatsächlich etwas Hebräischkenntnisse, um mehr
Kontakt zu haben. Die alten deutschen Freunde und Verwandten
verschwinden langsam mehr und mehr, und es kommen nur noch
einige neue hebräische Partner aufs Bild. Und das kann natürlich
unter Umständen Schwierigkeiten machen. Dazu kommt, besonders bei meiner Frau, eine gewisse natürliche Zurückhaltung, und
sie fühlt sich dann in einer kleinen hebräischen Gesellschaft sehr
in den Hintergrund gedrängt. Und das ist auch kein gesunder Zustand, aber für die nächsten 50 Jahre, die wir noch zu leben haben, wird es noch ausreichen.

*Ernst Siedner (*1905)*

Die deutschsprechenden Redner gibt es nicht mehr

Mein Mann und ich sind beide in unserem Altenheim der ›B'nai
B'rith‹-Loge für die kulturellen Veranstaltungen tätig. Aber wir
deutschsprachigen Logen haben Nachwuchsprobleme, wir alle,
die nicht hebräischsprachig sind. Ein großer Teil der Heimbewoh-
ner ist mehr als 90 Jahre alt, und alle freuen sich, wenn es am
Abend »etwas« gibt. Aber ich muß Ihnen sagen: Noch vor wenigen Jahren gab es höchstens einen hebräischen Vortrag im Monat,
alle anderen waren deutsch. Und heute ist es umgekehrt. Nicht,
daß w i r nicht mehr deutsch sprechen, aber die deutschsprechenden Redner gibt es nicht mehr, oder sie sind zu alt, um einen Vortrag von einer Stunde halten zu können.

*Else Admoni (*1908)*

Mit mir selber sprech' ich noch nicht Iwrit

CB: Ich habe viel mehr Iwrit gesprochen, solange ich in Kfar Witkin
war, weil die ganze Umgebung Iwrit sprach. In dem Altenheim, in
dem ich jetzt bin, sind ja noch sehr viele Leute, die kein Iwrit können, also bleibt man gezwungenerweise im Deutschen. Ich gehe
prinzipiell nicht zu den deutschen Vorträgen hier, weil wir in einem Land wohnen, wo man die Landessprache lernen muß und
können muß, ja? Wer es nicht kann, das ist sein Schaden, aber ich
muß es mir nicht anhören. Und es gibt Prinzipien.

KH: Wenn Sie für sich allein sind, in welcher Sprache denken Sie?
CB: Man denkt, ja, man denkt manchmal so, manchmal so. Aber dann komme ich wahrscheinlich ins Deutsche, also mit mir selber sprech' ich noch nicht Iwrit, so weit bin ich noch nicht.

Clara Bartnitzki (*1902)

Mit zunehmendem Alter wird die deutsche Sprache wieder in höherer Frequenz benützt
Die Altersgruppen, die heute in den Altersheimen sind, die sind meistens sehr schwach im Hebräischen, mit wenigen Ausnahmen. Aber eine Sache ist bestimmt auch, daß mit zunehmendem Alter auch bei Leuten, die besser Hebräisch können, das Altersgedächtnis arbeitet und sie anfangen, die deutsche Sprache wieder in einer höheren Frequenz zu benützen.

Paul Feiner (*1919)

* * *

Ich wache auf mit einem Gedicht
ES: Mein Mann und ich hatten immer ein besonderes Verhältnis zur deutschen Dichtung, zur deutschen Literatur. Ich habe Gedichte gemacht in der Pubertät, merkwürdigerweise ist das jetzt im hohen Alter von selber zurückgekommen, ohne daß ich viel dazu getan habe. Ich unterhalte mich im wesentlichen mit meinem Unbewußten, ich gehe ins Bett und schlafe ein mit einem Problem und wache auf mit einem Gedicht, ganz merkwürdig. Es geht wieder verloren, das weiß ich. Das ist so ein Anfall.

> ... und dennoch kann ich nicht umhin,
> ich muß mir selber sagen:
> die lange Suche nach dem Sinn
> hat herbe Frucht getragen.

> Zum Dasein gehört sehr viel Mut,
> leicht scheint es nur den Toren.
> Stark ist, wer's liebt, ob schlecht, ob gut,
> wer aufgibt, ist verloren.

*

> Du – großes Rätsel hinter dem All,
> Der Du gleichermaßen segnest Geburt wie Verfall,

Urquell, Gestalter ohne Gestalt,
Urkraft und Walter aller Gewalt.
Du hast uns zu Deinem Partner bestellt
Und hast uns gebunden durch Dein Gebot,
Nur Dich zu lieben und in Dir die Welt.
Dich, der Du unkennbar,
Dich, der Du unnennbar!
Und wie soll ich Dich rufen in der Stunde der Not?

AB: Haben Sie gelegentlich darunter gelitten, daß Sie als Zionistin und bei dem Engagement Ihrer Familie für den Aufbau des Landes kulturell doch wahrscheinlich nicht in die Tiefe der hebräischen Literatur eindringen konnten?
ES: Oh doch! Man war doch pionierhaft beteiligt am Hebräischen als einer neu wachsenden Sprache, neben der religiösen. Ich mache es so: Die Gespräche mit meinem Unbewußten sind deutsch, die Gelegenheitsgedichte bei der Geburt der Kinder oder bei Familienfesten sind hebräisch.
AB: Ja? Doch? Aber die Gedichte, die Sie jetzt morgens beim Aufwachen im Kopf haben, die sind wieder deutsch.
ES: Die waren immer deutsch. Zuletzt geht jeder auf seine Muttersprache zurück, sei es Russisch, sei es Deutsch, sei es Englisch. Ich merke, wie meine Konzentrationsfähigkeit nachläßt und wie ich zurück zum Deutschen greife. Das später Erworbene tritt zurück.

*Elsa Sternberg (*1899)*

*

Schwere Stunde

Das Pochen der Liebe in mir
und meine Lippen sind verschlossen
Das Pochen des Schmerzes in mir
und meine Augen sind tränenlos
Das Pochen der Freude in mir
und ich kann nicht jubeln

Und jetzt
da mein Weg dem Ende entgegengeht
wächst die Sehnsucht
das Schweigen zu durchbrechen
damit ...

Aber meine Lippen sind verschlossen
meine Augen tränenlos
und ich kann nicht jubeln

Nur das Pochen meiner Sehnsucht
nur der Schmerz meines Schweigens
jetzt da der Weg dem Ende entgegengeht

MM: Ich habe mein Studium begonnen mit dem Plan zu schreiben, und zwar als Beruf, journalistisch und eben schriftstellerisch. Meine Richtung war der Expressionismus. Ich habe zum Beispiel einmal ein Gedicht an Herwarth Walden geschickt. Er hat mich eingeladen und hat mit mir über dieses Gedicht und überhaupt über meine lyrischen Produktionen gesprochen. Und im Abendgymnasium hatte ich einen Lehrer, der auch sehr dem Expressionismus zugeneigt war. Meine Veröffentlichungen waren Gedichte und zwei oder drei Erzählungen, die ich, als ich bei der ›Morgenpost‹ war, veröffentlicht habe. Aus meiner heutigen Sicht würde ich sie verurteilen.

AB: So scharf?

MM: Ja, ja. Das waren sehr banale Geschichten. Mit dem Abschluß meines Studiums habe ich gewußt, daß ich diesen Plan nicht ausführen kann, und ich habe mich sofort darauf umgestellt, daß ich nach Palästina in einen Kibbuz gehen werde und einen ganz anderen Lebensweg einschlage. Aber ich habe nicht aufgehört zu schreiben. Und zwar habe ich, als ich hier nach *Erez Israel* kam, zunächst auf deutsch geschrieben. Ich habe sehr, sehr lange nicht geglaubt, daß ich jemals hebräisch schriftstellerisch oder dichterisch tätig sein kann. Ich habe mich sehr intensiv mit dem Lernen der hebräischen Sprache befaßt, und zwar habe ich einen schriftlichen Kurs in Hebräisch mitgenommen und versucht, viel Hebräisch zu lesen, was mir anfangs sehr schwer fiel. Und dann erst, im Jahre 1963, nach dem Tode von Karl Otten, mit dem ich von hier aus eine intensive Korrespondenz führte, habe ich mein erstes hebräisches Gedicht geschrieben.

Wenn ich in Deutschland geblieben wäre und alles wäre nicht gekommen, wie es gekommen ist, dann wäre ich wahrscheinlich das geworden, was man eine Schriftstellerin nennen würde, ja, Dichterin oder Schriftstellerin. Das heißt, ich bin nicht das geworden, was ich mir als Kind erträumt habe. In dieser Beziehung ist natürlich die Emigration ein gewisser Bruch gewesen, den ich aber ganz bewußt als notwendig und unausweichlich angenommen habe. Ich habe hier in Israel niemals daran gedacht, mich Schriftstellerin oder Dichterin zu nennen, wenn ich auch schreibe. Wenn man mich fragen würde, was ich bin, dann würd' ich sagen – ich habe sogar ein Gedicht darüber geschrieben –, ich bin eine alte Fabrikarbeiterin. Also, die literarische Produktion steht an zweiter Stelle, ja? Ich glaube, daß Leute wie Ben Chorin zum Beispiel, die immer weiter in deutscher Sprache gearbeitet und publiziert haben, diesen Bruch nicht erlebt haben. Ich dagegen habe mir ganz bewußt gesagt: Wenn ich jetzt nach Palästina in einen Kibbuz gehe, dann will ich als Kibbuzmitglied leben mit allen Pflichten und allen Rechten, und ich will nicht ein Individuum Schriftstellerin sein, sondern ein Mensch in einer Gesellschaft.

Haiku

Meine alte Hand
zerfurcht von des Tages Tun
Zeuge meines Seins.

*

Schlaflose Nacht

Die Nacht ohne Schlaf
Ticken der Uhr an der Wand
fern schreit ein Käuzchen.

Die Glut raubt Ruhe
Stunde um Stunde verstreicht
und schon wird es hell.

Ein Spiel mit Worten
Tröstung in schlafloser Nacht
ein kleines Gedicht.

Mirjam Michaelis (*1908)

Immer blieb diese Angst vor wirklich schöpferischem Schreiben
MD: Kannst Du Dich noch erinnern, wie dieser Übergang vom Deutschen ins Hebräische für Dich war?
AB: Ich habe sehr schnell gelernt. Wir hatten ja schon eine Basis.

Nicht daß wir sprechen konnten, aber wir haben zweimal die Woche Religionsstunde gehabt, wo wir Iwrit gelernt haben. Also wir konnten beten, ich meine, es war nicht eine ganz fremde Sprache. Und das ging dann hier sehr, sehr schnell. Furchtbar habe ich mich gequält mit Aufsätzen, weil ich an sich sehr gut schrieb. Ich habe schon mit zwölf Jahren Geschichten und Romane geschrieben.

MD: Auf deutsch?

AB: Ja, auf deutsch. Mein Bruder und ich bekamen beide jedes Jahr von meinem Vater zum Geburtstag ein gebundenes Buch. Wir gingen immer zusammen mit meinem Vater zu einem sehr netten jüdischen alten Buchbinder. Für meinen Bruder machte er das mit Notenpapieren, da mußte er seine Kompositionen reinschreiben, und ich bekam eins für Geschichten und Romane. Und zu jedem Geburtstag oder Fest wurde erwartet, daß er eine Komposition vorspielt und ich eine Geschichte vorlese. Und dadurch war das selbstverständlich, daß die ganze Zeit komponiert und geschrieben wurde. Aber die Schwierigkeit hier war nun eben das Schreiben. Im Gegensatz zum Deutschen, wo man einfach schreibt, muß man im Hebräischen erst sämtliche Quellen studiert haben, von der Bibel über den Talmud und sämtliche *midraschim*, um überhaupt nur einen Satz auf iwrit schreiben zu können. Und das war sehr schwierig zu überwinden, ja? Das war eine Sache. Und dann hatte ich auch immer das Gefühl, daß in Deutschland irgendwie das Milieu mir gehörte; ich fühlte, ich beherrsche die Sache, ich weiß Bescheid. Die Natur, die mich umgibt, die kenn' ich. Ich kenn' alle Blumen, Gräser, Bäume, Tiere, und ich kann alles beschreiben. Ich weiß, wie Leute reden, ich kenne sie. Hier hatte ich das Gefühl, daß mir das alles aus den Händen gleitet, daß ich selber nicht so richtig zu irgendeinem Kreis gehöre. Es schien mir, was ich bin, ist überhaupt nicht etwas, worüber man in diesem Lande schreibt. Man muß schreiben über *chaluzim*, über Pioniere, über alles mögliche, das mir nicht gehört, wohin ich nicht gehöre. Ich werde niemals mehr so ganz genau Bescheid wissen mit den Bäumen, Blumen und Gräsern und sonstigem. Auch wenn ich das nochmal und nochmal frage, dann ist das nicht etwas, was mir selbstverständlich ist. Viele Jahre war mir klar, daß das eben nicht mehr geht, das ist verloren. Und dabei ist es dann auch im Grunde geblieben. Irgendwann kam ich wieder dazu, daß mir die hebräische Sprache genügte, um mich auszudrücken. Und langsam drückte ich mich dann nur noch hebräisch aus. Aber immer blieb irgendwie diese Angst vor wirklich schöpferischem Schreiben. Die ist eigentlich bis zum heutigen Tage geblieben. Das ist etwas, wo ich manchmal sehr viel Bitterkeit fühlte, besonders als ich diese Schreiberei hatte mit den deutschen Autoritäten, ob mir da noch was zukommt oder nicht. Ich mußte ganz genau alles angeben, und dann hieß es, was ich eigentlich will, ja? Ich bin doch wunderbar etabliert, und es fehlt mir überhaupt nichts. Und ich konnte nicht erklären, daß trotz meiner absoluten Zufriedenheit, daß ich hier gelandet bin und daß ich hierher gehöre, sie mir dort eigentlich das genommen haben, wohin ich mich auf eine ganz natürliche Weise, ohne krampfhafte Bemühungen entwickelt hätte. Das heißt, man kann ja nicht mit 13 Jahren wissen, wie das weitergegangen wäre, aber es scheint mir, daß es auf einem guten Wege war.

*Ada Brodsky (*1924)*

Sie wissen nicht genau, für wen sie schreiben

AS: Daß sich die deutschsprachigen Schriftsteller hier zu einem eigenen Verein zusammengeschlossen haben, kommt aus ihrer Sondersituation heraus. Viele haben das Empfinden, und vielleicht nicht zu Unrecht, daß sie zum Teil auch deswegen etwas nicht realisieren, weil sie außerhalb des Sprachgebietes leben, weil sie Schwierigkeiten mit der Thematik haben. Sie wissen nicht genau, für wen sie schreiben, ja? Wenn sie fürs Ausland schreiben, dann ist so vieles nicht vorauszusetzen. Und gerade als Schriftsteller, der gezielt fürs Ausland schreibt, hat man auch Hemmungen, sehr kritisch über das Land hier zu schreiben. Und das ist literarisch oft nicht gut, ja? Es kommt dann zu viel Schönfärberei dabei heraus, und es wird unaufrichtig. Und das ist ein großes *handicap* verglichen damit, wenn man in der eigenen Gesellschaft ruht und diese nun auch angreifen und die Schattenseiten schildern kann, die ja das Interessanteste sind. Junge hebräische Schriftsteller haben diese Hemmungen nicht, und die arrivieren dann auch im Ausland mit Übersetzungen.

AB: Haben Sie das selber auch von Anfang an empfunden? Als Spannung?

AS: Ja, das hab' ich von Anfang an empfunden. Das ist eine große, eine starke Spannung. Und dadurch gibt es vielleicht viele Talente, die sich nicht entfalten, nicht zu ihrem vollen Potential gelangen, weil sie diese schwere Spannung haben, für ein Publikum zu schreiben, das sie eigentlich propagandistisch bearbeiten wollen, so daß sie nicht aus dem Herzen raus schreiben. Diejenigen wiederum, die spät aus Deutschland hierhergekommen sind, die schreiben über Israel zum Teil auch kritisch, wie etwa der Broder. Die haben weiter Erfolg in Deutschland. Sie schreiben besser, weil sie nicht zurückhalten an irgendwelchen Stellen, weil sie offener sind, weil sie aufrichtiger sind.

*Alice Schwarz-Gardos (*1916)*

Ich habe einen Roman geschrieben, auf deutsch
SW: Nun hab' ich noch eine Beschäftigung. Ich schreibe. Und was schreib' ich? Wenn ich Artikel schreibe, schreib' ich sie in Hebräisch, weil sie über Erziehung handeln, und da habe ich keine Ahnung, wie man das auf deutsch ausdrückt. Aber ich habe außerdem einen Roman geschrieben, und den hab' ich auf deutsch geschrieben.
KH: Ist der erschienen?
SW: Nein. Und zwar hatte ich bisher keine Gelegenheit, ihn einem Fachmann zu zeigen. Gesehen haben ihn Freunde, die in meinem Alter sind und aus Deutschland stammen.
KH: Hat der Roman stark autobiographische Züge?
SW: Also, der fängt im Herbst '32 an und hört im Jahre 1985 auf. Ja, der hat autobiographische Züge. Allerdings teil' ich mich zum Schluß in zwei Leute, ja. Es kommen Leute vor, die ich gekannt habe, es kommen Leute vor, die ich einfach erfunden habe. Ich will eventuell mal ins Goethe-Institut gehen, ob sie dort jemand haben, der das lesen kann. Ist mit der Schreibmaschine geschrieben; ich schreib' mit der Schreibmaschine wie Rubinstein Klavier spielt.

*Shalom Weinstein (*1915)*

Ich habe vielleicht ein unterbewußtes Sentiment zur deutschen Sprache
Ich habe das Buch über mein Leben auf deutsch geschrieben. Wenn ich es auf hebräisch geschrieben hätte, hätte ich es in einem Stil geschrieben, der den heutigen Lesern vielleicht gar nicht so zusagt. Man möchte gerne hebräische Bücher so lesen, wie man das Hebräisch auf der Straße spricht, und das ist ein schlechtes Hebräisch, ja. Und wenn man gutes Hebräisch spricht oder schreibt, sagt man: »Du redest ja Feiertagshebräisch!« Das will keiner hören, das will keiner lesen. Da ist ein kleiner Zwist, der mich auch dazu geleitet hat, das erst mal auf deutsch zu schreiben. Und au-

ßerdem habe ich vielleicht irgendein unterbewußtes Sentiment zur deutschen Sprache, weil ich vielleicht weiß, daß es nach mir in meiner Familie nicht mehr gesprochen werden wird.

Josef Stern (*1921)

Auf einmal hab' ich gesehen, ich kann schreiben

LV: Ich weiß nicht, ob ich zu schreiben begonnen hätte, wenn ich ein normales Leben geführt hätte. Vielleicht ja, ich kann's nicht sagen. Aber angefangen hat die Sache so:

Als mein zweiter Sohn 13 war, *bar mizwa* gehabt hat, machte man eine ganz große Feier. Er ist genau so alt wie die *medina*, wie unser Land. Für alle Kinder, die in demselben Jahr, 1948, geboren sind, veranstaltete man in Jerusalem am Har Zion etwas Kolossales. Und ich habe mir gedacht, das laß' ich mir doch nicht entgehen, da wollen wir doch auch dabei sein. Damals mußte ich noch wie ein Viech arbeiten, damit wir leben können. Aber da habe ich gesagt, ich verzichte auf den einen Tag Arbeit, ich fahr' mit dem Jungen dorthin. Ich kann mich wie heut' erinnern. Ich habe ihm lange Hosen gekauft, und wir sind hingefahren. Von Anfang an war es furchtbar! Schon die Fahrt! Es war keine Verbindung da, alles war überfüllt, die Leute sind von überall gekommen. Das einzig Schöne war, wie man da auf den Har Zion gegangen ist: Diese Hunderte von Menschen mit diesen Kindern, feierlich angezogen, diese Farbenpracht, wie man so von unten gekommen ist, das war wunderschön. Aber das war auch alles. Oben hat einer den anderen erdrückt, und es war zum Schluß gar nichts. Wofür ist man gekommen, hat ›Hatikva‹ gesungen, hat irgendeinen Blödsinn zusammengeredet? Ich war empört. Ich habe gesagt, das laß' ich nicht so durchgehen und bin zum Unterrichtsministerium gefahren und habe gesagt: »Ja sagt mal, was habt ihr da gemacht? Ist doch eine ausgesprochene Frechheit. Ich möchte, daß das in die Zeitung kommt. Das kann nicht stillschweigend so einfach vorbeigehen!« Und da hat mir der gesagt: »Ja, es tut mir sehr leid, wir können das nicht schreiben, wir waren ja nicht dort. Sie müssen das der Zeitung selber schreiben.« Sag' ich: »Seien Sie mir nicht bös', ich kann nicht schreiben. Bringen Sie es.« Sagt er: »Es tut mir sehr leid, das kann ich nicht.« Ich bin zersprungen und bin nach Haus gefahren. Und dort habe ich mich hingesetzt und begonnen zu schreiben. Deutsch, deutsch. Und da habe ich auf einmal geschrieben und geschrieben – einen riesigen Artikel! Und ich war begeistert davon, habe mir gesagt: »Lisl, hast gar nicht gewußt, daß du so einen guten Artikel schreiben kannst!« Das war für mich vollkommen neu. Und seitdem hab' ich nicht mehr aufgehört zu schreiben.

AB: Sie schreiben aber heute hauptsächlich Gedichte.

LV: Ja. Ich schreib' auch kleine Essays, die gedruckt sind in Deutsch, in Deutschland, in der Schweiz usw. Ich glaube, das ist mein Naturell, daß ich kurz sehr viel sagen kann, um eine Pointe zu haben, nicht so langgeschweift.

Wie könnt ihr wieder ...!

Als meine Kindheit
ward zerrissen
da ward
zerrissen
auch die Welt.
Und alles Böse
überstieg die Ufer
und mit den
Fluten ward ich
fortgeschwemmt.

Und als ich wieder
zu mir kam
da sah ich nichts
als Veitstanz
s i e aber
nannten es Reigen.
Reißt ihnen doch
die Masken ab
wie könnt ihr wieder
alle
    dazu schweigen!

Lisl Vardon (* ca. 1915)

»Ich werde stattdessen jedesmal ein humoristisches Gedicht mitbringen«

In Tel Aviv gehörten wir zu einem philosophischen Kreis, hauptsächlich Ehepaare, Intellektuelle, und die Frauen haben einmal im Monat abwechselnd eingeladen zum Abendessen und sich überboten, Delikatessen vorzusetzen. Und ich habe gesagt: »Das mach' ich nicht mit. Ich stell' mich nicht einen Tag in die Küche, um

Leuten Essen vorzusetzen, die sowieso genug zu essen haben. Ich werde stattdessen jedesmal ein humoristisches Gedicht mitbringen.« Und das hab' ich auch gemacht; ich hab' sie noch alle im Kopf, bis heute.

Der Leiter unseres Spinoza-Kreises war der Ansicht, es gebe überhaupt keinen Fortschritt: »Was nennt ihr Fortschritt? Die Atombombe, das ist der Fortschritt, sonst gibt es nichts.« Darauf bezog sich folgendes Gedicht (etwas gekürzt):

> Man kann das Weltallsrad nicht rückwärts drehen,
> obwohl wir jene Leute sehr verehren,
> die in dem Fortschritt nur die Bomben sehen,
> die ihr Studierzimmer zerstören.
> Wir sind ja ihretwegen gern bereit,
> in luft'gen Höhlen vorzeitlich zu hausen.
> Zum nächsten Brunnen ist es ziemlich weit,
> anstatt im Badezimmer uns zu brausen.
> Wir wollen gern am Spinnrad sitzen
> und für den Gatten weben Tag und Nacht,
> verzichten auf die Nylonspitzen,
> auf das Kostüm, aus Diolen gemacht.
> Wir wollen gern das Brot zu Hause backen,
> nachdem das Korn wir selbst gewerfelt haben,
> und für das Feuermachen uns abplacken,
> um die Familie sättigend zu laben. [...]
> Ihr Frigidaire und ihr Waschmaschinen,
> ihr Airconditioner und Limousinen,
> Transistor sowie Aeroplan,
> Plastik, Nirosta, Acrylan
> und all das andre neue Zeug:
> der Philosoph verachtet euch!
>
> *Charlotte Popper (*1898)*

Wieso mir das plötzlich auf deutsch in den Sinn kam, weiß ich nicht

Bei einer Reise durch Griechenland 1981 sah ich an einer Bushaltestelle fünf hübsche junge Mädchen in griechischer Tracht. Und als wir weiterfuhren, hatte ich dazu plötzlich ein Gedicht im Kopf, auf deutsch – ich kann mir nicht erklären, warum. Ich habe zwar als Schüler und junger Student eine Reihe deutscher Gedichte gemacht, meist Liebesgedichte, und auch ein Tagebuch geführt, das ich im ersten Jahr hier noch auf deutsch weitergeführt habe; ich habe es noch hier unter meinen Akten. Aber ab 1937 bin ich ganz ins Hebräische übergegangen, und seither habe ich nie mehr auf deutsch geschrieben. Wieso mir das damals in Griechenland plötzlich auf deutsch in den Sinn kam, weiß ich selbst nicht.

Akiba Eger (*1913)

Das Dichten war mir schon als kleiner Junge ein Bedürfnis
EO: In der Familie bei meiner Großmutter, Großtante und bei meiner Mutter war es immer üblich, zu allen Familienfesten Gedichte, Gelegenheitsgedichte zu schreiben, und das Reimen war mir schon als kleiner Junge und dann als Schüler ein Bedürfnis, so daß es sogar vorkam, daß ich Schulaufsätze in Reimen abfaßte, was natürlich auch zu meinem Erfolg im Deutschen beitrug. Und das ruhte nun lange, bis vor einigen Jahren folgendes passierte: Eine Geographin, Freundin aus Aachen, die wußte, daß ich ganz kleine Tierpüppchen sammle, kaufte mir etwas, was einem Nashorn ähnlich ist. Und dazu schrieb sie einen Vers, der mir sehr gefiel, woraufhin ich dieses Gedicht erweiterte. Und das war der Beginn für eine Reihe von ungefähr 60 Tiergedichten, die ich geschrieben habe und seither im Freundeskreis manchmal vorlese. Aber zur eigentlichen Veröffentlichung sind sie nicht gelangt, so wie ich es gehofft hatte.
AB: In anderen Sprachen haben Sie nicht gedichtet?
EO: Ab und zu in Englisch, auch manchmal in Hebräisch. Ich habe versucht, diese Gedichte ins Hebräische zu übersetzen, und im Hebräischen ist es ja im Grunde viel einfacher zu reimen, weil die Endsilben oft gleich lauten. Aber aus irgendeinem Grunde ist es mir nicht gelungen, das Original in seiner Prägnanz richtig zu erfassen. Deswegen habe ich dann doch davon Abstand genommen. Im Englischen und auch im Hebräischen schreib' ich ab und zu zu Geburtstagen usw. Gelegenheitsgedichte. Aber grade diese Tiergedichte sind eben nur im Deutschen richtig herausgekommen.

Ähnlichkeit

Nennt »Schwein« man einen Nachbarn ärgerlich-verächtlich,
So klagt der ein Beleidigung juristisch-rechtlich.
Doch Schwein und Mensch sind eigentlich recht ähnlich;
Beweise dafür gibt's in Anzahl ganz ansehnlich.
Schon auf den ersten Blick erkennt und definiert man das:

Die Hautfarbe der zwei ist meistens rosig-blaß.
Und stellt als Einwand ihr die Neger auf die Beine,
So zeige ich sogleich auch eine Menge schwarzer Schweine.
Im Schlamme dient dem Schwein der Rüssel zum Gewühle,
Doch ähnelt der des Menschen Nase im Profile.
Im Tierreich, unabstreitbar, sag' es, wer's weiß besser,
Nur Mensch und Schwein sind wirklich Allesfresser.
Sie schlingen unersättlich, so rundet sich ihr Wanst,
Bis daß du Mensch und Schwein kaum unterscheiden kannst.
Die Sau frißt manchmal Ferkelchen gleich nach Geburt;
Der Mensch wird Kannibal, wenn ihm der Magen knurrt.
Nur wird er immer schlimmer, es gelte euer Einwurf:
Heut' tötet nuklear er, und früher nur mit Steinwurf.
Er mästet Schweine, von der Wissenschaft beraten
Für Eisbein, Blutwurst, Schinken, Kotelett und Braten.
Nur Juden, Moslems sind bereit, das Tier zu schonen,
Denn Schweinsgenuß verbieten ihrer beider Religionen.
Doch wird es klar dabei selbst unerfahr'nen Laien:
Selbst diese Menschengruppen begehen Schweinereien.

*Efraim Orni (*1915)*

Jetzt, wo ich alt bin, liegt mir das schrecklich am Herzen, daß das nicht verloren geht

AR: Ich habe im Alter von 56 Jahren zu schreiben begonnen, als ich schon 32 Jahre hier im Land war.

KH: Was hat Sie dazu gebracht? Warum?

AR: Ich weiß es nicht. Es ist plötzlich aus mir herausgekommen. Ich hab' nicht gesagt, ich werde jetzt anfangen zu schreiben. Ich hab' plötzlich in Versen gedacht. Und es hat mich direkt umgerissen, es hat mich aus dem Schlaf gerissen. Eigentlich sind die hauptsächlichsten Sachen während eines Jahres entstanden. Dann ist es langsam versiegt, und jetzt kommt noch ab und zu etwas, aber nicht mehr so intensiv wie damals. Und jetzt natürlich, wo ich schon so alt bin, liegt mir das schrecklich am Herzen, daß das nicht verloren geht. Ich schreibe ja eigentlich unmodern. Heut' schreibt man nicht solche Gedichte. Überhaupt, die Sprache hat sich ja sehr geändert. Das seh' ich doch im *television*, wie man spricht. Also ich versteh' manches gar nicht! Ich versteh' auch das Deutsche nicht mehr. Und ich versteh' auch das Wienerisch nicht mehr so.

*Anna Robert (*1909)*

Weitergabe der Sprach- und Kulturtradition an die Kinder

Die Kinder sollten mit den Großeltern Deutsch sprechen können
Wir haben uns gesagt, die Kinder lernen auf jeden Fall Hebräisch.
Sie gehen in den Kindergarten, sie gehen in die Schule. Aber
Deutsch werden sie nicht lernen, wenn wir nicht mit ihnen Deutsch
sprechen. Da ich auch die Eltern erwartet habe, hab' ich mir gedacht, die werden hier so fremd sein, die alten Herrschaften: Großeltern sind Großeltern, die Kinder sollen mit ihnen Deutsch sprechen können. Leider sind sie nachher nicht gekommen. Aber die
Kinder haben dadurch ein sehr gutes Deutsch gelernt.

Else Admoni (*1908)

**Wir wollten unseren Kindern kein schlechtes Hebräisch beibrin-
gen**
Wir haben mit den Kindern bis zum Kindergarten absichtlich
Deutsch gesprochen. Unser Hebräisch war nicht schön, das wußten wir alleine. Und wir wollten ihnen nichts Falsches beibringen.
Deswegen haben unsere Kinder meistenteils besseres Hebräisch
gesprochen als die Nachbarskinder, die aus einem hebräischen
oder polnisch-hebräischen Haus kamen und dann Kauderwelsch
geredet haben. Ja, so war die Sache damals.

Michael Walter (*1916)

Ich wollte mich nicht blamieren
Wir sprechen mit unserem Sohn nur Deutsch. Er ist inzwischen 47
Jahre alt. Aber ich hab' nie mit ihm anders gesprochen, weil ich
mich nicht blamieren wollte, ich konnte ja nicht so gut Hebräisch,
ich hätte ja Fehler gemacht. Ich hab' immer mit ihm Deutsch gesprochen. Dann lebte meine Mutter noch bei uns, und die konnte
überhaupt kein Hebräisch.

Ruth Bar-Levi (*1914)

»Wir lassen uns unsere Muttersprache nicht nehmen!«
Der Fehler war der: Bei beiden Kindern, obwohl sie vier Jahre auseinander waren, haben die Lehrer am ersten Tag gesagt, das war

wahrscheinlich Vorschrift: »Ihr dürft kein Wort Deutsch mehr reden.« Und da kamen die beiden Jungens nach Hause und haben erklärt: »Wir lassen uns unsere Muttersprache nicht nehmen! Wir werden zu Hause nur deutsch reden.« Das war der Fehler. Und dann hatte ich 'ne *oseret*, 'ne Haushälterin – mußt' ich ja haben, Siebenzimmerwohnung und der Praxisbetrieb –, die war 'ne Deutsche. Sie konnte fließend Hebräisch, weil sie in Berlin in einer frommen Schule war, und hat den Kindern geholfen bei den Schularbeiten, ja? Aber mit mir hat sie natürlich Deutsch gesprochen.

Gertrud Fraenkel (*1894)

Mit seinen Kindern muß man die beste Sprache sprechen, und das ist die Muttersprache

Wir hatten uns bemüht, das Haus auf Hebräisch umzustellen, der Kinder wegen, wegen der Schule. Nach einem Vierteljahr kam unser ältester Sohn Jona, 10 Jahre alt, nach Hause und hat gesagt: »Ich will nicht mit euch Hebräisch sprechen«. Wir waren sehr erstaunt, denn die meisten Kinder wollten nicht Deutsch sprechen mit den Eltern. Und so haben wir gefragt: »Warum?« Hat er gesagt: »Wenn ich anfangen muß, euere Fehler zu verbessern, kann ich nicht mit meinen wirklichen Problemen zu euch kommen.« Das haben wir sofort aufgenommen und haben das Haus hundert Prozent deutsch geführt mit den Kindern. Ich habe verstanden, mit seinen Kindern muß man die beste Sprache sprechen, und das ist die Muttersprache natürlich.

Da meine Schwiegermutter noch hier eingewandert ist, spät, '39, mit dem letzten Schiff, und noch mit meiner Mutter zusammengewohnt hat, hat dieses Großmütterhaus eben auch die deutsche Sprache besonders gepflegt. Mutter Sternberg hat hier mit meinen Kindern die Klassiker gelesen, nicht wahr, und meine Mutter auch. Deutsche Lieder und deutsche Sprache spielten eine große Rolle. Und ich hab' das sehr verteidigt. Heute beneiden mich eigentlich die meisten meiner Freunde darum, daß ich mit den Kindern eine gemeinsame Sprache habe. Für die Enkel und Urenkel ist natürlich wieder mein Hebräisch sehr wichtig. Und dafür bin ich dankbar, daß ich, obwohl ich mich schwer reingearbeitet habe, immerhin soweit gekommen bin, daß ich sie verstehen kann. Aber meine beste Sprache ist nach wie vor Deutsch.

Elsa Sternberg (*1899)

Wenn ich meinen Kindern etwas ganz Privates zu sagen habe, will ich es ihnen in meiner Muttersprache sagen können

Mein Gott, wenn ich denke, daß es jetzt 52 Jahre her sind, daß ich aus Deutschland weg bin! Ich weiß nicht, ob es die entscheidenden Jahre meines Lebens waren, vielleicht doch nicht, weil ich schon geprägt war durch Schul- und Universitätsausbildung, ja? Und ich habe immer gesagt, ich will auch mit meinen Kindern Deutsch sprechen, denn wenn ich ihnen einmal etwas ganz Privates zu sagen haben werde, wenn sie wichtige Fragen stellen, dann will ich es ihnen in meiner Muttersprache sagen können, und sie sollen es verstehen, und so ist es auch geblieben.

Lothar Eisner (*1909)

Das Verhältnis zu meinen Kindern ist nicht so gut, wie es hätte sein können

Ich hab' viel mehr Probleme mit Sprachen als mein Mann. Zum Beispiel hab' ich sehr stark das Gefühl, daß das Verhältnis zu meinen Kindern nicht so gut ist, wie es hätte sein können, wenn ich mit ihnen von Anfang an eine Sprache gesprochen hätte, in der ich mich mehr zu Hause gefühlt hätte. Ich hab' mit den Kindern kein Deutsch gesprochen, weil wir im Ausland waren. Die Idee war, sie sollen Hebräisch können, wenn wir zurückkommen, und so habe ich mein schlechtes Hebräisch mit ihnen gesprochen. Das Problem ist, daß sogar meine Beziehung zu meinem Mann und besonders zu den Kindern bestimmt nicht das ist, was normal ist. Und das kommt durch die Sprache, durch die Tatsache, daß wir Hebräisch sprechen. Wir haben eine Zeitlang Französisch gesprochen, wir wußten nicht, in welcher Sprache wir reden sollten.

Miriam Elron (*1922)

Ich wollte besser Hebräisch können als meine Kinder, damit sie mich respektieren

AL: Mein Vater ist 1906 von Polen nach Deutschland eingewandert, und zwar war er damals erst 16 oder 17 Jahre alt. Und dann hat er meine Mutter, die ein Nachbarskind von ihm war, nach Deutschland geholt, und sie haben 1913 geheiratet. Mein Vater war Kaufmann, und meine Mutter war Hausfrau.

AB: Haben Ihre Eltern Jiddisch gesprochen miteinander?

AL: Nein, wir haben Deutsch gesprochen. Aber das Deutsch war sehr schlecht, so daß ich mich immer geniert habe. Wenn meine Mutter mal in die Schule beordert wurde – was selten vorkam, da ich eine gute Schülerin war –, dann hat sie »Ihr« anstatt »Sie« gesagt, zum Beispiel zu dem Direktor der Schule, nicht? Und ich habe mich schrecklich geschämt. Und die Entschuldigungszettel hab' ich immer selber geschrieben. Und da habe ich mir vorgenommen, wenn ich mal in Israel bzw. in Palästina sein werde und Kinder haben werde, dann werde ich viel besser Hebräisch können als meine Kinder, damit sie mich respektieren, weil ich in dieser Beziehung meine Eltern überhaupt nicht respektiert habe.

Ayala Laronne (*1916)

Was wir den Kindern hinterlassen, ist ein Vermögen an Kultur und Charakter

Was wir unseren Kindern hinterlassen – ich kenne doch alle, die mit meinem Gidon in der Schule gewesen sind –, das ist ein Vermögen an Kultur, an Wissen, an Charakter. Geld hatten wir nicht.

Irene Levy (*1903)

Das hat schon der alte Goethe so gesagt

Ich glaube aber, daß man den Kindern auch auf kulturéllem Gebiet irgend etwas vermittelt hat, und zwar sind das Zitate, die im Deutschen gang und gäbe waren, die man mal übersetzt hat mit dem Zusatz: Im Deutschen sagt man so, oder: Das hat schon der alte Goethe so gesagt. Und diese Dinge hat man den Kindern mitgegeben.

Benjamin Kedar (*1923)

Es ist unvorstellbar, wieviel unsere Kinder doch mitbekommen haben

RB: Es ist unvorstellbar, wieviel unsere Kinder doch von unserem kulturellen Hintergrund mitbekommen haben. Erstens verstehen sie doch Deutsch. Sie sprechen kein Deutsch, aber sie verstehen es. Als Rafi in der Schweiz war, hat er eigentlich alles verstanden. Die haben mehr mitbekommen, als wir geglaubt haben. Glaubst Du nicht?

UB: Ja. Die Frage ist, was haben sie vom deutschen Kulturgut mitbekommen? Ich glaub', davon haben sie kaum etwas mitbekommen.

RB: Die Liebe zur klassischen Musik schon mal.

UB: Das ja, weil besonders Deine Tante das sehr gepflegt hat.

RB: Also, wenn Du mich vor zehn Jahren gefragt hättest: »Ach, gar nichts, überhaupt nichts«, ja? Heute merk' ich doch, es gibt gewisse Sachen.

UB: Auf jeden Fall war es nicht bewußt gewollt, nicht von uns beschlossen, daß wir den Kindern was geben aus dem deutschen Kulturkreis.

RB: Aber sie haben doch immer in dem gelebt und haben auch vom Opa und von der Tante Sachen mitbekommen, die denen sehr wichtig waren. Ich glaube, sie haben mehr von den Großeltern als von uns bekommen.

MD: Weil ihr zu Hause eigentlich auf eine israelische allgemeine Kultur bedacht wart.

RB: Ja, ja. Wir haben nicht bewußt die deutsche Kultur behalten. Das war mehr Nostalgie von meinen Eltern. Oder nicht nur Nostalgie, es war ein Teil von deren Leben.

Usi Biran (*1920) und Rina Biran-Langrod (*1932)

Meine Töchter haben alles mitbekommen

MD: All diese Musik und alle diese Gedichte, eigentlich die mitteleuropäische Kultur –

AB: – das ist das, was ich von zu Hause mitbekommen habe. Das ist meine Kinderstube.

MD: Und was haben Deine Töchter davon bekommen?

AB: Meine Töchter haben viel davon bekommen, besonders meine ältere Tochter. Sie ist Musiklehrerin geworden, spielt sehr schön Klavier, ist sehr erfolgreich in derselben Art von Arbeit wie ich, das heißt, sie gibt Kurse über Komponisten, besonders Bach, sie hat alles übernommen. Aber die jüngere Tochter war länger zu Hause, und ohne daß ich das gemerkt habe, habe ich so viel auf sie heraufgeschmissen von meinem Leben, daß sie, wenn ich mit ihr zusammen auf der Straße gehe, sagt: »Kuck das an, ist das nicht genauso wie das, was du gesehen hast, als du sieben Jahre alt warst und an der See warst, wie du da mit deiner Mutter im Liegestuhl gesessen hast?« Also, sie hat dieselben Assoziationen wie ich, aus meiner Hand, daß ich manchmal direkt einen Schreck bekomme: »Was habe ich diesem Kind angetan, kann sie noch jemals einen eigenen Gedanken haben und ein eigenes Gefühl, nachdem ich sie so mit meinem Leben durchwirkt habe?« Doch es hat sich herausgestellt, daß sie das hat, und darauf baut sie selbständig auf. Aber ich brauche nur eine halbe Silbe zu sagen, und meine Töchter wissen ganz genau, wovon ich rede. Sie haben das alles mitbekommen, aber auf ihre Art assimiliert, nicht? Sie haben es mitbekommen, aber sie leben ihr Leben, so wie sie es verstehen und wie es ihrer Generation gemäß ist.

Ada Brodsky (*1924)

Ich staune, wieviel Interesse er an intellektuellen Dingen hat, die aus Deutschland kommen

RT: Dadurch, daß der Chanan als kleiner Junge schon sehr gut Deutsch sprach, und ich ihm dann auch noch Stunden geben ließ – also Deutsch lesen ist für ihn überhaupt nix, auch Englisch natürlich nicht und Iwrit sowieso nicht –, hat er sehr viel mitbekommen. Er fühlt sich bestimmt nicht als Deutscher, aber ich staune sehr oft, wieviel Interesse er an intellektuellen Dingen hat, die aus Deutschland kommen.

AB: Ist das so, weil er die Wurzeln seiner Familie aus Deutschland mitbekommen möchte?

RT: Ja, ja, ja. Also zum Beispiel mußten wir jahrelang, immer wenn wir weggefahren sind, wieder einen Heine-Band mitbringen. Als 1960 diese Schulklasse aus Deutschland hier war, war er 16, und da hatte er mehr gelesen in Deutsch als die, auch von Thomas Mann, während die anderen noch nicht oder überhaupt nicht interessiert waren. Und wir waren vor Jahren bei einem Freund eingeladen, der bei der deutschen Botschaft Kulturattaché war, und man war natürlich auch ein bißchen ausgehungert nach deutschem Film. Es gab den ›Faust‹ mit Gründgens. Und ich habe neben meinem Sohn gesessen, und da habe ich gehört, wie er immer wieder zum Teil auswendig mitgesprochen hat. Das ist natürlich sehr selten bei *sabres*.

AB: Ist das zurückzuführen auf das Milieu hier im Dorf, das relativ deutsch ist?

RT: Es hat nichts mit dem Dorf zu tun.

AB: Mehr mit der Familie und mit dem Großvater?

RT: Mit der Familie, ja, mit meinem Mann und den Großeltern. Uri, der sieben Jahre jünger ist, spricht perfekt Deutsch, kann auch ein Buch lesen auf deutsch, wenn es ihn interessiert, wenn es irgendwie in seinem Gebiet ist, aber der hat natürlich die Klassiker nicht gelesen. Verstehen Sie, das ist interessant. Gut, die sind sieben Jahre auseinander, und der ist auch vom Typ her ganz anders. Der war viel mehr mit anderen Kindern zusammen. Der Chanan war viel zu Hause. Die Großmutter hat einen großen Einfluß auf ihn gehabt. Und es lag ihm einfach.

Ruth Tauber (*1919)

»Guten Abend, gute Nacht«

Ich hab' den Kindern sogar Schlafliedchen in Deutsch beigebracht. Mein Sohn wurde kürzlich dienstlich nach Deutschland geschickt, und da waren sie irgendwo eingeladen in einem Restaurant, wo es abends Musik gab, und da hat man ihn gefragt, er soll sich ein Lied wünschen, was man für ihn spielen soll. Also hat er sich gewünscht »Guten Abend, gute Nacht« mit Klavierbegleitung. Da haben alle furchtbar gelacht. Die Enkelkinder rufen auch schon: »*Sawta*, ›Guten Abend, gute Nacht‹!« Ich soll singen. Und die Kleine von zwei Jahren, sie kann nicht viel sprechen: »*Sawta*, Gute Abend!« Dann weiß ich, sie legt sich ins Bett, und ich muß ihr vorsingen.

Hanna Lion (*1920)

Beide Parteien sind dann sehr zufrieden

Ich habe manchmal noch meinem verstorbenen Sohn Wilhelm Busch auf deutsch vorgelesen. Der hat gar nichts verstanden, aber er merkte an dem Ton, an den Bildern, worum sich's gehandelt hat. Ob's der Fips, der Affe, war oder die fromme Helene, die Musik meines Vorlesens, die hat diesem *sabre* ganz besonders gefallen, so wie ich auch heute noch manchmal meinem Enkelkind »Schlaf, mein Kindchen, schlaf« vorsinge, und der fängt dann an, wirklich einzuschlafen. Oder ich rede mir das ein, ich mache das zu den Zeiten, wo er sowieso einschläft. Also treffen sich sein Bedürfnis einzuschlafen und mein Bedürfnis, ihm ein deutsches Kinderlied vorzusingen. Und beide Parteien sind dann sehr zufrieden.

Abraham Friedländer (*1916)

Ich habe das große Glück, daß meine drei Enkeltöchter sehr gut Deutsch sprechen

KL: Also mein Schwiegersohn hat mit seinen Kindern Iwrit gesprochen und meine Tochter Deutsch. Und dadurch habe ich das große Glück, daß meine drei Enkeltöchter sehr gut Deutsch sprechen, aber schreiben, lesen nicht.

KH: Wie nennen Ihre Töchter Sie? *Ima?*

KL: Die Töchter? Mutti.

KH: Mutti. Das dachte ich mir, nicht *ima*. Und die anderen Oma? Und die Urenkel *sawta?*

KL: Nein, alle Oma. Selbst die ganz Kleine nennt mich Oma.

KH: Die denken wahrscheinlich, das ist ein Name, Oma.

KL: Ja, eine von meinen Urenkelinnen, die ist jetzt mit ihrem Freund in Amerika unterwegs, sie schreiben mir immer sehr schöne Ansichtskarten in Englisch, aber adressieren an Oma Liebenthal. Wissen scheinbar gar nicht meinen Vornamen. Sehr ulkig.

Käthe Liebenthal (*1896)

Unsere Kinder und Enkel können das alles nicht mehr lesen

DB-L: Leider stehen wir ja nun zum zweiten Mal vor der Frage, was wir mit unseren Büchern machen, denn unsere Kinder und Enkel können das ja alles nicht mehr lesen.

RB-L: Kannst Du nicht wissen.

DB-L: Ach. Das kann ich ja wissen.

RB-L: Wir haben vorgestern Besuch gehabt von unserem ältesten Enkel. Der ist jetzt 19 Jahre und ist bei der Luftwaffe. Er ist ein hochintelligenter Junge. Warum sollte er nicht? Er hat so viel im Kopf, das kannst Du doch nicht wissen, ob der nicht Deutsch lernen will?

DB-L: Eben nicht. Er wird diese Bücher nicht lesen. Der liest bestimmt nicht Gerhart Hauptmann und will es bestimmt nicht.

RB-L: Warum soll der Junge, der Ran, vielleicht mal eines Tages nicht sagen, er will Deutsch lernen?

DB-L: Niemals! Und wenn er Deutsch lernen wird, dann tut er es, weil er irgend etwas studiert, wo er deutsche Fachliteratur braucht oder so was.

RB-L: Nicht, weil er deutscher Jude werden will.

DB-L: Vielleicht kann er dann lesen. Aber ausgeschlossen, die Kinder lesen diese Bücher nicht mehr! Ganz klar.

David (*1912) und Ruth (*1914) Bar-Levi

Ich nehme an, daß es sich in irgendeiner Form in Hebräisch fortsetzen wird

PA: Sie fragten mich eben nach der Zukunft der Organisation der mitteleuropäischen Einwanderer. Sicher, das wird auslaufen, obwohl ich annehme, daß es sich in irgendeiner Form in Hebräisch fortsetzen wird. Unsere Tochter, die intellektuell eher zu unserem Kreis gehört, lebt selbstverständlich im hebräischen Kulturkreis, obwohl sie sehr gut Deutsch spricht. Ich bin aber überzeugt, daß das auch bei den Kindern und Enkeln irgendwie weitergeht.

AB: Welche Interessen verbinden Sie mit Ihren Enkeln?

PA: Also, schauen Sie, ich hab' einen Enkel, der ist heute *captain* in unserer Armee und verantwortlich für körperliches Training von

Soldaten, und der ist so wie sein Vater, der Sportlehrer ist, nur am Sport interessiert. Enkel Nummer zwei ist Orientalist seiner ganzen Neigung nach und ist heute auch als Offizier in der Armee. Mit dem hab' ich gemeinsame Interessen, schon allein dadurch, daß ich mich auch mit der arabischen Frage bei uns immer beschäftigt habe. Als ich ihn vor drei Tagen am Sabbatmorgen hier fragte: »Jinon, was von meinen Büchern möchtest du haben?« Hat er gesagt: »Ach, hier nicht so. Was in deinem Arbeitszimmer steht, die würd' ich alle nehmen« (*lacht*). Das war die Antwort. Wenn ich den anderen fragen würde, würde er mir vielleicht sagen: »Die Kunstbücher«, aber die anderen Sachen würden ihn weniger interessieren.

AB: Diese Entwicklung gibt es natürlich in jedem anderen Land auch. Glauben Sie trotzdem, daß Ihre Enkel ein ganz anderer Typus, ein ganz neuer Typus Israeli sind?

PA: Fraglos ein anderer Typus, ein ganz anderer Typus. Er ist viel, viel weniger intellektuell, viel stärker auf – wie sagt man das auf deutsch, es hört sich nicht schön an, wenn ich sage, auf *tachles*.

AB: Auf Faktisches?

PA: Auf Faktisches, ja. Aber ich hab' das Gefühl, sie sind psychisch eine gesunde Generation. Doch jede Generation hat Schwierigkeiten, jede Generation muß in ihrem Leben kämpfen.

Paul Alsberg (*1919)

Meine Enkelkinder wollen alles wissen, was mal war

MD: Was haben Ihre Kinder noch von Ihren Eltern bekommen?

DG: Mein Vater war Arzt und hat meine drei Kinder zur Welt gebracht. Damit fing's mal an. Alle können sich an die Großeltern entsinnen, auch an das Haus meiner Eltern, denn das hatte ja natürlich einen bestimmten Stil. Und irgendwie ist es an ihnen kleben geblieben, das seh' ich heute daran, wie sie ihre Wohnung möblieren und wie sie irgendwie diese Kultur noch weiterführen.

MD: Haben Ihre Eltern hier so ein neues Berliner Haus aufgebaut?

DG: Man kann nicht sagen Berliner Haus, nein. Natürlich haben sie Möbel mitgebracht, soweit es in diesem *Lift*, den man mitbringen konnte, ging. Und Mutti war sehr klug, die Dinge mitzubringen, die Wert hatten und die irgendwie zur Familientradition gehören, z. B. diese Uhr, die da gerade klingelt. Und um diese Uhr streiten sich heute meine Enkelkinder. Ich habe einen besonders schönen Nippesschrank mit allen möglichen Erinnerungen. Da ist eine Meißener Vase mit Silberfiligran drin, die mein Vati meiner

Mutter zur Verlobung geschenkt hatte, in die jedes Jahr zwölf rote Rosen kamen. So sind noch Stücke vom Toilettentisch meiner Groß-mutter dabei, Silbersachen, alle möglichen kleinen Kinkerlitzchen, von denen jedes eine Geschichte hat, die ich heute meinen Enkel-kindern erzähle, weil sie alles wissen wollen, was mal war. Also, irgendwie geht das ja doch wohl weiter.

Dalia Grossmann (*1919)

Fünftes Kapitel

Das Schicksal der Familie und die Verarbeitung der Vergangenheit

Von der ganzen Verwandtschaft hat kein Mensch mehr existiert
Damals hat man erfahren, was eigentlich geschehen ist. Von der ganzen Verwandtschaft meines Mannes, von meiner Verwandtschaft, die ich in Wien hatte, hat kein Mensch mehr existiert.

Irene Aloni (*1906)

»Schau, sie ist so süß, lassen wir sie für uns!«
RA: Also im Lager hab' ich viel Glück gehabt, das muß ich sagen. Ich war jung und schon auf dem Weg nach Birkenau, und da hat mich eine Lagerälteste gerettet. Ich war im Spital, und ich hab' ihr gefallen, und sie hat mich zu sich genommen und hat zu ihrer Freundin, die Ärztin war, bei einem Durchgang durch das Spital gesagt: »Schau, sie ist so süß, lassen wir sie für uns!« In Tschechisch hat sie das gesagt, und ich sag': »*Prosim*«, *you know*, »bitte« in Tschechisch. Und wie ich das gesagt hab', war sie so froh, daß ich Tschechisch sprech' und daß ich Tschechin bin. Und sie hat wirklich auf mich sehr, sehr aufgepaßt.
MD: Sie war eine Insassin?
RA: Eine Älteste, eine Kapo, wie man sagt, sie war eine Kapo vom Spital. Aber bevor ich zu ihr gekommen bin, das ist eine Geschichte. Der Mengele hat mich gerettet. Das hört sich hier so an ... Aber warum? Weil ich bei meiner Mutter bleiben wollte. Wie er selektiert hat, hat er mich auf die andere Seite geschickt, aber ich lief immer zurück zu meiner Mutter, und das wollte er nicht. Schließlich ist er von seinem Podium runtergekommen und hat mich an meinen Schultern geschüttelt und gesagt: »Ach Mädel, Mädel, wenn du wüßtest!« Aber ich hab' damals nicht gewußt, was das bedeutet, da bin ich erst später draufgekommen, als ich schon verstanden hab', daß das keine Fabrik war, was wir sehen, diese Flammen und der Geruch und alles. Dann haben wir schon gewußt, das sind unsere Familien dort. Aber ich wäre fast mit meiner Mutter und den zwei kleinen Kindern gegangen.
MD: Wie viele von Deiner Familie sind herausgekommen?

RA: Zwei Brüder und ich. Im Vergleich zu anderen noch relativ viele.

Rachel Amit (*1928)

Sie wollten uns im April '45, wenige Tage bevor der Krieg zu Ende war, noch nach Auschwitz bringen

S-RS: Ich bin in Deutschland geboren, in einem kleinen Dorf in Hessen, und als der Herr Hitler an die Macht kam, bin ich nach Holland. Ich hab' dort zuerst mal gearbeitet und hab' mich später dort verheiratet mit einem Juden. Und mein Sohn ist geboren im Jahre '42 in Den Haag. Und weil wir in Den Haag wohnten und nicht in Amsterdam, hatten wir ein kleines bißchen *masel*. Also wir sind deportiert worden am 29. September '43. Man hat uns mitten in der Nacht von unserem Haus weggeholt mit dem kleinen Baby, es war neun Monate alt, mein ältester Sohn. Wir kamen zunächst ins Konzentrationslager Westerbork. Wir waren eine jüdische Gruppe aus Den Haag, und jeden Montag kam nachts einer mit einer Liste und hat gesagt, die und die Familie geht morgen auf Transport. Transport – man hat die Züge gesehen, wo man alle reingesteckt hat. Da mein Mann damals sehr krank war und das Kind auch, haben sie gesagt, wir könnten noch bleiben. Es hieß, es geht nach Bergen-Belsen, und vielleicht wird man ausgetauscht werden gegen deutsche Kriegsgefangene, also man hat eine Chance, am Leben zu bleiben. Und da hab' ich gesagt, ich will mit meiner Gruppe mit nach Bergen-Belsen. Ich dachte, wenn ich jetzt hier bleibe, werden sie mich nächste Woche nach Auschwitz schicken, und dann ist alles erledigt. So hab' ich das gemacht und bin mit zwei Kranken nach Bergen-Belsen. Und mein Mann ist dort gestorben.

ES: An einem eiskalten Wintertag, Anfang '45 starb er, 33jährig, an Erschöpfung, Unterernährung, Blutvergiftung und Mangel an ärztlicher Hilfe.

S-RS: Ja, mein Mann ist also dort gestorben, und ich hab's irgendwie überlebt. Wenige Tage bevor der Krieg zu Ende war, hat man gesagt: »Also, wer sich noch irgendwie bewegen kann, laufen kann,« – die meisten waren ja schon halb tot und alle haben Flecktyphus gehabt – »da sind Autos, ihr könnt hier raus.« Ich denk' mir: raus! Ich hab' das Kind genommen und bin mit anderen auf den Lastwagen. Dann hat man uns in einen Zug reingesteckt, etwa 1.200 holländische Juden. Also, der Zug ist gefahren, gefahren und gefahren –

ES: 14 Tage lang, mit langen Zwischenhalten durch Deutschland nach Osten.

S-RS: Da hab' ich gemerkt, es geht nach Osten. Sie wollten uns noch nach Auschwitz bringen. Viele sind in dem Zug an Flecktyphus gestorben, und dann hat der Zug gehalten, und man hat im Wald ein großes Grab gemacht und hat all die Toten da reingelegt. Der Zug ist weitergefahren, und immer waren die Deutschen als Bewachung dabei. Dann hat er auf einmal gehalten in einem kleinen Ort, und auf einmal waren die Deutschen weg.

ES: Es war der 23. April '45.

S-RS: Ich hab' dann auch Flecktyphus bekommen. Es kam ein jüdischer Arzt, aber der konnte ja nichts machen, er hatte nix. Zwei Wochen hab' ich dann nur von kaltem Wasser gelebt, und am 15. Tag war ich fieberfrei. Und mein Sohn David hat es auch noch bekommen. Dann hat man unseren Transport als letzten in Lastautos über die Demarkationslinie in den amerikanischen Sektor gebracht, in die Nähe von Kassel. Das war die Gegend, wo ich herstamme, aber ich konnte keine Verwandten oder Bekannten von mir dort finden. Die Amerikaner haben uns dort ein paar Tage versorgt, und dann hat man uns zurückgebracht nach Holland.

Sara-Ruth (*1915) und Elchanan (*1911) Scheftelowitz

Ich hatte bald erfahren, daß niemand von meiner Familie übriggeblieben ist

Wir wurden in Privathäusern einquartiert, und man hat den Leuten gesagt, daß wir hier unter amerikanischem Schutz sind, und da haben sie uns die Tür aufgemacht. Wir haben danach zum ersten Mal seit vielen Jahren in einem normalen Zimmer, in einem normalen Bett geschlafen und eine Dusche gehabt. Und dann kam nach zwei Tagen ein amerikanischer Sanitätslastwagen, und der hat uns in ein deutsches Kloster gebracht, Sankt Ottilien. Das war in ein deutsches Soldatenlazarett umgewandelt, und die Amerikaner haben das erfahren. In drei Stunden mußten alle Deutschen das Lazarett verlassen, man hat eine Inspektion gemacht, und dann kamen wir rein. Das deutsche Personal ist geblieben. Es gab noch eine Diskussion, da wir kein deutsches Personal wollten, aber es gab kein Sanitätspersonal, keine Ärzte. So sind die alle geblieben, zum Teil waren sie Krankenschwestern vom Kloster. Man hat mir gesagt, daß es heute wieder ein Kloster ist, in der Nähe von München, glaub' ich. Und dort wurden wir gepflegt. Dort war ich sechs oder acht Wochen. Ich hatte nur eine Beinwunde, ich konnte nicht

gehen. Wir wurden gepflegt und wir kamen langsam zu uns. Sehr
viele sind aber auch dort gestorben.

Dann kamen wir nach München und haben schon angefangen,
uns zu organisieren. München war vollkommen zerstört. Jeder hat
versucht, seine Verwandten, seine Familie zu suchen. Ich hatte
bald erfahren, daß niemand von meiner Familie übriggeblieben
ist. Mein Vater ist mit mir zusammen in Dachau gewesen, ist neben mir im sogenannten Lazarett an Lungenentzündung gestorben. Ich wußte, meine Mutter ist schon nicht mehr da, und meine
Schwester ist auch umgekommen, so daß ich niemand mehr habe.
Und so bin ich mit einer der ersten Gruppen, die offiziell, legal ein
Zertifikat vom *British Government* bekommen haben, im September '45 nach *Palestine* gekommen, und dann nach Giw'at Brenner, so nach drei Wochen Quarantäne. Seitdem bin ich hier.

*Chaim Rosen (*1921)*

Als ob es auf einem anderen Planeten geschehen wäre

Wir bekamen nach und nach Nachrichten in Zeitungen und in
Briefen, in denen das Geschehen in Deutschland mehr angedeutet
als ausgesprochen war. Als zum Beispiel im Jahre '38 die Nachricht von der sogenannten Kristallnacht kam, habe ich kaum verstanden, was sich da getan hat, obwohl schwarz auf weiß geschrieben stand, daß man in meiner Stadt die beiden Synagogen verbrannt hat. Und wir haben nie richtig verstanden, daß die fort-
schreitende Judenverfolgung in Deutschland ja schon zu meiner
Zeit in Wirklichkeit Vorbote des Holocaust war. Und selbst während der Kriegsjahre haben die meisten von uns überhaupt nicht
begreifen können, was passierte, obwohl gewisse Nachrichten
durchsickerten. Das ging so weit, daß, als ich schon viel später als
Soldat in der Jüdischen Brigade direkt nach dem Krieg mit jüdischen geretteten KZ-Häftlingen in Berührung kam und ihre Erzählungen hörte und ihr Benehmen sah, ich nicht verstehen konnte,
was die Menschen durchgemacht haben, als ob es auf einem ganz
anderen Planeten geschehen wäre.

*Josef Stern (*1921)*

Der schreckliche Umfang dieses Unglücks war uns damals noch nicht klar

HF: Als ich mit der Jüdischen Brigade in Italien war, ist uns nach
und nach der Umfang, der schreckliche Umfang der Schoa bewußt geworden, und ich wußte nichts vom Schicksal meiner eige-

nen Familie. Die Überreste von den Juden, die 1942 noch in Kastellaun waren, waren nach dem Osten deportiert worden, darunter mein Vater, meine Stiefmutter und meine drei Stiefgeschwister. Aber wie wir in Italien waren, hatte ich immer noch Hoffnung, wenigstens einen Teil wiederzufinden. Der schreckliche Umfang dieses Unglücks war uns damals noch nicht klar.

AB: Haben Sie denn noch irgendwelche Rot-Kreuz-Briefe oder so was bekommen?

HF: Der letzte Brief, den ich bekommen habe, war datiert 2. August 1939, und zwar hatte ich vorher meinen Eltern geschrieben, daß der Kibbuz bereit sei, sie aufzunehmen, und sie sollen sich bemühen, nach Palästina zu kommen. Aber da schrieb mein Vater, er habe gute Aussicht, ein Visum nach Amerika zu bekommen, und er hoffe, daß sie nach Amerika auswandern können. Daß das nicht mehr geklappt hat, hat zu tun mit der, sagen wir negativen Einstellung der amerikanischen Regierung der Aufnahme von Juden gegenüber. In unserem Fall ist mir bekannt, daß die Erteilung des Visums sich hingezögert hat, weil das *affidavit* von meinen drei Brüdern aus Amerika gestellt wurde und die damalige Gattin meines Vaters nicht die Mutter dieser drei Brüder war. Und so zog sich das hin, bis die Ausfahrt aus Deutschland gesperrt war. Leider ist keiner von meiner Familie, weder die drei Kinder noch mein Vater oder meine Stiefmutter, wieder erschienen. Von dem Transport, der damals von Koblenz nach dem Osten ging, ist keiner zurückgekommen. Deswegen konnte auch niemand bezeugen, was eigentlich da geschah.

Hans Simon Forst (*1917)

Mir geht es bis heute nach, daß ich meine Mutter einfach zurückgelassen habe

AS: Ich hatte einen Bruder mit Frau und kleinem Kind, die sind leider dort geblieben. Sie sind zusammen mit meiner Mutter nach Theresienstadt gekommen. Meine Mutter hatte das Glück, dort an Lungenentzündung zu sterben, während der Bruder und die Schwägerin wahrscheinlich nach Auschwitz gekommen sind, mit dem Kleinen.

CS: Mir geht das bis heute nach, daß ich meine Mutter einfach zurückgelassen habe und weggefahren bin.

Anton (*1907) und Chana (*1910) Steiner

Über Nacht aus Deutschland vertrieben

1934, '35 hat man noch nicht geglaubt, daß das so schlimm sein kann. Meine große Schwester wollte ihren Beruf beenden und herkommen. Aber im Oktober '38 wurden alle polnischen Staatsbürger über Nacht aus Deutschland vertrieben. Sie wurden einfach eingesammelt in der Georgenschule in Zwickau und dann über die Grenze abgeschoben, mit einem Koffer. Und meine Schwester konnte nicht gehen, sie hatte ein steifes Bein und mußte getragen werden. Das war eine ganze Tragödie. Dann sind sie in Polen angekommen, und die polnischen Juden haben sehr viel für sie getan. Mein Vater hat versucht, eine neue Existenz aufzubauen, hat uns aber die ganze Zeit geschrieben, daß wir uns bemühen sollen, ihm ein Zertifikat zu besorgen. Aber '39 kam der Krieg, und es hat eben nicht geklappt, ist nichts daraus geworden.

Ayala Laronne (*1916)

Wir konnten meine Mutter nicht anfordern

Mein Vater ist Gott sei Dank im 36er Jahr eines natürlichen Todes gestorben. Meine Mutter ist nach Theresienstadt gekommen. Wir waren illegal hier, wir sind ins Land gekommen mit Touristenvisum und geblieben, untergetaucht. Die Engländer haben die Augen zugedrückt, aber offiziell konnten wir nicht auftreten. Wir konnten meine Mutter nicht anfordern. Andere, die Zertifikate hatten, konnten ihre Eltern anfordern. Um sie mit einem Flüchtlingsschiff kommen zu lassen, dazu hat sie nicht mehr den Mut gehabt. Als sie deportiert worden ist, war sie 69, 70.

Anna Robert (*1909)

Sie konnten sich nicht vorstellen, daß man illegal bleibt

Meine Eltern sind in Theresienstadt umgekommen. Meine Schwiegermutter ist ebenfalls nach Theresienstadt und von dort aus nach Auschwitz gekommen mit der jüngsten Tochter. Ich habe außer meinen Kindern keinerlei Angehörige mehr, niemand von der großen Familie, nicht väterlicher–, nicht mütterlicherseits. Alle weg. Meine Eltern waren noch 1937 bei uns im Land zu Besuch, als meine Tochter geboren wurde, und dann sind sie zurück, weil sie doch mit dem Haushalt kommen wollten. Und '38 konnten sie nicht mehr raus. Das ist die schlimmste Dummheit, die wir gemacht haben. Wir hätten die Eltern nicht zurückgehen lassen sollen. Aber wir waren gerade aus dem Zelt ausgezogen, wohnten in einem Zimmer. Mein Bruder hatte geheiratet, wohnte auch in einem Zimmer. Und meine Eltern konnten sich nicht vorstellen, daß man illegal bleibt. Das konnten sich doch viele geradlinige Jeckes gar nicht vorstellen. Und das war ein großer, großer Fehler, der größte, der schlimmste, den wir gemacht haben. Denn da, wo wir satt geworden wären, da wären beide Eltern auch noch satt geworden.

Helga Lilie (*1912)

Und so ist das Zertifikat nicht ausgenutzt worden
Ich konnte durch gewisse Tricks ein Zertifikat für meine Mutter bekommen. Meine Mutter war in Kattowitz. Der Krieg war bereits im Gang, aber für Leute, die ein Zertifikat bekamen, hat es eine Möglichkeit gegeben, herauszukommen. Das Zertifikat war deponiert bei dem deutschen Konsulat in Bern, Schweiz, und meine Mutter hätte von Kattowitz bis Bern fahren müssen, um das Zertifikat zu erhalten und sich von da aus weiter durchzuschlagen bis Palästina. Sie hätte es körperlich wohl kaum durchgehalten. Und man konnte auch keine Post durchbringen, weil Polen ja schon Feindesland war. So ist das Zertifikat nicht ausgenutzt worden. Also, leichter ertragen hab' ich das nur bei dem Gedanken, daß ich nur für meine Mutter das Zertifikat erringen konnte und nicht auch für die Mutter meiner Frau, die in demselben Lager zusammengelebt haben. Ich hätte immer das Gefühl gehabt, daß ich meine Mutter gegenüber meiner Schwiegermutter bei meinen Bemühungen bevorzugt hätte.

Ernst Siedner (*1905)

Das hat mich immer verfolgt
Dann hat mein Vater mir geschrieben, ich sollte ihm ein Zertifikat besorgen. Er hat sich vorgestellt, man kann das so einfach. Den Brief hab' ich noch da. Wenn man Kapital gehabt hätte oder jemand, der einem geholfen hätte! Aber ich war alleine, ich war jung. Ich habe an die ›Sochnut‹ geschrieben, aber die haben gesagt: Ja, wir haben eine große Warteliste. Es hat mir immer sehr weh getan. Ich hatte das Gefühl, daß mein Vater gedacht hat, ich kümmere mich nicht genug oder wolle es nicht. Das hat mich wirklich immer verfolgt.

Nira Cohn (*1920)

Meine Schwiegereltern sind nie mehr rausgekommen

Am ersten Tag hier ist mein Mann ins *Emigration Office* gegangen und hat ein Elternzertifikat beantragt. Als wir auf dem Schiff waren, gab es ein neues Gesetz, wieder mal einen Emigrationsstop. Das wußten wir aber noch nicht. Und mein Onkel sagte damals zu meinem Mann: »Es ist traurig, aber weißt du, bei den Engländern muß man schmieren, sonst kann der Antrag ewig ganz unten liegen. Aber wenn du jetzt eine Summe zahlst, dann wird der Beamte den Antrag rauflegen.« Also, mein Mann hat sieben Englische Pfund, das war fast unser ganzes Barvermögen, bezahlt als Schmiergeld, damit der Antrag hoch auf dem Stapel lag. Ich muß es kurz sagen, es ist sehr traurig, aber meine Schwiegereltern sind nie mehr rausgekommen. Meine Schwiegermutter hatte infolge des 9. Novembers einen Schlaganfall, denn man hat ihren Schwiegersohn, der Arzt in Oberschlesien war, und ihren Mann an die Wand gestellt und die Pistole auf sie gerichtet. Also, sie hat einen Schlaganfall gehabt und ist dann nach einiger Zeit gestorben, während der Vater in Mauthausen umgekommen ist.

Ruth Tauber (*1919)

Ich habe einen Brief an meine Mutter zurückbekommen

Während des Krieges war es ja gar nicht möglich, von hier zu schreiben. Ich habe einen Brief zurückbekommen, den ich an meine Mutter geschrieben habe. Da war meine Mutter schon in Auschwitz. Ich habe ihn aufgehoben. Er ist vollkommen zerschnitten. Damals haben uns die Engländer hier die Briefe kontrolliert. Da war alles rausgeschnitten. Dann haben sie ihn mir zurückgeschickt. Meine Mutter ist in Auschwitz umgekommen. Mein Bruder hat das verfolgt, er hat mir das gesagt.

Erna Jacob (*1892)

In dem Brief stand: »Ich hoffe durchzuhalten«

Meine Mutter ist in Berlin geblieben, und ich habe Briefe aus der Zeit von 1938 bis 1942, in der sie die Entwicklung und die, wie man hier sagt, *hitdarderut*, die zunehmende Verelendung der deutschen Juden ganz genau geschildert hat. Sie hat geschrieben, was die Familie macht, wenn sie zusammenkommen, und daß alle nur von ihren Kindern reden, die ins Ausland gegangen sind. Ich habe auf hebräisch ein Buch geschrieben, ›Erinnerungsspiegelung‹ würde es auf deutsch heißen, da habe ich diese Briefe alle als Dokumente aufgenommen und ins Hebräische übersetzt. Das letzte, was ich von meiner Mutter gehört habe, ist ein Rote-Kreuz-Brief, wo man 25 Worte schreiben durfte, aus dem Ghetto Warschau. Und in dem Brief stand: »Ich hoffe durchzuhalten, trotz alles Schweren.« Das war das letzte, was ich von meiner Mutter direkt gehört habe. Ich habe später in *Yad Vashem* einmal nachgeforscht und ein Erinnerungsblatt an meine Mutter dorthin gegeben. Als ich vor einem Jahr in Jerusalem war, bin ich nach *Yad Vashem* gegangen, und sie haben mir dann berichtet, daß sie vom Ghetto Warschau in ein Konzentrationslager namens Trawniki deportiert wurde.

Mirjam Michaelis (*1908)

Die Schwester meiner Frau hat versucht zu recherchieren, was aus den Eltern geworden ist

CS: Meine Eltern habe ich im Jahre 1939 glücklicherweise hierher bringen können. Aber das haben nicht viele fertiggebracht. Ich habe damals in einem *pardes*, in einer Orangenplantage vom Bürgermeister der Stadt Rechowot gearbeitet, und der hat mir bestätigt, daß ich bei ihm arbeite und soundso viel verdiene. Und daraufhin haben meine Eltern Einreiseerlaubnis bekommen von der Mandatsregierung und sind kurz vor Ausbruch des Krieges hier erschienen. Die Eltern meiner Frau sind umgekommen. Sie waren zum Schluß in Berlin und sind bei einer der *razziot*, Ende '42 nehmen wir an, deportiert worden. Das letzte, was wir von ihnen gehört haben, war ein Rote-Kreuz-Brief, wo beinah nichts drin stand. Man konnte ja nicht viel schreiben.

AB: Über das Schicksal der Schwiegereltern haben Sie wahrscheinlich erst nach dem Krieg volle Klarheit gehabt?

CS: Gar keine Klarheit, gar keine Klarheit! Die Schwester meiner Frau ist beim amerikanischen Frauenkorps gewesen. Sie war in England und ist von dort aus nach Deutschland geschickt worden, hat dort versucht zu recherchieren, was aus den Eltern geworden ist. Sie ist bis in das Haus gekommen, wo sie zuletzt gelebt haben, und die Portiersfrau hat ihr noch Ringe gegeben, die von den Eltern zurückgelassen waren. Aber sie wußte auch nicht, was mit ihnen geschehen ist. Also, das ist alles, was wir wissen.

Chaim Sela (*1914)

Meine Mutter ist in Theresienstadt eines sogenannten natürlichen Todes gestorben

Von ihrer letzten Wohnung in Dresden ging meine Mutter in das jüdische Altersheim und wurde dann von dort verschickt nach ei-

nem jüdischen Altersheim im Schwarzwald und von dort abtransportiert nach Theresienstadt, wo sie eines sogenannten natürlichen
Todes gestorben ist, an Typhus. Ich weiß darüber Bescheid. Ich
habe sie zuletzt gesehen im Juli '39. Ich kam nach Berlin, ich fuhr
von dort zum zionistischen Kongreß nach Genève. Sie sagte: »Du,
komm nicht zurück! Ich bin alt, was mit mir passieren wird, wird
passieren.« Nach dem Krieg bekam ich einen Brief von einer Dame
aus Preßburg, Bratislava: »Ich lese in der ›Misrachi‹-Zeitung, daß
ein Dr. Burg sehr aktiv ist in der ›Misrachi‹-Bewegung in Palästina.
Sind Sie der Dr. Burg, der ein *madrich* meiner Schwester in Berlin
war, und sind Sie der Dr. Burg, der dann mit seinem Freund Issi
Eisner bei uns in Prag war? Dann habe ich Ihnen mitzuteilen, ich
war in derselben Zelle wie Ihre Mutter in Theresienstadt. Ihre Mutter ist an Typhus gestorben. Ihre Mutter hat sich die eigenen
tachrichim mitgebracht. Sie hat mir vor ihrem Tod ihr Schabbeskleid
gegeben.« Diese Frau lebt heute in Jerusalem.

Josef Burg (*1909)

Ich habe darüber nie Klarheit bekommen
SR: Mein Vater wurde am 6. Dezember 1938 auf den Eisenbahn-
schienen von Kitzingen außerhalb der Station tot aufgefunden. Und
meine Mutter wurde am 21. März 1942 von Kitzingen aus deportiert.
AB: War es bei Ihrem Vater Selbstmord?
SR: Ich glaube nicht, da er sehr religiös eingestellt war und außerdem meine Mutter sicher nicht allein zurückgelassen hätte unter
diesen Umständen. Man hat mir nachher, als ich 1951 das erste
Mal in Deutschland war, davon erzählt. Mein Vater war Kriegsbe-
schädigter. Er hatte einen Ausweis, in der Eisenbahn das Abteil für
Kriegsbeschädigte benutzen zu können, und es ist anzunehmen,
daß einige SS-Leute oder SA-Leute eingestiegen sind, ihn dort haben sitzen sehen und ihn rausgeworfen haben. Ich habe darüber
nie Klarheit bekommen. Das Standesamt Kitzingen hat immer gesagt, er ist am 6. Dezember gestorben. Aber einen Totenschein
habe ich erst im Jahre 1988 bekommen, auf gutes Zureden eines
Bekannten, wo sie dann endlich erklärt haben, daß mein Vater tot
auf den Schienen außerhalb Kitzingens gefunden wurde.

Stefan Rothstein (*1911)

Ich habe den Verdacht, daß es ein Selbstmord war

AB: Haben Sie denn damals schon gleich vom Tod Ihres Vaters gehört?

EO: Jawohl, meine Mutter hatte damals schon geschrieben. Und ich versuchte dann mit allen Mitteln, irgendwie Geld aufzutreiben, damit meine Mutter hier nach Palästina kommen könnte. Es gelang mir aber nicht, und sie blieb da, bis im September der Zweite Weltkrieg ausbrach und dann die briefliche Verbindung sehr bald abgeschnitten war. Dann, Ende 1943, bekam ich einen Rote-Kreuz-Brief von meinen Verwandten aus Dresden, dem Bruder meines Vaters, der mit einer Christin verheiratet war, daß meine Mutter genau drei Jahre nach dem Tode meines Vaters, genau am selben Tage wie mein Vater gestorben war. Ich habe den Verdacht, ich kann es nicht beweisen, daß das ein Selbstmord war, denn meine Mutter war vollkommen mittellos, wußte nicht, wovon sie existieren sollte. Und 1941 dürften schon die ersten Nachrichten durchgekommen sein, daß Juden in Todeslager verschleppt werden, was dann in Breslau in den folgenden Jahren vollkommen gründlich geschah, so daß von den Breslauer Juden nichts übrig blieb.

Efraim Orni (*1915)

Mein Vater wurde, nehme ich an, vergast

Sowohl mein Bruder als auch ich waren uns im klaren, daß wir Österreich verlassen werden. Wir wollten nur fertiglernen, was wir aber dann doch nicht konnten. Mein Vater, der Zionist war, konnte Österreich leider nicht verlassen, wie so viele andere. Er wurde, nehme ich an, so wie viele andere in Polen vergast. Ich erhielt im Jahre '42 einen Brief vom Roten Kreuz – das war während der Zeit, als ich im englischen Militär war –, wo man mir mitteilte, daß sowohl mein Vater als auch meine Mutter nicht mehr am Leben seien. Und daß sie, ohne mir den Namen dieses Lagers angeben zu können, mich davon informieren.

Paul Feiner (*1919)

Meine Eltern und meine Schwester sind von Riga aus ins Gas gegangen

Meine Eltern sind ziemlich spät deportiert worden, nach Theresienstadt. Und die Eltern meines Mannes waren vom Anfang bis zum Schluß in Theresienstadt. Seine Schwester hat dort bei der Registrierung gearbeitet und hat die Namen meiner Eltern, Gustav und Rosa, und meiner Schwester, Hanna Grossmann, an dem Tag gefunden, an dem sie angekommen sind, und hat sie sofort getroffen. Meine Eltern waren drei Tage in Theresienstadt, und nach drei Tagen sind sie evakuiert worden nach Riga und sind von Riga aus ins Gas gegangen. Mit meiner Schwester. Und das habe ich zum ersten Mal in Giw'at Chaim, in diesem Museum erfahren, und einige Leute haben es bestätigt.

Channa Hellmann (*1921)

Sie sind im Eisenbahnzug unterwegs vergast worden
Ich bin noch 1939 legal mit einem ›Wizo‹-Zertifikat gekommen, wir haben ein paar tausend Mark eingezahlt, und 2.000 oder so etwas hat meine Mutter noch zurückbekommen, weil das Geld schon nicht mehr transferiert wurde. Und damit hat sie sich über Wasser gehalten, und '43, glaub' ich, sind die letzten Juden von Gleiwitz deportiert, also in Eisenbahnwaggons geladen worden. So wie wir aus authentischer Quelle gehört haben, sind sie im Eisenbahnzug unterwegs vergast worden. Sie sind gar nicht mehr bis nach Auschwitz gekommen.

Hanna Walter (*1917)

Und dann kamen sie alle nach Auschwitz
Meine jüngste Schwester Ruth war noch ein Kind und mußte mit den alten Eltern dort bleiben. Sie ist später umgekommen mit Mann und kleinem Kind und mit der 76jährigen Mutter. Als der Krieg begann, hatten sie sich ins Innere Polens geflüchtet. Wir lebten ja an der Grenze. Am nächsten Tag sind die Deutschen über die Netze gekommen. Und sie mußten zurück und durften in ihrem Haus, in dem wir neun Zimmer zum Wohnen hatten, in einer Kammer abwarten bis auf weiteres. Sie wurden im November verschleppt, auf offenen Lastwagen, zu einer Schule in einem Dorf. Dort fanden sie leere Räume vor, mit Stroh bedeckt. Sie haben Briefe nach Amerika geschickt. Da sie nicht schreiben durften »Wir müssen auf Stroh liegen«, hat meine kluge Mutter geschrieben: »Ach, wie glücklich das Kind in dem Stroh rumkrabbelt!« Ging alles durch die Zensur. Von da wurden sie im Viehwagen weiter verschleppt, zwei Tage und eine Nacht, nach Kielce. Da waren sie zwei Jahre, und dann kamen sie alle nach Auschwitz. Da war das Kind, das blonde Jungchen, vier Jahre alt.

Siegmar Sharon (*1901)

Die Flucht hat ihnen nicht lange geholfen

Meine Eltern, die ich selber in Belgien noch besuchen konnte von England aus, habe ich im Juni 1939 das letzte Mal gesehen. Mein Vater und andere männliche Verwandte, die auch in Belgien waren, teilweise in Brüssel und teilweise in Antwerpen, sind dann beim Einfall der Deutschen in Belgien nach Frankreich geflohen. Das hat ihnen nicht sehr lange geholfen. Sie sind dann in Lager gekommen, nach Gurs und von Gurs nach Auschwitz. Meine Mutter und andere weibliche Verwandte hatten ein etwas anderes Schicksal, allerdings in den meisten Fällen nicht weniger tragisch. Meine Großmutter, die auch in Brüssel war, ist 1942 im hohen Alter von ungefähr 80 Jahren dort gestorben und beerdigt. Und meine Mutter, die damals schon im belgischen Untergrund lebte und an sich, wenn überhaupt, höchstens nachts an die frische Luft ging, dann aber am Todestag der Mutter im Jahre '43 doch auf den Friedhof ging, wurde denunziert und auf dem Rückweg verhaftet und über das Lager Westerbork auch nach Auschwitz gebracht. Ich weiß diese Tatsachen von einem Bekannten meiner Mutter, der ihr hinterherging, als sie diesen Weg machte, und der das Ganze beobachtet hat. Dieser Mann hat sich gerettet, und ich habe die Geschichte nach dem Krieg aus seinem Mund erfahren.

Alfred Wachs (*1914)

Mein Bruder und meine Schwester waren »arisch versippt«

Meine Eltern haben großes Glück gehabt, sie sind beide 1936 gestorben. Mein Bruder und meine Schwester waren, wie der schöne Ausdruck war, »arisch versippt« und konnten sich dadurch halten. Meine Schwester hat einen deutschen Arier geheiratet, der ein hoher Staatsbeamter, Professor an der Universität war, Mathematiker, Physiker, und der seine Posten verloren hatte. Ihm wurde nahegelegt: Laß dich scheiden, und du wirst deinen Posten behalten. Er hat sich nicht scheiden lassen und mußte den Posten verlassen. Sie mußten ihre Wohnung verlassen, wie auch mein Bruder, und wurden mit noch anderen Leuten in ganz alten Häusern einquartiert. Meine Schwester war Aufseherin einer Gruppe von jüdischen Frauen, die Wohnungen, die die Juden verlassen mußten, aufgeräumt, renoviert haben, wo dann deutsche Offiziere und ihre Familien eingezogen sind. Ihre Tochter hat in einem kriegswichtigen Unternehmen als Sekretärin des Direktors gearbeitet, als Halbjüdin, ja. Der hat sie geschützt, der hat sie gehalten, immer wieder als unentbehrlich erklärt. Das war in der Tschechoslowakei ein von den Deutschen übernommenes Unternehmen, das Geschosse oder irgend etwas mit Metall hergestellt hat.

Felix Wahle (*1910)

Vor ihrer Verhaftung hatten die Finalys vorgesorgt, daß sich jemand um die Kinder kümmert
Mein Schwager hätte auch zu denen gehören können, die auf illegale Weise nach Palästina fuhren. Er wollte nicht. Stattdessen ist er, als Hitler Wien besetzt hat, in die Tschechoslowakei gegangen. Seine Frau war aus reichem Hause, sie haben viel, viel Vermögen gehabt. Dann ist Hitler am 15. März '39 nachgekommen in die Tschechoslowakei, und Fritz mußte mit seiner Frau Anni weiter. Zum Schluß sind sie nach Frankreich gekommen. Aber auch da ist der Hitler schon sehr bald nachgekommen, und sie sind 1940 in die unbesetzte Zone von General Pétain hineingelangt, in der Nähe von Grenoble. Er war Arzt und hat seinen Beruf sozusagen illegal ausgeübt: Freunde haben ihm geholfen, Rezepte für ihn geschrieben, und er hat Patienten besucht. Aber es war nicht erlaubt. Sie haben zwei Kinder bekommen, zwei Buben: 1941 Robert, der zusätzlich noch den Namen Michèle nach meinem Sohn hier in Israel bekam, und ein Jahr später Gérard Pierre. Beide Kinder haben sie beschneiden lassen. Die Lage in Südfrankreich hat sich verschlimmert, Pétain hat selber angefangen, Nazimaßregeln zu befolgen, und sie haben nachgedacht, was mit den Kindern geschieht, wenn ihnen was passiert. Und es ist ihnen auch wirklich was passiert. Im Februar '44 hat die Gestapo den Fritz Finaly auf der Straße verhaftet und nachher seine Frau. Verhaftet, abtransportiert, nach Drancy und später nach Auschwitz. Die Frau Anni ist wahrscheinlich auf dem Weg umgekommen. Vor ihrer Verhaftung hatten die Eltern vorgesorgt, daß sich jemand um die Kinder kümmert, wenn ihnen etwas passiert. Freunde gaben sie in die Obhut von Antoinette Brun, der Leiterin des Städtischen Kinderheims von Grenoble. Als meine Frau und ihre beiden Schwestern nach dem Krieg die Kinder zu uns nach Israel holen wollten, war Frau Brun, die inzwischen von den französischen Behörden das Pflegerecht bekommen hatte und die Kinder katholisch erzog, nicht bereit, auf sie zu verzichten. Es begann ein fünfjähriger Prozeß, währenddessen die Kinder auch längere Perioden versteckt wurden, so unter anderem bei baskischen Mönchen. Nachdem schließlich 1953 der

Oberste Gerichtshof uns die Kinder zusprach, kamen sie zu uns nach Israel und wuchsen zusammen mit unseren Kindern bei uns in Gedera auf.

Mosche Rosner (*1902)

Auf beiden Seiten standen die Einwohner Spalier und haben geklatscht: Endlich ist Kastellaun judenrein!

HF: Am Ende des Krieges war ich mit der Jüdischen Brigade in Belgien. Eines Tages stand ich an der Bahn in Antwerpen, um mit der Straßenbahn zum Hafen zu fahren, da hör' ich auf einmal jemand sagen: »Da is er ja!« Auf hebräisch. Und ich kuck' mich um, und da steht mein Bruder Fritz, der in der amerikanischen Armee gedient hat und mit dem ich korrespondierte. Er war damals in England, bekam Urlaub, und so haben wir uns wiedergesehen. Nach wieviel Jahren? Nach fast zehn Jahren! Er hat gehört, unsere Einheit ist in Antwerpen, und da wollte er mich aufsuchen, und so haben wir uns getroffen. Dann sind wir zusammen nach Kastellaun gefahren.

AB: Stand Ihr Elternhaus noch?

HF: Das Elternhaus stand so, wie es war, es war etwas beschädigt oben am Dach. Aber zwei Familien haben drin gewohnt, eine unten, eine oben.

AB: Was war das für ein Gefühl mit den ersten, die Sie getroffen haben?

HF: Die Leute fragten uns, ob wir etwas wissen über die Eltern. Es kam uns sehr komisch vor, sie wußten doch, was mit den Eltern geschehen war, daß sie deportiert worden sind. Und da hab' ich noch einige unangenehme Sachen gehört: Als die kläglichen Überreste der jüdischen Gemeinde, meistens ältere Leute, auch noch 'n paar mit Kindern wie zum Beispiel meine jüngste Schwester, ja, wie sie damals die Bahnhofstraße raufgingen, standen auf beiden Seiten die Einwohner Spalier und haben geklatscht: Endlich ist Kastellaun judenrein! Später hab ich auch gehört, daß Leute das sehr bedauert haben. Einige Leute standen hinter den Gardinen und haben sich geschämt, so hab' ich dann später gehört. Aber, wie gesagt, es gab genug Leute in Kastellaun, die die Politik der Nazis gebilligt haben. Aber nun muß ich noch etwas erzählen. Bei diesem Besuch mit meinem Bruder rief uns ein Nachbar zu sich, ein Metzger, dessen Anwesen hinten an unseren Garten gegrenzt hat, und er erzählte uns, daß er in den letzten Tagen jede Nacht heimlich den Eltern etwas Nahrung gegeben hat, Fleisch usw., denn die Lage war so, daß sie keine Mittel hatten und man den Juden anscheinend nicht genug Essen gegeben hat. Das hat er mir erzählt.

Hans Simon Forst (*1917)

Auf einmal hatte ich wieder Eltern und Geschwister!
Als ich aus dem Lager in Sibirien entlassen war, kam ich über Moskau nach Lettland. In Moskau durfte man nur 24 Stunden ohne Paß, ohne Erlaubnis sein. Ich fuhr in meine Wohnung, das Haus war zerbombt worden während des Krieges, niemand von den alten Nachbarn mehr da. Ich wollte fragen, ob denn nicht jemand was von meinen Eltern gehört habe. Aber es lebte noch eine gute Bekannte von meiner Familie, eine alte Bolschewikin, die hat man nicht angerührt. »Ach, du lebst, du lebst«, sagt sie. Da habe ich ihr so von mir erzählt. Als ich 1933 von Deutschland wegfuhr, war das letzte, was ich wußte, daß ihr Bruder, der in Berlin mit uns lebte, mit seiner Familie nach Frankreich geflohen ist. Und sie sagt mir: »Ja, er lebt. Die haben sich nach Toulouse in den unbesetzten Teil Frankreichs gerettet.« Und gab mir seine Adresse mit. Und wie ich dann weiterfuhr nach Lettland, habe ich um Erlaubnis gebeten im lettischen Außenministerium, ob ich meine Schwester nicht suchen könnte. »Bitte, bitte«, sagten sie, »können wir Ihnen dabei helfen?« »Nein«, sag' ich, »danke, ich habe eine Adresse, ich werde das allein machen.« Schön. Hab' ich dieser Familie nach Toulouse geschrieben. Die wußten, wo meine Eltern waren, daß sie am Leben geblieben waren, daß die in Südamerika lebten und ihre Adresse. Sie schickten mir einen Brief, also das und das und das. Aber meinen Eltern schickten sie gleichzeitig ein Telegramm. Und bevor ich ihren Brief bekomme, bekomm' ich drei Telegramme, auf deutsch, französisch und englisch, von meinen Geschwistern und Eltern. Wie ich rauskam aus dem Lager nach soviel Jahren, hab' ich geglaubt, ich bin eine Waise. Ich wußte ja nur, daß Hitler alle Juden ausgerottet hat. Und nun auf einmal hatte ich wieder Eltern und Geschwister! Ich kann das nicht gleichgültig erzählen, es bedeutet so viel in meinem Leben.

Hella Bialer (*1911)

* * *

Das Gefühl, daß ich erzählen werde, wie ich überlebt habe, das hat mich gehalten

Ich bin im Konzentrationslager gerettet worden durch das Gefühl: Das werde ich erzählen, wie ich überlebt habe. Das hat mich gehalten. Ich habe immer alles überlebt, noch eine Selektion und noch eine. Und oft habe ich mit Gott gesprochen: »Wie kannst Du zuschau'n?« Wirklich, immer bin ich herausgegangen, habe zum Himmel gekuckt: »Wie kannst Du da zuschau'n?« Ich war so brav, ich mein', ich hab' alles gemacht, was meine Mutter gesagt hat: Ich bin nicht schlafen gegangen, ohne zu beten, ich bin nicht aufgestanden, ohne zu beten, und Schabbesnachmittag mußte ich erst beten, und dann konnte ich mich mit meinen Freundinnen treffen. Und dann kommen wir nach Israel und haben gedacht: Endlich! Aber niemand hat gefragt. Ich konnte niemand erzählen, was ich so erzählen wollte. Niemand fragt! Du wirst es nicht glauben: Joseph, der heute mein Mann ist, der war der einzige. Der pflegte am Abend zu uns zu kommen und sich unsere Geschichten erzählen zu lassen.

Rachel Amit (*1928)

Die Überlebenden konnten jahrelang nicht davon sprechen

Es sind inzwischen 50 Jahre vergangen, und ich glaube, bei uns Juden ist die Nachwirkung immer noch da. Wir können das nicht vergessen, wir können das nicht verschmerzen. Manchmal werden wir gefragt: Nu, das ist doch schon 50 Jahre her, das ist geschehen, und man lebt doch weiter. Das ist wahr, aber nachdem wir alle direkt und indirekt davon betroffen sind, wirkt es mehr, wirkt es eben nachhaltiger auf uns. Es hat sogar irgendeinen Nachhall auf unsere Kinder und Enkel. Sie hören davon, man erzählt davon. Übrigens: die Überlebenden, die das mitgemacht haben, die konnten meistens jahrelang nicht davon sprechen und haben erst in der letzten Zeit den Mund aufgemacht. Die allgemeine Stimmung in Israel war so, daß man nicht glauben und verstehen wollte, daß man sich nicht wehren konnte. Aber es war wirklich so, daß man sich nicht wehren konnte. Es gibt Hinweise darauf, daß es durchaus spontanen Widerstand gab. Zum Beispiel ist mir ein Fall bekannt, wo ein früherer Frontsoldat gesehen hat, wie grausam man eines seiner Kinder weggenommen hat, und er ist hingegangen und hat sich gewehrt, hat dem SS-Mann eine Ohrfeige gegeben und ist an Ort und Stelle erschossen worden. Also solche

Zwischenfälle gab es, aber, wie gesagt, es ist sehr, sehr wenig davon bekannt geworden.

Hans Simon Forst (*1917)

Das hat uns geholfen, über die Vergangenheit hinwegzukommen
Hier haben wir ein neues Leben begonnen, und wir haben versucht zu vergessen. Die Deutschen sprechen von Geschichtsbewältigung. Wir sprechen auch von Vergangenheitsbewältigung, aber dahinter steht Verschiedenes. Wir haben noch den *Independence*-Krieg mitgemacht, und die Intensität des Lebens in Israel hat uns sehr geholfen, über die Vergangenheit hinwegzukommen, nicht daran zu denken. Aber man kann das nicht vergessen. Jedenfalls, es stört mich nicht im tagtäglichen Leben. Es gibt neue Generationen, die Kinder, die Enkelkinder usw. usf. Das hilft alles, zu vergessen.

Chaim Rosen (*1921)

In Polen war ich nur die Gräber besuchen
KH: Waren Sie seit den 50er Jahren mal wieder in Europa oder nie mehr?
OL: Ich war in Polen, wo ich geboren bin, habe aber nur die Gräber besuchen, in Krakau, Warschau, Posen. Das war fürchterlich schwer.

Otto Lederer (*1905)

Ich gehörte zu denen, die alles wissen wollten
Jetzt kam die Nachkriegszeit. Man fing an nachzuforschen, was sich dort abgespielt hat. Wir kamen in Kontakt mit Flüchtlingen, mit Überlebenden von den Lagern. Jetzt gab es zwei Typen. Die einen: ich will überhaupt nichts davon wissen, die anderen: ich will alles wissen. Ich gehörte zu denen, die alles wissen wollten. Das brachte mich nachher bis in den Eichmann-Prozeß rein, über den ich in seinen ganzen Sitzungen journalistisch berichtet habe.

Hugo Mendelsohn (*1918)

Ich besuche nie irgendwelche Lager
Ich habe irgendwie den Eindruck, daß ich hier als ein sehr kalter Fisch erscheine, und das ist nicht wahr. Das stimmt ganz einfach nicht. Ich bin auf der einen Seite ein großer Realist, aber ich bin schließlich auch ein Mensch, habe meine Gefühle, nicht? Und merkwürdigerweise ist das ein Thema, wo meine Brüder und ich

sehr introvertiert sind, während wir sonst als Extrovertierte erscheinen. Ich rede ungern über diese Themen. Ich besuche persönlich nie irgendwelche Lager in Deutschland, obwohl auch meine Mutter in einem Lager umgekommen ist. Es ist schwer zu erklären. Was sie für mich bedeutet hat, ist eine Sache für sich. Das gehört nicht zu diesem Interview. Aber ich ziehe daraus keine Schlüsse, daß ich, wie viele Leute, deren nächste Angehörigen umgekommen sind, einem Kult nachgehe: Es ist eine absolute Pflicht, ein Lager zu besuchen. Wenn man in München ist, dann muß man nach Dachau fahren, und hier muß man in Jerusalem nach *Yad Vashem* gehen. – Nie, nie. Ich halte nichts von diesen Dingen.

Ernst Pfeffermann (*1917)

Ich muß das tun für die, die nicht zu euch sprechen können

MD: Ich weiß, daß Joseph, Dein Mann, sich sehr mit der Schoa beschäftigt. Obwohl er es nicht durchlebt hat, ja, lebt es in ihm sehr, sehr stark. Du weniger. Oder verdrängst Du's mehr?

RA: Ich möcht' nicht sagen verdrängen, aber so im Tagtäglichen –. Zum Beispiel sagten am Anfang viele Freundinnen zu mir: »Was? Du warst im Lager?« Obwohl ich eine Nummer hab', haben sie das nicht gedacht.

MD: Ja, Du bist eine fröhliche Person, Du hast immer gute Laune.

RA: Ich sag' nicht, daß ich das vergessen will, ich will das gar nicht vergessen, nein.

MD: Du denkst daran?

RA: Ja!

MD: Du sprichst darüber?

RA: Ja, aber nicht mit Gewalt, weißt Du. Aber zum Beispiel hat meine Enkeltochter in der Schule so darüber gesprochen, daß die Lehrerin mich angerufen und gesagt hat: »Herrlich, die Schanit konnte den Kindern einen ganzen Tag –«

MD: Sie hat Deine Geschichten erzählt?

RA: – meine Geschichten erzählen. Also, ich spreche ja. Die Kinder kennen meine Geschichte mit den Jahren immer besser; kleine Geschichten von zu Hause und dann, wie das weiterging. Und es ist wunderbar, daß sie es weitererzählen.

Jetzt muß ich Dir was erzählen, wo ich wirklich ganz krank war. Joseph hat einmal hier in Jerusalem eine theologische Gruppe geführt, und die haben uns eingeladen, wir sollen zu ihnen kommen nach Ostfriesland, wenn wir mal in Deutschland sein würden. Dann hat es sich einmal so getroffen, daß wir in Ostfriesland waren, und

sie haben uns eingeladen und haben für uns einen Abend organisiert, was wir nicht wußten. Wir kommen hin in eine Kirche, und
die sagen also: Heute abend soll ich über meine Vergangenheit
erzählen. Sie haben gerade eine Versammlung, und sie wollen uns
dabeihaben, kurz und bündig. Wie sie das gesagt haben, ging es
durch meinen Kopf: Was mach' ich jetzt, wie kann ich das machen, wie? Dann hab' ich mir gesagt: Das mache ich für die, die
nicht da sind und die nicht sprechen können. Und so hab' ich
dann dort gesprochen, besonders als ich gesehen habe, daß es
junge Leute waren in der Kirche. Und ich hab' lange gesprochen,
und dann kamen sehr viele Fragen. Am nächsten Tag hat der Pfarrer mich gefragt, ob ich nicht eine schreckliche Nacht gehabt hätte. Es war eine schreckliche Nacht! Mein Magen, ich hab' gedacht,
mein Bauch platzt, solche Krämpfe hatte ich.
MD: Es war Dir viel schwieriger, vor Deutschen zu sprechen.
RA: Ich habe denen auch gesagt:»Ich hab' nie gedacht, daß ich
euer Land überhaupt betreten würde. Aber auch noch zu Deutschen zu sprechen, hab' ich nie gedacht. Aber ich muß das tun für
die, die nicht da sind und zu euch sprechen können.«

Rachel Amit (*1928)

Mein Vater hat in Breslau in der Kristallnacht ein Gelübde ge-macht, daß er nochmal eine Synagoge bauen will

Mein Vater hat in Breslau erlebt, wie am 9. November die Synagoge gebrannt hat, und er mußte zuschauen und konnte nichts dagegen tun. Da hat er ein Gelübde gemacht, wenn er je lebend aus
Deutschland rauskommt und möglichst nach Palästina, daß er
nochmal eine Synagoge bauen will. Und das hat er. Gut, mein
Mann hat auch viel helfen können durch seine Beziehungen, da er
in vielen Gremien saß. Also, mein Vater hat zum Beispiel alle Freunde angeschrieben, die noch im Ausland gelebt haben, in Amerika
oder sonst irgendwo, und hat die Idee gehabt, daß man in der
Synagoge kleine Tafeln anbringt für Menschen, die kein Grab haben, die dem Holocaust zum Opfer gefallen sind. Und so hat er
eine Menge Spenden zusammenbekommen, denn das war für viele Leute ein beglückendes Gefühl, wenn sie nahe Verwandte, Eltern, Kinder, Frau, Mann verloren haben, daß sie wußten, in Israel
gibt es eine Synagoge, an deren Wand eine Plakette mit dem Namen ihrer Angehörigen ist. Und auf die Weise hatte er einen ganz
schönen Grundstock zusammenbekommen, und dann haben auch
die öffentlichen Gremien was dazugegeben. Jedenfalls, er hat die

Synagoge in Sde Warburg gebaut. Er war der Initiator. Zunächst
hatte man hier im ›Bet ha'am‹ den Gottesdienst gemacht, und damals hat man noch gelacht, hat gesagt: »Ihr kriegt ja mit Schwierigkeiten die zehn Mann zusammen.« Hat Vati gesagt: »Nein, du
wirst mal sehen!« Und es ist ein sehr hübsches kleines Gotteshaus.
Sogar meine Enkelsöhne sind hier beide *bar mizwa* geworden.

Ruth Tauber (*1919)

Der letzte *niggun*

Vor drei Jahren habe ich in meiner Wohnung in Tel Aviv gesessen,
gegenüber war eine Schule, eine ›Histadrut‹-Schule, keine religiöse Schule. Und da war eine Gesangsstunde, und die Kinder singen
einen *niggun*. Und wie ich den *niggun* höre, bin ich herüber und
habe den Lehrer gefragt: »Sagen Sie, was ist das für ein *niggun*?«
Sagt er: »Du weißt das nicht? Das ist ein *niggun* der Bobower
chassidim.« Und das war das letzte Lied, der letzte *niggun*, den
die jungen Mädels im Lager vor dem Abtransport gesungen haben.
Und da hab' ich in meiner Synagoge eingeführt, obwohl ich orthodoxer Rabbiner bin, daß ich vor den *schemot*, also dem Höhepunkt, vor dem »*ne'ila schma Israel Adonaj Elohejnu*« eine Minute Pause mache und den Hunderten Menschen, die da sind, sage:
»Jetzt sagen wir die *schemot*, in denen der Mensch Gott sein Leben zur Verfügung stellt. Jetzt ist der Moment gekommen für einen
niggun.« Dann sing' ich ein-, zweimal den *niggun*, und dann singt
die ganze Synagoge das, alle zusammen. Und dann sag' ich noch
einen Satz: »Jetzt stehen da draußen Hunderte, Hunderte Kinder
und segnen uns, daß wir ihre Gräber geöffnet haben.« Das ist ein
Vers aus Ezechiel: *patachnu et kiwrotechem*, daß ich sie nach *Erez
Israel* gebracht habe. Und dann sagen wir »*schma Israel*«, nicht
wahr?

Jehuda Ansbacher (*1907)

* * *

Ich hab' es geschrieben für die Deutschen, die nie gefragt haben
JS: Als ich die ersten Fühlungen mit Deutschland aufgenommen
habe, hat gerade ein Mann in Deutschland die große Dokumentation über die Gießener Juden angefangen, und da hab' ich mitgearbeitet. Es war damals das einzige Beispiel für die Dokumentation einer umgekommenen Gemeinde. Ich hab' es auf mich genommen, nachdem die Dokumentation schon erschienen war, mich

mit allen auffindbaren ehemaligen Gießenern in der ganzen Welt
in Verbindung zu setzen, um ihre Schicksale aufzuschreiben, und
daraus entstanden diese Fortschreibungen.

AB: Jossi, was war Deine Motivation, als Du zum ersten Mal wieder mit Deutschen in Kontakt tratest, was doch sehr, sehr schwer
war, und manchen gar nicht möglich war und ist bis heute?

JS: Also scheinbar habe ich irgendeinen Historikervirus in mir. Ich
seh' das immer durch die historische Brille, es darf nicht verloren-
gehen. Dieser Mann in Gießen, das ist der Stadtarchivar, wurde
sehr schnell zu meinem sehr guten Freund. Er hat mir sofort gesagt: »Du mußt deine Erinnerungen aufschreiben!« Daraufhin habe
ich geantwortet: »Was immer ich schreibe, wird verblassen vor
dem, was andere schreiben können, die noch KZs, die Auschwitz
und Sobibor und das alles mitgemacht haben. Warum soll ich
schreiben? Wen interessiert das?« Ich habe es dann geschrieben
für meine Kinder, ich hab' es jetzt auf iwrit übersetzt. Ich hab' es
geschrieben für die Deutschen, die nie gefragt haben, was eigentlich aus uns geworden ist, nachdem wir aus Deutschland geflohen
sind. Und der letzte Satz war: »Und auch für meine Klassenkameraden (von denen nicht alle gerade Kameraden waren).« Und dieser Klammersatz wurde mir gestrichen.

Josef Stern (*1921)

Das Andenken der Familie und der jüdischen Gemeinde würdi-gen

AB: Hatten Sie immer starkes historisches Interesse, oder glauben
Sie, daß es aufgrund der Ereignisse gekommen ist, daß Sie sich mit
der Familiengeschichte so intensiv beschäftigen?

HF: Ich glaube, das hat zu tun mit allgemeinem Interesse, aber
besonders auch mit Überlegungen, wie man irgendwie das Andenken der Familie und der jüdischen Gemeinde, die unterge-
gangen ist, würdigen kann, ja? Als ich mich dem 60. Jahr nähe-
te, hatte ich mal Gelegenheit, mich mit einem Herrn vom Leo-
Baeck-Institut in Jerusalem über die Möglichkeit zu unterhalten,
mich einer Studie über die Landjuden zu widmen, die in unseren
allgemeinen Geschichtswerken sehr wenig behandelt wurden.
Und da fragte mich der Herr, was für eine Bildung ich hätte. Sag'
ich: »Ich hab' Abitur gemacht, hab' ich nachgeholt im englischen
Militär, *London matriculation*.« Sagt er nur: »Und was ist mit B.A.
und M.A.?« Und so bin ich auf die Universität gegangen und hab'
den B.A. und den M.A. in jüdischer Geschichte gemacht, und meine

Magisterarbeit sollte der Ausgangspunkt sein zur Untersuchung der Geschichte der Landjuden vom Anfang des 16. Jahrhunderts bis zur Neuzeit, an der ich immer noch arbeite.

*Hans Simon Forst (*1917)*

Nach der Wiedervereinigung ergänzte ich meine Doktorarbeit und übersetzte sie ins Deutsche

1967, als ich schon 55 Jahre alt war, wurde ich von meiner Behörde zurückgeschickt an die Universität. Ich fing an, Geschichte zu studieren und schrieb in einem Seminar über die Weimarer Zeit eine Seminararbeit über ›Die jüdische Religionsgemeinschaft im Rahmen der Weimarer Verfassung‹. Das war dann auch das Thema meiner Magisterarbeit 1975 und eigentlich auch der Grundstein zu meiner Doktorarbeit, die ich 1982 in Jerusalem in hebräischer Sprache einreichte. Auch danach arbeitete ich weiter über die ›Jüdische Selbstverwaltung unter dem NS-Regime‹ und trug fast 15.000 Akten zusammen. Als nach der deutschen Wiedervereinigung das Potsdamer Archiv wieder zugänglich wurde, schickte mich das Leo-Baeck-Institut dorthin. Aus über 700.000 Blättern kopierte ich 1.200 Aktenstücke, ergänzte meine Doktorarbeit entsprechend und übersetzte sie ins Deutsche. 1994, in meinem 83. Lebensjahr, ist sie nun im Druck in einem Tübinger Verlag erschienen.

*Esriel Hildesheimer (*1912)*

Bei uns wurde *mischpoche* mit einem großen M geschrieben

Die Familienpapiere wurden mir vom Großvater, Vater und Onkel vererbt, und dieses Thema wurde in der Familie stets sehr, sehr rege behandelt. Das hebräische Wort für Familie heißt *mischpacha*, auf jüdisch-deutsch wird das *mischpoche* ausgesprochen, und bei uns wurde *mischpoche* mit einem großen M geschrieben. Das zeigte sich in vielen Anekdoten und Erinnerungen meines Vaters, meines Großvaters, meiner älteren Verwandten, die ich zum Erstaunen meiner Kinder und der Nichten und Neffen bis zum heutigen Tage im Gehirn gespeichert habe und mit großem Vergnügen, aber meistens sehr mangelndem Interesse meiner Zuhörer immer wieder von neuem erzähle, darunter viele amüsante Geschichten. Ich habe dieses Jahr mit meiner Schwester zusammen einen Band von Aphorismen und Aussprüchen der nassauischen Landjuden neu aufgelegt, die mein Vater unter dem Titel ›Loschen Hakodesch‹ vor seinem Tode veröffentlicht hatte.

Hinzufügen darf ich noch, daß ich auch heute noch im *board* des Jerusalemer Leo-Baeck-Instituts sitze. Das Leo-Baeck-Institut in New York, in London, in Jerusalem befaßt sich mit der Geschichte der deutschen Judenheit vor und nach dem Untergang, so daß ich auf diese Art und Weise im Alter den Weg zu den Wurzeln meiner Vorfahren in Deutschland aktiv gefunden habe. Einen illustrierten Artikel über meine bayerischen Vorfahren in Floß in Bayern und in Fürth habe ich bereits veröffentlicht und arbeite weiterhin an der Familienforschung mit Hilfe deutscher Jugendlicher, Doktoranden in Regensburg, in München und in anderen Städten.

Abraham Frank (*1923)

Ich lege die Hand auf alles Material, das deutsche Juden betrifft
Ich sorge dafür, daß alles Material, das deutsche Juden betrifft, soweit ich die Hand drauf legen kann oder andere Leute beeinflussen kann, gesammelt wird. Ich sage:»Laßt es nicht bei euch liegen, bis ihr gestorben seid und die Kinder es in den Papierkorb schmeißen. Keiner kann es lesen usw. Gebt es jetzt weg oder macht mindestens testamentarisch eine Verfügung, daß es ans Leo-Baeck-Institut ins Archiv geht!«

Gad Landau (*1909)

Die Enkel haben überhaupt kein Interesse mehr an der Vergangenheit
Schauen Sie, unsere Kinder sind heute zwischen 45 und 65. Deren Kinder haben überhaupt kein Interesse mehr. Ich habe zehn Enkel; der älteste ist allerdings erst 15 Jahre alt. Aber ich sehe kein Interesse an irgendwelchen Dingen, obzwar ich weiß, daß sich vor allem mein Sohn darum bemüht, bei seinen Kindern Interesse zu wecken. Vielleicht wird es erst in 20, 30 Jahren bei ihnen hervortreten, wenn sie selber Kinder haben.

Felix Wahle (*1910)

Die Wurzeln der Familie
Unsere Enkelkinder bekommen von uns doch das Erbe der deutschen Kultur, der deutsch-jüdischen Kultur, eigentlich dadurch, daß wir ihnen oft genug erzählen, wie das so bei uns gewesen ist, zum Beispiel in den Gottesdiensten. Jetzt gibt es hier in den Schulen ein Projekt, das sie interessiert. Der Enkel meiner Schwägerin ist diese Woche zu mir gekommen, er muß eine Arbeit schreiben über das

Elternhaus, die *schoraschim*, die Wurzeln seiner Großeltern. Und jetzt vor drei Tagen ruft mich meine Enkelin an, sie möchte zu mir kommen, sie soll über die Familiengeschichte schreiben. Also muß ich ihr nun erzählen sowohl von mir, als auch von meiner Frau, woher wir kommen. Dadurch lernen sie natürlich auch die Wurzeln der Familie kennen. Und so ist es vielleicht gut, daß dieses Projekt gemacht wird.

Hermann Joseph Mayer (*1915)

Die Kinder sind sehr stolz, Ururenkel von dem bekannten Rabbiner zu sein

AB: Wieweit empfinden Sie sich selber gelegentlich noch etwas als Jecke?

EH: Fast überhaupt nicht.

AB: Und was sagen Ihre Kinder und Enkel?

EH: Die wissen gar nichts davon. Die wissen überhaupt nicht, was das ist, jeckisch.

AB: Welche Rolle spielt denn für Ihre Kinder heute noch die Herkunft der Familie aus Deutschland?

EH: Die Kinder sind alle sehr stolz darauf, daß sie Ururenkel von dem bekannten Rabbiner Esriel Hildesheimer sind. Die Familie spielt eine Rolle für sie, dafür interessieren sie sich. Meine Enkel und sogar zum Teil schon die Urenkel haben zum Teil schon Arbeiten geschrieben über die Familie, über Rabbiner Hildesheimer und das Rabbinerseminar. Deutschland interessiert sie nicht, sie haben keinerlei Beziehungen dazu. Es interessiert sie gar nicht, daß ich aus Deutschland komme.

Esriel Hildesheimer (*1912)

Verbindungen zur alten Heimat aufrechterhalten

Ich habe sehr gern Verbindungen zur alten Heimat aufrechterhalten. Zum Beispiel war in Kitzingen eine Synagoge. Sie war erhalten, aber erst war sie Gefangenenlager, und dann waren kleine handwerkliche Betriebe drin. Also, ich habe damals noch mit dem damaligen Innenminister Schröder korrespondiert, und er hat mir versprochen, daß die Synagoge nicht abgerissen wird. Und sie ist auch nicht zerstört worden, und sie wird jetzt wieder ganz groß aufgebaut, nicht als Synagoge, als Kulturzentrum. Also, ich bin dagewesen zum 100jährigen Geburtstag, zur Grundsteinlegung. Und ich habe damals im Friedrich-Ebert-Zentrum gesprochen, zwar nicht sehr gern, aber vor den Honoratioren und den Bürgern, die überhaupt noch was von Juden wissen wollten oder wissen konnten.

Stefan Rothstein (*1911)

Restaurierung und Dokumentation alter jüdischer Friedhöfe
In den letzten Jahren wurde ich aufgefordert, bei der Restaurierung und Dokumentation eines alten jüdischen Friedhofes in einer einstmals in Baden am Oberrhein gelegenen prominenten jüdischen Gemeinde, Gailingen bei Konstanz am Bodensee, mitzuwirken. Der dortige Friedhof wurde in den 1640er Jahren gegründet. Im Lauf der Jahre und Jahrzehnte wurde besonders der alte Teil von Wäldern, Büschen und Unkraut vollständig überwuchert. Und durch einen Freund, der heute von Stuttgart aus die Reinigung und Restaurierung von ehemaligen jüdischen Synagogen und Friedhöfen in Süddeutschland leitet, kam ich, wie gesagt, nach Gailingen. Dieses Jahr steht mir eine ähnliche Aufgabe in Berlichingen bei Künzelsau in Hohenlohe bevor. Und aufgrund dieser Tätigkeit und meiner Tätigkeit im ›Irgun Olej Merkas Europa‹ und meiner Mitgliedschaft in der deutsch-israelischen Freundschaftsgesellschaft habe ich grade diese Beziehung zu jungen Menschen, israelfreundlichen jungen Menschen, Dozenten, Studenten usw. in Deutschland sehr gepflegt und sehe darin heute meine Hauptinteressen.

Abraham Frank (*1923)

Eine Arbeitsgruppe schreibt die Geschichte der Juden in Ladenburg
HL: In Ladenburg gibt's eine Arbeitsgruppe, fünf Leute. Der Jüngste ist 17, mit 13 hat er angefangen. Die haben sich vorgenommen, eine Geschichte über die Juden in Ladenburg zu schreiben. Die waren alle schon hier, haben uns alle schon interviewt und geben jetzt ein Buch heraus. Und die haben beim Bürgermeister durchgesetzt, daß wir, die Ehemaligen, eingeladen wurden.
KH: Wie groß ist der Ort eigentlich?
SL: Heute ist er größer, aber damals war er nicht groß. Damals gab es 30 jüdische Familien.
HL: Und diese Arbeitsgemeinschaft macht zweimal im Jahr einen Schweigemarsch in Ladenburg zur Erinnerung an die Juden, die umgekommen sind. Und jetzt haben sie am 22. Oktober auf dem Marktplatz auch eine Schweigestunde gemacht zur Erinnerung an die Deportation der Juden von Baden.

KH: Und jetzt bei dem Treffen, wieviele sind da insgesamt gekommen?

HL: Da waren wir 26, 13 Paare. Ich habe diesmal meine älteste Tochter mitgenommen. Die war noch nicht in Europa. Am ersten Tag gingen wir natürlich alle zum Friedhof. Darüber gibt's keine Worte. Hat nur ein Junge gesprochen:»Hier ist ein Grabstein, da ist kein Grab.« Am 10. November oder etwas später hat man die verbrannten Thorarollen dort begraben, und man darf, glaub' ich, keinen Grabstein setzen. Also, er wußte genau, wo der Platz war, und es wurde ein *kaddisch* gesagt.

KH: Ist die Synagoge erhalten oder ist die zerstört worden?

SL: Heute steht nur das Gerüst, innen haben sie sie verbrannt. Also das Gebäude haben sie stehenlassen, weil auf beiden Seiten Wohnungen von christlichen Leuten waren, die wollten sie doch nicht zerstören. Heute haben sie eine Gedenktafel angebracht.

HL: Meine Schulfreundin ist heute Vizebürgermeisterin, und die hat es durchgesetzt, daß man da, wo die ehemalige Synagoge war, ein Schild angebracht hat.

Schlomo (*1920) und Hanna (*1920) Lion

Neue Kontakte

Die Aufnahme der Beziehungen zwischen Israel und der Bundesrepublik Deutschland

Begreiflicherweise gab es in den ersten Jahren nach Gründung des Staates Israel keine offiziellen Beziehungen zu Deutschland. Die Verhandlungen über die sogenannte Wiedergutmachung führten zur Unterzeichnung des Abkommens zwischen Israel und der Bundesrepublik am 10.09.1952, und in Köln wurde eine Israel-Mission zu seiner Abwicklung eingerichtet. Zur Errichtung einer deutschen Vertretung in Israel kam es zu der Zeit wegen der heftigen Opposition vieler Kreise noch nicht.

Die Restitutionszahlungen an den Staat haben zum Aufbau des jungen Staates Israel Wesentliches beigetragen, und die Wirtschaftsbeziehungen zwischen beiden Ländern weiteten sich in den folgenden Jahren immer mehr aus. Die persönlichen Restitutionszahlungen, wie Berufs- und Gesundheitsentschädigungen und Altersrenten, verbesserten die oft schwierige wirtschaftliche Lage der einzelnen Opfer des NS-Regimes.

Im März 1960 kam es zu dem historischen Treffen zwischen Ben Gurion und Adenauer im Waldorf-Astoria-Hotel in New York. Schließlich, nach langem Hin und Her, wurden 1965 diplomatische Beziehungen aufgenommen. Die ersten Botschafter waren Asher Ben Nathan und Rolf Pauls. Besonders erwähnen möchte ich in der unmittelbaren Folge die Besuche Adenauers in Israel im Mai 1966, der Ben Gurion in Sde Boker aufsuchte, und Ludwig Erhards im November 1967.

Esriel Hildesheimer (*1912)

Wenn jemand hilft, soll man diese Hilfe annehmen

Ich bin ein Mensch der Gegenwart, nicht der Vergangenheit und nicht der Zukunft. Wir dürfen nicht vergessen, und man kann nicht vergessen. Aber unsere Zukunft liegt in diesem Staat, und ich behaupte, wenn uns jemand hilft, so soll man diese Hilfe annehmen. Und wenn die Leute sich heutzutage anständig benehmen, muß man sich ihnen gegenüber anständig benehmen. Deutschland hat diesen Staat finanziell sehr unterstützt, ich erinnere mich noch, als Ben Gurion und Adenauer dieses Abkommen schlossen. Sämtliche Turbinen unserer Elektrizitätswerke waren von der AEG, wurden von Deutschland geliefert, Schiffe wurden geliefert etc. Das waren enorme Summen.

Ernst Pfeffermann (*1917)

Eine Brücke über den Riß

JS: Es sind natürlich politisch fundierte Versöhnungsbestrebungen, die mit Ben Gurion anfingen, als er von einem anderen Deutschland redete, als er sich mit Adenauer in New York traf. Und auf das hin fanden sowohl die ersten politischen Fühlungnahmen statt, wie auch daraufhin sehr viele persönliche Beziehungen, persönliche Reisen in beiden Richtungen, von Israel nach Deutschland, von Deutschland nach Israel. Ich erwähne hier auch die Aktion Sühnezeichen oder die sehr vielen Bestrebungen in deutschen Städten, die ehemaligen jüdischen Bürger einzuladen und die ausgelöschten Gemeinden zu dokumentieren, wie es in meiner Stadt auch geschehen ist, und zwar in sehr großem Ausmaß. Aber so positiv diese Bestrebungen auch sind, ich möchte sogar beinah sagen, so historisch unerläßlich sie sind, so können sie den großen Abbruch, der stattgefunden hat, nicht mehr beheben. Der Riß ist da. Eine Brücke über den Riß zu bauen ist annehmbar, ist sogar erwünscht, aber der Riß ist da.

AB: Und auf dieser Brücke sind Dir Begegnungen, Zusammenarbeit mit Deutschen wieder möglich gewesen?

JS: Möglich gewesen, ja, aber in vielen Fällen auch mit Zurückhaltung, denn ich weiß ja nicht, was die Leute gemacht haben, nachdem ich ausgewandert bin. Ich weiß ja nicht mehr, wer die Leute sind, die mich geschlagen haben auf der Schule, ja? Daß die Leute jetzt alle auf mich zugekommen sind und mir sagen: »Das war ja so eine schlimme Zeit, und wir haben ja nichts davon gewußt« usw. usw., ja, das sagt mir wenig. Also, einer von meinem Verein – ich bin der Vorstand vom Verein der ehemaligen Gießener hier im Land – hat mir gesagt, er wird nie im Leben einem Mann seines Alters die Hand reichen.

Josef Stern (*1921)

Ich kann dem deutschen Volk die Enttäuschung nicht verzeihen

Meine Einstellung war und ist eine sehr zwiespältige. Ich kann dem deutschen Volk die Enttäuschung nicht verzeihen, die es mir durch sein Verhalten angetan hat. Daher der große Zwiespalt. Und wenn ich sagte Enttäuschung, so soll das alles beinhalten, was dahinter steht, Holocaust und alles das. Ich versteh' es bis heute nicht. Auf der anderen Seite, wie ich die Wälder gesehen habe und die Flüsse und die Berge und die Täler, ist mir warm ums Herz geworden.

Felix Wahle (*1910)

Diese Generation hat auszusterben

AB: Was sind Ihre Motive gewesen, sich einer Wiederannäherung an Deutschland nicht ganz zu verschließen?

JS: Nun, einerseits hat sich nichts geändert. Der deutsche Charakter ist eben so. Wenn es in Deutschland eine zehnprozentige Arbeitslosigkeit geben würde, wird genauso wieder ein Haß aufkommen. Sag' ich Haß? Gegen wen? Wir waren damals nur ein Prozent, 600.000 Juden, hochgerechnet unter 60 Millionen, und es ist niemandem in den Sinn gekommen, daß die Schuldabwälzung auf die Juden ein Armutszeugnis für die neunundneunzig Prozent darstellt. Wie kann ein Prozent neunundneunzig Prozent beherrschen, ausnutzen, versklaven? Hat man einen Prügelknaben, ist man froh, daß man ihn hat. Gott schütze unsere Juden: Was würden Antisemiten tun ohne Juden? Das wäre eine Katastrophe. Es gibt Völker, die ohne Haß nicht leben können. Ich glaube zwar, daß der Durchschnittsdeutsche heute viel besser orientiert ist, eine viel festere, selbsterworbene Lebensauffassung hat und nicht nur Überschriften liest und nicht jedem Schwadroneur glaubt wie früher. Aber ich glaube, daß bei vielen Leuten hier die Bitterkeit nicht nachgelassen hat, und sie sagen einfach: Wenn ein Volk einmal zu diesem fähig war, dann ist es dazu auch ein zweites und drittes Mal fähig. Und das ist den Leuten nicht auszureden. Diese Generation hat auszusterben.

James Springer (*1907)

Ich möcht' mit denen nichts zu tun haben

Was den Antisemitismus anbetrifft, kann ich mich an alles erinnern, haargenau. Deswegen fahre ich nicht nach Österreich. Ich betrete österreichischen Boden prinzipiell nicht. Ich gestehe, daß ich einmal oder zweimal gegen dieses Prinzip verstoßen habe, weil Teile der deutschen Alpenstraße streckenweise durch Österreich gehen. Ich gehe Österreichern auch hier im Lande aus dem Weg. Ich meide jeden Kontakt. Ich habe einmal am Strand von Tel Aviv zwei Österreicher getroffen oder, besser gesagt, zwei Touristen gingen am Strand spazieren und einer sprach mich an in einem österreichischen Englisch: »*Can you tell me the way to the Sheraton Hotel?*« Hab' ich ihm treu in die Augen geschaut und gesagt: »*Sorry, no English*«, habe nachher das Wort »sorry« auch noch bedauert. Das ist mein Kontakt mit Österreich. Ich möcht' mit denen nichts zu tun haben.

Herr Y (*1920)

Wie die Sintflut

Wenn man sich überhaupt mit dem Gedanken trägt, nach Deutschland zu fahren oder eventuell sogar dort zu leben, dann muß man diese Zeit ausklammern, dann muß man sagen, das war eben ein Ereignis, so wie ein Naturereignis, wie die Sintflut vielleicht einmal gewesen ist. Aber wenn man davon ausgeht, daß das der deutsche Charakter ist, dann darf man Deutschland nicht betreten.

Stefan Rothstein (*1911)

Sie können das nicht vergessen, nicht verzeihen

Es gibt hier viele Leute, die mit Deutschland wenig zu tun haben, nicht nach Deutschland fahren. Sie können das nicht vergessen, nicht verzeihen, was geschehen ist. Ich kann sie verstehen. Das steckt zu tief drin, was man ihnen angetan hat, wenn jemand ihre Geschwister umgebracht hat und so weiter.

Hanna Lion (*1920)

Meine Frau hat das irgendwie in ihr Unterbewußtsein verdrängt

Ich habe den Eindruck, meine Frau hat das irgendwie in ihr Unterbewußtsein verdrängt, denn sie war Deutschen gegenüber immer sehr höflich, und sie hat nie was dagegen gehabt, daß ich nach Deutschland fahre und so weiter. Ich hätte mir vorstellen können, daß sie eigentlich, sagen wir eine Art Kollektivhaß entwickelt hätte auf die Deutschen, nachdem sie eben ihre Eltern und ihren kleinen Bruder umgebracht haben. Das hat sie aber nicht getan. Sie hat niemals das ganze Volk verantwortlich machen wollen für die Schandtaten der einzelnen Nazis, ja?

Gershon Monar (*1924)

Die Untaten der Nazis waren nicht das Werk des ganzen deutschen Volkes

Ich hab' überhaupt vor allem für Österreich, aber auch für Deutschland positive Gefühle. Ich war nie der Ansicht, daß die Untaten der Nazis das Werk des ganzen deutschen oder des ganzen öster-

reichischen Volkes waren. Es waren die Taten einer kleinen, aus-
gebildeten Verbrecherbande, die sich eben dieser Länder bemäch-
tigte und diese terrorisierte. Ich weiß, es gibt Leute, die Deutschland oder Österreich nicht einmal besuchen wollen. Meine verstorbene Cousine, eine Wienerin wie ich, im selben Alter wie ich,
die ging so weit, daß sie auch die deutsche Sprache verabscheute.
Das alles liegt mir ganz fern.

Abraham Kadimah (*1925)

* * *

Die Reaktion des Verfolgten war ein Faustschlag
Und da kam ich zum ersten Mal nach Deutschland. Und als ich
auf dem Flughafen Riem bei München landete, den es damals eigentlich noch nicht gab, das heißt, es war ein freies Feld, da saß an
einem Tisch ein grünuniformierter Mann. Der Tisch stand im frei-
en Raum, in der Landschaft; neben sich hatte er einen Wolfshund,
und wir kamen in Reihe dahin. Und wie ich rankam, streckte der
Mann die Hand aus. Und ich machte eine Faust. Das war meine
erste Reaktion. Im selben Augenblick hab' ich gewußt, ich bin ein
Idiot, der Mann wollte meinen Paß sehen. Aber die Reaktion des
Verfolgten bei der ersten Handreichung des Deutschen war ein
Faustschlag. Also, das war der Anfang. Es war für mich furchtbar
schwer. Quatsch, es war nicht furchtbar schwer, es war eine langsame Gewöhnung, denn wir hatten bei jedem Menschen, dem wir
in Deutschland begegneten, keine Gewißheit, hat er jemand umgebracht, wie viele hat er umgebracht, welche Gemeinheiten hat
er begangen, welche Geschäfte hat er liquidiert und so etwas.

Walter Zadek (*1900)

Wir haben stundenlang kein Wort mehr miteinander geredet
Vor 22 Jahren mußte mein Mann zu einer Sitzung nach München.
Wir waren erst in der Schweiz bei jüdischen Freunden, und ich
muß Ihnen sagen, es war für uns beide etwas so Furchtbares, über
die deutsche Grenze zu gehen! Ich hab' das heute noch in den
Ohren, diesen Zollbeamten, wie wir ausgewandert sind, wie er
gesagt hat, so ganz hämisch: »Nu, jetzt können Sie doch sagen,
wo Sie die 100.000 Mark versteckt haben!« Wir waren glücklich,
daß wir 60 Mark bewilligt bekommen haben! – Also, als wir dann
von der Schweizer Grenze nach Deutschland kamen, da kam der
Zollbeamte furchtbar nett und höflich rein, aber wir beide haben

Stunden kein Wort mehr miteinander geredet. Das war für uns ein furchtbarer Schock, nach Deutschland zu kommen. Und ich muß ehrlich sagen, dort, wo wir her sind, da würden wir ja nie mehr hinfahren, das ist ja heute Polen. Deutschland ist ein sehr schönes Land, als Land. Die Natur spricht einen an. Zum Beispiel jetzt, bei meiner Reise, wie ich die Schneeglöckchen gesehen habe, also da bin ich fast verrückt geworden. Das sind Sachen aus der Kindheit, die kann man sich nicht rausreißen.

Ruth Tauber (*1919)

In den Zug kamen zwei gestiefelte Herren

Ich bin damals mit der Eisenbahn von Paris nach Köln gefahren, und irgendwo in der Gegend von Aachen war die Zollgrenze. In den Zug kamen zwei gestiefelte Herren, vollkommen grün angezogen, zugeknöpft bis oben, mit einer sehr straffen Mütze und ich weiß nicht was alles, und haben herausgeschmettert das Wort: »Pässe bitte!« Mir ist selten mein Herz so in die Schuhe gefahren wie damals, als ich das gehört habe. Ich habe einen solchen Schreck bekommen, ich habe mir gedacht: »Ach Gott, es werde nie wieder Krieg! Ich will nicht mehr hin.«

Mordechai Heinz Gilead (*1906)

Ich hab' einen Weinkrampf bekommen damals

Damals waren wir 25 Jahre verheiratet und haben beschlossen, unsere erste Europareise zu machen und sind zuerst nach Holland und England und in die Schweiz und dann nach Bad Kissingen. Und ich weiß, als wir den ersten Grenzbeamten trafen und der so barsch gesprochen hat, da wurde mir schon ganz übel, kann ich Ihnen nur sagen. Und dann sind wir nach Bad Kissingen, und ich habe mich schrecklich gefühlt, als wir dort in einer Pension waren. Ich weiß noch, mich hat die Sprache so gestört irgendwie, das Deutsch. Ich habe einen Weinkrampf bekommen und wollte überhaupt nicht bleiben. Wir sind dann eine Nacht geblieben und mußten auch eine Aufenthaltserlaubnis bekommen für diese Nacht. Da haben sie in unseren Paß 'ne ganze Seite geschrieben, nur für 24 Stunden Aufenthalt in Bad Kissingen, denn wir hatten israelische Pässe, und da gab's noch keine diplomatischen Beziehungen.

Ayala Laronne (*1916)

Ich hatte das Gefühl, ich will ja gar nicht hier sein

RB: Jedesmal, wenn wir jemanden gesehen haben, haben wir schnell ausgerechnet: Konnte er noch Nazi gewesen sein, konnte er nicht? Nein, er ist noch ein Kind gewesen, das kann nicht sein, und so weiter.

UB: Und dann auch, wie wir in Hannover ankamen! Großvater fand für uns Platz in einem kleinen Hotel in der Nähe, wo unten eine Wirtschaft war.

RB: Um in das Hotel reinzugehen, mußte man durch das Wirtshaus.

UB: Und in dem Wirtshaus trank man Bier und sang grölend, das schreckte besonders die Rina ab.

MD: War das für Dich, Rina, das erste Mal, daß Du nach Deutschland gekommen bist?

RB: Überhaupt nach Europa.

MD: Überhaupt nach Europa? Also, was hast Du gefühlt?

RB: Sehr stark. Sehr, sehr unangenehm. Es war ein ganz großes Ereignis, wieder mit dem Opa zusammenzusein. Aber sonst war es sehr, sehr schwer. Ich hatte so das Gefühl, ich will ja gar nicht hier sein, was mach' ich hier. Ich konnte dem alten Opa nicht sagen, komm in die Schweiz, ich treff' dich in der Schweiz. Er konnte ja nicht mehr rumfahren, ja? Aber es war sehr unangenehm. Ich war in der Stadt, von der ich so viel gehört habe. Hannover war wunderschön wieder aufgebaut, aber das Gefühl war sehr, sehr stark und sehr unangenehm. Und wie wir nach Holland gekommen sind, sind wir beide auf die Straße gegangen und haben gesungen, was wir sonst eigentlich nicht tun, erleichtert: Hier gibt's keine Nazis.

Usi Biran (*1920) und Rina Biran-Langrod (*1932)

Als ich zurückflog, bekam ich plötzlich wahnsinniges Herzklopfen

Und so kam ich damals in Deutschland an. Wie gesagt, 1934 hatten wir das Land verlassen, und ich selber hatte im Grunde genommen sehr wenig Kontakt und war auch nicht in dem Sinne in Deutschland verwurzelt, weil ich viel zu jung war. Aber als ich zurückflog, bekam ich plötzlich wahnsinniges Herzklopfen im Flugzeug und sagte mir: »Hab' ich das nötig? Wozu muß ich nochmal in dieses Land fahren?« Als ich dann in Frankfurt ankam, die Verwandten wohnten in Nauheim, holten mich aber dort ab, da kam auch noch dazu eine etwas seltsame Situation: Ich hatte nämlich nur einen alten Koffer, der selbst damals schon nicht mehr ganz passend war. Und als ich zum Zoll kam, stand neben mir ein sehr gut ausgerüsteter Herr, der ein Set von Koffern hatte in Krokodilleder, nicht mehr und nicht weniger. Außerdem wurde er von seinem Chauffeur abgeholt, der solche Ledergamaschen trug, und die Hacken immer zusammenklickte. Also, vor mir stand das Deutschland, das ich verlassen hatte, wieder auf, und es war mir gar nicht gemütlich, muß ich ehrlich sagen. Aber als ich dann rauskam und die alten Herrschaften mich in Empfang nahmen, und die Tante dann sagte: »Komm, unser Auto steht draußen«, und dort ein Mercedes Benz stand, der auf uns wartete und von einer Chauffeuse chauffiert wurde, die von meiner Tante angestellt war, da fühlte ich mich bereits einige Etagen besser, sozusagen, und gewöhnte mich dann ziemlich schnell daran, daß ich wieder in Deutschland war.

Cary Kloetzel (*1919)

Die haben verstanden, daß wir nicht Deutsch reden wollen

AE: Ich mußte in Deutschland ein Schiff nehmen. Und das war meine erste Begegnung wieder mit Deutschland, 1953. Ich war in Bremen und in Brake, und da wollte ich unter keinen Umständen Deutsch sprechen. Nur mit einem Gepäckträger; der arme Kerl konnte ja nichts anderes verstehen, darum habe ich mit ihm Deutsch gesprochen, sonst wäre alles durcheinandergegangen.

KH: Und wie haben Sie mit den anderen gesprochen, Englisch oder wie?

AE: Englisch. Englisch oder fast gar nicht. Es war ein israelisches Schiff, aber der *captain* war ein Grieche, er sprach Englisch, und auch die Mannschaft. Und dann bin ich nochmal mit meiner Frau gefahren, ein Jahr später, nachdem wir geheiratet hatten, meine Mutter besuchen, auch wieder auf einem Frachtschiff. Das ging auch wieder über Deutschland. Da wurde dort geladen, ja. Auch da haben wir kein Wort Deutsch gesprochen. Als dann deutsche Polizei kam bei der Abfahrt, um die Pässe von allen zu kontrollieren, da haben der *captain*, mit dem ich nur Englisch geredet hatte, und der Polizist gesehen, daß ich in Königsberg geboren bin und meine Frau in Berlin. Aber sie haben nichts gesagt, sie haben uns bloß so angekuckt. Die haben verstanden, daß wir nicht Deutsch reden wollen.

Akiba Eger (*1913)

Auf der Fahrt nach Dachau bekam ich einen Herzanfall und war dann sechs Wochen im Krankenhaus

EL: Dann bin ich weitergefahren in dieses Dorf im Schwarzwald, wo ich seinerzeit meine landwirtschaftliche Umschulung gemacht habe, und dort wurde ich aufgenommen von der jungen Generation, von dem Sohn, der aus Rußland zurückgekommen war, wie ein verlorener Sohn der Familie. Und es fiel mir schwer, den Leuten nach einer Woche zu erklären, daß ich nicht bleiben kann.

AB: Das war der Sohn, der mit Ihnen hatte nach Palästina auswandern wollen?

EL: Ja, ganz recht. Der hatte inzwischen den Zweiten Krieg mitgemacht an der russischen Front, war verletzt worden, war herzkrank, und das hat mich sehr gerührt, dieses ganze Wiedersehen. Und ich bin dann in Garmisch-Partenkirchen zufällig über Nacht geblieben und hatte wohl das Bedürfnis oder fühlte mich verpflichtet, nach Dachau zu fahren, und da, auf der Fahrt dorthin mit dem alten Fiatwagen, bekam ich einen Herzanfall.

AL: In Oberammergau.

EL: In Oberammergau und war dann sechs Wochen im Krankenhaus in Garmisch-Partenkirchen. Komischerweise hab' ich mich sehr schnell wieder bekrabbelt und habe dann endlose Diskussionen geführt über Deutschland und Nazismus. Das war eigentlich auch der erste Kontakt, daß ich mal wieder frei Deutsch gesprochen habe. Das war 1975, da hat man in Deutschland schon von einem neuen Deutschland gesprochen, es gab bereits Beziehungen zu Israel. Sowohl mit Patienten dort als auch mit Ärzten und Pflegepersonal hatte ich das Bedürfnis, diese Probleme zu besprechen, das erste Mal, denn es war für mich noch ein sehr ungelöstes Problem. Und es hat mir sehr viel gegeben. Es war so ein sehr menschlicher Kontakt mit den Deutschen in einer Position, wo ich als Kranker dort war und gesund gepflegt wurde. Und das hat zweifellos auch seinen Einfluß gehabt auf meine Einstellung zu dem sogenannten neuen Deutschland.

Eugen (*1914) und Ayala (*1916) Laronne

Ihr wart auch mal alle Nazimädchen

Ich hatte mich kurzerhand entschlossen, auf drei Wochen nach Berlin zu fahren zu meinem Bruder. Aber ich bin nicht über den Viktoria-Luise-Platz und das Kaufhaus des Westens rausgekommen. Ich konnte die Frauen nicht sitzen sehen. Wenn ich über den Platz gegangen bin und die alten Damen da habe sitzen sehen, hab' ich gedacht: Na, ihr wart auch mal alle Nazimädchen. Ich bin nirgends hingegangen.

Käthe Liebenthal (*1896)

Das ist einer der Gründe, weshalb ich nicht nach Deutschland fahre

Als ich mit meiner Frau durch Wien ging, liefen dort lauter Kleinbürger herum, die natürlich alle keine Nazis gewesen sind. Es gibt einen hübschen Wiener Witz: In einer Eisenbahnstation kommt eine Jüdin mit einem großen Koffer an. Da sitzen drei Männer auf einer Bank. Sagt sie zu dem ersten: »Sie sind Nazi gewesen?« Sagt der: »Nein.« Sagt sie zu dem zweiten: »Sie sind Nazi gewesen?« Sagt der: »Ich war ein Antinazi.« Sagt sie zu dem dritten: »Sie waren ein Nazi?« Sagt er: »Ja, ich bin es noch heute.« Sagt sie: »Ich sehe, Sie sind ein ehrlicher Mann. Passen Sie mir ein bißchen auf den Koffer auf.« Das ist einer der Gründe, weshalb ich nicht nach Deutschland fahre, muß ich Ihnen sagen.

Shalom Weinstein (*1915)

Betrunkene sagen die Wahrheit

Ich bin hin und wieder gefragt worden, ob mir in Deutschland Antisemitismus begegnet ist. Ich sagte darauf einmal: »Ja, und zwar von sinnlos Betrunkenen, weil sie da die Wahrheit sagen.« Zum Beispiel erinnere ich mich an ein Mal in München, das war 1975. Zwei sinnlos betrunkene Ex-SA-Leute – das kam raus bei ihrer Schreierei – fingen an, sich zu erzählen, was sie alles gemacht haben, und daß man sie heute deswegen schief ankuckt. Sehen Sie, auf die Art kommt es dann raus. Wenn die nicht betrunken gewesen wären, hätten sie doch keine Bemerkung gemacht.

Ein anderes Beispiel: Ich saß allein im Zug, in Bremen hält er an. Einer stieg zu mir ein, setzte sich in die Ecke. Ich merkte sofort, der ist vollkommen überdreht und wütend. Ich hatte nur ganz kurz »Guten Abend« gesagt und zog mich hinter Buch oder Zeitung zurück. Und dann fing er an: »Sie können sich nicht vorstellen, was ich mir habe gefallen lassen müssen. Ich komme eben aus Norwegen. Ich wollte die Stellen sehen, an denen mein Geschwader im Zweiten Weltkrieg gedient hat, in Bergen«, ich weiß nicht, wo alles, »und die Norweger haben mich immer rausgeschmissen.« Ich habe ihm dann gesagt: »Hören Sie mal zu, konnten Sie nicht den Mund halten?! Sie müssen hier nicht sagen, wer Sie sind.«

Eli Rothschild (*1909)

»Und da hat ja die Frau Cohn so gelacht«

Ich entsinne mich an ein unangenehmes Zwischenspiel, so einen Moment, wo ich dachte: Was tue ich hier? Bin ich wahnsinnig, was tue ich in diesem Land? Wir standen da irgendwo am Bodensee, in einer Stadt, ich weiß nicht mehr wo, und da war so ein Jahrmarkt, da wurden irgendwelche Spiele vorgeführt. Wir standen so an der Seite und lachten, die Geschichte war ein bißchen ulkig, ich erinnere mich nicht mehr genau. Ich weiß nur, daß da jemand vor mir stehen blieb, mich ansah und sagte: »Und da hat ja die Frau Cohn so gelacht!« Und ich weiß, daß ich gesagt habe: »Wir nehmen unser Gepäck und fahren heute noch nach Hause. Ich bleibe hier nicht einen Tag länger!« Ich fühlte mich derartig –. Ich konnte es einfach nicht verstehen, was ich da eigentlich zu suchen habe und wieso ich da hinfahre, daß ich mir so etwas sagen lassen muß heutzutage. Das war ein richtig traumatisches Erlebnis.

Ada Brodsky (*1924)

Plötzlich abgereist

Ich war dreimal eine Woche in Deutschland, und das letzte Mal bin ich plötzlich abgereist. Die Sache war so: Ich war in Hinterzarten im Schwarzwald, und da trat eine Jugendkapelle auf mit Handharmonika und spielte sehr niedliche Lieder. Plötzlich stand einer dieser Jungen auf und sprach in einer deutschähnlichen Sprache, er sieht, es sind so viele alte Herren da, und ihnen zu Ehren werden sie einige Militärmärsche spielen. Und dann fingen sie mit dem Badenweiler Marsch an. Der Junge hat nicht gewußt, daß das Hitlers Lieblingsmarsch war. Ich auf jeden Fall stand auf, packte meine Sachen und fuhr in die Schweiz zurück. Die haben sich bloß schlecht gegen die Flüchtlinge benommen, aber persönlich keine Juden umgebracht.

Shalom Weinstein (*1915)

Die Vorstellung, zur Erholung nach Deutschland zu fahren, reizt mich nicht

AB: Sie waren 1953 bis 1957 mit Ihrem Mann dienstlich in Deutschland. Und später auch noch zu kürzeren Besuchen?

ES: Eigentlich nie wieder.

AB: Nie wieder?

ES: Ich habe Freunde, Deutsche, die herkommen, aber ich war nicht wieder da. Ich war in England, ich war in Amerika, ich war in Kanada, aber nicht in Deutschland. Es zieht mich auch nicht hin, im Gegenteil, ich würde beinahe sagen, die Vorstellung, zur Erholung in einer deutschen Pension oder in einem deutschen Hotel zu sein, würde mich –. Nein, das reizt mich nicht.

AB: Das scheint ja nicht nur ein Nicht-Reizen zu sein, sondern auch eine gewisse Ablehnung.

ES: Ja. Eine gewisse Ablehnung.

Elsa Sternberg (*1899)

Ich habe gesagt, es ist 'ne andere Generation

JS: Das erste Mal war ich wieder in Deutschland, als das Schiff, mit dem ich fuhr und auf dem ich arbeitete, nach einem halben Jahr auf die Werft zurück mußte. Da bin ich nach Hamburg gefahren und hatte 28 Tage *shore leave*. Da habe ich Hamburg bei Tag und meistens auch bei Nacht studiert.

AB: Wie waren Ihre Gefühle und Ihre Eindrücke damals?

JS: Ich war immer ein Unparteiischer. Ich habe gesagt, es ist 'ne andere Generation, ja. Ich war vielleicht ein bißchen vorsichtig bei Leuten über 50, 60, denn es hätte einer von ihnen sein können. Aber ich kann mich noch heute erinnern, daß ich mich in so ein Kaffeehaus reingesetzt habe und die Streichhölzer mit der hebräischen Aufschrift »Zündlein« extra auf den Tisch gelegt habe. Und richtig, ein junger Mann von 25, 30 Jahren, der zu Hitlers Zeiten vielleicht zehn oder fünf Jahre alt war, setzte sich zu mir, sagte: »Sie sind aus Israel?« »Ja«, sag' ich, »Sie sehen das doch? Und ich freu' mich, denn ich möchte mich gerne mit Ihnen unterhalten, ja.«

James Springer (*1907)

Die Jahre haben doch was gemacht

RB: 1981 war ich das zweite Mal in Deutschland. Da habe ich meine Tante begleitet, die damals schon nicht mehr so jung war und Angst hatte, allein zu fahren. Wir haben bei ihrer guten Freundin gewohnt, und die 20 Jahre, die seit meinem ersten Besuch vergangen waren, haben doch was gemacht.

MD: Dir oder Deutschland?

RB: Beiden, glaub' ich, beiden. Ich weiß, ich habe im Café Kröpcke in Hannover gesessen und hab' mich so umgekuckt, während die beiden alten Damen spazierengegangen sind, und hab' mich gefragt: Nun also, wer kann hier Nazi gewesen sein, oder wer ist hier Nazi und so? Aber die jungen Leute sahen aus wie unsere Kinder, haben sich benommen wie unsere Kinder, laut und lustig und fröhlich, und angezogen waren sie wie sie. Und die alten Leute waren schon ganz alte Leute, also was wollte ich von ihnen, mehr oder weniger. Und ich war irgendwie viel geduldiger oder viel ruhiger. Es hat wohl auch viel Einfluß auf mich gehabt, daß diese Frau, bei der wir gewohnt haben, eine phantastische Frau war. Sie hat nicht versucht, irgendwie klarzumachen, was passiert ist, das hat sie überhaupt nicht versucht. Sie sagte, darüber kann man ja gar nicht reden, das ist ihr klar. Aber sie hat gesagt, sie bittet mich auch, einmal ein bißchen zu hören, was es für die deutschen einfachen Leute, die eigentlich nichts machen konnten, bedeutet hat. Und daß Hannover achtzig, fünfundachtzig Prozent zerbombt war und so weiter. Also, es war ein großer Unterschied, vor allem, glaub' ich, haben die Jahre doch irgendwas gemacht.

Rina Biran-Langrod (*1932)

Man hat einmal dazugehört

In der Woche, die ich jetzt in Deutschland bin, ging mir so vieles durch den Kopf. Früher hat man hier gelebt und war mit dieser ganzen Atmosphäre verknüpft. Das bin ich ja heute nicht mehr. Man hat inzwischen ein eigenes Leben gelebt außerhalb Deutschlands und auch vielleicht etwas Positives vollbracht. Heute komme ich eigentlich als Ausländer her, aber auch nicht wie ein vollkommener Ausländer. Nein, man findet doch vieles aus der Kindheit nochmal vor, insbesondere Landschaften, wo man früher mal war, die man erwandert hat. Das empfindet kein Tourist, der hier nicht geboren ist. Es ist nicht so wie bei Reisen nach Italien oder nach Amerika. Man versteht die Sprache, jedes Wort, man kennt die Gesten. Man hat einmal dazugehört, mehr oder weniger, nicht so hundertprozentig, aber doch dazugehört in diese ganze Kulturwelt. Und jetzt kommt man da als Erwachsener oder alter Mensch her und sieht vieles wieder bestätigt, aber trotzdem ist eine neue Generation herangewachsen. Man sieht die Dinge heute mehr von einer Distanz, eben auch als älterer Mensch. Nicht, daß man weiser geworden ist, aber man hat mehr Abstand zu den Dingen. Ich hör' grade eine Glocke läuten, das ist auch noch ein alter Klang, den man doch kennt. Und dann kommt plötzlich die Jugend wieder zurück ins Bewußtsein. Man empfindet alle möglichen Dinge, die man eigentlich verdrängt geglaubt hat, die sind dann plötzlich wieder da, als wenn die Glocken noch einmal die Jugend zurück-

rufen, so ungefähr, wenn man das so toll ausdrücken kann. Und
da ist etwas dran.

Jehuda Steinbach (*1910)

* * *

**Es war für mich gut, daß alles dieses Böse zerstört war, die Stadt
der Kindheit war zerstört**
JA: Mein Roman ›Nicht von jetzt, nicht von hier‹ kam vor drei
Jahren in deutscher Übersetzung heraus.
MD: Den hast Du 1963 geschrieben?
JA: Ja ungefähr, nein, früher schon, er ist '63 herausgekommen.
MD: Und das war nach einer Deutschlandreise?
JA: Ja, mein erster Besuch in Deutschland. Der Roman ist zwar
nicht autobiographisch, aber dieses Element des Wiederzurück-
kommens in die Stadt meiner Kindheit, das war natürlich sehr traumatisch. Es waren drei Tage, das war '58. Würzburg war ziemlich
zerstört und gerade im Aufbau. Und die Auseinandersetzung, obwohl ich persönlich nichts gelitten habe, war –. Einerseits war es
natürlich wie bei jedem, der nach vielen Jahren in die Stadt seiner
Kindheit zurückkommt. Es ist immer sehr emotionell. Und außerdem, nach Deutschland zurückzukehren! All die Zeugen meiner
Kindheit, alle waren tot, bis auf eine alte, unverheiratete Dame,
die war nicht mal eine Tante, aber sie hat mich sozusagen großge-
zogen, sie hat mit uns gelebt. Sie lebte noch in einem jüdischen
Altersheim.
MD: Und wo hat sie den Krieg –?
JA: Sie war in Theresienstadt.
MD: Und Du bist drei Tage in Würzburg geblieben? Warum bist
Du eigentlich hingefahren?
JA: Gut, es war eine Neugier, zu sehen, was geschehen ist, was
inzwischen geschehen war. Und natürlich auch die Zerstörung der
Stadt der Kindheit. Es war für mich gut, daß alles dieses Böse zer-
stört war, die Stadt der Kindheit war zerstört.

Jehuda Amichai (*1924)

Ich habe leider viel zu wenig gehaßt
AB: Es könnte ja auch sein, daß es Sie mit Genugtuung erfüllt
hätte, daß diese Städte zerstört wurden, sozusagen vom Erdboden
getilgt worden sind.
BK: Nein, nein, ach wo, meine Stadt, wo ich gearbeitet habe – ich

hab' die Stadt geliebt, die Umgebung vor allen Dingen. Nein, absolut nicht, überhaupt nicht. Ich hab' leider viel zu wenig gehaßt im Leben. Ich liebe meine Feinde, das ist schrecklich, aber es ist so.

AB: Ist dieser Traum von der Vernichtung Stettins für Sie mehr ein Symbol für die Vernichtung Ihrer Familie? War die Vollendung dieser Vernichtung dann, daß die Stadt selber auch noch mit verschwunden ist?

BK: Niemals. Ich versteh' Ihre Frage, aber es ist mir nie so – nein, nein, nein. Ich bin überhaupt ein komischer Mensch. Ich habe keinerlei Freude an einem am Boden liegenden Feind. Nein, das ist nicht in meiner Skala drin. Wie gesagt, ich habe mal ein Buch darüber gelesen, wie Stettin zerstört worden ist. Und ich habe auch, gerade vor kurzem, einen Bericht bekommen, wie Stettin jetzt aussieht.

Chuma Betty Kolath (*1908)

Vater bat mich, die Stätten seiner Familie aufzusuchen

1958 fuhr ich das erste Mal nach Deutschland, 13 Jahre nach Kriegsende, von London aus, auf Geheiß meines Vaters, der es nicht fertig brachte, zurückzugehen in seine alte Heimat, den Ort, in dem er geboren war, die Zerstörung zu sehen. Ich mußte von Nürnberg nach Zürich zu einer zionistischen Tagung, und er bat mich, die Städte und die Ortschaften aufzusuchen, in denen unsere Verwandten im Lahn- und Taunuskreise gelebt hatten. Und per Zug fuhr ich von Ort zu Ort, mich überall nach den Wohnhäusern der ehemaligen Verwandten und den zerstörten Synagogen und den meist auch zerstörten und geschändeten Friedhöfen umsehend, aufschreibend, fotografierend, mich hütend, jemandem, den ich nicht kannte, auch nur die Hand zu geben.

Abraham Frank (*1923)

Ich habe es nicht fertiggebracht, noch einmal in Kitzingen zu übernachten

Ich habe noch nie seit damals, also seit ich ausgewandert bin, eine Nacht in Kitzingen geschlafen. Ich hab' in Würzburg geschlafen, nicht daß die Würzburger besser waren als die Kitzinger, aber ich hab's nicht über mich gebracht, noch einmal in Kitzingen zu übernachten. Vielleicht sogar zu meinem Nachteil, aber jedenfalls habe ich es nicht fertiggebracht.

Stefan Rothstein (*1911)

Ich habe immer geträumt, ich will meine Mutter besuchen
Ich bin froh, daß ich's gemacht habe, ich wäre nie zur Ruhe gekommen. Ich habe immer und immer geträumt, daß ich nach
Deutschland oder Dortmund komme. Ich hab' 'nen schweren Koffer und will meine Mutter besuchen. Und ich kann nicht hinkom-
men. Sie steht schon auf der Straße und wartet auf mich, auf der
Straße, wo wir gewohnt haben. Der Koffer war wahnsinnig schwer,
und ich wußte gar nicht, was ich noch alles einpacken sollte. Und
im Traum bin ich nie hingekommen, nie. Und dann, als wir endlich nach Deutschland kamen und ich mein Haus wiedergesehen
habe und die alten Straßen gegangen bin, da ist der Traum nie
wiedergekommen. Das ist doch ein großes Plus.

Helga Lilie (*1912)

Wie ein Tourist, der die Sprache zufälligerweise total beherrscht
Es gibt gewisse Sachen, die es in Israel nicht gibt. Dazu gehört
Flieder. Und vor dem Häuschen, in dem die alten Herrschaften
wohnten, blühte sowohl lila wie weißer Flieder mit dem betäu-
benden Geruch. Es gibt auch keine Kastanienbäume in Israel. Das
sind nun wirklich Kindheitserinnerungen, und wenn ich die auffri-
schen will, muß ich nun mal nach Europa. Und daran läßt sich
nichts ändern. Es gibt in Israel auch keine Mansardenzimmer, etwas, was ich besonders gerne gehabt habe. Und ich hatte ein
Mansardenzimmer in dem Haus, wo meine Nauheimer Verwandten wohnten. Und ich habe dann das getan, was viele Leute tun,
die überhaupt bereit sind, in die alte Heimat zu gehen, nämlich in
meine Geburtsstadt zu fahren und mir anzukucken, was davon
noch stand und wie es aussah. Ich habe gewußt, daß die Gegend,
in der wir in Berlin wohnten, das Hansaviertel, total ausgebombt
worden war, und daß es zwar Hansaviertel hieß und die alten Stra-
ßennamen noch hatte, daß aber ein internationales Architekten-
symposium zusammengerufen worden war und die alle nach ihren eigenen Ideen dort wieder aufbauten. Es ist natürlich sehr seltsam, durch eine Gegend zu gehen, die zwar Lessingstraße und
Klopstockstraße heißt, aber völlig anders aussieht. Aber in gewissen Gegenden, sowohl Bahnhof Bellevue wie auch Bahnhof Tier-
garten, da stehen noch die alten Ziegel, ich weiß nicht, wie man
das nennen soll, wo die Bahn drüber fuhr, und das kam dann alles
wieder hoch bei mir, wie es mal gewesen war. Meine Schule, das
Kleist-Lyzeum, eine der letzten Schulen, glaub' ich, die in Berlin
im Bauhausstil gebaut wurden, steht noch. Dieses riesige Gebäu-

de war von einer Synagoge und einer Kirche flankiert. Die Kirche ist natürlich noch da, die Synagoge natürlich nicht. Es war mir eigentlich selbstverständlich, daß ich in Deutschland mit den Leuten deutsch sprach. Aber ich muß ehrlich gestehen, daß ich mich bei den danach stattgefundenen Besuchen in Deutschland, nicht nur in Berlin, einfach wie ein Tourist fühlte, der die Sprache zufälligerweise total beherrscht. Ich habe überhaupt keine Sentiments, und es gibt andere schöne Länder. Deutschland ist sehr schön, landschaftlich und zum Teil auch architektonisch, aber es zieht mich, ehrlich gesagt, dort nichts Besonderes hin.

Cary Kloetzel (*1919)

Jedes Jahr in Cham

Und so kam es, daß wir vom Jahr '77 ab bis heute jedes Jahr, wenn wir in Europa waren, nie einen Bogen um die Stadt gemacht haben. Nur einmal waren wir nicht dort. In diesem Städtchen ist ein sehr schöner kleiner gut erhaltener Friedhof, auf dem mein Vater begraben liegt. Und so hab' ich jeden Besuch in dieser Stadt dazu benützt, um das Grab meines Vaters zu besuchen, bis wir eines schönen Tages erfahren mußten, daß der Friedhof vollständig zerstört worden ist von Nazirabauken. Das hat uns natürlich sehr erschüttert, und das war das einzige Jahr, in dem wir in Europa waren, aber nicht nach Cham gefahren sind, weil wir uns das einfach nicht ansehen konnten. Nachher hat man den Friedhof wieder vollständig renoviert und alles wieder in Ordnung gebracht, das Grab meines Vaters, die Gräber meiner sämtlichen Verwandten, die da liegen. Und so sind wir bei jeder Reise dort hingefahren und sind etwa eine halbe Woche geblieben und waren dort sehr, sehr herzlich aufgenommen.

Ernst Schwarz (*1913)

Meine Antworten wurden nicht so genau in der Presse wiedergegeben

Als ich 1964 von der Stadt Neukölln, einem Stadtteil Berlins, eingeladen wurde, eine Woche dorthin zu kommen, um die Woche der Brüderlichkeit zu feiern, lehnte ich diese Einladung zunächst ab, weil ich erklärt hatte, ich will nie wieder nach Deutschland fahren. Ich habe dann eine Aufforderung bekommen von der ›Sochnut', über die die Einladung geleitet war, daß ich doch fahren sollte: Grade weil ich es ablehne zu fahren, sehen sie, daß ich mich in Deutschland richtig verhalten würde. So nahm ich dann diese Einladung an und fuhr im Februar 1965 nach Berlin und sagte zu meiner Frau im Flugzeug, als wir über dem Tempelhofer Feld waren: »Bitte jetzt keinerlei Emotionen!« Zu denen ist es in keiner Weise gekommen. Wir kamen nach Berlin in eine Stadt, die ich als junger Mensch sehr geliebt habe, da ich ja meine ganze Kultur, die mich zum Menschen gemacht hat, in Deutschland erhalten habe. Außer dem Bürgermeister waren Stadtverordnete zu unserem Empfang da und Journalisten, die mich auf dem Flughafen bereits interviewt haben. Ihre erste Frage war: »Wie fühlen Sie sich, wenn Sie in Ihre Heimat zurückkommen?« Daraufhin erklärte ich: »Ich komme nicht in meine Heimat zurück, sondern ich komme aus meiner Heimat in das Land, von dem ich einmal geglaubt habe, daß es meine Heimat ist. Ich betrachte Deutschland als ein Land, wie ich Frankreich betrachte, wie ich Italien betrachte. Es ist ein fremdes Land, mit dem wir in Israel Beziehungen aufrechterhalten müssen.« Meine Antworten wurden nicht genau so in der Presse wiedergegeben, so daß ich am nächsten Tage reklamiert habe, aber es wurde nicht korrigiert. Da ich aber dann vom Radio noch einmal interviewt worden bin, habe ich noch einmal sehr deutlich meine Einstellung zu Deutschland klargestellt.

Paul Laboschin (*1908)

Plötzlich stand ich vor dem Bild meines Vaters

Ich habe in Deutschland gar nichts Schlechtes erfahren, aber irgendwie wollte ich nicht hin, bis ich dann vor zwei Jahren doch in Berlin war, und zwar eingeladenerweise wie alle. Ich war in Berlin mit meinem Mann, wunderbar untergebracht am Kurfürstendamm im Hotel Kempinski, und war bei allen Veranstaltungen, und man hat uns überall rumgefahren. Wenn ich ehrlich sein soll, und das möcht' ich gerne sein: es hat mich nicht gepackt! Und ich glaube nicht sehr an das, was man uns die ganze Zeit erzählt: »Wir sind froh, daß ihr nun hergekommen seid, und ihr sollt sehen, daß Deutschland anders ist.« Das war ein Jahr, bevor die Mauer gefallen ist, und ich bin nicht nach dem Osten gegangen, obwohl meine Schule wahrscheinlich dort noch bestanden hat. Ich wollte sogar nicht mal in die Birkenallee gehen, wo wir gewohnt haben. Mein Mann hat gesagt: »Du mußt doch dort hingehen, die Kinder werden dich doch fragen, ob du da warst.« Doch hat sich rausgestellt, daß die Birkenallee überhaupt nicht mehr bestand, und unser Haus war auch nicht mehr da. Das einzige, was aufregend war, wirklich aufregend, war folgendes: Kempinski war direkt gegenüber von der Jüdischen Gemeinde, und da war eine Ausstellung aufgebaut über das Judentum vor Hitler. Und wie das so ist bei Austellungen, ging mein Mann von einer Seite und ich von der anderen, und plötzlich rief er mich ganz furchtbar aufgeregt: »Komm, komm schnell!« Und plötzlich stand ich vor dem Bild meines Vaters. Mein Vater mit seinen Studenten, mit seiner Handschrift. Und das waren die letzten Bilder vom jüdischen Krankenhaus, wo er seinen Assistenten erklärt hat, daß aus pekuniären Gründen diese Abteilung geschlossen wurde. Also, das war nun wirklich was ganz Aufregendes! Und das war etwas, weshalb es sich dann wirklich gelohnt hat, dort hinzufahren.

Dalia Grossmann (*1919)

Ich hab' nur so herumgespielt mit den alten Worten
1980, zu meinem 70. Geburtstag, wurde ich von der Stadt Berlin eingeladen und fuhr mit meinem Bruder nach Berlin. Das war sehr schön, es war nur zu kurz. Wir wurden von der Stadt Berlin herumgeführt, wir haben Touren in Berlin gemacht, auf dem Wannsee mit dem Ausflugsdampfer zur Fraueninsel rüber, dort war ein schöner Empfang. Ich habe mich gefühlt wie ein Fisch im Wasser. Ich habe nur so rumgespielt mit den alten Worten: *icke, dette, kieke mol, Ogen, Fleesch* und *Beene*, ja, also dem Berliner Jargon. Also, wir fühlten uns sauwohl, muß man sagen, mit der deutschen Sprache. Sofort Kontakt gefunden, auf der Straße mit Menschen gesprochen – also, das war direkt kindisch, muß ich sagen.

Moshe Moritz Cederbaum (*1910)

Damit die Enkel mal sehen, wo man geboren ist
Im letzten Jahr wurden wir, meine Schwester, mein Schwager und ich, eine Woche auf Kosten der Stadt eingeladen. Da kamen Leute von Amerika, von Argentinien, von Südamerika und von Israel. Man trifft dort Leute, die man viele, viele Jahre nicht gesehen hat, aber man kennt sich dann. Es ist sehr schön, sich wieder mal zu sehen. Ich hätte gerne auch, vielleicht im nächsten Jahr, eine von meinen Enkeltöchtern mal mitgenommen, damit die mal sehen, wo man geboren ist. Es gibt Leute, die sagen da auf alle Fälle nein, wir wollen nichts davon wissen. Aber das ist eine sehr gute Initiative. Das machen sehr viele Städte, und ich muß sagen, wo man seine Jugend verlebt hat – und ich hatte eine gute Jugend bis 1932 –, das vergißt man nicht. Man vergißt nicht die schlimmen

Sachen, die man erlebt hat, aber man vergißt auch nicht die schönen Sachen.

Männy Moshe Seligmann (*1912)

* * *

»Wissen Sie, ich habe ein schlechtes Gewissen«

Als Ludwig Erhard als deutscher Kanzler Israel besucht hat, haben er und vor allem seine Frau frühere Kommilitonen und Mitschüler gesucht. Ich habe mich gemeldet, wurde eingeladen ins Hotel. Die Frau kam schon vor ihm, ist mir um den Hals gefallen. Der Wächter, der irgendwo im Hintergrund stand, hat die Augen nimmer zugebracht. Erhard war noch beschäftigt wegen der Handelskammer und kam also später an, und seine erste Frage war: »Wie sind Ihre Eltern umgekommen?« Und er hat mir gesagt: »Wissen Sie, ich habe ein schlechtes Gewissen. Ich habe allen meinen jüdischen Freunden gesagt: Ihr braucht doch nicht fortgehen, in einem Vierteljahr ist das alles vorbei. Dieses große antisemitische Programm, das ist Wahlprogramm gewesen und so weiter.« Und er hat auch gefragt, ob meine Kinder wissen, daß er die diplomatischen Beziehungen begonnen hat. Und das hat meine Kinder schon beeindruckt, natürlich.

Gertrud Kedar (*1901)

Immer fehlt ein Faktor, von dem ich nichts weiß

Es gab ein Mädchen aus meiner Klasse, mit dem ich seit meinem 16. Lebensjahr zusammen war, erst in der sozialen Frauenschule und später in Stettin als Fürsorgerin. Sie hat mich gesucht und ist durch eine gemeinsame jüdische Freundin etwa 1970 wieder auf meine Adresse gestoßen und hat mir geschrieben. Sie hat mich hier besucht. Es war ein emotionelles Erlebnis, denn sie hat mir erzählt, sie war in der Nacht abgeordnet zum Bahnhof, als die jüdische Gemeinde deportiert wurde, und sie hat Margarine und Brot verteilt, jede Familie bekam ein Paket Margarine und ein Paket Brot. Sie hat behauptet, sie habe geglaubt, sie würden evakuiert, damit ihnen im Krieg nichts passiert. Sie hat versucht, meine Eltern, die sie kennt, zu suchen und meine Schwester, hat sie aber nicht gefunden. Wie sie das erzählt hat, das war für mich sehr emotionell, sehr aufregend.

Und dann haben sich einige aus dem Dorf bzw. der Kleinstadt, aus der mein Mann stammt, gemeldet. Die wohnen jetzt in Mannheim, mußten auch flüchten aus Pommern. Und die haben vor einigen Jahren im Kunsthaus in Mannheim eine Ausstellung meiner Bilder arrangiert. Das war sehr schön für mich. Hab' sehr viel verkauft, sehr gut. Und durch die hab' ich wieder andere Leute kennengelernt, und einige von den Leuten sind hergekommen und haben uns hier besucht. Ich schick' ihnen mal einen israelischen Kalender oder ein Bild oder sie schicken mir mal ein deutsches Buch. Aber dabei ist immer ein bitterer Tropfen, weil immer irgendwie ein Faktor fehlt, von dem ich nichts weiß und ohne den ich nicht bereit bin, so frei zu reden, wie ich vielleicht sonst reden würde. Es ist ein gewisses Mißtrauen, bei meinem Mann noch sehr viel stärker.

Chuma Betty Kolath (*1908)

Es war unangenehm, das Problem der Vergangenheit anzurühren
Einen Mitschüler meines verstorbenen Bruders, mit dem ich korrespondierte, habe ich direkt aufgesucht. Wie wir zur Diskussion der Hitlerzeit, der Nazizeit kamen, kam es doch zu einer gewissen – ich würd' nicht sagen Spannung, aber es war unangenehm, das Problem der Vergangenheit anzurühren, obwohl er menschlich sicher viel Gutes getan hat. Er ist dieser Freund, der heute noch auf das Grab meines Onkels geht, und der sich eine Ehre daraus macht, dieses Grab auf dem jüdischen Friedhof zu pflegen und darauf aufzupassen.

Abraham Friedländer (*1916)

Einen Teil von dem, was meiner Frau noch gebührte, hat er abgezahlt
S-RS: Meine Eltern oder meine Familie hatten über hundert Jahre lang ein Haus in einem kleinen Ort bei Kassel. Ich kann Ihnen das Bild noch zeigen. Und wir haben auch Ländereien und alles gehabt. Und ich hörte, daß man uns dafür noch Geld schuldig geblieben war. Ich war in sehr guten Verbindungen mit einem früheren Bekannten, und der hat mir geschrieben: »Wenn du hierherkommst, dann zahl' ich dir noch das Geld zurück.« So, und uns ging's gar nicht so gut. Und da haben wir beschlossen hinzufahren. Und er hat geschrieben: »Ich werde euch in Frankfurt abholen.« Man durfte damals von hier zehn Dollar mit rausnehmen. Sind wir wirklich mit zehn Dollar jeder gefahren, und mein Mann sagt: »Im Leben glaub' ich nicht, daß der dort steht und dir das Geld bringt.« Und er hat wirklich dagestanden und hat mir den –

ES: Einen Teil von dem, was meiner Frau noch gebührte, was er schuldig war, hat er abgezahlt.

Elchanan (*1911) und Sara-Ruth (*1915) Scheftelowitz

Mit dem Käufer unserer Firma haben wir nachher Freundschaft geschlossen

Nach dem Arisierungsgesetz hatte mein Bruder das Geschäft verkauft. Er ist im Jahr '52 gestorben, plötzlich. Aber so lang er gelebt hat, hat er nie daran geglaubt, daß da jemals noch eine Restitution kommen wird. Bis dann eines schönen Tages ein Brief kam: »Warum meldet ihr euch nicht? Man hat euer Vermögen, euer Haus beschlagnahmt. Eine jüdische Organisation hat das als herrenloses Vermögen beschlagnahmt, weil sich keine Erbennachfolger gemeldet haben.« Da sind wir erst darauf gestoßen, daß wir irgendwelche Möglichkeiten hatten. Die Sache ging dann sehr schnell vonstatten. Der damalige Käufer hatte sich sehr anständig uns gegenüber benommen, zumindest meiner Mutter gegenüber. Meine Mutter hat sehr gut von ihm gesprochen, und mit ihm haben wir nachher Freundschaft geschlossen. Der Käufer war einer der ersten Deutschen, die nach Israel kamen. Eines schönen Tages im Jahr '53 ist er bei uns im Dorf erschienen. Und so ist der Kontakt wieder aufgenommen worden, und wir sind dann im Jahre 1958 zum ersten Mal auf Auslandsreisen gegangen und haben dann auch meine Geburtsstadt besucht und diese Familie, die von uns das Unternehmen gekauft hat. Der Kontakt hat sich dann sehr schnell intensiviert. Das ging dann sogar so weit, daß wir auch mit ehemaligen Angestellten der Firma weiter Freundschaft gehalten haben, bis heute.

Ernst Schwarz (*1913)

Nach dem Erhalt der Tasse nahm ich sofort mit Friedchen den Kontakt auf

Wir hatten ein Kindermädchen, das sogenannte Friedchen. Als meine Mutter mit mir im siebten Monat war, da kam sie ins Haus, und als ich '36 abreiste, da war sie, glaube ich, auch noch in unseren Diensten. Sie hat mich also von der Wiege an begleitet und liebte mich heiß und innig, eine gläubige Katholikin übrigens. Als der Krieg ausbrach, meine Mutter weggeschickt wurde, da blieb sie in Ost-Berlin, in ihrer kleinen Wohnung. Sie heiratete auch noch. Und im Jahre '53 bekam ich – das war das erste Lebenszeichen, was ich von ihr hatte – ein kleines Kistchen, ausgepolstert

mit Holzwolle, und drin war eine Tasse, die sie aus dem zerbomb-
ten Haus gerettet hatte; darauf war meine Photographie, und auf
der Unterseite stand: »Meinem geliebten Puppenjungen zu seinem ersten Geburtstag« – oder irgend so was – »von seinem ihm
sehr guten Fräulein.« Eine rührende Sache, aus der DDR geschickt.
Nach dem Erhalt der Tasse nahm ich sofort mit Friedchen den Kontakt auf. Ich teilte auch meinem Bruder in München mit, daß sie
lebt, und der ist hingefahren und hat sie besucht und hat ihr Pakete
gebracht. Im Jahre 1959 besuchte ich sie dann mit meiner Frau.
Das war natürlich ein rührendes Wiedersehen nach 23 Jahren, und
sie konnte vor Schluchzen kaum reden. Sie erzählte, daß sie unsere Wohnung in Berlin, da sie ja als Christin nicht bleiben konnte,
circa 1939 verließ und danach in verschiedenen Stellungen arbeitete. Sie nahm als Andenken an mich die Tasse mit. Wir schickten
dem netten Paar zweimal Kisten mit Apfelsinen. Ihr Mann schrieb
mir später, daß Friedchen 1963 verstarb. Die gute Seele liebte mich
eben heiß und innig, fast so wie ihr eigenes Kind.

Ernst Pfeffermann (*1917)

Ich habe das Hausmädchen von meinen Schwiegereltern hier ge-habt

Ich habe das Hausmädchen von meinen Schwiegereltern hier gehabt. Die war 35 Jahre bei meinen Schwiegereltern, und sie hat
sehr, sehr vielen Juden geholfen in Berlin. Und die war hundert
Prozent zuverlässig. Sie hat gesagt, sie hat nicht gewußt, was vorgeht. Sie kam '51 hierher, ist dann hier geblieben und wieder weg
im Jahre '61. Und zwar hatten wir mal mit dem Gedanken gespielt, zu meinem ältesten Sohn nach Amerika zu gehen. Sie war
sehr links eingestellt, und da hat sie gesagt, es kommt für sie nicht
in Frage, daß sie in ein kapitalistisches Land geht. Da ist sie zu
einer Familie, die von hier wieder zurückgegangen ist nach
Deutschland. Aber jede Woche hab' ich einen Brief bekommen,
jede Woche, solange sie gelebt hat.
Also hundert Prozent hat sie damals nicht gewußt, was vorgeht.
Sie wußte, daß die Familie von meinem Mann geholt wurde, hat
sogar das Silber aufgehoben und alle möglichen Sachen versteckt.
Aber sie hat gemeint, daß die Juden in Arbeitslager kommen.

Gertrud Fraenkel (*1894)

Als ob wir nach Hause kommen

HL: Und da hab' ich mir ein Herz genommen und hab' an diesen Schulfreund geschrieben: Meine Gefühle für ihn und wie ich ihn heute noch schätze und wo ich hier lebe. Da kam ein Brief zurück: »Liebe Hanna, du wirst dich wundern, ich war im Jahre soundsoviel hier in Israel –«

SL: Ein Jahr vorher.

HL: »– auch in Haifa, nur wußte ich leider nicht, daß du noch am Leben bist.« Und seit dieser Zeit haben wir so einen innigen Kontakt, auch mit seiner Frau. Wenn wir dort sind, fühlen wir uns, als ob wir nach Hause kommen.

Hanna (*1920) und Schlomo (*1920) Lion

Konnex mit einem ehemaligen Pauker

Ich habe auch mit einem ehemaligen Pauker Konnex gehabt. Der Mann hat im Jahre '35 in der Klasse gesagt: »Am Nordpol ist noch keine Kultur entstanden. *Ex oriente lux.* Das Judenvolk hat uns die Kultur gebracht, die Juden und die Griechen.« Ich ging nachher mit meinem Freund zu ihm und hab' ihm gesagt: »Sie sollen sich unseretwegen nicht in Gefahr bringen!« Er hat sich aber weiterhin in Gefahr gebracht und hat sogar eine Zeit im Gefängnis gesessen. Mit dem hatte ich Kontakt bis zu seinem Tode.

Shalom Weinstein (*1915)

Die gehörten zu den Gerechten der Welt

AB: Sie haben durch Ihre gesellschaftliche und politische Position nach dem Kriege mit Leuten Ihrer Generation Kontakt gehabt, aber mit Leuten, die eben unbelastet waren.

ES: Ja, nicht nur unbelastet, zum Teil auch aktiv im Widerstand. Und das waren große Erlebnisse, denn das sind wirklich Persönlichkeiten gewesen, nicht? Ich habe eine Freundin, die ist zehn Jahre jünger als ich, hat zehn Jahre später als ich im Pestalozzi-Haus Examen gemacht, ist in mein Haus zu meinen Kindern als Kinderfräulein gekommen, wie man das genannt hat, und hat mir bis zur Auswanderung geholfen. Daraus ist eine echte Freundschaft entstanden. Die gehörten zu den Gerechten der Welt, die haben später auch entsprechend gearbeitet, im Antinazi –, im Untergrund. Sie und ihre Kinder – auch die Kinder besuchen uns – sind wie Familie geworden.

Elsa Sternberg (*1899)

»Ich bin die Schwiegertochter von Herrn Levisohn«
AB: Haben Sie bei Ihrer ersten Rückkehr nach Essen dem Schicksal Ihrer Eltern nachgespürt?
RB-L: Mein Mann wollte dort nicht hin, Saarbrücker Straße 39. Aber wir sind hingegangen. Er hat auf der Seite gestanden, ich kuck' mir die Schilder an, denn zur Zeit meines Schwiegervaters haben dort drei Lehrer gewohnt. Zwei Lehrerinnen und er. Von der einen wußte ich, sie heißt Brust, von der zweiten wußte ich den Namen nicht mehr. Und wie ich da kucke, geht die Tür auf, da kommt eine Frau raus mittleren Alters, älter als ich damals und sagt: »Suchen Sie jemanden?« Sag' ich: »Ja, hier haben doch Lehrer gewohnt, ein Fräulein Brust, und da war noch eine.« »Ja«, sagt sie, »das ist meine Schwester, Fräulein Becker. Und wer sind Sie?« Sag' ich: »Ich bin die Schwiegertochter von Herrn Levisohn.« Fängt die sofort an zu weinen und sagt, wir sollen reinkommen. Ihre Schwester war die Sekretärin von Gustav Heinemann, das nur nebenbei. Und dann ist der Heinz rübergekommen, und da hat sie uns erzählt, wie das war im Krieg. Wenn sie in den Luftschutzkeller gingen, durften sie auf keinen Fall mit den Juden sprechen. Sagt sie: »Meine Mutter hat immer mit ihnen gesprochen, die hat gesagt, mich interessiert das nicht, ich bin eine alte Frau. Dann habe ich immer gesagt: Frau Levisohn, weinen Sie doch nicht so! Und das werde ich bis an mein Lebensende nicht vergessen.«

*Ruth Bar-Levi (*1914)*

Der Friseur Lott hat sich damals sehr in Gefahr gebracht
UB: Wir gingen 1961 in Ludwigshafen den Platz suchen, wo unser Haus stand. Das Haus meiner Eltern wurde von einer Bombe zerstört. Ich ging in der Straße spazieren, wo die Geschäfte waren, soweit es welche gab dort. Und dann gingen wir zu dem Platz, wo der Friseur war. Und siehe da, da steht mein Friseur, Lott hieß der Mann, und frisierte und behandelte da einen kleinen Jungen. Und er fragte: »Wer seid ihr denn?« Da erzählte ich ihm, wer ich bin. Da fragte er nach meinem Vater und nach meinem Bruder. Und ich sagte ihm: »Beide sind tot.« Fing er an zu fluchen. Ich verstand nicht viel, denn erstens hatte er schon keine Zähne mehr, und zweitens konnte ich schon nicht mehr so gut Pfälzisch. Er verfluchte die Nazis, und er hat sich sehr aufgeregt. Aber dort saß noch ein Mann, der wahrscheinlich ein junger Mensch war, wie die Nazis an der Macht waren. Und dem gefiel diese Art, wie der Lott gegen

die Nazis schimpfte, scheinbar nicht, denn er wurde rot. Er sagte nichts, aber er wurde rot.

RB: Und unruhig.

UB: Und unruhig. Und die Rina sagte: »Gehen wir schnell raus, das kann nicht gut abgehen.« Und dann erzählte mir Rina, was ich nicht wußte: Mein Vater hatte ihr erzählt, daß der Lott ihm geholfen hat, sich zu verstecken.

RB: In der Kristallnacht. Sein Vater hat mir vieles erzählt.

UB: Der Lott hat sich damals sehr in Gefahr gebracht.

RB: Er war derjenige, der ihn gewarnt hat, und so ist der Vater in der Kristallnacht aus dem hinteren Fenster gesprungen, und weg war er. Und er hat natürlich nicht gewagt, zurück in die Wohnung zu gehen. Die Wohnung war ja auch zerschmettert. Und als das Zertifikat nach Palästina gekommen ist, hat der Lott ihn gesucht und hat ihm gesagt: »Geh zur Polizei, du hast ein Zertifikat, du kannst weg.« Und er muß mehr Juden geholfen haben, und anscheinend hat er deshalb sehr gelitten bei den Nazis.

UB: Ein Glück, daß er überhaupt noch am Leben war.

Usi Biran (*1920) und Rina Biran-Langrod (*1932)

* * *

Der Haß zerstört nur uns selber, genauso wie der Rost das Eisen

Ich habe vor zwei Jahren eine Oberprima hier aus der Gegend vorbereitet für eine Reise nach Polen. Und an einem der Abende, am Schluß, da fragte ein junges Mädchen: »Wie kommt es, daß du noch einem Deutschen die Hand geben und mit ihm sprechen kannst? Wie kannst du das?« Und diese Antwort möchte ich Ihnen geben: »Verzeihen dürfen nur die Toten, wir dürfen das nicht. Vergessen dürfen wir nicht, denn nur in unseren Herzen leben die Toten weiter. Hassen dürfen wir nicht, denn der Haß zerstört nur uns selber, genauso wie der Rost das Eisen zerstört.« Das war meine Antwort. Und das ist meine Einstellung. Ich habe versucht, die Haßgefühle, die in mir waren und mitunter auftauchen, zu überwinden und zu einem positiven Verhältnis zu kommen. Ich glaube, genauso wie man nicht sagen kann, alle Juden sind Verbrecher, und alle Zigeuner stehlen, genauso kann man nicht sagen, alle Deutschen sind so und so. Und ich habe versucht, bewußt versucht, meine Einstellung zu Deutschland dadurch zu kräftigen, zu revidieren, daß ich eben Kontakt mit jungen Deutschen suchte.

Micha Michaelis (*1908)

Das Volk der Opfer und das Volk der Verfolger sind Zeugen der Geschichte

JA: Ich war seitdem sehr oft dort, besonders seitdem vier meiner Bücher dort erschienen sind, jetzt kommt das vierte Buch raus. Und seitdem habe ich sehr viele Bekannte dort, Universitätsleute, Schriftsteller usw. Ich bin mir dessen bewußt, daß man Leute, die bei Ende des Krieges 14 oder 15 waren, auch wenn man feststellt, daß ihr Vater der schlimmste Nazi war, nicht beschuldigen kann.

MD: Ja, man kann sie nicht beschuldigen, aber man kann sie auch nicht so leicht laufen lassen. So, wie wir unser Schicksal mit uns bringen, und auch wenn es nicht das persönliche ist, haben sie es auch auf dem Buckel.

JA: Ja, ganz bestimmt. Wie gesagt, es ist eine persönliche Auseinandersetzung, aber natürlich wird es noch lange dauern. Das Volk der Opfer und das Volk der Verfolger, die müssen beide das erkennen und weiter tragen, das sind Zeugen der Geschichte.

Jehuda Amichai (*1924)

Es sind viele Menschen durch unser Haus gegangen

Die erste Brücke hat mein Mann gebaut 1960, da ist eine Berliner Oberprima hierhergekommen. Und zwar hat ein Verwandter meinen Mann gebeten, er soll sich dafür einsetzen. Es kamen ein katholischer Geistlicher, ein evangelischer Geistlicher und der Schuldirektor; das war die Begleitung für die Oberprima. Und mein Mann hat ihnen für vier Wochen einen Platz in einem Kibbuz hier in der Nachbarschaft verschafft. Zuerst ist der evangelische Geistliche zu uns gekommen, er war der Freund unseres Verwandten. Da hat mein Mann ihm sehr viel erzählt und hat gesagt: »Du sollst wissen, euer Motiv ist, daß nie mehr so was sein darf, und das sind ja doch mal die zukünftigen Intellektuellen. Also, ich will helfen, diese Brücke zu bauen.« Aber erst hat er ihm ganz genau erzählt von seiner Familie, und was hier im Dorf passiert ist, und daß es Leute gibt, die 40 Familienangehörige verloren haben usw., und daß sie sich nicht wundern dürfen, wenn mal einer ein schiefes Gesicht macht oder auch was äußert. – Im Laufe der Jahre sind furchtbar viele Menschen durch unser Haus gegangen und der größte Teil als Israel-Freundliche weggegangen. Das war unsere Motivation. Und bei diesen vielen Menschen bleibt mal der eine oder andere hängen, also auf diese Weise haben wir ganz gute Freunde in Deutschland gewonnen.

Ruth Tauber (*1919)

»Wir sind gekommen, um zu prüfen, ob Juden auch arbeiten«

Mitunter hat man so einen Nackenschlag bekommen hier in Dalija, daß ich dachte: »Also nein, nie wieder deutsch!« Ich will eine einzelne Episode erzählen: Ich wurde gerufen, es wäre hier ein deutsches Ehepaar, die gerne den Kibbuz sehen wollten. Ich arbeitete und mußte erst meine Sachen zusammentun. Ich komme hierher, ich ging zu Fuß, so verging immerhin eine Viertelstunde, und der Empfang und das Gespräch liefen etwa so, ich zitiere. Die Frau: »Was ist das für eine Art und Weise, uns eine Viertelstunde warten zu lassen?« Der Mann: »Dr. Petersen aus Hamburg, Frau Dr. Petersen aus Hamburg.« Ich nicke hin: »Micha Michaelis, B.K.«, das ist eine Abkürzung von *boger kibbuz*, das ist so ein Zärtlichkeitsname für alte Kibbuzmitglieder. Dann hat er gesagt: »Wir sind hierhergekommen« – Luxusauto – »um zu prüfen, ob Juden auch arbeiten.« Und daraufhin habe ich ihm eine geknallt. Aber wie! Und dann habe ich gesagt: »Raus!« Da hat er zu mir gesagt: »Sie werden das bereuen!« Habe ich gesagt: »Sie werden es bereuen.« Der Chauffeur hat die Tür aufgemacht, und sie sind weggefahren. Ich bin in die *maskirut* raufgegangen und habe einen Bericht an die deutsche Botschaft geschickt. Und die deutsche Botschaft hat sich entschuldigt. Ich habe nie wieder was von dem Mann gehört. Aber das war natürlich ein Schock für mich.

Micha Michaelis (*1908)

Die Dummheit zu bekämpfen ist mein Altherrenhobby

Und das ist eben mein Altherrenhobby, die Dummheit zu bekämpfen. Ich weiß, daß die Götter es vergebens versucht haben, aber, habe ich gesagt, ich bin zwar kein Gott, doch vielleicht gelingt es mir, diesem oder jenem einen Denkanstoß zu geben, und darauf kommt es an. Ich habe grade vor kurzem einen Brief an die deutschen Juden geschrieben, an die ›Süddeutsche‹ und an die ›Frankfurter‹: Man muß Stellung nehmen, bis zum letzten Atemzug! Ich setze mich sehr oft in Verbindung mit deutschen Zeitungen, deutschen Leserbriefschreibern, deutschen Lehrern, Deutschen, die ich zufällig kennengelernt habe, Deutschen, denen ich mich willentlich genähert habe, denn ich seh' das als eine kleine Lebensaufgabe, eben so viel Zeit, wie ich noch übrig habe, einflußnehmend tätig zu sein.

James Springer (*1907)

Wie können wir immer wieder nach Deutschland fahren?
Mit meiner Beziehung zu Deutschen geht es auf und ab. Ich be-
mühe mich irgendwie in der Theorie, mit Deutschen zusammenzukommen, aber wenn wir nach Bevern oder nach Berlin kommen, habe ich überall, wo man mit Deutschen zusammentrifft, im
Hotel, im Laden usw. immer wieder den Gedanken: Wie kommen
wir eigentlich dazu, noch mit diesen Leuten zu verhandeln oder
zu sprechen? Es geht bei mir auf und ab, rauf und runter. Ich habe
beispielsweise vor zwei oder drei Jahren eine Kritik von einem
Buch über Erlebnisse im Holocaust zugeschickt bekommen. Die
waren so erschütternd, daß man sich fragt: Wie ist das möglich,
daß Menschen zu so etwas fähig waren? Das hat mich besonders
erschüttert, und da habe ich mich gefragt, wie können wir immer
wieder nach Deutschland fahren, trotz der Gräber, die wir dort
von unseren nächsten Verwandten besuchen. Also, es ist eine Emo-
tion, mit der ich nicht fertig werde.

Shimshon Marcus (*1913)

Ich muß mit dem Verstand leben, nicht mit den Gefühlen
AB: Ist ein Brückenschlag auch zu Ihrer Generation möglich, mit
der Sie Sprache und Kultur noch teilen, falls man die Kraft zum
Verzeihen aufbringen kann?
PP: Nicht verzeihen. Nicht vergessen, und ich glaube auch nicht
verzeihen. Aber nicht übertragen auf die nächste Generation. Jede
Generation ist für ihre Taten schuldig. Die Kinder sind nicht schuldig für die Eltern.
AB: Und Sie reichen der nächsten Generation Ihre Hand?
PP: Ja. Nicht ohne Hemmungen, aber ja, mit dem Verstand. Und
ich muß mit dem Verstand leben, nicht mit den Gefühlen. Wenn
ich eine deutsche Besuchergruppe bekomme, habe ich am Anfang
zur Bedingung gemacht, nicht Leute aus meiner Generation, denn
die haben Blut an den Händen.

Paula Pariser (*1902)

Ich habe meine Kinder gegen Deutschland erzogen
RB: Ich habe meine Kinder gegen Deutschland erzogen. Deswegen war es ein Problem mit meinem Sohn, als ich ihm nachher
gesagt habe: »Geh nach Deutschland, du kannst dort lernen.« Hat
er gesagt: »Du schickst mich nach Deutschland? Du hast doch
selbst gesagt: Nie, nie wieder Deutschland!« Das war alles noch,
bevor die Gruppen in den Kibbuz gekommen sind.

AB: Sagen Sie vielleicht etwas dazu, wie sich bei Ihnen selber dadurch die Einstellung geändert hat?
RB: Sie hat sich geändert, sehr geändert. Ich habe gesehen, die Leute haben sich bewährt. Und die junge Generation kann ja wirklich nichts dafür.

Rachel Beck (*1922)

Der Kontakt war sofort da

AB: War irgendwo ein Punkt, wo Sie eine große Hürde überspringen mußten, um mit Deutschen, die hier ins Land kamen, Kontakt aufzunehmen?
JS: Nein, nein, der Kontakt war sofort da. Das waren Menschen von Format, ja. Und dann hab' ich angefangen zu korrespondieren mit deutschen Lehrern und Lehrerinnen. Da war einmal in der ›Jerusalem Post‹ eine Annonce von einem gewissen Herrn XY, der sagte, Überschrift in Englisch:»Ich hasse immer noch die Deutschen.« Und er hat das begründet. Und dieser Mann bekam eine Antwort von einer Klasse aus Erkrath bei Düsseldorf. Aus dieser Antwort entstand eine riesige Korrespondenz zwischen ehemaligen Deutschen mit dieser Klasse, so daß es dazu kam, daß man dort eine Ausstellung arrangiert hat. Und ich habe selbstverständlich teilgenommen. Und es kam zu einer Reise von circa 14, 15 Schülerinnen mit zwei Lehrern hierher, und man hat sich im Hause des deutschen Botschafters in Herzlija mit diesem Herrn getroffen, dessen Deutschenhaß augenblicklich schmolz wie Margarine in der Sonne. Das waren die besten Gesandten, die besten Ambassadeure, die Deutschland jemals nach Israel geschickt hat, diese entzückenden jungen Menschen. Eine ist diesem Hasser um den Hals gefallen, hat ihn abgeküßt, hat gesagt:»Willst du immer noch die Deutschen hassen?«
AB: Wann war das etwa?
JS: Das war Mitte der 80er Jahre, '83 oder '84.

James Springer (*1907)

Ich finde es sehr wichtig, daß man gerade mit den jungen Leuten spricht

Ich frag' oft die nächsten Generationen in Deutschland, was sie von der Vergangenheit gelernt haben, was sie wissen. Dann bekomm' ich verschiedene Antworten: daß es sie nicht sehr interessiert, oder aber, daß es sie gerade interessiert. Die einen haben von den Eltern oder in der Schule viel erfahren, andere haben eben nichts erfahren. Jedenfalls bin ich der Meinung, daß man die heutige dritte Generation nicht beschuldigen kann für das, was damals war. Ich finde es sehr wichtig, daß man gerade mit den jungen Leuten spricht und daß sie Juden kennenlernen. Es gibt ja heute eine Generation, besonders in kleineren Orten, die überhaupt noch nie in ihrem Leben einen Juden gesehen hat und gar nicht weiß, was das ist. Und deswegen ist es bestimmt wichtig, daß sie in Kontakt mit uns hier kommt, mit Israelis. Und ich schätze es sehr, wenn ich in Deutschland sehe, daß durch Mahn- und Warntafeln an die Vergangenheit, die schreckliche Vergangenheit erinnert wird, daß die Vergangenheit dort aufgedeckt wird, und die Leute sich dessen bewußt sind, was geschehen ist.

Ellen Glasner (*1920)

Wir müssen erreichen, daß das nicht in Vergessenheit gerät
Es gibt jetzt sehr viele Besuche in den ehemaligen Konzentrationslagern wie Dachau und Auschwitz, besonders von unseren Jugendlichen. Mit welchen Eindrücken sie von dort zurückkommen, weiß ich nicht. Genau wie Geschichte ihre Zeit braucht, so brauchen auch diese Dinge beiderseits, in beiden Ländern mit umgekehrten Vorzeichen, ihre Zeit. Und ich glaube, wenn unsere Enkelkinder gewillt sind, sich damit zu beschäftigen, so haben wir was erreicht. Denn wir müssen erreichen, daß das nicht in Vergessenheit gerät.

Hermann Joseph Mayer (*1915)

Daraus haben sich Freundschaften ergeben
Die deutsche Anwaltskammer war vor ein paar Jahren Gast der Tel Aviver und israelischen Anwaltskammer, und ich hatte mich damals meinen Kollegen ziemlich gewidmet. Das waren Präsidenten der verschiedenen Kammern aus Deutschland. Und daraus haben sich Freundschaften ergeben zwischen mir und den einzelnen Herren. Zum Beispiel ist im Golfkrieg kaum ein Abend vergangen, wo ich nicht einen Anruf von irgendeinem Regionalpräsidenten bekommen habe, daß sie sich alle mit uns sorgen. Und jetzt, vor ein paar Monaten, war die Gegeneinladung der deutschen Anwaltskammer, und da meine Beziehungen zu der deutschen Anwaltskammer auch in Israelkreisen bekannt waren, wurde ich zu der Liste der Teilnehmer hinzugefügt. Wir wurden in Bonn empfangen, der Höhepunkt natürlich war der Empfang beim Bundespräsidenten, und der Erfolg war sehr, sehr positiv.

Abraham Friedländer (*1916)

Ich habe in Deutschland mein Doktorat gemacht

1965 hat man mich an die Universität berufen, obwohl ich kein Doktorat hatte. Und da hat man mir ein Jahr später ermöglicht, ein Stipendium vom DAAD und später vom Volkswagenwerk zu erhalten, und ich habe in Deutschland mein Doktorat gemacht, 1968 bis '71, hauptsächlich in Frankfurt. Ich habe die Neue Linke miterlebt, damals haben sie die Goethe-Universität zur Karl-Marx-Universität umgetauft. Die Wahl des Studienortes kam durch Briefwechsel mit Adorno. Aber Adorno war damals schon ein alter Mann und sehr egozentrisch. Es war sehr schwer, mit ihm zu arbeiten. Und ich habe dann angefangen, mit Thomas Luckmann zu arbeiten, und das war viel einfacher und angenehmer. Er ging nach Konstanz, und ich habe das Doktorat bei ihm gemacht. Danach kam ich nach Israel zurück, an die Universität in Tel Aviv. Zwischendurch war ich in Konstanz und später in Bayreuth als Gastprofessor, am Institut für Musiktheater.

Uri Rapp (*1923)

Die Professoren hatten »die Gnade der späten Geburt«

EO: Von 1967, '68 an wurde ich zu Vorlesungsreisen nach Deutschland eingeladen. Ich habe fünf solche Vorlesungsreisen unternommen, darunter auch eine zweimonatige Festanstellung am Geographischen Institut der Universität Frankfurt, wobei ich dann aber auch viele andere Universitäten gastweise bereist habe.

AB: Sie haben mir früher gesagt, daß Sie diese erste Einladung eigentlich gar nicht annehmen wollten.

EO: Ja, das stimmt. Denn ich hatte sehr große Zweifel, ob ich nach Deutschland reisen sollte. Meine Frau wollte auf keinen Fall dorthin fahren. Und ich selbst hatte große, große Zweifel. Ich ging zum israelischen Außenministerium, und dort wurde mir gesagt, ich solle auf jeden Fall die Einladung annehmen, denn alle Interessen Israels gingen darauf hinaus, die menschlichen und die wissenschaftlichen Kontakte mit Deutschland enger zu gestalten. Und dann kam die große Überraschung, als ich nach Deutschland kam. Die Professorenkreise, meist im Durchschnitt zehn Jahre jünger als ich, also wie man in Deutschland sagt, »die Gnade der späten Geburt« –, diese Menschen verstanden es, sofort enge Freundschaften mit mir anzubahnen. Seit damals kam es immer häufiger vor, daß auf meine Initiative hin vor allem deutsche Geographengruppen und Professoren mit ihren Studenten Exkursionen nach Israel veranstalteten. Freundschaften entstanden. Noch heute besteht mit all diesen Professoren und ihren Familien ständige Korrespondenz, mindestens einmal oder zweimal im Jahr, bei manchen auch sehr viel häufiger. Und das führte dann dazu, daß ich bei meiner letzten Vortragsreise nach Deutschland, die Professor Grötzbach aus Eichstätt für mich organisierte, Vorträge an 17 Universitäten in Deutschland hielt, so daß ich also ein sehr intensives Programm zu bewältigen hatte. Und an fast all diesen Orten habe ich nicht im Hotel, sondern immer in den Privatwohnungen der Professoren, als alter Freund sozusagen, gewohnt.

*Efraim Orni (*1915)*

Mit dem Lauf der Jahre läßt der emotionelle Widerstand nach
Vor Jahren stand ich an der Universität hier hinter jemandem und hörte, daß er deutsch spricht. Ungefähr in meiner Altersgruppe. Wenn ich jemand deutsch sprechen höre, dann passiert es mir schon, daß ich das Gefühl habe, ja du weißt ja gar nicht ... Und wie ich dann hörte, daß er ein Schweizer ist, habe ich doch ein bißchen aufgeatmet. Menschen meiner Generation gegenüber hat man eine starke Zurückhaltung, bis man sich anders überzeugt hat. Meine Freunde, mit denen ich wirklich Freundschaft habe, sind alle in der Altersgruppe von 55 abwärts. Nun hat sich natürlich hier auch etwas geändert, ich meine, da mach' ich mir nichts vor. Mit dem Laufe der Jahre läßt das Gefühl der rein gefühlsmäßigen Ablehnung, der emotionelle Widerstand, nach. Und das läßt auch deswegen nach, weil man inzwischen auch Deutsche kennengelernt hat, die einem sympathisch sind.

*Joseph Walk (*1914)*

Lebensbilanz

Gebet

Käm' ich noch einmal zur Welt,
wünschte ich mir dann mehr Geld?
Hätt' ich gerne viele Kinder?
Gefiele ich mir als Erfinder?
Ging ich gerne auf den Strich?
Lebt' ich lieber klösterlich?
Wär' ich gern ein Zirkusstar?
Hätt' ich lieber rotes Haar?
Zu den vielen tausend Fragen,
hab' ich folgendes zu sagen:
Lieber Gott, wenn's Dir gefällt,
Und ich käm' nochmals zur Welt,
Lebt' ich noch einmal auf Erden,
Lasse mich dieselbe werden.
Hätt' ich's anders angefangen,
Wär' was andres schiefgegangen.
Laß mich deshalb alle Sachen
ganz genauso wieder machen.
Laß mich lieben, laß mich leiden,
Mal im Wohlstand, mal bescheiden.
Laß mich fühlen, laß mich denken,
Laß mich nehmen, laß mich schenken.
Laß mich lachen, laß mich weinen,
Laß auf mich die Sonne scheinen.
Laß den Regen auf mich regnen,
Laß mich fluchen, laß mich segnen.
Laß mich irren, laß mich wissen.
Laß mich beten, laß mich küssen.
Laß mich hören, laß mich seh'n,
Laß mich schreiben, laß mich näh'n.
Laß mir meine Arbeitsstunden,
Laß mir meine Glückssekunden.
Laß mich schwören, laß mich lügen,

Laß mich loben, laß mich rügen.
Laß mich an den Blumen riechen,
Laß mich auf dem Boden kriechen,
Mal gesund und manchmal krank,
Hab im voraus meinen Dank.
Wolltest Du mir nochmals geben,
Dieses kleine Durchschnittsleben,
Wie es war, war es schon richtig,
Nur das eine wäre wichtig:
Lieber Gott, ich möchte bitten,
Könntest ändern Du die Sitten,
In bezug auf Deine Rassen,
Laß nicht zu, daß sie sich hassen.
Laß mich bitte ungeschoren,
Laß mich dort, wo ich geboren.
Ganz egal an welchem Strand,
Meinetwegen Helgoland.
Laß mich frieren, laß mich schwitzen,
Laß mich aber bitte sitzen,
Laß vom Sekretär notieren,
Laß mich eines nicht:
Emigrieren!

Anna Robert (*1909)

War das ein Leben?
Ich habe mal einen Brief geschrieben mit der Überschrift »Das war mein Leben. War das ein Leben?« So ein Leben ist kein Leben, das lebenswert ist, es war kein schönes Leben. Es war vielleicht ein sehr interessantes Leben, aber ich hätte auf vieles Interessante sehr, sehr leicht verzichten können.

James Springer (*1907)

Ich hätte es zu viel mehr bringen können
Wenn ich heute zurückblicke, dann muß ich sagen, daß ich es zu viel mehr hätte bringen können als dem, was ich hier geleistet habe. Ich hätte ein breiteres Feld der Entwicklung haben können, in der Medizin und benachbarten Gebieten. Mein Leben war von diesem Standpunkt aus gesehen immer *frustrated*, und der einzige Ausgleich und Frieden, den ich in meinem Inneren finden konnte, war die Familie, meine Frau, die Kinder und meine Mutter, die lebend herauskam. Die gesamte Familie meiner Frau, 24 Angehö-

rige, sind sämtlich in Auschwitz umgekommen. Das hat natürlich tiefe Spuren in meinem Leben hinterlassen.

Ernst Siedner (*1905)

Es war nicht gut, das Leben

Wenn man nicht das Gefühl hat, daß man gebraucht wird, keine Arbeit hat und keine warme Seele neben sich, dann ist das Leben nicht lebenswert. Dann ist es trostlos. Ich hab' gar keine Lust mehr zu leben, es macht keinen Spaß. Es war nicht gut, das Leben. Als Frau hab' ich überhaupt nix gehabt, bin niemals glücklich gewesen.

Hella Bialer (*1911)

Großmütter sind überflüssig

Damals hat man die alten Leute nicht abgeschoben, ins Altersheim geschickt usw. Mit der Großmutter hat man sich beraten. Wenn man ein Kleid gekauft hat, hat man die Großmutter gefragt: »Gefällt es dir?« Ich habe mal neben meiner Mutter gestanden, als sie die Großmutter gefragt hat: »Was kochen wir denn morgen?« Nun war ich so ein kleines Mädelchen, und es hat mich geärgert, daß meine Mutter nicht weiß, was sie kochen soll. Wie die Großmutter weg ist, sag' ich: »Du weißt nicht, was du kochen sollst?« Sagt sie: »Mein Kind, ich weiß, was ich koche, aber die Großmutter soll sich nicht überflüssig fühlen.« Und das ist, was der Jugend heute abgeht. Man berät sich nicht mit den Großmüttern, sie sind überflüssig. Ich weiß nicht, ob wir alle versagt haben in der Erziehung oder ob es vielleicht die ganze Situation ist. Jeder Krieg bringt doch große Umwälzungen, auch die Familienbande werden gelockert. Die Kinder gehen andere Wege, die die Eltern nicht billigen.

Clara Bartnitzki (*1902)

Ich stimme nicht den Jeckes bei, welche sich nach den guten alten Zeiten sehnen

Ich glaube schon, daß ich völlig integriert bin. Nach 58 Jahren werde ich wohl kaum in einem anderen Land leben wollen, außer vielleicht zeitweilig. Natürlicherweise lebt man im allgemeinen gerne da, wo seine Kinder und Kindeskinder und Freunde sind. Ich bin ja nicht aus ideologischen Gründen als Zionist hergekommen. Ich denke wenig an die Vergangenheit. Ich hatte zwar ein volles, ausgefülltes Leben, aber ich ziehe die Gegenwart vor und zerbreche mir nicht viel den Kopf über die Zukunft. Ich wär' gern ein optimistischer Realist. Sinn für Humor hilft, und den hab' ich glücklicherweise. Ich stimme übrigens nicht den Jeckes bei, welche sich nach den guten alten Zeiten sehnen. Die gab's überhaupt nicht. Man war jung und konnte mehr auf sich nehmen. Aber Dank der Restitution und aus anderen Gründen haben die meisten heutzutage einen viel höheren Lebensstandard als früher. Dazu kommt noch, daß man sich mit zunehmendem Alter meistens nur an die positiven Aspekte des früheren Lebens erinnert.

Ernst Pfeffermann (*1917)

Das Puppenmachen hat mich sehr beglückt
Ich wurde so erzogen, daß ich immer mit meinen Beinen auf der Erde sein mußte. In meinem Herzen bin ich ein Bohemien, aber ich habe nie den Luxus gehabt, einer sein zu dürfen, weil ich immer das machen mußte, was wichtig war. Ich habe nicht zu den Leuten gehört, die sich selber suchen mußten. Ich habe gar keine Zeit gehabt, mich zu finden. Und ich habe auch nicht geglaubt, daß ich so 'n irrsinniges Talent habe. Meine Eltern haben mich ziemlich preußisch erzogen. Ich war manchmal böse darüber, aber im Laufe des Lebens bin ich ihnen doch dankbar dafür gewesen. Ich habe nie einer Sache nachgeweint. Und das Puppenmachen hat mich sehr beglückt. Ich mein', es war mir auch nicht leicht, 14, 15 Stunden zu sitzen, ja? Ich habe Probleme mit dem Rücken gehabt. Aber es war doch schön, es war eine schöpferische Arbeit. Und die Puppen wurden ja immer besser. Ich bin immer wieder auf anderes Material umgestiegen. Ich hab' viele Ideen gehabt. Später hab' ich richtig künstlerische Puppen gemacht. Die Familie hat sich langsam daran gewöhnt, daß ich als Puppenmacherin einen Namen hatte, ja? Meine Puppen waren zum Beispiel bei der Grünen Woche in Berlin, und ich habe große Puppen durch die ganze Welt geschickt, wo ein israelisches *government touring office* war. Ich habe zum Beispiel mal in einem Reisebüro in Paris eine Puppe von mir gesehen. Und mein Sohn hat in England bei Selfridge eine ganze Gruppe von Puppen gesehen. Das ist von der Regierung geschickt worden, die hat bei mir gekauft. Die war zum Schluß mein größter Kunde.

Ruth Tauber (*1919)

Das ist das, was mich erhält

MD: Schon die ganzen letzten Jahre hab' ich so viel Bewunderung für Deine Weiterarbeit im Alter, ja, immer noch diese intensive intellektuelle Tätigkeit!

LY: Das ist das, was mich erhält.

MD: Sicher, aber die Mehrzahl der Leute läßt doch ein bißchen nach im Alter.

LY: Bei mir hat auch vieles nachgelassen. Es geht alles sehr viel langsamer. Das Gedächtnis ist schlechter, ja? Man muß gewisse Dinge wiederholen, die man früher mit einem Mal gemacht hat. Es ist nicht dasselbe, was es mal war. Aber der Kern ist noch derselbe. Und das ist das Entscheidende, ja? Das heißt, der Kopf sozusagen (*lacht*) ist noch in Ordnung – *touch wood* ...

Leni Yahil (*1912)

Ich habe eigentlich den Wunsch meines früheren Lebens erreicht

Im Jahre '51 hat der damalige, wie nennt man das, Subminister, Unterminister? im Handelsministerium seinen Posten verlassen und ist in Tel Aviv zum Präsidenten der Handelskammer gewählt worden. Und er hat mir angetragen, ich solle doch das Ministerium verlassen und mit einem viel besseren Gehalt in der Handelskammer in der Importabteilung arbeiten. Das tat ich und bin dann vom Jahre 1951 eigentlich bis zum heutigen Tage in der Handelskammer tätig und habe damit eigentlich auch den Wunsch meines früheren Lebens erreicht. Ich wollte immer im internationalen Handel tätig sein. Und das Zeichen, wie es mich erfüllt hat, sehen Sie darin, daß ich zehn Jahre nach meiner Pensionierung – und die erfolgte erst mit 71 – noch immer weiterarbeite und mit 81 noch immer tätig bin. Ich kenne viele, die freiwillig arbeiten als Helfer, in Spitälern und in Blindeninstituten, Waiseninstituten, also Sozialarbeit leisten. Das ist sicher eine innerliche Berufung, der Wunsch, tätig und nützlich zu sein. Ich tu' es, weil es mir Spaß macht, weil es mich freut.

Felix Wahle (*1910)

Das ist die Lebenslinie, die mich aufrecht erhält

ES: Ich habe dann nach so langer Zeit mein Medizinstudium wieder angefangen und habe es auch bis zu einer Graduation gebracht.

KH: In welchem Alter war das?

ES: Ich genier' mich fast, es zu sagen. Ich war damals bereits 75 Jahre.

KH: Das ist kein Grund zum Genieren, im Gegenteil, das ist doch bemerkenswert. Und Sie arbeiten jetzt immer noch vier Tage in der Woche in den zwei Krankenheimen?

ES: Ja, aber ich arbeite stundenmäßig weniger als sonst. Ich bin schließlich schon bald 86 Jahre, und da kann man mir ja schon etwas verzeihen, wenn ich mich auf die faule Haut lege. Aber ich möchte es doch nicht aufgeben. Damit komme ich vielleicht zum wesentlichen Grund meiner Arbeiten, den ich darin sehe, daß mein ganzes Leben vororganisiert ist. Das ist die Lebenslinie, die mich aufrechterhält.

Ernst Siedner (*1905)

»Im Ruhestand war ich jetzt schon, ich kann wieder arbeiten«

AD: Als der Herr, der meinen jetzigen Posten hatte, in den Ruhestand getreten ist, habe ich gesagt: »Im Ruhestand war ich jetzt schon, ich kann wieder arbeiten.« Und ich bin ins Militär zurückgekommen als Ombudsmann. Es war mir schon viele Jahre klar, daß ich besonders gerne mit Menschen arbeite. Wir leben in einer Gemeinschaft von Menschen, die ihre Probleme hat, die ihre guten und schlechten Seiten hat. Wir können uns nichts anderes schaffen.

MD: Und für Sie ist die Gemeinschaft das Militär.

AD: Nein, nicht nur, aber das gibt mir die Möglichkeiten, mit vielen Leuten zusammenzukommen, vieles zu hören, vieles zu tun und die Befriedigung, daß ich ein Resultat meiner Arbeit sehe. Ich glaube, daß das einer der größten Erfolge meiner Karriere war. Ich habe das, was ich mir vorgenommen hatte, übertroffen.

Zurückblickend auf mein Leben, muß ich sagen, ich hatte Glück, in einer Epoche zu leben, wo jeder eigentlich etwas tun konnte, das inhaltlich etwas hinterließ, so auch jede meiner beruflichen Tätigkeiten. Ich werde auch immer wieder etwas tun, das mich in enge Begegnung bringt mit Menschen jeder Art. Und ich fühle, daß man mich deshalb in gewissem Maße schätzt. Nicht, weil ich Gott weiß welche großen Gedanken hatte, sondern weil ich eben immer tätig war für etwas, das einen allgemeinen Wert hat: Staat, Militär, eine neue Universität, ein neues Museum und viele andere Dinge, irgendwie war ich daran beteiligt: Erwin Weilheimer, oder umgekehrt: Aharon Doron alias Erwin Weilheimer.

Aharon Doron (*1922)

Die Motivation geht in einige Richtungen

AB: Sie sind seit Ihrer Pensionierung noch mit einer ganzen Reihe von Volontärstätigkeiten beschäftigt, unter anderem auch in einem deutschsprachigen Altersheim. Darf ich Sie nach Ihrer Motivation fragen, warum Sie das tun?

PF: Ja. Ich arbeite vor allem ehrenamtlich im österreichischen Konsulat, mit all dem, was damit verbunden ist. Ich helfe den älteren Leuten im Lesen und Beantworten ihrer Korrespondenz, speziell denen, die keinerlei Kinder oder Verwandte haben, die das tun können. Außerdem bringe ich in verschiedenen Altersheimen den Leuten Medizin, veranstalte Musikabende, Diaabende, um die alten Leute zu unterhalten – was den alten Leuten sehr viel Freude macht. Ich glaub', die Motivation geht in einige Richtungen. Nummer eins: Wenn man selbst älter wird, hat man vielleicht das Gefühl, daß man etwas für seine Umwelt tun sollte, wenn man die Möglichkeit hat und es sich leisten kann. Nummer zwei: Ich habe alle diejenigen, die mir geholfen haben, als ich ins Land kam – allein, ohne Eltern, jung –, nicht vergessen. Nummer drei: Um die Zeit auszufüllen, die man ja als Pensionist zur Verfügung hat. Nummer vier: Bei uns ist ständig eine Notwendigkeit zu solchen Aktivitäten vorhanden.

Paul Feiner (*1919)

Ich finde, daß auch das Alter gewisse Vorteile mit sich bringt

Ich finde, daß auch das Alter gewisse Vorteile mit sich bringt. Ich war vor Jahren schon ziemlich müde und hatte verschiedene sehr unangenehme Krankheiten. Als ich bereits mit der beruflichen Arbeit aufgehört hatte – das war vor mehr als zehn Jahren –, habe ich durch meine Arbeiten an den Skizzenbüchern gesehen, daß ich noch sehr, sehr rasch etwas im Stehen skizzieren kann, das ich nachher, wenn ich will, ausführe. Damals traf ich einen Dentisten auf der Straße, der genauso alt war wie ich und schon etwas früher mit seiner Arbeit aufgehört hatte. Ich fragte ihn: »Was machen Sie jetzt eigentlich?«, und er sagte mir: »Ich habe ein Hobby. Ich stehe sehr früh auf, gehe ans *jam*, sehe mir an, was das *jam* für Früchte bringt, das heißt Muscheln, und bearbeite sie zu Hause. Ich habe mir ein Laboratorium eingerichtet. Kommen Sie und sehen Sie sich das an.« Und ich habe mir das angesehen und war erstaunt. Der Mann hat sehr schöne Sachen gemacht, hat auch Gold und Silber verwendet. Jedes Stück war ein echtes Schmuckstück, von einem Künstler gemacht. Am nächsten Morgen fuhr ich nach Herzlija, und ich ging dort auch ans *jam*. Ich hatte einen Wintermantel an, und ich füllte meine Taschen mit lauter fremdartigen Objekten, Dingen, die ich nie gesehen hatte, und ich begann sie zu Hause sofort zu zeichnen. Also, das war der Beginn dieser Leidenschaft, die mich dann sehr lange, viele Jahre ans *jam* geführt hat, an die verschiedenen Strände.

Franz Krausz (*1905)

Ich brauche einfach jemanden, dem ich helfen kann
AB: Fast alle meine Gesprächspartner sind auch im Alter noch als Volontäre tätig. Ich glaube, Sie tun auch hier in Ihrem Seniorenheim noch Verschiedenes. Was ist da die Motivation?
ES: Zum Teil Egoismus. Es ist mir ein Bedürfnis, wirklich, daß ich andere verwöhne. Ich brauche was zum Verwöhnen. Und auch die Hilfsbereitschaft: Ich brauch' einfach jemanden, dem ich helfen kann, und ich bin glücklich, daß ich es kann. Ich betrachte das als Luxus, daß ich es hier im Haus tun kann.

Elsa Sternberg (*1899)

Irgendwo bleibt ein Gleichgewicht
Es hat sehr verschiedene Lebensperioden gegeben. Das Leben ist nicht leicht gewesen, und es hat viel Unglück gegeben, aber man muß halt die Dinge sehen, wie man mit ihnen gelebt hat, ja? Und die Tatsache, daß man noch existiert und daß man noch aus dem Leben irgend etwas machen kann, zeigt, daß man doch irgendwie nicht so schlecht gelebt hat (*lacht*). In früheren Jahren hat man öfter gesagt, wir leben wirklich in einer großen Zeit. Das heißt, während unseres Lebens haben sich Dinge von ungeheuren Dimensionen abgespielt. Was der einzelne mit seinem Leben angefangen hat, wieweit er damit befaßt war, wieweit er dazu irgendein Scherflein – mehr ist es doch nicht – hat beitragen können, das ist eigentlich die ganze Frage, ja? Ich bin gewiß nicht der Meinung, daß es verfehlt war, ganz im Gegenteil, ja? Es war sehr vieles, was mit sehr viel Glück verbunden war. Irgendwo bleibt ein Gleichgewicht.

Leni Yahil (*1912)

Daß man nur hier leben kann
Ich glaube, der Antisemitismus ist endemisch, und deshalb bin ich Zionist, nicht wahr. Wenn man das glaubt, dann handelt man entsprechend und glaubt, daß man nur hier leben kann, mit all dem

Kladderadatsch und all den furchtbaren Schwierigkeiten: einem Krieg nach dem anderen und dem Gefühl, daß man Kinder zum Militär und in den Krieg schicken muß – und dann dazu noch dieses heutige Militär mit all den Besetzungen! Alles das ist sehr viel anders, als wir jemals geglaubt haben. Es ist nicht einfach, aber da bleibt nichts übrig. Und von diesem Standpunkt muß man die Sachen sehen und Bilanz ziehen. Viele von denen, die hergekommen sind und alles mögliche angefangen haben, haben ihre Nische gefunden, und manchen war es möglich, Positives zum Aufbau dieses Landes beizutragen – mit all der Arbeit und all der Mühe. Und das alles hätte es ohne den Haß der Deutschen gegen die Juden überhaupt nie gegeben. Welche Rolle hätte ich in Deutschland spielen können? Ich wäre Lehrer geworden. Und hier hab' ich etwas getan, was zum Aufbau positiv beitrug, von den ersten Steinen bis zu dem, was existiert und hoffentlich noch länger existieren wird. Ein ganz kleines Mosaiksteinchen, nicht wahr, aber wenn das fehlte, wäre es schade drum. Eine solche Chance hätte ich anders nie gehabt –

Mordechai Heinz Gilead (*1906)

Trotz allem hatten wir ein sinnvolles Leben

Ich bin ja heute schon eine alte Frau, ich bin 71 1/2. Ich denke sehr oft darüber nach. Trotz allem, wir haben ein sinnvolles Leben gehabt, ja. Wir hatten keine Zeit zu verschwenden, wir haben gemacht, was der Augenblick erforderte. Israel war ja kein beliebiges Emigrationsland, das ist nicht, wie wenn man nach USA oder Australien ausgewandert ist. Es war etwas anderes, weil man einen Sinn in der Sache gesehen hat. Nicht nur den Sinn, sein Leben zu retten, sondern ein neues Leben aufzubauen. Wir haben geglaubt, daß wir wirklich für die nächsten aufbauen. Es ist uns vielleicht nur zum Teil geglückt, ich weiß es nicht. Ich bin nicht klug genug, um zu sagen, ob wir's richtig gemacht haben. Ich kann nur sagen, wir haben ein sinnvolles Leben gelebt. Und ich bin nicht unzufrieden. Ich sage mir immer, wir hatten und haben eine schöne Familie. Ich versuche, auch meine gesundheitlichen *handicaps* soweit wie möglich durch Aktivität zu überspielen. Ich gehör' nicht zu den Leuten, die sich bedauern. Also, ich hätte lieber etwas in künstlerischer Hinsicht getan, aber die Zeiten waren nicht danach.

Ruth Tauber (*1919)

Wir haben alles getan, was man von uns verlangt hatte
Ich habe nie – und ich glaube, ich war kein Ausnahmefall – darüber nachgedacht, was mit mir später sein wird. Wir waren im Kibbuz, wir hatten das Land aufzubauen, das hat unser Leben erfüllt. Wir haben alles getan, was man von uns verlangt hatte, ja? Die Arbeit in den *pardesim*, in den Orangenhainen, hat getan werden müssen, also sind wir in die Orangenhaine gegangen. Die Siedlungen haben nachts bewacht werden müssen, da haben wir ein Gewehr in die Hand gedrückt bekommen und haben in der Nacht die Siedlungen beschützt. Ich habe mir später noch selbst Vorwürfe gemacht: Warum hast du nicht dran gedacht, selbst mal weiterzukommen, vielleicht mal hier in Israel zu studieren und irgendwas zu machen? Ich bin ja zu nichts gekommen, ich bin vollkommen Autodidakt. Alles, was ich weiß, hab' ich mir selbst angeeignet.

Josef Stern (*1921)

Eins bleibt immer: Wir haben mitgeholfen, hier was aufzubauen
Ich bin durchaus nicht vollkommen enttäuscht und würde nicht sagen, es war alles umsonst, das nicht. Wo ich auch gearbeitet habe, es hat mir an sich Spaß gemacht. Wenn ich mir vorstelle, daß es in ein paar Jahren keine Kibbuzim mehr geben wird – man wird sie zwar noch Kibbuzim nennen, das hat aber nichts mehr mit Kollektiv zu tun, denn die Übersetzung von Kibbuz ist kollektiv – also wenn ich mir vorstelle, daß das nicht mehr weitergeht, frag' ich mich manchmal: Vielleicht wär's doch besser gewesen, ich hätte studiert oder hätte irgendeinen Beruf gefunden, der mich befriedigt hätte. Aber es ist nicht so, daß ich's bedaure. Eins bleibt immer: Wir haben mitgeholfen, hier was aufzubauen, irgendwie in größerem Sinne fürs Land oder für das jüdische Volk, wie Sie wollen.

Chaim Sela (*1914)

Keiner von uns hat zu denken gewagt, daß wir mal einen eigenen Staat haben werden
AB: Herr Walter, wenn sie Ihr bisheriges Leben in Abschnitte einteilen würden, wie viele wären das?
GW: Ich würde sagen, es wären drei Abschnitte oder vielleicht sogar vier. Der erste Abschnitt ist die unbeschwerte Jugend in Simötzel, einem kleinen pommerschen Dorf, wo wir die einzige jüdische Familie waren und keinerlei Ärger mit unseren Nachbarn

gehabt haben. Die zweite ist die Schulzeit in Kolberg, die eben in die Hitlerzeit fiel und deswegen auch vorzeitig abgebrochen wurde. Die dritte ist die Zeit, die ich in der ›Jugendalija‹ verbracht habe, das sind etwa anderthalb Jahre, wo ich das Glück hatte, zumindestens noch Hebräisch zu lernen. Das sind eigentlich anderthalb vollkommen unbeschwerte Jahre gewesen. Und dann die Aufbauarbeit in Sde Warburg vom Anfang bis heute.

Ich bin jetzt in Sde Warburg derjenige, der Besuchern unsere Geschichte erzählt. Und so schickte man mir ein junges Mädchen von 15 Jahren, das eine Schularbeit über Sde Warburg schreiben wollte. Sie hat mir zwei Fragen gestellt, die mich bald vom Stuhl geworfen haben. Und zwar war die erste Frage: »Ja, sag mal, du hast erzählt, ihr seid so oft Wache gestanden, hat man da dann keine Angst?« »Ja«, sag' ich, »weißt du, mhm, wenn dir irgend jemand erzählt, daß er auf Wache steht und keine Angst hat, dann ist er ein Lügner. Aber es war das erste Mal im Leben, daß wir eine Waffe in der Hand hatten und uns gegen Angreifer verteidigen konnten. Bis dahin, wenn uns in Deutschland jemand angegriffen und geschlagen hat, konnten wir ja nicht einmal zurückschlagen.« Und dann sagt sie: »Ja, das zweite, was ich dich fragen wollte: Wenn du heute nach 50 Jahren so zurückdenkst, was waren eure Ideale, was habt ihr euch vorgestellt, wie das mal sein wird? Was hat sich erfüllt, was hat sich nicht erfüllt?« Da hab' ich gesagt: »Ja, weißt du, ich glaube, keiner von uns hat 1938, wie wir hier angefangen haben, überhaupt nur gewagt, den Gedanken zu haben, daß wir mal einen eigenen Staat haben werden, daß diese Wüste mal grün sein wird, daß die primitiven Einheitshäuser, die hier waren, sich so verschönern werden. Das Ganze hat sich keiner vorstellen können. Aber andererseits hat sich auch keiner vorstellen können, daß wir uns einmal einschließen müssen, daß wir die Häuser vergittern müssen, daß wir Alarmanlagen brauchen. Es wäre damals niemandem eingefallen, ein Haus abzuschließen. Aber so sind wir eben ein Volk wie alle Völker geworden.«

Gabriel Walter (*1921)

Das ist eine Angelegenheit des Erwachsenwerdens

Ich war zionistisch vorgebildet, aber es gab natürlich einige Sachen, die mich gestört haben. Beispielsweise hatte ich doch erwartet, daß hier alle irgendwie zionistisch und idealistisch sind. Heute find' ich mich schon etwas eher damit ab, bin aber dennoch enttäuscht, daß es solche Erscheinungen gibt wie Kriminalität, Morde beispielsweise, etwas, was man früher nicht gekannt hat. Und das Parteienwesen – ich hätte mir in Deutschland nicht vorstellen können, daß da so viel Korruption dabei ist. Aber das ist eigentlich keine Angelegenheit des Landes, sondern mehr eine Angelegenheit des Erwachsenwerdens.

Oskar Wahrmann (*1908)

Ein junger Mensch, der zusammen mit einem jungen Staat aufwächst

KH: Welches Ziel hatten Sie sich ursprünglich vorgestellt?

GV: Ich hatte eigentlich überhaupt kein Ziel, ich hab' das laufen lassen. Ich hab' mein Schicksal laufen lassen. Unterdessen wurde dieses Land gegründet. Da kam mir der Gedanke, wie schön es ist, daß mein Kind mit einem neuen Land zugleich aufwächst. Ja, mit dem neuen Land! Vom Judentum hab' ich überhaupt keine Ahnung gehabt, aber daß die Juden einen eigenen Staat nach dieser fürchterlichen Katastrophe haben müssen, das wußte ich. Und ich wollte auch, daß mein Sohn jüdisch erzogen wurde, ein junger Mensch, der zusammen mit einem jungen Staat aufwächst. Das war so meine Idealvorstellung, und das ist mir ja auch geglückt. Er ist ein großer Patriot.

Gabriele Vallentin (*1910)

»Sag, wer sind eigentlich die Juden?«

Ich will Ihnen eine hübsche Anekdote erzählen als Beispiel, wie weit die neue Generation hier schon von unseren Problemen entfernt ist. Eines Tages kam mein Enkel nach Hause: »Also, wir haben in der Schule gehört über *chanukka*.« Chanukka ist das Fest, bei dem man über die Kämpfe zwischen Juden und Griechen hier im Lande erzählt. Er hatte also gehört, die Griechen und später die Römer haben die Juden verfolgt. Hat er mich gefragt: »Sag, wer sind eigentlich die Juden?« Gut, ich hab's ihm erklärt, mehr oder weniger. Daß er fragen konnte, wer sind eigentlich die Juden, das ist, wenn Sie so wollen, ein glänzender Erfolg des Zionismus. Aber ein orthodoxer Jude, der wird nicht sehr begeistert sein, wenn er so etwas hört.

Uri Gassmann (*1911)

Wir können stolz darauf sein, daß wir dabei waren

Ja, wenn ich die Sache etwas philosophisch betrachte oder psychologisch, zum Beispiel im Vergleich mit der jüngeren Generation, gehöre ich wohl zu der Generation von Einwanderern, die ein Weltbild mitgebracht haben, das wahrscheinlich etwas verschieden ist von dem Weltbild, das sich bei der zweiten Generation, die nur in Hebräisch aufgewachsen ist, gebildet hat. Es ist ein Unterschied, ob man in Israel in die Schule gegangen ist oder in Deutschland. Meine Generation steht heute sehr vielen Erscheinungen, Problemen, kulturellen Erscheinungen in Israel sehr kritisch gegenüber und kommt manchmal auf Schlußfolgerungen, die meiner Ansicht nach nicht richtig sind. Ich hab' das Gefühl, daß wir das große Vorrecht gehabt haben, hier im Lande an einer ganz enormen historischen Entwicklung teilgenommen zu haben oder wenigstens Zeugen dieser Entwicklung gewesen zu sein, und daß wir stolz darauf sein können, daß wir dabei waren. Und keiner kann uns nachsagen, daß wir nicht jeder an seinem Platz unsere Pflicht und Schuldigkeit getan haben. Und wir erwarten jetzt von der zweiten, dritten Generation, daß sie das Werk weiterführen und daß sie es besser machen wird als wir. Wenn Sie fragen werden, warum, will ich Ihnen sagen: Ob wir es wollen oder nicht, wir tragen das, was wir nennen *goles, galut*, in unserer Seele mit. Und dieses Gefühl hat die Wirksamkeit unserer Arbeit irgendwie beeinträchtigt und auch die Einschätzung dieser Arbeit in gewissem Maße verfälscht. Deswegen bin ich der Meinung, daß wir auf die Generation, die wir erzogen haben, die sich hier gebildet hat und die auch auf vielen Gebieten bewiesen hat, daß sie leistungsfähig ist – gucken Sie nur das Militär an, die Errungenschaften der jüngeren Generation in Literatur, Wissenschaft, Landwirtschaft, in der Industrie –, daß wir auf diese Generation stolz sein können.

Hans Simon Forst (*1917)

Anhang

Anhang

Glossar

Vorbemerkung

Im Glossar sind nur Wörter und Begriffe aufgeführt, die im Text selbst nicht erklärt werden und nicht im Duden stehen. Namen von Organisationen, Institutionen sowie Buchtitel und dgl. sind im Text durch einfache Anführungszeichen markiert, hier jedoch unter die auch im Text kursiv gesetzten Fremdwörter eingeordnet. Engl., frz., lat. u.a. Fremdwörter sind hier nur aufgenommen, wenn sie in einer besonderen Bedeutung verwendet werden. Kleingeschriebene Fremdwörter ohne zusätzliche Angabe sind hebräisch; oft erscheint derselbe Begriff auch in jiddischer Form oder in weiteren, bei den Juden Deutschlands eingeführten Ausdrucksweisen: diese gleichbedeutenden Formen sind nach Schrägstrich angefügt.

aba Vater

affidavit (engl.) Bürgschaft eines Bürgers des Aufnahmelandes für einen Einwanderer (speziell für die USA erforderlich)

Agudat Israel, Abk. *Aguda* eine der orthodoxen »Parteien«

alija wörtl. Aufstieg, Einwanderung nach Erez Israel

Alija Chadascha wörtl. neue Einwanderung, Name einer von mitteleuropäischen Einwanderern errichteten Partei

Alijat hano'ar s. Jugendalija

»*Anbeißen*« Bezeichnung für die erste nach einem Fasttag eingenommene Mahlzeit

armada ebrea (ital.) die jüdische Armee

asefa (Sg.), *asefot* (Pl.) Versammlung

Bachad Abkürzung für ›Brit Chaluzim Datijim‹ (Bund orthodoxer Pioniere), die dem Misrachi angeschlossene Pionierorganisation

bar mizwa (m.), *bat mizwa* (f.) die »Konfirmation« der jüdischen Knaben (und Mädchen) im Alter von 13 (12) Jahren

»*baschana haba'a bijeruschalajim*« »Im nächsten Jahr in Jerusalem«

bekizur/bekizzer (Adv.) kurz gesagt

ben Sohn

Bet chaluz (Sg.), *Bate chaluz* (Pl.) ›Haus des Pioniers‹, der Leiter und die Tätigkeit der chaluzischen Organisationen

Bet ha'am wörtl. das Haus des Volkes, meist Versammlungslokal, Kulturzentrum und dgl.

Bet sefer re'ali Realschule (in Haifa)

Bet Ze'irot Misrachi ›Haus der (weibl.) Misrachi-Jugend‹, Bezeichnung für mehrere Institutionen, Schulen und dgl. der Organisation

Betar revisionistisch-zionistischer Jugendverband

Bi'ur Kommentar, bes. Bezeichnung für den Bibelkommentar Moses Mendelssohns

Blau-Weiß eine 1912 gegründete chaluzische Jugendbewegung

B'nai B'rith Name der jüdischen Loge

Bne Akiba Jugendorganisation des Misrachi

Bricha wörtl. Flucht, Bezeichnung für die Flucht und Rettung der Überlebenden der Schoa nach Palästina

brit mila/briss die Beschneidung der acht Tage alten Knaben

Brit Trumpeldor s. Betar

challa/challe ein speziell am Schabbat gegessenes Weißbrot

chaluz (m.), *chaluza* (f.) *chaluzim* (Pl.) Pionier, ein junger Mensch, der in Erez Israel einwandert, um dort an der praktischen Aufbauarbeit des Landes teilzunehmen

chamez/chometz der an Pessach verbotene Sauerteig

chanukka achttägiges Lichterfest im November/Dezember, das zur Erinnerung an die Wiedereinweihung des Zweiten Tempels durch Judas Makkabäus 165 v.Z. gefeiert wird

chassid (Sg.), *chassidim* (Pl.) Anhänger einer der meist volkstümlichen, religiös-mystischen Bewegungen, die seit Mitte des 18. Jhs. in Osteuropa entstanden

chawer (Sg.), *chawerim* (Pl.) Freund, Kollege, Mitglied einer Gruppe

chawura Gruppe, Gemeinschaft

cheder wörtl. Zimmer, die »Schule« für Kleinkinder in orthodoxer Erziehung

chewre (= chewra) Gruppe, Gesellschaft, Freunde

Chewron Hebron

cohen (Sg.), *cohanim* (Pl.) Priester

Egged Autobusgesellschaft in Israel

emek das Tal, die Tiefebene

Emek Jisre'el Tallandschaft im Norden Israels, zwischen Haifa und Bet Sche'an, auch nur Emek genannt

Erez Israel das Land Israel, früher Palästina, seit 1948 das Land des Staates Israel

Esra-Organisation orthodoxer Jugendverband

Ezel Abkürzung für ›Irgun zwa'i le'umi‹ (nationale Kampforganisation), die 1939 aus dem Betar hervorgegangene illegale Widerstandsbewegung gegen die englische Mandatsregierung und die Araber

Fränkinnen eine etwas abfällige Bezeichnung für Frauen sephardischen Ursprungs (da im jüdischen Volksmund die spanischen Länder Franken genannt wurden)

frigidaire (frz.) elektrischer Eisschrank (früher auch in Dtschl. übliche Bezeichnung)

galut das Exil

Gdud Awoda von Trumpeldor 1920 gegründete Arbeiterbewegung

geganewt (= geganwet) (jidd.) gestohlen

gemistigt (jidd.) gedüngt, von Mist, Dünger

gesettled von engl. *to settle*

goj (Sg.), *gojim* (Pl.) Nichtjude

gola/goles Diaspora

Ha'avara Transfer; das nach Vereinbarung zwischen der Zionistischen Vereinigung in Deutschland, den nationalsozialistischen Behörden und der englischen Mandatsregierung eingeführte System zur Überweisung von Geldern nach Erez Israel durch Export von Waren (Maschinen und dgl.)

hachschara wörtl. Vorbereitung, die Ausbildung zur Arbeit in Erez Israel

Hagana die bis 1948 geheime Verteidigungsorganisation des Jischuw

haggada der am Sederabend gelesene Text

hasskalat olam allgemeines Wissen

Hatikva die jüdische Nationalhymne

hazilu! Hilfe!

Hechaluz wörtl. der Pionier; Weltorganisation der verschiedenen chaluzischen Bewegungen

»Hierosolyma est perdita« lat. Schmähbezeichnung: »Jerusalem ist verloren«, abgekürzt Hep

Hirschianer Anhänger von S.R. Hirsch (1808-88), der als Rabbiner in Frankfurt/M. die Austritts-(Trennungs-)orthodoxie begründete

Histadrut die 1920 gegründete Arbeitergewerkschaft in Palästina bzw. Israel

Hitachdut Olej Germania Ende 1932 gegründete Vereinigung der Einwanderer aus Deutschland

hitjaschwut Ansiedlung

horra ein bekannter Volkstanz

ima Mutter

Irgun Olej Merkas Europa ging 1942 aus der Hitachdut Olej Germania als eine Vereinigung aller mitteleuropäischen Einwanderer hervor

jam das Meer

Jecke etwas spöttische Bezeichnung für die Juden aus Deutschland

Jehudi ksche hawana begriffsstutziger Jude

jeschiwa/jeschiwe Talmud-Lehranstalt

Jewish Agency hebr. ›Sochnut jehudit‹, die 1922 auf Grund des Palästina-Mandats errichtete öffentlich anerkannte Vertretung der Juden.

Jewish Settlement Police die während der Unruhen in Palästina (1936-39) auf Abkommen zwischen der Jewish Agency und der Mandatsbehörde errichtete jüdische Hilfspolizei

jidd (jidd.) Jude

jischuw wörtl. Siedlung, auch Bezeichnung für die Gesamtheit der jüdischen Bevölkerung in Erez Israel vor 1948

Joint kurz für ›Joint Distribution Committee‹, die 1914 in Amerika gegründete Hilfsorganisation für Juden aller Länder

jom Jeruschalajim der Tag zur Erinnerung an die Wiedervereinigung der beiden Teile Jerusalems (1967)

jom kippur ›Versöhnungstag‹, der höchste Feier- und Festtag im jüdischen Kalender, in den September/Oktober fallend

Jugendalija 1932 gegründete Organisation zur Überführung Jugendlicher nach Palästina, und auch die Ausführung ihrer Ausbildung

kachol lawan blau-weiß, die Farben der jüdischen Fahne

kaddisch das Gebet für Verstorbene

Karmel Gebirgszug im Norden Israels; hier ist meist der auf dem Karmel gelegene Teil Haifas gemeint

kascher (Adj.), *kaschrut* (Subst.) religiöse Speisegesetze

kazetnik jemand, der im KZ war

Keren Kajemet (L'isra'el) Jüdischer Nationalfond, 1907 gegründet, um Boden in Palästina zu kaufen und zwecks Bearbeitung in jüdischen Besitz zu überführen

Kfar Hano'ar Hadati   Name eines
orthodoxen Jugenddorfes
Kinneret-See   der See Genezareth

Lift (engl.) Holz-Container, in dem
Einwanderer ihre Möbel etc.
nach Erez Israel brachten
Loschen Hakodesch (=leschon
hakodesch) die heilige Sprache

madrich (Sg.), *madrichim* (Pl.)
Leiter, Instrukteur
magen David   der Davidstern
majse (jidd.) Märchen, Erzählung
makolet Lebensmittelgeschäft
masal/masel Glück
maskirut Sekretariat
mazzot/matzes (Pl.)   das ungesäuerte Brot, das an Pessach gegesse-
sen wird
medina der Staat
melizot lyrische Ausdrucksform,
auch Phrasen
Menorat ha-Maor wörtl. Leuchte
des Leuchters, ethisches Werk
des spanischen Gelehrten Isaak
Aboab (um 1330)
Merkas Zentrale
meschek landwirtschaftlicher Betrieb
mesusa/mesuse das am Türpfo-
sten angebrachte Pergamentröll-
chen, auf dem Teile des »Schma
Israel« aufgeschrieben sind
midrasch (Sg.), *midraschim* (Pl.)
die nicht auf das Gesetz bezoge-
nen Teile der Bibelerklärung
minjan das für den Gottesdienst
erforderliche Quorum von 10
Männern
Misrachi die der zionistischen
Weltorganisation angeschlossene
orthodoxe politische Partei
mizwa/mizwe Gebot
more le-simra Gesangslehrer
moschaw, moschaw owdim
(teil-)kooperative Siedlungsform
moschawa Siedlung, Ort

naden (jidd.) Mitgift
nebbich (jidd.) jemand, der zu bedauern ist
nechtiger tug (jidd.) wörtl. der
gestrige Tag; Bezeichnung für etwas, was nie eingetroffen ist oder
eintreffen wird
neft-Kocher   Petroleumkocher
»*ne'ila schma Israel Adonaj Elohejnu*« ein Teil des feierlichen
Schlußgebets am Jom Kippur
niggun Lied, synagogale Melodie

ole (Sg.), *olim* (Pl.)   Neueinwan-
derer
Olej Merkas Europa s. ›Irgun Olej
Merkas Europa‹

Palmach Abkürzung für ›Plugot
machaz‹, Stoßtruppen, die
Kampfgruppen der Hagana
pardes (Sg.), *pardesim* (Pl.)   Obst-
oder Zitrusplantage
parnoße (jidd.) Lebensunterhalt
pejes (jidd.) die Seitenlocken
pessach das in den März/April fal-
lende Fest zur Erinnerung an den
Auszug aus Ägypten, an dem nur
ungesäuertes Brot gegessen wird
(in Dtschl. gebräuchlicher *Pas-
sah*)
Po'ale-Zion Arbeiterbewegung
po'alim (Pl.)   Arbeiter
pressure cooker Schnellkocher
primus ein primitiver, mit Petroleum geheizter Kocher
purim karnevalsähnliches Freu-
denfest im jüdischen Kalender
zur Erinnerung an die Rettung der
Juden im persischen Exil durch
Königin Esther

razziot Razzien
rosch ha-schana das jüdische
Neujahrsfest, meist im September

sabra/sabre der/die im Lande Geborene, so genannt nach den

stachligen, aber süßen Früchten einer Kaktuspflanze

sawta Großmutter

Schabbat/Schabbes der siebte Tag der Woche, der Sabbat, Ruhetag, an dem jegliche Arbeit untersagt ist

schabbesgoj ein Nichtjude, der am Schabbat gewisse Arbeiten für Juden verrichtet

schadchan Heiratsvermittler, engl. *matchmaker*

schaliach (Sg.), *schlichim* (Pl.) Abgesandter, meist aus Palästina, zur Organisation der zionistischen Arbeit und Erziehung

schemot/schemos die letzten Verse des Gebets an Jom Kippur, und auch des Gebets eines Sterbenden

schiduch vermittelte (= kombinierte) Ehe, engl. *match*

»schma Israel« »Höre Israel ...«, die Anfangsworte eines der wichtigsten Gebete

schomer Wächter

schtetl (jidd.) die jüdische Kleinstadt in Osteuropa

schuck der Markt

Schulchan Aruch der große halachische Kodex des Rabbi Josef Karo (1488-1575), bis heute maßgebend

*seder - Seder*abend die Feier des ersten Pessachabends; wörtl. Ordnung, bezogen auf die genaue Reihenfolge der Zeremonie

se'uda schlischit die dritte Mahlzeit am Schabbat

sfaradi sephardischer Jude

Sochnut s. Jewish Agency

stiebel (jidd.) kleine Gebetsstube

*sukkot - Sukkot*fest das Laubhüttenfest im September/Oktober, Erntedankfest; einwöchiges Fest zur Erinnerung an das Leben der Israeliten in Hütten während der Wüstenwanderung

tachrichim das Leichenhemd

talit/tales der Gebetsschal

talmid chacham/chochem ein Weiser, Gelehrter

*Talmud-Thora-*Schule wörtl. das Lernen der Thora, jüdische Schule, orthodoxe Elementarschule

tanach die Bibel

tarbutnik der für die kulturelle Tätigkeit im Kibbuz usw. Verantwortliche

Technion die 1913 gegründete Technische Hochschule in Haifa

tefilin die Gebetsriemen

televisia Television, Fernsehen

thora im (we) derech-erez die Verbindung zwischen religiösen und profanen Studien

trefe (Adj.) verbotene Speisen

Twerja Tiberias

ulpan »Schule« zur Erlernung der hebräischen Sprache

wenn man kenn nicht asej, macht man asej (jidd.) wenn man nicht so kann, macht man es anders

Wizo Abkürzung für ›Womens' International Zionist Organisation‹

Yad Vashem auch *Jad Waschem*, die Gedenk- und Forschungsstätte in Jerusalem zur Erinnerung an die Opfer des Holocaust

zarot/zores Sorgen

Ze'ire Misrachi die Jugendbewegung der Misrachipartei

zionut Zionismus

Kurzbiographien und Stellennachweis

Vorbemerkung
Die folgenden biographischen Angaben stützen sich auf Fragebögen, die ein Großteil der Interviewten bei der Meldung für das Projekt ausgefüllt hatte, sowie auf das im Interview Berichtete selbst, spätere briefliche Mitteilungen und gezielte Nachfragen. Allerdings konnte keine absolute Standardisierung erreicht werden, da die Gespräche ursprünglich nicht auf biographische Vollständigkeit abgezielt hatten und die einzelnen Gesprächspartner die Schwerpunkte sehr unterschiedlich setzen. Wir haben ferner alle Angaben über Eltern, Ehepartner, Kinder etc. weggelassen, ebenso die verschiedenen Lebensorte sowie Übersiedlungen ins Altenheim und schließlich auch, ob der/die Interviewte inzwischen verstorben ist. „Heute tätig als ..." heißt, zum Zeitpunkt des Interviews. Die Gewichtung der einzelnen Berufstätigkeiten ist sicher nicht immer angemessen (v.a. zwischen anfänglichen Gelegenheitsarbeiten, über die oft sehr ausführlich erzählt wurde, und der eigentlichen späteren Berufslaufbahn, die häufig nur kurz erwähnt wurde); ebenfalls haben viele nicht über ihre Teilnahme am Zweiten Weltkrieg auf seiten der englischen Armee, ihren späteren Dienst in der israelischen Armee und ihre Aktivität im Befreiungskrieg und weiteren Kriegen gesprochen. So sind diese und andere Angaben bedauerlicherweise unvollständig, wir bitten um Nachsicht.

Else Admoni (geb. Goldschmidt), *1908 in Fulda; ev. und kath. Schulen, Handelsschule, im Büro ihres Vaters; 1933 nach Palästina; anfangs Kibbuz (u.a. Köchin), später Hausfrau; Volontärtätigkeiten (heute in ihrem Altenheim). Interview: Hecker, Haifa 1990. S. 307, 329, 342.

Irene Aloni (geb. Pick, verw. Rudnik), *1906 in Klattau (Böhmen); Abitur in Wien, Handelsschule, Gartenbauschule, Gärtnerin; 1939 nach Palästina; anfangs Gärtnerarbeiten, dann in der med. Branche kommerziell tätig; heute Kulturreferentin ihres Altenheims. I: Hecker, Ramat Chen 1990. S. 112, 122, 355.

Betti Alsberg (geb. Keschner), *1920 in Hattingen; Lyzeum, 1937/38 Studien am Jüd.-Theol. Seminar in Breslau und Vorbereitungskurse für das Lehrerseminar in Jerusalem; 1939 nach Palästina; Abschluß des Lehrerseminars, Schwesternschule, Krankenschwester, Buchhandel; Volontärarbeiten. Verheiratet mit Dr. Paul Alsberg. I: Betten, Jerusalem 1994. S. 124 f.

Dr. **Paul Avraham Alsberg** (ehem. Paul Alfred Alsberg), *1919 in Elberfeld; Abitur, 1937/38 Studium am Jüd.-Theol. Seminar in Breslau; 1939 nach Palästina; Geschichtsstudium, Promotion, Zionist. Zentralarchiv, Leiter des Staatsarchivs, Professor; vielfältige ehrenamtl. Führungstätigkeiten (u.a. für den ›Irgun Olej Merkas Europa‹). Verheiratet mit Betti Alsberg. I: Betten, Jerusalem 1994. S. 66, 124 f., 189, 238 f., 279, 296, 301, 315, 326, 349 f.

Jehuda Amichai (ehem. Jehuda Ludwig Pfeuffer), *1924 in Würzburg; 1935 nach Palästina; im 2. Weltkrieg Jüd. Brigade, Palmach, Volks- und Mittelschullehrer, Universitätsdozent; Lyriker und Schriftsteller, viele Preise, u.a. 1982 Israelpreis, übersetzt in 30 Sprachen. I: Du-nour, Jerusalem 1993. S. 39, 55 f., 146, 174 f., 245, 250 f., 270 f., 297 f., 322, 395, 408.

Rachel Amit (geb. Junger), *1928 in Abscha (Tschechoslowakei); 4 Klassen Volksschule, KZ (Auschwitz), nach der Befreiung in der Tschechoslowakei; 1946 Emigration, Lager in Zypern, 1948 Einwanderung in Palästina; eine Zeitlang im Kibbuz (Krankenschwester, Ökonomin); lebt heute z.T. in Australien (eigene Konfektionsfirma), z.T. in Jerusalem. I: Du-nour, Jerusalem 1994. S. 25 f., 87, 217, 221 f., 229 f., 252 f., 355 f., 371, 373 f.

Betty Batia Ansbacher (geb. Ansbacher), *1906 in Nürnberg; Handelsschule, Sekretärin; 1934 Emigration nach Belgien, 1940 nach Frankreich, 1942 Flucht nach Spanien, 1944 nach Palästina; soziale Tätigkeiten als Rabbinersfrau. Verheiratet mit Jehuda Ansbacher. I: Hecker, Netanja 1989. S. 150.

Jehuda Ansbacher (ehem. Leo Ansbacher), *1907 in Frankfurt/M.; bis 1932 Studium (Geschichte/Deutsch/Philosophie), Beginn des Doktorats; 1933 Emigration nach Belgien (Rabbinerprüfung), 1940 nach Frankreich (Internierungslager), 1942 Flucht nach Spanien, 1944 nach Palästina; Lehrer, Rabbiner. Verheiratet mit Betty Ansbacher. I: Hecker, Netanja 1989. S. 41, 43, 47, 375.

Dr. **Yehoshua Arieli** (ehem. Yehoshua Löbl), *1916 in Karlsbad; Gymnasium; 1931 nach Palästina; Landwirtschaftsschule, anfangs Kibbuz, im 2. Weltkrieg beim engl. Militär (4 J. in dt. Gefangenschaft), Hagana, Offizier der isr. Armee, Studium (Geschichte/Philosophie), Universitätsprofessor für Geschichte; Fachpublikationen, 1994 Israelpreis. I: Du-nour, Jerusalem 1991. S. 81, 216, 281 f., 291, 293 f., 296, 306 f.

Moshe Ballhorn (ehem. Max Ballhorn), *1913 in Berlin; kaufm. Angestellter; 1933 nach Palästina; anfangs Bauarbeiter, Polizeireiter, dann Polizeioffizier; heute Reiseleiter. I: Betten, Tiberias 1990. S. 43, 46, 53, 86, 93, 245 f.

David Bar-Levi (ehem. Heinz Levisohn), *1912 in Essen; nach 6 Semestern Jurastudium Wechsel zur Lehrerbildungsanstalt, Lehrer an jüd. Schule in Stettin; 1939 nach Palästina; anfangs Eierverkäufer, Kellner, dann Beamter im Finanzministerium. Verheiratet mit Ruth Bar-Levi. I: Betten, Jerusalem 1991. S. 67, 70, 145, 180, 183, 240 f., 271, 349.

Ruth Bar-Levi (geb. Ruth Rita Malinowski), *1914 in Berlin; Höhere Handelsschule, Auslandskorrespondentin; 1940 nach Palästina (Internierung in Atlit); Auslandskorrespondentin, Stenotypistin für Engl. Verheiratet mit David Bar-Levi. I: Betten, Jerusalem 1991. S. 151, 240 f., 271, 342, 349, 406.

Clara Bartnitzki (geb. Stern), *1902 in Frankenberg/Eder; Abitur; 1933 nach Palästina; anfangs Köchin, dann im Moschaw (Landwirtschaft); später soziale Tätigkeiten. I: Hecker, Jerusalem 1989. S. 17, 83, 107, 137, 158, 159 f., 193 f., 319, 329 f., 417.

Isack Bayer, *1902 in Aschbach (Oberfranken); jüd. Lehrerseminar, Lehrer und Kantor in Bingen; 1936 als Leiter von Jugendlichen nach Palästina; Erzieher, Musiker, Leihbücherei u.a.m.; musikalische und etymologische Schriften. I: Hecker, Jerusalem 1990. S. 50 f., 184 f., 309 f.

Rachel Beck (geb. Gertrude Freilich), *1922 in Wien; Realgymnasium; 1939 nach Palästina mit Jugendalija; seitdem im Kibbuz (u.a. Marmeladenfabrik, Bibliothekarin; heute in der Kibbuzverwaltung). I: Betten, Kibbuz Aschdot Ja'akow 1990. S. 89, 175 f., 410 f.

Gila Ben-Horim (geb. Auguste Elly Scheyer), *1912 in Breslau; Gärtnerlehre; Januar 1933 nach Palästina; anfangs Kibbuz (u.a. Küche, Kinderhaus), später Unicef-Heimleiterin. I: Hecker, Kirjat Bialik 1990. S. 197, 230.

Baruch Berger (ehem. Bernhard Berger), *1914 in Kiel; Talmud-Thora-Realschule Hamburg, Handelsschule, Exportfirma, Umschichtung (Landwirtschaft); 1936 nach Palästina; anfangs Kibbuz, Offizier im brit. Militär, dann in leitender Position bei einer Schiffahrtsgesellschaft. I: Hecker, Haifa 1990. S. 61 f., 84.

Asta Bergmann (geb. Sobotki), *1911 in Berlin; Hutmachermeisterin, Umschichtung (Landwirtschaft); 1939 Emigration über Dänemark nach Palästina; seitdem im Kibbuz (u.a. tätig im Erholungsheim). I: Hecker, Nezer Sereni 1991. S. 100, 122 f., 203, 312.

Hella Chaja Bialer (verw. Rabinowitsch), *1911 in Warschau; 1914 nach Berlin, Lyzeum, Stenographie- und Schreibmaschinenkurse; Emigration 1933 nach Rußland, u.a. Sekretärin; 1937 Verhaftung, bis 1947 Zwangsarbeit in Sibirien, danach in Lettland u.a. in einem Sanatorium tätig; ab 1952 wieder Zwangsarbeit in Sibirien; 1956 zurück nach Moskau, Arbeit im Verlag; 1976 nach Israel; als Übersetzerin und Lektorin tätig. I: Hecker, Rechowot 1990. S. 370, 417.

Rina Biran-Langrod (geb. Irene Langrod), *1932 in Berlin; 1934 nach Palästina; Schule, Lehrerseminar, Studium (Sonderpädagogik), Sonderpädagogin, Schulleiterin, Ausbilderin am Lehrerseminar. Verheiratet mit Usi Biran. I: Du-nour, Jerusalem 1991. S. 290 f., 345 f., 388, 393 f., 406 f.

Usi Biran (ehem. Edgar Birnfeld), *1920 in Ludwigshafen; Realgymnasium, jüd. Aufbauschule; 1937 nach Palästina; Berufsschule, anfangs Kibbuz, Palmach, später Tischler, Studien, Lehrer am Lehrerseminar, Schulrat, Abschluß des Studiums (Pädagogik, Geographie). Verheiratet mit Rina Biran-Langrod. I: Du-nour, Jerusalem 1991. S. 213, 314, 345 f., 388, 406 f.

Isak Blumenfeld, *1912 in Oswiecim (Polen); aufgewachsen in Wien, Pharmaziestudium; 1936 nach Palästina; Apotheker. I: Betten, Tel Aviv 1991. S. 47, 82.

Hanna Bonneh (ehem. Fischbein, geb. Rosenbaum), *1902 in Hamburg; Abitur, Hausfrau; 1938 Emigration nach Holland, England, 1939 nach Argentinien (tätig für polit. Frauenzeitschrift), 1950 nach Israel; Arbeit für retardierte Kinder, Wirtschafterin. I: Hecker, Jerusalem 1989. S. 145 f.

Ada Brodsky (geb. Neumark), *1924 in Frankfurt/O.; Gymnasium; 1938 nach Palästina mit Jugendalija; Studium (Judaismus/englische Literatur), Musikakademie, Unterricht an Schulen/Akademien, Tätigkeit beim Radio, Schriftstellerin (Übersetzungen, eigene Bücher). I: Du-nour, Jerusalem 1991. S. 131, 292 f., 333 ff., 346 f., 392.

Jehoshua Julius Brünn, *1913 in Allenstein (Ostpreußen); kaufm. Angestellter in Berlin; 1933 Emigration nach Frankreich, 1934 nach Palästina; anfangs Kibbuz (u.a. Melker), danach Gelegenheitsarbeiten (Bau etc.), schließlich Bibliothekar im Polizeidienst. I: Eylon, Petach Tikwa 1991. S. 54, 67 f., 101 f., 119, 247.

Dr. **Josef Burg** (vollst. Shlomo Yossef Burg), *1909 in Dresden; Studium (Psychologie, Altes Testament, Jüd. Philosophie, Geschichte), Promotion, Staatsex. fürs Höh. Lehramt, Rabbinerseminar in Berlin, Rabbineramtsautorisation, im geschäftsführ. Ausschuß der zionist. Bewegung; 1939 nach Palästina, zurück nach Europa für illegale Alija-Arbeit, zurück nach Palästina 1940; anfangs Talmud-Lehrer, seit 1949 im isr. Parlament, verschied. Ministerämter (u.a. für Gesundheit, Soziales, viele Jahre Innenminister); zahlr. weitere öffentl. Ämter. I: Du-nour, Jerusalem 1994. S. 53 f., 56, 80, 102 f., 153 f., 185 f., 256 f., 265 f., 285 f., 300, 363 f.

Moshe Moritz Cederbaum, *1910 in Hannover; aufgewachsen in Berlin, kaufm. Lehre, Versicherungsangestellter; 1933 Emigration nach Frankreich, 1934 nach Palästina; anfangs Kibbuz, später diplomierter Krankenpfleger; Volontärarbeit für Pensionäre. I: Betten, Tel Aviv 1991. S. 92, 116, 128, 135 f., 141, 142, 167 f., 179, 275, 400.

David Cohen (ehem. Kahn), *1910 in Frankfurt/M.; Handelsschule, kaufm. Lehre, tätig in Weinimportfirma; 1933 nach Palästina; kaufm. Berufslaufbahn (Weinbranche, Kino, Industriekonzern). I: Eylon, Tel Aviv 1991. S. 127, 262 f.

Nira Cohn (geb. Erna Kraushaar), *1920 in Hannover; Gymnasium in Berlin; 1937 nach Palästina mit Jugendalija; anfangs Kibbuz, danach u.a. Bedienung, Sekretärin, später Ausbildung zur Englischlehrerin, Privatunterricht. I: Betten, Kirjat Motzkin 1990. S. 313, 361.

Aharon Doron (ehem. Erwin Weilheimer), *1922 in Ludwigshafen; Mittelschule, jüd. Schule; 1939 nach Palästina mit Jugendalija; bis 1949 Kibbuzmitglied, 1941-46 Hagana und Jewish Settlement Police, 1948-65 in der isr. Armee (zuletzt Generalmajor), Studium in USA (public administration), danach u.a. Vizepräsident der Univ. Tel Aviv, Direktor des Jüd. Diaspora-Museums, seit 1993 Ombudsmann der isr. Armee; zahlr. weitere öffentl. Ämter. I: Du-nour, Tel Aviv 1994. S. 29, 55, 67, 209, 210 f., 212 f., 259, 325, 420.

Dr. **Klaus Jakob Dror** (ehem. Klaus Dreyer), *1909 in Köln; Medizinstudium, da 1933 keine Approbation, als Turnlehrer tätig; 1936 nach Palästina; anfangs Kibbuz, dann selbständiger Landwirt, später Arzt, Professor, Gründer des Institus für Arbeitsmedizin Tel Aviv. I: Eylon, Ramat Gan 1991. S. 54, 261, 263.

Shlomo Du-nour (ehem. Donner), *1922 in Lodz; Abitur; 1938 nach Palästina; Kibbuz, im 2. Weltkrieg Jüd. Brigade, Lehrerseminar, bis 1951 Offizier der isr. Armee, Studium (Geschichte), in Israel und im Ausland in leitenden Positionen der Jugendalija und der Jewish Agency (Jugend- und Studentenabt.), akademischer Unterricht; Schriftsteller. Verheiratet mit Dr. Miryam Du-nour. I: Betten, Jerusalem 1994. S. 160 f., 213 f., 217 ff.

Arje Eflal (ehem. Wilhelm Appel), *1918 in Posen; aufgewachsen in Berlin, Gymnasium; 1934 nach Palästina mit Jugendalija; dann Kibbuz (u.a. Steinbruch), Lehrerseminar, Universität, später u.a. Lehrer im Kibbuz, Inspektor in der Jugendalija; Mitarbeit im Holocaust-Museum eines Kibbuz. I: Hecker, Haifa 1990. S. 40, 94 f.

Dr. **Akiba Eger**, *1913 in Königsberg; Studium (Sozialökonomie/Geschichte/Philosophie); 1933 Emigration nach Frankreich, Fortsetzung des Studiums, Umschichtung (Landwirtschaft), 1935 nach Palästina; seitdem im Kibbuz; Besuch der London School of Economics, Leiter des Afro-Asiatischen Seminars/später Instituts in Tel Aviv; heute Archivar im Kibbuz. I: Hecker, Kibbuz Nezer Sereni 1991. S. 63, 80 f., 205 f., 207 f., 274 f., 306, 339 f., 389.

Dr. **Lothar Eisner**, *1909 in Guttentag (Oberschlesien); Studium der Rechtswissenschaften, Rechtsreferendar, Umschichtung; 1939 Emigration über England nach Palästina; unterrichtete zunächst Englisch, dann Bibliothekslaufbahn, Universitätsbibliothekar. I: Hecker, Jerusalem 1990. S. 176, 344.

Gad Elron (ehem. Felix Elperin), *1918 in Berlin; 1934 nach Palästina mit Jugendalija; später Studium an der Ecole des Sciences Politiques in Paris; seit 1949 im Dienst der isr. Regierung, seit 1951 im Außenministerium, u.a. als Vertreter Israels im Europ. Parlament und als Botschafter in Sambia und Norwegen/Island; nach der Pensionierung Spezialaufgaben für Außen- und Finanzministerium. Verheiratet mit Miriam Elron. I: Betten, Jerusalem 1991. S. 202.

Miriam Elron (geb. Marianne Gabriele Berta Pariser), *1922 in Berlin; 1933 Emigration in die Schweiz, 1939-51 in England (Studium: Economics), Arbeit in Holland am isr. Konsulat; 1953 nach Israel; viele Auslandsaufenthalte mit ihrem Mann Gad Elron, Übersetzerin (ins Engl.). I: Betten, Jerusalem 1991. S. 344.

Dr. **Alfred Engel**, *1895 in Nangard (Pommern); Gymnasium in Berlin, als Kriegsfreiwilliger im 1. Weltkrieg (Sanitätskorps), verkürztes Studium, Kinderarzt in Berlin; 1933 nach Palästina; Eröffnung eines Kinderheims, dann Kinderarzt; Volontärarbeit. I: Hecker, Jerusalem 1990. S. 226.

Salomon Epstein, *1916 in Leipzig; Beginn einer Dekorateurlehre, 1933/34 Umschichtung (Landwirtschaft) in Dänemark; 1934 nach Palästina; anfangs Kibbuz, dann Minensucher beim engl. Militär, später Polizeioffizier; nach der Pensionierung bei der International Police Association tätig (Vizepräsident). I: Eylon, Tel Aviv 1991. S. 212.

Dr. **Abraham Eran** (ehem. Otto Ehrenwerth), *1907 in Stettin; Jurastudium, Assessorexamen, Promotion, Umschichtung (Landwirtschaft) in England; 1934 nach Palästina; anfangs Kibbuz, dann eigene kleine Landwirtschaft; später bei der engl. Arbeitsaufsichtsbehörde, danach im isr. Arbeitsministerium tätig; seit der Pensionierung Beschäftigung mit Archäologie, Fachpublikationen. I: Eylon, Jerusalem 1992. S. 303, 325 f.

Eva M. Eylon (geb. Leszynsky), *1914 in Berlin; Gymnasium (abgebrochen); 1933 nach Palästina; diverse Anfangstätigkeiten (u.a. Büro, Buchhandlung), später leitende Tätigkeit im Konsumentenverband und im Landwirtschaftsministerium; nach der Pensionierung Studium (Soziologie/Sozialarbeit) und praktische Sozialarbeit. I: Betten, Ramat Gan 1991. S. 26 f., 39, 68, 162 f., 252.

Paul Feiner, *1919 in Wien, Technikum (abgebrochen); 1938 nach Palästina; diverse Anfangstätigkeiten (Zitrusplantage, Steinbruch), Jewish Settlement Police, engl. Militär, Studium am British Institute of Technology, Industrie-/Betriebsingenieur; seit der Pensionierung Volontärarbeiten für Senioren. I: Betten, Haifa 1990. S. 111, 151, 307, 330, 365, 421.

Hans Simon Forst, *1917 in Kastellaun (Bezirk Koblenz); 1934 Abbruch des Realgymnasiums, Umschichtung (Landwirtschaft) in Luxemburg; 1937 nach Palästina; anfangs Kibbuz (u.a. Landwirtschaft, Bibliothek), im 2. Weltkrieg Jüd. Brigade, Fernabitur, bis 1954 in der isr. Armee; Studium (Ökonomie/Soziologie), leitende Stellen in der Metallindustrie, daneben Abendstudium (Jüd. Geschichte) mit M.A.-Abschluß; nach der Pensionierung Studien über das Landjudentum in Deutschland. I: Eylon, Tel Aviv 1991

und Betten, Eichstätt 1994. S. 51, 61, 66, 195 f., 200, 214 f., 219 f., 320 f.,
324, 358 f., 369 f., 371 f., 376 f., 426 f.

Gertrud Fraenkel (geb. Neugarten), *1894 in Mainz; einige Semester Medizinstudium, physiologische Assistentin an der Universität Frankfurt, Mitarbeit in der HNO-Praxis ihres Mannes; 1936 nach Palästina; in der Praxis
ihres Mannes, danach in einem Krankenhaus tätig; Bibliotheksarbeit, heute noch Kulturreferentin ihres Altenheims. I: Hecker, Jerusalem 1989.
S. 32, 36 f., 51, 131 ff., 187, 311, 342 f., 404.

Abraham Frank, *1923 in Flacht (Rheinland-Pfalz); Gymnasium; 1936 nach
Palästina; Schule, Schreinerlehre, Vertreter für Bücher und Kunst-
reproduktionen, Mitarbeiter der Jewish Agency (Auslandsmissionen); tätig
im ›Irgun Olej Merkas Europa‹. I: Betten, Ramat Gan 1991. S. 17, 171 f.,
174, 314 f., 377 f., 380, 396.

Abraham H. Friedländer (ehem. Horst Friedländer), *1916 in Cottbus; Abitur,
Umschichtung (Landwirtschaft) in Dänemark; 1936 nach Palästina; zunächst
Kibbuz, später Jugendleiter, Gewerkschaftssekretär, nach Abendstudium
(Jura) in jurist. Abteilung der Gewerkschaft, danach selbständiger Anwalt
und Notar (Spezialist für Arbeitsrecht). I: Betten, Tel Aviv 1991 und 1995,
Du-nour 1994. S. 21, 76, 78, 79, 99, 113 ff., 135, 191 f., 200 f., 255, 348,
402, 412.

Nachum Gadiel (ehem. Norbert Immerglück), *1917 in Zwickau; Tischlerlehre, Abendschule für Innenarchitektur (abgebrochen); 1937/38 Umschichtung (Landwirtschaft) in Italien, 1939 nach Palästina; anfangs Kibbuz, dann
beim engl. Militär, Ausbildung zum Feinmechaniker, Tischler, schließlich
Fermeldetechniker bei der Post; heute Reiseleiter. I: Eylon, Tel Aviv 1991.
S. 49 f., 51 f., 73, 198 f., 313.

Jehudit Gardi (ehem. Käthe Ledermann), *1914 in Berlin; Abitur, Hochschule für die Wissenschaft des Judentums in Berlin; 1934 nach Palästina;
Lehrerseminar, Kibbuz (Lehrerin in Schule und Ulpan), nach Verlassen des
Kibbuz Lehrerin und eigene Landwirtschaft. I: Eylon, Kfar Chajim 1992. S.
34 f., 268, 318, 321.

Uri Gassmann (ehem. Klaus-Ferdinand Gassmann), *1911 in Breslau; Me-
dizinstudium (abgebrochen); 1935 nach Palästina; anfangs Kibbuz, später
Angestellter bei der Krankenkasse; Besuch der Bibliothekshochschule, med.
Bibliothekar am Krankenhaus, nach der Pensionierung an der Universität.
I: Hecker, Ramat Gan 1990. S. 77 f., 242 f., 268 f., 309, 426.

Abraham Heinz Gerling, *1904 in Görlitz; kaufm. Lehre, Abitur, Jurastudium, Referendar in Berlin; 1933 nach Palästina; anfangs eigene Sodawasserfabrik, dann Beamter bei der ›Hitachdut Olej Germanja‹, ›foreign advocates'
examination‹, 1953-70 in leitender Stellung beim Staatskontrolleur (~Rech-
nungshof), Ombudsmann. Verheiratet mit Rivka Gerling. I: Hecker, Jerusalem 1990. S. 70, 83, 118, 184, 254, 267, 304.

Rivka Else Gerling (geb. Panofsky), *1907 in Tarnowitz (Oberschlesien); selbständige Photographin in Berlin; 1933 nach Palästina; eigene Sodawasserfabrik, Köchin, Krankenschwester, Photographin. Verheiratet mit Abraham Gerling. I: Hecker, Jerusalem 1990. S. 84, 146, 184, 267, 308.

Mordechai Heinz Gilead (ehem. Heinz Guttfeld), *1906 in Luckenwalde; Arbeiter in Metallfabrik, Externabitur, Studium (Geographie/Mathematik/ Pädagogik) mit Stipendium der Studienstiftung des dt. Volkes, Mittelschullehrerexamen, Doktorand; 1933 Emigration nach Italien, dort Lehrer, 1935 nach Palästina; Meteorologe (ab 1948 Direktor des Israel Meteor. Service); nach der Pensionierung Volontärtätigkeit im sozialen Bereich. I: Hecker, Ramat Gan 1990. S. 387, 422 f.

Ellen Glasner (geb. Berger), *1920 in Berlin; 1933 Emigration nach Prag, Abitur, 1939 nach Palästina; Landwirtschaftsschule, seitdem im Kibbuz; heute noch Arbeit in der Buchhaltung und Volontärarbeit im Krankenhaus. I: Du-nour, Kfar Ruppin 1993. S. 63, 85, 195, 203 f., 264, 411 f.

Annie Glaubert (geb. Goldschmidt), *1899 in Frankfurt/M.; Gymnasium, Hausfrau; 1933 Emigration nach Paris, 1942 in die Schweiz, 1945 zurück nach Paris, 1988 nach Israel. I: Hecker, Jerusalem 1990. S. 22 f., 27, 28, 144.

Abraham Goldberg (ehem. Adolf Goldberg), *1923 in Altenburg (Thüringen); Realgymnasium; 1938 Emigration nach Lemberg, weiterer Schulbesuch; 1941-44 im KZ, dann in der Ukraine Beginn eines Maschinenbaustudiums, nach Kriegsende Textilhochschule in Berlin; 1949 nach Israel; Technikstudium, Maschinenbauingenieur, zunächst in der Militärindustrie, dann eigene kleine Fabrik. I: Hecker, Ramat Gan 1990. S. 25, 39, 57 f., 134.

Dr. **Rudolf Goldstein**, *1908 in Berlin; Medizinstudium und Praktikum; 1934 nach Palästina; nach Beendigung des praktischen Jahres als Arzt tätig, u.a. am Malariainstitut, in einer Kinderabteilung, zuletzt in der Pathologie. I: Betten, Naharija 1990. S. 117, 186.

Ilse Gronowski (geb. Jacobsohn), *1918 in Berlin; Kunstschule (Graphik); 1938 Emigration nach Shanghai, dort Dekorationsmalerin und Graphikerin, 1949 nach Israel; Keramikfabrik, Kindermädchen, schließlich wieder Graphikerin. I: Hecker, Cholon 1990. S. 180 f.

Dalia Grossmann (geb. Hildegard Sachs), *1919 in Berlin; 1933 nach Palästina; weiterer Schulbesuch, Kindergärtnerinnen- und Lehrerseminar, Kindergärtnerin, zahlreiche Volontärtätigkeiten. I: Du-nour, Jerusalem 1991. S. 33, 173 f., 272 f., 350 f., 399 f.

Hans Chanan Grünthal (ehem. Hans Berthold Ephraim Grünthal), *1915 in Breslau; Gymnasium, kaufm. Lehre, Umschichtung (Motorradwerkstatt); 1933 über die Tschechoslowakei nach Palästina, Handwerkerschulung

(Metallurgie), Bauschlosser, weitere Technikerausbildung, 40 J. Techniker an Kraftstationen (Elektrizitätswerk), Ausbilder. Verheiratet mit Jutta Grünthal. I: Hecker, Kirjat Bialik 1990. S. 39, 110, 177.

Jutta Grünthal (geb. Jensen, später Jacob), *1913 in Würzburg; Abitur; 1933 Emigration nach Italien (Kindermädchen), 1935 nach Palästina; 15 J. Putzfrau, später Sekretärin, Verkäuferin (u.a. Blumen, Bücher), Hausfrau; Volontärarbeit im Museum. Verheiratet mit Hans Grünthal. I: Hecker, Kirjat Bialik 1990. S. 69, 134, 142.

Nora Hauben (geb. Lebenschuß), * ca. 1925 in Chemnitz; Gymnasium, 3 J. im KZ; 1947/48 nach Palästina; Verkäuferin, Dienstmädchen, Bibliothekarin; schriftstellerische Tätigkeit. (Angaben unvollständig.) I: Hecker, Ramat Gan 1990. S. 113, 152 f.

Mirjam Margot Hein (geb. Margot Löwenberg), *1911 in Breslau; 4 Semester Psychologie, Buchführung im väterl. Betrieb; 1933 nach Palästina; Hausfrau und Klavierlehrerin. I: Hecker, Rischpon 1990. S. 84, 148.

Channa Hellmann (geb. Gertrud Channa Großmann), *1921 Teplitz-Schönau (Böhmen); Mittelschule, Landwirtschaftsschule; 1938 nach Prag, 1939 nach Palästina; seitdem im Kibbuz (u.a. in Diätküche und Wäscherei). I: Du-nour, Kfar Ruppin 1993. S. 89, 141, 202 f., 365 f.

Klara Herz (geb. Mayer), *1904 in Thür bei Koblenz; Büroleiterin in einer Schokoladenfabrik; 1935 nach Palästina; Näherin, Angestellte in einem Lebensmittelgeschäft, eigenes Geschäft (Gardinenspannerei). I: Hecker, Ra'anana 1990. S. 116, 181 f., 183.

Dr. **Esriel (Hans) Hildesheimer**, *1912 in Halberstadt; Studium (zuerst Philosophie/Psychologie, dann Rabbinerseminar in Berlin) abgebrochen; 1933 nach Palästina; Talmudhochschule, dann Kibbuz; später Buchantiquariat, schließlich im Regierungsdienst, hauptsächlich beim Staatskontrolleur (~Rechnungshof); spätes Studium, Promotion in Geschichte, Forschungen über jüdisch-deutsche Geschichte. I: Betten, Jerusalem 1991 und 1995. S. 23 f., 76 f., 104 f., 178, 197 f., 224, 226 f., 284 f., 294 f., 317, 328, 377, 379, 382.

Hans Hurtig, *1901 in Berlin; Konservatorium, Komponist; Näh- und Schreibmaschinenreparaturausbildung; 1934 nach Palästina; eigene Reparaturwerkstatt, Komponist. I: Hecker, Kirjat Bialik 1990. S. 231.

Erna Clara Jacob, *1892 in Berlin; Buchhalterin; 1937 nach Palästina; in einer Kohlepapierfabrik tätig (u.a. Buchhaltung). I: Hecker, Tel Aviv 1989. S. 48, 145, 288 f., 362.

Abraham Kadimah (ehem. Walter Metzer-Ruhig), *1925 in Wien; Mittelschule; 1939 nach Palästina; Beendigung der Schule, dann Landwirtschaftsschule, Arbeit bei Bauern und Gelegenheitsarbeiten; später Beamter, Sprachlehrer, Übersetzer. I: Eylon, Ramat Gan 1991. S. 49, 248 f., 385 f.

Dr. **Naftali Kadmon** (ehem. Fritz Hermann Kaufmann), *1925 in Aachen; jüd. Volksschule; 1934 nach Palästina; weiterer Schulbesuch, Studium (Kartographie), Chefkartograph der isr. Regierung, Universitätsprofessor, Fachdelegierter Israels bei den UN; Fachpublikationen. I: Betten, Jerusalem 1991. S. 258.

Ruth Kahn (geb. Kaliski), *1909 in Liegnitz; Handelsschule, Sekretärin, 1934-36 Umschichtung in der Tschechoslowakei; 1936 nach Palästina; anfangs Kibbuz, dann Haushaltshilfe, Sekretärin, Köchin. I: Hecker, Kirjat Bialik 1990. S. 34, 101, 134 f., 143.

Wilhelm Theodor Seev Kahn, *1904 in Weidling bei Wien; Technikum (Elektrotechnik), Betriebsingenieur (Radiotechnik); 1933 nach Palästina; Elektriker, später Elektroingenieur. I: Hecker, Haifa 1990. S. 138 f.

Dr. **Benjamin Kedar** (ehem. Kopfstein), *1923 in Seesen/Harz; jüd. Oberschule Berlin; 1939 nach Palästina mit Jugendalija; anfangs Kibbuz, dann Jewish Settlement Police, Abitur, Erzieher im Kinderheim, Kuluremissär, Studium im Ausland, Lehrer im Kibbuz, weitere Studien und Promotion in Jerusalem, Universitätsprofessor (Biblische Philologie). Verheiratet mit Miriam Kedar. I: Du-nour, Jerusalem 1993. S. 45, 49, 61, 146 f., 153, 176, 196 f., 201 f., 243 f., 259 f., 260 f., 288, 292, 295 f., 345.

Gertrud Towa Kedar (geb. Trude Fisch), *1901 in Nürnberg; Handelshochschule, Diplomkauffrau; 1934 nach Palästina; anfangs Küchenarbeiten, dann eigene Landwirtschaft, eigener kleiner Lebensmittelladen; bis heute Volontärarbeit für eine Blindenbibliothek. I: Betten, Nürnberg 1991 (anläßlich eines Besuchs). S. 96, 148, 165, 192, 237, 327, 401.

Miriam Kedar (geb. Margita Heymann), *1922 in Breslau; ev. und kath. Schulen, Beginn einer Schneiderlehre; 1938 nach Palästina; anfangs Kibbuz, Bibliotheksstudium, Bibliothekarin. Verheiratet mit Benjamin Kedar. I: Du-nour, Jerusalem 1993. S. 35, 65, 125 f., 133 f., 260 f., 292.

Johanna Klausner (geb. Weissenberg), *1908 in Czulow-Tichau (Oberschlesien); Jurastudium (kein Abschluß); 1939 Flucht nach Lemberg, 1940 Verschickung nach Sibirien, nach Kriegsende zurück nach Polen, 1950 nach Israel; zunächst Kibbuz, dann Gelegenheitsarbeiten, danach Arbeit mit Neueinwanderern. I: Betten, Naharija 1990. S. 203.

Cary Kloetzel (vollst. Katherina Rahel Sophie Kloetzel), *1919 in Berlin; Lyzeum; 1934 nach Palästina; 1 J. Schule, Verkäuferlehre, im 2. Weltkrieg beim engl. Militär in Ägypten, danach an einer meteorologischen Station tätig, schließlich 14 J. Leitung des Kunstgewerbezentrums ›Jerusalem House of Quality‹; heute vielfältige Volontärtätigkeiten. Selbstaufnahme, Jerusalem 1990. S. 173, 388 f., 397 f.

Chuma Betty Kolath (geb. Betty Lewy), *1908 in Stettin; Kindergärtnerinnenseminar, Soziale Frauenschule, Hochschule für angewandte Kunst, tätig in

Berufsberatung und jüd. Gemeinde, Umschichtung (Landwirtschaft); 1934 nach Palästina; anfangs Kibbuz (u.a. Küche), dann in einem Dorf Schafzucht, danach bis 1964 wieder im Kibbuz (Gemüseanbau), Labor für Boden- und Wasseruntersuchungen; später nebenbei wieder gemalt, einige Ausstellungen. I.: Betten, Kirjat Tivon 1991. S. 30, 56, 69, 109 f., 193, 228, 239, 395 f., 401 f.

Franz Naphtali Krausz, *1905 in Sankt Pölten; Handelsakademie (nicht beendet), später Buchhändlerlehre, Verlagsagent in Berlin, daneben Graphikerausbildung; 1933 Emigration über Paris nach Spanien, als Graphiker tätig, 1934 nach Palästina; freier Graphiker. I: Hecker, Tel Aviv 1989. S. 83, 115 f., 421 f.

Paul Heinz (Perez Chanoch) Laboschin, *1908 in Berlin; Handelshochschule, kaufm. Arbeit im väterl. Geschäft (Holzhandel), Umschichtung (Glaser); 1935 nach Palästina; zuerst Glaser am Bau, dann eigener Glasereibetrieb. I: Nira Cohn, Haifa 1991. S. 135, 235 f., 398 f.

Anni Lamdan (geb. Anni Renate Ballheimer), *1901 in Hildesheim; 4 Semester Studium (Nationalökonomie), Handelsschule, Tätigkeiten bei Bank und zionist. Organisation; 1925 nach Palästina; Bürotätigkeit, u.a. Sekretärin am Rechnungshof und im Industriellenverband. I: Hecker, Jerusalem 1989. S. 87 f., 302, 304.

Gad Landau (ehem. Gustav Landau), *1909 in Lübeck; Technische Hochschule, Bauingenieur; 1933 nach Palästina; Ingenieurbüro, u.a. in den Stadtverwaltungen von Tiberias und Haifa tätig, zuletzt freiberuflich; nach Berufsaufgabe Studium der Ägyptologie. I: Hecker, Haifa 1990. S. 46 f., 68, 108, 128, 378.

Ayala Laronne (geb. Helene Grosser), *1916 in Zwickau; Oberschule, 1933 jüd. Haushaltungsschule in Frankfurt, jüd. Oberlyzeum und hebr. Sprachschule in Berlin; 1935 nach Palästina; Abitur, Lehrerseminar, Sekretärin, u.a. bei der britischen Armee, zuletzt Chefsekretärin in einer Elekrofirma; seit der Pensionierung Volontärtätigkeit im Jüd. Diaspora-Museum in Tel Aviv. Verheiratet mit Eugen Laronne. I: Betten, Kfar Schmarjahu 1991. S. 75, 261, 266, 272, 290, 344 f., 360, 387, 390.

Eugen Jechiel Laronne (ehem. Löhnberg), *1914 in Unna; Gymnasium (mittlere Reife), kaufm. Lehre, Umschichtung (Landwirtschaft); 1934 nach Palästina; anfangs Kibbuz, danach Mitarbeit in der Firma des Bruders (hydrologische Erforschung der Grundwasserschätze), später am Institut für Geophysik (Generalsekretär). Verheiratet mit Ayala Laronne. I: Betten, Kfar Schmarjahu 1991. S. 100 f., 166, 266, 390.

Otto Michael Lederer, *1905 in Rosshaupt (Böhmen); Handelsakademie, Prokurist in einer Prager Firma; 1939 nach Palästina (Internierung in Atlit); zunächst Kibbuz, danach u.a. Kellner, Kesselheizer, schließlich Beamter bei der Wiedergutmachungsbehörde; Volontärarbeit in seinem Altenheim. I: Hecker, Ramat Chen 1990. S. 160, 215 f., 372.

Gerda Levisohn-Marcus (geb. Schustermann, verw. Levisohn), *1910 in Berlin; Höhere Handelsschule, Fremdsprachensekretärin; 1933 Emigration nach Prag, 1942-45 im KZ (Theresienstadt); 1946 Emigration in die USA, dort u.a. Chefsekretärin beim Jewish National Fund; 1962 nach Israel; Volontärtätigkeiten. Verheiratet mit Shimshon Marcus. I: Betten, Jerusalem 1991. S. 241.

Irene Levy (geb. Welsch), *1903 in Berlin; Kindergärtnerinnen- und Sozialpädagog. Seminar, Sozialarbeit; 1935 nach Palästina; versch. Tätigkeiten in Krankenhäusern, von der Putzfrau bis zur Wirtschaftsleiterin. I: Hecker, Zur Shalom (bei Kirjat Bialik) 1990. S. 182, 345.

Käthe Chaja Liebenthal (geb. Jacobsohn), *1896 in Culmsee (Westpreußen); Lyzeum Berlin, Fachschule, Büroangestellte; 1936 nach Palästina; Hausfrau. I: Hecker, Kirjat Bialik 1990. S. 348 f., 390 f.

Helga Lilie (geb. Jordan), *1912 in Dortmund; Abitur, Textilverkäuferin, ab 1933 Umschichtung in Frankreich und Deutschland; 1935 nach Palästina; zunächst Waschfrau, dann im Moschaw (Landwirtschaft), daneben Erteilen von Englischunterricht; danach 2 J. im Kibbuz. I: Hecker, Jerusalem 1990. S. 360 f., 397.

Dr. **Iwan Gabriel Lilienfeld**, *1910 in Rybnik (Oberschlesien); Jurastudium, Referendarexamen, Promotion 1932; nach Entlassung aus dem Staatsdienst 1933 Emigration nach Italien und Holland, 1935 nach Palästina; Übergangstätigkeiten (Autoschlosser), dann Journalist (u.a. Herausgeber der ›Neuesten Nachrichten‹, Schriftleiter des Mitteilungsblatts des ›Irgun Olej Merkas Europa‹). I: Betten, Ramat Gan 1994. S. 37 f., 71 f., 93, 142 f., 179 f., 186, 247, 257, 305, 310 f., 328 f.

Hanna Lion (geb. Levy), *1920 in Ladenburg; Realschule; 1939 nach Palästina; Schwesternschule, Krankenschwester, später Privat- und Hauspflegerin, heute Altenpflege. Verheiratet mit Schlomo Lion. I: Hecker, Haifa 1990. S. 139, 348, 380 f., 385, 405.

Schlomo Lion (ehem. Siegfried Leopold Lion), *1920 in Sötern (Saarland); Volksschule, Umschichtung (Landwirtschaft); 1936 nach Palästina; anfangs Gelegenheitsarbeiten, dann Radiotechniker. Verheiratet mit Hanna Lion. I: Hecker, Haifa 1990. S. 118 f., 167, 380 f., 405.

Friedel Loewenson (geb. Elfriede Hollenderski), *1908 in Königsberg; Gymnasium, Haushaltsschule, Ausbildung und Tätigkeit als med. Laborantin in Berlin; 1932 nach Palästina; Hausfrau, Aufnahme von Pensionskindern. I: Betten, Haifa 1990. S. 107 f., 161 f., 170 f., 258 f.

Shimshon S. Marcus (ehem. Sigismund Marcus), *1913 in Berlin; Realgymnasium, Umschichtung (Tischlerlehre); 1934 nach Palästina; anfangs u.a. Tischler, Buchhalter, dann Anstellung bei der Mandatsregierung und beim Stadtkontrolleur von Jerusalem (Verwaltungslaufbahn); heute soziale Volontärtätigkeiten. Verheiratet mit Gerda Levisohn-Marcus. I: Betten, Jerusalem 1991. S. 410.

Dr. **Kela Marton** (geb. Kati Popper), *1924 in Hamburg; jüd. Mädchenschule; 1936 nach Palästina; Gymnasium, 2 Studien (Agronomie, Biologie), heute Biologin. Tochter von Charlotte und Dr. Erich Popper. I: Hecker, Rechowot 1990. S. 308.

Hermann Joseph Mayer, *1915 in Wismar; kaufm. Lehre in Berlin; 1933 nach Palästina; zunächst Mitarbeit in, später Leitung der (schon 1908 gegründeten) Buchhandlung des Vaters in Jerusalem. I: Betten, Jerusalem 1991. S. 378 f., 412.

Hugo Hans Mendelsohn, *1918 in Berlin; Gymnasium; 1934 nach Palästina; zunächst Kibbuz, dann Telefonist, später Handels- und Banklehre, Kaufmann und Journalist. I: Du-nour, Jerusalem 1991. S. 30 f., 129 f., 158 f., 164 f., 287 f., 302 f., 313 f., 372.

Dr. **Heinrich Mendelssohn**, *1910 in Berlin; Studium (Medizin/Zoologie); 1933 nach Palästina; Fortsetzung des Studiums, Promotion, Universitätsprofessor (Zoologie), internat. Experte für Arten- und Umweltschutz; Fachpublikationen. I: Betten, Tel Aviv 1991. S. 41 f., 84, 88, 238, 315 f.

Micha Michaelis (ehem. Fritz Michaelis), *1908 in Berlin; kaufm. Beruf, dann Sozialarbeiterausbildung; Umschichtung in Holland, Deutschland und Dänemark, Arbeit mit zionist. Jugendgruppen; 1938 nach Palästina; seitdem im Kibbuz (u.a. Steinbruch, Obstbau, Fabrik, Verwaltung). Verheiratet mit Dr. Mirjam Michaelis. I: Betten, Kibbuz Dalija 1991. S. 21 f., 59 f., 90, 119 ff., 194 f., 198, 407, 409.

Dr. **Mirjam Michaelis** (geb. Lotte Adam), *1908 in Berlin; Studium (Germanistik/Philosophie/Zeitungswissenschaften), Promotion, Schriftstellerin (Lyrikpreis); Umschichtung in Holland, Deutschland und Dänemark, Arbeit mit zionist. Jugendgruppen; 1938 nach Palästina; seitdem im Kibbuz (u.a. Küche, Orangenplantage, Fabrik, Krankenschwester, versch. Ämter); schriftstellerische Tätigkeit. Verheiratet mit Micha Michaelis. I: Betten, Kibbuz Dalija 1991. S. 40 f., 70 f., 164, 166, 204 f., 210, 286, 331 ff., 362 f.

Eva Michaelis-Stern (geb. Stern), *1904 in Breslau; Schule zuletzt in Hamburg, Gymnastiklehrerin (eigene Schule), 1928 Aufenthalt in Palästina (Ben Schemen), wegen Krankheit zurück, ab 1933 in der Leitung der Jugendalija in Berlin; 1938 nach Palästina; 1938-45 Gesandte der Jewish Agency in London, danach weiter in Palästina für die Jugendalija tätig, später Gründung einer Gesellschaft zum verantwortl. Handeln, Arbeit für geistig Behinderte (Hospitalgründung); Mithilfe bei der Neuherausgabe der Schriften ihrer Eltern, des Psychologen William Stern und seiner Frau Clara. I: Betten, Jerusalem 1991. S. 46, 97, 126 f., 157, 158, 223 f., 300 f.

Gershon Monar (ehem. Günter Mundstock), *1924 in Leipzig; Gymnasium, Privatschule, Umschichtung (Landwirtschaft); 1939 nach Palästina; Landwirtschaft, Busfahrer, Reiseleiter. I: Betten, Haifa 1991. S. 33, 63, 66, 91, 107, 172, 271, 385.

Ishak Naor (ehem. Lerner), *1910 in Bielitz; aufgewachsen in Mährisch-Ostrau, Mitarbeit in der väterl. Kartonagenfabrik; 1939/40 und 1942-44 in versch. Lagern, dann im Untergrund; 1946 Emigration über Ungarn und Italien nach Palästina; Familienbetrieb (Kartonagen, Elektronik). I: Hecker, Tel Aviv 1990. S. 25, 133, 235.

Efraim Orni (ehem. Fritz Schwarzbaum), *1915 in Breslau; nach dem Abitur 1933 nach Dänemark, Rückkehr: Umschichtung (Landwirtschaft), Hebräischlehrer; 1938 nach Palästina; Lehrerseminar, Kibbuz (Landwirtschaft), Beamter beim Jüd. Nationalfonds, daneben Geographiestudium, Geographielehrer; Fachpublikationen und journalistische Tätigkeit. I: Betten, Jerusalem 1991. S. 62 f., 94, 110 f., 124, 139, 189 ff., 271, 316 f., 340 f., 365, 413 f.

Dr. **Salomo Pappenheim**, *1926 in Halberstadt; seit 1929 in München; 1939 Emigration nach England, 1940 nach Palästina; Jeschiwa, Rabbiner. I: Hecker, Jerusalem 1992. S. 24 f., 43, 47 f., 121 f., 240, 243, 264 f.

Paula Pariser (geb. Altmann), *1902 in Nürnberg; Postbeamtin, Sekretärin der zionist. Ortsgruppe; 1933 nach Palästina; anfangs Kibbuz, dann im Moschaw, später Hausfrau und Mitarbeit im Büro ihres Mannes. I: Betten, Jerusalem 1991 und 1994. S. 35 f., 57, 80, 88, 257 f., 265, 410.

Ernst Georg Martin Pfeffermann, *1917 in Berlin; Abitur, Umschichtung (Gummitechniker), 1936 nach Palästina; Anfangstätigkeiten (Kabelfabrik, Zitrusplantage), Jewish Settlement Police, im 2. Weltkrieg in der engl. Kriegsmarine; später in der Personalabteilung der Ölraffinerie Haifa, zuletzt Personalchef. I: Betten, Haifa 1991 und Selbstaufnahme 1994. S. 74 f., 211 f., 224 f., 231, 260, 266, 327, 372 f., 382 f., 403 f., 417 f.

Hilde Philipp (geb. Weinmann), *1907 in München; Gewerbelehrerinnenseminar, Handarbeitslehrerin, Leiterin einer jüd. Hauswirtschaftsschule in Breslau; 1939 nach Palästina; zunächst Lehrerin, dann Köchin beim engl. Militär, wieder Lehrerin, zuletzt stellvertretende Schulleiterin. I: Hecker, Jerusalem 1990. S. 62, 130 f.

Elisheva Pick (geb. Elisabeth Ester Kohan), *1917 in Berlin; aus der Lehre entlassen, Arbeit in der Hechaluz-Organisation, 1938 Umschichtung in Schweden und Italien; 1939 nach Palästina; anfangs Kibbuz, im 2. Weltkrieg beim engl. Militär in Ägypten, dann Chefsekretärin (Buchverlag, Wirtschaftsministerium, 20 J. bei der Zeitung ›Ha'aretz‹); Volontärarbeit an einem Universitätsprojekt. I: Hecker, Ramat Gan 1990. S. 168.

Charlotte Popper (geb. Levinsky), *1898 in Preußisch Stargard; Mathematiklehrerin in Hamburg; 1936 nach Palästina; Hausfrau; u.a. journalistisch tätig. Verheiratet mit Dr. Erich Popper. I: Hecker, Rechowot 1990. S. 338 f.

Dr. **Erich Benjamin Popper**, *1898 in Elmshorn; Teilnahme am 1. Weltkrieg, verkürztes Studium, Zahnarzt in Hamburg; 1935 nach Palästina; Zahnarzt. Verheiratet mit Charlotte Popper. I: Hecker, Rechowot 1990. S. 44, 237 f.

Alisa Porath (ehem. Foerder, geb. Liselotte Salomon), *1907 in Berlin; Handelsschule, MTA-Ausbildung, Labortätigkeit (bei einem Arzt und am jüd. Krankenhaus); 1933 Emigration nach Athen, 1935 nach Palästina; Hausfrau, Haushaltsstellungen. I: Hecker, Jerusalem 1990. S. 141 f., 312.

Dr. **Uri Rapp** (ehem. Siegfried Rapp), *1923 in Hanau; Hirsch-Realschule Frankfurt, 1936 nach Palästina; Abitur, Studium (Philosophie, Geschichte, Pädagogik), Lehrer am Gymnasium und am Lehrerseminar, 1971 Promotion in Deutschland, Senior Lecturer an der Univ. (Soziologie und Theaterwissenschaft), Gastprofessuren in Deutschland; Fachpublikationen. I: Betten, Nürnberg und Tel Aviv 1994. S. 236 f., 259, 280, 287, 299 f., 310, 316, 413.

Anna Robert (geb. Marcus), *1909 in Wien; Schneiderakademie, Schneiderin; 1934 nach Palästina; Schneiderin; Hobby: Gedichte schreiben. I: Hecker, Ramat Gan 1990. S. 341, 360, 415 f.

Chaim Rosen (ehem. Jefim Rosenberg), *1921 in Minsk; Gymnasium in Danzig, 1 J. Studium (Nationalökonomie) in Wilna; bis 1944 im Arbeitslager und Ghetto in Litauen, dann Transport nach Dachau; 1945 nach Palästina; seitdem im Kibbuz (u.a. in Marmeladenfabrik), Lehrerausbildung (Geschichte), Mittelschullehrer; heute Arbeit an einer Promotion. I: Hecker, Kibbuz Nezer Sereni 1991. S. 357 f., 372.

Emanuel Rosenblum (ehem. Helmut Rosenblum), *1912 in Frankfurt/M.; Kürschner; 1933 Emigration nach Paris, Lissabon, 1934 nach Palästina; Arbeit als Kürschner und in der Hotelbranche, später eigenes Geschäft. I: Hecker, Tel Aviv 1990. S. 36, 89 f.

Mosche Rosner (ehem. Moses Rosner), *1902 in Putilla (Bukowina); aufgewachsen in Wien, 2 Semester Hochschule für Welthandel, Buchhalter, selbständiger Kaufmann; 1939 nach Palästina; anfangs beim Straßenbau, dann finance clerk, Gewerkschaftssekretär, Oberbuchhalter einer gr. Firma. I: Hecker, Ramat Chen 1990. S. 309, 368 f.

Schalom Schachna Rothem (ehem. Rothenberg), *1912 in Frankfurt/M.; Jeschiwa, Handelsschule, Mitarbeit in der väterl. Wäschefabrik, Umschichtung (Autoschlosser); 1934 nach Palästina; anfangs Kellner im elterl. Restaurant, dann u.a. Kämmerer in der Stadtverwaltung, später im Innenministerium (Unterstaatssekretär). I: Hecker, Jerusalem 1992. S. 38, 78 f., 235.

Charlotte Rothschild (geb. Richheimer), *1915 in Dermbach (Thüringen); Schneiderlehre; 1939 nach Palästina; Hausschneiderin. I: Hecker, Giwatajim 1990. S. 123 f., 148 ff., 152, 159.

Eli Rothschild, *1909 in Lübeck; Studium (Literaturwissenschaft/Geschichte), 1933 Dissertation abgebrochen, nach Palästina; anfangs kurz Kibbuz und Möbeltischlerei; Hagana, Jewish Settlement Police, Buchhändler, Parteisekretär, 1948-52 Offizier der isr. Armee, später 21 J. Lektor des Leo-Baeck-Instituts Jerusalem; Fachpublikationen. I: Betten, Tel Aviv 1991 und 1994. S. 95, 216 f., 284, 303 f., 391.

Stefan Schmuel Rothstein, *1911 in Kitzingen; Mitarbeit in der väterlichen Weinhandlung; 1933 nach Palästina; eigener Wäschereibetrieb. I: Betten, Kirjat Ata 1990. S. 249, 261, 364, 379 f., 385, 396.

Dr. **Hilde Rudberg** (geb. David), *1909 in Breslau; Jurastudium, Promotion, 1933 Ausschluß von der Referendarausbildung, Stenotypistin, dann in der Leitung der Jugendalija in Berlin und eigene Umschichtung; 1938 nach Palästina; anfangs Kibbuz (Wäscherei), dann Stenotypistin, Sekre-tärin, Hagana, 1949 ›foreign advocates' examination‹, juristische Beraterin im Ministry of Communication. I: Betten, Jerusalem 1991 und Du-nour 1994. S. 53, 97 f., 98 f., 117 f., 188 f., 201, 225 f., 227, 230, 320, 323 f.

Dr. **Elchanan Scheftelowitz** (ehem. Erwin Scheftelowitz), *1911 in Berlin; Studium (Jura), 1934 Promotion, Rabbinerseminar, Arbeit in jüd. Gemeinde und Schule; 1937 nach Palästina; ›foreign advocates' examination‹, Rechtsanwalt und Notar; Publikationen über jüd. Familien- und Staatsrecht. Verheiratet mit Sara-Ruth Scheftelowitz. I: Betten, Jerusalem 1994. S. 72 f., 81, 115, 137 f., 166 f., 187, 318, 324 f., 356 f., 402 f.

Sara-Ruth Scheftelowitz (geb. Frankenthal, verw. Goldschmidt), *1915 in Altenlotheim bei Kassel; Kindergärtnerin; 1934 Emigration nach Holland, 1943-45 im KZ (Westerbork und Bergen-Belsen), 1945 zurück nach Holland, 1949 nach Palästina; Hausfrau. Verheiratet mit Dr. Elchanan Scheftelowitz. I: Betten, Jerusalem 1994. S. 166 f., 324 f., 356 f., 402 f.

Ernst Schwarz, *1913 in Cham (Oberpfalz); 2 Semester Jurastudium, Arbeit im väterl. Geschäft, Umschichtung (Landwirtschaft); 1938 nach Palästina; im Moschaw (zunächst Landwirt, dann Buchhalter). I: Du-nour, Ramat Gan 1993. S. 31 f., 58, 85, 96 f., 102, 111, 130, 163, 265, 267 f., 398, 403.

Alice Schwarz-Gardos (geb. Schwarz), *1916 in Wien; 1929 nach Preßburg, Medizinstudium (abgebrochen), Ausbildung zur med. Laborantin in Prag; 1939 nach Palästina; anfangs Gelegenheitsarbeit (u.a. im elterl. Lokal, Sekretärin), später Journalistin, schließlich Chefredakteurin der ›Israel Nachrichten‹; Schriftstellerin. I: Betten, Tel Aviv 1991. S. 68 f., 74, 91, 108, 134, 335 f.

452 Anhang

Chaim Sela (ehem. Karl Stein), *1914 in Berlin; 1924 nach Frankfurt/O., Abitur, Umschichtung (Gartenbau); 1936 nach Palästina; seitdem im Kibbuz (u.a. Landwirtschaft, Mechaniker, Leiter des Ersatzteillagers). I: Betten, Kibbuz Hasorea 1991. S. 44, 170, 194, 206 f., 236, 319, 363, 424.

Männy Moshe Seligmann (ehem. Manfred Seligmann), *1912 in Gießen; Kaufmann, Umschichtung (Landwirtschaft und Gartenbau); Nov./Dez. 1938 im KZ Buchenwald, danach Emigration nach Dänemark (Landwirtschaft), 1943-46 in Schweden, dort zuletzt Betreuung von Mädchen aus den KZs; 1947/48 auf Zypern interniert, 1948 Ankunft in Palästina; seitdem im Kibbuz (Landwirtschaft, Kibbuzhotel, Buchhaltung). I: Betten, Kibbuz Ginosar 1990. S. 206, 222 f., 228 f., 400 f.

Siegmar Sharon (ehem. Schleimer), *1901 in Czarnikau/Netze; Fachhochschule, Ingenieur in Berlin, Entlassung; 1933 nach Palästina; von Anfang an tätig bei der Elektrizitätsgesellschaft. I: Hecker, Herzlia 1990. S. 366.

Ernst Siedner, *1905 in Kattowitz; Medizinstudium (nicht beendet); 1933 nach Paris, dann nach Bologna, 1934 zurück nach Kattowitz, Umschichtung (Tischler); 1935 nach Palästina; zunächst Tischler, nach Unfall Umschulung zum Büroangestellten, später u.a. Filialleiter einer Automobilfirma; danach Volontärarbeit als wissenschaftl. Bibliograph am Krankenhaus und Beendigung des früheren Medizinstudiums. I: Hecker, Jerusalem 1991. S. 182 f., 241, 329, 361, 416 f., 419 f.

James Springer, *1907 in Berlin; Werbetexter; 1933 Emigration in die Schweiz, 1936 nach Palästina; anfangs Gelegenheitsarbeiten, Kantine der engl. Armee, später Angestellter der isr. Schiffahrtsgesellschaft, Hotelbranche; journalistische Hobbies. I: Betten, Ramat Gan 1991. S. 32 f., 52 f., 85, 105 f., 136 f., 167, 384, 393, 409, 411, 416.

Jehuda Steinbach (ehem. Heinz Steinbach), *1910 in Nörenberg (Pommern); Kaufmann, Umschichtung (Landwirtschaft); 1934 nach Palästina; seitdem im Kibbuz (Landwirtschaft), später Übersetzer für eine Regierungsstelle, heute private Übersetzungstätigkeit. I: Hecker, Kibbuz Nezer Sereni 1991 und Betten, Eichstätt 1992. S. 45 f., 82, 89, 91 f., 108 f., 166, 177, 199 f., 308, 322 f., 394 f.

Anton Fritz Peretz Steiner, *1907 in Königshof (bei Prag); Ingenieur; 1939 Emigration (Ziel: Palästina), 1940-45 auf Mauritius interniert, dort Sekretär des Campkomitees; 1945 nach Palästina; Ingenieur. Verheiratet mit Chana Steiner. I: Hecker, Ramat Chen 1990. S. 31, 359.

Chana Steiner (geb. Frank), *1910 in Mannheim; Handelshochschule, Sekretärin, 1934 nach Prag geheiratet; 1939 Emigration (Ziel: Palästina), 1940-45 auf Mauritius interniert; 1945 nach Palästina; Sekretärin in gehobener Position. Verheiratet mit Anton Steiner. I: Hecker, Ramat Chen 1990. S. 31, 359.

Josef Stern (ehem. Helmut Stern), *1921 in Gießen; Realgymnasium, 1 Semester Jeschiwa; 1936 nach Palästina; anfangs Kibbuz; Militärlaufbahn in der isr. Armee, schließlich Universitätsbibliothekar; einige Veröffentlichungen. I: Betten, Haifa 1991. S. 64, 93 f., 147 f., 176, 267, 273, 336 f., 358, 375 f., 383, 424.

Siegfried Jakob Stern, *1910 in Illmitz (Burgenland); Mitarbeit in der väterlichen Gemischtwarenhandlung und Landwirtschaft; 1938 verhaftet, nach Entlassung Umschichtung (Landwirtschaft); 1938 nach Palästina; Gelegenheitsarbeiten (Straßenkehrer, Orangenplantagen), dann Koch beim Militär, isr. Armee, Kompagnon eines Cafés, Hotelbranche; nach der Berufsaufgabe einige Jahre im Kibbuz. I: Betten, Kibbuz Aschdot Ja'akow 1990. S. 112 f.

Elsa Belah Sternberg (geb. Else Rosenblüth), *1899 in Messingwerk bei Eberswalde; Kindergärtnerin; 1933 nach Palästina; zunächst Mithilfe im Geschäft ihres Mannes, Hausfrau, nach der Staatsgründung mit ihrem Mann einige Jahre in politischem Auftrag in Deutschland, später psychologische Weiterbildung, Erziehungsberaterin; heute Volontärarbeiten in ihrem Altenheim. I: Betten, Kfar Saba 1991. S. 28 f., 129, 242, 251, 262, 270, 319 f., 330 f., 343, 392 f., 405, 422.

Emanuel Strauss, *1926 in Düsseldorf; Montessorischule; 1935 nach Palästina; zunächst Kibbuz, dann im Kinderdorf Ben Schemen, Berufsschule (Tischlerei); im 2. Weltkrieg beim engl. Militär, dann im isr. Militär; Tischler, Werk- und Fachlehrer, Schulrat, Planung der Berufserziehung für Holzberufe; seit der Pensionierung mit der Publikation der Werke seines Großvaters, Martin Buber, und seines Vaters, Ludwig Strauß, befaßt. I: Du-nour, Jerusalem 1991. S. 175, 178 f., 286 f., 301 f.

Siegmund Schmaja Suess, *1904 in Mainz; kaufm. Tätigkeit, Studium (Mathematik/Naturwissenschaften) nicht beendet; 1933 nach Palästina; anfangs Bauarbeit, dann Spediteur (selbständig). I: Hecker, Tel Aviv 1990. S. 27.

Ruth Luise Tauber (geb. Schönfeld), *1919 in Lugnian (Oberschlesien); 1 J. Schneiderlehre, daneben Kunstgewerbeschule, Umschichtung; 1938 nach Palästina; seitdem im Moschaw (Landwirtschaft), Puppenherstellung. I: Betten, Sde Warburg 1991. S. 86, 111, 168 ff., 172 f., 192 f., 263 f., 266, 275 f., 289 f., 347, 362, 374 f., 386 f., 408, 418, 423.

Gabriele Vallentin, *1910 in Berlin; Säuglings- und Kinderpflegerin, ab 1940 Arbeit in einer Keksfabrik, bis Kriegsende Leben in der Illegalität an versch. Orten; 1948 Emigration in die Schweiz, 1949 nach Israel; zunächst Kibbuz, später Pflegetätigkeit. I: Hecker, Jerusalem 1989. S. 426.

Lisl Vardon (geb. Rosenfeld), * ca. 1915 in Wien; Schneidermeisterin; 1938 nach Palästina; Schneiderin, eigenes Atelier; schriftstellerisch tätig. I: Betten, Tel Aviv 1991. S. 21, 27 f., 112, 150, 159, 312 f., 337 f.

Dr. **Alfred Abraham Wachs**, *1914 in Berlin; Abitur, Volontariat bei Kaufhauskonzern (abgebrochen), 1934/35 Umschichtung in Jugoslawien (Landwirtschaft), Hochschule für die Wissenschaft des Judentums in Berlin, 1936-38 Studium (Agronomie) in Florenz; 1939 Emigration nach England, ab 1940 in australischem Internierungslager, 1942 nach Palästina; anfangs Kibbuz, dann in der engl. Kriegsmarine, später in psychiatrischem Krankenhaus tätig, schließlich isr. Marineoffizier; nach der Pensionierung Psychologiestudium und Promotion in der Schweiz, danach bis heute in Israel in der Schulpsychologie und als Psychologe bei der Handelsmarine. I: Betten, Haifa 1990. S. 215, 367.

Felix B. Chaim Wahle, *1910 in Prag; Handelsakademie, Jurastudium (nicht beendet), kaufm. Tätigkeit in Frankreich, in der Papierbranche in Prag und Zagreb; 1940 nach Palästina; in der Papierbranche, später im isr. Handels- und Wirtschaftsministerium und als Sekretär der Handelskammer tätig; heute noch freiwillige Teilzeitarbeit. I: Betten, Tel Aviv 1991. S. 139 f., 250, 253, 273 f., 281, 367 f., 378, 383 f., 419.

Marianne Wahrmann (geb. Grätzer), *1911 in Wien; 1933 nach Palästina; Gelegenheitsarbeiten (Fabrik, Hotel), später in der Buchhandlung ihres Mannes. Verheiratet mit Oskar Wahrmann. I: Betten, Jerusalem 1991. S. 34.

Oskar Jeshajahu Wahrmann, *1908 in Rakowce (Galizien); aufgewachsen in Frankfurt/M., 1 J. Jeschiwa, kaufm. Lehre, väterl. Buchhandlung, Abitur, 2 J. Mathematikstudium; 1933 nach Frankreich, 1934 zurück, Umschichtung (Gärtnerei); 1937 nach Palästina; zunächst im Kibbuz (u.a. Waldarbeit), dann u.a. bei einem Buchprüfer, Vertreter, zuletzt selbständiges Antiquariat und Verlag. Verheiratet mit Marianne Wahrmann. I: Betten, Jerusalem 1991. S. 60, 244 f., 275, 425 f.

Dr. **Joseph Walk**, *1914 in Breslau; Lehrer und Erzieher im jüd. Schulwesen, Umschichtung (Landwirtschaft); 1936 nach Palästina; im Schul- und Erziehungsbereich tätig, später daneben Studium (Pädagogik/jüd. Geschichte der Neuzeit), Professor, Direktor des Leo-Baeck-Instituts Jerusalem, nach der Pensionierung Vizepräsident des Vorstands und freier Forscher; Fachpublikationen. I: Betten, Jerusalem 1991. S. 64 f., 247 f., 261 f., 263, 282 f., 283 f., 322, 414.

Gabriel Walter (ehem. Herbert Walter), *1921 in Simötzel (Pommern); Gymnasium bis 1935; 1936 nach Palästina mit Jugendalija; anfangs Kibbuz, seitdem im Moschaw (Landwirtschaft). Verheiratet mit Käthe Walter, Bruder von Michael Walter. I: Betten, Sde Warburg 1991. S. 42, 129, 210, 289, 304, 424 f.

Hanna Walter (geb. Lange), *1917 in Schönrode (Kr. Gleiwitz); Lyzeum, im elterlichen Betrieb, Umschichtung; 1929 nach Palästina; seitdem im Moschaw (Landwirtschaft). Verheiratet mit Michael Walter. I: Betten, Sde Warburg 1991. S. 311, 366.